# LOS ALIMENTOS:
# MEDICINA
# MILAGROSA

# LOS ALIMENTOS: MEDICINA MILAGROSA

**Traducción**
Adriana de Hassan

GRUPO
EDITORIAL
**norma**

Barcelona, Bogotá, Buenos Aires, Caracas,
Guatemala, México, Miami, Panamá, Quito, San José,
San Juan, San Salvador, Santiago de Chile.

Edición original en inglés:

FOOD — YOUR MIRACLE MEDICINE

de Jean Carper

Una publicación de HarperCollins Publishers, Inc.

10 East 53rd Street, New York, NY 10022

Copyright © 1993 por Jean Carper

Copyright © de la fotografía de la autora, Jerry Bauer

Copyright © 1994 para América Latina
por Editorial Norma S. A.
Apartado Aéreo 53550, Bogotá, Colombia.

Primera reimpresión, 1995
Segunda reimpresión, 1995
Tercera reimpresión, 1995
Cuarta reimpresión, 1996
Quinta réimpresión, 1996
Sexta reimpresión, 1997
Séptima reimpresión, 1997
Octava reimpresión, 1998
Impreso por Panamericana
Impreso en Colombia — Printed in Colombia
Marzo, 1998

Dirección editorial, María del Mar Ravassa G.
Edición, Juan Fernando Esguerra y Lucrecia Monárez
Diseño de cubierta, Mario Pulice
Ilustradores de cubierta, Nancy Granada y Henry González

ISBN 958-04-2835-2

A la memoria de Lola

# CONTENIDO

# CONTENIDO

# Contenido

## LOS ALIMENTOS COMO REMEDIO PARA LOS TRASTORNOS DIGESTIVOS

# Contenido

Contenido

## UNA DIETA PARA SALVARSE DEL CÁNCER

# Contenido

---

## ALIMENTOS QUE LO HARÁN SENTIRSE MEJOR Y MÁS INTELIGENTE

---

# Contenido

## ALIMENTOS PARA COMBATIR LAS INFECCIONES COMUNES Y LOS PROBLEMAS RESPIRATORIOS

Contenido

## ALIMENTOS PARA REMEDIAR LAS AFECCIONES DE LOS HUESOS Y LAS ARTICULACIONES

Contenido

## LA DIABETES Y OTRAS AFECCIONES RELACIONADAS CON LOS ALIMENTOS

Contenido

CONTENIDO

# RECONOCIMIENTOS

La mayor manifestación de mi aprecio es para los científicos que han decidido utilizar su talento, imaginación y energía para estudiar los secretos milenarios de los poderes medicinales de los alimentos y la forma de aplicarlos para resolver los serios problemas de salud que nos aquejan en la actualidad. Este libro es el compendio de muchos años de trabajo, creatividad y descubrimiento. He leído miles de artículos de esos investigadores científicos y me he comunicado con cientos de ellos en persona, por teléfono, por telefax y en conferencias. Ellos me han proporcionado incontables horas de su tiempo.

Sería imposible mencionarlos a todos en tan limitado espacio, pero desearía expresar mi gratitud a los siguientes investigadores y médicos con quienes me he entrevistado en varias ocasiones: James W. Anderson, Universidad de Kentucky; Stephen Barnes, Universidad de Alabama; Gary Beecher, Departamento de Agricultura de los Estados Unidos; George L. Blackburn, Escuela de Medicina de Harvard; Elliott Blass, Universidad de Cornell; Mark Blumenthal, Consejo Estadounidense de Botánica; Arun Bordia, Escuela de Medicina de Tagore (India); David Buchholz, Universidad Johns Hopkins; Michael L. Burr, Unidad MRC de Epidemiología (Cardiff, Gales); Tim Byers, Centro para el Control y Prevención de las Enfermedades; Donald Castell, Facultad de Medicina de la Universidad de Pensilvania; Donald Castelli, Estudio Framingham del Corazón (Massachusetts); Leonard Cohen, Fundación Estadounidense de la Salud; Leroy Creasy, Universidad de Cornell; Stephen L. DeFelice, Fundación para la Innovación en Medicina; Ara H. DerMarderosian, Colegio de Farmacia y Ciencia de Filadelfia; James Duke, Departamento de Agricultura de los Estados Unidos; Martin A. Eastwood, Hospital General Occidental (Edimburgo, Escocia); John Erdman, Jr., Universidad de Illinois, en Urbana; Norman Farnsworth, Universidad de Illinois, en Chicago; Gary Fraser, Universidad de Loma Linda; Balz Frei, Escuela de Salud Pública de Harvard; Harinder S. Garewal, Centro Médico de la Administración de Veteranos en Tucson y Universidad de Arizona; Cedric Garland, Universidad de California, en San Diego; Judith Gavaler, Universidad de Pittsburgh; Stanley Goldfarb, Facultad de Medicina de la Universidad de Pensilvania; Sherwood Gorbach, Universidad Tufts; William B. Greenough III, Universidad Johns Hopkins; Peter Greenwald, Instituto Nacional de Cancerología; Richard Griffith, Universidad de Indiana; Roland Griffiths, Universidad Johns Hopkins; Victor Gurewich, Escuela de Medicina de Harvard; Georges Halpern, Universidad de California, en Davis; Yukihiko Hara, Laboratorios de Investigación Alimentaria, Mitsui Norin Co., Ltd. (Shizuoka, Japón); Robert Heaney, Universidad Creighton; Douglas C. Heimburger, Universidad de Alabama, en Birmingham; Paul F. Jacques, Centro de Investigación en Nutrición Humana y Enveje-cimiento, Departamento de Agricultura de los Estados Unidos, Uni-versidad Tufts; Mahendra K. Jain, Universidad de Delaware; David J. A. Jenkins, Universidad de Toronto; Ishwarial Jialal, Centro Médico Sudoccidental, Universidad de Texas; Dean Jones, Universidad Emory; Frederick Khachik, Departamento de Agricultura de los Estados Unidos; David M. Klurfeld, Instituto Wistar; Joel M. Kremer, Escuela de Medicina de Albany (Nueva York); David Kritchevsky, Instituto Wistar; William E. M. Lands, Instituto Nacional de Salud; Benjamin H. S. Lau, Facultad de Medicina de la Universidad de Loma Linda; Alexander Leaf, Escuela de Medicina de Harvard; Terrance Leighton, Universidad de California, en Berkeley; Robert I. Lin, Compañía Internacional de Nutrición; Donald Lisk, Universidad de Cornell; Armar N. Makheja, Centro Médico de la Universidad George Washington; Frank L. Meyskens, Jr., Universidad de California, en Irvine; Jon Michnovicz, Instituto para la Investigación Hormonal, Nueva York; Forrest Neilsen, Departamento de Agricultura de los Estados Unidos; Paul J. Nestel, División de Nutrición Humana del CSIRO (Australia); Talal Nsouli, Facultad de Medicina de la Universidad de Georgetown; Richard Panush, Centro Médico Saint Barnabas (Nueva Jersey); Michael Pariza, Universidad de Wisconsin; James Penland, Departamento de Agricul-tura de los Estados Unidos; Herbert F. Pierson, ex consultor del Instituto Nacional de Cancerología; John D. Potter, Escuela de Salud Pública de la Universidad de Minnesota; Nicholas Read, Universidad de Sheffield (Inglaterra); David Rose, Fundación Estadounidense de la Salud; Norman Rosenthal, Instituto Nacional de Salud Mental; Harold Sandstead, Universidad de Texas, en Galveston; Joel Saper, Univer-sidad Estatal de Michigan; Marvin Schuster, Universidad Johns Hopkins; Joel Schwartz, Organismo para la Protección del Medio

Ambiente; Kenneth D. R. Setchell, Centro Médico del Hospital Infantil de Cincinnati (Ohio); Helmut Sies, Facultad de Medicina de la Universidad de Düsseldorf (Alemania); Artemis Simopoulos, Centro de Genética, Nutrición y Salud; Peter Singer, Instituto de Química Clínica (Berlín, Alemania); Gene A. Spiller, Centro de Investigación y Estudios sobre la Salud (Los Altos, California); Krishna C. Srivastava, Universidad de Odense (Dinamarca); Roy Swank, Universidad de Ciencias de la Salud de Oregón; Michael Thun, Sociedad Estadounidense contra el Cáncer; Varro Tyler, Universidad de Purdue; Thomas Uhde, Instituto Nacional de Salud Mental; A. R. P. Walker, Instituto Sudafricano de Investigación Médica (Johannesburgo); Andrew Weil, Facultad de Medicina de la Universidad de Arizona; John Weisburger, Fundación Estadounidense de la Salud; Jay Whelan, Universidad de Cornell; Joseph L. Witztum, Universidad de California, en San Diego; Judith Wurtman, Instituto Tecnológico de Massachusetts; Irwin Ziment, Facultad de Medicina de la Universidad de California, en Los Ángeles.

Las otras personas cuyo apoyo permanente fue fundamental para la creación de este libro son mi editora, Gladys Justin Carr, y mi agente, Raphael Sagalyn. También tengo una deuda de infinita gratitud para con mi amiga Thea Flaum, quien leyó las tres revisiones del manuscrito de principio a fin y me brindó consejos invaluables y desinteresados para éstas.

Por la curiosidad que me inspiró para escribir este libro debo agradecer a mi abuela materna, Lola, quien con su alegre entusiasmo infundió en mí, cuando era niña, una gran fascinación por los remedios caseros y los libros de medicina. Uno de los libros de mi abuela, que pasó a mis manos después de su muerte, se intitula *The Favorite Medical Receipt Book and Home Doctor, Comprising the Favorite Remedies of Over One Hundred of the World's Best Physicians and Nurses*. Recopilado y editado por Josephus Goodenough, M.D. (F.B. Dickerson Co., 1907). Aunque es una de las obras más preciadas de mi biblioteca, no la utilicé como referencia para este libro.

# INTRODUCCIÓN

*"El padre de la enfermedad pudo haber sido cualquiera, pero no cabe duda de que la madre fue la mala dieta".* — Proverbio chino

Saber qué se debe comer y qué no se debe comer según las condiciones de salud de cada cual es poseer un tesoro de conocimientos para tratar y prevenir los problemas de salud, desde la gripe hasta el cáncer. El objeto de este libro es proporcionar ese conocimiento.

Mi obra anterior, *The Food Pharmacy*, publicada en 1988, recopiló los testimonios científicos de ese momento acerca de la farmacología de los alimentos comunes. Ese libro, al igual que el primer viaje de Colón, sirvió para revelar la existencia de mundos nuevos, fascinantes e inexplorados. En ese momento no era muy conocido el hecho de que las propiedades medicinales de los alimentos hubiesen sido legitimadas y validadas científicamente. Pero ahora es una idea que apasiona a muchos. Distintas entidades gubernamentales y científicas de prestigio en el mundo entero coinciden en que la dieta ejerce un efecto muy grande sobre la salud y la enfermedad. Ha habido una explosión de estudios sobre el tema. Decenas de conferencias internacionales, algunas de ellas dedicadas a un solo tema — como el ajo, el té, los aceites de pescado, los antioxidantes, la fibra o las grasas monoinsaturadas —, han revelado hallazgos científicos asombrosos sobre los poderes curativos y preventivos de los alimentos. La ciencia ha descubierto agentes totalmente nuevos en alimentos como el bróculi y el repollo.

Al mismo tiempo han surgido y se han perfeccionado nuevas teorías acerca de la manera como los alimentos afectan al comportamiento celular, promoviendo la salud o la enfermedad. Por ejemplo, los científicos creen haber descubierto la verdadera explicación de por qué el colesterol de la sangre es tan peligroso para las arterias y cómo combatir ese peligro de una manera totalmente novedosa por medio de los alimentos. Los investigadores saben ahora que el aceite de pescado puede aliviar las enfermedades inflamatorias, como la artritis o el asma, mientras que el aceite de maíz las agrava. También se sabe cada vez con más certeza que ciertos alimentos tienen consecuencias desastrosas para la salud de un número asombroso de personas con intolerancias o "alergias" insospechadas.

Pero lo más importante es que comienza a haber claridad acerca de aquellos alimentos con la mayor capacidad de influir sobre una amplia gama de problemas de salud. Por lo tanto, este libro no solamente documenta el conocimiento creciente sobre los poderes curativos y preventivos de los alimentos, sino que señala determinados alimentos que pueden promover o aliviar desde molestias leves hasta enfermedades mortales. *The Food Pharmacy* demostró la existencia de un nuevo mundo. El presente libro explora ese nuevo mundo y lo que significa para cada persona. Ofrece al lector "mapas" científicos prácticos que le ayudarán a aclarar interrogantes sobre la salud, a alejar las enfermedades y a tratar las dolencias existentes.

Para mí, este libro fue una emocionante aventura de búsqueda cuyo propósito era identificar los descubrimientos científicos nuevos y sorprendentes acerca de la relación entre la dieta y la salud. Durante la investigación entrevisté a cientos de científicos, estudié miles de páginas de obras de consulta y resúmenes de computador, asistí a más de una docena de conferencias científicas y leí innumerables artículos médicos y científicos. Una de mis principales fuentes de información fue la gigantesca base de datos de artículos médicos y científicos conocida como Medlars, de la Biblioteca Nacional de Medicina de Bethesda (Maryland). También consulté la base de datos sobre las propiedades farmacológicas de los alimentos y las plantas denominada Natural Products Alert, o NAPRALERT, de la Universidad de Illinois, en Chicago. Sin exagerar, el libro se basa en más de diez mil estudios, los cuales consulté a través de resúmenes, leyendo la totalidad del texto o hablando directamente con los investigadores.

Es importante señalar que la información científica aquí incluida proviene de destacados investigadores afiliados a los centros científicos más importantes del mundo, cuyos descubrimientos han sido publicados en revistas científicas prestigiosas. Son hombres y mujeres de vanguardia dentro de la posición científica de las corrientes médicas predominantes. También forman parte, quizás sin saberlo, de esa nueva tendencia incontenible y benéfica conocida como medicina alternativa. Según las encuestas, por lo menos una tercera parte de los estadounidenses utilizan alguna forma de medicina alternativa. No cabe duda de que la dieta es la forma más segura, económica y eficaz de medicina alternativa. El hecho de que la medicina predominante la esté legitimando nos ahorrará mucho sufrimiento innecesario y nos quitará de encima la carga agobiante del costo de la medicina y del monopolio de la industria farmacéutica. Según un análisis económico publicado en 1988 en la revista *Journal of the American Medical Association*, el hecho de reemplazar un medicamento contra el colesterol por salvado de avena podría reducir en un 80% la cuenta de medicamentos de una sola persona. Y, claro está, el salvado de avena no conlleva la posibilidad de unos efectos secundarios serios.

El presente libro da testimonio de la existencia de una nueva frontera, no sólo en cuanto a descubrimientos, sino en cuanto a soluciones personales. Explora el poder maravilloso de los alimentos para dirigir los sucesos bioquímicos en el ámbito celular, donde comienzan y terminan todos los asuntos relacionados con la salud. A pesar de los medicamentos maravillosos fabricados por el hombre, es preciso reconocer que la madre naturaleza es en realidad la más grande y antigua farmacéutica, la fuente de los más grandes y los más pequeños milagros de la salud. Escuchar las nuevas revelaciones de la ciencia acerca de esa sabiduría milenaria proporciona un dominio sin precedentes sobre la propia salud.

---

*"La dieta es el único factor determinante de la salud que podemos controlar plenamente. Cada cual tiene la última palabra acerca de lo que debe llegar o no al estómago. Los otros factores no siempre se pueden controlar, como sucede con el aire que respiramos, el ruido o el clima emocional que nos rodea. Pero siempre podemos controlar lo que comemos. Sería una pena desperdiciar semejante oportunidad para influir sobre la salud".* —Doctor Andrew Weil, *Natural Health, Natural Medicine.*

---

## Importante

La dieta es solamente un factor dentro de la génesis de la enfermedad. También son de vital importancia la suscep-tibilidad genética y la exposición a los agentes patógenos y a los contaminantes del medio ambiente. Por consiguien-te, no se debe recurrir únicamente a la dieta para curar o prevenir la enfermedad, y tampoco reemplazar los medicamentos por alimentos sin consultar al médico. Además, no hay un solo alimento o tipo de alimentos que deba consumirse exclusivamente para efectos de prevenir o tratar determinada enfermedad o para mantener la salud, salvo si así lo indica el médico. Los diversos tipos de alimentos proporcionan sustancias vitales para la salud, algunas de ellas conocidas y otras desconocidas; por tanto, variar la dieta es fundamental para conseguir y mantener un mejor estado de salud. La información contenida en este libro no representa una recomendación médica y cada persona deberá consultar a su propio médico. Además, a menos que se especifique concretamente, la información de este libro se aplica a los adultos y no a los niños.

# EL MILAGRO DE LOS ALIMENTOS

La mayoría de la gente piensa que los medicamentos milagrosos se deben a las ideas luminosas de los genios de la industria farmacéutica y que son como cápsulas mágicas fabricadas en un laboratorio para curar todas las dolencias, grandes y pequeñas. Pero son muchos los científicos que han comenzado a buscar otros tesoros muy distintos, creados en este planeta hace millones de años. Se trata de los fármacos provenientes de las plantas y de otros seres vivientes y que nos llevamos a la boca todos los días, muchas veces sin darnos cuenta.

También estas sustancias son milagrosas y pueden influir sobre nuestro bienestar. Dentro del gran esquema de las cosas, los milagros que estas esencias alimenticias realizan constantemente dentro de las células, lejos de nuestra conciencia, son minúsculos. Pero en realidad son portentos desde el punto de vista de la vida de las células, cuyo destino modifican para siempre, cambiando, en consecuencia, el nuestro a través de sus efectos acumulados.

¿Quién podría decir que no es un milagro que el ajo pueda matar a las células cancerosas? ¿Que las sustancias presentes en la espinaca puedan aprisionar y paralizar al posible causante del cáncer del cuello uterino? ¿Que un desconocido compuesto de los espárragos y el aguacate haya detenido, en condiciones experimentales, la proliferación del virus culpable de la mayor tragedia infecciosa de nuestra época: el sida? ¿Que los compuestos del repollo ayuden a desintoxicar el organismo de los contaminantes del siglo veinte, función no prevista en el momento de crearse la planta? ¿Que los compuestos producidos

1

por las plantas para evitar su propia destrucción se conviertan en ángeles guardianes dentro de nuestro cuerpo para combatir los coágulos fomentados por una dieta demasiado rica en grasa? ¿Que las partículas liberadas a partir de la estructura fibrosa de las plantas por acción de la digestión puedan darle al hígado la orden de reducir la producción de colesterol? ¿Que algunos elementos químicos del reino vegetal puedan llegar al cerebro y afectar la transmisión de mensajes entre las neuronas, influyendo sobre el estado de ánimo, los recuerdos, la vigilia ... todo aquello que apreciamos porque nos distingue como seres humanos?

No cabe duda de que la alimentación no es un hecho trivial para los miles de millones de células que constituyen nuestro ser. Tal como lo han comenzado a apreciar y a estudiar los científicos por primera vez en la historia de la humanidad, el acto de comer es vital: una comunión con la naturaleza capaz de promover la vida o la muerte. La decisión cada vez nos atañe más, ahora que los descubrimientos científicos comienzan a revelar el efecto enorme de la dieta cotidiana sobre las perspectivas de salud y longevidad.

Recientes estudios han demostrado que los alimentos pueden proporcionar salud y vigor, eliminar molestias menores y protegernos contra enfermedades devastadoras, pero también causar afecciones y grandes malestares.

Los alimentos pueden activar el cerebro y levantar el ánimo; aportar cargas de energía eléctrica al cerebro para acelerar el pensamiento y mejorar nuestro desempeño; aliviar la tensión con la misma eficacia de un tranquilizante formulado, o adormecer y dar al traste con la concentración; sacarnos de la depresión o sumirnos en el pánico. Los alimentos pueden desencadenar ataques silenciosos contra las articulaciones y las arterias, pero también revertir los daños. Cierto tipo de comida consumida durante la infancia y la juventud puede producir alteraciones sutiles de la química cerebral, convirtiéndonos en víctimas de la esclerosis múltiple que destruye los músculos en la edad madura, o de los temblores de la enfermedad de Parkinson en la vejez.

Los alimentos pueden alterar la actividad intracelular, llevando con el tiempo al cáncer. Pero también pueden liberar agentes capaces de desintegrar los agentes químicos causantes del cáncer o de interrumpir las reacciones en cadena de esas moléculas que recorren furiosas el cuerpo destrozando las membranas de las células sanas, corrompiendo sus buenas intenciones genéticas o causándoles la muerte. Incluso cuando los crecimientos celulares anormales van en camino de convertirse en cáncer, los alimentos pueden hacer que se contraigan o desaparezcan. O cuando las células errantes de un cáncer del seno buscan nuevos sitios para asentarse y crecer, los emisarios de los alimentos pueden generar superficies hostiles a la colonización.

Los alimentos también pueden:
- impedir que el cristalino del ojo se opaque a causa de las cataratas en la vejez;
- dilatar las vías respiratorias para facilitar la respiración;
- rejuvenecer los cilios, esas minúsculas vellosidades de los pulmones que contribuyen a alejar el enfisema y la bronquitis crónica;
- crear sustancias que exacerban la artritis reumatoidea o aliviar el dolor artrítico y la inflamación;
- desencadenar dolores de cabeza y ataques de asma, o prevenirlos;
- aumentar la resistencia del estómago a las úlceras;
- eliminar el enrojecimiento, el prurito y el dolor de la psoriasis;
- estimular la producción natural de células asesinas y de interferón para combatir las infecciones;
- atacar a las bacterias y a los virus con una fuerza igual a la de los medicamentos de laboratorio;
- curar la diarrea en los lactantes y el estreñimiento en los ancianos;
- alterar la inmunidad para alejar la gripe común y la fiebre del heno.

Los alimentos desempeñan un papel primordial en la enfermedad cardíaca. La comida puede poner en movimiento una serie de destructivos procesos de estrechamiento y endurecimiento de las arterias, estimulando la formación de coágulos que taponan y matan al músculo cardíaco. Por otro lado, los alimentos también pueden poner a circular en la sangre un pie de fuerza químico cuyo objetivo es atacar a los enemigos de las arterias e incluso deshacer parte de su nefasta obra en las paredes arteriales. Los alimentos pueden: crear agentes para disolver los coágulos sanguíneos, adelgazar la sangre y reducir el colesterol; estimular la producción de insulina y controlar la elevación del azúcar en la sangre; enviar hormonas a que relajen las paredes arteriales y reduzcan la presión sanguínea; interferir los denominados procesos naturales de envejecimiento y frenar el deterioro del organismo.

No existe prácticamente ningún problema de salud o proceso natural del organismo que no esté sujeto de una forma u otra a la influencia de las sustancias que ingerimos. Los alimentos están comenzando a ser redefinidos como una medicina poderosa, como una medicina que sirve para prevenir y contrarrestar todo tipo de enfermedades, e incrementar la energía física y mental, el vigor y el bienestar. Los alimentos son el gran descubrimiento médico del siglo XXI.

*"Las historias populares sobre los alimentos no son cuentos de hadas"*. — David Kritchevsky, Ph.D., Instituto Wistar (Filadelfia).

## DE LOS MITOS ANTIGUOS A LA MEDICINA MODERNA

Hasta hace poco, la medicina moderna había hecho caso omiso del poder medicinal de la alimentación cotidiana, por considerarlo una creencia popular sin validez científica demostrada. Pero las principales corrientes científicas ya han comenzado a estudiar los principios de la medicina popular y de las prácticas alimentarias de antaño, en busca de remedios y antídotos para las enfermedades modernas. La investigación sobre la medicina natural avanza a un ritmo acelerado.

¿Por qué este súbito interés por los aspectos medicinales de los alimentos? ¿Por qué instituciones tan prestigiosas como Johns Hopkins y Harvard comienzan a anunciar con bombo y platillos que el brécol o bróculi está lleno de agentes muy poderosos contra el cáncer y que comer mucha zanahoria parece reducir drásticamente el riesgo de enfermedades cardíacas y accidentes cerebrovasculares?

La razón: por primera vez en la historia, la ciencia comienza a validar con fuerza el hecho de que la dieta determina en primera instancia los sucesos que acontecen en las células, donde tienen lugar los verdaderos dramas y misterios, donde se pierden y se ganan permanentemente las batallas para consolidar la salud y la longevidad o, por el contrario, para condenarnos a la enfermedad y a la muerte. Ahí es donde comienza y termina la vida: en esos mares de líquidos celulares y de material genético estructural donde el destino puede depender de la presencia de determinada enzima o de un ácido graso metabolizado a partir de una molécula de alimento.

Si usted sabe lo que está sucediendo en sus células, sabe lo que le está ocurriendo a su salud. El cuerpo está formado por cerca de 60 billones de células. Cada célula es un asombroso y complejo universo en miniatura en el cual tienen lugar miles de millones de reacciones químicas cada segundo de la vida. ¿Y de qué dependen esas reacciones químicas intracelulares? La única fuente de energía está en los alimentos que usted les proporciona. Por primera vez, la ciencia puede ahora estudiar la forma como los alimentos promueven la salud o la enfermedad desde la propia célula, validando el aserto de la antigua sabiduría popular de que los alimentos poseen poderes medicinales.

Es indudable que los primeros médicos utilizaron los alimentos como pilar de la lucha contra las enfermedades. En una revista médica, el doctor John Potter, de la Universidad de Minnesota, hizo hace poco un recuento de los primeros usos medicinales de los alimentos: "En el antiguo Egipto, Plinio declaró que el repollo curaba hasta ochenta y siete enfermedades y la cebolla veintiocho. El ajo era considerado sagrado. Las crucíferas (el repollo y el bróculi) se cultivaban principalmente como plantas medicinales y se utilizaban para curar el dolor de cabeza, la sordera, la diarrea, la gota y los trastornos estomacales ... Los romanos creían que las lentejas curaban la diarrea y equilibraban el temperamento. Las uvas frescas y secas tenían muchas aplicaciones medicinales y se utilizaban en distintas preparaciones orales, enemas, inhalaciones y aplicaciones tópicas".

Desde los albores de la civilización hemos buscado los remedios contra las enfermedades en los bosques, los campos y los huertos. Cerca del 75% de la población mundial sigue haciéndolo. Tal cúmulo de conocimiento no se debe desconocer, dice James Duke, Ph.D., botánico y especialista en plantas medicinales del departamento de Agricultura de los Estados Unidos. Según él, el hecho de que la sabiduría popular atribuya a los alimentos la capacidad para curar enfermedades específicas es prueba de su validez. Después de todo, señala, es precisamente el uso popular el que ha llevado a los científicos a descubrir elementos medicinales poderosos en las plantas. Por lo menos el 25% de los medicamentos de laboratorio provienen de las plantas, entre ellos el taxol, nueva droga contra el cáncer.

Los médicos y curanderos antiguos que utilizaban la medicina natural para tratar las enfermedades se basaban en su propia experiencia y en la de sus antepasados y familiares. Como es obvio, nada sabían acerca de los gérmenes invisibles, de las hormonas y el colesterol, o de la forma como actúan los analgésicos y anticoagulantes, y menos aún cómo determinar las propiedades farmacológicas de los alimentos.

## NUEVAS PRUEBAS DEL PODER DE LOS ALIMENTOS

Con la tecnología moderna, los científicos pueden detectar, aislar y ensayar cantidades minúsculas de compuestos vegetales bioactivos. Mediante pruebas complejas de laboratorio pueden esclarecer la actividad biológica de los alimentos y de sus elementos constitutivos, y determinar su efecto sobre los procesos patológicos.

Los científicos también han estudiado la dieta de las poblaciones con baja incidencia de enfermedades — como los pueblos del Mediterráneo y del Japón —, para determinar en qué se diferencia de las de otros pueblos en los cuales la tasa de enfermedades es elevada. En los estudios "controlados" participan grupos prácticamente idénticos, uno de los cuales está integrado por pacientes y el otro por personas sanas. Después se comparan las dietas de ambos grupos. Estos estudios, denominados epidemiológicos o de población, aportan muchísima información.

Pero los mejores son los *estudios de intervención*, en los cuales los investigadores someten a las personas con determinada enfermedad a dietas específicas pero diferentes durante un período de dos o tres años, para ver quiénes empeoran y quiénes mejoran. De esta forma estudian un alimento como lo harían con un fármaco, para determinar la eficacia de la terapia. Estos estudios de intervención son escasos, pero los datos que arrojan son de valor incalculable.

La información obtenida mediante estos métodos científicos ha convencido a muchos investigadores destacados acerca de los efectos extraordinarios de los alimentos sobre las funciones orgánicas y no deja dudas de que los alimentos producen reacciones semejantes a las de los medicamentos. Un sinnúmero de estudios han confirmado que los alimentos pueden hacer las veces de anticoagulantes, antidepresivos, antiulcerativos, antitrombóticos, analgésicos, tranquilizantes, sedantes, reductores del colesterol, agentes contra el cáncer, quimiopreventivos, hormonas, agentes de fecundidad, laxantes, antidiarreicos, inmunoestimuladores, modificadores de la respuesta biológica, antihipertensivos, diuréticos, descongestionantes, antiinflamatorios, antibióticos, antivirales, agentes contra la náusea, antitusivos, vasodilatadores, broncodilatadores, etc. En la NAPRALERT, base de datos gigantesca de la Universidad de Illinois en Chicago, hay más de 102 000 referencias sobre los atributos farmacológicos de las plantas del mundo entero, muchas de éstas comestibles.

La farmacia de los alimentos es tan viable como la farmacia de las píldoras, y más compleja. Por ejemplo, nadie ha inventado todavía una "tableta de bróculi", cuyo efecto sea el mismo que se obtiene al comer la planta, y probablemente nunca lo haga. En un solo alimento hay cientos o miles de sustancias químicas, muchas de ellas no identificadas todavía, las cuales determinan la actividad farmacológica de cada bocado.

Al mismo tiempo comienzan a surgir teorías tendientes a reforzar la noción de los poderes farmacológicos de los alimentos. Los científicos tienen ahora buenas razones para creer en el poder de los alimentos para influir sobre las enfermedades, gracias al conocimiento cada vez mayor de los cambios bioquímicos subyacentes en el avance de la enfermedad crónica, desde las alteraciones celulares hasta la manifestación de los síntomas. Todos estos sucesos científicos han catapultado el estudio del poder de los alimentos desde los dominios de lo popular hasta las principales corrientes de la medicina.

---

*"Hace dos mil años, los griegos consumían una alimentación deliciosa y tan sana como cualquiera que se conozca en el mundo de hoy. En lugar de jugar al aprendiz de brujo, debemos volver los ojos hacia la madre naturaleza, para ver lo que los pueblos han venido haciendo durante miles de años".* — Serge Renaud, biólogo y epidemiólogo del INSERM, principal instituto oficial de investigaciones de Francia.

---

# TRES TEORÍAS SOBRE
# EL PODER CURATIVO
# DE LOS ALIMENTOS

Según la ciencia, los alimentos pueden afectar la salud de muchas maneras. Sin embargo, son tres las teorías principales que sirven de base y de guía para la investigación sobre el poder curativo y preventivo de los alimentos. Estas teorías giran alrededor de los temas siguientes:

- los antioxidantes de los alimentos, que sirven para combatir las enfermedades;
- el olvidado poder farmacológico de la grasa;
- nuevos tipos de "alergias" o intolerancias a los alimentos.

Comprendiendo estas teorías usted podrá apreciar mejor la forma como los alimentos pueden contrarrestar o promover las enfermedades, y aprenderá a protegerse.

### DE CÓMO LOS ANTIOXIDANTES DE LOS ALIMENTOS PODRÍAN SALVARLO PRÁCTICAMENTE DE TODAS LAS ENFERMEDADES

Muchos de nuestros infortunios de salud se deben a la perversidad del oxígeno. Así como lo oye: la misma sustancia que da la vida, puede arrebatarla. No deja de ser asombroso que nuestras células vivan sitiadas por formas tóxicas de oxígeno y que el poder destructivo de ese feroz elemento pueda segar nuestra existencia molécula por molécula. Los ataques producidos por las reacciones continuas del oxígeno contribuyen a taponar las arterias, a convertir las células sanas en cancerosas, a endurecer las articulaciones y a que el sistema nervioso funcione mal. Esta nueva teoría sobre el oxígeno ha revolucionado el enfoque científico de la génesis y la prevención de las enfermedades. Es la línea de investigación más importante sobre la cual se basa esta nueva idea del poder de los alimentos para frenar el deterioro del organismo. Hasta ahora, la ciencia ha logrado establecer una relación entre las reacciones destructivas del oxígeno y al menos sesenta enfermedades crónicas, al igual que el proceso mismo de envejecimiento.

"Cuánto más envejecemos, más nos oxidamos", anota el doctor Helmut Sies, director del Departamento de Química Fisiológica de la Facultad de Medicina de la Universidad de Düsseldorf (Alemania) y una de las personas más versadas en el tema. Dicho escuetamente, a todos nos sucede lo que a un pedazo de carne que se deja por ahí. Nos tornamos rancios, algunos más rápidamente que otros. Las preguntas claves son: ¿Por qué algunas personas se desgastan más pronto que otras, o, al revés, por qué algunas resisten mejor el deterioro producido por el oxígeno? ¿Por qué algunos individuos envejecen menos rápidamente y parecen menos propensos a enfermarse? Y, como es obvio, ¿qué podemos hacer para desacelerar el proceso destructivo?

Tal como lo dice el doctor Sies, la teoría del oxígeno como causante de las enfermedades no es sutil. Se trata de dos fuerzas colosales enfrentadas dentro de nosotros: las moléculas de oxígeno rebeldes denominadas *oxidantes*, y la fuerza de policía del organismo, integrada por los antioxidantes. Aunque algunos oxidantes son benéficos y son el producto de los procesos metabólicos normales, muchos otros son invasores malvados. Imagine a esos oxidantes destructivos como una pandilla de moléculas errantes dedicadas a asaltar a las células para destrozar sus membranas, alterar su material genético, volver rancia su grasa y abandonarlas a su triste suerte. Este proceso interno ocurre lentamente y sin dolor a través de los años, en embates incesantes de destrucción que duran apenas unos cuantos microsegundos. Por lo tanto, pasa inadvertido hasta que el daño acumulado produce lo que llamamos síntomas de una enfermedad, como inflamación, pérdida de la visión, dolor en el pecho, mala concentración y cáncer.

Por otra parte, una serie de antioxidantes, que ingresan en el cuerpo principalmente a través de los alimentos, tratan de proteger las células ahuyentando a las moléculas de oxígeno destructivas. Lo que sucede es que, cuando los oxidantes malos son más numerosos que los antioxidantes buenos y les ganan la partida, el cuerpo entra en una fase de alto riesgo conocida como "estrés oxidativo".

## Cuidado con los radicales libres

Los oxidantes se presentan en distintas formas y apariencias. Los más notorios y mejor estudiados son los denominados radicales de oxígeno libres. Estas moléculas no están en sus cabales y viven listas para buscar camorra porque han perdido uno de los electrones que las mantienen químicamente estables. En su búsqueda frenética de otro electrón, atacan todo aquello que se cruce en su camino, destruyendo las células sanas y dando lugar, en segundos, a más pandillas de radicales libres que se salen de control hasta formar reacciones en cadena. Una de las leyes de la naturaleza es que los radicales "engendran más radicales que a su vez crean más radicales" , explica el doctor Sies.

Los radicales de oxígeno libres pueden atacar el ADN, el material genético de las células, causando mutaciones, las cuales son un primer paso hacia el cáncer. Más aterrador aún es que los radicales libres atacan la parte adiposa de las membranas celulares. Al quedar indefensas por no tener suficientes antioxidantes, estas moléculas grasas se *peroxidan*, es decir, se tornan rancias. Esto puede desorganizar completamente la arquitectura de la membrana celular. Y lo peor es que cada molécula grasa peroxidada se convierte en una especie de tea encendida capaz de peroxidar a cualquier otra molécula grasa que se le acerque, fomentando una reacción en cadena que perdura hasta que se agota o es interrumpida, pero que acaba por contaminar a millones de moléculas grasas.

¿De dónde provienen los oxidantes? Algunos son simplemente desechos de los procesos metabólicos normales, como la respiración y las reacciones inmunes. Así, una parte de la actividad de los oxidantes es benéfica e imposible de controlar. Pero muchos oxidantes provienen del medio ambiente y son destructivos, como es el caso de la radiación ionizante, los contaminantes del aire, las sustancias químicas industriales tóxicas, los plaguicidas, el humo del cigarrillo y los medicamentos. Como es obvio, cada persona puede influir positivamente sobre su destino evitando riesgos como fumar o exponerse a sustancias químicas peligrosas. Pero también existe la opción de tratar de ganarles la partida a los oxidantes levantando una mejor defensa antioxidante en contra de sus ataques.

## Los alimentos a la carga

Una de las grandes revelaciones de los últimos años, de acuerdo con un acervo de pruebas, es que la alimentación, en la medida en que los límites de la vida humana y la genética lo permitan, nos puede sacar de este aprieto. Podemos suministrar a las células los compuestos antioxidantes capaces de detectar, interceptar y destruir a las moléculas de oxígeno violentas e incluso reparar parte de los estragos que dejan a su paso. Los alimentos, en particular los de origen vegetal — frutas y hortalizas — están repletos de feroces antioxidantes. Una vez dentro del organismo, esos antioxidantes llegan a los tejidos y a los líquidos, donde pueden ayudar a combatir la invasión de los oxidantes. Ahora que los científicos comprenden el asombroso poder de los antioxidantes, se han dedicado a analizar los distintos alimentos para detectar la presencia de estos valiosos elementos. La búsqueda ha servido para identificar una serie de antioxidantes vegetales poderosos con nombres poco corrientes, como *quercetina, licopeno, luteína, glutatión,* y otros más conocidos, como las vitaminas C y E, el betacaroteno y el selenio (un oligoelemento).

Tan convincente es la investigación en este nuevo campo de los antioxidantes, que William A. Pryor, Ph.D., jefe de investigación biomédica de la Universidad Estatal de Luisiana, ha llamado a la creación y uso generalizado de una prueba de sangre para determinar el "estado antioxidante", de la misma manera como hoy se determinan los niveles de colesterol, por ejemplo. Ese análisis serviría para medir el grado de actividad oxidativa en el organismo y determinar si la persona está consumiendo suficientes antioxidantes para neutralizar los efectos nocivos de la oxidación. En caso de que la actividad oxidativa fuera alta y la persona consumiera pocos antioxidantes, sería considerada en alto riesgo de contraer enfermedades y se le aconsejaría aumentar el consumo de antioxidantes. Lo más importante que

*COSAS QUE HACEN LOS OXIDANTES Y QUE SE PUEDEN PREVENIR CON LOS ANTIOXIDANTES DE LA DIETA*

- Convertir las lipoproteínas de baja densidad en un tipo de colesterol capaz de taponar las arterias.
- Atacar el material genético de las células, causando mutaciones que pueden terminar en cáncer.
- Destruir las células oculares, facilitando la formación de cataratas y la degeneración macular.
- Interferir los procesos normales, elevando la presión arterial.
- Destruir las células nerviosas, facilitando el deterioro neurológico y el desarrollo de enfermedades como la de Parkinson y la de Lou Gehrig.
- Promover la inflamación, como sucede en la artritis y el asma.
- Dañar los espermatozoides, promoviendo la infecundidad y los defectos congénitos.

una persona puede hacer por su salud es ingerir permanentemente alimentos cargados de estos enemigos de las enfermedades. (En las páginas 13 y 518-519 encontrará una lista de los principales antioxidantes presentes en los alimentos.)

## COSAS QUE NUNCA SOÑÓ QUE LA GRASA PUDIERA HACER POR USTED

La grasa de los alimentos ejerce un poder asombroso sobre las células. La actividad biológica de la célula — y, por lo tanto, su capacidad para promover o frenar los procesos patológicos — depende muchas veces del frágil equilibrio, dentro de la célula, de los ácidos grasos derivados de los alimentos. *Eso significa que el tipo de grasa que usted consuma es de vital importancia para su salud.*

Estudios recientes demuestran que cualquier tipo de grasa ingerida desencadena dentro de la célula unos fuegos pirotécnicos biológicos de complejidad exquisita. El resultado puede ser despachar los mensajeros de tipo hormonal para estimular la inflamación, las inmunorreacciones, la coagulación sanguínea, el dolor de cabeza, la constricción de los vasos sanguíneos, el dolor y el crecimiento de

*CÓMO OBTENER LOS ANTIOXIDANTES MÁS EFICACES*
*CONTRA LAS ENFERMEDADES*

Cuando escoja frutas y hortalizas, busque las que tengan color; por lo general, cuanto más intenso el color, mayor la cantidad de antioxidantes. Además, las frutas y las hortalizas frescas y congeladas tienen más antioxidantes que las enlatadas, procesadas o cocidas.

Comiendo los siguientes alimentos obtendrá más antioxidantes:
- Uvas rojas en lugar de verdes o blancas.
- Cebollas rojas y amarillas en lugar de blancas.
- Repollo, coliflor y brócoli crudos o ligeramente cocidos.
- Ajo crudo y machacado.
- Hortalizas frescas y congeladas en lugar de enlatadas.
- Hortalizas cocidas en el horno de microondas en lugar de hervidas en agua o al vapor.
- Aceite de oliva extravirgen extraído en frío.
- Verduras de hojas de color verde oscuro.
- Toronja rosada en lugar de blanca.
- Frutas enteras en lugar de jugos.
- Jugos frescos y congelados en lugar de enlatados.
- Zanahoria, batata y auyama de color anaranjado intenso.

tumores malignos. Por otra lado, ciertas grasas incitan a las células a fabricar sustancias químicas cuya función es romper los coágulos sanguíneos nocivos, luchar contra el dolor articular y frustrar a las células cancerosas. Aunque la farmacología de la grasa es un proceso muy complicado en el cual intervienen las enzimas, muchos pasos metabólicos y un delicado equilibrio de las grasas dentro de las células, ofrece unas posibilidades fascinantes para frenar las enfermedades y mejorarse de ellas.

El conocimiento de la forma como la grasa domina ciertas funciones celulares críticas gira alrededor de dos descubrimientos recientes de gran importancia. Primero fue el descubrimiento de que muchos procesos corporales, como el de la coagulación y el de la inflamación, son controlados en gran medida por unas sustancias muy potentes parecidas a las hormonas — *prostaglandinas, tromboxanos y leucotrienos* — que en conjunto se denominan *eicosanoides*. Después vino el descubrimiento, todavía más importante, de que la materia prima con la cual se fabrican estos poderosos mensajeros eicosanoides es la grasa de los alimentos. En otras palabras, la dieta les proporciona a las células una materia prima de ácidos grasos para fabricar estos vitales eicosanoides, los cuales pueden ser amistosos o peligrosos desde el punto de vista biológico. En todo caso, el mensaje de fondo es que usted puede manipular, a través del tipo de grasa que consuma, los niveles y la actividad biológica de los eicosanoides que circulan en su cuerpo.

## Usted es la grasa que consume

Muy poco después de ingerir la grasa, ésta aparece en las membranas de las células, donde se determina su suerte metabólica. Aunque los ácidos grasos presentan muchas variaciones moleculares sutiles, las dos categorías más importantes para la fabricación de los eicosanoides son los *ácidos grasos omega 3*, concentrados en la vida marina y en algunas plantas terrestres, y los *ácidos grasos omega 6*, concentrados en aceites vegetales como los de maíz, cártamo y girasol, y también en la carne de animales engordados con alimentos de origen terrestre.

Cuando usted consume en un pedazo de carne o en el aceite de maíz los ácidos grasos omega 6 derivados de plantas cultivadas, éstos tienden a convertirse en una sustancia denominada *ácido araquidónico*, que a su vez genera sustancias altamente inflamatorias o que incrementan la viscosidad de la sangre y la constricción de los vasos sanguíneos. La grasa de los alimentos de origen marino es radicalmente distinta y más benigna. Los ácidos grasos omega 3 contenidos en ella tienden a convertirse en sustancias que contrarrestan la aglomeración de las plaquetas, dilatan los vasos sanguíneos y reducen la inflamación y el daño celular.

Puesto que la comida es una mezcla de ácidos grasos omega 3 y omega 6, es obvio que las células reciben permanentemente instrucciones contradictorias de estos dos grupos de ácidos grasos. El predominio de uno de los dos — en favor o en contra de la salud — dependerá de su proporción en la dieta y, por lo tanto, en las células, dice William E. M. Lands, Ph.D., pionero de la investigación sobre el aceite de pescado y antiguo profesor de bioquímica de la

Universidad de Illinois, en Chicago. Si sus células están inundadas de ácidos grasos omega 6, el exceso resultante de prostaglandinas reactivas podría salirse de control y producir enfermedades. Si tiene suficientes ácidos grasos omega 3, éstos podrán controlar o bajar la velocidad a la máquina araquidónica que expele esas grandes cantidades de eicosanoides nocivos.

## La batalla entre los aceites de pescado y los de maíz

En el ámbito celular, el peligro es grande. En pocas palabras, tal como lo explica el doctor Lands, las células son el campo de batalla en donde los ácidos grasos omega 3 y omega 6 compiten por la supremacía. Y de la victoria diaria de uno de los dos depende el estado de salud de la persona. La verdad es que para la mayoría de los habitantes de los Estados Unidos y de otros países occidentales la derrota es continua. Obtenemos demasiados omega 6 y muy pocos omega 3 a través de la dieta. El doctor Lands dice que los estadounidenses consumen por lo menos entre 10 y 15 veces más ácidos grasos omega 6 de origen terrestre que omega 3 de origen marino: una "proporción horrible". En contraste, los esquimales, conocidos por tener una de las tasas más bajas de enfermedades crónicas, consumen tres veces más ácidos grasos omega 3 que omega 6, debido principalmente a su alto consumo de comida de mar. La comprobación del problema se halla en los tejidos de los estadounidenses. En un estudio reciente, Phyllis Bowen, profesora asociada del departamento de nutrición y dietética médica de la Universidad de Illinois, en Chicago, descubrió que el 80% de los ácidos grasos insaturados circulantes en las membranas celulares de los estadounidenses eran del tipo omega 6. En comparación, los niveles de los ácidos grasos omega 6 eran del 65% en los franceses, del 50% en los japoneses y de sólo un 22% en los esquimales de Groenlandia.

Los excesos de ácidos grasos omega 6 preocupan a expertos como el profesor emérito Alexander Leaf, de la Facultad de Medicina de la Universidad de Harvard. Cuando el organismo humano evolucionó hace millones de años, era nutrido por grandes cantidades de ácidos grasos omega 3 y casi nada de omega 6, anota el profesor Leaf. Ahora, con la invención de los aceites vegetales procesados, la relación es a la inversa en muchas culturas. Las dietas modernas deficientes en

15

pescado privan a las células del aceite marino y las sobrecargan de unos aceites modernos procesados y de grasas de la carne extraños a nuestras células. Según él, este desequilibrio de los ácidos grasos obliga a las células a funcionar mal, precipitando las actuales epidemias de enfermedades crónicas como el cáncer, la diabetes, la artritis y las enfermedades del corazón. El doctor Leaf señala que el organismo humano necesita una dosis mínima de aceite de pescado y que, al no obtenerla, se desquita desencadenando una multitud de enfermedades.

*"Nuestra epidemia de enfermedades cardíacas y de cáncer podría deberse a una deficiencia tan enorme de aceite de pescado que no logramos reconocerla".* — Doctor Ewan Cameron, Instituto Linus Pauling de Ciencia y Medicina de California.

Recientes estudios confirman el enorme poder salvador de la grasa de pescado. Comer pescado grasoso es una forma de intervenir directamente y salvar a las personas de las garras de la muerte y de la invalidez derivada de los ataques cardíacos. Las investigaciones han demostrado que la aterosclerosis — enfermedad y taponamiento de las arterias — empeora a medida que sea menor la cantidad de aceite marino consumido. El doctor Lands dice haber ideado una fórmula para predecir con exactitud la probabilidad de que una persona sufra un ataque cardíaco: con un simple pinchazo en el dedo se mide en la sangre la relación entre los ácidos grasos omega 3 y omega 6. Cuanto más alta sea la proporción de los omega 3 sobre los omega 6, menor será el riesgo de ataque cardíaco. Así mismo, los estudios revelan que cuando la proporción de ácidos grasos omega 3 en la sangre es mayor que la de los omega 6, la probabilidad del cáncer disminuye.

Aunque la mayoría de la gente no lo estima así, el consumo excesivo de aceites omega 6, principal componente de las margarinas, los aceites para ensalada, los aceites de cocina y los alimentos procesados, está contribuyendo a producir un desastre para la salud de nuestra población, dice la doctora Artemis Simopolous, presidenta del Centro de Genética, Nutrición y Salud de Washington, D.C. Es cierto

---

*DESÓRDENES QUE SE PUEDEN ALIVIAR O PREVENIR CON EL*
*ACEITE DE PESCADO*

- **Artritis reumatoidea:** Reduce el dolor articular, el malestar, la rigidez, la fatiga.

- **Ataques cardíacos:** Reduce en un tercio la probabilidad de que se repitan los ataques cardíacos.

- **Taponamiento de las arterias:** Mantiene las arterias abiertas y despejadas. (Los consumidores de pescado grasoso tienen menos aterosclerosis.) Reduce en un 40 a 50% el riesgo de que se cierren nuevamente las arterias después de la angioplastia.

- **Hipertensión:** Elimina o reduce la necesidad de tomar medicamentos para bajar la presión.

- **Colitis ulcerativa** (inflamación intestinal): En una prueba, el consumo de 4.5 gramos de aceite de pescado al día — igual a la cantidad contenida en siete onzas de caballa — durante ocho meses sirvió para disminuir la actividad de la enfermedad en un 56%. En otra prueba se redujo en un tercio la necesidad de administrar prednisona, un esteroide.

- **Psoriasis:** Reduce el prurito, el enrojecimiento, el dolor en algunos pacientes, y la cantidad de medicamentos requeridos.

- **Esclerosis múltiple:** Contribuye a reducir los síntomas en algunos pacientes.

- **Asma:** Frena los ataques en algunas personas.

- **Jaqueca:** Reduce la severidad y la frecuencia en algunas personas.

---

que en un principio las autoridades en cardiología alentaron el uso generalizado de los aceites vegetales para reducir el colesterol de la sangre, sin sospechar que dichos aceites podrían tener efectos nocivos sobre otros aspectos de la salud, tales como promover las enfermedades inflamatorias, reducir la inmunidad y promover el cáncer. Está bien documentado que esos malvados aceites omega 6 aumentan la incidencia y la diseminación del cáncer y la muerte de los animales de laboratorio.

Según los especialistas, la única forma de corregir este desequilibrio anormal y alarmante de la grasa celular es disminuir drásticamente el consumo de alimentos ricos en ácidos grasos omega 6 y aumentar el de los omega 3 de origen marino. El efecto es casi inmediato. Los estudios indican que comiendo tres onzas y media de pescado al día, en el lapso de 72 horas se aprecia el efecto benéfico sobre los tejidos.

Conviene comer pescado, especialmente el más rico en grasa, como el salmón, las sardinas, la caballa o escombro, el arenque y el atún, por lo menos dos o tres veces por semana. Sin embargo, basta con agregar una cantidad cualquiera de productos marinos a una dieta escasa en ellos para corregir un poco el desequilibrio de ácidos grasos y contribuir así a frenar no sólo la enfermedad cardíaca sino muchos desórdenes modernos relacionados con la "deficiencia de grasa marina". Las investigaciones han demostrado que una onza de pescado al día es suficiente para ayudar a restablecer la salud funcional de las células, evitándoles a muchas personas la invalidez y la muerte prematura debidas a las consecuencias inimaginadas de los poderes farmacológicos de la grasa. (En la página 562 aparecen las fuentes más ricas en ácidos grasos omega 3.)

## Fuentes de los ácidos grasos omega 3 más eficaces contra las enfermedades

La mayor cantidad de ácidos grasos omega 3 se encuentra en los pescados más grasosos de los mares más profundos y fríos. Las fuentes más ricas son la caballa, las anchoas, el arenque, el salmón, las sardinas, la trucha de laguna, el esturión del Atlántico y el atún. Hay cantidades moderadas de esta grasa en el rodaballo, el pomátomo, la perca, el tiburón, el eperlano arco iris, el pez espada y la trucha arco iris. Los mariscos — cangrejo, langosta, camarón, mejillones, ostras, almejas y calamar — contienen menos cantidad de ácidos grasos omega 3. (En el apéndice aparece una lista completa.)

El pescado se debe preparar al horno o hervido, para obtener el mayor beneficio. Al freírlo o agregarle otro tipo de grasa, en particular aceites vegetales con alto contenido de ácidos grasos omega 6, la potencia de los omega 3 del pescado disminuye.

Prefiera el atún en agua y las sardinas enlatadas sin aceite, a menos que sea en su propio aceite. Los otros aceites, como el de soya, disminuyen la eficacia de los omega 3. Además, al escurrir el aceite del atún en lata se pierde entre un 15 y un 25% de los omega 3, mientras que cuando se escurre el agua sólo se pierde un 3%.

También hay ácidos grasos omega 3 en algunas plantas. La mayor concentración se encuentra en las nueces de nogal, la linaza, la colza y la verdolaga, una hoja verde que crece silvestre en los Estados Unidos y se consume mucho en Europa y el Oriente Medio. Sin embargo, parece que los omega 3 de origen vegetal tienen una quinta parte de la potencia de los de origen marino en lo que se refiere a promover reacciones benéficas en las células.

## Lo mejor y lo peor del pescado

Infortunadamente, el pescado, ese antiguo benefactor natural, está contaminado a veces con venenos modernos, como los plaguicidas y otros productos químicos de uso industrial. Las siguientes son algunas formas de obtener los mayores beneficios para la salud con el menor riesgo:

- Prefiera el pescado de mar al pescado de agua dulce de los ríos, quebradas y lagos, los cuales tienen mayor probabilidad de estar contaminados.
- Evite el producto de la pesca deportiva obtenido en lagos y quebradas. Este pescado tiene una alta probabilidad de estar contaminado.
- Prefiera el pescado pequeño al grande. Los pescados pequeños, como las sardinas, han estado expuestos por menos tiempo a los contaminantes.
- Consuma distintas variedades de pescado y no un tipo solamente. De esta manera reducirá el riesgo de consumir una sobredosis de alguna fuente contaminada.
- No consuma la piel del pescado, pues en ella se depositan principalmente las sustancias tóxicas.
- Para mayor seguridad, escoja pescado criado en estanque, como el bagre y el salmón, para evitar el riesgo de la contaminación. Sin embargo, estos peces tienen menos aceite del tipo omega 3 que los silvestres.

- No exagere. Aunque algunas poblaciones, como las de pesca-dores japoneses y las de esquimales, consumen pescado a diario, algunas veces hasta una libra per cápita, no es necesario comer esa cantidad para obtener los beneficios de este alimento. La mayoría de los estudios indican que el consumo regular de pescado dos o tres veces a la semana puede contrarrestar en gran medida la tendencia a las enfermedades cardíacas, el cáncer y otras dolencias crónicas.

- Una advertencia especial para las mujeres embarazadas cuyos fetos podrían ser afectados por los productos químicos tóxicos: no consuman pescado de aguas continentales y limiten el consumo de pez espada, tiburón y atún fresco a una sola vez al mes. Algunos especialistas también aconsejan que las mujeres embarazadas no coman más de siete onzas de atún enlatado por semana.

## USTED PODRÍA SER VÍCTIMA DE ALGUNAS TORTURAS EXTRAÑAS POR CULPA DE LOS ALIMENTOS

¿Sufre usted de dolores de cabeza, urticaria, asma, eccema, síndrome de colon irritable, colitis ulcerativa, artritis reumatoidea, síndrome de fatiga crónica? ¿Se siente deprimido, malhumorado, perezoso? ¿Sufre su bebé de cólico, diarrea, erupciones alérgicas? ¿Tienen sus hijos sibilancias, infecciones de oído, jaquecas, crisis epilépticas? La ciencia ha comenzado a reconocer que esas enfermedades podrían ser desencadenadas o agravadas por un rechazo innato del organismo a ciertos alimentos. No son alergias corrientes sino unas torturas extrañas ejercidas por los alimentos, únicas en ciertos individuos, y nadie sabe exactamente cómo suceden. Pero una cosa es cierta: son reales, y el haberlas reconocido ha servido para resolver muchos misterios de la salud. Cuando no se logra identificar esas reacciones adversas a los alimentos, como sucede muchas veces, la persona es condenada innecesariamente a muchos años de malestar y mala salud.

El hecho de haber reconocido la existencia de extrañas "alergias" a los alimentos constituyó una revolución. Algunos especialistas de renombre creen que las intolerancias ocultas a los alimentos son las causantes de diversas enfermedades. Esas reacciones, aunque comúnmente denominadas alergias, no concuerdan con la definición típica de la alergia a los alimentos. Por consiguiente, los expertos han optado por llamar a esas reacciones "intolerancias", "sensibilidades", "reacciones metabólicas" o sencillamente "reacciones adversas".

La diferencia entre las teorías antiguas y las modernas sobre las alergias a los alimentos radica en lo siguiente: cuando se trata de un caso claro de alergia a algún alimento, reconocido desde hace mucho tiempo por los médicos, con sólo probar un bocado del alimento al cual la persona es alérgica, inmediatamente sobreviene una reacción brusca, como ardor en la boca, erupción y prurito, un ataque de asma o choque anafiláctico. Cuando se hacen las pruebas cutáneas y sanguíneas, el resultado es positivo para el alimento alergénico.

En un caso típico de alergia verdadera a un alimento, el sistema inmunitario reacciona exageradamente y confunde los compuestos inocuos presentes en la leche de vaca o las nueces, por ejemplo, con enemigos como las bacterias o los virus. Este error inicia una reacción de alarma en cadena. El sistema inmunitario comienza a producir *inmunoglobulina E* o *IgE,* aprestándose para luchar contra la falsa amenaza (antígenos) y liberando histaminas y otras sustancias químicas que provocan los síntomas de la alergia. Tradicionalmente se consideran alergias verdaderas solamente aquellas reacciones en las cuales participa la IgE.

---

*LOS CINCO ALIMENTOS ALERGÉNICOS CON MAYOR PROBABILIDAD DE DESENCADENAR TRASTORNOS CRÓNICOS*

De acuerdo con las pruebas realizadas por el médico John O. Hunter, especialista británico, éstos son los alimentos que suelen provocar diversos síntomas de enfermedad:

- Cereales a base de trigo y maíz
- Productos lácteos
- Cafeína
- Levadura
- Cítricos

---

## Alergias tardías a los alimentos

En la actualidad, los médicos comienzan a interesarse por una nueva teoría sobre las alergias a los alimentos, llamadas más exactamente intolerancias o hipersensibilidades. Según esa teoría, la reacción a un alimento que le hace mal a la persona sensible puede ser sutil y más difícil de detectar. Es probable que no aparezca antes de algunas horas o de un día o dos, o quizá se demore más tiempo en aparecer. Para desencadenar la reacción se necesita una mayor cantidad del alimento, y las pruebas sanguíneas y cutáneas podrían ser positivas o negativas. Podría no existir la participación típica del sistema inmunitario. Algunos creen que estas sensibilidades tardías a los alimentos contribuyen a generar una serie de malestares como letargo, dolor de cabeza, malos estados de ánimo y pérdida de la concentración, y también afecciones crónicas como la artritis reumatoidea y el síndrome de colon irritable.

Además, evitando ciertos alimentos se pueden revertir afecciones consideradas incurables y crónicas, como la artritis reumatoidea y los problemas digestivos. Según el pionero británico John O. Hunter, gastroenterólogo del hospital Addenbrookes, de Cambridge, "en estudios controlados, las dietas por exclusión (restringidas) producen buenos resultados en los casos de jaqueca, síndrome de colon irritable, enfermedad de Crohn, eccema, hiperactividad y artritis reumatoidea. Pese a ser muy amplia la gama de enfermedades, los alimentos implicados son muy parecidos: la mayoría de las veces son los cereales, los productos lácteos, la cafeína, la levadura y los cítricos. Evitando algunos de estos alimentos o la totalidad de ellos, se alivian los síntomas". En un estudio, el doctor Hunter determinó que el trigo era el alimento que más problemas causaba, al afectar a un 60% de los individuos estudiados. En segundo lugar estaban los productos lácteos. Menos mala fue la miel de abeja, la cual sólo afectó al 2% de la población estudiada.

Por raro que parezca, con este tipo de alergia a los alimentos no siempre se produce la reacción infundiendo la sustancia específica en la corriente sanguínea, dice el doctor Hunter. Según él, esto significa que la reacción ocurre en los intestinos y no en la sangre y el sistema inmunitario. De acuerdo con esta teoría, las reacciones se desencadenan a causa de las toxinas y demás sustancias químicas que se producen cuando los alimentos se descomponen en el intestino por la acción de las bacterias. La reacción va y viene, dependiendo de las sensibilidades de cada cual y del delicado equilibrio de las distintas bacterias en el tubo digestivo.

Hay otras teorías que tratan de explicar estas reacciones extrañas y debilitantes. Una posibilidad es que algunas personas, a causa de una inflamación intestinal crónica, tienen "fugas" que permiten el paso de partículas sin digerir a través de la pared del colon a la corriente sanguínea, donde son tratadas como invasoras por el sistema inmunitario, produciendo una verdadera conmoción alérgica. Otra explicación es que los elementos constituyentes de los alimentos producen los síntomas directamente. Por ejemplo, el café, las frutas y en especial el vino contienen fenoles, sustancias químicas naturales que son desactivadas por las enzimas durante la digestión. El problema sobreviene cuando las enzimas de la persona están fallando y no logran desactivar completamente los fenoles. Se cree que los fenoles del vino contribuyen a desencadenar la jaqueca. Además, algunos alimentos son portadores directos de sustancias alergénicas potentes. Los análisis de la leche han demostrado la presencia de histamina, uno de los actores principales de muchas reacciones, como el asma. La leche y el trigo contienen opiáceos naturales, sustancias semejantes a la morfina, los cuales pueden afectar el funcionamiento de las células cerebrales e influir sobre el estado de ánimo y la actividad mental, e incluso producir fatiga.

## El síndrome de la alteración mental

¿Pueden las reacciones a los alimentos desencadenar también afecciones mentales? La conclusión de una revisión reciente realizada por Alan Gettis, del Colegio de Médicos y Cirujanos de la Universidad de Columbia, fue la siguiente: "Hay un cúmulo de pruebas que apuntan hacia el hecho de que la sensibilidad a los alimentos en ciertas personas susceptibles puede producir o agravar síntomas tales como la depresión y la ansiedad". El doctor Talal Nsouli, alergista y profesor de la Facultad de Medicina de la Universidad de Georgetown, ha observado que en un alto porcentaje de pacientes la fatiga es producto de alergias a los alimentos, en particular al trigo, la leche y el maíz.

El descubrimiento reciente de las relaciones entre la intolerancia a los alimentos y una larga lista de dolencias desconcertantes y aparentemente incurables ofrece finalmente una esperanza de recuperación a millones de personas.

---

## CÓMO DETECTAR UNA "ALERGIA" CRÓNICA A ALGÚN ALIMENTO

Si usted sospecha que su organismo está en desacuerdo con ciertos alimentos que le producen o exacerban males crónicos como artritis, dolores de cabeza, cambios anímicos, dolor abdominal, diarrea y otros malestares intestinales, trate de buscar la causa mediante un proceso de ensayo y error para eliminar de su dieta a los alimentos culpables. He aquí algunas sugerencias del doctor Nsouli al respecto:

- Suspenda durante una semana el alimento sospechoso. Lo más lógico es comenzar con uno de los culpables más comunes: la leche y sus derivados, los productos de trigo o maíz. Lea con atención las etiquetas de los productos para descubrir la presencia de esos alimentos. Por ejemplo, es muy común encontrar en los alimentos procesados componentes como la caseína de la leche, el gluten de trigo y los edulcorantes de maíz (jarabes de maíz).

- Durante esa semana, fíjese bien si se siente mejor: por ejemplo, si la diarrea o los dolores de cabeza disminuyen. Si es así, el siguiente paso es confirmar sus sospechas.

- Para demostrar la culpabilidad de determinado alimento necesita una "prueba de provocación". Durante una semana, consuma grandes cantidades del alimento que había estado evitando. Si son productos lácteos, consuma leche baja en grasa, yogur y requesón dos o tres veces al día. Si es el maíz, coma mucha mazorca, hojuelas de maíz, tortillas, pan de maíz y frituras de maíz. Si es el trigo, coma pan, cereales de trigo y pasta. Observe si se siente peor y si vuelve a tener síntomas como dolor, fatiga o malestar abdominal. Si es así, ese alimento tiene en parte la culpa. Recuerde que el síntoma puede tardar dos o tres días en aparecer.

---

**Advertencia:** Si alguna vez ha tenido una reacción aguda a un alimento, o cree que pueda ser alérgico a ciertos alimentos, como el maní o los camarones, *por ningún motivo* realice una "prueba de provocación" con ellos. Sencillamente evítelos a toda costa, porque podrá tener reacciones muy graves, entre ellas un choque anafiláctico.

- Repita el proceso, concentrándose en distintos alimentos de alto riesgo, principalmente el trigo, la leche, el maíz, la soya y los huevos.

- Claro está que también puede consultar a un médico especialista en alergias a los alimentos. Lo más probable es que le soliciten exámenes de rutina, entre ellos pruebas cutáneas o una prueba sanguínea denominada RAST, para detectar la presencia de inmunorreacciones. Estos análisis sirven para indentificar los signos iniciales de la alergia a los alimentos, pero no son infalibles. Pueden pasar por alto ciertas intolerancias y arrojar resultados falsos acerca de otras. El doctor Nsouli insiste en que la única prueba que realmente cuenta es eliminar el alimento de la dieta y luego agregarlo de nuevo, para ver si es la causa del problema. Ésa es la única prueba real, incluso para los alergistas, dice.

Si usted es en realidad alérgico o sensible a determinado alimento que le amarga la vida, con sólo evitarlo se curará instantáneamente.

# ALIMENTOS PARA LA SALUD DEL SISTEMA CARDIOVASCULAR

# LO QUE DEBE COMER PARA EVITAR LOS PROBLEMAS DEL CORAZÓN

---

**Alimentos que pueden salvar las arterias y prevenir la enfermedad cardíaca:** Comida de mar • Frutas • Hortalizas • Nueces • Granos • Leguminosas • Cebolla • Ajo • Aceite de oliva • Alcohol con moderación • Alimentos ricos en vitaminas C y E y betacaroteno

**Alimentos que pueden dañar las arterias y el corazón:** Carnes y productos lácteos ricos en grasa saturada • Alcohol en exceso

---

Si usted le teme a la enfermedad cardíaca, uno de los secretos más grandes para que pueda sobrevivir es saber lo que comen las personas que no tienen problemas del corazón ni mueren de enfermedad cardíaca. Claro está que los genes y el género desempeñan un papel. Pero también lo desempeñan el estilo de vida, el cigarrillo, el ejercicio y la tensión emocional. Sin embargo, excluyendo todos esos factores, como lo han hecho los científicos en sus estudios, la dieta siempre aparece desempeñando un papel fundamental con respecto a la suerte de las arterias y del corazón. Frenar el avance de la enfermedad arterial — cuyo ritmo crece inevitablemente con la edad — es fundamental para prevenir los ataques cardíacos y los accidentes cerebrovasculares. Pero vale la pena saber que, pese a haber comido desordenadamente toda la vida e incluso haber tenido problemas del corazón, y hasta un ataque cardíaco, basta modificar la dieta para ayudar a prevenir una catástrofe cardíaca en el futuro y aun frenar y revertir el daño arterial, devolviéndoles la salud a las arterias. Nunca es demasiado pronto ni demasiado tarde.

## CÓMO SE TAPONAN LAS ARTERIAS Y CÓMO DETENER EL PROCESO MEDIANTE LA ALIMENTACIÓN

Todos nacemos con las arterias limpias, despejadas y elásticas. Sin embargo, el proceso de taponamiento de las arterias, conocido como aterosclerosis o enfermedad de las arterias coronarias, comienza al poco tiempo de vida. En la capa celular que reviste la pared de las arterias se van depositando unas vetas de grasa, las cuales, lentamente, se transforman en placas: tejido cicatricial graso que se abulta en las arterias, obstruyendo parcialmente el paso de la sangre. Si una de esas placas se rompe, puede activar el mecanismo de coagulación. Si el coágulo es demasiado grande, puede bloquear el flujo sanguíneo, impidiendo que la sangre irrigue grandes porciones del músculo cardíaco. Este suceso se conoce con el nombre de ataque cardíaco. La reducción del flujo sanguíneo también puede desencadenar ritmos cardíacos anormales — taquicardia y fibrilación —, produciendo la muerte súbita en algunos casos. También puede suceder que uno de los vasos que lleva la sangre al cerebro se obstruya o se rompa, causando un accidente cerebrovascular.

La alimentación determina en gran medida la rapidez con la cual se taponan las arterias y la severidad de la obstrucción. Con una dieta adecuada es posible mantener los vasos despejados, libres de coágulos peligrosos y lo suficientemente flexibles para que sirvan de conductos sanos a la sangre. Algunos alimentos combaten la acumulación de colesterol y de otras grasas transportadas por la sangre y, lo que es más importante, actúan sobre los factores de coagulación. Esto es lo que comen las personas que no enferman del corazón, según lo confirman los investigadores del mundo entero.

*Bueno:*

## EL PESCADO: REMEDIO UNIVERSAL PARA EL CORAZÓN

La mejor forma de reducir radicalmente la probabilidad de sufrir una enfermedad cardíaca es comiendo pescado, en particular del tipo grasoso, rebosante de ácidos grasos omega 3. Las pruebas acerca de los poderes preventivos y terapéuticos del pescado son abrumadoras. El poder medicinal de la comida de mar radica probablemente en la grasa marina.

La presencia de enfermedades cardíacas es menor entre los pueblos consumidores de comida de mar. El solo hecho de consumir pequeñas cantidades de pescado puede tener un efecto monumental. En un estudio revelador realizado en Holanda, una onza de pescado al día, en promedio, redujo a la mitad las probabilidades de una enfermedad cardíaca mortal. Un estudio con 6 000 hombres estadounidenses de edad madura reveló que quienes consumían la grasa marina en una onza de caballa o tres onzas de róbalo al día tenían un 36% menos probabilidades de morir de una enfermedad cardíaca que los hombres que consumían menos pescado. Otro estudio realizado a lo largo de 25 años con 17 000 hombres estadounidenses reveló que el número de ataques cardíacos mortales disminuía cuanto mayor fuera el consumo de pescado. Entre los hombres que no consumían pescado, las muertes por enfermedad cardíaca fueron un tercio más numerosas que entre quienes consumían más de una onza y cuarto de comida de mar al día.

Si pudiéramos mirar dentro de las arterias de las personas vivas, veríamos que las más sanas pertenecen a los comedores de pescado y las más enfermas a los que no comen pescado. Lo único posible es estudiar las arterias en cadáveres. Eso fue lo que hicieron hace poco investigadores daneses, quienes obtuvieron pruebas asombrosas y sin precedentes del poder del aceite de pescado para prevenir la aterosclerosis.

Para su estudio tomaron las arterias y el tejido adiposo de cuarenta autopsias consecutivas realizadas en el Hospital Frederiksberg, de Dinamarca. Midieron el aceite de pescado presente en el tejido adiposo, para determinar cuánto pescado grasoso había comido cada individuo durante su vida. Sin lugar a dudas, las arterias más lisas y limpias correspondían a las personas que tenían más grasa omega

3 en los tejidos; es decir, aquéllas que habían comido más pescado. Las arterias más obstruidas correspondían a quienes tenían menos grasa omega 3 en los tejidos, lo cual ponía de manifiesto su error de no haber consumido bastante pescado grasoso.

*Los estudios demuestran que basta con comer una onza de pescado al día, o un par de porciones por semana, para reducir en un tercio o a la mitad las probabilidades de sufrir un ataque cardíaco.*

 *Bueno:*

## QUÉ COMER PARA SOBREVIVIR A UN ATAQUE CARDÍACO

Si usted ha sufrido un ataque cardíaco, lo que debe hacer está muy claro: inicie un régimen preventivo. Sométase a una dieta de pescado inmediatamente. Así podrá reducir en un tercio las probabilidades de sufrir otros ataques mortales en el futuro. De hecho, comer pescado es mejor método para escapar a otros ataques que recortar otros alimentos ricos en grasa saturada de origen animal. Así lo demostró un estudio de dos años realizado por el doctor Michael Burr, del Consejo de Investigación Médica de Cardiff (Gales). El doctor Burr estudió a 2 033 hombres víctimas de por lo menos un ataque cardíaco. A los integrantes de un grupo les pidió que comieran porciones de cinco onzas de pescado grasoso, como salmón, caballa o sardinas, por lo menos dos veces por semana, o que tomaran cápsulas de aceite de pescado. A los integrantes de un segundo grupo les dio instrucciones de recortar el consumo de grasas saturadas como la mantequilla, el queso y la crema. A los integrantes del tercer grupo les solicitó que aumentaran el consumo de fibra comiendo más cereales integrales y pan de trigo integral. Para efectos de comparación, el cuarto grupo no recibió ninguna recomendación con respecto a la dieta.

Al cabo de los dos años, la dieta baja en grasa y la dieta alta en fibra no habían afectado la supervivencia. Pero el efecto de la dieta a base de pescado fue notable. ¡Las muertes entre las personas del primer grupo se redujeron en un 29%! "Eso es casi increíble", dice

Alexander Leaf, profesor emérito de la Escuela de Medicina de Harvard y autoridad en aceites de pescado.

• *CONCLUSIÓN* • *Si usted sufre un ataque cardíaco, podrá reducir más su probabilidad de sufrir otro comiendo pescado dos veces por semana y muchas frutas y hortalizas, en lugar de seguir la recomendación convencional de disminuir la grasa de la dieta.*

 *Bueno:*

## LA DIETA DE LA SEGUNDA OPORTUNIDAD DESPUÉS DE UNA OPERACIÓN DEL CORAZÓN

Si, para despejar las arterias obstruidas, usted se ha sometido a un procedimiento quirúrgico común conocido como angioplastia con balón, comer pescado grasoso le ayudará a mantenerlas despejadas. Las arterias tienden a taponarse de nuevo en un 40 a 50% de los casos. Sin embargo, muchos estudios demuestran que el aceite de pescado reduce a la mitad la probabilidad de que se obstruyan nuevamente. También en este caso, el aceite de pescado es superior a una dieta baja en grasa. En una prueba realizada por el doctor Mark R. Milner, cirujano del Hospital Center de Washington, D.C., con 42 pacientes sometidos a angioplastia que consumieron una dieta baja en grasa y tomaron cápsulas de aceite de pescado durante seis meses, las arterias se volvieron a obstruir solamente en un 19% de los casos. En contraste, la reaparición del bloqueo fue dos veces mayor en un número igual de pacientes sometidos a una dieta baja en grasa, sin aceite de pescado. La dosis protectora diaria fue la cantidad contenida en unas siete onzas de caballa.

Sin embargo, el doctor Milner dice que las personas que suelen comer pescado tres o más veces por semana no necesitan las dosis altas de aceite de pescado para corregir la situación de emergencia. La doctora Isabelle Bairati, profesora de medicina de la Universidad de Laval, de la ciudad de Quebec (Canadá), comprobó esta afirmación en otro estudio con pacientes de angioplastia. Descubrió que el consumo regular de pescado antes y después de la cirugía era tan eficaz como las cápsulas de aceite de pescado para mantener las arterias despejadas. Los pacientes que consumían más de ocho onzas de comida de mar a la semana tuvieron menos de la mitad de las probabilidades de reobstrucción que los que consumían un par de onzas por semana. Como era de esperarse, el pescado grasoso, como el salmón, la caballa y las sardinas, cuyo contenido de ácidos grasos omega 3 es alto, fueron más potentes que los de otros tipos.

---

**DIEZ FORMAS COMO EL ACEITE DE PESCADO COMBATE LA ENFERMEDAD CARDÍACA**

- Bloquea el proceso de agregación plaquetaria (coagulación).
- Reduce la constricción de los vasos sanguíneos.
- Aumenta el flujo de sangre.
- Reduce los niveles de fibrinógeno (factor de coagulación).
- Incrementa la actividad fibrinolítica (disolución de coágulos).
- Bloquea el daño causado a las células por los radicales de oxígeno libres.
- Reduce los triglicéridos.
- Eleva los niveles del colesterol bueno (lipoproteínas de alta densidad, LAD).
- Mejora la flexibilidad de las membranas celulares.
- Reduce la presión arterial.

---

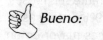 *Bueno:*

## EL AJO DEVUELVE EL RELOJ DE LAS ARTERIAS OBSTRUIDAS

El ajo, consumido con regularidad, puede frenar el taponamiento de las arterias y, lo que es más sorprendente todavía, puede incluso revertir el daño, ayudando así a las arterias a sanar, como lo afirma un pionero de los estudios sobre el ajo, el doctor Arun Bordia, cardiólogo de la Escuela de Medicina de Tagore (India). El doctor Bordia observó en conejos de laboratorio alimentados con ajo, cuyas arterias presentaban un taponamiento del 80%, una reducción del bloqueo arterial y además una recuperación parcial de las arterias lesionadas.

Después realizó pruebas con un grupo de 432 pacientes con

enfermedad cardíaca, la mayoría de los cuales se estaban recuperando de ataques cardíacos. La mitad de los pacientes consumieron dos o tres dientes de ajo crudos o cocidos todos los días durante tres años. Lo utilizaron exprimido en el jugo, en la leche como "tónico matutino", o hervido o picado. La otra mitad de los pacientes no consumieron ajo. Al cabo del primer año no hubo diferencia alguna en la tasa de ataques cardíacos entre los dos grupos.

Sin embargo, durante el segundo año, *¡las muertes entre los pacientes que consumían ajo disminuyeron en un 50%, y en el tercer año descendieron en un 66%!* Los ataques cardíacos no mortales también se redujeron en un 30% durante el segundo año, y en un 60% durante el tercer año. Además, la presión arterial y los niveles de colesterol en la sangre disminuyeron en un 10% entre los consumidores de ajo. También hubo un menor número de ataques de angina — dolor de pecho — entre los consumidores de ajo. Los pacientes que no consumieron ajo no presentaron cambios cardiovasculares significativos.

El doctor Bordia indica que, con el tiempo, la ingestión constante de ajos elimina parte de la placa arterial y previene daños futuros. El arma principal del ajo radica quizá en la abundancia de antioxidantes. Se dice que el ajo posee por lo menos 15 antioxidantes diferentes capaces de neutralizar los agentes que atacan a las arterias.

*NOTA: Según el doctor Bordia, la eficacia del ajo cocido para prevenir los ataques cardíacos y las muertes fue igual a la del ajo crudo.*

**Un beneficio adicional del ajo.** El ajo produjo otros beneficios inesperados para la salud. El doctor Bordia dijo que los pacientes que consumieron ajo presentaron una menor tendencia a sufrir de dolores articulares, malestares musculares y asma. También dijeron que sentían más vigor, energía, deseo sexual y apetito. De especial interés fue el efecto de reducir el dolor articular de las personas con osteoartritis. Sin embargo, un 5% de los pacientes abandonaron el experimento, quejándose de ardor al orinar, hemorroides sangrantes, flatulencia e irritabilidad. El ajo crudo produjo más molestias de este tipo que el ajo cocido.

*Grupos de científicos del mundo entero han comprobado la relación entre el consumo de ajo y la menor incidencia de enfermedades cardíacas. Un grupo de investigadores de la Universidad de Western, Ontario, realizó en 1981 un estudio de las dietas de 15 países y determinó que los pueblos que consumen mayor cantidad de ajo presentan una tasa menor de enfermedades cardíacas.*

 *Bueno:*

## DESCUBRA LAS BONDADES DE LAS NUECES PARA CON SU CORAZÓN

El doctor Gary Fraser, Ph.D., profesor de medicina de la Universidad de Loma Linda (California), recomienda comer un puñado de nueces al día para contrarrestar la enfermedad cardíaca. A través de un estudio de 31 208 adventistas del séptimo día, el doctor Fraser descubrió que las nueces eran el alimento principal de quienes no sufrían ataques cardíacos. Quienes comían nueces por lo menos cinco veces a la semana tenían aproximadamente la mitad de probabilidades de sufrir un ataque cardíaco y muerte por enfermedad de las arterias coronarias que quienes comían nueces menos de una vez a la semana. Hasta el consumo de nueces una sola vez a la semana pareció reducir el riesgo de la enfermedad cardíaca en un 25%. Entre las nueces consumidas, el 32% era maní, el 29% almendras, el 16% nueces de nogal y el 23% otras nueces.

No es tan absurdo como parece. Las nueces son ricas en fibra y grasas monoinsaturadas como la del aceite de oliva, de las cuales se sabe que contrarrestan la enfermedad cardíaca. Las nueces también contienen grandes cantidades de antioxidantes, entre ellos vitamina E, selenio (en particular las nueces del Brasil) y ácido elágico (especialmente las nueces de nogal), los cuales pueden proteger las arterias de los estragos del colesterol. Si a usted le preocupa la posibilidad de subir de peso, no debe exagerar el consumo de nueces, aunque la mayor parte de su alto contenido de grasa es de grasa buena. Pero quizá le interese saber que, entre las personas del estudio del doctor

Fraser, los consumidores asiduos de nueces eran menos obesos que los menos entusiastas. El doctor Fraser no determinó el número de nueces que cada cual comía cada vez, pero una cantidad razonable, según el peso de la persona, sería una o dos onzas al día.

## EL EXPERIMENTO ITALIANO

¿Qué comen las mujeres italianas que sufren del corazón y qué comen las que no? Para responder esta pregunta, los investigadores italianos del Instituto de Investigación Farmacológica Mario Negri, de Milán, analizaron las dietas de 936 mujeres de edad.

Descubrieron que la probabilidad de sufrir ataques cardíacos era un 60% menor entre las mujeres que comían mayores cantidades de zanahoria y fruta fresca, y un 40% menor entre las que comían mayor cantidad de hortalizas verdes y pescado. El consumo moderado de alcohol también contribuía a reducir el riesgo en un 30%, mientras que el consumo exagerado de alcohol lo aumentaba en un 20%. Las mujeres con el mayor riesgo eran las que consumían más carne, especialmente jamón y salami, mantequilla y grasa total.

 *Bueno:*

## VÁLGASE DEL PODER DE LAS HORTALIZAS PARA BLOQUEAR LOS ATAQUES CARDÍACOS

Usted puede disminuir radicalmente la probabilidad de sufrir un ataque cardíaco o un accidente cerebrovascular, aunque ya los haya sufrido, devorando frutas y hortalizas. No cabe duda de que las personas dedicadas a comer frutas y hortalizas tienen mejores arterias. Los vegetarianos presentan las tasas más bajas de enfermedad cardiovascular. En estudios recientes de Harvard, las probabilidades de sufrir un ataque cardíaco se redujeron en un 22%, y las de sufrir un accidente cerebrovascular disminuyeron entre un 40% y un 70% entre las mujeres que consumieron una zanahoria grande o media taza de batata (otro alimento rico en betacaroteno) todos los días.

Las frutas y las hortalizas también son una buena prescripción para después de un ataque cardíaco. Si usted sobrevive a un ataque cardíaco, las frutas y las hortalizas podrán evitarle otro más adelante. Además, son más eficaces que disminuir el consumo de carnes y productos lácteos ricos en grasa, según lo determinó un estudio de cuatrocientos pacientes de ataque cardíaco en la India. Los médicos dividieron a los pacientes en dos grupos, uno de los cuales fue sometido a la dieta convencional baja en grasa y el otro a una dieta "experimental" a base de grandes cantidades de frutas, cereales, nueces, legumbres, pescado y verduras. El requisito era consumir cerca de 14 onzas de frutas y hortalizas al día (entre ellas guayaba, uvas, papaya, banano, naranja, limón, manzana, espinaca, rábano, tomate, raíz de loto, hongos, cebolla, ajo, semillas de alholva, guisantes y fríjoles rojos).

Al cabo de un año, entre las personas que consumían frutas y hortalizas la incidencia de problemas cardíacos y la de muerte por todas las causas habían disminuido en un 40% y un 45%, respectivamente, en comparación con las personas sometidas a la dieta baja en grasa. Los investigadores concluyeron que si todas las víctimas de ataques cardíacos adoptaran inmediatamente una dieta abundante en hortalizas y frutas, sería enorme el número de vidas salvadas. Importante: para obtener los mejores resultados, la víctima de un ataque cardíaco debe iniciar una dieta vegetariana tan pronto como sea posible. En el estudio de la India, la dieta se inició en el transcurso de las primeras setenta y dos horas después del ataque.

Además, un estudio realizado hace poco en Holanda entre pacientes cardíacos reveló que el cambio a una dieta vegetariana baja en grasa saturada y colesterol durante dos años detuvo y mejoró el daño arterial.

En opinión de los investigadores, la explicación más probable es que los carotenos vegetales y los demás antioxidantes presentes en las frutas y las verduras contribuyeron a mantener despejadas y sanas las arterias.

*Bueno:*

## ENSAYE LA DIETA SALVADORA DE LOS JAPONESES

Aliméntese como solían hacerlo los japoneses. En la actualidad, la invasión de las occidentalizadas comidas rápidas ricas en grasa ha contribuido a elevar la tasa de enfermedades cardíacas en el Japón. Durante años, la dieta baja en grasa y rica en pescados de ese país fue el modelo de una vida sin enfermedades cardiovasculares. En 1957, Ancel Keys, quien a la sazón enseñaba en la Universidad de Minnesota, comenzó a seguirles los pasos a las enfermedades cardíacas en siete países: Estados Unidos, Finlandia, Holanda, Italia, Yugoslavia, Grecia y Japón. Descubrió que en los países occidentales, la tasa de enfermedades cardíacas mortales era cinco veces mayor que en el Japón, el país con la tasa más baja. Por ejemplo, el oriente de Finlandia registraba la mayor incidencia de enfermedades cardíacas, unas ocho veces más que en el Japón. El hecho revelador fue que los japoneses ingerían únicamente el 9% de las calorías en forma de grasa y, de esa proporción, únicamente el 3% era grasa animal, mientras que la dieta de los finlandeses estaba constituida en un 39% por grasa, el 22% de la cual era de origen animal.

Aunque los japoneses comienzan a apartarse de su dieta salvadora, los investigadores de la Universidad de Helsinki lograron entrevistar recientemente a unos aldeanos japoneses que, según dijeron, todavía seguían la dieta tradicional de sus antepasados. Así describieron su dieta diaria: cuatro o cinco tazas de arroz, cinco a ocho onzas de frutas, unas nueve onzas de verduras, dos onzas de fríjoles, unas dos onzas de carne, tres o cuatro onzas de pescado, media taza de leche, un huevo o menos, dos cucharaditas de azúcar, una cucharada y media de salsa de soya. Los hombres bebían, además, quince onzas de cerveza, y las mujeres sólo un sorbo.

Así, la dieta típica de los japoneses es baja en calorías, grasa y carne y rica en pescado, frutas, verduras y arroz. La única mancha de esta dieta es el exceso de sodio proveniente principalmente de la salsa de soya, culpable en parte de la alta tasa de accidentes cerebrovasculares. Restringir el sodio y comer como solían hacerlo los japoneses parece ser una forma excelente de escapar de las enfermedades del corazón.

*Bueno:*

## ¿POR QUÉ ES MÁS SANO EL CORAZÓN DE LOS PUEBLOS DEL MEDITERRÁNEO?

Adopte la dieta de las personas que viven alrededor del mar Mediterráneo, en especial en Grecia, Italia, España y el sur de Francia. La probabilidad de morir por enfermedad cardíaca en estos países es la mitad que en los Estados Unidos. En efecto, algunos investigadores están convencidos de que la dieta del Mediterráneo es una forma más agradable para los estadounidenses de salvar su corazón que la dieta baja en grasas propuesta por los funcionarios de la salud. Es cierto que la dieta del Mediterráneo no es baja en grasa; en realidad esos pueblos consumen más grasa que los estadounidenses. Pero hay una diferencia muy grande: cerca de tres cuartas partes del total de sus calorías grasas se derivan de grasas monoinsaturadas, representadas principalmente por el aceite de oliva; también consumen muy poca grasa saturada de origen animal. Por ejemplo, los habitantes de la isla de Creta a veces beben el aceite de oliva en vaso, aumentando la cuota de calorías grasas a más del 40%. Sin embargo, según lo descubriera el doctor Keys en su "Estudio de Siete Países", los cretenses rara vez mueren por enfermedad cardíaca. En el transcurso de un período de quince años, solamente 38 de 10 000 cretenses fallecieron por enfermedad del corazón, en comparación con 773 estadounidenses, lo que indica una mortalidad veinte veces mayor a causa de esta enfermedad en los Estados Unidos que en Creta. También se hallaron tasas bajas en otras poblaciones del Mediterráneo.

He aquí el factor decisivo: los consumidores más entusiastas de grasa del tipo de la del aceite de oliva entre los pueblos del Mediterráneo tenían las menores probabilidades de fallecer a causa del cáncer o de cualquier otra enfermedad. Según el doctor Keys, el factor esencial de la dieta para reducir la incidencia de muerte a causa de cualquier enfermedad fue el consumo de grasas monoinsaturadas como fuente principal de grasa. Con razón hay quienes dicen que el aceite de oliva es "el alimento de la longevidad".

| ALIMENTOS MÁS RICOS EN GRASA BENÉFICA PARA LAS ARTERIAS | |
| --- | --- |
| | *Porcentaje de grasa monoinsaturada* |
| Avellanas | 81 |
| Aguacate | 80 |
| Aceite de oliva | 72 |
| Almendras | 71 |
| Aceite de canola | 60 |

• *CONCLUSIÓN* • *Una dieta relativamente rica en grasa no parece ser peligrosa para el corazón si es muy baja en grasas animales y rica en grasa del tipo de la del aceite de oliva. Un grupo bastante activo de médicos de Harvard está más a favor de una dieta al estilo de la del Mediterráneo, con un 35% a 40% de calorías grasas derivadas principalmente de grasas monoinsaturadas, que de la dieta recomendada por los funcionarios de salud del gobierno, en la cual el consumo de grasa se restringe al 30% de las calorías totales.*

 *Bueno:*

## CONSUMA ACEITE DE OLIVA, LA GRASA AMIGA DEL CORAZÓN

¿Por qué es mejor para el corazón la grasa monoinsaturada, predominante en el aceite de oliva? Sencillamente porque es más amable con las arterias desde el punto de vista químico. Reduce el colesterol malo (lipoproteínas de baja densidad, LBD), pero no el bueno (lipoproteínas de alta densidad, LAD). Además, la grasa monoinsaturada ejerce una actividad antioxidante que previene el daño causado a las arterias por el colesterol malo. Los médicos italianos han utilizado el aceite de oliva como terapia después del ataque cardíaco y han observado que las características de la sangre de los pacientes mejoran, reduciendo la vulnerabilidad de éstos a ataques futuros. Además, el doctor Walter Willett, de Harvard, dice que "hay siglos de pruebas epidemiológicas sobre los beneficios del aceite de oliva".

Otra razón por la cual el aceite de oliva es favorecido por las autoridades de la salud es que nadie ha encontrado peligro alguno en él. "Es la única grasa realmente segura", insiste Harry Demopolous, médico de Nueva York dedicado a investigar los antioxidantes. La grasa monoinsaturada se encuentra concentrada también en las almendras, las avellanas y los aceites de canola y aguacate.

Nota: El aceite de oliva extravirgen extraído en frío es el mejor.

---

*"El aceite de oliva es una de las principales fuentes de energía [en la dieta del Mediterráneo]. La grasa constituye en promedio entre el 35 y el 40% de las calorías totales, y las tasas de enfermedad de las arterias coronarias son tan bajas como las de las poblaciones cuya dieta es muy baja en grasa".* — Doctor Frank Sacks, Escuela de Salud Pública de Harvard.

---

 *Bueno:*

## MÁS SECRETOS PARA EL CORAZÓN EN LA DIETA DEL MEDITERRÁNEO

No se le puede otorgar al aceite de oliva todo el crédito por la salud de los corazones mediterráneos. La dieta de esos pueblos es diferente en muchos otros sentidos. Esto es lo que debemos hacer para imitarla:

- aumentar al doble el consumo de comida de mar;
- aumentar en un 66% el consumo de hortalizas y en un 10% el de frutas;
- comer un 20% más de cereales integrales y fríjoles;
- comer un 45% menos de carne roja;
- comer un 16% menos de huevos;
- consumir cuatro veces más aceite de oliva;
- reducir a la mitad los otros aceites vegetales;
- consumir un 50% menos de leche entera, crema y mantequilla.

*Malo:*

## UNA FORMA SEGURA DE ENVENENAR LAS ARTERIAS

Evite la grasa animal. Es el verdadero demonio de la enfermedad cardíaca. Destruye las arterias porque, además de dejarlas taponadas y constreñidas, eleva el nivel de colesterol, aumenta la viscosidad de la sangre y suprime los mecanismos de disolución de los coágulos. Los pueblos que consumen grandes cantidades de grasa animal tienen las tasas más elevadas de enfermedad de las arterias coronarias en el mundo. La enfermedad cardíaca aumenta paralelamente con el consumo de grasa animal. Un informe publicado en 1990 por la Organización Mundial de la Salud señala que la incidencia de enfermedades cardíacas es baja en las poblaciones que consumen entre un 3% y un 10% de sus calorías totales en forma de grasa animal. Pero cuando aumenta el consumo de grasa saturada se produce una incidencia "marcada y progresiva" de enfermedades cardíacas mortales. En los Estados Unidos y otros países de occidente, la grasa saturada representa por lo general un mortal 15% a 20% de calorías.

Una buena noticia: abandonando la grasa animal se pueden corregir los errores y ayudar a destapar las arterias. Varios estudios demuestran que limitando el consumo de grasa animal es posible frenar la formación y acumulación de los depósitos grasos que taponan las arterias, e incluso disminuir su tamaño. El doctor David H. Blankenhorn, de la Facultad de Medicina de la Universidad del Sur de California, quien determinó que la dieta baja en grasa (5% de las calorías en forma de grasa saturada) tenía éxito en los pacientes sometidos a derivación coronaria, dijo que la mayoría de las personas podían salvar las arterias de esa destrucción causada por la grasa animal con sólo "reemplazar los lácteos ricos en grasa por lácteos con bajo contenido de grasa".

*"Si me pidieran una sola recomendación para reducir el riesgo de la enfermedad cardíaca, sería la de disminuir el consumo de alimentos de origen animal, concretamente las grasas animales, y reemplazarlas por carbohidratos complejos: cereales, frutas y hortalizas".* — Doctor Ernst Schaefer, Centro de Investigación en Nutrición Humana y Envejecimiento, Departamento de Agricultura de los Estados Unidos, Universidad Tufts.

 *Bueno:*

## UN BRINDIS POR LA SALUD

Si usted bebe, hágalo con moderación. Según una veintena de estudios, una o dos copas al día previenen la enfermedad cardíaca. Uno de los estudios determinó que las personas que bebían dos copas al día tenían un 40% menos de probabilidades de ser hospitalizadas por ataques cardíacos que los abstemios. Eric Rimm, de la Escuela de Salud Pública de la Universidad de Harvard, demostró en un amplio estudio publicado en 1991 que la incidencia de enfermedad de las arterias coronarias entre los hombres que bebían un promedio de media o una copa al día era un 21% menor que entre los abstemios. Una dosis de una a una y media copas reducía en un 32% las probabilidades de sufrir del corazón. En mayor cantidad, el alcohol es todavía mejor; el problema está en el alto riesgo de contraer otras enfermedades con más de dos copas al día.

"La dosis máxima de alcohol que no ofrece peligro es de dos copas al día", dice el doctor William Castelli, director del Estudio Framingham del Corazón. Según él, los distintos estudios revelan que el riesgo de sufrir una enfermedad cardíaca disminuye ligeramente con una o dos copas al día, pero que la probabilidad de muerte por las demás enfermedades, entre ellas el cáncer, aumenta con tres copas al día. Un estudio demostró que la tasa de mortalidad aumentaba en un 50% con tres a cinco copas diarias.

Las siguientes son algunas de las explicaciones posibles del efecto benéfico del alcohol para el corazón: el alcohol aumenta el colesterol LAD; el vino (tinto) es anticoagulante; el alcohol alivia la tensión emocional; y las bebidas alcohólicas contienen antioxidantes.

*"No hay otro medicamento más eficaz [para prevenir los ataques cardíacos] que el alcohol ingerido con moderación".*
— Serge Renaud, médico e investigador francés.

 *Bueno:*

## FRANCESES CON CORAZÓN DE HIERRO: ¿SERÁ EL VINO?

Si tuviéramos que escoger una bebida alcohólica para el corazón y la salud en general, seguramente sería el vino, remedio conocido hace más de cuatro mil años. De acuerdo con el doctor R. Curtis Ellison, jefe del departamento de medicina preventiva y epidemiología de la Facultad de Medicina de la Universidad de Boston, investigaciones realizadas por él parecen indicar que el vino es más eficaz para reducir la enfermedad cardiovascular que los licores destilados o la cerveza. Los franceses apoyan de corazón esta idea.

Curiosamente, la incidencia de ataques cardíacos entre los hombres franceses es un tercio menor que entre los estadounidenses, a pesar de que aquéllos consumen alimentos ricos en grasa y tienen niveles de colesterol y de presión arterial semejantes a los de los hombres estadounidenses. Según algunos científicos, la explicación a esta llamada "paradoja francesa" está en el hábito de beber vino, especialmente vino tinto, con las comidas. El doctor Alun Evans, de la Universidad Queens, de Belfast, anota que la incidencia de ataques cardíacos entre los franceses es un tercio menor que entre los irlandeses. Las dos poblaciones beben la misma cantidad de alcohol, pero la gran diferencia radica en que los franceses beben principalmente vino y los irlandeses prefieren los licores fuertes.

Es cierto que algunos vinos tintos, especialmente el de Burdeos, ejerce un efecto anticoagulante. Por lo tanto, las autoridades de salud de Francia señalan que consumir vino con las comidas ricas en grasa contrarresta el peligro de ésta última. La comida grasosa tiende a desacelerar el flujo sanguíneo, con lo cual aumenta la probabilidad de que la sangre se coagule y se taponen las arterias. El vino puede frenar ese proceso. Los científicos advierten que el vino se debe consumir con regularidad y "con moderación: no más de dos o tres copas de cuatro onzas diarias".

También el vino blanco parece ayudar a prevenir las enfermedades cardíacas, según el doctor Arthur Klatsky, del Centro Médico Kaiser Permanente, de Oakland (California). Tras terminar un estudio de diez años con cerca de 82 000 hombres y mujeres, llegó a la conclusión de que todas las bebidas alcohólicas ingeridas con moderación previenen al parecer las enfermedades cardíacas, pero que el vino es mejor que la cerveza y los licores fuertes. Sin embargo, no observó que el efecto protector del vino tinto fuese mayor que el del vino blanco.

*• CONCLUSIÓN • Si usted bebe y no tiene problemas de alcoholismo, una o dos copas diarias le ayudarán a proteger la salud de su corazón. Consumido en mayor cantidad, el alcohol es peligroso, y beber ocasionalmente en grandes cantidades es muy nocivo para el corazón y para la salud en general. Si no bebe, no comience a hacerlo con el objeto de prevenir la enfermedad cardiovascular. Y si bebe mucho, reduzca la dosis. El alcohol en grandes cantidades es un veneno capaz de producir daños severos al corazón y la muerte súbita.*

## ¿ES MALO EL CAFÉ PARA EL CORAZÓN?

Hay pocas pruebas que indiquen la necesidad de abandonar el café o la cafeína para salvar el corazón, aunque sería conveniente que las personas con alto riesgo de sufrir enfermedades cardíacas redujeran su consumo. El doctor Martin G. Myers, de la Universidad de Toronto, analizó en 1992 once amplios estudios sobre el tema y no encontró relación alguna entre el consumo de café y las enfermedades cardíacas, ya fuera que las personas bebieran una o más de seis tazas de café al día.

En cambio, un estudio en el cual el doctor Klatsky, del Centro Médico Kaiser Permanente, hizo un seguimiento de diez años a más de 100 000 individuos, reveló que cuatro o más tazas de café al día aumentaban las probabilidades de sufrir enfermedad cardíaca en un 30% de los hombres y en un 60% de las mujeres. En el té no se encontró el mismo peligro, lo cual parece indicar que la culpa no es de la cafeína. El doctor Klatsky aconseja que las personas con alto riesgo de sufrir enfermedad cardíaca deben limitar el consumo de café a menos de cuatro tazas al día. Otro estudio reciente reveló que el riesgo de la enfermedad cardíaca se triplicaba con el consumo de diez o más tazas de café al día.

¿Qué pasa con el café descafeinado? No hay pruebas de que el café con cafeína sea peor para el corazón que el descafeinado. En realidad podría ser todo lo contrario. En un estudio de Harvard realizado en 1990 con 45 000 hombres no se encontró un mayor riesgo de enfermedad cardíaca o de accidente cerebrovascular con el consumo de café, té o cafeína total. El estudio reveló la existencia de un riesgo ligeramente mayor para los bebedores de café descafeinado, lo cual llevó a los investigadores a concluir que "no había méritos para cambiar el café con cafeína por café descafeinado" con el fin de proteger al corazón.

---

*"No hay razón de peso para que las personas que toman hasta seis tazas de café al día dejen de tomarlas y, en particular, no hay razón de peso para que cambien a café descafeinado".*
— Doctor Walter Willett, Escuela de Salud Pública de Harvard.

---

## LO QUE DEBE COMER SI SUFRE DE DOLOR DE PECHO (ANGINA)

El dolor de pecho o angina es una señal de alerta de que las arterias se están estrechando demasiado o están parcialmente bloqueadas, impidiendo el flujo fácil del oxígeno y la sangre. El estrechamiento se debe por lo general a la aterosclerosis; es decir, a la acumulación de una placa en las coronarias, las arterias encargadas de llevar el oxígeno al músculo cardíaco. También puede deberse a espasmos del corazón.

La angina tiene relación con niveles bajos en la sangre de los antioxidantes vitamina E, vitamina C y betacaroteno, y de aceite de pescado omega 3. Por consiguiente, para aliviar la angina es importante aumentar el consumo de frutas, verduras, pescado grasoso, cereales, nueces y aceites vegetales ricos en vitamina E, aconseja el médico Rudolph A. Riemersma, investigador de la Universidad de Edimburgo. A través de un estudio con 500 hombres de edad madura — la mitad de ellos con angina —, el doctor Riemersma encontró una menor probabilidad de angina entre aquéllos que tenían niveles de caroteno, vitamina C y, especialmente, vitamina E superiores al promedio. En efecto, los hombres con los niveles más bajos de vitamina

E en la sangre presentaban una probabilidad dos veces y media mayor de sufrir angina que aquéllos que tenían los niveles más altos de vitamina E. Al parecer, la actividad antioxidante de esta vitamina previene el daño y la obstrucción de las arterias. Continuando con sus investigaciones, el doctor Riemersma descubrió que la presencia en las plaquetas de la sangre de niveles altos de un tipo de aceite de pescado, conocido como EPA, era otro factor de protección contra la angina.

 *Malo:*

## EL ALCOHOL PROMUEVE LA ANGINA

En 1786, el médico inglés William Heberden recomendó el alcohol como *tratamiento* para la angina, y desde entonces muchos lo han imitado. Pero es probable que el efecto del alcohol sea más malo que bueno. Investigaciones actuales indican que el alcohol en realidad causa la angina en los pacientes con enfermedad de las arterias coronarias preexistente.

Durante un experimento, la doctora Joan Orlando y sus colaboradores de Long Beach (California) administraron a doce pacientes de edad madura con angina tres o cuatro copas de licor (entre dos y cinco onzas de alcohol) y una hora después les pidieron que hicieran ejercicio. La angina sobrevino con mayor rapidez cuando habían ingerido el alcohol. En efecto, anteriormente, sin haber ingerido alcohol, habían podido prolongar el ejercicio durante un promedio de diez a quince minutos más. El alcohol también produjo, al efectuar el ejercicio, un aumento anormal de la frecuencia cardíaca y de la presión sistólica.

## PALPITACIONES IRREGULARES: ¿ES CULPABLE EL CAFÉ?

Si usted sufre de arritmia — palpitaciones irregulares — le sería conveniente que restringiera la cafeína, aunque no necesariamente debe abandonarla del todo. El doctor Martin G. Myers, de la Universidad de Toronto, analizó veintitrés estudios recientes sobre la relación entre la cafeína y la arritmia cardíaca sin encontrar indicio alguno de que menos de 500 miligramos de cafeína al día — aproximadamente cinco tazas de café — aumentara la frecuencia o la severidad de las arritmias cardíacas en personas normales o en pacientes con afecciones del corazón.

Aun así, algunos especialistas creen que es conveniente limitar el consumo a dos tazas de café al día cuando hay arritmia. Thomas B. Graboys, investigador de Harvard, administró tabletas de cafeína a personas con arritmias ventriculares graves para simular el consumo de dos tazas de café al día. Después las sometió a un régimen de ejercicio de cinco minutos cada hora durante tres horas en bicicleta estática. Los ritmos cardíacos permanecieron iguales independiente- mente de que hubieran tomado cafeína o píldoras de placebo. El doctor Graboys dice: "No tiene sentido prohibirle definitivamente la cafeína a una persona con arritmia. No hay razón por la cual no pueda beber una o dos tazas de café al día".

Por otra parte, una alta dosis de cafeína, proveniente de nueve o diez tazas de café, puede agravar las arritmias ventriculares preexistentes. Además, en las personas sensibles a la cafeína, las palpitaciones irregulares pueden aumentar. Una investigación reciente de la Universidad de Ciencias de la Salud de Oregón reveló que la cantidad de cafeína contenida en dos tazas y media de café producía con mayor facilidad las arritmias ventriculares en una población seleccionada de personas "sensibles a la cafeína". Para mayor segu- ridad, aconsejan a los pacientes con enfermedad cardíaca limitar el café a dos tazas diarias.

---

*"Con tres o más copas [de licor] al día no se aprecian efectos adversos para las coronarias, pero sí un aumento de la presión arterial, la cirrosis del hígado, el cáncer de garganta, los accidentes, las hospitalizaciones y la mortalidad".* — Arthur L. Klatsky, jefe de cardiología, Centro Médico Kaiser Perma- nente, Oakland (California).

---

*Malo:*

## EL SÍNDROME DE LOS DÍAS FESTIVOS

¿Puede el alcohol alterar las palpitaciones del corazón? No cabe duda de que así es, bien sea que se trate de un alcohólico o de un bebedor ocasional, dicen las autoridades médicas. Entre los alcohólicos, las arritmias producidas por el alcohol son causa frecuente de muerte cardíaca súbita.

Por ejemplo, es muy común ver en las salas de urgencia casos de arritmias severas después de un consumo exagerado de alcohol los fines de semana y los días de fiesta, en especial entre la Nochebuena y el día de Año Nuevo. Por esta razón al problema se le ha denominado "síndrome de los días festivos". Este tipo de fibrilación o aleteo por lo general desaparece cuando se desvanecen los efectos del alcohol, sin dejar señales de daño permanente. Aunque es más común entre los alcohólicos o las personas que llevan años bebiendo cantidades apreciables de alcohol, este síndrome también puede golpear ocasionalmente a los bebedores moderados que deciden embriagarse.

Es un hecho que el consumo de alcohol en grandes cantidades aumenta las probabilidades de paro cardíaco y accidente cerebrovascular. Los resultados de un estudio demostraron que el 40% de las mujeres que morían de repente eran alcohólicas. De acuerdo con el muy conocido Estudio Framingham del Corazón, las personas que consumían más de cinco o seis copas al día tenían mayores probabilidades de morir de muerte repentina aunque no mostraran signos de enfermedad de las arterias coronarias.

Cuanto más beba la persona, más expuesta se halla a sufrir daño en su sistema cardiovascular. Al disminuir el consumo de alcohol suele reducirse también la arritmia.

## LO QUE DEBE COMER PARA MANTENER ALEJADO AL CARDIÓLOGO

- El primer consejo para alejar las enfermedades del corazón es: coma más pescado grasoso, rico en ácidos grasos omega 3; por lo menos una onza al día o una porción dos o tres veces a la semana.
- Aumente el consumo de ajo, cebolla y toda clase de hortalizas y frutas para garantizar una cantidad suficiente de antioxidantes y anticoagulantes en la sangre y evitar la obstrucción de las arterias.
- Evite los alimentos de origen animal, tales como los lácteos y la carne rica en grasa.
- Utilice aceite de oliva y de canola.
- Estos consejos son doblemente importantes si usted ya ha tenido algún problema cardiovascular. "Las dietas de la segunda oportunidad" pueden ayudarle a prevenir un mayor daño de las arterias y salvarlo de ataques cardíacos, accidentes cardiovasculares y otros problemas cardíacos en el futuro.
- Si usted bebe alcohol, una dosis regular de una o dos copas al día, especialmente de vino con las comidas, puede servirle para contrarrestar la enfermedad cardíaca. Pero si no bebe, no comience a hacerlo, porque los peligros podrían ser muy superiores a los beneficios. Si bebe más de dos copas al día, reduzca la cantidad. El exceso de alcohol daña el corazón, perjudica la salud en general y aumenta las probabilidades de muerte prematura.
- Limite el consumo de café a un par de tazas al día, si tiene palpitaciones irregulares. Desde el punto de vista de prevenir la enfermedad cardíaca, no hay justificación comprobada para cambiarse al café descafeinado.

# LA MEJOR DIETA CONTRA EL COLESTEROL

> **Alimentos que ayudan a controlar el colesterol:** Fríjoles •
> Avena • Manzana • Zanahoria • Aceite de oliva • Aguacate •
> Almendras • Nueces de nogal • Ajo • Cebolla • Comida de mar,
> especialmente pescado grasoso • Frutas y hortalizas con alto
> contenido de vitamina C y betacaroteno • Cereales ricos en fibra
> soluble • Alcohol con moderación
> **Alimentos que aumentan los niveles del colesterol malo:**
> Alimentos con alto contenido de grasa saturada y colesterol

El colesterol — esa sustancia amarillenta, grasosa y pegajosa presente
en la sangre — es una de las razones por las cuales sus arterias se
convierten en el basurero de la mugre biológica conocida como placa,
la cual estrecha los vasos sanguíneos y reduce la distancia que lo
separa a usted de la enfermedad cardíaca. Pero las cosas no son tan
simples. Algunos de los componentes del colesterol son peligrosos
para las arterias, mientras que otros son benéficos. Además, lo que
usted come puede ayudar a limpiar el colesterol malo para que no
lesione las arterias. Independientemente de las complejidades del
colesterol, hay algo muy claro: lo que usted come puede tener un
efecto asombroso sobre el colesterol malo y, lo que es más fascinante
aún, modificarlo para que no sea tan peligroso.

Esta recién descubierta posibilidad de limpiar el colesterol promete
detener drásticamente el progreso de la aterosclerosis en un 50 a
70% e incluso disminuir el taponamiento de las arterias al reducir el

tamaño de la placa acumulada en las paredes, según el doctor Daniel Steinberg, investigador de la Facultad de Medicina de la Universidad de California, en San Diego. "Ahora podemos atacar la enfermedad directamente en la pared de la arteria, simplemente reduciendo el colesterol. Es muy interesante", dice.

## CÓMO UTILIZAR LOS ALIMENTOS PARA CONTROLAR EL COLESTEROL

Básicamente, la alimentación debe estar dirigida a reducir un tipo de colesterol conocido como LBD (lipoproteínas de baja densidad) y aumentar otro tipo denominado LAD (lipoproteínas de alta densidad). La razón de ello es que las LBD son "malas" y constituyen la materia prima para obstruir las arterias. Por su parte, las LAD "buenas" devoran a las "malas" y las llevan hasta el hígado, donde son aniquiladas. Como es obvio, cuanto mayor sea la proporción de LAD y menor la de LBD, más protegidas estarán las arterias. Hay algunos alimentos que ayudan a destruir las LBD nocivas y a generar las LAD benéficas.

Veamos ahora la interesante teoría según la cual sería posible controlar el colesterol mediante los alimentos, de una manera que nadie había imaginado antes. De acuerdo con esa teoría, planteada por el doctor Steinberg y muchos otros, las arterias se taponan cuando las moléculas de colesterol malo se oxidan al estrellarse con unas formas especiales de oxígeno conocidas como radicales libres, circulantes en la sangre. Las LBD se tornan rancias, como le sucede a la mantequilla sin refrigerar. En esta forma alterada, estas lipoproteínas son devoradas rápidamente por las células llamadas macrófagos. Estas células, atiborradas de glóbulos de grasa, se agrandan convirtiéndose en "células espumosas", las cuales se depositan sobre las paredes de las arterias, provocando la destrucción de éstas. Si se evita esta transformación tóxica, el colesterol LBD puede seguir siendo relativamente inocuo. Así, el problema no está en la cantidad de colesterol malo presente en la sangre, sino en la proporción de "LBD tóxicas oxidadas" capaces de taponar las arterias. El doctor Steinberg y muchos otros investigadores creen que el colesterol LBD no es tan peligroso para las arterias mientras no se convierta en la forma tóxica por la acción de los radicales de oxígeno libres de la sangre.

Es ahí donde la dieta se convierte en un arma poderosa. En la actualidad hay un cúmulo de pruebas según las cuales es posible bloquear la transformación tóxica del colesterol LBD y, por ende, su terrible amenaza, consumiento alimentos ricos en antioxidantes protectores. Esto implica la posibilidad de intervenir en el *origen mismo de la aterosclerosis*, en cualquier etapa de la vida, para bloquear la cascada de acontecimientos arteriales que dan lugar a la obstrucción arterial, los ataques cardíacos y los accidentes cerebrovasculares. La perspectiva es realmente emocionante.

*• CONCLUSIÓN • Para combatir el colesterol nocivo es preciso reducir el colesterol malo del tipo LBD, aumentar el colesterol bueno del tipo LAD y evitar hasta donde sea posible que el LBD se convierta en una sustancia tóxica para las arterias. Los siguientes son los alimentos que le ayudarán en esa labor.*

 *Bueno:*

## LOS FRÍJOLES MÁGICOS

Coma fríjoles secos y otras leguminosas. Son uno de los medicamentos naturales más económicos, abundantes y eficaces para combatir el colesterol. Los estudios demuestran que estos alimentos bajan permanentemente el nivel de colesterol. Según el doctor James Anderson, de la Facultad de Medicina de la Universidad de Kentucky, una taza de fríjoles secos cocidos al día suprime en un 20% el colesterol malo. Los resultados se ven al cabo de tres semanas aproximadamente. Todos los tipos de leguminosas sirven — los fríjoles moteados, los negros, los blancos, los rojos, los de soya, las lentejas, los garbanzos —, incluso los tradicionales fríjoles enlatados. En un experimento, con media taza de fríjoles enlatados se logró reducir en un 12% los altos niveles de colesterol de hombres de edad madura habituados a la típica dieta estadounidense rica en grasa.

Una taza de leguminosas al día también eleva los niveles del colesterol bueno en un 9%, aunque no inmediatamente; los resultados aparecen al cabo de uno o dos años. Y las leguminosas mejoran esa relación crítica entre el colesterol LBD y el LAD en un 17%, según lo demostró un experimento. El consejo del doctor Anderson es que, para mejores resultados, el consumo de leguminosas se debe distribuir durante el día: por ejemplo, comer media taza en el almuerzo y la otra media en la cena. Las leguminosas contienen como mínimo seis compuestos que combaten el colesterol, el más importante de los cuales es quizá la fibra soluble.

No olvide los fríjoles de soya. También ellos son armas poderosas contra el colesterol, según un gran número de estudios llevados a cabo en el mundo entero. Un estudio típico es el realizado recientemente por John Erdman, científico de la Universidad de Illinois, quien demostró una reducción del 12% en los niveles de colesterol en personas que consumieron alimentos fortificados con ingredientes de soya. En efecto, en el estudio del doctor Erdman, la proteína de soya fue declarada la forma alimentaria más eficaz de suprimir el colesterol. El secreto está en la proteína de soya, presente en alimentos tales como los fríjoles de soya, la leche de soya, el queso de soya (tofu), la proteína de soya texturizada y el *tempeh*, pero no en la salsa ni en el aceite de soya.

---

*"La mayoría de las personas pueden reducir el colesterol comiendo diariamente dos tercios de taza de cereal de salvado de avena o una taza de fríjoles".* — Doctor James Anderson, Facultad de Medicina de la Universidad de Kentucky.

---

 *Bueno:*

## EL PODER DE LA AVENA

Coma avena para combatir el colesterol. Científicos holandeses descubrieron ese poder de la avena hace treinta años y hoy lo confirman veintitrés de veinticinco estudios, dice el doctor Michael C. Davidson, profesor asistente de cardiología del Centro Médico Rush-Presbyterian-St. Luke, de Chicago. La cantidad necesaria para combatir el colesterol no es grande. "Fue suficiente con un tazón mediano de salvado de avena cocido o un tazón grande de colada de harina de avena", informó el doctor Davidson en un estudio reciente. En efecto, en ese estudio se llegó a la conclusión de que la dosis más alta necesaria es de dos onzas de salvado de avena al día, o dos tercios de taza del alimento seco. Con esa cantidad el colesterol nocivo se redujo en un 16%, en el caso de las personas que consumían una dieta baja en grasa. Con la mitad de esa cantidad — una onza o un tercio de taza del producto seco —, el colesterol se redujo en un 10%. Sin embargo, *no se observó beneficio adicional* cuando se incrementó la cantidad a tres onzas de salvado de avena al día.

Aunque la harina de avena también demostró ser eficaz, se necesita el doble de la cantidad para obtener el mismo efecto. Más diciente fue el hecho de que la avena redujo el colesterol lo suficiente para evitarle a una tercera parte del grupo la necesidad de tomar medicamentos potentes para reducir el colesterol, dice el doctor Davidson. Incluso un par de onzas de avena instantánea al día son suficientes para reducir el colesterol en un 6% al cabo de dos meses, según lo revela otro estudio.

Consumiendo diariamente un tazón grande de salvado de avena se puede elevar el nivel del colesterol LAD en un 15% al cabo de dos o tres meses, dice el doctor Anderson.

La sustancia, presente en la avena, que combate el colesterol es el betaglucano, una fibra soluble de textura gomosa que toma una consistencia gelatinosa en el tracto intestinal, interfiriendo la absorción y la producción de colesterol, de tal manera que una mayor cantidad de éste es eliminado de la corriente sanguínea.

## MISTERIOS DEL SALVADO DE AVENA: LO QUE USTED DEBE SABER

La avena produce mejores resultados en unas personas que en otras. Algunos estudios revelaron descensos significativos del 20% en los niveles de colesterol, mientras que en otros la reducción fue tan sólo del 3 o 4%. Según los resultados de un estudio de Harvard muy difundido, la avena no tuvo efecto alguno. Las siguientes son algunas de las explicaciones posibles de esta variabilidad entre los resultados de las investigaciones:

1. El contenido de fibra soluble — es decir, de betaglucano — varía ampliamente según la marca comercial del salvado de avena y, por lo tanto, el poder farmacológico de cada producto es distinto. Las pruebas demuestran que los porcentajes típicos de fibra soluble

oscilan entre el 8 y el 28%. Pero algunas marcas contienen cantidades mínimas o nulas de betaglucano, el principal agente activo, dice Gene Spiller, Ph.D., reconocido investigador del tema de la fibra y director del Centro de Investigación y Estudios de la Salud de California. Por lo tanto, no sirven para nada. Su consejo es escoger el salvado de avena con el mayor contenido de "fibra soluble", según la etiqueta, o, si no, comprar harina de avena, la cual siempre contiene algo de betaglucano.

2. El salvado de avena, como cualquier agente farmacológico, afecta a cada persona de manera diferente. Wendy Demark-Wahnefried, Ph.D., quien ahora trabaja en la Universidad de Duke, observó una disminución promedio del 10 al 17% en los niveles de colesterol de hombres y mujeres que consumieron 1.7 onzas de salvado de avena cocido o 1.5 onzas de cereal frío de avena Quaker todos los días. Aun así, el 33% de quienes consumieron salvado de avena, y el 27% de quienes siguieron una dieta baja en grasa, no presentaron disminución alguna de colesterol. En contraste, otras personas presentaron una reducción asombrosa de hasta ochenta o cien puntos. Según la doctora Demark-Wahnefried, el mensaje es que la avena, como cualquier otro fármaco natural o fabricado, no es la panacea universal. Pero si a usted le sirve, podría serle de gran ayuda. La única forma de averiguarlo es ensayando.

3. Si usted tiene niveles altos de colesterol (por encima de 230) la avena podría ser todavía más eficaz — lo mismo es cierto de los fríjoles y de otros alimentos ricos en fibra soluble. La avena no reduce el colesterol en mayor medida cuando los niveles son normales o relativamente bajos ("en las personas que no la necesitan", dice el doctor Anderson). Además, la avena reduce el colesterol incluso en las personas que consumen la típica dieta estadounidense rica en grasa. En un estudio realizado con hombres cuyos niveles de colesterol eran altos (210 a 325) y que obtenían de la grasa el 41% de sus calorías, dos onzas de salvado de avena al día redujeron el colesterol malo, LBD, en un 8.5%.

4. El poder de la avena puede variar con la edad y el sexo. La conclusión de una revisión reciente es que algunas mujeres jóvenes no obtienen beneficio alguno, mientras que muchas de edad presentan una "marcada reducción del colesterol". Los efectos en los hombres de todas las edades son intermedios.

• *CONCLUSIÓN* • *Si tiene niveles altos de colesterol — por encima de 230 —, un tazón de salvado de avena al día puede ayudarle. Si el nivel es bajo, lo más probable es que no obtenga beneficio alguno. Tampoco debe esperar beneficios adicionales comiendo más de dos tercios de taza de salvado de avena seco o una taza y un tercio de harina seca de avena al día, de acuerdo con la revisión de Cynthia M. Ripsin, de la Universidad de Minnesota.*

 *Bueno:*

## UN DIENTE DE AJO AL DÍA

Si le preocupa el colesterol, coma ajo. Cerca de veinte estudios con seres humanos demuestran que el ajo fresco y algunas preparaciones de ajo reducen el colesterol. De acuerdo con Robert Lin, Ph.D., presidente de una conferencia internacional sobre el ajo y la salud celebrada recientemente, tres dientes de ajo fresco al día pueden reducir el colesterol en un promedio del 10%, y hasta del 15% en algunas personas. (Como es lógico, el efecto de una menor cantidad también es menor.) No importa si se consume crudo o cocido, dice el doctor Lin, puesto que es eficaz en ambas formas. Se han identificado seis compuestos del ajo que reducen el colesterol al suprimir la síntesis de éste en el hígado.

---

*"El humilde diente de ajo ha venido confirmando la interesante posibilidad de que sirva como remedio profiláctico de uso diario para combatir los factores de riesgo de la enfermedad cardiovascular".* — J. Grunwald, médico británico.

---

En un experimento controlado realizado recientemente en el Colegio de Medicina L.T.M. de Bombay, se observó una reducción del 15% aproximadamente — de un promedio de 213 a 180 — en el colesterol de cincuenta individuos que consumieron tres dientes de ajo crudo todas las mañanas durante dos meses. Los factores de coagulación de la sangre también mejoraron notablemente. En otro estudio, realizado en el Colegio Bastyr, de Seattle, una dosis diaria de aceite de ajo extraído de tres dientes frescos redujo el colesterol en un 7% en un mes y, más importante aún, ¡elevó en un 23% el nivel de colesterol bueno, LAD!

*NOTA: El ajo fresco, crudo o cocido, y también en encurtido, mejora los niveles de colesterol. El ajo en polvo y la sal de ajo que se venden en los supermercados carecen de poder terapéutico.*

 *Bueno:*

## MEDIA CEBOLLA AL DÍA

La cebolla cruda es uno de los mejores tratamientos para elevar los niveles del colesterol LAD. Media cebolla cruda, o su equivalente en jugo, eleva el colesterol LAD en un promedio del 30% en la mayoría de las personas con enfermedad cardíaca o problemas de colesterol, según el doctor Victor Gurewich, cardiólogo y profesor de la Escuela de Medicina de Harvard. El doctor Gurewich tomó de la medicina popular la idea del poder curativo de la cebolla y comenzó a ensayarla en su clínica. Fue tan grande su éxito, que ahora aconseja a todos sus pacientes que coman cebolla. Sin embargo, cuanto más se cuece la cebolla, más pierde su poder para elevar el nivel de colesterol LAD. (La cebolla cocida combate la enfermedad cardíaca de otra manera.) El doctor Gurewich ignora cuáles son las sustancias químicas de la cebolla que aumentan las LAD. Piensa que podría ser una sola o cientos de ellas. La terapia a base de cebolla funciona en un 70% de los pacientes. Si usted no puede comer media cebolla cruda al día, coma un poco menos. Cualquier cantidad le servirá para aumentar sus niveles de colesterol LAD.

 *Bueno:*

## MUCHO SALMÓN

Para reforzar las LAD benéficas, coma pescado grasoso, como el salmón y la caballa, rebosantes de ácidos grasos omega 3, los cuales aumentan el colesterol bueno, aunque el nivel sea normal. En un experimento se les pidió a los hombres participantes que comieran salmón como entrada antes del almuerzo y de la cena durante cuarenta días aproximadamente. Sus niveles de LAD aumentaron grandemente. Según el director del estudio, Gary J. Nelson, Ph.D., del Centro de Investigación de Nutrición Humana del Departamento de Agricultura de los Estados Unidos, con sede en San Francisco, más importante todavía es el hecho de que una de las fracciones salvadoras de las LAD aumentó en un 10%. El doctor Nelson dice que esta fracción en particular está estrechamente relacionada con la función de proteger el sistema cardiovascular. Los resultados se observaron con mucha rapidez — a los veinte días —, lo cual indica que no hay que esperar mucho tiempo para sentir los buenos efectos del pescado grasoso sobre el corazón y el colesterol.

¿Cuánto salmón? Los hombres del estudio comieron la "dosis máxima": cerca de una libra de salmón fresco al día. Por norma, para poder detectar el efecto se necesitan dosis altas. Pero una cantidad menor de pescado también eleva los niveles de colesterol bueno LAD, aunque en menor grado, dice el doctor Nelson. Además, si los niveles de LAD están por debajo de lo normal, el efecto del pescado es mayor. Puesto que los ácidos grasos omega 3 parecen ser el elemento activo, otros pescados ricos en aceite (caballa, arenque, sardinas, atún) tendrían el mismo efecto. En el estudio, el salmón también contribuyó a reducir los triglicéridos, como sucede normalmente cuando se consume pescado grasoso.

 *Bueno:*

## EL ACEITE DE OLIVA ES BUENO PARA TODO

Faltan palabras para ensalzar los numerosos beneficios del aceite de oliva para las arterias y el colesterol. Es un salvador triple. A la vez que reduce el colesterol malo LBD y eleva ligeramente o mantiene los niveles de colesterol LAD, mejora también la relación entre las LBD y las LAD. En contraste, aceites como los de maíz, soya, cártamo y girasol, reducen tanto el colesterol bueno como el colesterol malo. Según un amplio estudio, el aceite de oliva es superior a la dieta baja en grasa recomendada normalmente para combatir el colesterol. Cuando los participantes en el estudio consumieron el 41% de sus calorías en grasa, derivada en su mayor parte del aceite de oliva, el colesterol malo se redujo más que cuando consumieron una dieta con la mitad de ese contenido de grasa. Además, las LAD aumentaron con la dieta de aceite de oliva y disminuyeron con la dieta baja en grasa.

El hecho decisivo es que el aceite de oliva ayuda también a desactivar el colesterol malo, limitando su capacidad para destruir las arterias. Los estudios del doctor Daniel Steinberg, de la Universidad de California, y de algunos investigadores de Israel han demostrado que el aceite de oliva disminuye radicalmente la oxidación tóxica del colesterol LBD. En un importante estudio, el doctor Steinberg y sus colaboradores le administraron a un grupo de voluntarios sanos un 40% de sus calorías en forma de grasa monoinsaturada, equivalente a unas tres cucharadas de aceite de oliva al día. Los integrantes del otro grupo consumieron aceite de cártamo bajo en ácidos grasos monoinsaturados. Los investigadores examinaron entonces los niveles de colesterol malo en ambos grupos y encontraron que *la probabilidad de oxidación de las LBD y, por tanto, la probabilidad de obstruir las arterias, era sólo del 50% entre quienes consumieron el aceite monoinsaturado*. Esto no significa que usted deba beber aceite de oliva por cucharadas, pero sí indica que debe preferir la grasa monoinsaturada del tipo del aceite de oliva, si desea prevenir el daño arterial.

---

*"Basándome en muchas encuestas en la isla de Creta, tengo la impresión de que hay muchos centenarios entre los campesinos, quienes muchas veces desayunan con una copa de aceite de oliva".* — Doctor Ancel Keys, conocido epidemiólogo.

---

 *Bueno:*

## ELOGIOS PARA LAS ALMENDRAS Y LAS NUECES DE NOGAL

¿Cómo podrían ser buenas las nueces para combatir el colesterol? ¿Acaso no son ricas en grasa? Sí, pero mayormente en grasa monoinsaturada, la cual reduce el colesterol e impide la oxidación de las LBD. El doctor Gene Spiller pidió a un grupo de hombres y mujeres con niveles de colesterol relativamente altos — 240 en promedio — que comieran tres onzas y media de almendras todos los días durante tres a nueve semanas. Los otros grupos debían ingerir cantidades iguales de grasa en forma de queso o de aceite de oliva.

El colesterol promedio de quienes comieron almendras se redujo entre un 10 y un 15%, en comparación con el de las personas que comieron queso. El efecto de las almendras fue igual al del aceite de oliva, lo cual es lógico, puesto que la grasa de las almendras es químicamente idéntica a la del aceite de oliva, dice el doctor Spiller. Por tanto, si el aceite de oliva es bueno para el corazón, como lo demuestran numerosos estudios, también lo es el aceite de almendra.

Las nueces de nogal también surten efecto, según la investigación de la doctora Joan Sabate, de la Universidad de Loma Linda. En su estudio participaron personas con niveles normales de colesterol, todas con dieta baja en grasa. Durante un mes consumieron el 20% de sus calorías en forma de nueces de nogal (unas dos onzas de nueces en una dieta de 1 800 calorías diarias). Después suspendieron las nueces durante todo un mes. Con la dieta sin nueces, el colesterol disminuyó un 6% en promedio. ¡Pero con la adición de las nueces de nogal, el colesterol se redujo en un 18%! En promedio, la disminución fue de 22%. Así, las nueces reforzaron el efecto contra el colesterol incluso con la dieta corriente baja en grasa. Tal como señala el doctor William Castelli, del Estudio Framingham del Corazón, "al parecer, las personas que consumen nueces obtienen mejores resultados que todas las demás".

Sin embargo, tanto el doctor Spiller como la doctora Sabate advierten que no se deben consumir nueces hasta el punto de aumentar de peso (cada onza contiene cerca de 170 calorías). La solución es comer unas cuantas nueces al día en reemplazo de otras fuentes de grasa y calorías. "No es una forma fácil de mejorar los niveles de colesterol", dice la doctora Sabate.

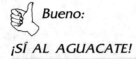 *Bueno:*

## ¡SÍ AL AGUACATE!

Por sorprendente que parezca, el aguacate reduce el colesterol. El aguacate tiene una alta concentración del mismo tipo de grasa benéfica de las almendras y del aceite de oliva. Investigadores israelíes, en un estudio reciente con un grupo de hombres, observaron que el aguacate, consumido durante tres meses junto con las almendras y el aceite de oliva, redujo en un 12% el colesterol LBD. Los cardiólogos australianos del Centro Médico Wesley, de Queensland, determinaron que el aguacate (entre medio y uno y medio al día) era mejor para reducir el colesterol que una dieta baja en grasa. En el experimento participaron 15 mujeres, quienes consumieron primero una dieta rica en carbohidratos y baja en grasa (20% de las calorías en grasa) y luego una dieta rica en grasa de aguacate (37% de las calorías en grasa), durante tres semanas. Comieron el aguacate crudo, en ensalada o sobre pan o galletas.

Los resultados: el nivel promedio de colesterol se redujo en un 4.9% con la dieta baja en grasa, en comparación con casi el doble — 8.2% — con la dieta de aguacate. Lo más alarmante fue que la dieta baja en grasa casi eliminó el colesterol bueno LAD, reduciéndolo en un 14%, y no redujo el colesterol malo LBD. Las dietas bajas en grasa suelen tener ese efecto. Por su parte, el aguacate atacó únicamente a las LBD nocivas. Los investigadores señalaron que el aguacate también protegió las arterias del daño oxidativo del colesterol.

*• CONCLUSIÓN • Aunque el aceite de oliva, las almendras y el aguacate contienen mucha grasa, la mayor parte de ella es monoinsaturada y tiende a mejorar los niveles de colesterol y a proteger las arterias en lugar de destruirlas.*

*Bueno:*

## CURE SU COLESTEROL CON FRESAS

Proporciónele a su sangre una inyección de vitamina C, vitamina E y otros antioxidantes comiendo frutas y verduras. Son las heroínas de la lucha contra el colesterol. La vitamina C combate los peligros del colesterol de dos maneras. Sirve de guardaespaldas a las LAD encargadas de limpiar permanentemente la sangre. Y tanto la vitamina C como la E tienen un gran poder para bloquear la transformación de las LBD en el colesterol que destruye las arterias. Por ejemplo, el nivel del colesterol bueno demostró ser un 11% más alto en un grupo de hombres y mujeres que consumieron 180 miligramos de vitamina C diarios (la cantidad presente en una taza de fresas más una taza de bróculi), en comparación con las personas que sólo consumieron un tercio de esa cantidad de vitamina C, según afirma la doctora Judith Hallfrisch, del Instituto Nacional de Salud de los Estados Unidos. Una de las teorías es que la vitamina C evita que las LAD sean atacadas y destruidas por los radicales de oxígeno libres.

Basta ver los resultados de los estudios con monos para comprender cuán esenciales son las vitaminas C y E para prevenir la obstrucción de las arterias. Anthony J. Verlangieri, Ph.D., del Laboratorio de Investigaciones sobre Aterosclerosis de la Universidad de Misisipí, experimentó con monos durante seis años. Cuando los alimentó con manteca de cerdo y colesterol y muy poca vitamina C y E, las arterias se dañaron y obstruyeron considerablemente. Pero logró bloquear e incluso revertir el deterioro arterial agregando vitaminas C y E a la dieta rica en grasa. Por ejemplo, el taponamiento arterial de los monos que recibieron vitamina E fue un tercio menor. Más asombroso aún fue que, al administrarles unas dosis relativamente bajas de vitaminas durante un par de años, logró revertir el proceso de obstrucción arterial en un 8 a 33%.

Las vitaminas antioxidantes eliminan los radicales libres, que de otra manera transforman el colesterol LAD en tóxico y peligroso. No se necesita mucho para montar estas defensas, dice el investigador de Harvard Balz Frei, Ph.D. Basta con ingerir 160 miligramos de vitamina C todos los días — un par de naranjas grandes — para proporcionar al organismo las municiones suficientes para bloquear a los radicales libres y privar a las LBD de la posibilidad de infiltrarse en las arterias.

(En las páginas 559 a 561 aparecen relacionados los alimentos ricos en vitaminas C y E.)

 *Bueno:*

## SÓLO DOS MANZANAS

Las manzanas y otros alimentos ricos en un tipo de fibra soluble denominada pectina ayudan a reducir el colesterol. En Francia se realizó un estudio con hombres y mujeres de edad madura sanos, a quienes se les pidió que agregaran a su dieta normal dos o tres manzanas diarias durante un mes. El colesterol LBD descendió en un 80% de los participantes en el estudio, y en una proporción de más del 10% en la mitad de ellos. Además, el colesterol LAD aumentó. Es interesante anotar que las manzanas tuvieron un mayor efecto en las mujeres. En una de ellas, el colesterol se redujo en un 30%.

Así mismo, David Gee, Ph.D., de la Universidad Central de Washington, realizó pruebas con la pulpa rica en fibra que queda después de hacer jugo de manzana. Preparó con ella unas galletas que administró a 26 hombres con niveles relativamente altos de colesterol, a cambio de galletas de placebo. Con una dosis diaria de tres galletas de manzana, el colesterol descendió un 7% en promedio. Cada galleta de manzana contenía 15 gramos de fibra: la cantidad presente en cuatro o cinco manzanas. La mayoría de los especialistas le atribuyen el mérito a la pectina, la misma sustancia que se agrega a la jalea para que tome consistencia gelatinosa. Sin embargo, los demás componentes de la manzana también contribuyen al efecto benéfico. Tal como lo señala el doctor David Kritchevsky, del Instituto Wistar de Filadelfia, una manzana entera reduce el colesterol en una proporción mayor que su contenido de pectina. "Hay otros ingredientes activos", dice.

## FUENTES EXCELENTES DE FIBRA ENEMIGA DEL COLESTEROL

Algunas autoridades en la materia, como el doctor James Anderson, insisten en que la fibra soluble es el principal agente reductor del colesterol y que cuanto mayor sea la cantidad de esa fibra en un alimento, mayor será el poder de éste para reducir el colesterol. La siguiente es la lista, elaborada por el doctor Anderson, de las mejores fuentes de fibra soluble. La recomendación es comer por lo menos seis gramos de fibra soluble al día para combatir el colesterol.

*Gramos de fibra soluble*

**Hortalizas:** $\frac{1}{2}$ *taza*

| | |
|---|---|
| Coles de Bruselas cocidas | 2.0 |
| Chirivías cocidas | 1.8 |
| Nabos cocidos | 1.7 |
| Quimbombó fresco | 1.5 |
| Arvejas (guisantes) cocidas | 1.3 |
| Bróculi (brécol) cocido | 1.2 |
| Cebolla cocida | 1.1 |
| Zanahoria cocida | 1.1 |

*Frutas:*

| | |
|---|---|
| Naranja pequeña, sólo la pulpa | 1.8 |
| Albaricoques frescos: 4 medianos | 1.8 |
| Mango, $\frac{1}{2}$ pequeño, sólo la pulpa | 1.7 |

*Cereales:*

| | |
|---|---|
| Salvado de avena cocido: $\frac{3}{4}$ de taza | 2.2 |
| Cereal de salvado de avena frío: $\frac{3}{4}$ de taza | 1.5 |
| Harina de avena sin cocinar: $\frac{1}{3}$ de taza | 1.4 |

*Legumbres cocidas:* $\frac{1}{2}$ *taza*

| | |
|---|---|
| Habichuelas verdes | 2.7 |
| Fríjoles enlatados | 2.6 |
| Fríjoles negros | 2.4 |
| Fríjoles blancos | 2.2 |
| Fríjoles blancos enlatados | 2.2 |
| Fríjoles rojos enlatados | 2.0 |
| Garbanzos | 1.3 |

*Bueno:*

## LA ZANAHORIA Y EL COLESTEROL

Cuente con la zanahoria para que le ayude a suprimir el colesterol malo y a aumentar el bueno. También esta raíz está llena de fibras solubles, entre ellas la pectina, dicen Philip Pfeffer, Ph.D., y Peter Hoagland, Ph.D., científicos del Centro Regional de Investigaciones del Departamento de Agricultura de los Estados Unidos. El doctor Pfeffer calcula que la fibra de un par de zanahorias al día puede reducir el colesterol en un 10 a 20%, lo cual serviría para normalizar el colesterol de muchas personas con niveles ligeramente altos. El propio doctor Pfeffer logró reducir sus niveles de colesterol en un 20% comiendo dos zanahorias al día. En un experimento canadiense en el cual los hombres que participaron consumieron dos zanahorias y media crudas al día, el colesterol descendió un 11% en promedio. En un estudio alemán, la cantidad de betacaroteno contenida en una o dos zanahorias también elevó sustancialmente el nivel de colesterol bueno.

La fibra de la zanahoria no pierde su efecto terapéutico, cualquiera que sea el estado de preparación de la zanahoria: cruda, cocida, congelada, enlatada, picada o licuada, dice el doctor Pfeffer.

 *Bueno:*

## EL REMEDIO DE LA TORONJA

Coma pulpa de toronja: los segmentos con sus membranas y bolsas de jugo. Contiene una fibra soluble especial, llamada ácido galacturónico, que no sólo ayuda a reducir el colesterol de la sangre sino también a disolver o quizá revertir la placa que ya obstruye las arterias. En un estudio del doctor James Cerda, profesor de gastroenterología de la Universidad de Florida, la fibra contenida en dos tazas y media de segmentos de toronja, consumida diariamente, redujo el nivel de colesterol sanguíneo en cerca del 10%. (Nota: El jugo no contiene fibra y tampoco ejerce efecto alguno sobre el colesterol.) Además, en estudios con cerdos, cuyo sistema cardiovascular es semejante al nuestro, el doctor Cerda observó que el compuesto de la toronja contribuyó a reducir la incidencia de la enfermedad cardíaca y del estrechamiento de la aorta y otras arterias. El doctor Cerda señaló que, de alguna manera, había desaparecido la placa acumulada previamente.

---

### ALIMENTOS PARA EVITAR QUE EL COLESTEROL MALO SE TORNE TÓXICO

Consuma deliberadamente alimentos ricos en antioxidantes, para evitar que su colesterol malo se oxide y se torne tóxico. Hasta ahora, los científicos han identificado cinco antioxidantes poderosos presentes en las frutas, las verduras, los cereales y las nueces. Ésta es la lista de sus mejores armas para derrotar la transformación maligna de las LBD:

- Coma frutas y hortalizas ricas en vitamina C y betacaroteno.
- Consuma aceites, nueces, semillas y cereales, especialmente germen de trigo, con alto contenido de vitamina E.
- Coma sardinas y caballa, ricos en ubiquinol-10 (coenzima Q 10), un antioxidante protector de las arterias descubierto hace poco.
- Consuma alimentos ricos en ácidos grasos monoinsaturados antioxidantes, como el aceite de oliva, las almendras y el aguacate, los cuales han demostrado reducir la oxidación de las LBD.
- Limite las grasas de fácil oxidación. Las que se oxidan con mayor facilidad son las grasas vegetales omega 6, como los aceites de maíz, cártamo y girasol.

---

## LO QUE DEBE COMER PARA BAJAR LOS TRIGLICÉRIDOS

Los triglicéridos, otro tipo de grasa de la sangre, son quizá más peligrosos de lo que se creía. Recientes pruebas demuestran que pueden provocar ataques cardíacos, especialmente en las mujeres de más de 50 años y en los hombres cuya relación entre el colesterol LBD y el colesterol LAD es deficiente. Un estudio finlandés reveló que los hombres con una relación deficiente del colesterol y con niveles de triglicéridos superiores a los 203 mg/dL corrían un riesgo casi cuatro veces mayor de sufrir ataques cardíacos. Pero cuando la relación del colesterol era buena, los triglicéridos no representaban un riesgo. El problema radica en que los niveles bajos de LAD suelen ir acompañados de niveles altos de triglicéridos.

**Alimentos para reducir los triglicéridos:**

La mejor terapia dietética es la comida de mar. Todos los estudios han demostrado que el aceite de pescado reduce notablemente los triglicéridos. En un estudio realizado en la Universidad de Ciencias de la Salud de Oregón, una dosis diaria de aceite de pescado — equivalente a comer unas siete onzas de salmón, caballa o sardinas — redujo los triglicéridos en más de un 50%. En otro estudio, de la Universidad de Washington, los hombres reemplazaron su fuente usual de proteína (carne, huevos, leche y queso) por mariscos dos veces al día durante tres semanas. Las almejas redujeron los triglicéridos en un 61%, las ostras en un 51% y los cangrejos en un 23%.

Otros aciertos: En un estudio, un diente de ajo diario redujo los triglicéridos en un 13% y, en otro, en un 25%. Media taza de fríjoles secos redujo los triglicéridos en un 17%.

Una dieta baja en grasa puede también disminuir los triglicéridos.

**Alimentos que pueden aumentar los triglicéridos:**

El azúcar refinado, la harina refinada, los jugos de frutas, las frutas secas y el exceso de alcohol, en especial cuando es ocasional. Con una o dos copas al día no se aumentan los triglicéridos, según los especialistas.

*Bueno:*

## EL BENEFICIO DE LAS UVAS

Hay un recién llegado a las filas de los alimentos que aumentan el colesterol LAD. Se trata del aceite de semilla de uva, un aceite suave de mesa extraído de las semillas de las uvas y que se vende en algunos almacenes especializados. David T. Nash, cardiólogo del Centro de Ciencias de la Salud de la Universidad Estatal de Nueva York, en Syracuse, utilizó este aceite en un experimento con 23 hombres y mujeres con niveles bajos de LAD: por debajo de 45. Todos los días durante cuatro semanas consumieron dos cucharadas de aceite de semilla de uva con su dieta normal baja en grasa. Las LAD aumentaron en un promedio del 14%. "Algunos no respondieron — dice el doctor Nash — pero sí hubo un aumento de las LAD en la mitad de ellos". En general, los que tenían los niveles más altos de LAD (por encima de 55) fueron los menos beneficiados.

 *Bueno:*

## SI ES BEBEDOR, UNA COPA MEJORARÁ SU COLESTEROL

Ya está comprobado que un poco de cerveza, vino o licor aumenta los niveles del colesterol LAD. Un estudio británico demostró que una o dos copas de vino, una cerveza o un coctel al día, aumentó en un 7% el nivel de las LAD. Según otro estudio, 1.3 onzas diarias de alcohol elevaron los niveles del colesterol LAD en un 17%. Beber con moderación también produce beneficios. Un estudio reciente de la Universidad de Ciencias de la Salud de Oregón reveló que las mujeres que consumían entre cuatro y treinta copas de licor al mes tenían niveles más altos de LAD que las mujeres que no bebían más de cuatro copas al mes.

También los investigadores de Johns Hopkins descubrieron un aumento en los niveles de la apolipoproteína A-1, la cual se convierte en LAD, en un grupo de hombres que bebieron diariamente una botella de cerveza de doce onzas durante dos meses. Los investigadores plantean que una cerveza al día bien podría ser la diferencia entre la salud y un ataque cardíaco.

Pero cuidado con las parrandas alcohólicas: Beber entre siete y catorce tragos en la noche del viernes y el sábado no produce los mismos resultados benéficos que distribuir el alcohol a lo largo de toda la semana. En realidad, mucho alcohol de una vez puede eliminar el colesterol LAD y aumentar los niveles de las LBD, según lo demuestran los estudios.

• CONCLUSIÓN • *Aunque beber con moderación puede ser benéfico para mejorar el colesterol, la mayoría de los investigadores se oponen a recomendar el alcohol como medida de salud pública para combatir la enfermedad cardíaca y ponen énfasis en que nadie, en particular las personas con historia familiar o personal de abuso del alcohol, debe comenzar a beber para mejorar los niveles de colesterol.*

## LA SORPRESA DE LOS MARISCOS

Si teme que los mariscos le suban el colesterol por los cielos, despreocúpese. Muchos especialistas dicen que no está bien evitar los mariscos a causa de esos temores. En realidad, la mayoría de los mariscos, comidos en reemplazo de otras proteínas de origen animal, son benéficos desde el punto de vista del colesterol.

En unos experimentos de Marian Childs, Ph.D., experta en lípidos y vinculada a la Universidad de Washington en ese momento, 18 hombres con niveles normales de colesterol reemplazaron alimentos como la carne y el queso por un tipo específico de mariscos durante períodos de tres semanas.

Ninguno de los seis mariscos más comunes (ostras, almejas, cangrejos, mejillones, camarones, calamares) aumentó el colesterol. Todo lo contrario: las dietas a base de ostras, almejas y cangrejos redujeron tanto el colesterol total como el colesterol malo LBD. Los niveles de colesterol bueno LAD mejoraron con las ostras y los mejillones.

Los mejores resultados se obtuvieron siempre con las ostras, las almejas y los mejillones, dice la doctora Childs. También fue benéfico el cangrejo. Con los camarones y los calamares el colesterol no aumentó, pero tampoco disminuyó. Por lo tanto, la doctora Childs no recomienda los camarones o los calamares si el propósito es mejorar los niveles de colesterol.

---

## ALIMENTOS QUE PUEDEN ELEVAR EL COLESTEROL BUENO (LAD)

- Aceite de oliva
- Cebolla cruda
- Ajo
- Salmón, caballa, sardinas, atún y otros pescados grasosos
- Ostras, mejillones
- Aceite de semilla de uva
- Almendras
- Aguacates
- Alimentos ricos en vitamina C (pimienta dulce, bróculi, naranjas)
- Alimentos ricos en betacaroteno (zanahoria, espinaca, bróculi)
- Vino, cerveza, licor con moderación

**Advertencia:** Las dietas muy bajas en grasa (10% o menos de calorías procedentes de la grasa) disminuyen las LAD.

---

## FILTRE LA AMENAZA DEL CAFÉ

Si usted bebe café, prepárelo con el método por goteo a través de un filtro. En esa forma no ejerce mayor efecto sobre el colesterol, mientras que preparado al estilo europeo — hervido — sí parece aumentar el colesterol, según lo demuestran los estudios. La razón radica probablemente en que el ingrediente activo que aumenta el colesterol queda atrapado en el papel de filtro.

Los investigadores holandeses resolvieron el enigma al aislar una sustancia grasosa, llamada factor lípido, en el café hervido al estilo europeo. Al cabo de las seis semanas, los voluntarios que consumieron el "factor lípido del café" presentaron aumentos del 23% en promedio — de 180 a 220 — en los niveles de colesterol, principalmente de colesterol malo LBD. Parece que la sustancia química responsable de este aumento no pasa al café filtrado. Así, filtrando el café, usted se protegerá de la elevación de su colesterol. Es interesante anotar que otro estudio, de la Universidad Johns Hopkins, reveló que, aunque el café corriente aumenta ligeramente el colesterol, eleva por igual las LAD y las LBD, lo cual implica que no se opera variación alguna en el riesgo de sufrir una enfermedad cardíaca.

## EL CAFE DESCAFEINADO: ¿NUEVO PELIGRO?

Olvídese de cambiarse al café descafeinado para controlar sus niveles de colesterol. Ante todo, las investigaciones no han hallado a la cafeína culpable de aumentar el colesterol. En Holanda se realizó una prueba en la cual cuarenta y cinco hombres y mujeres reemplazaron durante seis semanas las cinco tazas de café corriente que solían beber al día por otras cinco de café descafeinado. El efecto sobre su colesterol sanguíneo fue "básicamente nulo".

Además, cada vez hay más indicios de que el café descafeinado podría ser peligroso. Los investigadores del Centro para el Manejo de la Aterosclerosis Avanzada, de la Universidad de California, en Berkeley, observaron que el colesterol malo LBD aumentó 6% en 181 hombres sanos cuando cambiaron el café corriente por el descafeinado. También aumentó el nivel de la apolipoproteína B, otro factor de riesgo para el corazón.

Sin embargo, el colesterol permaneció igual en los hombres que sencillamente suspendieron el café, sin pasarse al descafeinado. El director del estudio de Berkeley, H. Robert Superko, calcula que el riesgo de enfermar de las arterias coronarias podría aumentar en un 10% con el cambio al café descafeinado. Esto es significativo, dice, si consideramos que el 20% de las 139 mil millones de tazas de café que consumen los estadounidenses al año es café descafeinado. El doctor Superko cree que la culpable es una sustancia química desconocida presente en el café robusta, variedad más fuerte utilizada comúnmente para producir el café descafeinado. El café con cafeína por lo general pertenece a la variedad arábiga, la cual es más suave.

Por asombroso que parezca, estos hallazgos concuerdan con otros estudios recientes, como uno de Harvard, que descubrió un riesgo ligeramente mayor de enfermedad cardíaca en los hombres que bebían café descafeinado. El mensaje es muy claro: no recurra al café descafeinado para evitar aumentos del colesterol.

## EL CHOCOLATE ES INOCENTE

¿Aumenta el colesterol con el exceso de chocolate? En teoría sí, pero en la práctica quizá no, como parecen indicar los experimentos de la Universidad Estatal de Pensilvania. Si bien es cierto que el 60% de la grasa del chocolate es saturada, proviene principalmente de la manteca de cacao, la cual está constituida principalmente por ácido esteárico. Según los estudios, este tipo de grasa saturada no eleva el colesterol sino que incluso podría reducirlo.

Los investigadores de la Universidad de Pensilvania quisieron verificar este hecho. Estudiaron a un grupo de hombres con niveles normales de colesterol (menos de 200) a quienes se les pidió que consumieran cantidades enormes de manteca de cacao, chocolate y mantequilla durante períodos de veinticinco días. El 31% de las calorías provenían de la mantequilla, el chocolate o la manteca de cacao. Eso equivalía a 10 onzas de chocolate puro al día. "Era como consumir siete pastillas de chocolate al día", explicó la investigadora Elaine McDonnell.

El colesterol no aumentó en mayor medida durante el tiempo en que consumieron el chocolate y la manteca de cacao. "La manteca de cacao parece ser neutral frente al colesterol", dice Elaine McDonnell. Por otro lado, el promedio de colesterol (principalmente del tipo LBD malo) subió 18 puntos durante el período de consumo de mantequilla.

## EL HUEVO Y EL COLESTEROL: LA VERDADERA HISTORIA

¿Hasta qué punto es peligroso comer alimentos como los huevos, el hígado, el caviar y ciertos mariscos extremadamente ricos en colesterol? La verdad es que los alimentos con alto contenido de colesterol son una causa menor del incremento del colesterol en la sangre. El verdadero enemigo es la grasa saturada de origen animal, cuyo poder para elevar el colesterol sanguíneo es cuatro veces mayor. Efectivamente, en un estudio de la Universidad Rockefeller, de Nueva York, sólo dos de cinco personas sometidas a una dieta rica en huevos cargados de colesterol presentaron un aumento de los niveles de colesterol. La razón es que, cuando se consume demasiado colesterol, el hígado automáticamente bombea menos colesterol a la corriente sanguínea, de manera que los niveles permanecen iguales o no suben demasiado. El doctor Paul N. Hopkins, cardiólogo de la Universidad de Utah, en la ciudad de Salt Lake, analizó recientemente los resultados de veintisiete estudios sobre el tema y llegó a la conclusión de que los alimentos ricos en colesterol no tienen mayor efecto sobre los niveles de colesterol sanguíneo en la gran mayoría de los casos.

---

*"La probabilidad de que aumenten los niveles de colesterol es cuatro veces mayor con las grasas saturadas que con los alimentos ricos en colesterol".* — John LaRosa, cardiólogo, Universidad George Washington.

---

Aun así, excederse en el consumo de alimentos ricos en colesterol no es buena idea, por otras razones. Ante todo, pueden provocar la enfermedad cardíaca al estimular la formación de coágulos, dice Richard Shekelle, Ph.D., profesor de epidemiología del Centro de Ciencias de la Salud de la Universidad de Texas, en Houston. Su estudio también demostró que los consumidores de grandes cantidades de colesterol (700 miligramos al día o más) acortaban su vida tres años en promedio.

Por otra parte, evitar del todo los alimentos ricos en colesterol podría ser peligroso. Quien casi nunca consume esos alimentos podría llegar a tener una deficiencia de colina, lo cual ocasionará daño hepático, según los estudios de Stephen Zeisel, de la Universidad de Carolina del Norte. La colina es una vitamina del complejo B, concentrada en alimentos ricos en colesterol, como los huevos y el hígado. El doctor Zeisel sometió a un grupo de hombres sanos a una dieta sin colina durante tres semanas y observó signos de disfunción hepática. La falta de colina en la dieta también podría afectar a la memoria y la concentración, según lo indican otros estudios. La colina se convierte en un transmisor de las células cerebrales: la acetilcolina. Se ha establecido una relación entre los bajos niveles de este transmisor y la mala memoria y la enfermedad de Alzheimer.

*• CONCLUSIÓN • Consuma algo de alimentos ricos en colesterol, para obtener suficiente colina, pero sin exagerar. Las autoridades en cardiología sugieren un límite de 300 miligramos de colesterol al día, o aproximadamente cuatro yemas de huevo a la semana.*

*Malo:*

## LA GRASA MÁS PELIGROSA

De todas las sustancias comestibles, la que ofrece mayores probabilidades de elevar enormemente los niveles del colesterol es la grasa saturada de origen animal; es decir, la que se encuentra en la carne de res, las aves y los productos lácteos. Eso se ha sabido desde los años 50, cuando se estableció por primera vez la relación entre el colesterol y la dieta. No cabe la menor duda de que la grasa animal aumenta el colesterol malo LBD en la mayoría de las personas, aunque en distinta medida, y que disminuyendo su consumo se reducen por lo general los niveles de las LBD. De ahí la necesidad, para proteger las arterias, de evitar la mantequilla, la leche entera, el queso, la grasa de la carne y el cerdo y la piel de las aves.

Todos los estudios demuestran lo mismo: que es la grasa saturada, no las otras grasas, la que eleva los niveles del colesterol malo. Está, por ejemplo, el experimento en el cual se estudiaron dos grupos con una dieta rica en grasa: 40% de las calorías en grasa. Uno de los grupos consumió la dieta típica estadounidense rica en grasa saturada, mientras que el otro grupo consumió solamente el 10% de sus calorías en grasa saturada. El nivel de colesterol se redujo casi inmediatamente en un 13% en el grupo con la dieta baja en grasa saturada. Las respuestas individuales a las grasas saturadas varían ampliamente. El mayor efecto benéfico de reducir la grasa saturada se aprecia por lo general en las personas con los más altos niveles de colesterol.

• *CONCLUSIÓN* • *Limite las calorías derivadas de la grasa saturada de origen animal a un 10%, o a menos, si es posible.*

## LA SALVACIÓN DE LA CARNE

¿Es posible comer carne sin correr el riesgo de que aumente el colesterol? Sí — esto es lo que indican varios estudios —, siempre y cuando que se suprima toda la grasa. Por lo visto, la culpable de elevar el colesterol no es la carne en sí, sino la grasa que viene con ella. Por ejemplo, investigadores de la Universidad Deakin y del Hospital Real de Melbourne, en Australia, sometieron a diez hombres y mujeres sanos a una dieta rica en carne de res: cerca de una libra diaria durante tres semanas. A la carne se le quitó toda la grasa posible, dejándola tan magra que el contenido de grasa era solamente un 9% de las calorías. En lugar de subir, el colesterol se redujo en un 20% aproximadamente.

Para confirmar el hallazgo, los investigadores agregaron gotas de grasa de res durante la cuarta y la quinta semanas del experimento. El colesterol de las personas estudiadas se elevó inmediatamente.

 *Bueno:*

## EL ACEITE DE PESCADO CONTRA UN EXTRAÑO TIPO DE COLESTEROL

Si usted tiene un alto nivel de un tipo raro de colesterol conocido como Lp(a), lo más probable es que sus arterias se obstruyan y sufra un ataque cardíaco a una edad temprana, especialmente si también tiene niveles elevados de colesterol LBD. Algunos especialistas culpan al exceso de Lp(a) de ser la causa de una cuarta parte de los ataques cardíacos en las personas menores de 60 años. En los Estados Unidos, hay un 10 a 25% de la población con niveles peligrosos de Lp(a), hecho que, según los científicos, es de origen genético.

La dieta tradicional baja en grasa no frena el Lp(a). Pero existe una esperanza: el aceite de pescado. El doctor Jorn Dyerberg, destacado investigador danés, estudiando un grupo de hombres con niveles demasiado altos de Lp(a) observó que el aceite de pescado, ingerido durante nueve meses, redujo en un 15% los niveles de ese colesterol. La dosis diaria empleada fue de cuatro gramos (equivalente a ingerir siete onzas de caballa). Un estudio reciente realizado en Alemania también reveló una disminución del 14% en los niveles de Lp(a) en 35 pacientes con enfermedad de las arterias coronarias que consumieron grandes cantidades de aceite de pescado. Sin embargo, en unos pacientes el aceite de pescado no tuvo efecto alguno.

En la actualidad no existen pruebas simples para detectar los niveles altos de Lp(a). Sin embargo, esa amenaza es un motivo más para consumir pescado grasoso dos o tres veces a la semana, por si acaso. Este mecanismo puede ser otra de las formas misteriosas como el pescado ayuda a prevenir los ataques cardíacos.

## *EL PELIGRO DE CONSUMIR MUY POCA GRASA*

Hay quienes podrían pensar que cuanto menos grasa consuman mejor será el estado de las arterias y del colesterol. Error. El doctor Frank Sacks, profesor de Harvard, dice que una dieta demasiado baja en grasa, con un máximo del 10% de las calorías en forma de grasa, deja a la persona tan vulnerable a la enfermedad cardíaca como antes. La razón es que la dieta demasiado baja en grasa reduce tanto el colesterol malo LBD *como el colesterol bueno LAD.*

El doctor Sacks explica lo que sucede: al reducir drásticamente la grasa de la dieta, el recuento total de colesterol desciende de 260 a 210. Pero eso no significa absolutamente nada, puesto que el colesterol LAD también se reduce en un 20%, de 40 a 32, con lo cual la relación del colesterol total con el colesterol bueno permanece igual en 6.5. Esta relación sigue representando un riesgo elevado de sufrir un ataque cardíaco. La relación es un factor de predicción mucho mejor que la cifra del colesterol total. Por lo tanto, el doctor Sacks cree que después de una dieta rigurosa y exigente la persona queda igual que antes.

En cambio, consumir grasas monoinsaturadas, como el aceite de oliva, reduce las LBD malas pero no así las LAD buenas. Según el doctor Sacks, es más lógico reducir radicalmente las grasas saturadas de origen animal, que elevan el colesterol malo LBD, y seguir una dieta rica en grasas monoinsaturadas. Él se inclina por una dieta al estilo de la del Mediterráneo, en la cual entre el 35 y el 40% de las calorías se derivan de la grasa, principalmente de las grasas monoinsaturadas. Si usted decide adoptar una dieta demasiado pobre en grasa, solicite un examen de su colesterol LAD a los pocos meses, para cerciorarse de haber beneficiado su colesterol en lugar de dañarlo.

---

*"Si mi colesterol estuviese entre 160 y 190, no haría nada. No trataría de subirlo ni de bajarlo. Pero si estuviera en un nivel muy bajo, como 120, pensaría en la necesidad de elevarlo".* — Doctor David Jacobs, epidemiólogo, Universidad de Michigan.

---

## ¿PODRÍA SER PELIGROSO UN NIVEL DE COLESTEROL DEMASIADO BAJO?

La respuesta desalentadora a esta pregunta cada vez más frecuente podría ser afirmativa. Un colesterol demasiado bajo — por debajo de 160 — podría ser peligroso. En un estudio importante con 350 000 hombres sanos de edad madura, el doctor James Neaton y sus colegas de la Universidad de Minnesota encontraron que un 6% tenían niveles muy bajos de colesterol y casi ningún indicio de enfermedad cardíaca. Doce años después, la tasa de mortalidad por ataque cardíaco entre ellos fue la mitad que entre los hombres con recuentos más elevados (de 200 a 239). Sin embargo, las personas con niveles demasiado bajos de colesterol tenían otros problemas: una probabilidad dos veces mayor de sufrir hemorragia cerebral, de morir de enfermedad pulmonar obstructiva crónica o de cometer suicidio. También tenían una probabilidad tres veces mayor de contraer cáncer del hígado, y cinco veces mayor de morir por alcoholismo. Otro estudio mundial de 290 000 hombres y mujeres, realizado por el doctor David Jacobs, de la Universidad de Michigan, reveló que la tasa de mortalidad por causas diversas era mayor entre las personas con niveles de colesterol excesivamente bajos.

¿A qué se debe esto? Aunque nadie lo sabe, lo cierto es que durante los últimos años han surgido indicios de que quizá no sea bueno tener niveles muy bajos de colesterol. Uno de los peligros parece ser la hemorragia cerebral causada por el "estallido" de los vasos sanguíneos debilitados, posiblemente porque las frágiles membranas que recubren las células del cerebro necesitan un mínimo de colesterol para funcionar como es debido. Es interesante anotar que, a medida que ha venido aumentando el nivel de colesterol entre los japoneses, la elevadísima tasa de accidentes cerebrovasculares hemorrágicos ha comenzado a disminuir. También se ha establecido una relación entre los niveles bajos de colesterol y el cáncer del colon y el daño hepático.

Además, hay nuevos indicios de que un nivel bajo de colesterol podría contribuir a causar depresión, al menos entre los hombres de edad avanzada. En un estudio, la doctora Elizabeth L. Barrett-Connor, de la Universidad de California, en San Diego, determinó que los hombres con niveles bajos de colesterol eran mucho más propensos a sufrir los síntomas de la depresión que otros hombres de la misma edad con niveles de colesterol moderados o altos. Un 16% de los hombres de setenta y más años con colesterol por debajo de 160 mostraron signos de depresión, de leve a grave. Entre los hombres con colesterol más alto, sólo un 3 a 8% tenían depresión.

¿Por qué? A la doctora Barrett-Connor sólo se le ocurre pensar que el nivel bajo de colesterol de alguna manera reduce las concentraciones de serotonina, una sustancia química del cerebro, aumentando la depresión y la agresión.

¿Cuál es el nivel mínimo seguro? Los investigadores no tienen una respuesta definitiva. Lo único que saben algunos es que puede haber dificultades cuando el nivel de colesterol en la sangre desciende por debajo de 160.

---

## PAUTAS CLARAS PARA CURAR EL COLESTEROL CON LA ALIMENTACIÓN

La terapia basada en la alimentación produce mejores resultados en las personas con niveles inadecuados de colesterol: demasiadas LBD, o muy pocas LAD, es decir, aquéllas que más ayuda necesitan. Probablemente sea inútil o innecesario tratar de usar la dieta para bajar el colesterol cuando es normal o relativamente bajo, inferior a 180-200.

Además, no todos los alimentos producen los mismos resultados en todas las personas. Cada cual reacciona de manera diferente, como sucede también con los medicamentos para reducir el colesterol. Haga ensayos para descubrir cuáles son los mejores alimentos en su caso, y no se limite a uno solo o a unos cuantos. Son muchos los alimentos que combaten el colesterol. Coma una variedad de ellos. Además, recuerde que no necesita una dosis elevada de cada alimento que ha demostrado ser eficaz en los distintos estudios. Puede combinar porciones pequeñas de distintos alimentos para obtener los mismos beneficios.

Concretamente:
- Coma muchas frutas, hortalizas, legumbres, cereales ricos en fibra soluble, como la avena, y comida de mar, especialmente pescado grasoso, como el salmón, la caballa, las sardinas y el atún.

- Reduzca el consumo de grasa saturada de origen animal, como la que se encuentra en la leche entera, el queso, la carne grasosa y la piel de las aves. Así reducirá los niveles de colesterol malo (LBD) y elevará los de colesterol bueno (LAD).
- Restrinja las grasas vegetales del tipo omega 6, como las de los aceites de maíz y cártamo, la margarina, las grasas de pastelería y muchos alimentos procesados. Los aceites se incorporan a las partículas de lipoproteína de baja densidad, donde se oxidan fácilmente y se convierten en una forma tóxica que destruye las arterias.
- Utilice aceites ricos en grasa monoinsaturada, como los de oliva y canola.
- Muy importante: consuma muchos compuestos antioxidantes concentrados en las frutas, las verduras, las nueces y el aceite de oliva, entre ellos las vitaminas C y E y el betacaroteno. Estos compuestos contribuyen a proteger el colesterol malo de los cambios tóxicos que amenazan a las arterias y promueven los ataques cardíacos.
- Si bebe alcohol, una cerveza o una copa de vino o de licor al día puede ser benéfica para el colesterol LAD. Si no bebe, no comience a hacerlo con el solo propósito de mejorar el colesterol.
- Otros alimentos que ayudan a reducir el colesterol malo, según lo demuestran los estudios, son: los hongos *shiitake*, la cebada, el arroz integral, las algas marinas, la leche descremada y el té verde y negro.

# DIEZ ALIMENTOS CONTRA LOS COÁGULOS SANGUÍNEOS

> **Alimentos que pueden ayudar a frenar la formación de coágulos sanguíneos:** Ajo • Cebolla • Ají • Hongos negros • Jengibre y clavos • Hortalizas • Aceite de oliva • Comida de mar • Té • Vino tinto (con moderación)
>
> **Alimentos que pueden contribuir a la formación de coágulos sanguíneos:** Alimentos con alto contenido de grasa • Alcohol en exceso

## *LOS FACTORES DE COAGULACIÓN DE LA SANGRE LE PUEDEN SALVAR LA VIDA*

Es sorprendente que de la forma como se coagule la sangre dependa en gran medida el que la persona sufra un ataque cardíaco, un accidente cerebrovascular o un daño en los vasos sanguíneos. Los especialistas han descubierto que los factores de la trombosis — flujo y viscosidad de la sangre, y la tendencia a que se formen y se agranden los coágulos — son esenciales para determinar dichas catástrofes. Y la dieta puede repercutir enormemente sobre los factores de coagulación. En efecto, los hechos indican que la influencia de la dieta sobre la enfermedad cardíaca tiene más relación con los factores de coagulación que con el colesterol. Además, los beneficios de modificar los factores de coagulación mediante la dieta se ven rápidamente. El doctor Serge C. Renaud, destacado funcionario de salud de Francia, dice que previniendo la formación de coágulos se pueden reducir radicalmente las probabilidades de sufrir un ataque cardíaco en tan sólo un año, mientras que por la vía de reducir el colesterol se necesita por lo general más tiempo. Sin embargo, muchos alimentos, como la cebolla y el ajo, actúan sobre ambas cosas, produciendo un beneficio doble.

*"Todo el mundo sabe que no es el colesterol el que mata. Es el coágulo de sangre que se forma encima de la placa endurecida de colesterol en las arterias el que puede ser mortal".* — Doctor David Kritchevsky, Instituto Wistar (Filadelfia).

Los cardiólogos solían pensar que la alteración de los ritmos cardíacos por estrechamiento de las arterias era el factor desencadenante de los ataques al corazón. Pero ahora se sabe que los coágulos son la causa inmediata de un 80 a 90% de los ataques cardíacos y de los accidentes cerebrovasculares. Varios factores sobre los cuales la dieta ejerce una influencia muy grande son vitales para determinar que se produzca o no la formación de coágulos. Uno de ellos es la propensión de las plaquetas — las más pequeñas de las células sanguíneas — a agregarse o agruparse y adherirse a las paredes de los vasos y facilitar la formación de coágulos. Otro factor es el fibrinógeno, una proteína que constituye la materia prima para la formación de coágulos. Un nivel elevado de fibrinógeno circulante es muy indicativo del riesgo de sufrir enfermedad cardíaca y accidente cerebrovascular.

También es decisivo el sistema "fibrinolítico", encargado de romper y disolver los coágulos indeseables y peligrosos. La intensidad de esta actividad, junto con el nivel de fibrinógeno, son "el primer factor determinante de la enfermedad cardíaca", dice el doctor Victor Gurewich, cardiólogo de Harvard.

## CÓMO CONTROLAR LA COAGULACIÓN POR MEDIO DE LOS ALIMENTOS

Los médicos advierten que no se debe tomar aspirina antes de una operación quirúrgica. El temor se debe a que esta droga puede "adelgazar la sangre" y reducir la capacidad de coagulación, aumentando el tiempo de sangrado y la posibilidad de complicaciones, y poniendo en peligro la recuperación al privar a la persona de un mecanismo de coagulación rápida para cerrar la herida dejada por el bisturí.

¿Pero alguna vez ha oído decir a un cirujano que no se debe comer comida china antes de una operación? ¿O que se deben evitar dosis grandes de jengibre, ajo, hongos negros y pescado grasoso, como el salmón y las sardinas? La verdad es que todos estos alimentos son anticoagulantes que pueden retardar ostensiblemente la tendencia a la coagulación, generalmente mediante el mismo mecanismo de la aspirina: bloqueando una sustancia denominada tromboxano, que refuerza la agregación o agrupación de las plaquetas, uno de los pasos cruciales de la coagulación.

En cambio, los alimentos ricos en grasa, como el queso y la carne de res, disminuyen el flujo de la sangre al aumentar la pegajosidad de las plaquetas y su capacidad para formar coágulos.

Además, ciertos alimentos elevan o reducen el fibrinógeno de la sangre o aumentan o disminuyen la actividad de disolución de los coágulos. Hay otros alimentos que influyen sobre la viscosidad y la fluidez de la sangre, facilitando la formación de coágulos indeseables que pueden bloquear los vasos sanguíneos del corazón, el cerebro, las piernas y los pulmones. No cabe la menor duda de que si usted consume con regularidad los alimentos indicados, aunque sea en cantidades pequeñas, puede ejercer un efecto farmacológico poderoso sobre la tendencia de la sangre a coagularse y, por lo tanto, protegerse de las tragedias del sistema cardiovascular.

Una de sus mejores armas — si no la mejor — contra el ataque cardíaco y los accidentes cerebrovasculares es consumir alimentos benéficos para los factores de coagulación. Lo siguiente es lo que debe comer y lo que no debe comer:

*Bueno:*

## *EL AJO Y LA CEBOLLA: ENEMIGOS ETERNOS DE LOS COÁGULOS*

Es una verdad antigua: el ajo y la cebolla son remedios poderosos contra los coágulos indeseables. En un papiro del antiguo Egipto se lee que la cebolla es un tónico para la sangre. Los primeros médicos estadounidenses formulaban la cebolla para "purificar la sangre". Los campesinos franceses alimentan a los caballos con ajo y cebolla para disolver los coágulos de sangre de las patas. Los rusos afirman que el vodka aliñado con ajo mejora la circulación. Pero todo esto ha dejado de ser simplemente creencia popular. Es un hecho que el ajo y la cebolla están llenos de compuestos potentes para combatir los coágulos.

Eric Block, Ph.D., jefe del departamento de química de la Universidad Estatal de Nueva York, en Albany, aisló un componente del ajo denominado ajoeno, cuya actividad antitrombótica es igual o superior a la de la aspirina y que ha demostrado ser un verdadero inhibidor de los coágulos sanguíneos. En efecto, mientras la aspirina actúa a través de un solo mecanismo, a saber, impidiendo la producción de tromboxano, el ajoeno hace lo mismo pero además bloquea la agregación de las plaquetas de siete maneras más — a través de todos los mecanismos conocidos, según afirma Mahendra K. Jain, Ph.D., profesor de química y bioquímica de la Universidad de Delaware. "El mecanismo del ajo es único", dice.

> *"Parece que todos los estudios clínicos concuerdan en que el ajo contiene algo que contribuye a prevenir la coagulación de la sangre".* — Eric Block, Ph.D., Universidad Estatal de Nueva York, en Albany.

Los investigadores médicos de la Universidad George Washington han detectado otros tres compuestos anticoagulantes en el ajo y la cebolla, entre ellos uno muy importante: la adenosina.

La actividad antitrombótica del ajo en los seres humanos ha sido bien documentada en varios estudios. En un sondeo a ciegas realizado recientemente en la India con 50 estudiantes de medicina, tres dientes de ajo crudo al día mejoraron en un 20% el tiempo de coagulación y la actividad fibrinolítica.

Una investigación reciente llevada a cabo en Alemania demostró que los componentes del ajo aceleran la disolución de los coágulos y mejoran la fluidez de la sangre. Según los investigadores de la Universidad de Saarland, en Homburg/Saar, esa acción simultánea mejora la circulación y en realidad ayuda a "purificar" la sangre eliminando los elementos indeseables.

¿Cuánto ajo? Uno o dos dientes de ajo tienen un efecto benéfico notable sobre la actividad de coagulación, dice el británico David Roser, estudioso del tema.

*NOTA: Para prevenir la formación de coágulos se puede consumir el ajo crudo o cocido. El calor no destruye los componentes antitrombóticos; de hecho, la cocción contribuye a liberarlos.*

 *Bueno:*

## LA CEBOLLA: PODEROSA BLOQUEADORA DE LA GRASA

Coma cebolla cruda o cocida para mantener su sangre libre de coágulos. El doctor Victor Gurewich, de Harvard, aconseja a todos sus pacientes con enfermedad de las arterias coronarias que coman cebolla a diario, en parte porque los componentes de este alimento impiden la agrupación de las plaquetas y aceleran la actividad de disolución de los coágulos. Ciertamente, la cebolla tiene una capacidad sorprendente para contrarrestar los efectos nocivos de los alimentos ricos en grasa. N. N. Gupta, profesor de medicina del Colegio Médico K. G. de Lucknow (India), alimentó primero a un grupo de hombres con comidas ricas en grasa, representada en mantequilla y crema, y observó un descenso vertiginoso de la actividad de disolución de los coágulos.

Después los alimentó con la misma comida rica en grasa, pero agregando dos onzas de cebolla cruda, hervida o frita. En la sangre extraída dos y cuatro horas después de la comida se observó que la cebolla había bloqueado por completo la tendencia nociva de la grasa a formar coágulos. En efecto, menos de media taza de cebolla fue suficiente para contrarrestar del todo los efectos nocivos de la grasa sobre la actividad de disolución de los coágulos.

• *CONCLUSIÓN* • *Cuando coma alimentos ricos en grasa, agregue algo de cebolla. La tajada de cebolla sobre la hamburguesa o la cebolla de la tortilla o de la pizza puede ser la clave para combatir el efecto nocivo de la comida grasosa sobre la formación de coágulos.*

---

*SUGERENCIAS DEL DOCTOR JAIN SOBRE EL AJO*

Uno de los componentes anticoagulantes más eficaces del ajo, cuyo poder ha sido demostrado, es el ajoeno. Según el investigador Mahendra K. Jain, Ph.D., profesor de bioquímica de la Universidad de Delaware, las siguientes son algunas formas de liberar la mayor cantidad de ajoeno:

• Machaque el ajo en lugar de picarlo. Al machacarlo se liberan las enzimas y la alicina, que se convierte en ajoeno.
• Saltéelo ligeramente en aceite; al cocinarlo se libera el ajoeno.
• Cocine el ajo con tomate o agréguselo a otros alimentos ácidos. Aunque en pequeña cantidad, el ácido libera el ajoeno.
• Ponga el ajo a conservar durante varios días en una cantidad de vodka suficiente para cubrirlo. No lo tape. Así se libera el ajoeno. Sí, la vieja receta popular rusa de esta poción para adelgazar la sangre en realidad funciona, tal como revelaron los experimentos del doctor Jain. También descubrió que el ajo mezclado con leche cortada y aceite de oliva, remedio griego para la enfermedad cardíaca, produce gran cantidad de ajoeno.

---

 *Bueno:*

## ¿QUÉ TAL UN POCO DE PATÉ DE PESCADO?

Nada como el pescado, abundante en los maravillosos ácidos grasos omega 3, para bloquear y destruir los coágulos. La mayoría de los científicos atribuyen los poderes protectores que el pescado ejerce sobre el corazón principalmente a los efectos sorprendentes del aceite sobre la coagulación de la sangre. Los estudios han demostrado repetidamente que el aceite de pescado regula el flujo y la coagulación de la sangre.

Cuando usted come pescado grasoso, como el salmón, la caballa, el arenque, las sardinas, el atún o, en realidad, cualquier otro pescado que contenga grasa, en su organismo se producen una serie de ataques contra los coágulos: el aceite tiende a adelgazar la sangre, suprimiendo la agrupación de las plaquetas, amortiguando el fibrinógeno y ampliando la actividad de disolución de los coágulos. Paul Nestel, jefe de nutrición humana de la Organización para la Investigación Científica e Industrial de la Mancomunidad Británica en Australia, y sus colegas observaron una reducción promedio del 16% en el fibrinógeno y una prolongación del 11% en el tiempo de sangrado en un grupo de treinta y un hombres que comían diariamente unas cinco onzas de sardinas o salmón. Es interesante anotar

---

### EL SORPRENDENTE SECRETO DEL PESCADO PARA "ADELGAZAR LA SANGRE"

El pescado grasoso modifica literalmente la forma de las plaquetas, impidiendo su unión para formar coágulos indeseables. Eso es lo que descubrieron los investigadores del Departamento de Agricultura de los Estados Unidos. Cuando usted consume aceite de pescado, sus plaquetas liberan una cantidad mucho menor de la sustancia conocida como tromboxano, la cual ordena a las plaquetas que se unan, según explica Norberta Schoen, Ph.D., investigadora del Departamento de Agricultura.

Más fascinante aún es el mecanismo por el el cual aumenta la pegajosidad de las plaquetas: el tromboxano las estimula para que se transformen en pelotitas hichadas y luego produzcan púas para que puedan entrelazarse con otras de su género. En este estado se las conoce como plaquetas "activadas" o "pegajosas" capaces de unirse para formar coágulos.

Así, el pescado grasoso, al suprimir el tromboxano, hace que las plaquetas conserven su forma circular normal y no puedan unirse entre sí para formar los coágulos que taponan las arterias.

---

que, en el mismo estudio, las cápsulas de aceite de pescado no tuvieron efecto alguno sobre los factores de coagulación de la sangre. Según el doctor Nestel, una explicación es que el pescado tiene otros compuestos, además de la grasa benéfica para los factores de anticoagulación.

Así mismo, los investigadores de Harvard llegaron a la conclusión de que seis onzas y media de atún enlatado podían "adelgazar la sangre" tanto como la aspirina. Los efectos anticoagulantes se observaron cuatro horas después de consumido el atún. Además, los participantes en el estudio asimilaron mayor cantidad de aceite del atún que de las cápsulas de aceite de pescado.

*• CONCLUSIÓN • Con tres onzas y media de pescado grasoso — caballa, arenque, salmón o sardinas — o cerca de seis onzas de atún enlatado se obtiene un efecto antitrombótico favorable.*

 *Bueno:*

## EL ANTICOAGULANTE MARAVILLOSO DEL VINO TINTO

Un poco de vino tinto puede adelgazar la sangre, retardando la formación de coágulos. La explicación no está sólo en el alcohol sino en otros componentes complejos de esta bebida. En un estudio típico, los científicos franceses Martine Seigneur y Jacques Bonnet, del Hospital Cardiológico de Pessac, analizaron los efectos anticoagulantes de tres bebidas alcohólicas en 15 hombres sanos. Durante dos semanas consecutivas, éstos consumieron diariamente medio litro de vino tinto de Burdeos, o de vino blanco de Burdeos, o de un vino sintético hecho a base de agua, alcohol y sabores artificiales. Los resultados: El vino sintético aumentó la agregación de las plaquetas y disminuyó los niveles de LBD. Con el vino blanco aumentaron levemente las LBD y marcadamente las LAD, pero no hubo cambio en las plaquetas. ¡El vino tinto fue el campeón! Redujo la agrupación de las plaquetas y aumentó los niveles de las LAD. Por lo tanto, los investigadores declararon que los poderes anticoagulantes del vino tinto eran únicos para proteger el corazón. ¿Cómo se explica este efecto anticoagulante? Los franceses dijeron que no estaban seguros de querer conocer o aislar el compuesto, insistiendo en que "el

## EL REMEDIO ANTICOAGULANTE DE LAS UVAS Y CÓMO OBTENERLO

Debemos alegrarnos de la desgracia de las uvas. Cada vez que una uva es atacada por un hongo, su defensa consiste en producir un plaguicida natural, de la misma manera que los seres humanos fabrican anticuerpos para combatir las infecciones. Este plaguicida vegetal es también un remedio fabuloso contra los coágulos. Según los investigadores japoneses, el compuesto es el principal ingrediente activo de un antiguo remedio popular que los chinos y los japoneses utilizaban para tratar los trastornos de la sangre. En efecto, los japoneses concentraron este compuesto de la uva, llamado resveratrol, en una medicina, la cual, en experimentos con animales, ha demostrado que inhibe la agregación de las plaquetas a la vez que reduce los depósitos de grasa en el hígado.

Consumiendo jugo de uva roja o vino tinto se obtiene algo de resveratrol, sustancia concentrada en el hollejo de la uva, dice Leroy Creasy, Ph.D., profesor del Colegio de Agricultura de la Universidad de Cornell. El doctor Creasy descubrió altas concentraciones de la sustancia anticoagulante en el vino tinto, pero no en el blanco. Su explicación es que, durante la fabricación del vino tinto, las uvas trituradas se dejan fermentar con el hollejo, mientras que para el vino blanco las uvas se exprimen y el hollejo, rico en resveratrol, se desecha. En su análisis de más de 30 tipos de vino, el doctor Creasy encontró la mayor concentración de resveratrol en un vino tinto de Burdeos, y la menor en uno blanco también de Burdeos.

El doctor Creasy encontró el anticoagulante también en el jugo de uva púrpura (pero no en el blanco). Según él, se necesita casi tres veces más jugo de uva que de vino tinto de Burdeos para obtener la misma cantidad del compuesto. Las uvas de mesa que se compran en el mercado probablemente contienen muy poca cantidad de la sustancia, porque son cultivadas cuidadosamente para evitar las manchas y las infecciones por hongos. Sin embargo, una libra de uvas cultivadas en la casa puede tener tanto resveratrol como dos copas de vino tinto, dice el doctor Creasy.

remedio es exquisito tal como está". Los científicos de la Universidad de Cornell creen que el principal elemento anticoagulante del vino es el resveratrol, un agente químico presente en el hollejo de la uva.

*· CONCLUSIÓN · Consumir vino tinto regularmente con las comidas parece que estimula la actividad antitrombótica y previene la enfermedad cardíaca. Sin embargo, el consumo excesivo, aunque sea ocasional, puede estimular la coagulación y el daño cardiovascular. Es importante beber el vino tinto con las comidas, para que pueda eliminar directamente la actividad de los factores de coagulación estimulada por el resto de los alimentos.*

 *Bueno:*

## SI DESEA ARTERIAS SANAS, BEBA TÉ

Por curioso que parezca, el té proporciona a las arterias una infusión antitrombótica. En 1967 aparecieron en la revista británica *Nature* unas fotos extraordinarias de aortas de conejos alimentados con una dieta rica en grasa y colesterol más agua o té. Las aortas de los conejos que bebieron té habían sido menos dañadas por la dieta rica en grasa que las de los otros conejos. Los investigadores de los laboratorios Lawrence-Livermore, de California, concluían en el informe que el té había prevenido buena parte del daño arterial. Habían decidido realizar los experimentos al observar, en estudios de autopsia, que el daño en las arterias coronarias y en las arterias cerebrales de los chinos estadounidenses que consumían té era menor en dos tercios, mientras que en las arterias cerebrales de los caucásicos bebedores de café era menor sólo en un tercio. La idea de la existencia de un compuesto misterioso en el té que podría evitar la obstrucción de los vasos sanguíneos fue muy avanzada para la época.

Pero la ciencia finalmente la ha confirmado. La investigación presentada durante la primera conferencia científica internacional sobre los efectos fisiológicos y farmacológicos del té, celebrada en Nueva York en 1991, revela que el té protege las arterias porque actúa sobre los factores de coagulación. Las sustancias químicas del té reducen la coagulabilidad de la sangre, previenen la activación y la agregación de las plaquetas, incrementan la actividad de disolución de los coágulos y reducen los depósitos de colesterol en las paredes arteriales, todo lo cual contribuye a evitar el daño de los vasos sanguíneos.

El médico Lou Fu-qing, pionero en los estudios sobre el té y la aterosclerosis y profesor y director del departamento de medicina interna de la Universidad Médica de Zhejiang, en China, ha estudiado el efecto de los componentes químicos del té en las víctimas de ataque cardíaco. El doctor Lou informó a los participantes en la conferencia que el pigmento del té negro común o del té verde al estilo asiático impedía la agrupación de las plaquetas (y también la producción de tromboxano) y mejoraba la actividad de disolución de los coágulos. También dijo que el té negro que suelen consumir los estadounidenses y el té verde asiático tenían el mismo efecto. Los científicos del Instituto Central de Investigaciones de Ito-en, en el Japón, también señalaron que la catequina, un tipo especial de tanino presente en el té verde, tenía el mismo poder que la aspirina para impedir la agregación de las plaquetas. Así mismo, parece que el té ayuda a bloquear el estímulo del colesterol malo sobre la proliferación de las células del músculo liso en las paredes de las arterias, cuyo crecimiento facilita la acumulación de la placa arterial.

 *Bueno:*

## LAS HORTALIZAS ANIQUILAN LOS COÁGULOS

Para evitar los coágulos, consuma muchas frutas y hortalizas ricas en vitamina C y fibra. Los fanáticos de las frutas y las hortalizas poseen los sistemas más activos de disolución de coágulos, según un estudio realizado recientemente en Suecia con 260 adultos de edad madura. Quienes consumían la menor cantidad de frutas y hortalizas tenían los sistemas más lentos. Otros estudios muestran que la vitamina C y la fibra, concentradas en las frutas y las hortalizas, refuerzan los mecanismos de disolución de los coágulos y ayudan a evitar la agrupación de las plaquetas, la cual precede a los coágulos.

Además, los vegetarianos, especialmente los que no consumen ningún tipo de producto animal, ni siquiera huevos o leche, poseen los niveles más bajos de fibrinógeno, elemento promotor de los coágulos. La explicación más probable es que los compuestos de las frutas y las hortalizas reducen el fibrinógeno, mientras que la grasa y el colesterol lo aumentan. También es menor la viscosidad de la sangre de los vegetarianos que la de los carnívoros: cuando la viscosidad es menor, también la presión arterial es menor. Ésta es otra forma como las hortalizas y las frutas evitan la enfermedad cardíaca.

 *Bueno:*

## EL EFECTO DEL AJÍ

El ají ahuyenta los coágulos. La prueba se obtuvo en Tailandia, donde se utiliza el ají capsicum como aliño y también como aperitivo, lo cual implica que los compuestos del ají llegan a la sangre de los tailandeses varias veces al día. Los investigadores razonaron que ése era uno de los principales motivos por los cuales el tromboembolismo — formación de coágulos peligrosos — es raro entre los tailandeses.

Para probar su hipótesis, el hematólogo Sukon Visudhiphan y sus colegas del hospital Siriraj, de Bangkok, hicieron un experimento. Enriquecieron con ají la pasta casera de arroz. Por cada 200 gramos de pasta añadieron dos cucharaditas de ají jalapeño molido fresco (aproximadamente una taza y un tercio). Alimentaron con las pastas a dieciséis estudiantes de medicina sanos y utilizaron como controles a otros cuatro estudiantes, quienes comieron la pasta simple. Casi inmediatamente apreciaron un aumento de la actividad de disolución de coágulos en la sangre de los que habían comido las pastas picantes, la cual regresó a los niveles normales al cabo de media hora. No se observó efecto alguno en la sangre de los estudiantes controles.

El efecto del ají fue de corta duración. No obstante, el doctor Visudhiphan cree que el estímulo frecuente elimina los coágulos de la sangre, haciendo que los tailandeses sean menos vulnerables a la obstrucción arterial.

 *Bueno:*

## ESPECIAS MARAVILLOSAS

Consuma especias corrientes para mantener su sangre libre de coágulos. Krishna Srivastava, de la Universidad de Odense, en Dinamarca, estudió once especias y descubrió que siete de ellas impedían la agregación de las plaquetas. Las más potentes son los clavos, el jengibre, el comino y el azafrán. "A este respecto, los clavos son más potentes que la aspirina", dice el doctor Srivastava. El principal agente activo de los clavos es probablemente el eugenol, el cual contribuye también a proteger la estructura de las plaquetas incluso después de producirse la agregación. Según el doctor Srivastava, las especias funcionan a través del sistema de las prostaglandinas, un poco de la misma manera como lo hacen la aspirina, el ajo y la cebolla.

Por ejemplo, todas las especias evitaron la producción de tromboxano, potente promotor de la agregación plaquetaria. Los compuestos del jengibre son mejores inhibidores de la síntesis de las prostaglandinas que la indometacina, droga conocida por su potencia, dice el doctor Srivastava.

El jengibre ha demostrado tener propiedades anticoagulantes, tal como lo comprobó el doctor Charles R. Dorso, de la Facultad de Medicina de la Universidad de Cornell, tras consumir una gran cantidad de mermelada de toronja con jengibre marca Crabtree & Evelyn, la cual contiene un 15% de jengibre. Al ver que su sangre no coagulaba como era usual, hizo la prueba de mezclar jengibre molido directamente con las plaquetas y observó que la pegajosidad disminuía. El doctor Dorso dice que el ingrediente activo del jengibre es el jengirol, cuya composición química se asemeja a la de la aspirina.

## HONGOS NEGROS PARA ADELGAZAR LA SANGRE

Para mantenerse a salvo de los coágulos, infunda en su sangre el remedio asiático del hongo negro conocido como mo-er o "árbol oreja". Tiene una reputación formidable en la medicina tradicional china por sus efectos benéficos para la sangre. Algunos lo llaman el "tónico de la longevidad", y con razón, según lo confirma Dale Hammerschmidt, hematólogo de la Facultad de Medicina de la Universidad de Minnesota. En una ocasión en que él consumió gran cantidad de mapo doufu, un plato asiático muy aliñado, a base de fríjol y requesón, que contenía el hongo, observó cambios notorios en el comportamiento de sus plaquetas. Habían perdido mucho de su capacidad para agruparse. Determinó que el efecto anticoagulante se debía al hongo negro.

Sucede que el hongo negro (pero no los hongos pequeños corrientes) contiene varios compuestos que adelgazan la sangre, entre ellos la adenosina, también presente en el ajo y la cebolla. El doctor Hammerschmidt supone que la combinación de tantos alimentos anticoagulantes en la comida china — ajo, cebolla, hongos negros y jengibre — podría explicar en parte la baja tasa de enfermedad de las arterias coronarias en esa población.

 *Bueno:*

## EL ACEITE DE OLIVA COMBATE LOS COÁGULOS

Además de sus muchas otras propiedades, el aceite de oliva retarda la pegajosidad de las plaquetas, lo cual podría explicar por qué protege las arterias. Por ejemplo, los investigadores británicos del Hospital y Escuela de Medicina Royal Free, de Londres, tomaron una población de voluntarios a quienes les administraron tres cuartos de cucharada de aceite de oliva dos veces al día durante ocho semanas, como complemento de la dieta normal. Los recuentos de agregación plaquetaria disminuyeron radicalmente. Los científicos observaron que las membranas de las plaquetas contenían más ácido oleico (principal ácido graso del aceite de oliva) y menos ácido araquidónico, el cual estimula la adherencia de las plaquetas.

Además, las plaquetas de los voluntarios que recibieron el aceite de oliva liberaron menos tromboxano A2, sustancia que ordena la agregación de las plaquetas. Los investigadores concluyeron que el aceite de oliva es benéfico para la función plaquetaria, diciendo que es otra explicación más de por qué las poblaciones que consumen mucho aceite de oliva — en la región del Mediterráneo — sufren menos de enfermedad cardíaca.

 *Malo:*

## MUCHA GRASA: ENEMIGA DE LA SANGRE

Si desea mantener su sangre libre de coágulos, cuídese de la grasa. No cabe duda de que, aparte de elevar el colesterol, la dieta rica en grasa produce otros efectos nocivos para la sangre. El exceso de grasa también puede reforzar la tendencia a la coagulación y a la formación de coágulos peligrosos. Por ejemplo, un estudio reciente de los investigadores del Centro Universitario del Sur de Jutlandia, en Dinamarca, reveló que la grasa saturada de origen animal y ciertas grasas poliinsaturadas omega 6 de origen vegetal, como el aceite de maíz, promovían la producción de fibrinógeno al ser consumidas en grandes cantidades. En ese estudio, un grupo de adultos sanos acostumbrados a comer una dieta rica en grasa cambiaron a diversas dietas con menor contenido de grasa (32% de las calorías) durante períodos de dos semanas cada vez. Todas las dietas bajas en grasa redujeron en un 10 a 15% la tendencia a formar coágulos. Muchas otras investigaciones también demuestran que la grasa, en particular la de origen animal, disminuye la actividad de disolución de coágulos.

Un estudio reciente reveló que la grasa de una comida abundante en ella permanece en la corriente sanguínea durante un período de hasta cuatro horas, causando problemas.

 *Bueno:*

## UN DESAYUNO PARA ACABAR CON LOS COÁGULOS

Siempre ha sido un misterio el motivo de que la mayoría de los ataques cardíacos se produzcan a las pocas horas de levantarse la víctima por la mañana. Según los estudios de la cardióloga Renata Cifkova, de la Universidad Memorial de Terranova, en St. Johns, la explicación puede estar en la omisión del desayuno. Ella descubrió que saltarse el desayuno casi triplica el potencial de formación de coágulos, aumentando la vulnerabilidad a los ataques cardíacos y a los accidentes cerebrovasculares. La doctora Cifkova explica que la pegajosidad de las plaquetas llega al mínimo durante la noche y aumenta rápidamente en el momento de despertar. Pero, por razones todavía desconocidas, el desayuno, al parecer, "despega" las plaquetas.

Para comprobar su hipótesis, la doctora midió la betatromboglobulina (beta-TG), uno de los marcadores de la agregación plaquetaria, en la sangre de 29 personas normales en los días en que desayunaban y en los que no lo hacían. La beta-TG indica el potencial de las plaquetas para fomentar la coagulación. Descubrió que los niveles de beta-TG aumentaban $2\frac{1}{2}$ veces los días en que el grupo no desayunaba, pero se reducía radicalmente los días en que sí desayunaban. Por tanto, parece que una forma de evitar que las plaquetas conserven su peligrosa pegajosidad y aumenten el riesgo de sufrir un ataque matutino es romper el ayuno de la noche: desayunar.

---

### CÓMO ALIMENTARSE PARA COMBATIR LOS COÁGULOS SANGUÍNEOS

Comer apropiadamente para controlar los factores de coagulación de la sangre es quizá la medida más importante que usted pueda tomar para evitar la enfermedad de las arterias coronarias y ahuyentar los ataques cardíacos y los accidentes cerebrovasculares. Más importante aun que controlar el colesterol. Esto es lo que debe hacer:

- Consuma pescado grasoso, ajo, cebolla, jengibre y vino tinto (con moderación). Todos estos alimentos le ayudarán a adelgazar la sangre y a impedir que se formen en ella coágulos indeseables.
- Restrinja las grasas, en particular las de origen animal y las poliinsaturadas omega 6, para evitar los coágulos.
- Consuma los alimentos que previenen los coágulos junto con aquéllos que promueven la coagulación. Algunas combinaciones excelentes son los huevos con cebolla o salmón curado, el vino tinto con queso, los fríjoles con carne y ají.

**Advertencia:** No se pase de la raya. Si está tomando medicamentos para adelgazar la sangre, tiene problemas de sangrado o historia familiar de accidente cerebrovascular hemorrágico modere el consumo de alimentos que adelgazan la sangre.

---

# ALIMENTOS PARA COMBATIR LA HIPERTENSIÓN

---

**Alimentos que pueden ayudar a bajar la presión arterial:**
Apio • Ajo • Pescado grasoso • Frutas • Hortalizas • Aceite de oliva • Alimentos ricos en calcio • Alimentos ricos en potasio

**Alimentos que pueden elevar la presión arterial:** Alimentos ricos en sodio • Alcohol

---

La presión arterial es un factor clave para la salud del corazón, y no cabe duda de que conservarla en niveles normales — nunca por encima de 140/90, según las normas estadounidenses — ayuda a prevenir los ataques cardíacos y los accidentes cerebrovasculares. Aunque existen los medicamentos para este propósito, conviene también consumir ciertos alimentos con un poder asombroso para reducir la presión arterial. Son muchos los estudios que demuestran que los alimentos están cargados de componentes reductores y elevadores de la presión arterial. Casi todos los expertos están en favor de utilizar los alimentos en lugar de los medicamentos, o como complemento de ellos. Por lo tanto, ensaye primero con la dieta. La lista de alimentos que ayudan a reducir la presión arterial crece día por día y se ha apoderado de la atención y la imaginación de un número cada vez mayor de médicos pertenecientes a la corriente imperante.

*Bueno:*

## UN REMEDIO ANTIGUO: EL APIO

Desde el año 200 a. de C., las culturas asiáticas han utilizado el apio como remedio popular para bajar la presión arterial, dice William J. Elliott, farmacólogo de la Escuela Pritzker de Medicina de la Universidad de Chicago, quien hace poco aisló del apio una droga reductora de la presión arterial. El doctor Elliott comenzó a interesarse por el tema cuando Quang T. Le, un vietnamita estudiante de postgrado, le dijo que un médico asiático le había controlado la hipertensión a su padre con un tratamiento a base de apio. Después de comer dos tallos de apio todos los días durante una semana, la presión arterial de Minh Le, de 62 años, bajó de 158/96 a un nivel normal de 118/82.

El doctor Elliott trató de "conjeturar" cuál podría ser esa sustancia química del apio capaz de reducir la presión arterial. Una vez extraído el compuesto, lo administró a ratas con presión arterial normal y el resultado fue positivo. La presión sistólica (la cifra más alta) se redujo en promedio del 12 al 14% al cabo de dos semanas de administración del extracto. Las dosis equivalían a comer cuatro tallos de apio al día. Los niveles de colesterol en la sangre también se redujeron siete puntos: cerca de un 14%. El agente químico reductor de la presión arterial se denomina 3-n-butil ftalido y es el que da al apio su aroma.

El doctor Elliott dice que el apio podría ser único, porque "la concentración del compuesto reductor de la presión arterial es relativamente alta en él en comparación con muchas otras verduras". El doctor Elliott piensa que el apio actúa reduciendo en la sangre las concentraciones de hormonas de la tensión emocional, las cuales constriñen los vasos sanguíneos. Plantea que el apio podría brindar mejores resultados a las personas cuya hipertensión tiene relación con la tensión emocional, es decir, casi la mitad de los estadounidenses.

*NOTA: Aunque el apio tiene un alto contenido de sodio comparado con otras verduras, un tallo mediano contiene apenas 35 miligramos de sodio. Por lo tanto, una dosis de dos tallos para bajar la presión arterial significaría agregar tan sólo 70 miligramos de sodio al día, cantidad insignificante en la dieta total.*

*Bueno:*

## LOS PODERES LEGENDARIOS DEL AJO

Coma más ajo. Es otro remedio de la medicina popular cuya eficacia para controlar la hipertensión ha sido confirmada por estudios recientes. Usado desde hace largo tiempo en la China y ampliamente en la actualidad en Alemania como medicamento para la hipertensión, el efecto del ajo puede ser asombroso. En un experimento a ciegas realizado hace poco en Alemania, se analizaron los efectos del Kwai, una preparación de ajo de venta libre. Una dosis equivalente a dos dientes de ajo al día bajó la presión diastólica en los pacientes con hipertensión leve.

La presión arterial del grupo de pacientes que recibió el ajo se redujo en promedio de 171/102 a 152/89 al cabo de tres meses, mientras que permaneció igual en el grupo tratado con placebo. Es interesante anotar que la magnitud del efecto del ajo creció durante todo el experimento, lo cual indica que las infusiones diarias de ajo tienen un efecto acumulativo.

Es probable que el mecanismo mediante el cual el ajo reduce la presión arterial sea relajando los músculos lisos de los vasos sanguíneos, facilitando de ese modo la dilatación. Así se ha observado en animales alimentados con jugo de ajo. Además, tanto el ajo como la cebolla contienen gran cantidad de adenosina, un compuesto relajante de los músculos lisos, según afirman los investigadores de la Universidad George Washington. Eso significa que la cebolla también puede ayudar a bajar la presión arterial. Además, la cebolla contiene cantidades pequeñas de prostraglandinas A1 y E, las cuales también reducen la presión arterial.

*NOTA: El ajo y la cebolla, comidos crudos o cocidos, son benéficos para la presión arterial, aunque se cree que el ajo crudo es más potente.*

*Bueno:*

## UNA LATA DE CABALLA

Coma pescado grasoso. "Mi presión arterial se redujo de 140/90 a 100/70 después que comencé a comer una lata pequeña de filetes de caballa todos los días", dice el investigador Peter Singer, Ph.D., de Berlín (Alemania). Se cree que, en el caso del pescado, el principal remedio para la presión arterial son los ácidos grasos omega 3 presentes en el aceite. Una serie de estudios sobre el aceite de pescado revelan que ayuda a impedir el aumento de la presión. Por ejemplo, el doctor Singer descubrió que el aceite de pescado en dosis pequeñas es tan eficaz como el Inderal, un betabloqueador formulado comúnmente para controlar la presión, de acuerdo con el informe presentado durante la Conferencia Internacional sobre Aceites de Pescado celebrada en 1990 en Washington, D.C. También descubrió que, administrados conjuntamente, el Inderal y el aceite de pescado actuaban mejor que por separado. Por lo tanto, aunque el pescado no sea suficiente, aumenta la potencia de los medicamentos, permitiendo la utilización de dosis terapéuticas menores.

¿Cuánta cantidad de pescado se necesita para reducir la presión arterial? En pruebas realizadas en la Universidad de Cincinnati, las presiones diastólica y sistólica se redujeron en 4.4 y 6.5 puntos, respectivamente, en individuos con hipertensión leve a quienes se les administraron 2 000 miligramos de ácidos grasos omega 3 todos los días durante tres meses. Esa cantidad equivale a tres onzas y media de caballa fresca del Atlántico, cuatro onzas de salmón rosado enlatado o siete onzas de sardinas enlatadas. En algunos casos, la reducción fue de una magnitud tal que permitió suspender los medicamentos.

Otro estudio fascinante realizado en Dinamarca indica que se necesita un mínimo de tres porciones de pescado a la semana para controlar la presión arterial. Los investigadores no observaron ningún beneficio adicional al agregar aceite de pescado a la dieta de quienes comían pescado tres o más veces por semana. Sin embargo, las dosis de aceite de pescado redujeron la presión de las personas que no consumían esa cantidad de pescado. Por lo tanto, parece que en la mayoría de los casos basta con comer pescado tres veces a la semana para obtener el aceite omega 3 necesario para controlar la presión, lo cual indica que la hipertensión se debe en parte a una "deficiencia de pescado". Es probable que otros componentes de la comida de mar, como el potasio y el selenio, también contribuyan a bajar la presión.

• CONCLUSIÓN • *Coma pescado por lo menos tres veces a la semana, preferiblemente pescado grasoso, como salmón, caballa, arenque, sardinas y atún.*

 **Bueno:**

## MÁS FRUTAS Y HORTALIZAS

Hecho científico: Hay algo mágico en la dieta rica en frutas y hortalizas que impide la elevación de la presión arterial. Los estudios demuestran que la presión arterial de los vegetarianos es asombrosamente baja. Ésta se reduce en todos los casos al cambiarse a una dieta vegetariana. ¿En dónde reside el poder de las frutas y las hortalizas? El doctor Frank M. Sacks, profesor auxiliar de la Escuela de Medicina de Harvard, dice que hay dos respuestas posibles: algún elemento de las plantas que reduce la presión sanguínea, o algún elemento de la carne que la aumenta.

En un principio, el doctor Sacks creía que la carne elevaba la presión arterial, pero cambió de parecer después de estudiar a un grupo de vegetarianos que agregaron carne a la dieta. En el grupo, que consumió ocho onzas de carne magra al día durante un mes, la presión sistólica subió levemente, pero no así la diastólica. Tampoco se elevó la presión con una dieta abundante en huevos durante tres semanas ni hubo respuesta alguna con distintos tipos de grasas. El doctor Sacks concluyó que reducir la grasa total o la grasa saturada de origen animal no afecta en absoluto la presión arterial.

En cambio, está convencido de que las verduras y las frutas tienen unos agentes misteriosos capaces de reducir la presión arterial. Uno de ellos puede ser la fibra, especialmente la de las frutas. Un estudio, realizado recientemente en Harvard, con 31 000 hombres de edad madura y de edad avanzada reveló que los que comían muy poca fruta tenían un 46% más de probabilidades de contraer hipertensión durante los siguientes cuatro años que los que comían diariamente el equivalente de fibra presente en cinco manzanas. Por razones que no se conocen, la fibra de las frutas ejerció el mayor efecto antihipertensivo, superior al de la fibra de las hortalizas y los cereales.

Otra posibilidad es que los antioxidantes de las frutas y las hortalizas aumenten los niveles de una sustancia hormonal conocida como prostaciclina, la cual dilata los vasos sanguíneos y reduce la presión. La otra explicación es la vitamina C.

 *Bueno:*

## VITAMINA C ARRIBA, PRESIÓN ARTERIAL ABAJO

Coma alimentos ricos en vitamina C. La falta de esta vitamina puede elevar la presión arterial. En efecto, la vitamina C de las frutas y las verduras es un poderoso remedio preventivo de la hipertensión, según sostiene un experto en el tema, el doctor Christopher J. Bulpitt, del Hospital Hammersmith, de Londres, quien menciona un cúmulo de pruebas de que la hipertensión y las muertes por accidente cerebrovascular son mayores entre las personas que consumen poca vitamina C. El investigador Paul. F. Jacques, del Centro de Investigación sobre Nutrición Humana y Envejecimiento, del Departamento de Agricultura de los Estados Unidos, en la Universidad de Tufts, está de acuerdo en que el hecho comer pocos alimentos ricos en vitamina C es un factor que predispone a la hipertensión. En un estudio descubrió que los ancianos que consumían la vitamina C en una sola naranja al día tenían una probabilidad dos veces mayor de sufrir de hipertensión que las personas que consumían cuatro veces esa cantidad. La presión sistólica y la diastólica estaban once y seis puntos por encima, respectivamente, en el grupo que consumía poca vitamina C. En otra investigación, el doctor Jacques observó que, cuando los niveles de vitamina C en la sangre eran bajos, la presión sistólica era un 16% mayor y la diastólica un 9% mayor.

"Hay algo que contribuye a elevar la presión arterial cuando no se consume suficiente vitamina C", dice el doctor Jacques. Por lo tanto, si su presión arterial es alta, asegúrese de comer por lo menos una naranja al día. También hay pruebas de que la presión se puede reducir más de la cuenta consumiendo cantidades excesivas de vitamina C, superiores a las necesarias para corregir una deficiencia.

El doctor Jacques hace hincapié en que hay otros elementos en las frutas y las hortalizas, aparte de la vitamina C, que ayudan a controlar la presión.

 *Bueno:*

## EL POTASIO REDUCE LA PRESIÓN

No olvide el potasio, concentrado en las frutas, las hortalizas y la comida de mar. También es una potente medicina contra la hipertensión. No hay duda de que al agregar potasio a la dieta la presión baja, y al eliminarlo sube. De hecho, la hipertensión se puede causar consumiendo deliberadamente una dieta pobre en potasio. Prueba de ello son los experimentos realizados en la Facultad de Medicina de la Universidad de Temple con diez hombres cuya presión arterial era normal. Primero consumieron una dieta con suficiente potasio durante nueve días, y después una dieta pobre en potasio durante otros nueve días. La presión arterial (sistólica y diastólica) aumentó 4.1 puntos, pasando de 90.9 a 95, mientras estuvieron privados del potasio, y subió todavía más cuando se agregó sodio en gran cantidad a la dieta. Por lo tanto, el potasio ayuda a controlar los efectos de la dieta rica en sodio, dice el jefe del estudio, doctor G. Gopal Krishna. Su teoría es que la escasez de potasio produce retención de sodio, lo cual, con el tiempo, puede desencadenar una hipertensión.

Con niveles adecuados de potasio en la dieta se pueden reducir las dosis de los fármacos. Un estudio de la Universidad de Nápoles (Italia) reveló que, después de un año con una dieta alta en potasio, el 81% de los pacientes estudiados pudo reducir la dosis de los medicamentos antihipertensivos a la mitad. Además, el 38% del grupo que consumió la dieta rica en potasio pudo suspender del todo los medicamentos. Sencillamente debían consumir entre tres y seis porciones diarias de alimentos ricos en potasio para aumentar en un 60% el consumo promedio de este elemento. (En las páginas 557-558 aparece una lista de alimentos ricos en potasio.)

*Bueno:*

## ACUDA A LOS ALIMENTOS RICOS EN CALCIO

Los alimentos ricos en calcio podrían ser un arma secreta contra la hipertensión. Algunos expertos afirman que es más probable que la presión alta se deba a una deficiencia de calcio que a un exceso de sodio. En efecto, en algunos casos, la cantidad suficiente de calcio puede cancelar los efectos adversos del sodio en lo que a la presión arterial se refiere. El doctor David A. McCarron, de la Universidad de Ciencias de la Salud de Oregón, dice que algunas personas sencillamente necesitan más calcio que otras para mantener la presión en niveles normales. Por lo general, son las personas "sensibles a la sal"; es decir, aquéllas cuya presión se eleva cuando consumen demasiado sodio. Una teoría es que esas personas retienen agua cuando consumen demasiado sodio, y que el calcio actúa como diurético natural para ayudar a los riñones a eliminar el sodio y el agua, reduciendo así la presión. Otra explicación, más compleja, es que el calcio impide la liberación de la hormona paratiroidea, la cual puede aumentar la presión arterial.

No cabe duda de que el calcio reduce la presión arterial en algunos casos. Los estudios del Centro de Ciencias de la Salud de la Universidad de Texas demostraron una reducción notable, de 20 a 30 puntos, con la administración de 800 miligramos de calcio al día en un 20% de individuos con hipertensión leve. Sin embargo, en la mayoría de los casos la reducción fue poco significativa, y en un 20% de las personas estudiadas hubo incluso un aumento de la presión arterial.

Otro estudio demostró que las personas menores de 40 años pueden disminuir la probabilidad de sufrir de hipertensión consumiendo calcio en cantidades suficientes. En efecto, la probabilidad de sufrir de hipertensión se redujo en un promedio del 20% por cada 1 000 miligramos de calcio consumidos diariamente, en el caso de personas de peso normal que bebían con moderación (no más de una copa al día). El riesgo se redujo todavía más (en 40%) en el caso de las personas que consumían menos alcohol. El alcohol tiende a contrarrestar los beneficios del calcio, dijo el autor del estudio, James H. Dwyer, de la Facultad de Medicina de la Universidad del Sur de California, en Los Ángeles.

*NOTA: Claro está que la leche y sus derivados son ricos en calcio y hay indicios de que la leche puede contribuir a bajar la presión arterial. Sin embargo, puesto que la leche causa problemas digestivos y alergias a muchas personas, conviene recordar que hay muchos otros alimentos ricos en calcio, como las hortalizas (col común, bróculi, col rizada, hojas de nabo), las sardinas y el salmón enlatados con espinas. (En la página 556 aparece una lista de los alimentos ricos en calcio.)*

 **Bueno:**

## ENSAYE EL ACEITE DE OLIVA

Incluir el aceite de oliva en la dieta es buen remedio para la presión alta. Hace algunos años, los investigadores de la Escuela de Medicina de Stanford estudiaron a 76 hombres hipertensos de edad madura y concluyeron que una dosis diaria de la grasa monoinsaturada contenida en tres cucharadas de aceite de oliva reducía la presión sistólica en nueve puntos y la diastólica en seis. Más notable aún es el resultado de un estudio de la Universidad de Kentucky según el cual sólo dos tercios de cucharada de aceite de oliva al día redujeron la presión sistólica en cinco puntos y la diastólica en cuatro. En un estudio holandés realizado recientemente, incluso en las personas con presiones normales se observó una disminución leve de la presión al consumir grandes cantidades de aceite de oliva.

Está, además, el análisis de la dieta de casi 5 000 italianos, según el cual las personas que consumían la mayor cantidad de aceite de oliva tenían la presión tres o cuatro puntos por debajo, en especial los hombres. Entre estos italianos, los que consumían grandes cantidades de mantequilla tenían los niveles más altos de presión arterial.

 **Malo:**

## LA SAL: ¿CULPABLE O NO?

La mayoría de las personas piensan que la primera cura para la presión alta es disminuir la sal. Pero es algo que puede o no surtir efecto, según la conformación biológica de cada cual. Los científicos han discutido durante años el efecto de la sal sobre la presión arterial, sin lograr ponerse de acuerdo. En un informe reciente, los científicos de Harvard concluyeron que es poco probable que la sal sea una causa mayor de la presión arterial alta. Aun así, el doctor William Castelli, director del famoso estudio Framingham sobre el corazón, anota que en algunas zonas del mundo, donde el consumo de sal es bajo, la hipertensión es rara y no aumenta con la edad, como sucede entre los estadounidenses. Además, si una persona tiene la presión arterial alta, el hecho de disminuir la sal puede ayudarle a controlarla, en particular si pertenece a ese grupo especialmente sensible al sodio. El beneficio de reducir el sodio es mayor en estas personas que "reaccionan a la sal", dicen la mayoría de los especialistas. Pero la única forma de saberlo es ensayando. Incluso se ha comprobado que es posible bajar la presión normal restringiendo el consumo de sodio.

¿Cuánta mejoría se puede esperar? El doctor Malcolm Law, de la Universidad de Londres, calcula que eliminando una cucharadita de sal al día se puede bajar la presión sistólica en un promedio de 7 mmHG, y la diastólica en 3.5 mmHG, en los casos de presión alta.

La salud de los vasos sanguíneos también se beneficia reduciendo el consumo de sodio. Según Ross D. Feldman, de la Universidad de Western Ontario, la presión arterial baja cuando los vasos se mantienen jóvenes. Él y sus colegas señalan que los vasos envejecidos pierden en parte su capacidad para dilatarse, lo cual puede contribuir a elevar la presión; esta situación se agrava con el sodio. El doctor Feldman y sus colaboradores descubrieron a través de sus experimentos que al reducir la sal mejoraba la función de los vasos envejecidos. Demostraron que los vasos sanguíneos de las personas de edad que siguieron una dieta rica en sal durante cuatro días se dilataban apenas la mitad que los de los voluntarios jóvenes. Pero al seguir una dieta baja en sal, la dilatación fue igual en ambos grupos. Esto indica, dice el doctor Feldman, que la dieta baja en sal puede contrarrestar el deterioro de la función de los vasos sanguíneos, el cual es uno de los factores que elevan la presión arterial.

*NOTA: Una forma de reducir el sodio es limitando el consumo de alimentos procesados, los cuales aportan el 75% del sodio de la alimentación.*

## LA SORPRESA DEL SODIO

Pese a lo anterior, restringir el sodio puede no surtir efecto en todos los casos. De hecho, en algunas personas, reducir el sodio tiene el efecto contrario, de acuerdo con el doctor Bernard Lamport, de la Escuela de Medicina Albert Einstein. Tras revisar los resultados de las investigaciones actuales, informó que la presión arterial bajaba significativamente en un 20 a 25% de las personas con hipertensión al restringir moderadamente el consumo de sal, tal como lo recomiendan muchos médicos. Sin embargo, la presión se elevaba de manera sustancial en un 15% de esos pacientes. "En esos casos, restringir la sal es peligroso", insiste el doctor Lamport.

A manera de prueba, el doctor Lamport aconseja a las personas con presión arterial alta reducir el sodio durante un par de meses, bajo supervisión médica. Si la presión desciende, pueden continuar; pero si sube, es preciso suspender. Lo importante es recordar que no todo el mundo debe esperar que la restricción del sodio sea la panacea para controlar la presión arterial alta.

El Instituto Nacional de Salud de los Estados Unidos recomienda no consumir más de seis gramos de sodio al día, o sea aproximadamente tres cucharaditas de sal.

• *CONCLUSIÓN* • *De la reacción biológica individual depende que la restricción de la sal sirva para controlar la presión arterial. Pero, aunque usted no sufra de presión alta, le conviene consumir la sal con moderación, porque el sodio puede promover daños de la vasculatura cerebral y accidentes cerebrovasculares mediante la acción de mecanismos distintos de la elevación de la presión arterial, declara el doctor Louis Tobian, Jr., jefe de la sección de hipertensión de la Universidad de Minnesota. También advierte que si, además de hipertensión, la persona tiene problemas renales o cardíacos, debe necesariamente reducir el consumo de sal.*

 *Malo:*

## CUIDADO CON EL ALCOHOL

Un gran número de estudios han confirmado repetidas veces que el alcohol eleva la presión arterial. En 1992, los médicos del Hospital Real de Perth (Australia) revisaron las pruebas obtenidas en diferentes investigaciones y llegaron a la conclusión de que la presión arterial sube en los hombres y mujeres de todos los grupos étnicos y todas las edades en respuesta a todo tipo de bebidas alcohólicas, entre ellas la cerveza, el vino y los licores. Además, cuanto mayor es el consumo de alcohol, más sube la presión. Los estudios indican que cada copa diaria aumenta la presión sistólica en 1 mmHg, lo cual implica que el alcohol es una amenaza mayor para la presión arterial que el sodio, según los expertos australianos.

En general, informaron que con tres o más copas diarias se duplica el número de hombres y mujeres con presión arterial superior a 160/95.

---

*"Tres o más copas de licor al día son la causa más común de la hipertensión reversible o curable". —* N. M. Kaplan, Centro de Ciencias de la Salud de la Universidad de Texas (Dallas).

---

Un estudio en gran escala realizado en Harvard con enfermeras reveló que un par de cervezas, dos copas de vino o un trago de licor al día no modificaban la presión arterial. Sin embargo, una cantidad mayor de alcohol producía un aumento constante y progresivo de la presión arterial. Comparadas con mujeres que no bebían, las que consumían entre dos y tres copas al día tenían un 40% más de probabilidad de llegar a sufrir de hipertensión. El riesgo era un 90% mayor en las mujeres que consumían más de tres copas al día.

La presión arterial tiende a bajar cuando se reduce el consumo de alcohol. En el Hospital Kaiser Permanente se realizó un estudio cuyo resultado reveló que la hipertensión asociada con el alcohol se redujo a niveles normales a los pocos días de suspender por completo el consumo de bebidas alcohólicas. Si una persona bebe mucho, al suspender el alcohol puede reducir el nivel de la presión arterial en 25 puntos, según algunos especialistas. Algunos informes muestran que el exceso de alcohol, o el consumo esporádico de una cantidad grande de bebidas alcohólicas — más de seis copas en un día — ¡puede elevar la presión en casi un 50%!

• *CONCLUSIÓN* • *¿Hasta dónde se puede beber sin temor a elevar la presión arterial? No más de dos copas al día, según el Instituto Nacional de Salud. También cabe recordar que el alcohol puede anular los beneficios de la dieta baja en sodio y de los medicamentos para la hipertensión.*

## NO SE PREOCUPE MUCHO POR EL CAFÉ

Parece que la cafeína no es uno de los mayores culpables de la hipertensión crónica. La cafeína puede elevarles la presión a los

---

### ALIMENTOS PARA CONTROLAR LA PRESIÓN ARTERIAL ALTA

- Lo primero que debe hacer es comer más frutas y hortalizas de todo tipo, las cuales contienen grandes cantidades de agentes conocidos y desconocidos que reducen la presión arterial, entre ellos la vitamina C, el potasio y el calcio. La tasa de hipertensión entre los vegetarianos es asombrosamente baja.

- Coma en especial apio y ajo.

- El pescado es otro alimento obligatorio para las personas conscientes de su presión arterial. Parece que el aceite de pescado es esencial para mantener la presión en un nivel sano y estable. Coma pescado grasoso, como la caballa, las sardinas, el salmón o el arenque, tres veces por semana.

- No se entusiasme con el salero cuando cocine. Y no agregue más sal en la mesa. Ante todo, tenga cuidado con los alimentos procesados, los cuales suelen estar cargados de sodio. Un estudio reveló que cerca del 70% del sodio de la dieta típica proviene de esos alimentos procesados.

- Limite el consumo de alcohol a una o dos copas al día. Y evite cometer excesos ocasionales, a fin de no causar una elevación marcada de su presión.

- Si tiene exceso de peso, trate de bajar; es una forma segura de reducir la presión arterial.

---

consumidores ocasionales e incluso a quienes consumen café regularmente, en particular cuando están bajo tensión mental. Pero, al fin y al cabo, la cafeína no parece tener efectos duraderos sobre la presión arterial ni acortar la vida de las personas con hipertensión, insisten los investigadores del Centro de Ciencias de la Salud de la Universidad de Texas. En un estudio de 10 064 estadounidenses con diagnóstico de hipertensión, el grupo de Texas encontró que la probabilidad de morir de enfermedad cardíaca o de cualquier otra causa no aumentaba en los hipertensos que consumían la mayor cantidad de té o café, en infusión, instantáneo o descafeinado.

Sin embargo, cuando hay tensión mental, la cafeína tiende a elevar la presión. Por ejemplo, el doctor Joel Dimsdale, de la Universidad de California, en San Diego, puso a doce personas sanas que bebían café regularmente a solucionar problemas de aritmética después de beber café corriente o descafeinado. En todos los casos, la presión subió más (un promedio de 12 puntos la sistólica y 9 puntos la diástolica) durante la sesión de trabajo después de consumir cafeína.

Además, la combinación de tensión y cafeína puede ser más nociva en las personas con hipertensión o con predisposición genética a sufrirla, según el doctor Michael F. Wilson, profesor de medicina de la Universidad de Oklahoma. Observó que los hombres con alto riesgo de sufrir hipertensión tenían una mayor tendencia a presentar elevaciones súbitas de la presión cuando eran sometidos a pruebas que les producían tensión después de haber consumido la cafeína de dos o tres tazas de café. El doctor Wilson dice que esas personas, bajo tensión, presentan una respuesta adrenocortical exagerada a la cafeína, la cual provoca la subida de la presión.

• *CONCLUSIÓN* • *La mayoría de las personas con hipertensión no tienen necesidad de dejar el café. Es una bebida que no suele elevar la presión hasta la "zona alta" en las personas sanas y tampoco la agrava significativamente en las personas con hipertensión. Ésa es la conclusión de un informe especial sobre hipertensión publicado en* Harvard Health Letter. *En cambio, otros expertos dicen que, si la persona vive constantemente en estado de tensión, la cafeína podría ser nociva, porque contribuye a elevar la presión arterial.*

# LOS MEJORES REMEDIOS NATURALES CONTRA LOS ACCIDENTES CEREBROVASCULARES

---

**Alimentos que ayudan a prevenir los accidentes cerebrovasculares o a mitigar el daño:** Frutas • Hortalizas • Comida de mar, especialmente el pescado grasoso • Té • Un poco de alcohol

**Alimentos que pueden promover los accidentes cerebrovasculares:** Sal • Alcohol en exceso • Grasas saturadas de origen animal

---

A medida que la persona envejece, las probabilidades de sufrir un accidente cerebrovascular aumentan permanentemente. Sin embargo, hay pruebas abrumadoras de que los alimentos pueden disminuir radicalmente las probabilidades de sufrir un accidente cerebrovascular y el daño que éste deja, e incluso determinar si ha de ser mortal o no. Entre los estadounidenses, cerca del 80% de los accidentes cerebrovasculares son ocasionados por coágulos alojados en los vasos sanguíneos del cerebro y la cabeza. Los demás son accidentes cerebrovasculares hemorrágicos causados por la ruptura de los vasos y el derrame de sangre en el cerebro. Por lo tanto, consumir alimentos que evitan la formación de coágulos, mantienen la presión en un nivel normal y conservan los vasos flexibles y libres es una buena forma de prevenir los accidentes cerebrovasculares. Hasta una porción adicional al día del alimento indicado puede recortar en 40 e incluso 60% la probabilidad de sufrir un accidente cerebrovascular o de morir por su causa. Cualquier medicamento que prometiera prevenir esa cantidad de accidentes cerebrovasculares sería una verdadera sensación, aunque sin mencionar los costos y los posibles efectos secundarios. Pero la verdad es que existen fármacos más eficaces, seguros y económicos al alcance de todos.

## LOS PROTECTORES NATURALES DEL CEREBRO

Los alimentos indicados para evitar los accidentes cerebrovasculares son las frutas y las hortalizas. Hace más de diez años, los investigadores descubrieron que comiendo frutas y hortalizas se previenen los accidentes cerebrovasculares y se mitigan los daños en caso de que ocurran. Investigadores británicos de la Universidad de Cambridge descubrieron que las personas de edad que consumían gran cantidad de frutas y verduras frescas tenían menos probabilidades de morir a causa de un accidente cerebrovascular. Un estudio noruego reveló que el riesgo de sufrir un accidente cerebrovascular era 45% menor entre los hombres que consumían buena cantidad de hortalizas, y un tercio menor entre las mujeres que consumían grandes cantidades de frutas.

 *Bueno:*

## EL REMEDIO PARA SOBREVIVIR A UN ACCIDENTE CEREBROVASCULAR: UNA ZANAHORIA AL DÍA

¡Imagine! Comer zanahorias cinco veces o más a la semana podría reducirle el riesgo de sufrir un accidente cerebrovascular en dos tercios, o en un 68%, en comparación con el hecho de comerlas una sola vez al mes o menos. Ése es el importante hallazgo de un estudio en gran escala terminado recientemente en Harvard, en el cual se hizo seguimiento a cerca de 90 000 enfermeras durante ocho años. La espinaca también demostró ser un protector potente contra los accidentes cerebrovasculares. La protección se debe en parte al betacaroteno presente en la zanahoria y la espinaca. Otro estudio anterior, hecho también en Harvard, había demostrado que consumiendo ese betacaroteno adicional en una zanahoria y media, tres cuartos de taza de batata en puré o tres tazas de espinaca cocida al día, la proporción de accidentes cerebrovasculares se recortaba en 40%. La reducción fue evidente en las personas que consumieron entre 15 y 20 miligramos de betacaroteno al día en comparación con quienes consumieron solamente 6 miligramos.

El efecto protector de la zanahoria, la espinaca y otras hortalizas ricas en caroteno se debe probablemente a la actividad antioxidante de ese compuesto, piensa la investigadora en jefe JoAnn E. Manson, del Brigham and Women's Hospital y la Escuela de Medicina de Harvard. Su teoría es que el caroteno impide que el colesterol se vuelva tóxico y pueda formar placas y coágulos en las arterias.

Más sorprendente aún es la investigación que ha demostrado la importancia de tener mucho betacaroteno y otros tipos de vitamina A en la corriente sanguínea en caso de sufrir un accidente cerebrovascular. Esa vitamina puede evitar la muerte o la invalidez, según investigadores belgas de la Universidad de Bruselas, quienes analizaron la sangre de 80 pacientes antes de cumplirse las 24 horas de haber sufrido el accidente cerebrovascular. Descubrieron que los pacientes con cantidades superiores de vitamina A, incluso betacaroteno, tenían mayores probabilidades de sobrevivir, de sufrir un menor daño neurológico y de recuperarse completamente. La razón es la siguiente: cuando el cerebro se ve privado de oxígeno, como sucede en un accidente cerebrovascular, las células comienzan a funcionar mal, desencadenando una serie de efectos que terminan en daño oxidativo de las células nerviosas. Pero, creen los investigadores, si en la sangre hay grandes cantidades de vitamina A, ésta puede interferir muchas etapas de esta cascada de acontecimientos, disminuyendo el daño cerebral y las posibilidades de morir.

Otros alimentos ricos en betacaroteno — conocido también como vitamina A vegetal, porque en el organismo se convierte en dicha vitamina —, además de la zanahoria, son las hortalizas de hojas de color verde oscuro, como la espinaca, la col rizada y la col común, y también las de color anaranjado oscuro, como la batata y la auyama. Esos alimentos también son ricos en potasio, otro posible contrarrestante de los accidentes cerebrovasculares.

*Bueno:*

## EL ASOMBROSO EXPERIMENTO DE CALIFORNIA

Coma tan sólo una porción adicional de alimentos ricos en potasio todos los días para reducir en un 40% el riesgo de sufrir un accidente cerebrovascular. Eso fue lo que los investigadores descubrieron analizando las dietas de un grupo de 859 hombres y mujeres de más de 50 años, residentes en el sur de California. Los investigadores documentaron que una pequeña diferencia de potasio en la dieta permitió predecir quiénes morirían de un accidente cerebrovascular doce años después.

Ninguna de las personas que consumían la mayor cantidad de potasio (más de 3 500 miligramos al día) murió por esa causa. En cambio, quienes consumían las menores cantidades de potasio (menos de 1 950 miligramos al día) presentaron una tasa mucho mayor de muerte por accidente cerebrovascular. Entre los hombres y mujeres que consumían poco potasio, la probabilidad de morir por accidente cerebrovascular aumentó 2.6 y 4.8 veces, respectivamente. Además, cuanto mayor la cantidad de alimentos ricos en potasio, menor el número de accidentes cerebrovasculares. En efecto, los investigadores concluyeron que con cada 400 miligramos de potasio adicionales al día, la probabilidad de accidente cerebrovascular mortal se reducía en un 40%.

Ese margen decisivo de 400 miligramos de potasio es tan ínfimo, que se obtiene con un pedazo de algunas frutas u hortalizas, un vaso de leche o un trozo de pescado. Si usted supiera que le ayudaría a proteger su cerebro contra esa catástrofe devastadora y muchas veces irreversible que es un accidente cerebrovascular o derrame cerebral, ¿no consideraría la posibilidad de comer todos los días un pedazo más de melón, medio aguacate, una papa asada, diez albaricoques secos, media taza de fríjoles horneados o una lata pequeña de sardinas?

Los alimentos ricos en potasio ayudan a reducir la presión arterial pero, aparte de ese efecto, el potasio tiene otros poderes para prevenir directamente el accidente cerebrovascular, dice el doctor Louis Tobian, Jr., especialista en hipertensión de la Universidad de Minnesota. En sus experimentos alimentó a unas ratas hipertensas con una dieta rica en potasio, y a otras con niveles "normales" de este elemento. El 40% de las ratas alimentadas con la dieta "normal" sufrieron accidentes cerebrovasculares leves representados en sangrado cerebral. Pero las ratas alimentadas con la dieta rica en potasio no presentaron hemorragias cerebrales. La teoría del doctor Tobian es que el potasio preserva la elasticidad y la función normal de las paredes arteriales, inmunizando los vasos sanguíneos contra el daño producido por la presión alta.

Ese mismo puede ser el caso en los seres humanos.

 *Bueno:*

## EL PESCADO GRASOSO ARREGLA LA SANGRE

Otra cosa admirable que usted puede hacer para tener buena circulación sanguínea en el cerebro es consumir pescado grasoso. Los ácidos grasos omega 3 realizan varios milagros en la sangre, disminuyendo la probabilidad de que se produzcan accidentes cerebrovasculares. E incluso cuando ocurren, el daño es menor si hay altos niveles de esos ácidos grasos en la sangre. Un poco de pescado basta para salvar a la persona de un accidente cerebrovascular. Estudios recientes de un grupo de investigadores holandeses revelaron que los hombres entre las edades de 60 y 69 años que comían pescado por lo menos una vez a la semana tenían la mitad de las probabilidades de sufrir un accidente cerebrovascular durante los siguientes quince años, que aquéllos que no consumían pescado.

Además, una serie de estudios japoneses demuestran que la probabilidad de morir en caso de sufrir un accidente cerebrovascular es mucho menor entre las personas que comen mucho pescado. La investigación reveló que entre los habitantes de los pueblos pesqueros que consumían nueve onzas de pescado al día la tasa de accidentes cerebrovasculares *mortales* era un 25 a 40% menor que entre los campesinos que comían solamente tres onzas de pescado al día.

También se ha confirmado que la maravillosa grasa omega 3 del pescado puede modificar la sangre, haciéndola menos propensa a la coagulación y, como es natural, previniendo la obstrucción de los vasos sanguíneos cerebrales. William Lands, Ph.D., quien entonces trabajaba en la Universidad de Illinois, en Chicago, realizó los primeros estudios que demostraron que el daño causado por los accidentes

*ESTO ES LO QUE COMEN LAS PERSONAS QUE NO MUEREN DE ACCIDENTES CEREBROVASCULARES*

Cada uno de estos alimentos proporciona diariamente los 400 miligramos de potasio adicionales que han demostrado reducir en un 40% las probabilidades de sufrir un accidente cerebrovascular mortal:

- $\frac{1}{2}$ taza de espinaca fresca cocida (423 miligramos)
- $\frac{1}{2}$ taza de hojas de remolacha frescas cocidas (654 miligramos)
- 1 cucharadita de melaza oscura (400 miligramos)
- 1 taza de jugo de tomate (536 miligramos)
- 1 taza de jugo fresco de naranja (472 miligramos)
- $\frac{1}{4}$ de melón (412 miligramos)
- $\frac{1}{2}$ taza de calabaza (446 miligramos)
- 10 mitades de albaricoque seco (482 miligramos)
- 2 zanahorias (466 miligramos)
- $\frac{1}{2}$ taza de batata cocida (455 miligramos)
- $\frac{1}{2}$ taza de fríjoles verdes cocidos (484 miligramos)
- 1 taza de leche descremada (418 miligramos)
- $\frac{1}{2}$ aguacate (742 miligramos)
- 1 banano (451 miligramos)
- 2 onzas de almendras (440 miligramos)
- 1 onza de fríjol de soya tostado (417 miligramos)
- 1 papa (patata) asada de 17 onzas sin pellejo (512 miligramos)
- 1 papa asada de 17 onzas con pellejo (844 miligramos)
- $\frac{1}{2}$ taza de fríjoles horneados (613 miligramos)
- 3 onzas (ocho unidades aproximadamente) de sardinas enlatadas (500 miligramos)
- 3 onzas de filete de pez espada (465 miligramos)

cerebrovasculares en los animales era mucho menor cuando éstos habían sido alimentados con aceite de pescado. Si usted ha llegado a la edad en que sus capilares podrían estar estrechos a causa de la acumulación de placa, tenga esto presente: el aceite de pescado se acomoda en las membranas estructurales de las células, las cuales, cuando están llenas de aceite de pescado, son menos rígidas, más permeables y flexibles. Eso significa que, al ser más deformables, las células sanguíneas pueden pasar mejor a través de los vasos estrechos para llevar el oxígeno a las células del cerebro y el corazón. Esa maniobrabilidad podría salvarle la vida, en especial a medida que envejecen y se estrechan sus arterias.

Dicho sea de paso, las grasas saturadas de origen animal endurecen las membranas celulares. Es una razón más por la cual las personas a quienes les preocupa un accidente cerebrovascular o, en general, una enfermedad cardiovascular deben evitar esa grasa.

 *Bueno:*

## LA SALVACIÓN DEL TÉ

Para evitar los accidentes cerebrovasculares, beba té, en particular té verde. Un estudio reciente, durante cuatro años, de casi 6 000 mujeres de más de cuarenta años realizado por los médicos de la Facultad de Medicina de la Universidad de Tohoku, en el Japón, reveló que las mujeres que bebían por lo menos cinco tazas de té verde al día tenían la mitad de las probabilidades de sufrir un accidente cerebrovascular en comparación con las mujeres que bebían té en menor cantidad. Lo mismo se observó en el caso de las mujeres que consumían mucha sal, cuyo riesgo de contraer hipertensión o de sufrir un accidente cerebrovascular era mayor. El estudio es el primero de su tipo en el cual se ha encontrado una relación directa entre el té verde y la prevención de los accidentes cerebrovasculares, aunque otros estudios anteriores realizados en el Japón, la China y los Estados Unidos habían revelado la propiedad del té verde de reducir la presión sanguínea.

Una explicación de la capacidad del té para evitar los accidentes cerebrovasculares puede estar en la alta concentración de antioxidantes y la protección que éstos ofrecen a los vasos sanguíneos.

Un estudio reveló que las sustancias químicas presentes en el té verde tienen un efecto antioxidante más poderoso que el de las vitaminas E y C, bien conocidas por su enorme poder antioxidante.

 *Malo:*

## OTRO PELIGRO DE LA SAL

Cuídese de la sal. Aunque a usted no le produzca un aumento de la presión arterial, podría de todas maneras dañarle los tejidos cerebrales al fomentar la producción de pequeños derrames, dice el doctor Tobian, quien llegó a esta conclusión a través de sus experimentos con ratas alimentadas con una dieta baja en sal y otra alta en sal. La dieta alta en sal produjo accidentes cerebrovasculares mortales sin elevar la presión sanguínea de los animales. Al cabo de 15 semanas, el 100% de las ratas alimentadas con la dieta alta en sal habían muerto, en comparación con sólo el 12% de las alimentadas con la dieta baja en sal. En el tejido cerebral de las ratas alimentadas con la dieta alta en sal se observaron lesiones arteriales y muerte del tejido cerebral a causa de una serie de pequeños accidentes cerebrovasculares mortales.

El doctor Tobian aconseja reducir el consumo de sal para evitar los accidentes cerebrovasculares aunque la persona no reaccione a la sal con un aumento de la presión arterial. Esto es de particular importancia en las personas de más de 65 años y en el caso de todos los afroamericanos, dos grupos especialmente vulnerables al daño producido por la sal, dice.

## EL ALCOHOL: BUENAS Y MALAS NOTICIAS

Las pruebas más recientes indican que el alcohol en poca cantidad podría ser una salvación contra el accidente cerebrovascular, pero en exceso, por el contrario, podría causarlo. Investigadores británicos informaron que la vulnerabilidad a los accidentes cerebrovasculares hemorrágicos o a los producidos por coágulos era un 60 o 70% menor entre los bebedores de una o dos copas al día en comparación con los abstemios. En cambio, los bebedores asiduos — tres o cuatro copas al día — tenían una propensión tres veces mayor a los accidentes cerebrovasculares en comparación con las personas que no bebían.

Peor aún: se demostró que los bebedores asiduos eran seis veces más propensos a los accidentes cerebrovasculares, de acuerdo con los resultados de un estudio de la Universidad de Helsinki. Los neurólogos finlandeses nos recuerdan que el alcohol es un veneno para el cerebro y, en dosis grandes, promueve las embolias, los coágulos y la isquemia a causa de los cambios sanguíneos y la contracción vascular, precursores de los accidentes cerebrovasculares. Los finlandeses también descubrieron que las personas que bebían alcohol con moderación tenían un 6% menos de probabilidades de sufrir accidentes cerebrovasculares, en comparación con las personas que no bebían.

---

## UNA FÓRMULA PARA EVITAR LOS ACCIDENTES CEREBROVASCULARES

Parece claro y urgente: si a usted le preocupa la posibilidad de sufrir un accidente cerebrovascular, haga estas cinco cosas:

- Coma muchas frutas y hortalizas, cinco o más porciones al día. No olvide incluir la zanahoria.

- Coma pescado, especialmente grasoso, por lo menos tres veces a la semana.

- Controle el consumo de sodio.

- No beba alcohol en exceso: no más de una o dos copas al día.

- Procure beber té, especialmente té verde, el cual se consigue en las tiendas asiáticas, las tiendas especializadas y algunos supermercados grandes.

Recuerde que todo esto le ayudará a controlar el daño neurológico y a reducir las probabilidades de morir en caso de sufrir un accidente cerebrovascular.

---

• *CONCLUSIÓN* • *Una o dos copas al día podrían beneficiarlo, si usted bebe. Sin embargo, no debe comenzar a hacerlo sólo para evitar un accidente cerebrovascular. Las personas que beben mucho deben oír este consejo y reducir el consumo de alcohol, porque pocos sucesos son más trágicos que un accidente cerebrovascular.*

# LOS ALIMENTOS COMO REMEDIO PARA LOS TRASTORNOS DIGESTIVOS

# ALIMENTOS PARA CURAR EL ESTREÑIMIENTO: ACTUALIZACIÓN DE LA SABIDURÍA POPULAR

---

**Alimentos que contribuyen a prevenir y curar el estreñimiento:** Salvado grueso de trigo • Salvado de arroz • Frutas y hortalizas • Ciruelas pasas • Higos • Dátiles • Café • Mucho líquido

**De pocas propiedades laxantes:** Ruibarbo

---

## QUÉ ES EL ESTREÑIMIENTO Y CÓMO ALIVIARLO POR MEDIO DE LA ALIMENTACIÓN

Es indudable que la dieta es la "medicina de elección" para curar y prevenir el estreñimiento común, primera de las enfermedades de la digestión en los Estados Unidos, donde la padecen treinta millones de personas. Si usted sufre de estreñimiento, consulte a la naturaleza para obtener de ella el remedio concebido especialmente hace muchísimo tiempo para ayudarle a mantener la regularidad de las deposiciones. Depender de los fármacos puede ser costoso, innecesario y nocivo, puesto que muchos laxantes empeoran el estreñimiento al debilitar los nervios del intestino impidiendo que éste se contraiga normalmente.

No todos los casos de estreñimiento se deben a una mala dieta. A veces la causa es física. De manera que, si usted sufre de estreñimiento crónico o sabe que la causa es un problema médico, consulte a un especialista antes de cambiar radicalmente su dieta. Por otra parte, es probable que usted crea que sufre de estreñimiento cuando en realidad no es así. El hecho de que no tenga deposiciones todos los días no significa que sufra de estreñimiento. Los especialistas dicen que es normal tener tanto tres deposiciones por semana como tres al día. Los signos más comunes del estreñimiento son el esfuerzo para defecar; la materia fecal dura y seca; la imposibilidad de defecar cuando siente deseos de hacerlo; el malestar abdominal poco antes o después de la deposición; las deposiciones infrecuentes: menos de tres veces por semana. En esencia, el estreñimiento asociado con la dieta se caracteriza porque el bolo es de poco volumen y carece de humedad.

---

*"Y también sé que es muy distinto para el cuerpo comer pan fino o grueso; trigo con cáscara o sin ella".* — Hipócrates

---

Los alimentos actúan como laxantes naturales a través de distintos mecanismos. Los alimentos ricos en fibra, como el salvado y las verduras, agregan volumen mediante la absorción y retención del agua, con lo cual la materia fecal se ablanda y pasa con mayor rapidez y facilidad a través del colon. La fibra le añade volumen a las heces porque buena parte de ella no es digerida. Las partículas gruesas de la fibra también activan mecánicamente los reflejos nerviosos de la pared del colon, desencadenando los movimientos intestinales. Otros alimentos, como el café y las ciruelas pasas, estimulan químicamente al intestino. También es conveniente ingerir muchos líquidos para ablandar la materia fecal.

Cuando el estreñimiento se previene por medios naturales hay un menor riesgo de contraer o agravar las hemorroides, las várices y la enfermedad diverticular, afecciones que empeoran cuando hay estreñimiento.

**Bueno:**

## ENTRE EN LA MODA DEL SALVADO

Si sufre de estreñimiento, lo mejor que puede hacer es consumir más cantidad de ese remedio mágico de la naturaleza que se llama fibra. Eso quiere decir sencillamente que debe comer más pan integral y cereales enteros, en especial salvado, el rey de los laxantes. Nada como la capacidad del salvado para purgar y para aumentar el volumen de la materia fecal. Con un poco de salvado al día se pueden restablecer las deposiciones normales en un 60% de las personas que sufren de estreñimiento común. Éste es el cálculo conservador del doctor Nicholas W. Read, autoridad en este tema y director del Centro para la Nutrición Humana de la Universidad de Sheffield (Inglaterra). No hay duda de que el estreñimiento se debe en gran parte a la deficiencia de alimentos ricos en fibra. El doctor Denis Burkitt señala que nuestros antepasados consumían cerca de una libra y cuarto de pan de granos integrales al día. Nosotros comemos sólo una quinta parte: apenas un cuarto de libra de pan, la mayor parte del cual es hecho con harina blanca altamente refinada que carece de fibra.

Los laxantes naturales, como el salvado, los cuales aumentan el volumen de la materia fecal en lugar de sólo estimular los nervios intestinales, como lo hacen muchos medicamentos, son más suaves y seguros. "El salvado es el método más seguro, económico y fisiológico de tratar y prevenir el estreñimiento", afirma el doctor W. Grant Thompson, gastroenterólogo de la Universidad de Ottawa y autor del libro *Reacciones intestinales*.

---

*"Si [...] el consumo promedio de fibra fuera de 40 gramos al día en lugar de menos de 20 gramos, se podría erradicar el problema del estreñimiento casi en su totalidad".* — Doctora Alison M. Stephen, Universidad de Saskatchewan.

---

Para comenzar, los expertos recomiendan ensayar con un tercio o media taza de cereales de trigo integral ricos en fibra al día y aumentar gradualmente la cantidad. Escoja también los panes pesados de grano integral. Busque en la etiqueta las palabras "trigo integral", o elabore su propio pan con harina integral. Otra solución fácil y rápida es agregar salvado crudo de trigo a sus cereales favoritos u otros alimentos. Este salvado, conocido también como salvado de molinero porque es el residuo del procesamiento de la harina blanca, se consigue en los supermercados, en la sección de los cereales, y en las tiendas de alimentos naturales, y es quizá el remedio para el estreñimiento más comprobado científicamente. Es muy popular en la Gran Bretaña, donde las investigaciones indican que el peso de la materia fecal se duplica consumiendo apenas una y media onzas de salvado sin procesar al día. El poder del salvado reside en sus partículas crudas y gruesas. Los cereales por el estilo del All-Bran son procesados, de manera que su poder laxante es ligeramente menor y es necesario comer mayor cantidad para lograr el mismo efecto. "Si el salvado no es masticable, probablemente no sirva", dice el doctor Nicholas Read.

Investigaciones han demostrado que las partículas de los bordes irregulares del salvado estimulan mecánicamente los nervios del revestimiento intestinal promoviendo el movimiento del colon. Las terminaciones nerviosas del intestino son tan supremamente sensibles, que basta tocarlas con un pincel suave para provocar las contracciones musculares y las secreciones, dice el doctor Read. Por lo tanto, las hojuelas de salvado crudo ejercen un doble efecto laxante: aumentan el volumen de la deposición y estimulan la pared del colon.

## ¿CUÁNTO SALVADO ES SUFICIENTE?

Para combatir el estreñimiento, pruebe con "una cucharada llena de salvado crudo al día", dice el doctor Read, quien sugiere que se espolvoree el salvado sobre los cereales o algún otro alimento en cada comida. Sin embargo, no existe una "dosis" exacta para todo el mundo. La mayoría de las personas necesitan una cucharada al día para tener una deposición blanda y sin esfuerzo, mientras que otras necesitan mucho menos, y otras deben consumir varias cucharadas. Para averiguar cuál es su dosis, haga ensayos, observe los resultados y luego aumente o disminuya la dosis.

*Bueno:*

## EL SALVADO DE ARROZ, UN LAXANTE MUY SUPERIOR

Ensaye el salvado de arroz, un verdadero superlaxante utilizado desde siempre en Asia y que ahora se consigue en muchas tiendas y almacenes de productos naturales. El doctor Nicholas Read descubrió que el salvado de arroz es *muy superior* al salvado de trigo como laxante. "Fue una sorpresa", dice. Buscando formas de salvado crudo más agradables al paladar, el doctor Read ensayó tres regímenes con ocho jóvenes sanos durante diez días cada uno: 15 gramos de fibra en forma de salvado de trigo, o de salvado de arroz en polvo, o una dieta sin suplemento alguno. La dosis diaria total era de dos y media onzas de salvado de arroz y una y un tercio de salvado crudo de trigo consumidos con líquidos a la hora de las comidas.

Los dos tipos de salvado aumentaron la frecuencia y la producción de materia fecal, pero el salvado de arroz demostró ser muy superior. Los movimientos intestinales de las personas que comieron salvado de arroz aumentaron en un 25%. La producción de materia fecal aumentó en todos los casos. Los dos tipos de salvado fueron igualmente eficaces para reducir el tiempo de tránsito en el intestino. Ninguno de los dos produjo cambios en los gases intestinales, la consistencia de las heces o la facilidad para defecar. El doctor Read piensa que el alto contenido de almidón en el salvado de arroz puede incrementar la actividad de las bacterias del colon, aumentando el volumen de la materia fecal. Dice que también el salvado de avena tiene algunas propiedades laxantes.

> "Una cucharada bien llena de salvado de trigo crudo suele ser suficiente para combatir el estreñimiento". — Denis Burkitt, médico.

## NO EXAGERE Y BEBA MUCHO LÍQUIDO

Cuando la persona comienza a consumir mayor cantidad de alimentos ricos en fibra puede experimentar meteorismo y gases en un principio, dice el doctor Marvin Schuster, profesor de la Universidad Johns

Hopkins, aunque el malestar generalmente desaparece a las dos o tres semanas. Pero usted puede aumentar la fibra lentamente a medida que la vaya necesitando, o disminuirla si el malestar es grande.

Puede experimentar malestares si consume gran cantidad de fibra de un momento a otro, especialmente si no bebe suficiente líquido para empapar esa fibra y ablandar y facilitar el movimiento del contenido intestinal. Una causa frecuente del endurecimiento de las heces es la falta de líquido, la cual agrava las cosas cuando la dieta es rica en fibra. Por lo general, entre seis y ocho vasos de agua son suficientes para prevenir el endurecimiento de la materia fecal, dice el doctor Schuster.

 *Malo:*

## CASOS EN QUE EL REMEDIO DEL SALVADO PODRÍA SER PEOR QUE LA ENFERMEDAD

Veamos el caso de un hombre de 34 años cuyo médico le dijo que comiera un tazón grande de cereal de salvado — aproximadamente dos onzas o dos tercios de taza (con veinte gramos de fibra) — todos los días para curarse del estreñimiento. Al parecer, el paciente consumió todo eso y quizá más creyendo que si un poco era bueno, mucho debía de ser mejor.

Diez días después el hombre sintió fuertes dolores abdominales acompañados de náusea, vómito y fiebre. Los rayos X y la cirugía exploratoria revelaron una obstrucción en el intestino delgado, la cual se eliminó quirúrgicamente. Se trataba de una masa de fibra vegetal de 45 centímetros de largo. Así lo informó el doctor Daniel Miller, del Hospital de la Universidad de Georgetown, en la revista *Journal of the American Medical Association.*

La sobredosis de fibra constituyó un choque súbito para el sistema del paciente, dice el doctor Miller. Además, el hombre no consumió suficientes líquidos y estaba tomando diuréticos que le extraían todo el líquido del cuerpo. El consejo del doctor Miller es aumentar gradualmente el consumo de fibra durante un período de cuatro a seis semanas para dar al organismo la oportunidad de adaptarse. No deje de beber mucho líquido, en particular si está tomando diuréticos. Incluya en la dieta variados cereales, frutas y verduras ricos en fibra.

---

**LOS MEJORES ALIMENTOS ACONSEJADOS POR EL DOCTOR
BURKITT PARA COMBATIR EL ESTREÑIMIENTO, EN ORDEN**

1. Salvados, como el salvado de trigo grueso no procesado (salvado de molinero) y el salvado de arroz.
2. Cereales de salvado procesado, como el All-Bran y otros cereales integrales.
3. Pan integral.
4. Leguminosas/arvejas, fríjoles y nueces.
5. Frutas secas y bayas.
6. Raíces comestibles, entre ellas la papa y la zanahoria.
7. Verduras de hojas, como la espinaca.
8. Manzanas, naranjas y otras frutas.

---

 *Bueno:*

## UNA TAZA DE CAFÉ: LAXANTE DE ACCIÓN RÁPIDA

Si desea un laxante suave y rápido, pruebe con una taza de café. Con cafeína o sin ella, el café estimula los movimientos intestinales en un tercio de la población sana, dice el doctor Read, quien decidió hacer un estudio después que varios de sus pacientes insistieran en que el café era laxante. En 14 hombres y mujeres sanos, el doctor Read comprobó que la bebida estimulaba el deseo de defecar en ciertos individuos que "responden al café". Los participantes en el estudio bebieron seis onzas líquidas de café corriente, descafeinado, o de agua caliente pura. Utilizando una sonda rectal, los investigadores midieron los cambios de presión y de movimiento dentro del colon.

El efecto del café fue sorprendentemente rápido. Se detectaron contracciones (motilidad) claras en el intestino apenas *cuatro minutos* después de beber el café. Según el doctor Read, esto indica que el café envía de alguna manera un mensaje anticipado al colon a través de las hormonas del estómago o de algún mecanismo neurológico. No hay forma de que el café pueda llegar al colon en tan corto tiempo, dice. El aumento de la motilidad se prolongaba durante un mínimo de media hora. Con el agua caliente no se apreció ningún cambio.

La acción laxante del café tiende a ser más eficaz en las mujeres que en los hombres. El doctor Read también sospecha que el café actúa mejor por la mañana y quizá no vuelve a tener el mismo efecto durante el resto del día. En cuanto a cuál pueda ser el agente laxante, el doctor Read no tiene respuesta alguna. De todos modos, contrariamente a lo que piensa la gente, no es la cafeína.

*"Una taza de café fuerte es un buen tratamiento para el estreñimiento agudo ocasional. Pero no se debe llegar a depender del café para obtener este efecto, puesto que produce adicción".* — Andrew Weil, médico, Facultad de Medicina de la Universidad de Arizona.

 *Bueno:*

## EL MISTERIO DE LAS CIRUELAS PASAS

"Las ciruelas pasas son laxantes y nutritivas [...] Al comunicar sus propiedades laxantes al agua hirviendo se convierten en un agregado agradable y útil a las fórmulas purgantes. Su pulpa se utiliza para preparar compuestos laxantes. Ingeridas en exceso pueden provocar flatulencia, cólico e indigestión". Así decía la Farmacopea de los Estados Unidos, libro publicado en 1907 y utilizado por los médicos como guía para sus prescripciones.

Las personas que han comido ciruelas pasas en todas las épocas probablemente estén de acuerdo en que son laxantes. Lo extraño es que los científicos no han logrado aislar el agente mágico. ¿Existe o no? Claro está que las ciruelas tienen un alto contenido de fibra y es a ella a la que la doctora Barbara Schneeman, especialista de la Universidad de California en Davis, atribuye la actividad laxante. "No hay ningún otro agente mágico en las ciruelas pasas", insiste. En pruebas recientes con 41 hombres encontró que agregando doce ciruelas pasas a la dieta diaria aumentaban los movimientos intestinales en un 20%. (Dicho sea de paso, el colesterol malo tipo LBD también se redujo en un 4%.) Otra posibilidad está en el alto contenido de sorbitol, un azúcar natural que produce efecto laxante en muchas personas. Las ciruelas pasas contienen un 15% de sorbitol, mientras que la cantidad de este azúcar presente en la mayoría de las frutas es sólo de un 1%.

Sin embargo, desde 1931, los expertos han buscado lo que creen puede ser una sustancia química semejante a un medicamento que, a diferencia de la fibra, estimula la contracción de la pared intestinal y aumenta la secreción de líquido. En 1951, tres investigadores del Laboratorio Harrower, de St. Louis, afirmaron que habían aclarado el misterio. Dijeron que habían aislado una sustancia química denominada difenilisatina, semejante a uno de los laxantes farmacológicos. Pero los demás científicos, por más que trataron, no pudieron encontrar esa sustancia y tampoco otra que sirviera como laxante químico. El poder de las ciruelas pasas se confirmó definitivamente a través de muchas pruebas realizadas con ratones por el Departamento de Agricultura de los Estados Unidos durante los años 60. Esas pruebas parecieron indicar que el agente laxante podría ser el magnesio mineral; sin embargo, una vez aislado, no produjo resultado alguno. "Parece que la famosa sustancia química de las ciruelas pasas actúa únicamente estando en ellas", fue la conclusión de los investigadores. Hasta la fecha, el misterio de las ciruelas pasas sigue vivo.

---

### UNA JALEA LAXANTE

La siguiente es una receta fácil ensayada en 42 canadienses de edad recluidos en un hospital de veteranos en Quebec. Con una cucharada diaria, la frecuencia de los movimientos intestinales aumentó, permitiendo reducir el consumo de laxantes, en comparación con los pacientes que no comieron la jalea. Fue tal el éxito, que desde entonces el hospital "formula" la jalea como remedio diario para el estreñimiento.

5 onzas de dátiles sin semilla (una taza aproximadamente).

5 onzas de ciruelas pasas sin semilla (una taza aproximadamente).

$1\frac{1}{2}$ tazas de agua hirviendo. Use un poco menos si desea una jalea más espesa.

Corte los dátiles y las ciruelas en pedacitos. Agréguelos al agua hirviendo y cocine hasta que la mezcla espese. Rinde 20 porciones de una cucharada aproximadamente.

## UNA ANTIGUA CONFUSIÓN: LA VERDAD SOBRE EL RUIBARBO

Durante generaciones, las abuelas han alabado las propiedades laxantes del ruibarbo, y este alimento tiene una reputación formidable como remedio para el estreñimiento. Pero no cuente con eso. En efecto, según los especialistas, el ruibarbo común de jardín no tiene ningún efecto laxante significativo. Si bien es cierto que el ruibarbo comestible de supermercado contiene antraquinonas, compuestos comunes de laxantes como el sen, las cantidades son ínfimas.

No es otra cosa que una confusión botánica, explica el especialista en plantas medicinales Norman Farnsworth, Ph.D., de la Universidad de Illinois, en Chicago. Para él, el verdadero laxante es una variedad antigua de ruibarbo denominada tahuang (gran amarillo), que crece en las montañas del occidente de la China y el Tíbet. Los rizomas (tallos subterráneos) de ese ruibarbo — secos, cortados y pulverizados para formar un polvo amarillo — se han vendido durante siglos como purgante. En efecto, la propiedades laxantes del ruibarbo se mencionan por primera vez en un tratado chino hacia el año 2700 a. de J.C., y la planta era muy apreciada y transportada por las caravanas a Grecia, Turquía y Persia. Algunos de los laxantes vendidos en los Estados Unidos pueden contener extractos de este ruibarbo, dice el doctor Farnsworth, aunque la sustancia completa ya no se consigue aquí.

Lo que conseguimos en los supermercados es apenas un primo lejano y una pobre imitación del ruibarbo medicinal de la tradición oriental. Los tallos de nuestro ruibarbo comestible no tienen propiedades laxantes apreciables, dice el doctor Farnsworth. Las hojas quizá las tengan, pero sería una torpeza usarlas, porque son venenosas.

 *Malo:*

## ALIMENTOS QUE SE DEBEN EVITAR

**Cafeína**. Aunque el café puede ser laxante, en algunas personas la cafeína produce estreñimiento. En un estudio de 15 000 hombres y mujeres, investigadores de la Universidad de Carolina del Norte observaron que quienes sufrían de estreñimiento con más frecuencia eran los que consumían mayor cantidad de té y café. Una posible explicación es que los nervios del colon se acostumbran al efecto estimulante del café y la cafeína, tornándose perezosos, de la misma manera que lo hacen cuando la persona se habitúa a tomar laxantes estimulantes de venta libre. Otra posibilidad, según investigadores escandinavos, es que la cafeína actúe como diurético y altere el equilibrio de los líquidos en el cuerpo, extrayéndolos de los intestinos, donde se necesitan para ablandar las heces. Así, la materia fecal se endurece y es difícil de expulsar.

Si el café le produce estreñimiento, es hora de que lo suspenda.

**Leche y calcio.** El doctor Schuster advierte que, a algunas personas, la leche y el queso les producen mucho estreñimiento, quizá debido al calcio.

---

### RECOMENDACIONES PARA MANTENER LA REGULARIDAD

- Para prevenir el estreñimiento simple no complicado, coma más alimentos ricos en fibra, entre ellos frutas, hortalizas y cereales integrales. El salvado de trigo sin procesar (salvado de molinero) y el salvado de arroz son los más eficaces.

- Agregue la fibra gradualmente y beba mucho líquido. En realidad no hay razón para que tantas personas consuman laxantes farmacéuticos fuertes, que podrían ser peligrosos, cuando es tan fácil echar mano de un remedio natural.

**Advertencia:** Aunque estas mismas recomendaciones generales son aplicables para los casos de estreñimiento en los niños, no es conveniente agregar salvado de molinero o salvado de arroz directamente a la dieta de un niño, porque son muy potentes. Concéntrese en alimentar al niño estíptico con pan integral y cereales ricos en fibra, frutas, hortalizas y líquidos. Si el problema persiste, consulte al pediatra.

---

# LA DIARREA Y LA DIETA: MITOS MODERNOS, VERDADES ANTIGUAS

> **Alimentos que pueden desencadenar una diarrea:** Leche • Jugos de frutas • Sorbitol • Café
>
> **Alimentos que alivian o previenen la diarrea:** Sopas y cereales con almidón • Yogur
>
> **Alimentos que demoran la recuperación:** Cafeína • Jugos con mucho azúcar y gaseosas • Las dietas para "dejar descansar al estómago"

La diarrea nos ataca periódicamente desde el momento en que nacemos. Los lactantes son especialmente vulnerables. Para la mayoría de las personas, la diarrea es un ataque súbito y corto. En otros casos, es un problema habitual y crónico sin causa aparente. Además, son pocos los viajeros que escapan a esa enfermedad común conocida como "diarrea del turista".

En términos simples, la diarrea no es otra cosa que un exceso de agua en las heces, la cual produce deposiciones ocuosas frecuentes. Ocurre cuando disminuye la absorción de agua en el tracto intestinal, cuando aumenta la secreción de agua, o ambas cosas. Bacterias como la *E. coli* y el estafilococo producen la diarrea al estimular la secreción de agua, lo cual explica por qué se manifiestan con diarrea las infecciones que se transmiten a través del agua y los alimentos, entre ellas la "diarrea del turista". Algunos laxantes funcionan con base en ese mismo mecanismo. Las causas más comunes de la diarrea son las infecciones gastrointestinales producidas por bacterias, virus o parásitos; la intolerancia, las alergias o la sensibilidad a ciertos alimentos o compuestos alimenticios; y estados morbosos como el síndrome del colon irritable o la enfermedad celiaca. Toda persona que sufra de diarrea crónica durante semanas o meses podría tener un problema médico subyacente serio y debe consultar a un especialista.

No cabe duda de que los alimentos pueden producir, agravar o aliviar la diarrea. Los alimentos provocan la diarrea a través de unos complejos mecanismos de intolerancia. E, indudablemente, lo que usted coma puede prolongar o acortar la duración de los episodios diarreicos ocasionales. En efecto, comiendo los alimentos indicados es posible recortar a un tercio o a la mitad el tiempo de recuperación de un ataque de diarrea.

---

*ADVERTENCIAS ACERCA DE LA DIARREA EN LOS LACTANTES*

**Importante**: El lactante con diarrea necesita un tratamiento distinto del de un niño mayor o un adulto. El peligro es mucho mayor. Lo que no pasa de ser una molestia desagradable en el adulto puede ser algo serio, quizás mortal, en un lactante. El peligro inmediato es que pierda demasiados líquidos y minerales importantes hasta deshidratarse. Aunque la deshidratación infantil es mucho menos común en las naciones industrializadas que en los países del tercer mundo, también ocurre en ellas. La deshidratación puede producirse rápidamente, en cuestión de horas. Por lo tanto, la primera medida es reponer los líquidos.

La medida más eficaz para rehidratar a un lactante es administrarle una solución de rehidratación oral formulada científicamente como Rehydralyte, Ricelyte y Pedialyte, la cual se consigue en las farmacias. Con las fórmulas se evita la necesidad de adivinar la cantidad de nutrimentos y electrolitos necesarios para evitar la deshidratación de un cuerpo tan pequeño. Por lo tanto, estas fórmulas son la primera opción de los especialistas para tratar la diarrea en los lactantes.

---

*Malo:*

## ¿DEJAR DESCANSAR AL ESTÓMAGO? ¡NO!

Lo más importante es no dejar de comer. Cuando hay diarrea es vital seguir comiendo, a cualquier edad. La medicina de la naturaleza cura la diarrea. Sin embargo, todavía persiste en todas partes del mundo el mito de que es mejor dejar de comer para que "el intestino descanse".

La verdad es que la recuperación es mucho más rápida si la persona sigue comiendo, aunque no sienta deseos, dice el doctor William B. Greenough III, profesor de medicina de la Universidad Johns Hopkins y presidente de la Fundación Internacional para la Salud de la Infancia. "No deje de comer — insiste —. Sencillamente coma alimentos que acorten la duración de la diarrea: alimentos que den volumen a la materia fecal, como la sopa de arroz o de zanahoria, la torta de tapioca y poco azúcar". Se debe comer con frecuencia y lentamente, pues al engullir la comida puede sobrevenir la náusea.

El doctor Greenough opina que está bien la dieta comúnmente recomendada para los niños: banano, arroz, compota de manzana y tostadas. Los niños con diarrea deben comer todo lo que deseen a intervalos frecuentes: cinco o siete veces al día o cada tres o cuatro horas. La Academia Estadounidense de Pediatría advierte sobre el peligro de dejar ayunar a un niño con diarrea durante más de veinticuatro horas.

## LOS LÍQUIDOS CLAROS NO SON LOS MÁS ADECUADOS

Últimamente, los investigadores han identificado con mayor exactitud los líquidos que se deben consumir cuando hay diarrea. Los "líquidos claros" no sirven, como tampoco los dulces. Los líquidos espesos y "opacos" son los indicados, según los hallazgos más recientes. Para empezar, y contrariamente a la opinión popular, limitarse a tomar consomé, té y otras bebidas claras mientras el colon se acostumbra de nuevo a la dieta sólida no solamente es innecesario sino que también restringe los nutrimentos (importantes en los lactantes y en los niños en crecimiento) y prolonga la diarrea. Otra razón por la cual los líquidos claros están lejos de ser ideales para tratar la diarrea es que la mayoría contienen demasiado sodio (por ejemplo los caldos de carne y pollo) o muy poco sodio (las gaseosas y el té). Otros remedios caseros carecen de potasio (Gatorade y gelatina) o tienen demasiado azúcar (jugos y bebidas dulces). "Esas bebidas caseras no son adecuadas para tratar la diarrea, especialmente en los lactantes", concluyó la doctora Helen B. Casteel, profesora asociada de pediatría de la Universidad de Arkansas para las Ciencias Médicas, tras comparar esos "líquidos claros" con las soluciones comerciales de "rehidratación" cuidadosamente formuladas.

---

*"A un bebé con diarrea no se le deben dar gaseosas, jugos dulces de frutas o refrescos, puesto que pueden empeorar la diarrea".* — Doctor William B. Greenough III, Universidad Johns Hopkins.

---

"El principal culpable en muchos remedios caseros es el azúcar", dice el doctor Greenough. "El azúcar pasa directamente a través del tubo digestivo llevándose consigo el agua y las sales del cuerpo, lo cual produce vómito", advierte. En efecto, ha habido casos de lactantes con diarrea que han muerto a causa de soluciones con exceso de azúcar. Por esa razón el líquido perdido con la diarrea no se debe reponer con refrescos dulces o jugos con azúcar, especialmente en los bebés.

Además, las soluciones a base de azúcar no acortan la duración de la diarrea, como lo hacen las soluciones a base de cereales, dice el doctor Greenough.

 *Malo:*

## LA DIARREA Y LOS REFRESCOS DIETÉTICOS

Si su hijo tiene diarrea y alguien le aconseja que le dé líquidos claros, lo último en que esa persona está pensando es en un refresco dietético. "Ni siquiera las bebidas gaseosas corrientes son aceptables — dice Paul Lewis, pediatra de la Universidad de Washington —. Pero las peores son los refrescos dietéticos". El doctor Lewis trató hace poco a un niño de cinco años hospitalizado a causa de una diarrea. Los exámenes de sangre revelaron que se encontraba literalmente "muerto de hambre". Perplejo y guiado por una corazonada, el doctor Lewis preguntó a los padres si le habían dado refrescos dietéticos al niño pensando que se trataba de un buen "líquido claro". La respuesta fue afirmativa.

Las bebidas dietéticas son especialmente peligrosas, advierte el doctor Lewis, porque no tienen valor nutricional alguno y contienen apenas una caloría. Por lo tanto, no alimentan al niño precisamente en momentos en que se encuentra vulnerable y necesita nutrirse para luchar contra la enfermedad diarreica.

Tampoco es aceptable el agua corriente, dice el doctor Lewis. En el caso de un niño mayorcito, el Gatorade, aunque no es lo ideal, es mejor que el agua corriente o que cualquier gaseosa.

 *Bueno:*

## LOS VIEJOS REMEDIOS SE REIVINDICAN

La mejor cura para la diarrea es un líquido espeso a base de almidón. Una sopa espesa o una bebida hecha con cualquier alimento que contenga almidón, como el arroz, el maíz, el trigo o la papa, tiene efecto terapéutico. Esos alimentos se han utilizado desde siempre en muchas culturas como remedios antidiarreicos. Los preferidos en distintas partes del mundo son la sopa de lentejas, la mazamorra de arroz, la sopa de zanahoria, la torta de tapioca, el jugo de coco y la sopa de pollo con fideos. Los líquidos a base de almidón, a diferencia de los azucarados, disminuyen el vómito, reducen la cantidad de líquido perdido y aceleran la recuperación.

Los estudios han validado la sabiduría popular en favor del empleo de alimentos básicos a base de almidón. Recientemente, los científicos compararon el poder terapéutico de ese tipo de alimentos tradicionales con una fórmula moderna sin lactosa para lactantes. Por ejemplo, en el Perú, a un grupo de niños con diarrea se le dio una mezcla de harina de trigo (o de papa blanca), harina de arveja (guisante), zanahoria y aceite. En Nigeria se utilizó una mezcla de papilla de maíz fermentado, harina tostada de caupí, azúcar y aceite de palma. Al cabo de los dos primeros días, la diarrea disminuía y los niños regresaban a su estado normal antes que los alimentados con la fórmula.

---

*UNA DIETA PARA FRENAR LA DIARREA*

**Alimentos que se deben comer en caso de diarrea**

- Cereales, banano, arroz, tapioca, raíces comestibles (como la zanahoria y la papa).

**Alimentos que agravan la diarrea**

- Alimentos que produzcan gases como los fríjoles, el repollo y la cebolla, los cuales causan malestar, retortijones y meteorismo.

- Alimentos ricos en fibra, como frutas y hortalizas gruesas, cáscaras de las frutas y las hortalizas, y cereales integrales difíciles de digerir.

- La leche, en especial si hay intolerancia al azúcar de la leche (lactosa).

- Los líquidos muy dulces, entre ellos las gaseosas y los jugos.

- El café y otras bebidas que contengan cafeína. La cafeína le roba al cuerpo los líquidos que tanto necesita.

- Las sopas muy diluidas. Aunque suelen recomendarse para reponer líquidos, su valor nutricional no es suficiente y por lo general tienen alto contenido de sodio.

---

Más notable aún fue el hecho de que la duración de la diarrea resultara "mucho más corta" en los niños que consumieron los alimentos básicos que en los alimentados con la fórmula. Por ejemplo, los niños peruanos alimentados con la comida local se recuperaron un 70% más rápidamente: en un día y medio, en comparación con cinco días en el caso de los niños alimentados con la fórmula a base de soya. ¿Por qué? Los expertos no saben cómo explicar este "fenómeno constante" que se repite en muchos estudios. Creen que "algún componente de la dieta que no se absorbe, como la fibra o el almidón resistente", devuelve a las heces su consistencia normal y acelera el fin de la diarrea.

*Bueno:*

## LA SOPA DE CEREALES DEL DOCTOR GREENOUGH

El siguiente es un remedio casero para frenar la diarrea. Para obtener mejores resultados, tómeselo tan pronto como aparezcan los signos de la enfermedad. En casos extremos, esta sopa de cereales podría reducir la diarrea en un 50% en cerca de tres horas, dice el doctor Greenough. "En casos corrientes, la diarrea podría durar sólo dos días en lugar de tres, o uno en lugar de dos". En efecto, las pruebas confirman que esta "sopa" de cereales es tan eficaz para frenar la diarrea como las fórmulas comerciales de rehidratación oral, agrega.

He aquí la receta:

$\frac{1}{2}$ a 1 taza de cereal precocido de arroz en polvo para bebé*.
2 tazas de agua.
$\frac{1}{4}$ de cucharadita rasa de sal de mesa.

Mezcle bien todos los ingredientes.

Advertencia: No hay peligro en utilizar mayor cantidad de cereal. La solución puede quedar tan espesa como sea posible, siempre y cuando que se pueda beber. Sin embargo, *no use más de $\frac{1}{4}$ de cucharadita rasa de sal.* En mayor cantidad, la sal podría ser nociva. Por ningún motivo agregue azúcar.

Además, la papilla no se debe engullir. A los lactantes y niños se les debe dar una cucharadita cada minuto aproximadamente. Administre el alimento con la frecuencia y en la cantidad que el niño acepte. Si el bebé escupe, ensaye con menos cantidad y más frecuencia. Los adultos pueden tomar más, pero también a intervalos. Por lo general, la sed le indicará la cantidad que necesita, a menos que tenga náusea o vómito.

---

*En un apuro también se puede usar otros cereales, como avena o crema de trigo. Sin embargo, si no son precocidos, es preciso cocinarlos primero y luego diluirlos hasta que sean "bebibles".

*Bueno:*

## UN CONDIMENTO CONTRA LA DIARREA

Éste es otro remedio popular para la diarrea que ha sido validado científicamente. A los adultos — no a los niños —, media cucharadita de semillas de alholva con agua tres veces al día suele producirles un alivio rápido y "marcado", por lo general después de la segunda dosis, dice el doctor Krishna C. Srivastava, de la Universidad de Odense (Dinamarca). La alholva, condimento utilizado en la cocina india y del Oriente Medio, ha sido desde tiempo atrás una medicina natural para la diarrea y los espasmos gastrointestinales, anota.

## ¿LA PIMIENTA PROVOCA LA DIARREA?

Tanto el dogma médico como la sabiduría popular han advertido siempre en contra de la pimienta en los casos de trastornos intestinales, incluida la diarrea. La teoría es que tanto la pimienta negra como la roja aceleran la peristalsis, o movimientos rítmicos del intestino que impulsan la materia fecal en su recorrido hacia la salida. Según una investigación reciente de los gastroenterólogos del Centro Médico de Nuestra Señora de la Misericordia, en el Bronx (Nueva York), esto al parecer no es cierto. En efecto, ellos encontraron que la pimienta tiende a disminuir los movimientos intestinales. En sus experimentos participaron personas normales y sanas a quienes se les administró pimienta en cápsulas: aproximadamente una cucharadita de pimienta roja de Cayena o tres cuartos de cucharadita de pimienta negra. Al medir la actividad intestinal observaron que la pimienta no estimuló la peristalsis ni la necesidad de defecar en ninguno de los 16 participantes en el estudio. Por el contrario, en la mayoría de ellos, la pimienta en realidad demoró el paso de las heces a través del intestino. Esto no significa que se deba consumir pimienta para aliviar la diarrea, pero indica que quizá tampoco sea nociva.

*Bueno:*

## LOS SUECOS PREFIEREN LA SOPA DE ARÁNDANOS

En Suecia, los médicos y las abuelas han recetado desde hace mucho tiempo la sopa de arándanos azules secos para tratar la diarrea infantil. La dosis terapéutica común es un tercio de onza de arándanos secos. Los arándanos azules tienen un alto contenido de antocianósidos, los cuales matan a las bacterias, incluida la *E. Coli,* causa común de la diarrea. También la casis es rica en compuestos antidiarreicos. En efecto, un extracto hecho de las cáscaras secas de casis se vende en Suecia como antidiarreico bajo el nombre de Pecarin y ha demostrado, en pruebas con seres humanos, que es eficaz para combatir las infecciones gastrointestinales.

 *Bueno:*

## EL YOGUR: UN "ALIMENTO SEGURO"

¿Cuál es el alimento más seguro para prevenir la diarrea? El yogur. Así lo confirman las pruebas de los doctores Dennis Savaiano y Michael Levitt, de la Universidad de Minnesota. El yogur es seguro porque no da albergue a los microorganismos causantes de la diarrea. Cuando los dos investigadores pusieron en sus tubos de ensayo los cultivos de yogur con la principal instigadora de la "diarrea del turista" — distintas cepas de *E. coli* —, los microorganismos murieron o sencillamente no se reprodujeron. En cambio, la leche y el caldo fueron un verdadero paraíso para esas bacterias. Tal como anotan los autores, el hecho de que en muchas zonas subdesarrolladas se use el yogur en lugar de la leche quizás se deba a la experiencia tradicional de que el yogur no produce diarrea, mientras que la leche sí.

También en los Estados Unidos, el consumo regular de yogur puede contribuir a prevenir la diarrea, según los estudios de la Universidad de California, en Davis. El doctor Georges Halpern encontró que un grupo de personas sanas que consumían seis onzas de yogur corriente al día sufrían menos ataques de diarrea al año.

El yogur también ayuda a recuperarse más pronto de las infecciones diarreicas, según el doctor Levitt. Los cultivos bacterianos presentes en el yogur producen ácido láctico en el intestino. Al aumentar la acidez intestinal, las bacterias infecciosas pierden su capacidad para sobrevivir y multiplicarse.

La eficacia del yogur contra la diarrea depende de la naturaleza de sus cultivos bacterianos; algunos son mejores que otros. Por ejemplo, los profesores Sherwood Gorbach y Barry Goldin, de la Universidad Tufts, han utilizado una cepa especial denominada *Lactobacillus GG* para fabricar un nuevo tipo de yogur concebido expresamente para curar y prevenir la diarrea. El yogur ha sido probado y comercializado en Finlandia. Los estudios demostraron que en lactantes hospitalizados con diarrea grave, el yogur aceleró la recuperación en un 30%. En un estudio con turistas en Turquía, el yogur preparado con *Lactobacillus GG* ofreció una 40% de protección contra la diarrea de los viajeros.

Los pacientes sometidos a terapia con eritromicina también presentaron menor incidencia de diarrea, dolor estomacal, gases y otros malestares abdominales consumiendo media taza de yogur al día. El doctor Gorbach dice que, a diferencia de algunos otros cultivos de yogur, el Lactobacillus GG sobrevive durante varios días en el intestino humano, produciendo una sustancia antimicrobiana cuya acción es muy parecida a la de los antibióticos. El doctor Gorbach aspira a que este yogur se venda en el mundo entero.

*NOTA: Cuando el yogur se calienta pierde su capacidad para matar las bacterias E. coli, aunque de todas maneras impide que se multipliquen.*

## LA "DIARREA DEL TURISTA": UN SUCESO ESPECIAL

Es algo muy desagradable que puede dar al traste con el placer de unas vacaciones en un país extraño. Esta diarrea afecta a un 30 o 50% de las personas que visitan los países en desarrollo, en especial de América Latina, África, el Oriente Medio y Asia. Aparece rápidamente, por lo general durante la primera semana, y suele venir acompañada de cólico, náusea y malestar. La causa más común de este azote internacional contra la salud es la *Escherichia coli,* o *E. coli,* la cual se ve implicada por lo menos en la mitad de los casos.

La bacteria entra en el organismo a través del agua o de alimentos contaminados con materia fecal, por lo general verduras frescas crudas, frutas y hortalizas crudas sin pelar, carne mal cocida o mal almacenada y mariscos crudos.

Para prevenir la "diarrea del turista" se recomienda consumir bebidas embotelladas; bebidas hechas con agua hervida, como té y café; alimentos cocidos y frutas sin cáscara. Se deben evitar los productos lácteos sin pasteurizar, el agua corriente, el hielo, las ensaladas crudas y los alimentos comprados en la calle. El yogur no ofrece problema. El agua se debe hervir por lo menos durante cinco minutos o purificar con preparaciones de yodo o cloro antes de consumirla.

 *Bueno:*

## INCIDENTE EN PORTUGAL: SALVADOS POR EL AGUA MINERAL

Cuando visite un país extraño, prefiera el agua mineral en botella en lugar del agua corriente envasada. La carbonatación acidifica el agua lo suficiente para matar la mayoría de los microorganismos, entre ellos los causantes de la diarrea. Por esa razón el agua carbonatada puede salvar a una persona de un caso de diarrea infecciosa, dice el doctor David Sack, profesor asociado de medicina de la Universidad Johns Hopkins.

Para ilustrar el punto, el doctor Sack se refiere a un brote de cólera desencadenado en Portugal en los años 70. Buscando la causa, se descubrió que la infección se había originado en una planta embotelladora, donde se envasaban agua corriente y agua mineral carbonatada. La investigación reveló que el cólera afectó únicamente a las personas que habían bebido el agua *sin carbonatar.* Al parecer, la carbonatación protegió a los demás.

En caso de que contraiga la "diarrea del turista", haga lo mismo que haría en cualquier otro caso de diarrea: no deje de comer. Consuma líquidos como bebidas carbonatadas sin cafeína ni azúcar y coma productos locales ricos en almidón, como papa, arroz y sopa de lentejas. El doctor Sack recomienda la sopa de pollo con fideos, siempre y cuando que no sea muy salada. También está bien comer galletas de soda, banano, arroz y tostadas. Evite la leche, la cafeína, los alimentos grasosos y difíciles de digerir.

*Malo:*

## LA LECHE

Cerciórese de que la diarrea no haya sido causada por la leche de vaca; es una causa común y oculta de diarrea en personas de todas las edades. "La alergia a la leche de vaca es una de las causas principales de la diarrea crónica y de los problemas de desarrollo en la infancia", dice el doctor Richard A. Schreiber, gastroenterólogo pediatra del Hospital General de Massachusetts, en Boston.

En todas las edades, la diarrea puede deberse a la incapacidad para digerir el azúcar de la leche, lo cual se conoce como intolerancia a la lactosa. También los lactantes suelen ser sensibles a las proteínas de la leche (incluido el yogur) y sufrir de diarrea por esa causa. Se debe sospechar que la diarrea es producida por la leche cuando se trata de lactantes de "alto riesgo", es decir, aquéllos cuyos familiares cercanos sufren de alergias. Un estudio reveló que el 36% de esos niños alimentados con fórmulas a base de leche sufrían de alergias, entre ellas diarrea y otros trastornos gastrointestinales, sibilancia y

---

### CONSEJOS RÁPIDOS PARA TRATAR LA DIARREA INFANTIL

- Continúe alimentando con leche materna al bebé en caso de un ataque agudo de diarrea.

- Observe atentamente a los lactantes alimentados con fórmulas a base de leche, para detectar signos de intolerancia a la lactosa debida a la diarrea. Piense en utilizar una fórmula especial, como la Nutramigen, en la cual la proteína ha sido neutralizada. Consulte al pediatra.

- Administre a los lactantes o niños menores de cinco años un líquido comercial de rehidratación como el Ricelyte, de venta en las farmacias. Puede darles la sopa de cereales de la página 142.

- Dé al niño con diarrea alimentos ricos en almidón, como la sopa de arroz y los cereales cocidos en solución diluida.

---

salpullido. La proporción de las diarreas y alergias causadas por fórmulas a base de soya fue igual. Hay un par de soluciones para este problema: alimentar al bebé con leche materna o con fórmulas que no contengan las proteínas causantes del mal. Su bebé tendrá menos probabilidades de sufrir de diarrea, al igual que de alergias en general, si lo alimenta con leche materna, la cual protege contra los agentes patógenos causantes de la diarrea y los alergenos presentes en la leche. La otra solución es alimentar al bebé con fórmulas de hidrolizado de caseína, en las cuales las proteínas nocivas están inactivas.

## QUÉ HACER SI SOSPECHA QUE LA DIARREA SE DEBE A LA LECHE

• Si se trata de un lactante alimentado con fórmula a base de leche de vaca, suspéndala durante una semana. Puede reemplazarla por una fórmula a base de soya, aunque también es frecuente la intolerancia a los alimentos de soya. Lo mejor es reemplazarla por una fórmula comercial de hidrolizado de caseína, en la cual se ha neutralizado la proteína láctea causante de la diarrea.

• Si está amamantando a su bebé, suspenda temporalmente la leche de vaca (tome suplementos de calcio), porque a través de su leche puede transmitir al bebé los agentes causantes de la diarrea. Es algo que sucede con frecuencia. Los estudios demuestran que, cuando la madre suspende todos los productos lácteos, la diarrea y demás síntomas de enfermedad gastrointestinal del bebé suelen desaparecer totalmente.

---

### NADA DE YOGUR PARA LOS LACTANTES

El yogur puede prevenir y hasta curar la diarrea, especialmente la "diarrea del turista", en el caso de los niños mayores y los adultos. Sin embargo, los expertos no aconsejan dar yogur a los lactantes de menos de un año. Aunque esto es una práctica común en algunos países del centro de Europa y del Mediterráneo, las proteínas del yogur, al igual que las de la leche, pueden desencadenar reacciones como diarrea, falta de sueño, cólico y hasta salpullido y alergias respiratorias más adelante.

---

• Los niños y adultos con diarrea crónica pueden seguir una dieta sin lactosa durante un par de semanas. Lo más importante es evitar la leche, el queso y los helados de crema. El yogur está bien, siempre y cuando que no sea helado. Si la diarrea cede, es probable que se haya debido en parte a una intolerancia a la leche. (Véase el capítulo sobre intolerancia a la lactosa, páginas 164-167.)

 *Malo:*

## LOS JUGOS DE FRUTAS, LA TRAMPA DE LOS NIÑOS QUE EMPIEZAN A CAMINAR

Si su hijo que empieza a caminar tiene diarrea persistente (más de 14 días), sospeche del jugo de fruta. Cerca del 15% de estos niños presentan "diarrea crónica inespecífica", conocida también como "colon irritable de la infancia". Y muchos se recuperan milagrosamente cuando dejan de beber jugo de fruta, en particular de manzana, pera y uva. En un estudio realizado en Holanda, un grupo de niños entre los 14 y los 25 meses se curó inmediatamente de diarrea crónica después de suspender el jugo de manzana. El doctor Jeffrey Hyams y sus colegas del Centro de Salud de la Universidad de Connecticut obtuvieron exactamente el mismo resultado con el jugo de pera y el de uva.

En los jugos hay una alta concentración de los azúcares de las frutas, es decir, sorbitol y fructosa, los cuales promueven la diarrea en los niños pequeños que todavía no pueden digerirlos. Los estudios muestran que aproximadamente dos de cada tres niños tienen dificultad para absorber los azúcares de las frutas. Por consiguiente, esos azúcares permanecen en el intestino grueso, donde son atacados por las bacterias, produciendo fermentación, diarrea, gases y cólico.

Los especialistas consideran que el mayor culpable es el jugo de manzana, por su contenido excesivamente alto de fructosa y sorbitol. Le siguen los jugos de pera y de uva blanca. Por irónico que parezca, la mitad del jugo de fruta que beben los niños menores de seis años es precisamente de manzana. Según el informe publicado en el *Journal of Pediatrics,* el jugo más seguro — el que ofrece el menor riesgo de producir diarrea crónica en un lactante o en un niño mayor de un año — es el jugo de naranja. Contiene poca fructosa y no tiene sorbitol.

La buena noticia es que basta con suspender o disminuir el jugo de fruta para solucionar el problema. Los movimientos intestinales vuelven a la normalidad al cabo de dos semanas y la mayoría de los niños superan la tendencia a la diarrea hasta los cuatro años.

---

### CULPABLES COMUNES DE LA DIARREA

- La leche de vaca.
- El café.
- Los edulcorantes a base de sorbitol.
- Los jugos de fruta.

---

 *Malo:*

## DEMASIADOS DULCES DIETÉTICOS

¡Atención, diabéticos y amantes de las dietas para adelgazar! Si sufren de diarrea sin causa aparente, es probable que se deba a un exceso de sorbitol, sustituto del azúcar natural que se utiliza en los dulces dietéticos, el chicle sin azúcar y los alimentos procesados. El sorbitol es un laxante médicamente reconocido. Por lo tanto, no es raro que unas cuantas golosinas endulzadas con sorbitol hagan desastres en el tracto intestinal de quienes no pueden absorberlo bien, es decir, un 41% de los adultos sanos, según lo revela un estudio.

Y no se necesita mucho. En una prueba, una dosis de sorbitol equivalente a cuatro o cinco mentas endulzadas con esa sustancia produjo dolor abdominal, meteorismo y diarrea en el 75% de las personas que las ingirieron. El malestar sobrevino entre los treinta minutos y las tres horas y media después de ingerir la bebida endulzada con sorbitol. El problema se descubrió en 1966, cuando un médico observó que a un lactante le dio diarrea después de comer dulces dietéticos.

El sorbitol se encuentra también en las frutas, especialmente en las cerezas, las peras y las ciruelas, pero su concentración no es tan grande como para producir una purga. Según un experto, se necesitan aproximadamente tres onzas y media de cerezas para obtener la cantidad de sorbitol equivalente a la contenida en una menta.

 *Malo:*

## PROBLEMAS DEL CAFÉ

Si sufre de diarrea crónica, suspenda el café durante unos cuantos días para ver si la afección desaparece. El café es causa común de diarrea en algunas personas de "colon sensible". Según experimentos británicos, una sola taza de café con o sin cafeína basta para estimular las contracciones musculares del intestino de una tercera parte de la población. Además, la cafeína es diurética y tiende a privar al cuerpo de los líquidos que tanto se necesitan cuando hay diarrea. Por lo tanto, el café puede producir o agravar la diarrea.

 *Malo:*

## CUIDADO CON EL EXCESO DE PANECILLOS INTEGRALES

La fibra es un remedio fantástico para muchos males, pero en cantidades exageradas puede producir un caso grave de diarrea, tal como se anota en el *New England Journal of Medicine*. Un médico de 64 años, después de toda una vida de tener regularmente una deposición al día, comenzó de pronto a sufrir episodios explosivos de diarrea totalmente imprevisibles y bochornosos que ocurrían impensadamente dos o tres veces al día. Comenzó a hacer deposiciones normales sólo una vez a la semana. Coincidentemente, la diarrea se había iniciado cuando el médico comenzó a comer panecillos integrales de "alta potencia" en las reuniones de personal del hospital.

A los dos o tres días de suspender los panecillos ricos en fibra, la diarrea desapareció.

## *FÓRMULA PARA CONTROLAR LA DIARREA*

- Si la diarrea es crónica, trátese de un lactante, un niño mayor o un adulto, es probable que se deba a una reacción a algún alimento.

### Para encontrar la causa de la diarrea crónica

- Suspenda primero la leche y los productos lácteos, para ver si la diarrea cede.

- Elimine de la dieta el sorbitol.

- Si no obtiene resultado alguno, suspenda el café, con o sin cafeína.

- Evite los alimentos que producen gases.

- Si es un niño pequeño, disminuya los jugos de frutas, en especial el de manzana.

### Para tratar la diarrea

- Mantenga a la persona hidratada con muchos líquidos bajos en azúcar y sodio.

- Ensaye con la sopa de cereales (vea la página 142) o con una solución comercial de rehidratación.

- Continúe con la dieta normal y consuma alimentos ricos en almidón, como zanahorias cocidas, papas y tapioca.

- No inicie una dieta a base de "líquidos claros" y tampoco se abstenga de comer para "dejar descansar el intestino".

- Evite los cereales ricos en fibra, los alimentos que producen gases y la leche, si tiene intolerancia a la lactosa.

- Evite los líquidos ricos en azúcar, como los jugos de frutas y las bebidas endulzadas con azúcar. No dé gaseosas dietéticas a los niños.

- Coma y beba líquidos, unos pocos sorbos cada vez, aunque sienta náuseas y tenga vómito. Esto ayudará a acortar la duración de la diarrea. Beba siempre en pocas cantidades, para no causar vómito. Básicamente, lo que debe hacer es beber suficiente líquido para reemplazar el que ha perdido.

# LA ALIMENTACIÓN Y EL MALESTAR ESTOMACAL

Todo el mundo sufre ocasionalmente de algún malestar estomacal: acidez, náusea, mareo o parásitos. El dolor y el malestar duran generalmente poco tiempo y no tienen consecuencias serias. Como los males estomacales son tan comunes, la medicina popular tiene toda una lista de remedios que se remontan a la China antigua y a Babilonia. Por ejemplo, el jengibre era en la antigüedad la droga por excelencia para contrarrestar la náusea. Y en la actualidad sigue siendo el primer remedio natural para curar esa molestia.

 **Bueno:**

## LA CURA DEL BANANO

Se siente como una úlcera, pero los exámenes revelan que no lo es. Se podría calificar de indigestión, pero lo médicos la llaman dispepsia no ulcerativa. Lo que en realidad significa es que usted tiene episodios persistentes de malestar estomacal, a veces con dolor abdominal y náusea — por lo general después de comer —, cuya causa nadie conoce. Los testimonios más recientes atribuyen esta afección a un estómago en extremo "sensible".

El banano puede ayudar. Este remedio antiguo para el malestar de estómago alivia concretamente la dispepsia, de acuerdo con un estudio realizado por investigadores indios en 46 pacientes. La mitad de los afectados ingirieron polvo de banano en cápsulas todos los días durante ocho semanas. De ellos, el 50% obtuvo alivio *completo,* el 25% alivio parcial y el otro 25% no obtuvo beneficio alguno. En contraste, sólo el 20% del grupo que consumió cápsulas de placebo dijo haber sentido una mejoría. El banano fue cuatro veces más eficaz que el placebo. "Por lo tanto, si su estómago le molesta, un banano al día puede ser la solución", dice el doctor Ronald Hoffman, autor de *Seven Weeks to a Settled Stomach.*

Por otro lado, disminuya el café, con o sin cafeína. El café puede provocar dispepsia, según investigadores de la Universidad de Michigan que estudiaron a 55 personas con dicho problema. El estudio reveló que la mitad de ellos sufrían el malestar estomacal después de beber al menos dos tazas de café al día. También el café descafeinado produce indigestión. "Puede ser el ácido del café", sugirieron los investigadores.

 *Malo:*

## POSIBLES CULPABLES DE LOS DOLORES DE ESTÓMAGO Y LOS CÓLICOS

¿Cuáles alimentos tienden a producir dolor de estómago o malestar? Los investigadores de un hospital de Munich (Alemania) se hicieron esta misma pregunta, y esto fue lo que descubrieron: las personas sanas podían reaccionar con dolor de estómago a la mayonesa, el repollo y los alimentos salados y fritos. Las personas con dispepsia (sin úlcera) sufrían dolor de estómago si consumían café, carne, alimentos fritos, bebidas carbonatadas y jugos de frutas. Los pacientes con diagnóstico de úlcera tenían las reacciones más dolorosas con el café, las bebidas carbonatadas, la mayonesa y los jugos de frutas.

## ACIDEZ: QUÉ COMER Y QUÉ EVITAR

Si sufre de acidez estomacal, ensaye con una taza de arroz cocido como antiácido. Ésta es la sugerencia de Ara H. DerMarderosian, Ph.D., profesora de farmacognosia y química medicinal de la Escuela de Farmacia y Ciencia de Filadelfia. El arroz es un carbohidrato complejo que reduce el exceso de ácido del estómago y, además, un alimento suave.

Otros estudios han demostrado que los fríjoles secos, especialmente los rojos y los blancos, y también el maíz en poca cantidad, tienden a neutralizar el ácido del estómago. El tofu (queso de soya) obtuvo buena calificación como antiácido, según la investigación.

Otros carbohidratos complejos, como el pan, también ayudan a calmar la acidez estomacal, dice la doctora DerMarderosian. Pero advierte que no se debe exagerar. El exceso de cualquier alimento estimula en el estómago la producción de ácido, necesario para hacer la digestión.

Por otro lado, están las bebidas que se deben evitar para no agravar la acidez. Según los experimentos, todas ellas tienen el poder de estimular la producción de ácido en el estómago: cerveza, vino, leche, café (con y sin cafeína), té con cafeína, 7-Up, Coca-Cola. La peor de todas, según los estudios alemanes, es la cerveza, la cual casi duplicó la acidez estomacal en sólo una hora. La leche es engañosa, puesto que parecería aliviar el dolor cuando en realidad ejerce una acción de rebote, estimulando una mayor producción de ácido.

 *Bueno:*

## EL JENGIBRE: UN REMEDIO MARAVILLOSO CONTRA LA NÁUSEA

En realidad sirve. Lo sorprendente es que, cuando los investigadores ensayaron el jengibre, salió igual o mejor que la prueba de algunos medicamentos modernos para el mareo, la náusea postquirúrgica, los mareos matutinos y la náusea común. Y a diferencia de los fármacos, no produce efectos secundarios, ni siquiera somnolencia, porque su vía de acción no es el sistema nervioso. Existen por lo menos tres estudios científicos controlados que han demostrado que el jengibre es un remedio excelente contra la náusea.

Daniel B. Mowrey, Ph.D., psicólogo de Utah y autor del primer estudio, descubrió que el jengibre funcionaba mejor que la Dramamina, un remedio común para el mareo. A los participantes en el estudio se los ponía a girar en una silla loca hasta que sentían náuseas; ninguno de ellos pudo permanecer en la silla por más de seis minutos sin marearse y vomitar después de haber tomado 100 miligramos de Dramamina, pero la mitad de quienes tomaron media cucharadita de jengibre en polvo soportaron la actividad durante más de seis minutos.

Un estudio con ochenta cadetes navales daneses en mares agitados demostró que quienes tomaron cápsulas de jengibre — una cantidad equivalente a media cucharadita de jengibre molido — pudieron evitar mejor el mareo que quienes tomaron placebo. Los investigadores determinaron que el jengibre suprimía el vómito en general en un 72% y protegía en un 38% contra el mareo. El efecto obraba a los veinticinco minutos de consumir el jengibre y duraba cerca de cuatro horas.

El jengibre también ocupa un lugar destacado entre los remedios para suprimir la náusea provocada por la anestesia. La tasa de náusea postoperatoria ha sido casi la misma (30% de los pacientes) desde hace un siglo, pese a los esfuerzos permanentes por encontrar un medicamento para controlarla, dice el médico británico M. E. Bone, del Hospital de San Bartolomé, de Londres. Él y sus colegas ensayaron el jengibre en un estudio aleatorio a ciegas con sesenta mujeres sometidas a cirugía ginecológica mayor. Para la prueba se administró jengibre o placebo antes de la cirugía a los grupos específicos de pacientes. El doctor Bone concluyó que la dosis oral de medio gramo de jengibre (un tercio de cucharadita) "produjo mejores resultados que 10 miligramos de metoclopramida (un antiemético común) inyectada".

El mayor atractivo del jengibre es que no produce efectos secundarios. El doctor Bone dice que los cirujanos prefieren no utilizar los medicamentos modernos para controlar la náusea postquirúrgica, por sus terribles efectos secundarios. "El jengibre podría ser la solución", dice. Algunos especialistas señalan que, ante la ausencia de efectos secundarios, el jengibre podría utilizarse en forma profiláctica en una gran gama de pacientes antes de la cirugía.

El botánico Jim Duke, del Departamento de Agricultura de los Estados Unidos, dice que también las galletitas y la gaseosa de jengibre (ginger ale) tienen la cantidad suficiente de ese ingrediente para controlar la náusea leve.

## REMEDIOS DEL DOCTOR KOCH CONTRA LA NÁUSEA

El doctor Kenneth L. Koch, gastroenterólogo y profesor de medicina de la Universidad Estatal de Pensilvania, ha venido haciendo investigaciones sobre la náusea, en el Centro Médico Hershey, con cientos de pacientes que sufren de náusea crónica. "Lo que la persona come y bebe es muy importante cuando sufre de náusea y vómito", dice. Las siguientes son las recomendaciones que hace con base en sus extensas investigaciones y su experiencia clínica.

Está bien beber líquidos claros para calmar el estómago. La primera regla es beberlos lentamente, dos o tres onzas a la vez. Los favoritos del doctor Koch son el caldo caliente con sal y el Gatorade (el cual tiene algo de sal y azúcar). "Ambos son muy suaves para el estómago. La sal es muy buena para restablecer los electrolitos después del vómito y evitar la deshidratación".

Evite los jugos, en especial los cítricos. "Si tiene malestar estomacal por náusea o mareo, no consuma cítricos. Son muy irritantes", aconseja el doctor Koch.

¿Líquidos fríos o calientes? Muchas personas prefieren las bebidas calientes para calmar el estómago, pero "quizá no haya ninguna diferencia, porque se ha demostrado que una bebida fría alcanza rápidamente la temperatura del cuerpo", dice el doctor Koch. De manera que usted decide: escoja lo que prefiera.

Si bebe gaseosas, como la Coca-Cola y la 7-Up, déjelas reposar para que salga el gas. El gas puede inflamar el estómago e irritarlo todavía más. También puede provocar eructos, dando paso a un reflujo ácido. "El gas puede agravar las cosas", dice el doctor Koch.

¿Hay algo mágico en el jarabe de Coca-Cola, un viejo remedio casero para la náusea? El doctor Koch realizó un estudio controlado con un jarabe a base de Coca-Cola conocido como Emetrol. Lo administró a personas con náusea, incluyendo mujeres con mareos matutinos por el embarazo. "No tuvo ningún efecto significativo. De hecho, en algunos casos empeoró la náusea, quizá por ser muy dulce", concluyó. Sin embargo, el doctor Koch cree que el jarabe de Coca-Cola puede aliviar el vómito a causa del efecto relajante que ejerce el azúcar en el estómago.

¿Es bueno el té? Ciertamente. "Muchísimas personas sienten alivio con el té. No sé si es por tratarse de una bebida caliente o porque contiene alguna sustancia especial", dice el doctor Koch.

¿Café? "No. Creo que la mayoría de las personas con náusea tendrían problemas con el café". El agua corriente también hace sentir peor a muchas personas con malestar estomacal por náusea.

# REMEDIOS COMPROBADOS
# PARA LOS GASES

---

**Alimentos que suelen producir gases:** Leche • Fríjoles

**Alimentos que contrarrestan los gases:** Jengibre • Ajo • Menta

---

Todo el mundo tiene gases. Si usted no los tuviera — toda persona normal y sana expulsa gases catorce veces al día —, no estaría vivo. La acumulación excesiva de gases en los intestinos — o flatulencia (del latín *flatus,* 'un aire') — es un malestar antiguo para el cual se han utilizado muchísimos remedios naturales, como la menta, que ayudan a expulsar los gases. Estos carminativos, como se les llama, por lo general son los mismos alimentos que producen eructos. El exceso de gas puede ser molesto, doloroso y a veces socialmente embarazoso, pero rara vez es signo de una enfermedad seria, dice el doctor Michael Levitt, de la Universidad de Minnesota, reconocido como verdadera autoridad en flatulencia por sus investigaciones sobre el tema. Sin embargo — agrega—, si los gases le parecen fastidiosos, la mejor forma de controlarlos es por medio de la dieta.

## ¿CÓMO SE PRODUCEN LOS GASES?

Buena parte de los carbohidratos que usted consume — azúcares, almidones y fibra — no son absorbidos o digeridos completamente en el estómago o en el intestino delgado. Por lo tanto, los residuos terminan en el intestino grueso, hogar de colonias de hambrientas bacterias inofensivas que se dan un banquete con ellos. Este proceso de fermentación produce una mezcla de gases; la mayoría son inodoros, pero algunos son tan olorosos que pueden ser percibidos por la nariz humana en el aire en cien partes por millón.

La cantidad de gas producido varía mucho de una persona a otra.

Los siguientes son los alimentos que más gases les producen a la mayoría de las personas:

• Los azúcares oligosacáridos, en especial la rafinosa, son los más conocidos productores de gases y se encuentran en grandes concentraciones en los fríjoles y en menor medida en otros vegetales. Estos azúcares llegan en grandes cantidades al intestino grueso porque los seres humanos no tenemos la enzima necesaria (la alfagalactosidasa) para digerirlos adecuadamente. Un estudio reveló que los fríjoles asados aumentaban doce veces la producción de gas.

• La lactosa, el azúcar de la leche, también produce muchos gases a las personas que carecen de lactasa, la enzima necesaria para digerirlo. De esas personas se dice que tienen "intolerancia a la lactosa". Al estudiar a un grupo de dichas personas se observó que dos tazas de leche aumentaban ocho veces la producción de gases.

• La fibra soluble, como la del salvado de avena (betaglucano) y la de la manzana (pectina), también suele pasar al intestino grueso, donde se convierte en forraje para las bacterias productoras de gas. Al beber, en una prueba, un cuarto de galón de jugo de manzana, la producción de gas aumentó cuatro veces.

• En ocasiones pueden llegar al intestino grueso cantidades pequeñas de almidón que escapan intactas del estómago y del intestino delgado. Esto significa que casi la totalidad de los alimentos que contienen almidón — trigo, avena, papa, maíz y hasta el pan y la pasta de harina blanca — pueden producir gases, dice el doctor John Bond, otro estudioso, en la Universidad de Minnesota, del tema de la flatulencia. Entre los carbohidratos, el arroz ofrece la menor probabilidad de producir gas, dice.

*Malo:*

## LOS PRODUCTOS LÁCTEOS: GRANDES PRODUCTORES DE GAS

¿Busca un culpable de sus gases? Piense en la leche y sus derivados (salvo el yogur). Es sorprendente que los lácteos, no los fríjoles, sean la primera causa de flatulencia en los Estados Unidos, dice el doctor Levitt. La razón es simple: distintos grados de intolerancia a la lactosa, muchas veces insospechada. Una persona puede tener intolerancia, de leve a grave, sin saberlo; sin embargo, uno de los signos es el exceso de gases después de beber leche o ciertos productos lácteos, entre los cuales no se incluye el yogur. Las pruebas del doctor Levitt indican que éste último no produce gases. (Para mayores detalles, véase el capítulo sobre intolerancia a la lactosa, páginas 164-167.)

---

### INFAMES PRODUCTORES DE GASES

Aunque hay diferencias entre una persona y otra, éstos son los alimentos que tienen la mayor probabilidad de producir gases, de acuerdo con un informe aparecido en *Environmental Nutrition:*

#### ALTAMENTE GASEOSOS

El bróculi, las coles de Bruselas, el repollo, la coliflor, los fríjoles y las arvejas (guisantes) secos, la leche y sus derivados (para las personas con dificultad para digerir el azúcar natural de la leche), la cebolla, el colinabo, los fríjoles de soya, los nabos.

#### MODERADAMENTE GASEOSOS

La manzana, el banano, el pan y los productos de panadería (incluso las rosquillas), la zanahoria, el apio, la berenjena.

#### LEVEMENTE GASEOSOS

Los huevos, el pescado, la carne, los aceites, las aves, el arroz.

---

## CÓMO IDENTIFICAR A SUS ENEMIGOS

Con una dosis suficiente de paciencia, persistencia y motivación, podrá identificar todos los alimentos que le producen gases. Tomemos el caso de un hombre de 28 años que llevaba cinco años sufriendo de flatulencia excesiva y había consultado a siete médicos diferentes cuya conclusión, tras hacerle exámenes endoscópicos del tracto intestinal, había sido que todo estaba normal. Le dijeron que el problema radicaba en que tragaba aire y, por lo tanto, debía comer lentamente con la boca cerrada y reducir su ritmo de vida. Pero nada de eso sirvió, como tampoco toda una serie de medicamentos. Por último le dieron el diagnóstico que simboliza la derrota de los médicos, a saber, que el problema era psicogénico: que todo estaba en su cabeza. Pero él no quiso creerlo.

Se propuso llevar un registro de cada vez que expulsaba gases y del alimento que había comido. En el transcurso de un año registró un promedio de 34 gases expulsados en el día: 250% más que los hombres de su misma edad. Para entonces había empezado a atenderlo el doctor Levitt, quien, sospechando que el problema se debía a la leche, propuso hacer una prueba.

Durante dos días este hombre no consumió otra cosa que leche: dos litros diarios. Y, claro, el número de gases aumentó a 141 al día, 70 de los cuales en un período de cuatro horas. También produjo muchos gases cuando ingirió dos tazas de leche con una comida. Se le diagnosticó intolerancia a la lactosa. Cuando suspendió la leche, la flatulencia disminuyó radicalmente, pero no lo bastante para gusto del paciente. Continuó con sus investigaciones y finalmente encontró una relación con la leche, la cebolla, los fríjoles, el apio, las uvas pasas, el tocino y las coles de Bruselas.

## SU HORARIO DE GASES

¿Cuánto tiempo tardan los alimentos en producir gases? Una persona sana no debe producir gases de más durante las primeras tres horas después de comer fríjoles, de acuerdo con los especialistas. Después de ese tiempo comienzan los gases, que alcanzan el mayor nivel de producción a las cinco horas. Posteriormente comienzan a disminuir, y la situación vuelve a ser normal hacia las siete horas.

*Bueno:*

## BLOQUEE LOS GASES CON JENGIBRE Y AJO

Agregue un poco de ajo o de jengibre, o de ambos, a los fríjoles y demás vegetales gaseosos. La medicina popular les reconoce propiedades contra la flatulencia, y su eficacia fue documentada recientemente por los investigadores de la Universidad G. B. Pant, de la India. Tras determinar con experimentos en animales que las arvejas producían mucho gas, los investigadores procedieron a agregar un poco de ajo o de jengibre — en la cantidad utilizada comúnmente para cocinar — y ensayaron la fórmula en unos perros. En efecto, tanto el ajo como el jengibre demostraron ser bloqueadores muy eficaces, privando a las arvejas de casi todo su poder para producir gases. Cuando los perros eran alimentados con arvejas cocidas con ajo o jengibre, la producción de gases era la misma que la generada con un cereal de trigo, alimento que demostró producir el menor grado de flatulencia. Los investigadores declararon que la tradición de añadir especias a las legumbres y las verduras estaba basada en "principios sólidos".

 *Bueno:*

## DESGASIFIQUE LOS FRÍJOLES

Según los investigadores del Departamento de Agricultura de los Estados Unidos, remojando los fríjoles se puede eliminar el "factor de flatulencia". Ellos cocinaron nueve variedades de fríjoles secos con un método especial de "cocción rápida y remojo". Los fríjoles desgasificados perdieron cerca del 50% de su poder para producir gases. Ésta es la fórmula:

Enjuague los fríjoles. Póngalos en agua hirviendo y cocínelos tapados durante tres minutos. Déjelos reposar durante dos horas. Bote el agua y póngalos a remojar en agua limpia a temperatura ambiente otras dos horas. Cambie nuevamente el agua y déjelos en remojo durante la noche. Enjuáguelos con agua al clima (los investigadores los enjuagaron cinco veces, pero dicen que una o dos veces es suficiente). Luego añada agua hasta cubrirlos y cocínelos durante 75 ó 90 minutos hasta que estén listos.

*NOTA: En los supermercados se consigue un producto, llamado Beano, para agregar a los alimentos gaseosos, el cual ha demostrado ser muy eficaz para reducir la producción de gas.*

---

## FÓRMULA PARA PREVENIR LOS GASES

- Si tiene exceso de gases, sospeche que existe en usted intolerancia a la lactosa contenida en la leche y sus derivados; la excepción es el yogur.

- Cuídese del sorbitol, el edulcorante de bajas calorías, pues es otro terrible productor de gas.

- Observe qué alimentos de su dieta le producen gases.

- Cocine los fríjoles recurriendo a métodos que ayuden a reducir la producción de gas.

- Prepare los alimentos gaseosos con ajo y jengibre.

- Si el problema es muy fastidioso, reduzca los alimentos que le producen gases.

---

# LA DESGRACIA DE LA LECHE: INTOLERANCIA A LA LACTOSA

> **Alimentos lácteos que producen malestar:** Leche pura • Leche cortada • Lactobacilina • Queso • Mantequilla • Yogur helado • Suero • Todos los productos lácteos añadidos a los alimentos procesados
>
> **Alimentos lácteos que no ocasionan problemas:** Yogur • Leche con chocolate

En el mundo hay un 70% de personas que sencillamente no pueden consumir leche o sus derivados (con excepción del yogur) sin sufrir de malestar estomacal. Es un problema genético que afecta principalmente a las personas de ascendencia africana, asiática y mediterránea. Se debe a una deficiencia de lactasa, la enzima necesaria para absorber y digerir la lactosa o azúcar de la leche. Al no ser digerido, este azúcar permanece en el colon y se fermenta, dando lugar a malestar estomacal — dolor abdominal, meteorismo, flatulencia y diarrea —, el cual desafía algunas veces cualquier intento de diagnóstico o es diagnosticado equivocadamente como una enfermedad grave del intestino.

"Conozco personas que han gastado años y muchísimo dinero en exámenes para detectar la presencia de úlcera o de espasticidad intestinal, y que además han sido tildadas de locas. Mi recomendación es que suspendan todos los productos lácteos durante dos semanas. Los resultados son tan sorprendentes que les cambia la vida", dice el doctor David Jacobs, internista de Washington, D.C., y especialista certificado en nutrición, alergias e inmunología.

Por lo tanto, no piense que tiene una enfermedad intestinal grave mientras no descarte la culpabilidad de la leche.

La cantidad de leche necesaria para producir malestar depende de la magnitud de la intolerancia a la lactosa. Entre un 60 y un 80% de las personas con ese tipo de intolerancia pueden beber un vaso de leche sin sentir molestia y cerca de la mitad pueden beber hasta dos vasos, señala el destacado investigador Dennis Savaiano, de la Universidad de Minnesota. Un estudio reveló que las personas normales asimilaban el 92% de la lactosa, mientras que quienes sufrían de intolerancia asimilaban únicamente entre un 25 y un 58%.

 *Bueno:*

## LA SALVACIÓN DEL YOGUR

El yogur no hace daño porque ya viene previamente digerido. En uno de los pequeños milagros de la naturaleza, las bacterias del yogur cumplen la función de la enzima faltante y digieren por nosotros buena parte del azúcar de la leche. Con base en sus experimentos, el doctor Savaiano descubrió que dos cultivos bacterianos, el *Streptococcus thermophilus* y en especial el *Lactobacillus bulgaricus,* los cuales tansforman la leche en yogur, devoran gran parte de la lactosa durante la fermentación, labor que continúan en el intestino. Lo importante es cerciorarse de que el yogur tenga cultivos *vivos*, como es el caso de la mayoría de las marcas comerciales; las bacterias muertas no sirven. El yogur sin sabor ejerce una mayor actividad contra la lactosa que el que tiene sabor. La leche cortada y la lactobacilina, aunque son fermentadas, causan tanto malestar como la leche pura.

## LA PRUEBA DE LA INTOLERANCIA: CÓMO SABER SI LA VACA ES SU ENEMIGA

Si sospecha que puede tener intolerancia a la lactosa, suspenda la leche y todos los productos lácteos durante un mínimo de dos semanas. Asegúrese de que los alimentos procesados no contengan ingredientes lácteos. El suero, por ejemplo, contiene más lactosa que cualquier otro alimento y es un ingrediente común de los alimentos procesados. Lo mismo sucede con la leche en polvo.

Si se siente mejor — y los síntomas de malestar gastrointestinal disminuyen — realice una prueba de "provocación" o "reintroducción" para determinar cuáles productos lácteos y en cuánta cantidad debe evitar. Beba un poco de leche o coma un poco de queso y espere dos o tres días para ver qué sucede. Los expertos dicen que los síntomas de intolerancia a la lactosa pueden tardar ese tiempo en aparecer.

Su médico también podrá hacerle exámenes más definitivos para diagnosticar la intolerancia a la lactosa, entre ellos análisis de sangre y una prueba simple de inhalación de hidrógeno.

Evite el yogur helado. Cuando el yogur se hace en helado comercial suele ser pasteurizado nuevamente, con lo cual mueren las bacterias. El doctor Savaiano realizó una prueba con todas las marcas de yogur helado que se vendían en Minneapolis y St. Paul. Descubrió que "ninguna tenía actividad enzimática apreciable" y, por lo tanto, eran inútiles contra la intolerancia a la lactosa. Aunque algunas marcas decían contener "cultivos vivos activos", la cantidad era insuficiente para cumplir el objetivo.

 *Bueno:*

## UN TRATAMIENTO A BASE DE CHOCOLATE

Ensaye la leche con chocolate. No produce malestar en la mayoría de los casos de intolerancia a la lactosa, según Chong M. Lee, Ph.D., profesor de ciencias de los alimentos y la nutrición en la Universidad de Rhode Island. En una de sus pruebas, una cucharadita y media de cacao en una taza de leche bastó para bloquear los cólicos, el meteorismo y otros signos de intolerancia a la lactosa en el 51% de un grupo de 35 personas. Lo más probable es que el cacao estimule la actividad enzimática. En los tubos de ensayo, el cacao aumentó la actividad de la lactasa en un 500 a 600%, dice el doctor Lee.

Para preparar la leche con chocolate del doctor Lee:

1. Disuelva en una taza de leche una cucharadita y media de cacao puro y un poco de azúcar (opcional) o tres y media cucharadas de mezcla de chocolate endulzada.

2. Espere dos o tres días después de ingerirla, para ver si se produce alguna reacción. Si la hay, disminuya la cantidad de leche con chocolate hasta encontrar el nivel tolerable. Las personas que no pueden beber un vaso completo, pueden beber medio. Pero no agregue más cantidad de cacao. Sorprendentemente, en ensayos con animales, el doctor Lee observó que el cacao estimula mejor la actividad de la lactasa cuando se consume en poca cantidad.

---

*LO QUE DEBE COMER SI TIENE INTOLERANCIA A LA LACTOSA*

Las consecuencias serán menores si:

- Bebe poca cantidad de leche cada vez.

- Bebe la leche con las comidas.

- Bebe leche entera en lugar de descremada.

- Bebe leche con chocolate.

- Evita la leche cortada, la lactobacilina y el yogur helado.

También puede agregar a la leche Lactaid u otra tableta semejante, para obtener la enzima faltante, o consumir productos lácteos especiales con menor cantidad de lactosa.

---

# COMA PARA EVITAR LA ACIDEZ

Los diez bribones causantes de la acidez: Chocolate • Grasas • Menta • Ajo • Cebolla • Jugo de naranja • Salsa picante roja • Tomate • Café • Alcohol

Algunas veces se la llama indigestión ácida, agriera, regurgitación o "reflujo ácido", pero su nombre más conocido es acidez: una sensación de ardor doloroso en el pecho que afecta diariamente a un 10% de la población de los Estados Unidos.

En realidad, la acidez es producto del "reflujo gastroesofágico", que consiste en que los jugos digestivos — el ácido clorhídrico y una enzima llamada pepsina — se devuelven hacia la parte baja del esófago, donde no deben estar, produciendo una sensación de ardor y presión debajo del esternón (en algunos casos es tan fuerte esa sensación de opresión, que se la confunde con un ataque cardíaco). El delicado revestimiento del esófago, a diferencia del del estómago, no fue hecho para soportar el contacto con esas sustancias cáusticas, de manera que reacciona con irritación y dolor.

No cabe duda de que el régimen alimenticio es un factor determinante — quizá el más importante — de la presencia de la acidez, su gravedad y la probabilidad de que empeore con los años. Algunas personas pueden nacer con mayor propensión anatómica a la acidez, pero la mayoría de las veces los culpables son los hábitos alimentarios, dice el doctor Donald Castell, profesor de la Facultad de Medicina de la Universidad de Pensilvania y autoridad eminente en la materia.

Culpa en gran medida a la dieta por producir o agravar la acidez, la cual no es necesariamente consecuencia de la edad. "La mayoría de los pacientes con acidez están en el segundo, tercero o cuarto decenio de su vida — dice —. No obstante, cuando comienza el problema del reflujo, es como la diabetes o la hipertensión: no desaparece". Todo el mundo puede tener acidez ocasionalmente a causa de un exceso de comida. La idea es evitar que ese problema ocasional se vuelva crónico.

Por lo tanto, si no tiene acidez recurrente, la dieta es el factor esencial para evitarla. Si ya la tiene, la dieta es todavía más importante para evitar que se agrave y le afecte seriamente.

## CÓMO OCURRE LA ACIDEZ

El primer factor es una falla del esfínter inferior del esófago, un pequeño anillo muscular que separa el esófago del estómago. La función del esfínter es mantener el contenido del estómago abajo, donde le corresponde estar. Normalmente, al tragar, el músculo se relaja para dejar pasar los alimentos hacia el estómago. Después se cierra rápidamente. Pero, como una banda de caucho vieja, ese anillo muscular puede debilitarse y estirarse hasta el punto de no poder cerrarse herméticamente. O puede relajarse y abrirse en el momento equivocado. En ambos casos, da la oportunidad a los ácidos del estómago y a los alimentos parcialmente digeridos de regresar hacia el esófago, donde producen ardor al entrar en contacto con las células sensibles, dejando un sabor agrio en la boca.

Es indudable que ciertos alimentos son relajantes musculares y hacen que el anillo se torne perezoso y se abra. Puesto que la presión es mayor dentro del estómago que afuera, cuando el anillo se relaja el ácido y contenido del estómago tienden a subir hacia el esófago. Si esto sucede con mucha frecuencia, el esófago se inflama por la exposición repetida a los ácidos. Entonces, el solo hecho de tragar ciertos alimentos irritantes puede desencadenar espasmos de dolor. Así, el dolor puede ser provocado por el paso de los alimentos hacia el estómago o por el retorno de los jugos gástricos hacia el esófago.

Es obvio que cuanto más ácidos sean los jugos del estómago, mayores serán la sensación de ardor y el grado de daño que puede sufrir la pared del esófago.

*CUATRO FORMAS DE ESTIMULAR LA ACIDEZ*

1. Hay ciertos alimentos que pueden relajar el músculo del esfínter, haciendo que se abra para permitir la entrada de los ácidos estomacales al esófago. Estos alimentos son el chocolate, la menta, las grasas, el alcohol y probablemente la cebolla. Clave: algunos de los alimentos que provocan eructos causan acidez.

2. Hay alimentos que aumentan la acidez de los jugos gástricos, con lo cual el dolor es más intenso cuando éstos entran en contacto con el esófago. Los alimentos que aumentan las secreciones ácidas del estómago son el café (corriente o descafeinado), las colas, la cerveza y la leche.

3. Si el esófago está lesionado, alimentos como los cítricos y el tomate, las preparaciones picantes y el café pueden causar irritación y ardor.

4. Comer demasiado rápido y en exceso sobrecarga el estómago, haciendo que el exceso de llenura ejerza presión sobre el esfínter. Si éste se ha debilitado, puede abrirse. Acostarse, especialmente sobre el lado derecho, al poco tiempo de comer, actúa contra la gravedad y empuja los alimentos contra el músculo, haciéndolo abrir. Tener exceso de peso alrededor del abdomen es otra forma de ejercer presión sobre el esfínter, debilitándolo y promoviendo el reflujo. Si éste es el caso, bajar de peso contribuye a aliviar los ataques de acidez.

 *Malo:*

## ACIDEZ CAUSADA POR UNA GALLETA DE CHOCOLATE

Tenga cuidado con el chocolate. Es uno de los causantes más comunes de la acidez. "Yo puedo producir acidez a voluntad", dice el doctor Castell, quien ha dedicado más de veinte años a investigar los mecanismos exactos mediante los cuales los alimentos desencadenan la acidez. ¿Su némesis? "Las galletas con trocitos de chocolate", dice. Rara vez lo hace, pero cuando come muchas galletas, tiene agrieras toda la noche. Su caso no es raro. El doctor Castell comenzó a estudiar la "villanía" del chocolate al escuchar las quejas de muchos de sus pacientes que decían tener acidez después de comer galletas con chocolate o torta de chocolate.

El doctor Castell descubrió que el chocolate ejerce una acción tranquilizante sobre el músculo esfintérico encargado de frenar el paso de los ácidos gástricos. Lo que hace que el músculo baje la guardia es su contacto con una familia de sustancias químicas denominadas metilxantinas. Se sospecha que tres de ellas inducen al músculo a relajarse: la cafeína, la teofilina y la teobromina. De ellas, la más fuerte, en opinión del doctor Castell, es la teobromina. El chocolate tiene una mayor concentración de teobromina que cualquier otro alimento común.

Para demostrar el mecanismo de acción del chocolate, el doctor Castell dio a beber a cada uno de los integrantes de un grupo de personas media taza de jarabe de chocolate; luego midió la presión del esfínter inferior del esófago, observando que éste se relajaba y caía en un letargo de 50 minutos en promedio. También encontró las huellas del daño causado por el ácido en el esófago. Hizo pruebas con personas sanas y con pacientes que ya habían presentado inflamación esofágica a causa de ataques repetidos de acidez. Cada tercer día, los voluntarios debían beber, después de las comidas, bien un vaso de agua mezclada con un tercio de taza de jarabe de chocolate, bien una simple solución de agua con azúcar. Al cabo de una hora de ingerir la bebida de chocolate, aquéllos que tenían acidez frecuente presentaban un aumento claro del nivel de ácido estomacal en el esófago, a diferencia de los que habían consumido el agua con azúcar.

Sin embargo, el chocolate no provocó reflujo de ácido en las personas que rara vez o nunca habían tenido acidez. Por lo tanto, el doctor Castell advierte que el chocolate es una amenaza para las personas que sufren de acidez.

---

*LA CUÁDRUPLE AMENAZA DEL CHOCOLATE*

El chocolate, en especial la leche con chocolate, muy común en los Estados Unidos, es una amenaza múltiple para las personas que sufren de acidez, porque contiene por lo menos cuatro sustancias (cafeína, teobrominas, teofilina y grasa) que pueden aflojar la tensión del esfínter inferior del esófago, permitiendo el paso de ácido gástrico hacia el esófago, donde produce ardor.

---

*Malo:*

## LA GRASA: UN GRAN PELIGRO

Para no convertirse en víctima de la acidez y sus ataques, disminuya los alimentos grasosos. Las frituras, las leches malteadas, el queso, las hamburguesas o cualquier otro alimento rico en grasa aumenta notablemente la probabilidad de sufrir de acidez, dice el doctor Castell. En efecto, los alimentos grasosos tienen dos veces más probabilidades de agravar la acidez en las personas susceptibles que el chocolate por sí solo. Cerca del 76% de esas personas sufren de acidez después de comer alimentos ricos en grasa, en comparación con el 40% después de tomar chocolate. Más alarmante aún es el hecho de que comer mucha grasa con regularidad puede llevar a la persona a cruzar el límite hacia la acidez crónica.

 *Malo:*

## EL EPISODIO DE LA SALCHICHA CON HUEVO, DE McDONALD'S

Para documentar la acidez ocasionada por la grasa fue necesario ir a McDonald's. Un día, un grupo de diez hombres y mujeres con signos intermitentes de acidez y diez con acidez grave comieron alimentos bajos en grasa, principalmente panqueques con miel y ocho onzas de leche descremada. Al día siguiente comieron un alimento rico en grasa: la salchicha con huevo, de McDonald's. La cantidad de calorías fue la misma, pero en el primer caso, la grasa aportó solamente el 16%, mientras que en el segundo aportó el 61%. Durante tres horas después de la comida, el doctor Castell y sus colegas midieron el ácido presente en el esófago de cada una de las personas.

Como era de esperarse, se detectó ácido en el esófago de las personas que sufrían de acidez permanente, no sólo después de la comida grasosa sino, sorprendentemente, incluso después de la comida baja en grasa. Los efectos de la comida grasosa también fueron más serios cuando las personas se acostaron a descansar al poco tiempo: dentro de las tres primeras horas después de comer. Más sorprendente fue la confirmación del peligro que el exceso representa para las víctimas ocasionales de la acidez. La prueba sirvió para advertir sobre ese peligro a las personas que tienen signos intermitentes de acidez, puesto que su exposición a los ácidos gástricos aumentó cuatro veces después de la comida grasosa, en comparación con la comida baja en grasa. Además, el reflujo ácido permaneció en el esófago durante tres horas después de comer.

Los alimentos ricos en grasa reducen la presión del músculo del esfínter, permitiendo el reflujo de ácidos grasos, probablemente porque la grasa estimula la liberación de ciertas hormonas, en particular la colecistoquinina, en el revestimiento gástrico encargado del control muscular. La grasa también demora el vaciamiento del estómago, de tal manera que el ácido y los alimentos permanecen allí durante más tiempo, con lo cual aumenta la oportunidad de que se devuelvan hacia el esófago.

 *Malo:*

## CONDIMENTE CON MODERACIÓN

Es cierto que los alimentos picantes agravan la acidez. Tomemos el caso de la cebolla cruda. Los gastroenterólogos de la Fundación para la Investigación Digestiva y el Hospital Presbiteriano de Oklahoma escucharon a tantos pacientes quejarse de acidez después de consumir comidas picantes preparadas con cebolla, que decidieron hacer una prueba. Tomaron dieciséis pacientes con acidez (un promedio de 4.4 episodios de acidez a la semana) y dieciséis personas normales (con acidez menos de una vez a la semana) y les dieron a comer hamburguesa sencilla un día. Otro día agregaron a la hamburguesa una tajada de una onza y media de cebolla cruda. Luego midieron los niveles de ácido en el esófago y contaron el número de episodios de reflujo.

Los resultados: la cebolla no produjo acidez ni ninguna otra molestia a los hombres y mujeres normales. Pero entre el 40 y el 50% de los pacientes con acidez presentaron episodios de reflujo, mayor cantidad de ácido en el esófago y sensaciones dolorosas de ardor, dice el investigador Mark Mellow. Los pacientes que presentaron episodios frecuentes de acidez también registraron un mayor número de eructos.

Según el doctor Mellow, hubo una sorpresa: la exposición del esófago al ácido empeoró constantemente durante las dos horas siguientes a la ingestión de cebolla. Esto demuestra el alto poder de la cebolla para producir acidez y su efecto duradero. El doctor Mellow piensa que la cebolla utilizada en la comida mexicana e italiana puede ser culpable en parte de la acidez atribuida a los platos "picantes". Por otra parte, en el estudio se utilizó cebolla cruda. No se sabe con claridad si el riesgo de la acidez se reduce cocinando la cebolla. Aunque se cree que la cebolla hace que el esfínter se relaje, es posible que también irrite directamente al esófago, dice el doctor Mellow.

Una vez que el esófago se lesiona a causa de los ataques del ácido gástrico, algunos alimentos lo irritan a su paso, produciendo sensaciones de dolor y ardor. Los pacientes que sufren de acidez se quejan con mayor frecuencia de los jugos cítricos y de las comidas picantes a base de tomate. Los estudios confirman que la sensación que esos alimentos producen no es nada buena cuando el esófago está sensible a causa de los ataques frecuentes de acidez. El que los alimentos picantes estimulen la acidez depende a veces de la cantidad ingerida. Un destacado gastroenterólogo dice que puede producir acidez con cuatro — no tres — tajadas de pizza con pepperoni.

 *Malo:*

## EL ALCOHOL: MALHECHOR SILENCIOSO

El alcohol, sobre todo si se ingiere poco antes de ir a la cama, puede desencadenar ataques de acidez, especialmente en las personas con problemas frecuentes de reflujo, pero también en los individuos sanos. Durante la noche, el alcohol contribuye a relajar el músculo de ese esfínter crucial, permitiendo que el ácido se infiltre en el esófago sin que la persona se dé cuenta. Eso fue lo que descubrieron los investigadores escoceses de la Universidad de Dundee en un estudio con diecisiete hombres y mujeres sin síntomas de reflujo o acidez.

Los voluntarios debían beber cuatro onzas de whisky escocés (40% de alcohol) puro o con cuatro onzas de agua, por lo menos tres horas después de la cena, hacia las 10 p.m., para irse a dormir dos horas más tarde. Las otras noches debían beber un placebo, principalmente agua pura.

Los investigadores registraron los niveles de ácido en el esófago

## FÓRMULAS PARA EVITAR LA ACIDEZ

Si no tiene antecedentes de acidez frecuente, reduzca la cantidad de grasa de su dieta; es el componente alimenticio que ofrece la mayor probabilidad de convertirlo de víctima ocasional en enfermo frecuente. También correrá el riesgo de hacer de la acidez una compañera permanente si come en exceso, bebe alcohol, come tarde por la noche y se acuesta al poco tiempo de haber comido.

Si sufre de acidez recurrente, puede reducir la gravedad y la frecuencia de los ataques siguiendo las siguientes recomendaciones:

- Disminuya los alimentos grasosos y consuma más proteínas y carbohidratos complejos.

- Limite o evite el chocolate, la menta, el café, el alcohol y la cebolla cruda, los cuales pueden relajar el esfínter y provocar el reflujo de ácido.

- Si sospecha que su esófago es sensible a los jugos cítricos y a los alimentos picantes, evítelos. Si siente acidez tras consumir esos productos irritantes, beba agua (u otro líquido que no sea ácido) para sacar del esófago la sustancia nociva.

- Si tiene exceso de peso, trate de rebajar. Según el doctor Castell, los síntomas mejoran perdiendo entre 5 y 7 kilos. Al parecer, el exceso de peso ejerce presión sobre el esfínter.

- No se acueste antes de tres horas después de comer. Al estar sentado o de pie, la gravedad ayuda a evitar el reflujo, ventaja que se pierde al acostarse. Dormir con la cabeza elevada también ayuda.

- Acuéstese sobre el lado izquierdo y no sobre el derecho, para evitar la acidez. La razón es que el esófago entra en el estómago por el lado derecho. Cuando la persona se acuesta sobre ese lado, el esófago queda por debajo de la abertura del estómago, facilitando el paso de ácido hacia abajo. Las investigaciones han demostrado de manera concluyente que hay menos probabilidad de llegar a sufrir acidez acostándose sobre el lado izquierdo.

- Evite acostarse al poco rato de haber bebido alcohol. Es algo que suele provocar incidentes de reflujo incluso en las personas sin antecedentes de acidez.

de los voluntarios durante la noche. Siete de los diecisiete individuos, o el 41%, experimentaron episodios prolongados de reflujo mientras dormían, pero sin que sintieran dolor alguno. Los ataques del ácido ocurrían normalmente a las tres horas y media de haber bebido el licor. El ácido permanecía en el estómago durante un promedio de 47 minutos y, en algunos casos, más de hora y media. Los voluntarios no tuvieron acidez durante las noches en que bebieron agua pura.

# EL CÓLICO: UN GRITO DE PROTESTA CONTRA LA DIETA

---

**Alimento que puede causar cólico:** Leche

**Alimento que sirve para aliviar el cólico:** Agua azucarada

---

La dieta no siempre está implicada en el cólico de los lactantes, pero debe ser uno de los principales sospechosos. Es casi imposible creer que un bebé pueda llegar a ese grado de sufrimiento por algo que comió. Sin embargo, algunos investigadores piensan que *la mayoría* de los lactantes con cólico — o cerca de quinientos mil recién nacidos al año en los Estados Unidos — sufren terriblemente y causan gran desesperación a sus padres por una incompatibilidad con el alimento. La primera culpable: la leche.

 *Malo:*

## LLORAN HASTA QUE LA VACA SE VA

Si un lactante presenta cólico, sospeche inmediatamente de la leche. La idea de que esta afección pueda estar relacionada con una reacción a los alimentos data de 1927. Pero hasta los años 70 no ganó credibilidad la idea de que la leche de vaca era uno de los alimentos culpables. En la actualidad hay una decena de estudios que acusan a la leche de vaca de instigadora del cólico en los lactantes propensos a sufrir de él. En efecto, tres estudios recientes indican que un 70% de los lactantes con cólico sienten aversión a la leche de vaca.

Basta con suspender los biberones de leche de vaca para que, en muchos casos, el cólico desaparezca. Por ejemplo, médicos suecos observaron la rápida recuperación de cuarenta y seis bebés hospitalizados por cólico cuando se les cambió la fórmula a base de leche de vaca por otra a base de leche de soya o por un hidrolizado de caseína de marca comercial en el cual las proteínas nocivas de la leche habían sido destruidas.

Investigadores de la Universidad de Edimburgo (Gran Bretaña) tuvieron un éxito casi idéntico en un estudio doble ciego de diecinueve bebés con cólico. El 68% se "curó" casi completamente al cabo de

---

### CÓMO DIFERENCIAR EL CÓLICO DEL LLANTO CORRIENTE

Todos los bebés lloran, pero el llanto de cólico es completamente diferente, además de ser un verdadero tormento, dicen los médicos. Es llanto de cólico, desde el punto de vista médico, cuando un lactante llora inconsolablemente y sin razón alguna durante un total de tres horas al día, tres días a la semana, por tres semanas o más.

El cólico es el destino frustrante de un 15 a 40% de los lactantes del mundo entero y afecta a cerca de un millón de recién nacidos en los Estados Unidos cada año. Es algo angustioso tanto para los padres como para el niño. Así lo describe el doctor Alexander K. C. Leung, profesor auxiliar de pediatría de la Universidad de Calgary (Alberta): "Los lactantes con cólico gritan, retraen las rodillas sobre el abdomen y dan muestras de dolor intenso. Expulsan gases, se callan durante unos momentos y luego comienzan de nuevo. Estos episodios suelen producirse hacia el final de la tarde o por la noche y duran desde pocas hasta muchas horas".

Esos "períodos inexplicables de irritabilidad, agitación, inquietud o llanto" comienzan por lo general a las dos primeras semanas de vida, alcanzan su punto de mayor intensidad hacia las cuatro o seis semanas y pueden prolongarse durante el tercero y el cuarto mes, dice el doctor Leung.

---

una semana de suspendida la fórmula a base de leche de vaca. Algunos tampoco toleraron la leche de soya.

Hace poco, científicos italianos obtuvieron una tasa de curación del 71% en setenta lactantes con edad promedio de un mes, al suspenderles las fórmulas a base de leche de vaca. Para confirmar el resultado, realizaron una prueba de "provocación" reanudando el suministro de leche en dos ocasiones. Los síntomas de cólico grave reaparecieron en *todos ellos*.

 *Malo:*

## PROBLEMAS DE LA LECHE MATERNA

También las madres que amamantan deben cuidarse de los efectos de la leche de vaca. La leche materna puede portar el peligro del cólico cuando la madre consume leche o sus derivados. Las sustancias de los productos lácteos culpables de producir el cólico pueden sobrevivir a la digestión, concentrarse en la leche materna y llegar directamente al organismo del bebé, causando tanto daño como si el bebé hubiese tomado la leche de vaca. La pediatra sueca Irène Jakobsson demostró, en un estudio sin antecedentes, que doce de diecinueve bebés alimentados con leche materna se liberaron del cólico cuando sus madres suspendieron la leche de vaca.

En otro experimento, la doctora Jakobsson sometió a las madres de ochenta y cinco lactantes con cólico a una dieta sin leche durante una semana aproximadamente. El cólico desapareció en cuarenta y ocho de los bebés (56%) y reapareció en treinta y cinco de ellos tan pronto como las madres reanudaron el consumo de leche. Un simple vaso de leche de vaca hace que la leche materna pase a la zona de riesgo de cólico, dice la doctora Jakobsson.

*"Aproximadamente en una tercera parte de los niños alimentados con leche materna los síntomas desaparecen cuando la madre inicia una dieta sin productos lácteos".* — Doctora Irène Jakobsson, Departamento de Pediatría, Hospital General de Malmö (Suecia).

## ¿QUÉ HAY DETRÁS DEL MISTERIO DE LA LECHE?

¿Cuál es el agente de la leche de vaca capaz de provocar tanto sufrimiento a un bebé? Esta cuestión ha desconcertado a los científicos durante muchos años. El doctor Anthony Kulcyzcki, inmunólogo y profesor asociado de medicina de la Facultad de Medicina de la Universidad de Washington, en St. Louis, cree que él y su colega Patrick S. Clyne han encontrado la respuesta. Se trata de una proteína molesta: un anticuerpo bovino que pasa de la sangre de la vaca a la leche.

Sí, las vacas, como los seres humanos, desarrollan anticuerpos para combatir las infecciones causadas por los distintos virus y bacterias. Y no cabe duda de que este anticuerpo en particular es terriblemente molesto para algunos lactantes, por razones que nadie conoce. El doctor Kulcyzcki detectó el anticuerpo tanto en la fórmula a base de leche de vaca como en la leche materna. "La mayoría de las madres tienen en su leche una cantidad increíble de anticuerpos bovinos", dice. También descubrió que cuanto mayor era la cantidad de anticuerpos, mayor era la intensidad del cólico. Las madres cuyos bebés sufrían de cólico tenían un 31% más de anticuerpos bovinos que las madres de los bebés sin cólico. Ninguno de los bebés de las que tenían la menor proporción de anticuerpos en la leche sufría de cólico.

Pero no todos los bebés alimentados con la leche que contenía los anticuerpos sufrían de cólico. El doctor Kulcyzcki supone que los niños afectados deben tener cierta susceptibilidad relacionada con la inmadurez del sistema digestivo, la cual les impide resistir o manejar los anticuerpos extraños. En todo caso, el doctor Kulcyzcki está convencido de que esos anticuerpos son "la causa principal del cólico", y agrega: "Podrían incluso ser la única causa".

Importante: Los anticuerpos causantes del cólico permanecen en la leche materna y en los tejidos del lactante durante un período muy largo — una semana, o más en algunos casos — antes de ser eliminados. Eso les da tiempo suficiente para provocar dolor y sufrimiento. También significa que probablemente el alivio no será rápido. Por lo general no basta con suspender la leche y esperar dos o tres días para ver si el cólico desaparece, aunque así suceda en algunos casos. En más de la mitad de los casos se necesita por lo menos una semana para ver los resultados de la dieta sin leche de vaca, dice el doctor Kulcyzcki.

## LA PRUEBA DE LA LECHE

No es fácil saber si la leche es la culpable del cólico del bebé, porque la labor de seguir la pista de los episodios es tediosa e inexacta. Estas pautas le servirán de ayuda:

• Si está amamantando, suspenda la leche y los productos lácteos durante una semana para ver si el cólico del bebé desaparece. Si le preocupa la falta de calcio, tome suplementos.

• Si está alimentando al bebé con fórmula a base de leche de vaca, cámbiela por una fórmula de hidrolizado de caseína (Nutramigen, por ejemplo), durante una semana aproximadamente. Esta fórmula se vende con las otras fórmulas comerciales y es la mejor para los lactantes con reacciones a la leche de vaca, puesto que las proteínas nocivas han sido destruidas. También puede ensayar una fórmula a base de soya, la cual es menos costosa, pero entraña también el riesgo de intolerancia.

• Una vez suspendida la leche de vaca, anote diariamente los síntomas de cólico durante un par de semanas. Si los episodios comienzan a disminuir o a ser menos graves, tendrá buenas razones para sospechar de la leche. Algunas veces el cólico desaparece por completo. Otra prueba, que exige menos tiempo, consiste en observar durante dos semanas el número de veces que despierta el bebé por la noche. Si ese número disminuye después de suspender la leche, habrá descubierto a la culpable.

• Si no le importa arriesgarse a que se repitan los episodios de cólico, verifique la validez de la teoría reanudando el consumo de leche de vaca durante un día o dos. Si reaparece el cólico, la prueba será más contundente todavía.

• *CONCLUSIÓN* • *Para averiguar si los anticuerpos bovinos son los culpables del cólico, suspenda todo contacto del lactante con la leche y sus derivados durante una semana cuando menos. Según el doctor Kulcyzcki, ése es el tiempo que tardan los anticuerpos en ser eliminados del organismo del bebé y de la leche de la madre.*

*Bueno:*

## UNA DULCE CURA PARA EL LLANTO

Por otra parte, el recién nacido que llora casi siempre se calma con un poco de agua con azúcar, confirmando el viejo remedio popular de dar a chupar un "pezón de azúcar": una cucharada de azúcar de mesa envuelta en tela. Eso descubrió Elliott Blass, profesor de psicología de la Universidad de Cornell, en Ithaca (Nueva York). Utilizando una jeringa, administró a los bebés que lloraban una gota de agua pura o una solución de agua y 14% de azúcar una vez cada minuto durante cinco minutos. Los bebés que recibieron el agua de azúcar dejaban de llorar inmediatamente y permanecían en silencio durante unos diez minutos. La duración del llanto disminuyó del 40% al 3%.

Además, el ritmo cardíaco bajó de 155 latidos por minuto a un nivel normal de 125 a 130 latidos por minuto. "Los bebés se veían menos agitados y mucho más tranquilos, pero también muy despiertos — dijo el doctor Blass —. No mostraban señales de somnolencia". El agua azucarada produjo buenos resultados en un 85% de los recién nacidos estudiados. También fue entre tres y cinco veces más eficaz para calmar el llanto que el chupete.

Además, el agua azucarada bloqueó el dolor. La duración del llanto de los recién nacidos sometidos a pruebas médicas dolorosas o a la circuncisión se redujo a la mitad en los que recibieron agua con azúcar. "Aumentó el umbral del dolor", según el doctor Blass. La hipótesis del doctor Blass es que esa pequeñísima cantidad de azúcar activa las sustancias "opioides" del cerebro encargadas de reducir el dolor y el sufrimiento. En otras palabras, el azúcar ejerce un efecto analgésico directamente sobre el cerebro. Estos resultados positivos se obtuvieron tanto con el azúcar de mesa (sacarosa) como con el azúcar de las frutas (fructosa). El azúcar de la leche (lactosa) no produjo efecto alguno.

## ¿QUÉ EFECTO TIENEN LAS SUSTANCIAS FUERTES SOBRE LA LECHE MATERNA?

¿Es necesario reducir el consumo de cafeína y de alimentos condimentados y picantes por temor a irritar el sistema digestivo del bebé o producirle cólico? "No se ha comprobado que esos alimentos

---

*UNA FÓRMULA PARA CURAR EL CÓLICO*

- Si un bebé alimentado con biberón llora constantemente, cambie la fórmula a base de leche de vaca por una de leche de soya o de hidrolizado de caseína. Espere una semana para ver si hay mejoría.

- Si está amamantando a un bebé con cólico, suspenda la leche y los productos lácteos durante una semana. Tome suplementos de calcio.

- Ensaye con un poco de agua azucarada, tras consultar al pediatra para cerciorarse de que el cólico no tenga relación con un problema físico que haya pasado inadvertido. Es importante determinar que el cólico no se deba a otra causa que no sea la dieta.

---

contribuyan de manera importante al cólico", dice el doctor Morris Green, jefe del Departamento de Pediatría de la Facultad de Medicina de la Universidad de Indiana.

De hecho, a los lactantes parece gustarles más la leche cuando la madre come alimentos con sabores y aromas fuertes. Un estudio demostró que, con un buen toque de ajo en la leche materna, los lactantes bebieron más y permanecieran más tiempo pegados al pezón. En cambio, el alcohol, aunque sea en mínima cantidad, reduce el apetito del bebé.

Aun así, es conveniente que las madres lactantes reduzcan el chocolate, dice el doctor Kulcyzcki, porque a veces tiene un gran contenido de leche, la cual podría portar las proteínas nocivas. En lo que se refiere a la cafeína, se sabe que llega a la leche materna y que podría afectar al bebé.

# NUEVOS SOSPECHOSOS EN EL CASO DEL COLON ESPÁSTICO

---

**Alimentos que pueden agravarlo:** Leche • Sorbitol • Fructosa • Café • Cereales y otros alimentos que desencadenan "alergias"

**Alimento que puede aliviarlo:** Salvado rico en fibra

---

Si usted sufre de un trastorno misterioso y prácticamente intratable conocido médicamente como "síndrome del colon irritable" y comúnmente como "colon espástico", debe saber que puede aliviarlo con la dieta. Los mismos alimentos implicados en la diarrea persistente pueden ser la primera causa del colon espástico. En efecto, esas intolerancias a los alimentos o "reacciones intestinales" se ocultan a veces tras la máscara del colon irritable. Algunos especialistas dicen incluso que en la mayoría de los casos el malestar se puede aliviar o eliminar cambiando la dieta. Las pruebas más recientes, provenientes en especial de Gran Bretaña, indican que las reacciones a los alimentos son una de las causas principales del colon espástico. Si se logra descubrir y reducir o eliminar los alimentos causantes del problema, éste podría desaparecer casi por completo. Es un remedio que vale la pena tomar en cuenta para aplicarlo a una enfermedad que, de otra manera, parece incurable.

*Malo:*

## SOSPECHE PRIMERO DE LA LECHE

Antes de dejarse vencer por el diagnóstico del colon irritable, asegúrese de que su problema no es la botella de leche. Antes que los médicos supieran sobre la "alergia" a la leche o intolerancia a la lactosa — la incapacidad para digerir el azúcar de la leche — siempre diagnosticaban equivocadamente la afección, diciendo que se trataba del síndrome del colon irritable. Y en muchos casos sigue siendo así, porque los síntomas de los dos trastornos son iguales. Así, cuando unos médicos italianos estudiaron a setenta y siete pacientes hospitalizados por molestias abdominales de vieja data que parecían corresponder al síndrome del colon irritable, descubrieron que el 74% tenía algún grado de intolerancia a la leche. Al someterlos a una dieta sin leche durante tres semanas, las molestias disminuyeron o desaparecieron. Cuando reanudaron la ingestión de leche durante tres semanas, los síntomas se recrudecieron.

Los especialistas aconsejan que, si una persona sufre de malestares abdominales, dolor y diarrea desde hace mucho tiempo, debe primero descartar la intolerancia a la leche antes de aceptar el diagnóstico del síndrome del colon irritable.

 *Malo:*

## ELIMINE LOS AZÚCARES "DIETÉTICOS"

Los azúcares dietéticos, en especial el sorbitol, pueden producir una buena imitación del síndrome del colon irritable. A través de un estudio con cuarenta y dos adultos sanos, se detectó intolerancia al sorbitol en un 43% de los participantes de raza blanca y en un 55% de los de otras razas tras consumir apenas diez gramos de sorbitol: la cantidad presente en cinco barras de chicle sin dulce, cinco mentas sin azúcar o una cucharada de jalea dietética. En efecto, el 17% del grupo mostró síntomas graves del síndrome del colon irritable tras consumir esas cantidades mínimas de sorbitol. Los gastroenterólogos de la Escuela Médica de Nueva York, en Valhalla, que informaron sobre el estudio dijeron haber tratado en dos años a quince pacientes con "intolerancia al sorbitol oculta tras la máscara de un síndrome de colon irritable". Concluyeron que el colon espástico y la diarrea causados por el sorbitol son afecciones comunes que muchas veces no se reconocen y llevan a unos "exámenes inútiles y a un diagnóstico definitivo de síndrome del colon irritable".

La fructosa, otro azúcar natural, sola o combinada con sorbitol, también puede producir en muchas personas una buena imitación del síndrome del colon irritable. Un estudio reveló que la mitad de los pacientes con el síndrome sufrían de malestar intestinal después de ingerir una onza de fructosa.

Si usted tiene síntomas de colon espástico, en especial diarrea crónica, elimine o reduzca los alimentos con alto contenido de sorbitol. Así lo recomienda el doctor Gerald Friedman, profesor asociado de gastroenterología de la Escuela de Medicina Monte Sinaí, de Nueva York. En la lista de esos alimentos figuran los duraznos, el jugo de manzana, las peras, las ciruelas, las ciruelas pasas, el chicle sin azúcar, las jaleas dietéticas y el chocolate.

 *Malo:*

## CUÍDESE DEL CAFÉ

El café puede ser demasiado fuerte para el colon sensible de las personas con síndrome de colon irritable. En todo caso, cerca del 30% de un grupo de sesenta y cinco pacientes con el síndrome estudiados en Gran Bretaña dijeron que se sentían peor con el café.

---

*"El síndrome del colon irritable, el estreñimiento y las enfermedades diverticulares se alivian a veces con un par de puñados de salvado de trigo, una naranja y una manzana todos los días".* — Doctor Martin A. Eastwood, gastroenterólogo e investigador de la Escuela de Medicina de Edimburgo (Escocia).

---

*Bueno:*

## COMA MÁS FIBRA

Hace apenas diez o veinte años, el "remedio de elección" para el síndrome del colon irritable era el mismo que para la enfermedad diverticular: una dieta suave baja en fibra. En la actualidad es todo lo contrario. Los médicos están en favor de la fibra. El doctor Friedman, de Monte Sinaí, dice que la dieta a base de fibra, consumida durante bastante tiempo, puede "corregir" algunas anomalías de los patrones motores del colon comunes cuando hay problemas de función intestinal. Dice, por ejemplo, que la fibra contribuye a acelerar o a desacelerar las contracciones, ayudando en los casos de estreñimiento o de diarrea.

Si el problema principal del síndrome es la diarrea, el mejor remedio es una dieta rica en fibra con salvado, según W. Grant Thompson, gastroenterólogo y profesor de medicina de la Universidad de Ottawa. "Es económico y seguro — dice —. El salvado ayuda a endurecer la deposición, si es muy líquida, y a mejorar la función intestinal en general". Recomienda una cucharada de salvado de trigo tres veces al día, a manera de prueba durante dos o tres meses, para ver si desaparece la diarrea debida al síndrome del colon irritable. Si lo hace, no hay "mejor solución" para ese trastorno, benigno pero muy molesto.

## EL COLON ESPÁSTICO PUEDE SER UNA REACCIÓN EXTRAÑA A LOS ALIMENTOS

Según otra teoría, propuesta por un grupo de médicos británicos, es probable que muchas personas a quienes se les ha diagnosticado el síndrome del colon irritable simplemente sean alérgicas a varios alimentos, entre ellos la leche. El doctor Gerard E. Mullin, inmunólogo de la Facultad de Medicina de la Universidad Johns Hopkins, coincide en que "hay pruebas claras de que ciertos pacientes con síndrome del colon irritable presentan reacciones alérgicas, de las cuales mejoran cuando suspenden determinados alimentos". Aunque la opinión médica sostiene que esto es válido para una minoría de pacientes, ciertas estadísticas sorprendentes parecerían indicar todo lo contrario.

Los investigadores del Recetario Radcliffe, de Oxford, concluyeron que por lo menos la mitad de los pacientes con diagnóstico del síndrome del colon irritable mejoraron con un cambio de la dieta. Hace poco encontraron que el 48% de 189 personas con el síndrome presentaron una "mejoría marcada" al suspender ciertos alimentos durante tres semanas. La mitad de los pacientes estudiados identificaron entre dos y cinco alimentos que les producían malestar. Los culpables más comunes fueron los lácteos (41%) y los cereales (39%).

Al cabo de un año, los médicos informaron que los pacientes que habían evitado esos alimentos continuaban bien. "La diferencia de síntomas entre los dos grupos fue asombrosa — escribieron —. De los pacientes que respondieron a la dieta, el 73% continuaba con algunas restricciones y todos estaban bien, salvo uno. De 18 que continuaron comiendo como lo hacían antes, 6 no estaban bien".

---

### PRINCIPALES CULPABLES

Éstos son los alimentos que produjeron malestar a más de un 20% de pacientes con el síndrome del colon irritable, en estudios realizados por John O. Hunter y V. Alun Jones, autoridades británicas en la materia. Estos médicos aconsejan que las personas con el síndrome del colon irritable suspendan los siguientes alimentos durante tres semanas, para ver si hay alguna mejoría:

- Cereales, principalmente trigo y maíz

- Productos lácteos

- Café

- Té

- Chocolate

- Papas

- Cebolla

- Cítricos

---

Más asombrosos todavía fueron los resultados de los estudios de los doctores V. Alun Jones y John O. Hunter, gastroenterólogos del Hospital Addenbrookes, de Cambridge, y abanderados de la teoría. En un importante estudio publicado en 1982 en *The Lancet,* revelaron que el 67% de un grupo de pacientes con el síndrome del colon irritable sufrían de intolerancias a los alimentos, demostradas mediante pruebas de provocación, y dejaban de experimentar los síntomas cuando suspendían los alimentos en cuestión. Además, el 42% de ellos recayeron al reanudar la antigua dieta.

 *Malo:*

## BUSQUE LA CONEXIÓN CON EL TRIGO

Es irónico que el principal culpable en el estudio de Jones y Hunter haya sido el trigo: ¡el mismísimo remedio que la mayoría de los médicos formulan para aliviar los síntomas del síndrome del colon irritable! En efecto, los investigadores dijeron haber optado por estudiar ese alimento movidos por las quejas de algunos pacientes que se sentían peor al comer el salvado recomendado. Sin embargo, el doctor Hunter señala que los afectados rara vez descubren a su enemigo, porque lo tienen demasiado cerca. "Nunca les preguntamos a los pacientes si creen que algún alimento les produce problemas, porque siempre mencionan un alimento poco corriente. En nuestra opinión, los alimentos más importantes, en lo que se refiere al síndrome, son los cereales y los productos lácteos, pero la mayoría de las personas no logran relacionarlos con sus síntomas, porque consumen esos alimentos a diario". Otros culpables destacados en ese estudio fueron el maíz, los lácteos, el café, el té y los cítricos.

Fue tanto el éxito de los estudios iniciales de Jones y Hunter, que los médicos continuaron tratando a los pacientes con restricción de la dieta. Los estudios de seguimiento demostraron, a los dos años, que el 87% de los pacientes se apegaron a la dieta y permanecieron sin síntomas. Además, las reacciones a determinados alimentos fueron bastante constantes; si un alimento provocaba síntomas del colon irritable en un momento determinado, lo más probable era que los causara en otras ocasiones.

A manera de prueba, Hunter y Jones sugieren eliminar los alimentos que han provocado reacciones dolorosas en un 20% de los pacientes con el síndrome. (Vea la lista de los principales culpables en la página 188.) Después se pueden ir agregando lentamente, para identificar al culpable o los culpables. La persona que más puede beneficiarse con una dieta restringida es aquélla que sufre de diarrea y dolor. "Por lo general, es el paciente que se queja de hacer tres o más deposiciones sueltas durante el día por lo menos cuatro días a la semana", dice el doctor Hunter.

---

*"Si su colon se rebela cuando come trigo, huya también del centeno y el maíz. Las personas que reaccionan al trigo por lo general tampoco pueden comer centeno ni maíz. La cebada ocupa un lugar intermedio entre los alimentos que irritan el colon. En cambio, el arroz es el cereal más inocuo. Rara vez altera un colon sensible".* — Doctor John O. Hunter.

---

## ¿POR QUÉ OCURREN ESTAS REACCIONES INTESTINALES?

Las reacciones a los alimentos producidas por el síndrome del colon irritable no son alergias típicas en las cuales participe el sistema inmunitario. Son reacciones tardías que, según la teoría del doctor Hunter, ocurren literalmente en el intestino. En opinión de este especialista, el problema proviene de un desequilibrio anormal de las bacterias intestinales desencadenado por ciertos alimentos y también por los antibióticos. Normalmente hay el doble de anaerobios — bacterias que no necesitan del aire para sobrevivir — en el colon sano. Pero el doctor Hunter encontró un número extremadamente elevado de aerobios (bacterias que necesitan aire) en las muestras de materia fecal de los pacientes con colon irritable después de consumir un alimento nocivo para ellos. Dos de las personas con intolerancia grave tenían un número de aerobios cien veces mayor. Por lo tanto, hay ciertos alimentos que tienden a dañar la actividad bacteriana normal, desencadenando alteraciones intestinales causantes del estreñimiento, la diarrea, el dolor y el meteorismo, conocidas como el síndrome del colon irritable.

*ESTRATEGIAS DIETÉTICAS PARA VENCER AL COLON ESPÁSTICO*

- Cerciórese de que su problema de colon irritable no se deba a una reacción o intolerancia a alimentos comunes, principalmente la leche, el sorbitol, el trigo, el maíz y el café.

- Para averiguar si hay alguna relación entre la dieta y el síndrome del colon irritable, lleve una historia detallada de los alimentos que consuma durante un período de siete días como mínimo. Anote exactamente qué comió y cuánto. También anote cualquier síntoma que perciba después de comer y la frecuencia y consistencia de las deposiciones. La idea es tratar de identificar un patrón de malestar intestinal después de comer ciertos alimentos en comparación con otros. Es probable que descubra el patrón.

- Si sospecha de una relación entre la dieta y sus problemas intestinales, elimine el alimento sospechoso durante tres semanas, para ver si la situación mejora. Si lo hace y desea corroborar la conexión, comience a comer ese alimento nuevamente, para ver si tiene una recaída. Comunique sus observaciones al médico.

- Si tiene problema de estreñimiento o diarrea, trate de comer más fibra en forma de salvado de trigo, por ejemplo. Pero si no obtiene alivio, recuerde que podría ser alérgico al trigo. Un buen sustitutivo con alto contenido de fibra es el salvado de arroz, el cual seguramente no le provocará reacción alguna.

# SALVADO PARA LA ENFERMEDAD DIVERTICULAR

Para esta enfermedad común no encontrará remedios en los textos médicos antiguos; ningún consejo de los grandes médicos de todos los tiempos: Hipócrates, Galeno o Maimónides. ¿Por qué? Porque la enfermedad no existía en ese entonces. Es propia de las culturas occidentales de este siglo. Antes de 1900, la diverticulosis — formación de bolsas o sacos en forma de racimos, llamados divertículos, a lo largo de la pared externa del colon — era una curiosidad médica, rara vez vista. Ahora es el más común de los trastornos del colon en las poblaciones occidentales, en las cuales ataca a la mitad de las personas de más de 60 años, muchas de las cuales ignoran tenerla. Otro 10% contrae diverticulitis, una inflamación dolorosa que da lugar a episodios de cólico, dolor en la parte baja del abdomen, con estreñimiento o diarrea. En cambio, la enfermedad diverticular sigue siendo rara en las comunidades primitivas, como las aldeas africanas, las cuales no han adoptado los hábitos alimentarios de Occidente y todavía comen como sus antepasados de la edad de piedra.

Las mismas cosas que curan y previenen el estreñimiento corriente son la clave para combatir esta desagradable enfermedad digestiva: los alimentos ricos en fibra, en especial el salvado. De hecho, con sólo aliviar el estreñimiento se combate la diverticulosis, puesto que el esfuerzo durante la defecación tiende a expandir los divertículos minúsculos situados a lo largo de las paredes musculares del colon, provocando malestar.

*Bueno:*

## UNA IDEA SALVADORA

Imagine. Durante casi cincuenta años, los médicos trataron la enfermedad diverticular con dietas bajas en fibra. La teoría era que "el forraje irrita el intestino". Irónicamente, esa práctica equivocada, en vez de curar la enfermedad contribuyó a agravarla, dice Neil S. Painter, cirujano del Hospital Manor House, de Londres, quien ayudó a cambiar la situación. El trabajo del doctor Painter marcó un hito cuando apareció en una edición de 1972 del *British Medical Journal.* En él demostraba que la diverticulosis era producto de una dieta deficiente en fibra. Sabedor de que quienes sufrían la enfermedad consumían solamente la mitad de la fibra que las personas con colon sano, logró convencer a diecisiete de ellos para que iniciaran una dieta rica en fibra. El éxito fue casi total. Después de un período de seguimiento de veintidós meses, descubrió que la dieta había aliviado o eliminado en el 89% de los pacientes los síntomas (dolor, náusea, flatulencia, distensión, estreñimiento, etc.) asociados con la enfermedad diverticular. Los hábitos de defecación se habían normalizado y casi todos los pacientes habían abandonado los laxantes.

¿Qué comieron? Pan de trigo ciento por ciento integral, cereales ricos en salvado, muchas frutas y hortalizas. También agregaron "salvado de molinero" (salvado de trigo sin procesar) en cada comida, aumentando gradualmente la dosis hasta lograr expulsar materia fecal blanda dos veces al día sin esfuerzo alguno. Este salvado tiene cinco veces la cantidad de fibra del trigo entero, dice el doctor Painter.

## RECETA PARA MEJORAR

La cantidad de salvado necesario se determinó a base de ensayos. El doctor Painter señaló que no había una dosis "correcta" para tratar esta afección intestinal. La cantidad de salvado varió considerablemente, desde una cucharadita diaria (3 gramos) hasta tres cucharadas tres veces al día (12 a 14 gramos). "La mayoría necesitó dos cucharaditas tres veces al día para tener una deposición blanda y fácil de expulsar", dijo.

El consejo del doctor Painter es comenzar con dos cucharaditas de salvado sin procesar, tres veces al día. Pasadas dos semanas, la dosis se puede aumentar o disminuir, según el caso, hasta que se logre defecar una o dos veces todos los días sin necesidad de hacer esfuerzo. Puesto que es difícil comer el salvado en seco, los pacientes del doctor Painter lo agregaban a los cereales, a la avena cocida, a la sopa, o lo pasaban con leche o agua. Algunos pacientes pudieron superar los síntomas comiendo salvado de cereales procesado, como el All-Bran, en lugar de salvado de molinero.

El doctor Painter explica que una deficiencia de fibra en la dieta altera la consistencia de las heces hasta el punto que el colon sigmoide tiene que generar altas presiones para impulsar con más fuerza la materia fecal. Esto produce herniación de las paredes del colon, característica de la enfermedad diverticular.

## NUEVAS RECOMENDACIONES SOBRE LAS PEPITAS Y SEMILLAS

En algún momento, los especialistas se opusieron a que las personas con diverticulosis comieran alimentos con semillas y hollejo, tales como el tomate, las fresas y las palomitas de maíz. El temor era que esa materia quedara atrapada en las bolsas diverticulares, provocando inflamación y ataques dolorosos agudos. Pero la verdad es que las pepitas y las semillas no son motivo de preocupación, en opinión de muchos especialistas de hoy, quienes han levantado la prohibición.

*"No hay una dosis de salvado exacta para cada paciente, de la misma manera que no existe una dosis única de insulina. Cada paciente debe encontrar la cantidad que necesita, ensayando durante unos tres meses por lo menos"*. — Doctor Neil Painter, cirujano británico.

# ÚLCERAS: ADIÓS A LA LECHE, BIENVENIDO EL PICANTE

> **Alimentos que pueden ayudar a sanar las úlceras:** Banano
> • Plátano • Jugo de repollo • Regaliz • Té • Ají picante
>
> **Alimentos que pueden agravar las úlceras:** Leche • Cerveza
> • Café • Cafeína

En el primer siglo de nuestra era, Aurelio Celso, célebre enciclopedista médico romano, advertía: "Si el estómago está infestado con una úlcera, es necesario consumir alimentos livianos y glutinosos ... Todas las cosas agrias y ácidas se deben evitar". Un médico que vivió en el occidente de Bengala en el siglo séptimo, Madhavkar, atribuía el dolor de la úlcera péptica a las comidas fritas y picantes, al alcohol y a los alimentos ácidos e irritantes. En el presente siglo, durante casi setenta años (desde 1911 hasta 1980), en la terapia contra la úlcera ocupó el primer lugar la dieta Sippy a base de leche, llamada así en honor de su inventor, el médico estadounidense Bertram Welton Sippy (1866-1924). Consistía en comer crema y leche a intervalos regulares todo el día, durante un mínimo de seis semanas. Durante casi dos mil años, la dieta suave ha sido el remedio de elección para los enfermos de úlcera. Pero eso ha cambiado. La ciencia moderna ha modificado completamente ese concepto.

## EFECTO DE LOS ALIMENTOS SOBRE LA ÚLCERA

La causa inmediata de las úlceras pépticas es bastante simple. Los ácidos y las enzimas digestivas se tornan más corrosivos de lo que el revestimiento del estómago y el duodeno (primera parte del intestino delgado) pueden resistir. Por consiguiente, comienzan a devorar el tejido que, de tener más resistencia, podría soportar la digestión. Los ataques producen inflamación, llagas, perforaciones, a veces hemorragia y casi siempre ardor abdominal y retortijones. Por lo tanto, las úlceras son producto de un desequilibrio entre los ataques equivocados del ácido y la incapacidad de la mucosa gástrica para defenderse de ellos.

La causa fundamental de las úlceras sigue siendo motivo de polémica, aunque los indicios apuntan hacia una infección bacteriana causada por el *Helicobacter pylori*. Se cree que las bacterias provocan la liberación de ácido en el estómago, promoviendo la ulceración. Por esa razón, muchos médicos han comenzado a utilizar antibióticos para impedir que se repitan las úlceras.

Independientemente de lo anterior, los alimentos y las bebidas que viajan a través del estómago y los intestinos penetran directamente en el territorio de la úlcera, empeorando o aliviando los síntomas. Los alimentos que usted escoja contribuyen a determinar la cantidad de ácido secretado y su capacidad destructiva; la posibilidad de acumular defensas en las células gástricas para que sean menos vulnerables a los ataques; y quizás la capacidad para vencer las úlceras, atacando directamente a las bacterias. Muchos alimentos utilizados desde tiempo atrás para tratar las úlceras tienen efectos antibióticos, lo cual explicaría su eficacia. No cabe duda de que, mediante la comida, usted mismo puede empeorar o aliviar el dolor gástrico y promover o desalentar la cicatrización de la herida.

 *Malo:*

## EL MITO DE LA LECHE

Si se encuentra con alguien que le diga que debe beber mucha leche para aliviar la úlcera, agárrese el estómago y huya lo antes posible. La creencia generalizada de que la leche "neutraliza" o equilibra el ácido del estómago y ayuda a sanar las úlceras no es más que un mito. Desde los años 50, los investigadores comenzaron a dudar de la eficacia de la leche al no poder confirmar que neutralizaba el ácido del estómago. En realidad, el efecto neutralizador es muy transitorio, a veces de tan sólo veinte minutos y, pasado el mismo, el ácido gástrico aumenta todavía más, porque la leche toma venganza promoviendo la secreción de gastrina, hormona gástrica que desencadena una mayor liberación de ácido.

Un importante estudio publicado en 1976 por la Facultad de Medicina de la Universidad de California, en Los Ángeles, demostró este efecto. En el estudio participaron personas sanas y pacientes con úlceras duodenales a quienes se les dio leche entera, leche baja en grasa o leche descremada. En todos los casos, el nivel de ácido gástrico aumentó muy por encima del normal, pero más aún en los pacientes con úlcera. (Al parecer, las personas que tienen úlcera son muy sensibles al efecto por el cual la leche promueve la liberación de ácido.) Además, la leche continuó estimulando la producción de ácido durante tres horas.

La confirmación definitiva se produjo en 1986 con la aparición, en el *British Medical Journal,* de un informe en el que investigadores indios afirmaban que la leche impedía la cicatrización de las úlceras y que, como terapia, era mucho peor que una dieta corriente. Los investigadores escogieron en forma aleatoria a sesenta y cinco pacientes con úlcera duodenal para que consumieran una dieta común de hospital o una dieta totalmente a base de leche: ocho tazas al día. (Todos estaban tomando cimetidina, un medicamento contra la úlcera.) Pasado un mes, inspeccionaron directamente las úlceras con un endoscopio de fibra óptica. En el 78% de las personas que habían consumido la dieta corriente las úlceras habían cicatrizado, en comparación con un 50% de las personas con la dieta a base de leche.

Sin embargo, es interesante anotar que el alivio del dolor había sido idéntico en ambos grupos. Por lo tanto, la leche mejoraba los síntomas y al mismo tiempo causaba daño. Es probable que este efecto de aliviar el dolor y destruir al mismo tiempo explique por qué se utilizó equivocadamente durante tanto tiempo como remedio para la úlcera, según concluyeron los investigadores.

*"No existe ningún estudio controlado que haya demostrado la superioridad de la dieta suave o de una dieta estrictamente para la úlcera péptica sobre la dieta corriente".* — S. K. Sarin, Hospital G. B. Pant (Nueva Delhi, India).

 *Malo:*

## ADIÓS A LAS DIETAS SUAVES

Desconfíe de las dietas suaves. No hay mayores pruebas de que la dieta baja en fibra, recomendada por tanto tiempo, en realidad sirva para aliviar o prevenir las úlceras. En la actualidad se piensa que es todo lo contrario. La falta de fibra, lejos de evitar las úlceras, las promueve, en especial las localizadas en el duodeno, las cuales eran raras antes de 1900 y han aumentado a un ritmo acelerado en este siglo, de acuerdo con el doctor Frank I. Tovey, cirujano del Colegio Universitario de Londres y destacado estudioso de la dieta y las úlceras.

A manera de comprobación, el doctor Tovey señala que los japoneses, que consumen una dieta rica en arroz blanco, tienen la tasa más alta de úlcera péptica del mundo. Las úlceras también son un problema serio en las zonas del sur de la India, donde se consume mucho arroz. Pero lo curioso es que son escasas en el norte de la India, donde el alimento básico son los *chappatis,* unas hojuelas hechas de trigo entero. Lo mismo sucede en la China, donde las úlceras abundan en las zonas arroceras del sur y son escasas en las zonas trigueras del norte. Las mismas variaciones se encuentran en África, donde los alimentos procesados coinciden con tasas más elevadas de úlcera mientras que los alimentos naturales ricos en fibras están relacionados con una escasa incidencia de esta afección.

Además, pasar a una dieta rica en fibra parece contribuir a sanar las úlceras y evitar que se repitan. En Bombay, el doctor S. L. Malhotra estudió un grupo de cuarenta y dos pacientes consumidores de arroz cuyas úlceras habían sanado. La mitad de ellos comenzó a consumir la dieta típica de Punjab a base de trigo entero. Durante un período de seguimiento de cinco años, el 81% del grupo que continúo comiendo arroz presentó recaída. En cambio, sólo en el 14% de los que consumieron trigo entero reaparecieron las úlceras. Lo mismo sucedió con un grupo semejante estudiado en Oslo (Noruega). Al cabo de seis meses, el 80% de los que consumían la dieta baja en fibra habían recaído, en comparación con un 45% de quienes siguieron la dieta rica en fibra.

Aún no está clara la razón del efecto benéfico de la fibra. Una teoría es que reduce la concentración de ácido en el estómago. Además, es probable que irrite el revestimiento del estómago, fortaleciéndolo.

• *CONCLUSIÓN* • *Los carbohidratos ricos en fibra son buenos para la úlcera; la dieta baja en fibra es nociva, dicen los expertos.*

 *Bueno:*

## EL BANANO FORTALECE EL ESTÓMAGO

Si desea proteger su estómago contra los estragos del ácido y las úlceras, coma banano y plátano, éste último una especie de banano grande que forma parte de la alimentación básica de algunos países tropicales. No hay duda de que estas frutas son antiulcerogénicas y han sido utilizadas desde tiempo atrás por la medicina popular para tratar las úlceras. Las pruebas son tan convincentes, que los médicos indios suelen formular Musapep, un polvo seco hecho de plátano verde, con una tasa de éxito del 70%.

El mecanismo de acción del banano asombra, puesto que no neutraliza el ácido del estómago, como se pensó alguna vez. Según el farmacéutico británico Ralph Best, de la Universidad de Aston, de Birmingham, el banano estimula la proliferación de células y moco para formar una barrera más fuerte entre la mucosa gástrica y el ácido corrosivo. En efecto, los animales de experimentación alimentados con banano en polvo presentan un visible engrosamiento de la pared del estómago. En un estudio australiano se observó un daño mínimo en ratas alimentadas con banano y después con grandes cantidades de ácido para producir la ulceración. El banano previno el 75% de la ulceración prevista.

*NOTA: El plátano debe comerse cocido, porque es duro. El plátano verde es más potente como remedio para las úlceras que el maduro.*

*Bueno:*

## EXPERIMENTOS ASOMBROSOS CON EL REPOLLO

El repollo contiene drogas naturales contra la úlcera. Fue el doctor Garnett Cheney, profesor de medicina de la Facultad de Medicina de la Universidad de Stanford, quien demostró el poder curativo del repollo con sus experimentos de los años 50. Observó que un cuarto de galón de jugo de repollo fresco todos los días aliviaba el dolor y contribuía a la cicatrización de las úlceras gástricas y duodenales con mayor rapidez y eficacia que los tratamientos convencionales. En una prueba con cincuenta y cinco pacientes, el 95% de los que consumieron el jugo de repollo presentaron mejoría en un lapso de dos a cinco días. Las radiografías y la gastroscopia revelaron una cicatrización rápida de las úlceras gástricas en una cuarta parte del tiempo promedio. Las úlceras duodenales también cicatrizaron en una tercera parte del tiempo usual.

En un estudio doble ciego con 45 reclusos de la prisión de San Quintín, en California, el 93% de las úlceras de los presos a quienes se les administró concentrado de jugo de repollo en cápsulas — el equivalente de un cuarto de galón de jugo de repollo fresco todos los días — cicatrizaron al cabo de tres semanas. Solamente cicatrizaron el 32% de las úlceras de quienes ingirieron la cápsula de placebo.

¿Por qué sirve el repollo? Al parecer, su efecto consiste en aumentar la resistencia del revestimiento gástrico a los ataques del ácido. El repollo contiene gefarnato, compuesto empleado para combatir las úlceras, y también un agente químico semejante a la carbenoxolona, otro medicamento utilizado para el mismo propósito, aunque menos común. Básicamente, los fármacos incitan a las células a fabricar una delgada barrera de moco para protegerse de los ataques de los ácidos. En efecto, G. B. Singh, del Instituto Central de Investigaciones Farmacológicas de Lucknow (India), produjo úlceras en cobayos, a los cuales curó después con jugo de repollo. Durante el proceso de cicatrización tomó muchas microfotografías de los cambios celulares, documentando que el jugo de repollo aumentaba la actividad mucosa, rejuveneciendo así las células ulceradas y estimulando la cicatrización.

Otra posibilidad: el repollo es antibiótico y ha demostrado que puede destruir una serie de bacterias en tubos de ensayo, entre ellas la *H. pylori,* implicada últimamente como causante de las úlceras.

---

### RECETA DEL DOCTOR CHENEY A BASE DE REPOLLO

Prepare jugo de repollo verde fresco. (En la actualidad es más fácil con el extractor de jugos.) Refrigérelo. Beba un cuarto de galón diariamente. Según el doctor Cheney, comenzará a ver los resultados al cabo de tres semanas. Los repollos deben ser lo más frescos posible. "Cuanto más corto el viaje entre la huerta y el estómago, mejor", dice el doctor Cheney. El almacenamiento prolongado priva al repollo de sus poderes. Además, debe ser jugo de repollo crudo, puesto que los agentes antiulcerosos se destruyen cuando el repollo se cocina o se procesa.

---

 *Bueno:*

## LA CURA DEL REGALIZ

"Si yo tuviera úlcera, lo primero que haría sería buscar regaliz", dice James Duke, Ph.D., botánico del Departamento de Agricultura de los Estados Unidos. Según él, hay decenas de estudios que le atribuyen al regaliz formidables propiedades antiulcerosas Por ejemplo, unos científicos escandinavos determinaron que los compuestos del regaliz reducen el ácido, estimulan la secreción de moco y ayudan a las células gástricas a sanar.

Las compañías farmacéuticas crearon incluso una sustancia denominada Caved-S, constituida básicamente de regaliz sin su ingrediente más molesto, la glicirricina. En un estudio británico de cien pacientes con úlcera, este medicamento masticable fue tan eficaz como el Tagamet, empleado comúnmente para cicatrizar la mucosa.

*NOTA: El confite de "regaliz" que se fabrica y se vende en los Estados Unidos no sirve; el sabor se lo da en realidad el anís, el cual no tiene las propiedades terapéuticas del regaliz. Las barras de regaliz importadas de Europa sí son de verdad y se consiguen por lo general en las tiendas naturistas. Sin embargo, es preciso moderar el consumo de regaliz, especialmente en casos de hipertensión o embarazo. Entre los posibles efectos secundarios están la retención de líquidos y la pérdida de potasio, con el aumento consiguiente de la presión arterial. Hubo un caso de un hombre cuya presión arterial aumentó de 120/70 a 240/160 después de comer dos o tres barras de dulce de regaliz.*

---

## FRÍJOLES CONTRA EL ÁCIDO DEL ESTÓMAGO

En estudios publicados en el *Scandinavian Journal of Gastro-enterology,* los investigadores observaron que los mejores alimentos para contrarrestar el ácido del estómago eran los fríjoles rojos y blancos. También dieron buenos resultados el maíz y el arroz integral. Los investigadores instaron a los pacientes con úlcera a comer más fríjoles, especialmente rojos, los cuales demostraron tener la mayor actividad antiácida.

---

 *Bueno:*

## LOS RATONES JAPONESES BEBEN TÉ PARA EVITAR LA ÚLCERA

Bríndele una oportunidad al té; podría ayudarle a evitar una úlcera. La incidencia de la úlcera péptica entre los japoneses es muy alta, pero podría ser mayor si no fuera por el té verde, dice el doctor Yukihoko Hara, investigador del tema de la alimentación en el Japón. El té verde contiene gran cantidad de polifenoles antibacterianos y antioxidantes denominados catequinas.

"Está comprobado que los polifenoles del té reducen las úlceras en los ratones", dice el doctor Hara. En experimentos con ratones, los que consumieron té verde después de habérseles administrado agentes químicos ulcerativos contrajeron menos úlceras y más pequeñas. En efecto, cuanto mayor sea la concentración de los compuestos del té, menor será el daño provocado por la úlcera. En dosis bajas, la catequina redujo la incidencia de úlceras en 22%; en dosis moderadas, en 47%, y en dosis altas, estos compuestos del té frenaron el desarrollo de las úlceras ¡en un 100%!

El doctor Hara cree que las sustancias del té son lo suficientemente potentes para combatir las úlceras en los seres humanos. "Las dosis empleadas son muy bajas, semejantes a la cantidad de té consumido normalmente en el Japón", dice. El mecanismo probablemente sea

## PRINCIPALES PRODUCTORES DE ÁCIDO EN EL ESTÓMAGO

A las personas que sufren de úlcera se les recomienda eliminar el café, las bebidas de cola y el alcohol, supuestamente porque tienden a aumentar la producción de ácido en el estómago. Pero los investigadores de la Universidad de California, en San Diego, descubrieron que otras bebidas eran tan malas o peores. Administraron a personas sanas doce onzas líquidas de varias bebidas populares o de agua, a fin de establecer la comparación. Al medir la acidez gástrica, observaron que aumentaba por lo general media hora después de consumir cualquiera de esas bebidas. Los investigadores concluyeron que "cada una de las bebidas estimula considerablemente la secreción de ácido en el estómago".

Éstas son las culpables, en orden de potencia:

1. Leche
2. Cerveza
3. Kava (café bajo en ácido)
4. 7-Up
5. Sanka (café sin cafeína)
6. Café (con cafeína)
7. Té (con cafeína)
8. Coca-Cola

NOTA: Obviamente, la cafeína no estaba implicada. El café descafeinado (Sanka) fue más potente que el café corriente. Y la 7-Up fue una sorpresa, puesto que no contiene cafeína ni otros agentes conocidos por aumentar la secreción de ácido. La cerveza también produjo un incremento inesperado de los ácidos gástricos, y no solamente a causa del alcohol. De hecho, los investigadores dijeron que era poco probable que el alcohol por sí solo estimulara la producción de ácido. La primera de la lista y campeona en estimular el ácido fue la leche ... como quizá era de esperarse. Los investigadores no estudiaron el vino, el cual, en otros estudios, ha demostrado que es estimulante de la acidez.

la actividad antibacteriana de la catequina, aunque es probable, así mismo, que este compuesto ayude también a neutralizar la acción de la pepsina. En vista de que el té contiene algo de cafeína, la cual podría estimular la secreción de ácidos, el doctor Hara recomienda beber té descafeinado. El té negro también contiene catequinas, pero en menor proporción que el té verde de Asia.

 *Bueno:*

## EN VEZ DE PERJUDICAR, EL PICANTE Y LA COMIDA MEXICANA PODRÍAN AYUDAR

Contrariamente a la creencia popular, las comidas picantes no producen úlcera ni retardan su cicatrización, y tampoco lesionan de ninguna otra forma a los estómagos normales. Esto afirma el doctor David Y. Graham, profesor de medicina de la Escuela Baylor de Medicina, de Houston, y tiene fotografías para demostrarlo. Él y sus colegas trabajaron con voluntarios para someter a prueba distintas comidas a horas diferentes: una comida suave a base de carne de res y papas a la francesa; una pizza de pepperoni; y una comida mexicana con enchiladas, fríjoles y arroz condimentada con salsa picante y una onza de ají jalapeño verde.

Los médicos se valieron de la videoendoscopia — fotografías, en primer plano, del estómago y el duodeno — para evaluar los daños, pero no econtraron ninguno. Para confirmar su hallazgo, colocaron directamente dentro del estómago, a través de una sonda, una onza de ají jalapeño molido, pero tampoco observaron señal alguna de hemorragia o erosión de la mucosa. La conclusión del doctor Graham: "La comida picante no parece ofrecer peligro alguno. No encontramos anomalías en el estómago o en la mucosa después de la ingestión de comidas muy condimentadas, y estudios anteriores han demostrado que la tasa de cicatrizaciones de las úlceras duodenales no disminuye con la administración de grandes cantidades de ají rojo".

Por ilógico que parezca, el ají picante ayuda a proteger la mucosa gástrica. La sustancia picante del ají es la capsicina, la cual ha demostrado limitar el daño causado normalmente por la aspirina o el alcohol. En un experimento con ratas, el doctor Peter Holzer, de la Universidad de Graz (Austria), utilizó una solución de aspirina que,

---

### EL TÉ PICANTE DEL DOCTOR WEIL PARA LA ÚLCERA

"Ensaye con pimienta de Cayena. Aunque suene absurdo, la verdad es que las comidas picantes no agravan la úlcera y, de hecho, la pimienta roja ayuda. Tiene un buen efecto anestésico local y hace afluir sangre a la superficie del tejido. Ensaye con sorbos de té de pimienta roja (un cuarto de cucharadita de pimienta de Cayena en infusión) o una cápsula pequeña del polvo, si es demasiado fuerte". — *Doctor Andrew Weil, Facultad de Medicina de la Universidad de Arizona.*

---

como era de esperarse, lesionó el tejido del revestimiento del estómago, dando lugar a sangrado. Sin embargo, las ratas que recibieron capsicina junto con la aspirina sangraron un 92% menos. Los especialistas suponen que la capsicina protege estimulando los nervios de la pared del estómago, dilatando los vasos sanguíneos y mejorando el flujo de sangre.

Hay informes en el sentido de que los enfermos de úlcera acostumbrados a comer comidas picantes — indios que comen curry picante y latinoamericanos que comen ají — no se quejan tanto de los síntomas de su enfermedad como aquellos pacientes que consumen dietas suaves.

 *Bueno:*

## EL AJO: BUENO PARA EL ESTÓMAGO

No evite el ajo: este condimento fuerte también retarda el daño gástrico y las úlceras. Así lo descubrieron los investigadores de la Facultad de Medicina de la Universidad Católica de Seúl (Corea). Administraron a las ratas unas dosis de alcohol con el objeto de dañar la mucosa gástrica. A algunos de los animales les dieron también ajo puro o compuestos de ajo (disulfuro de dialilo y alicina). Las ratas que consumieron ajo y sus componentes sufrieron un daño gástrico mucho menor, en particular menos hemorragia y destrucción celular por debajo de la superficie de la mucosa. Los investigadores no atribuyeron el efecto a la inhibición de la secreción de ácidos sino a una ligera irritación que estimuló la producción de sustancias de tipo hormonal (prostaglandinas), las cuales contribuyen a aumentar la resistencia de la mucosa gástrica.

 *Malo:*

## EL CAFÉ AUMENTA LA PRODUCCIÓN DE ÁCIDO

Si sufre de úlcera o acidez, evite el exceso de café, con o sin cafeína. No hay pruebas de que el café produzca úlcera, pero sí de que incita al estómago a producir ácido. La cafeína contenida en tres a seis tazas de café estimula la producción de ácido y de pepsina, según lo demuestran los estudios. Pero es interesante anotar que, aun sin cafeína, el café sigue siendo un gran instigador del ácido. Por lo tanto, cualquiera de los dos tipos de café puede agravar la úlcera.

En teoría, al elevar la secreción de ácido, el café debería aumentar el dolor de la úlcera, cuando la verdad es que muchas veces no lo hace. Cuando los investigadores preguntan a los pacientes si sienten malestar después de tomar café, un gran número de ellos responde negativamente. Un estudio de la Universidad de Michigan reveló que en los enfermos de úlcera las quejas por dolor no eran más frecuentes entre los bebedores de café que entre quienes no consumían la bebida.

*"Parece sensato que los pacientes con úlcera péptica eviten el alcohol, por lo menos en su forma concentrada, como el alcohol de grado 80".* — Doctor Martin H. Floch, Facultad de Medicina de la Universidad de Yale.

## EL ENIGMA DEL ALCOHOL

¿Le debe preocupar que un poco de alcohol le produzca úlcera o empeore la que ya tiene? La respuesta no es clara, aunque la mayoría de los médicos están de acuerdo en que el paciente con úlcera debe beber con cautela. Todos los estudios indican que el alcohol y las bebidas alcohólicas causan lesiones a la mucosa gástrica, entre ellas ulceraciones y hemorragia. Sin embargo, las pruebas de que el alcohol produzca úlcera, retarde la cicatrización o provoque recaídas no son concluyentes. En 1985, tras un examen exhaustivo de las publicaciones médicas sobre las úlceras y la dieta, el doctor S. K. Sarin, profesor de gastroenterología del Hospital G. B. Pant de Nueva Delhi (India), escribió: "No se ha comprobado que el alcohol esté asociado con una mayor frecuencia de la úlcera duodenal [...] Un estudio reciente incluso demuestra que el alcohol consumido con moderación parece contribuir al proceso de cicatrización".

En efecto, los investigadores de la Universidad de Düsseldorf (Alemania) hicieron un seguimiento de un año a sesenta y seis pacientes con úlcera y, para su sorpresa, descubrieron que el alcohol bebido con moderación — aproximadamente la cantidad presente en una copa diaria — aceleraba la cicatrización de las úlceras. Su teoría es que el ataque repetido de irritantes leves, como el alcohol en una baja concentración, fortalece la mucosa gástrica ayudándola a soportar mejor los ataques de otros irritantes fuertes, entre ellos el ácido.

Aun así, no tiene ninguna lógica tratar de fortalecer el estómago bebiendo alcohol, cuando hay otros medios más seguros. Y las bebidas alcohólicas producen cantidades nada sanas de ácido, aunque no debido precisamente a su contenido de alcohol. El caso de la cerveza es claro.

 *Malo:*

## CUIDADO CON LA CERVEZA: ES UNA FÁBRICA DE ÁCIDO

Según el profesor Martin V. Singer, de la Universidad de Heidelberg (Alemania), la cerveza es potente promotora de la producción de ácido en el estómago. El doctor Singer y sus colegas observaron que la secreción de ácido casi se duplicaba al cabo de una hora de consumir cerveza. El vino blanco aumentó la producción en un 60% en el mismo período de tiempo. Vale la pena mencionar que ni el whisky ni el coñao elevaron la secreción de ácidos gástricos.

Los investigadores concluyeron que otros componentes de la cerveza, aparte del alcohol, eran los principales instigadores del aumento de ácido en el estómago. La mayor parte de la culpa se atribuye a la fermentación producida por la levadura.

El estudio indica que las personas con úlcera, agrieras y otros problemas de acidez deben evitar especialmente la cerveza. Por razones desconocidas, el vino blanco parece ser otro enemigo de los estómagos con problemas de ácido.

 *Malo:*

## NO EXAGERE CON EL CALOR

No beba líquidos hirvientes. Si bien los alimentos picantes no dañan el estómago, los muy calientes sí. Aunque no lo crea, hay quienes beben líquidos tan calientes que de derramarse sobre la piel les producirían una quemadura. Aunque es lógico que el agua hirviente produzca quemaduras y úlceras a su paso por la garganta, algunas personas no piensan en ello y, por lo tanto, tienen mayor probabilidad de sufrir enfermedades del esófago, el estómago y el duodeno. Ya en 1922, un médico había escrito que la mayoría de sus pacientes de úlcera preferían las bebidas calientes. En la actualidad se cree que los líquidos demasiado calientes, en particular el té, pueden incluso provocar el cáncer esofágico. Los líquidos calientes pueden dañar también la mucosa gástrica. Por los estudios con animales se sabe que el agua a más de 60°C puede producir un daño extenso de la mucosa y causar gastritis.

Los cirujanos del Real Recetario de Manchester (Inglaterra) se interesaron recientemente por el tema y, a manera de prueba, pidieron a los voluntarios de su estudio que bebieran té y café a "temperaturas aceptables". La mitad de los integrantes del grupo tenían úlcera y la otra mitad no. ¿Adivina quiénes prefirieron las bebidas más calientes? Sí, los pacientes con úlcera, que prefirieron el té y el café a la temperatura de 62°C. El grupo de quienes no tenían úlcera prefería las bebidas a once grados menos. Es interesante anotar que quienes consumían los líquidos hirvientes no sentían malestar ni dolor.

Es lógico que las personas que sufren de úlcera no deben beber líquidos muy calientes. Tampoco es bueno para el resto de las personas, si se tiene en cuenta que en el Japón el hábito de beber té hirviente ha sido declarado causa de cáncer esofágico.

*FÓRMULA PARA PREVENIR Y CURAR LAS ÚLCERAS*

- Está claro que la dieta suave que anteriormente solía reco-mendarse no es necesaria para aplacar las úlceras sino que, antes bien, parece nociva. Esto no significa que los pacientes con úlcera no puedan beber nunca un vaso de leche ( muchos médicos permiten un par de vasos al día) pero es desacertado consumir deliberadamente gran cantidad de leche para curar la úlcera. También es preciso tener cuidado con otras bebidas que estimulan la producción de ácido, como es el caso de la cerveza.

- En el lado positivo, es bueno comer alimentos que atacan la úlcera, como el jugo de repollo, el banano — especialmente el plátano —, el té verde — especialmente sin cafeína —, el regaliz europeo — con moderación —, los alimentos ricos en fibra y los fríjoles rojos.

- El ají y el ajo son un buen remedio para la úlcera, contraria-mente a lo que piensa la gente, pero se deben suspender si hay dolor o alguna otra molestia.

- Otro consejo común: comer varias comidas pequeñas en lugar de tres grandes en el día, no proporciona beneficio alguno para la curación de la úlcera, según las recomenda-ciones de la Clínica Mayo. En realidad, comer con frecuencia es nocivo, porque aumenta la secreción de ácido, según los especialistas de la clínica. Por otra parte, tampoco conviene comer desmesuradamente, hasta el punto de distender el estómago.

# DERROTE LOS CÁLCULOS BILIARES CON LA DIETA

---

**Alimentos que sirven para prevenir la formación de cálculos:** Muchas hortalizas • Fríjoles de soya • Un poco de alcohol • Aceite de oliva

**Alimentos que pueden inducir el ataque de los cálculos biliares:** Café • Azúcar

---

## *CÓMO OCURREN LOS ATAQUES A LA VESÍCULA BILIAR Y CÓMO PREVENIRLOS POR MEDIO DE LA ALIMENTACIÓN*

La gente lo describe como un dolor ramificado que irradia desde el lado superior derecho del abdomen hasta el tórax, y algunas veces hasta el hombro derecho para bajar por la espalda. Ese ataque puede durar minutos u horas e ir acompañado de náusea y vómito. La persona sufre enormemente y no encuentra alivio.

La vesícula biliar es una bolsita en forma de pera situada debajo del hígado. Está llena de bilis, la cual expulsa hacia los intestinos para ayudar a la digestión. En la población del mundo occidental, el 90% de los cálculos se forman cuando la bilis se satura excesivamente de colesterol y se cristaliza, formando bolitas que van desde el tamaño de un grano de arena hasta dos centímetros y medio de diámetro. El 80% de las veces no producen ningún daño y pasan inadvertidos; pero algunas veces, al contraerse la vesícula para expulsar la bilis, uno de los cálculos se escapa y queda atrapado en el orificio que conduce hacia el hígado y el intestino delgado. Es en ese momento cuando se produce el dolor. El ataque termina cuando el cálculo regresa a la vesícula. Sin embargo, puede haber complicaciones serias, como la inflamación de la vesícula, caso en el cual es necesario operar para retirar el cálculo y la vesícula con él. Los cálculos biliares llegan con la edad, afectan con mayor frecuencia a las mujeres, especialmente a las obesas, y suelen ser un mal de familia.

Algunas personas son más propensas a los cálculos biliares. Pero no cabe duda de que la dieta es un factor clave. Lo que usted coma puede intervenir en la formación de cálculos al aumentar o disminuir el grado de saturación de colesterol en la bilis, causa principal de este mal. Algunos alimentos proporcionan más "detergente" para disolver continuamente el colesterol. La dieta también contribuye a regular las contracciones vesiculares causantes de los ataques dolorosos.

 *Bueno:*

## LAS HORTALIZAS PREVIENEN LA FORMACIÓN DE CÁLCULOS

Una buena medida para prevenir la formación de cálculos y los ataques dolorosos es comer más hortalizas. Parece que éstas contienen algún agente no identificado que preserva de los cálculos. En los aficionados a las hortalizas y, por supuesto, en los vegetarianos, se presenta una menor incidencia de esta enfermedad. Un estudio británico determinó que las mujeres vegetarianas tenían la mitad de probabilidades de sufrir de cálculos que las mujeres que comían carne, independientemente de la edad o el peso.

Un estudio en gran escala, realizado en Harvard con cerca de 88 000 mujeres de edad madura y peso normal, reveló que la probabilidad de presentar síntomas de cálculos biliares era sólo del 60 al 70% entre aquéllas que consumían mayor cantidad de vegetales en comparación con las que comían menos. Las mujeres que comían mayor cantidad de nueces, fríjoles, lentejas, arvejas (guisantes), habas y naranjas, en particular, presentaban una resistencia especial a los ataques biliares.

¿Cuál es el ingrediente de las hortalizas que frena los cálculos biliares? Es probable que se trate de la fibra, pero lo más seguro, en opinión de los investigadores, es que sea la proteína vegetal. En los animales alimentados con proteína vegetal, incluida la de soya, se reduce la saturación del colesterol en la bilis y no hay formación de cálculos. Los investigadores creen que en los seres humanos ocurre exactamente lo mismo. Es interesante señalar que los estudios del Instituto Wistar, de Filadelfia, demostraron que la proteína de soya en grandes cantidades ayudó incluso a disolver algunos cálculos pequeños en los hámsteres* de experimentación.

 *Bueno:*

## UN POCO DE ALCOHOL AYUDA

El alcohol en pequeñas cantidades previene la formación de cálculos biliares. Medio vaso de vino o de cerveza al día o un tercio de trago de whisky redujeron en un 40% la incidencia de cálculos, en un estudio realizado recientemente en Harvard. Sin embargo, en mayor cantidad, el alcohol no demostró ofrecer protección adicional, dice el doctor Malcolm Maclure, director del estudio y profesor auxiliar de epidemiología de Harvard.

En teoría, el alcohol estimula la descomposición del colesterol, disminuyendo sus posibilidades de formar cálculos.

 *Malo:*

## DEMASIADO AZÚCAR, MUY POCA FIBRA

Huya de la dieta moderna típica, baja en fibra y rica en azúcar. La fibra crea inmunidad contra los cálculos biliares. En un estudio británico se sometió a un grupo de personas propensas a los cálculos a seguir una dieta baja en fibra y otra rica en fibra durante períodos de seis semanas. La dieta diaria baja en fibra contenía sólo trece gramos de fibra y casi cuatro onzas de azúcar, además de harina blanca y arroz blanco. La dieta rica en fibra consistía en siete gramos

---

*Roedores utilizados como animales de laboratorio. *(Nota del editor.)*

de fibra, muchas frutas y hortalizas, cereales integrales y nada de azúcar.

Sin lugar a dudas, el contenido de colesterol en la bilis aumentó considerablemente (la bilis, en extremo saturada, formó cálculos) con la dieta baja en fibra y rica en azúcar. Así, los investigadores aconsejan a las personas propensas a los cálculos biliares que dejen el azúcar y consuman muchos cereales integrales, frutas y verduras. Otros grupos de especialistas coinciden con esta opinión.

 *Malo:*

## LA CALAMIDAD DEL CAFÉ

Si sabe que tiene cálculos, cuídese del café. Eso aconsejan el investigador Bruce R. Douglas y sus colegas del Hospital Universitario de Leiden (Holanda), quienes descubrieron que el café, sin crema ni azúcar, con o sin cafeína, estimula las contracciones de la vesícula biliar y puede provocar los ataques.

En experimentos con hombres y mujeres normales, los investigadores holandeses descubrieron que media taza de café, corriente o descafeinado, bastaba para estimular las contracciones de la vesícula. El agua con sal que utilizaron como placebo no produjo ningún efecto. Como es obvio, no es la cafeína la sustancia desconocida del café que aumenta los niveles de la colecistoquinina — una hormona intestinal — en la sangre y, por consiguiente, las contracciones. Los investigadores aconsejan a las personas propensas evitar todo tipo de café.

 *Malo:*

## NO SE SALTE EL DESAYUNO

Pasar muchas horas sin comer — como sucede en el ayuno — o saltarse el desayuno, contribuye a la formación de cálculos biliares, según el doctor James Everhart, científico del Instituto Nacional de Diabetes y Enfermedades Digestivas y Renales. A través de un estudio de seguimiento, durante diez años, de 4 730 mujeres, observó que la incidencia de cálculos era mayor en las mujeres que pasaban catorce horas o más sin comer desde la noche anterior, quizá por no desayunar. La probabilidad de formar cálculos era menor entre las mujeres que pasaban menos de ocho horas sin comer. Además, cuanto más prolongado el ayuno, mayor el riesgo. El doctor Everhart dice que, sin el estímulo de la comida, la vesícula biliar no produce suficientes ácidos "solubilizantes" para mantener disuelto el colesterol e impedirle formar cálculos. Su recomendación: para evitar los cálculos biliares, desayune y trate de no pasar demasiadas horas sin comer.

 *Malo:*

## CINCO KILOS DE MÁS

El exceso de peso, aunque mínimo, representa un riesgo, especialmente para las mujeres de edad madura. Los resultados del reciente estudio en gran escala de Harvard indican que el riesgo aumenta radicalmente con el peso. Las mujeres obesas presentaron una propensión seis veces mayor a sufrir de cálculos biliares que las mujeres de peso normal. Más sorprendente aún fue el hecho de que mujeres con un sobrepeso de tan sólo cinco kilos tenían el doble de probabilidades de sufrir de cálculos.

Por razones metabólicas desconocidas, se cree que el exceso de grasa aumenta la producción del colesterol interno, el cual es secretado posteriormente a la bilis, donde puede convertirse en cálculos. La propensión a los cálculos biliares también aumenta cuando el nivel de triglicéridos es alto y el del colesterol LAD es bajo.

 *Malo:*

## EL PELIGRO DE ADELGAZAR MUY RÁPIDAMENTE

Como es obvio, si el exceso de grasa acarrea la formación de cálculos, la solución es bajar de peso. Pero en esto hay una paradoja. Una de las formas más seguras de formar cálculos es perdiendo peso rápidamente. En efecto, varios estudios demuestran que las dietas bajas en grasa y calorías, concebidas para bajar de peso en muy poco tiempo (menos de 600 calorías y menos de tres gramos de grasa al día), pueden dar lugar a cálculos biliares en el 50% de las personas sometidas a ese tipo de régimen. Cuanto mayor sea el peso y mayor la rapidez con que se pierda, mayor será el riesgo. Además, dice el doctor C. Wayne Callaway, de la Universidad George Washington, las personas que hacen dieta suelen tener cálculos pero sólo experimentan los síntomas cuando se embarcan en una dieta radical para perder peso y después tratan de comer normalmente.

Sin embargo, es posible superar el riesgo incluyendo por lo menos entre cinco y diez gramos de grasa en una comida cada día, según el doctor Steven Heymsfield, del Centro de Investigación para la Obesidad, del Hospital St. Lukes-Roosevelt, de Nueva York. Por ejemplo, basta con agregar a la comida dos cucharaditas de aceite de oliva todos los días.

Esta grasa se necesita para estimular a la vesícula a que expulse toda la bilis por lo menos una vez al día, retardando la formación de cálculos. Cuando se recorta drásticamente el consumo de grasa, la vesícula no se contrae con la misma frecuencia para expulsar la bilis hacia el intestino, dice el doctor Heymsfield. Por lo tanto, la bilis se acumula y puede desencadenar la formación de cálculos.

Muchos expertos creen que es peligroso perder más de medio kilogramo a la semana.

## LA GRASA Y SUS EQUÍVOCOS

¿Es preciso comer menos grasa para salvarse de los cálculos? El exceso de grasa engorda, aumentando la vulnerabilidad a los cálculos biliares. Y consumir en exceso grasa animal saturada y colesterol puede contribuir a la formación de cálculos. Investigadores griegos documentaron hace poco que las personas que consumían mucha grasa animal, como carne gorda y mantequilla, tenían mayor probabilidad de formar cálculos. Pero lo interesante es que descubrieron que consumir aceite de oliva en gran cantidad frenaba la formación de cálculos.

Pero es dudoso que recortar el consumo de alimentos grasosos una vez que ya se tienen los cálculos sirva para frenar los ataques dolorosos.

De acuerdo con una teoría muy aceptada alguna vez, las comidas ricas en grasa provocan la liberación de la colecistoquinina, hormona que le ordena a la vesícula contraerse, expulsando los cálculos hacia el conducto de salida. Pero pruebas recientes indican que los cálculos se expulsan al azar y no tienen nada que ver con la cantidad de grasa ingerida. Un importante estudio de la Facultad de Medicina de la Universidad de Georgetown reveló que la probabilidad de un ataque doloroso era la misma después de una comida con poca o ninguna grasa que después de una comida con mucha grasa.

Para el estudio, un grupo de quince personas consumió en cuatro días distintos un desayuno con menos de quince gramos de grasa, más de treinta gramos de grasa, y nada de grasa. Mediante ultrasonido, los investigadores midieron las contracciones de la vesícula biliar cada quince minutos durante una hora y llegaron a la conclusión de que no había relación alguna entre las contracciones y el consumo de grasa. Las contracciones ocurrieron con la misma frecuencia después de ambos tipos de comida. Los investigadores de Georgetown afirman que no hay razón para recomendar una dieta baja en grasa a fin de evitar los ataques de la vesícula, aunque es un tipo de dieta bueno para la salud en general.

---

### QUÉ COMER PARA EVITAR LOS CÁLCULOS BILIARES

- Coma muchas hortalizas, especialmente leguminosas.

- Modere el consumo de azúcar.

- Si bebe, hágalo con moderación, porque un poco de alcohol puede ayudarle.

- No pase muchas horas sin comer y cuide de desayunar todos los días.

- Baje de peso lentamente. Adelgazar muy rápidamente puede causar la formación de cálculos. Ingiera un poco de aceite de oliva todos los días.

---

# CÁLCULOS RENALES: LA DIETA, "MEDICINA DE ELECCIÓN"

> **Alimentos que sirven para prevenir la formación de cálculos renales:** Frutas • Hortalizas • Cereales ricos en fibra (como el arroz integral) • Líquidos, principalmente agua
>
> **Alimentos que pueden estimular la formación de cálculos renales:** Alimentos ricos en proteína, en particular la carne • Sodio • Alimentos ricos en oxalato, como la espinaca y el ruibarbo

## ASÍ SE FABRICAN LOS CÁLCULOS RENALES

Los cálculos renales, uno de los males más antiguos de la humanidad, son acumulaciones duras de sedimentos cristalinos compuestos generalmente de calcio y oxalato, las cuales pueden crecer hasta obstruir el paso de la orina a través de los riñones. Cerca de un millón de estadounidenses se hospitalizan cada año para tratarse los cálculos renales. Los hombres son tres veces más propensos que las mujeres. Una vez que aparece la enfermedad, las probabilidades de recaída son del 40% durante los primeros cinco años y del 80% durante los siguientes veinticinco.

La formación de cálculos renales depende de muchos factores. Entre ellos se cuentan la herencia, las anormalidades metabólicas, las infecciones, los medicamentos ... y la dieta. La siguiente es la explicación de cómo se forman los cálculos y por qué la dieta influye. Los cristales de minerales, entre ellos el calcio y los oxalatos contenidos en los alimentos, se disuelven en la orina que pasa a través de los riñones. Cuando la orina está demasiado saturada, los cristales se separan para formar masas minúsculas que con el tiempo se endurecen como piedras. La comida contribuye a determinar el contenido cristalino y la saturación de los cristales en la orina. La solución está en alimentarse de tal manera que nunca haya niveles altos de calcio y oxalato en la orina. Cerca del 80% de los cálculos que afligen a los habitantes de las naciones industrializadas son de oxalato de calcio.

Los cálculos renales, al igual que otras enfermedades crónicas del mundo moderno, parecen ser otra consecuencia de la dieta de la opulencia occidental, demasiado suculenta para algunas personas susceptibles. En los países de Occidente, los cálculos renales son diez veces más comunes hoy que en 1900.

## ENSAYE PRIMERO EL REMEDIO DE LA DIETA

Si sufre de cálculos renales recurrentes, la dieta debe ser su "medicina de elección": la primera terapia para tratar de evitar que se formen las piedras. ¿Por qué someterse a tomar medicamentos de por vida, con los consabidos efectos secundarios, si la dieta le ofrece los mismos beneficios pero sin los riesgos? Ésa es la opinión de especialistas como Stanley Goldfarb, profesor de medicina de la Facultad de Medicina de la Universidad de Pensilvania, en Filadelfia. Según él, cambiando la dieta se pueden eliminar más de la mitad de los casos de recidiva. Investigadores de la Clínica Mayo demostraron alguna vez que el 58% de los 108 pacientes que llegaron a la clínica para tratamiento y recibieron recomendaciones concretas acerca de la alimentación, particularmente consumir más líquidos, no presentaron recidiva durante los siguientes cinco años.

Importante: la dieta produce resultados en las personas formadoras activas de cálculos; es decir, en aquéllas que presentan cálculos recién formados o que han aumentado de tamaño, según lo demuestran las radiografías. Las restricciones dietéticas más eficaces dependen de la presencia de niveles elevados de calcio, oxalatos u otros minerales, determinada mediante un análisis de volumen y minerales realizado en la orina recogida durante 24 horas. Sin embargo, los formadores de cálculos deben prestar atención a cinco factores generales: la proteína, el sodio, el oxalato, el calcio y los líquidos.

*Malo:*

## CARNE PARA LA EDAD DE PIEDRA

Si tiene propensión a formar cálculos renales, reduzca la carne, en especial si come más de siete onzas al día. Gran parte de la proteína animal acaba por convertirse en piedras. La razón: la proteína animal eleva en la orina los niveles de las materias primas de los cálculos, a saber, el calcio, el oxalato y el ácido úrico, multiplicando las probabilidades de que se formen las piedras. Algunos formadores de cálculos son glotones de proteínas y suelen consumir hasta casi el doble de las cantidades aconsejables. Por otra parte, incluso una cantidad normal de proteína animal puede elevar los niveles de calcio en la orina de ciertas personas, por razones desconocidas. De acuerdo con un estudio de Harvard, los hombres que consumen la mayor cantidad de proteína aumentan en un tercio las probabilidades de formar cálculos renales.

 *Bueno:*

## LA DEFENSA VEGETARIANA

Aquí hay una prueba más de que la carne fomenta los cálculos, mientras que las hortalizas ejercen el efecto contrario: los vegetarianos presentan una tendencia mucho menor a formar cálculos renales. En Gran Bretaña, por ejemplo, la incidencia de cálculos entre los vegetarianos es tres veces menor que entre las personas que comen carne. Esos vegetarianos consumen, además, dos veces más cantidad de fibra, reconocida como contrarrestante de los cálculos, y excretan menos calcio. Los estudios demuestran que, cuando los vegetarianos son sometidos a dietas con carne, el contenido de calcio en la orina aumenta.

*Bueno:*

## EL EXPERIMENTO JAPONÉS

En el Japón, la tasa de cálculos renales se ha triplicado desde la Segunda Guerra Mundial, supuestamente porque la dieta se asemeja cada vez más a la de los estadounidenses. Los investigadores de la Universidad Kinki, de Osaka, descubrieron que con un cambio en la dieta lograban retardar de manera asombrosa la formación de cálculos. De un grupo de 370 hombres, algunos aumentaron el consumo de líquido, mientras que otros comenzaron a comer hortalizas en cada comida y a reducir la cantidad de carne. También hicieron tres comidas al día, evitaron las comidas abundantes y dejaron más tiempo entre la cena y la hora de dormir.

La dieta baja en carne y abundante en hortalizas fue un gran éxito. Durante un período de cuatro años, los hombres que la adoptaron presentaron una probabilidad entre 40 y 60% menor de formar nuevos cálculos que los hombres que sencillamente adoptaron el hábito de consumir más líquidos. La dieta produjo resultados positivos con y sin medicamentos y demostró tener la mayor eficacia entre los hombres con los niveles más altos de calcio en la orina. Los investigadores concluyeron que la dieta debe ocupar la primera línea de prevención contra los cálculos renales en el Japón.

 *Malo:*

## REDUZCA LA SAL

Reduzca el sodio. "Es una de las medidas más eficaces que pueden tomarse — dice el doctor Alan G. Wasserstein, director de la Clínica de Evaluación de Cálculos, del Hospital de la Universidad de Pensilvania —, especialmente cuando el consumo de sal es grande". Según él, restringiendo el sodio se reduce la cantidad de calcio en la orina, especialmente cuando se trata de personas que excretan grandes cantidades de calcio. En pruebas con sus pacientes, cuando les ordenó que redujeran la cantidad de sodio y de proteína, la excreción de calcio en la orina disminuyó en un 35%.

Algunos formadores de cálculos, quizá entre un 10 y un 20%,

exageran el consumo de sal, llegando hasta 5 000 miligramos al día. Es prudente reducir esa cantidad por lo menos a la mitad, dicen los especialistas. Otras personas propensas a los cálculos también reaccionan exageradamente al sodio, estimulando la excreción de calcio.

El doctor Wasserstein aconseja a los formadores de cálculos cuyo nivel de calcio en la orina es alto que no usen sal en la mesa y tampoco para cocinar y que eviten además los alimentos procesados ricos en sodio, como el tocino y otras carnes curadas, las aceitunas, las sopas enlatadas (a menos que sean bajas en sodio), el chucrut, el pescado ahumado y las entradas y comidas congeladas y enlatadas (a menos que sean bajas en sodio).

 *Malo:*

## CUIDADO CON LAS ESPINACAS Y EL RUIBARBO

Los alimentos ricos en oxalato pueden aumentar el nivel de este componente en la orina, contribuyendo a que se combine con el calcio para formar cálculos. No hay duda de que los formadores de cálculos presentan gran cantidad de oxalato en la orina, aunque parte de él proviene de otras fuentes, dicen los especialistas. Por ejemplo, el exceso de proteína aumenta el oxalato en la orina. Por lo tanto, no se sabe hasta qué punto sirve limitar los alimentos ricos en oxalato. Pero vale la pena ensayar. Los estudios han demostrado la presencia de niveles altos de oxalato en la orina de los pacientes que comen muchos alimentos ricos en esta sustancia, como son las espinacas, el ruibarbo, el maní, el chocolate y el té.

*• CONCLUSIÓN • No se preocupe si su consumo diario de oxalato es un máximo de 180 miligramos. Sin embargo, en mayor cantidad produce un "aumento marcado" del oxalato en la orina, según el doctor Richard W. Norman, director de la Clínica de Cálculos del Centro Médico Camp Hill, de Halifax (Nueva Escocia). Se deben evitar tres alimentos en particular: las espinacas, el ruibarbo y las hojas de remolacha.*

### FORMADORES DE CÁLCULOS: ALIMENTOS RICOS EN OXALATOS

| Alimento | Porción | Miligramos de oxalato |
|---|---|---|
| Fríjoles asados | 1 taza | 50 |
| Moras | 1 taza | 66 |
| Chocolate | 1 onza | 35 |
| Cacao en polvo | 15 ml | 35 |
| Grosellas silvestres | 1 taza | 132 |
| Puerros | 1 taza | 89 |
| Maní | 1 taza | 288 |
| Ruibarbo | ½ taza | 1 092 |
| Nabo de Suecia | 1 taza | 32 |
| Espinacas | 1 taza | 1 350 |
| Calabaza | 1 taza | 40 |
| Batata | 1 (mediana) | 63 |
| Acelga y hojas de remolacha | 1 taza | 1 000 |
| Té | 1 taza | 25 |

## EL ACERTIJO DEL CALCIO

Si el calcio es el principal componente de los cálculos renales, ¿por qué no limitar radicalmente su consumo, para evitar el mal? "Durante años los médicos recomendaron a los pacientes con cálculos renales que suspendieran los productos lácteos, porque los cálculos estaban compuestos de calcio, y éste tenía que provenir de la dieta", anota el doctor Goldfarb. Pero la cuestión es más complicada, dice, y reducir radicalmente los alimentos ricos en calcio puede no servir de nada o incluso ser nocivo. Paradójicamente, disminuir de modo radical el consumo de calcio puede tener el efecto dañino de elevar el oxalato en la orina y estimular la recurrencia de los cálculos renales. Además, consumir calcio no aumenta tanto el nivel de este elemento en la orina como consumir proteína.

En efecto, un estudio reciente realizado con un gran número de hombres reveló que aquéllos que consumían la mayor cantidad de calcio eran menos propensos a formar cálculos que aquéllos que restringían su consumo de calcio. Tras estudiar las dietas de 45 619 hombres durante cuatro años, el doctor Gary Curhan y sus colegas de la Escuela de Salud Pública de Harvard informaron que el riesgo de formar cálculos renales era un 34% menor entre los hombres que consumían la mayor cantidad de calcio, en comparación con aquéllos que consumían la menor cantidad. Los hombres que no formaban cálculos consumían casi 600 miligramos más de calcio al día, la cantidad contenida en dos vasos de leche. En efecto, el estudio también reveló que el riesgo de formar cálculos renales era casi un 40% inferior entre los hombres que bebían dos o más vasos de ocho onzas de leche descremada al día en comparación con los que bebían solamente un vaso al mes. Además, una o más tazas de requesón a la semana reducían el riesgo en un 30%, en comparación con menos de media taza al mes.

El doctor Curhan piensa que el calcio se une al oxalato de los alimentos en el intestino, impidiéndole entrar en la corriente sanguínea y llegar a los riñones, donde forma los cristales que dan comienzo a los cálculos. Aconseja a las personas que han sufrido de cálculos de calcio no reducir los alimentos ricos en este elemento. Eso significa que dos o tres porciones de productos lácteos u otros alimentos ricos en calcio (cerca de 800 miligramos de calcio al día) no solamente están bien sino que son convenientes.

*NOTA: Al parecer sólo el calcio de los alimentos y no el de los suplementos previene la formación de cálculos. Eso se debe a que, para surtir efecto, el calcio debe ingerirse al mismo tiempo con los oxalatos de los alimentos, dice el doctor Curhan, y son pocas las personas que toman los suplementos con cada comida.*

*Bueno:*

## LA ANTIGUA CURA DEL AGUA

Beba más agua. El consejo que dio Hipócrates hace dos mil años para prevenir los cálculos renales sigue siendo uno de los principales que dan los médicos, cualquiera que sea la causa o el tipo de cálculo. Un estudio reveló que la probabilidad de formar cálculos era un 29% menor entre los hombres que bebían la mayor cantidad de líquidos. Beber agua en abundancia es un medio de prevenir el daño causado por el calcio, el oxalato y los demás minerales formadores de cálculos presentes en la orina. La razón es que el agua diluye las concentraciones de los minerales que tienden a cristalizarse para formar los cálculos. Los estudios demuestran que las personas que excretan menos de un litro de orina al día son mucho más propensas a formar cálculos que aquéllas que excretan el doble de esa cantidad. Los líquidos son benéficos en especial para ese tercio de formadores de cálculos que no consumen proteína, sodio, oxalato o calcio en exceso pero que tienden a concentrar los minerales en la orina.

Por desgracia, la mayoría de la gente cree beber más líquido del que en realidad consume. El mínimo debería ser de ocho vasos distribuidos durante el día y en ocasiones el doble de esa cantidad, en especial en los climas cálidos, a causa de la transpiración. El doctor Norman dice que la mitad de esos líquidos debe ser agua. El doctor Wasserstein recomienda agua, jugo diluido de manzana y algunas gaseosas dietéticas, pero hace hincapié en que la medicina por excelencia es el agua. Los líquidos que se deben evitar, especialmente cuando se sigue una dieta baja en calcio u oxalatos, son el té, el chocolate caliente, los jugos cítricos y las bebidas no alcohólicas ricas en azúcar.

¿Y el alcohol? Las personas que sufren de cálculos deben moderar el consumo de alcohol, dice el doctor Norman. Hay razones para pensar que el alcohol eleva los niveles de calcio y de ácido úrico en la orina. Y la cerveza, en particular la cerveza de barril, contiene oxalato.

*"Yo formulo agua a las personas que sufren de cálculos renales recurrentes. Tomo un papel con membrete y anoto la fórmula en estos términos: 'Dos vasos de ocho onzas de agua cada cuatro horas: a las 8:00 a.m., al mediodía, a las 4:00 p.m., a las 8:00 p.m. y antes de acostarse'. La idea es que el paciente lo vea como una fórmula médica, no como una sugerencia vaga de que debe consumir más líquidos. Y el agua es adicional a cualesquiera otros líquidos que consuma habitualmente".* — Doctor Stanley Goldfarb, profesor de medicina, Facultad de Medicina de la Universidad de Pensilvania

 **Bueno:**

## ARRIBA LA FIBRA

Además de la dieta abundante en líquidos y baja en proteína, aumentar el consumo de fibra contribuye a reducir aún más los niveles de calcio y de oxalato en la orina. En un estudio de la Clínica de Cálculos del Centro Médico Camp Hill, de Halifax, veintiún pacientes propensos a formar cálculos consumieron un par de panecillos de salvado de trigo o de maíz diariamente, aumentando el consumo de fibra de seis a dieciocho gramos al día. La cantidad de calcio en la orina disminuyó radicalmente. "La fibra puede ser muy benéfica para las personas con riesgo de formar cálculos renales de calcio", dijo la dietista Janey Hughes.

Uno de los temores a la dieta rica en fibra es que los alimentos que la constituyen contienen oxalato. Pero los investigadores japoneses han descubierto que los salvados de arroz y de maíz contienen la mitad del oxalato presente en el salvado de trigo y también ayudan a prevenir los cálculos renales. En un estudio, la tasa de recidiva de los cálculos renales disminuyó seis veces en 182 formadores de cálculos de calcio a quienes se les pidió que consumieran un tercio de onza de salvado de arroz dos veces al día durante un promedio de cinco años. El 61% no formó cálculos nuevos durante ese período. El mayor beneficio fue para las personas que formaban los cálculos con más frecuencia. Existe la posibilidad de abusar: el exceso de fibra podría bloquear la absorción del calcio, generando un equilibrio muy bajo comparable al efecto de una dieta muy baja en calcio. Pero hasta ahora no se ha presentado ese problema.

 *Bueno:*

## UN BANQUERO DE FILADELFIA SE DESPIDE DE SUS CÁLCULOS

A la edad de cuarenta y siete años, un financiero de Filadelfia llevaba quince años expulsando cálculos. Durante los últimos años había aumentado la frecuencia: cinco anualmente durante los últimos cinco años, en comparación con un total de cinco durante los primeros diez años. En su desesperación, llegó al Centro de Evaluación de Cálculos de la Universidad de Pensilvania. Allí le disolvieron algunos cálculos mediante litotricia con ondas de choque, pero las radiografías mostraron que había otros en formación.

Los médicos analizaron la dieta. Era una persona que consumía muchísima proteína: cerca de 110 gramos al día, 80 de ellos en proteína animal (la cantidad contenida en un trozo de carne de doce onzas) y grandes cantidades de sodio. Con la ayuda de una dietista modificó el régimen alimenticio, reduciendo el consumo de proteína a sólo 65 gramos diarios. Redujo considerablemente el sodio y evitó los alimentos ricos en oxalatos. Se le dijo que bebiera enormes cantidades de agua: dos vasos de doce onzas cada dos horas durante el día.

La última vez que el médico examinó a este banquero de Filadelfia, llevaba tres años sin expulsar ni formar nuevos cálculos.

---

*CONSEJOS PARA COMBATIR LOS CÁLCULOS*

Ensaye primero con la dieta para acabar con los cálculos renales. Después, si la dieta no le sirve, puede ensayar con medicamentos. Éstas son las recomendaciones generales de los especialistas:

- Lo primero es beber más agua: por lo menos dos vasos cada cuatro horas, además de los otros líquidos que consuma normalmente.

- Limite el sodio a 2 500 miligramos al día, en particular si actualmente consume mucho sodio.

- Reduzca la proteína animal, especialmente la carne. En la mayoría de los casos, eso significa no más de una porción de siete u ocho onzas de carne de res, aves o comida de mar al día. (En tres onzas de carne, aves o comida de mar hay cerca de 20 gramos de proteína.)

- Si come muchos alimentos ricos en oxalato, como la espinaca y el ruibarbo, elimínelos o disminuya la cantidad. Trate de evitar las bebidas muy dulces, como los refrescos con azúcar y los jugos cítricos, puesto que su contenido de oxalatos también es alto.

- Coma dos o tres porciones de alimentos ricos en calcio, incluidos los productos lácteos, todos los días y no adopte una dieta baja en calcio que le aporte menos de 650 a 800 miligramos en el día.

- Coma más hortalizas y granos ricos en fibra.

Con esta dieta podrá reducir a la mitad o más el riesgo de sufrir de cálculos renales. Los más beneficiados serán los formadores de cálculos que suelen comer grandes cantidades de proteína y sodio.

---

# UNA DIETA PARA SALVARSE DEL CÁNCER

# LOS MEJORES ALIMENTOS PARA BLOQUEAR, INTERCEPTAR Y SOFOCAR EL CÁNCER

**Alimentos que ayudan a prevenir el cáncer:** Hortalizas, en especial el ajo, el repollo, los fríjoles de soya, la cebolla, la zanahoria, el tomate, todas las hortalizas verdes y amarillas • Frutas, especialmente las cítricas • Pescado grasoso • Té • Leche

**Alimentos que pueden fomentar el cáncer:** Carne • Alimentos grasosos • Los aceites vegetales, como el de maíz • Alcohol en exceso

**Alimentos que ayudan a impedir la diseminación del cáncer:** Comida de mar • Ajo • Crucíferas como el repollo, el bróculi y la col rizada

## *LOS ALTOS RIESGOS*

En la actualidad, la dieta es considerada como una de las armas principales para combatir el cáncer. Según el Instituto Nacional de Cancerología de los Estados Unidos, cerca de una tercera parte de todas las formas de cáncer tienen relación con la dieta. El especialista británico Richard Doll mencionó hace poco la alta proporción del 60%. Por lo tanto, la alimentación podría ayudar a prevenir entre 385 000 y 700 000 casos nuevos de cáncer y entre 170 000 y 315 000 muertes por cáncer en los Estados Unidos únicamente. Uno de cada

231

cinco estadounidenses muere de cáncer: aproximadamente 1 400 al día.

## DE CÓMO LOS ALIMENTOS PUEDEN AYUDAR A SALVARLO DEL CÁNCER

La maduración del cáncer es un proceso de muchos años. Eso significa que usted cuenta con mucho tiempo para alimentar o matar de hambre un cáncer en potencia. El período típico es de veinte a treinta años, pero también pueden transcurrir entre cuarenta y cincuenta años desde el momento en que la primera célula sufre los cambios genéticos (llamados mutaciones) hasta que aparece un tumor.

La noticia más alentadora es que lo que uno come puede interferir el proceso del cáncer en muchas etapas, desde su comienzo hasta su desarrollo y diseminación. Por ejemplo, para que ciertas sustancias químicas puedan iniciar el cáncer, primero deben ser "activadas", y los alimentos pueden bloquear esa fase. Los compuestos alimenticios pueden revitalizar el sistema de desintoxicación del cuerpo, previniendo la alteración genética de las células, la cual constituye un preludio del cáncer. La presencia de las sustancias químicas derivadas de los alimentos puede determinar, en las células, que un virus o un promotor natural del cáncer, como el estrógeno, pueda producir o no el cáncer en determinado tejido. Los antioxidantes de los alimentos, entre ellos las vitaminas, pueden sofocar los carcinógenos e incluso reparar parte del daño celular que hayan causado. Aun en la etapa en que las células se han reunido en estructuras todavía benignas, pero que pueden convertirse en tumores peligrosos, los compuestos de los alimentos pueden intervenir para *detener el crecimiento ulterior e incluso reducir el tamaño de los parches de células o erupciones precancerosas*. La dieta, aunque mucho menos eficaz en las etapas tardías, puede influir sobre la metástasis o diseminación del cáncer. Las células cancerosas que deambulan por el organismo necesitan condiciones favorables para arraigarse y crecer. Los alimentos pueden fomentar ambientes favorables u hostiles. Inclusive después de diagnosticado el cáncer, la vida se puede prolongar consumiendo los alimentos apropiados.

La forma como los alimentos influyen sobre el cáncer es en extremo complicada, no está clara aún y tiene relación con una multitud de factores. Pero aunque la genética y su estilo de vida estén en contra suya, con la dieta podrá determinar en gran medida sus probabilidades de contraer un cáncer. A continuación encontrará las pruebas más recientes acerca de lo que debe comer para prevenir todos los tipos de cáncer.

 *Bueno:*

## PRESTE MUCHA ATENCIÓN: COMA MÁS FRUTAS Y HORTALIZAS

Es indiscutible. Desde el momento en que los científicos comenzaron a estudiar, durante los años 70, la relación entre la dieta y el cáncer, han visto surgir repetidamente como antídoto de esta enfermedad "las hortalizas y las frutas". Es un mensaje asombrosamente claro. En palabras del doctor Peter Greenwald, director de la División de Prevención y Control del Cáncer, del Instituto Nacional de Cancerología: "Cuanto más frutas y hortalizas consuma la persona, menor será la probabilidad de que contraiga cáncer, desde el del colon y el estómago hasta el del seno e incluso del pulmón. El riesgo de contraer cáncer se reduce a la mitad en las personas que consumen muchas frutas y hortalizas comparadas con las que comen pocas".

Este hecho está respaldado por un cúmulo enorme de pruebas. Tras examinar recientemente 170 estudios de diecisiete naciones, Gladys Block, Ph.D., de la Universidad de California, en Berkeley, llegó a la misma conclusión: en todas partes, las personas que consumen la mayor cantidad de frutas y hortalizas, comparadas con las que comen la menor cantidad, reducen sus probabilidades de cáncer en un 50%. Eso incluye el cáncer del pulmón, del colon, del seno, del cuello uterino, del esófago, de la cavidad oral, del estómago, de la vejiga, del páncreas y del ovario. Pero no estamos hablando de cantidades exageradas de frutas y hortalizas. Algunos investigadores demuestran que comiendo frutas dos veces al día en lugar de menos de tres veces por semana se reduce en un 75% el riesgo de cáncer pulmonar, inclusive entre los fumadores. Es casi increíble, dice un investigador, que las frutas y las hortalizas sean tan eficaces contra un carcinógeno tan poderoso como el humo del cigarrillo.

Las pruebas son tan abrumadoras, que la doctora Block ve las frutas y las hortalizas como una medicina preventiva de gran poder que podría eliminar de manera sustancial el flagelo del cáncer, de la misma manera que la purificación del agua eliminó otras epidemias del pasado, como el cólera.

• *CONCLUSIÓN* • *Nadie conoce en realidad la mejor dosis de frutas y hortalizas para combatir el cáncer, pero por lo menos dos frutas y tres hortalizas variadas al día son una buena meta. No cabe duda de que las probabilidades de contraer cáncer se reducen añadiendo más frutas y verduras a la dieta.*

---

*PRINCIPALES FRUTAS Y HORTALIZAS PARA COMBATIR EL CÁNCER*

Éstos son los alimentos vegetales que el Instituto Nacional de Cancerología está investigando por su poder para combatir el cáncer:

Ajo, repollo, regaliz, fríjoles de soya, jengibre, umbelíferas (zanahoria, apio, chirivía), cebolla, té, batatilla, cítricos (naranja, toronja, limón, lima), trigo integral, linaza, arroz integral, solanáceas (tomate, berenjena, pimiento), crucíferas (bróculi, coliflor, coles de Bruselas), avena, menta, orégano, cohombro, romero, salvia, papa, tomillo, cebollino, melón cantalupo, albahaca, estragón, cebada, bayas.

---

 *Bueno:*

## LA VERDAD CONTRA EL CÁNCER ESTÁ EN LA SANGRE

Si pudiese tomar una fotografía química de su sangre, podría predecir sus probabilidades de contraer cáncer. En su sangre está la verdad sobre si ha recibido o no infusiones de compuestos contra el cáncer a través de los vegetales. Los análisis de muestras de sangre revelan una y otra vez que las víctimas de cáncer tienden a consumir menores cantidades de frutas y hortalizas. Por ejemplo, un estudio reciente realizado en Suiza, en el cual participaron cerca de 3 000 hombres durante doce años, reveló que aquéllos que tenían niveles bajos de vitamina A y caroteno en la sangre, a consecuencia del poco consumo de vegetales, tenían más probabilidades de morir a causa de cualquier tipo de cáncer, en particular de cáncer del pulmón. Los niveles bajos de vitamina C en la sangre sirvieron para predecir la muerte por cáncer gastrointestinal.

Un estudio realizado recientemente en Gran Bretaña reveló que las tasas de cáncer eran 40% menores entre los hombres que tenían los niveles de betacaroteno más altos, comparados con aquéllos cuyos niveles eran los más bajos. Otra investigación demostró que quienes tienen los niveles más altos de ácido fólico (presente en las hortalizas verdes) y de licopeno (un compuesto del tomate) son mucho menos vulnerables a todos los tipos de cáncer, en especial del pulmón, del cuello uterino y del páncreas.

---

**LAS MEJORES FRUTAS Y HORTALIZAS CONTRA DIVERSOS TIPOS DE CÁNCER**

Cáncer pulmonar: zanahoria y hortalizas de hojas verdes.

Cáncer del colon: verduras crucíferas y zanahoria.

Cáncer esofágico, oral y faríngeo: hortalizas.

Cáncer de la laringe: frutas y verduras.

Cáncer del estómago: frutas en general; lechuga, cebolla, tomate, apio, calabaza; en especial las hortalizas crudas.

Cáncer del páncreas: frutas y hortalizas.

Cáncer de la vejiga: hortalizas, en especial la zanahoria, y frutas.

Cáncer del tiroides: crucíferas.

*— John Potter, Universidad de Minnesota.*

---

*Bueno:*

## *EL AJO Y LA CEBOLLA: LA PREVENCIÓN PICANTE*

Coma un poco de estos alimentos todos los días. En el ajo y la cebolla se han identificado más de 30 enemigos de los carcinógenos, entre ellos el sulfuro de dialilo, la quercetina y el ajoeno. En estudios con animales, han demostrado que pueden bloquear los agentes carcinogénicos más agresivos, como las nitrosaminas y la aflatoxina, relacionados concretamente con los cánceres del estómago, del pulmón y del hígado.

*En el condado de Georgia, donde se cultiva la cebolla Vidalia, la tasa de cáncer gástrico es la mitad de la de otros condados del Estado y una tercera parte de la del resto de los Estados Unidos. —* Instituto Nacional de Cancerología.

El cáncer ha sido bloqueado en animales alimentados constantemente con ajo. Los científicos de Harvard inmunizaron unos hámsteres contra ciertos tipos de cáncer agregando cebolla molida al agua de beber. Uno de los principales investigadores del ajo es Michael Wargovich, del Centro de Cáncer M. D. Anderson, de Houston. En un experimento administró a unos ratones sulfuro de dialilo purificado, mientras a otros les dio comida simple, y en seguida les aplicó, a unos y otros, carcinógenos poderosos. Los ratones que consumieron la sustancia del ajo presentaron un 75% menos tumores en el colon. Más sorprendente aún fue el resultado cuando administraron agentes causantes del cáncer esofágico, puesto que ninguno de los ratones que recibió la dosis de sulfuro de dialilo contrajo la enfermedad.

Así mismo, John Milner, jefe de nutrición en la Universidad Estatal de Pensilvania, bloqueó el 70% de los tumores del seno en ratonas administrándoles ajo fresco. Los estudios en seres humanos demuestran que las personas que consumen la mayor cantidad de ajo y cebolla son menos propensas a diversos tipos de cáncer.

---

*ALIMENTOS QUE PUEDEN BLOQUEAR LA DISEMINACIÓN DEL CÁNCER*

Hay varias sustancias de los alimentos que han demostrado ser útiles no sólo para prevenir el cáncer sino también para frenar su diseminación (metástasis). Ellas son:

- El aceite de pescado (concretamente para el cáncer del seno).

- El repollo, la col rizada y otras crucíferas (para el cáncer del seno).

- El ajoeno y la alicina (que pueden ejercer un efecto quimioterapéutico contra las células cancerosas en general).

- El betacaroteno de las hortalizas y las frutas de color anaranjado y verde oscuro.

- Los triterpenoides del regaliz (los cuales pueden eliminar las células cancerosas de rápido crecimiento y obligar a algunas células precancerosas a volver a su ciclo normal de crecimiento).

---

 *Bueno:*

## EL TOMATE AL ATAQUE

Preste atención al humilde tomate. Puede parecerle demasiado común para darle importancia como medicamento contra el cáncer, pero la verdad es que los últimos estudios demuestran que el tomate figura entre los alimentos principales de la dieta de las personas menos propensas al cáncer. No hay misterio alguno en la capacidad del tomate para combatir esa enfermedad. Su poder reside en el licopeno, el pigmento que le da su color rojo. Investigaciones recientes del doctor Helmut Sies, de Alemania, revelan que el licopeno es dos veces más poderoso que el betacaroteno como "destructor del oxígeno libre", la molécula tóxica de oxígeno que puede desencadenar el cáncer en las células. El tomate es la fuente principal de licopeno en la dieta, y esto se aplica a todos los productos a base de tomate, como los tomates cocidos, los tomates enlatados y en salsa, la pasta y la salsa de tomate. También hay concentraciones elevadas de licopeno en la sandía y un poco en los albaricoques.

---

*VAYA POR EL CINCO*

Siga el consejo del Instituto Nacional de Cancerología y coma por lo menos cinco porciones de frutas y hortalizas todos los días. Una porción equivale a media taza de estos alimentos picados, cocidos o crudos; una taza de hojas crudas; un pedazo mediano de fruta o seis onzas de jugo de frutas u hortalizas. Solamente el 10% de los estadounidenses consumen esas cantidades al día.

---

 *Bueno:*

## BUSQUE LO VERDE

Hágase el propósito de consumir hortalizas verdes, especialmente las de hojas, porque su poder contra el cáncer es extraordinario. Un estudio realizado recientemente en Italia reveló que el consumo frecuente de hortalizas verdes ofrecía una protección "asombrosa" contra la mayoría de los cánceres. Las hortalizas verdes, como la espinaca, la col común, la lechuga de color verde oscuro y el bróculi, están repletos de distintos antioxidantes, entre ellos betacaroteno, ácido fólico y luteína, ésta ultima un antioxidante poco conocido que puede ser tan potente contra el cáncer como el betacaroteno, en opinión de algunos científicos. Las hortalizas de hojas verdes son ricas en luteína. Por ejemplo, la espinaca contiene gran cantidad, pero la col común contiene el doble. Para obtener la mayor cantidad de carotenoides y otros agentes contra el cáncer, "escoja las hortalizas de color verde oscuro — aconseja Frederick Khachik, Ph.D., científico investigador del Departamento de Agricultura —. Cuanto más oscuro sea el verde, mayor será la cantidad de carotenoides protectores". También dice que la luteína y otros carotenoides no se pierden durante la cocción o la congelación, aunque el calor sí daña a los antioxidantes más frágiles, como la vitamina C y el glutatión.

*Bueno:*

## EL ASOMBROSO PODER DE LOS CÍTRICOS

Herbert Pierson, Ph.D., especialista en dieta y cáncer, que trabajó en el Instituto Nacional de Cancerología, hace un llamado para aumentar el consumo de naranja, toronja, limón y lima. Para él, los cítricos constituyen un conjunto anticanceroso muy completo, porque contienen toda clase de sustancias naturales (carotenoides, flavonoides, terpenos, limonoides y cumarinas) que, por sí solas, han demostrado neutralizar el poder de agentes carcinogénicos agresivos, en experimentos con animales. Uno de los análisis demostró que los cítricos

---

### ¿CRUDAS O COCIDAS?

Las hortalizas pueden consumirse crudas o cocidas. Muchos estudios indican que las hortalizas crudas tienen mayor poder contra el cáncer. Sin embargo, esto no siempre es cierto en los alimentos ricos en betacaroteno. Un poco de calor modifica la forma del betacaroteno, facilitando su asimilación. Por lo tanto, es más probable que se asimile una mayor cantidad de betacaroteno cocinando ligeramente las hortalizas, dice el investigador John Erdman, Jr., Ph.D., de la Universidad de Illinois, en Urbana.

Así mismo, se asimila más licopeno, otro antioxidante poderoso contra el cáncer, cocinando el tomate en lugar de consumirlo crudo, según los últimos estudios realizados en Alemania.

El calor tampoco afecta a otros carotenoides anticancerosos importantes, como la luteína contenida en las hortalizas de hojas verdes.

En cambio, varios de los agentes anticancerosos más frágiles, como los indoles y la vitamina C, son destruidos por el calor. Por esa razón también se deben consumir grandes cantidades de hojas verdes crudas, entre ellas lechuga, espinaca, bróculi y las crucíferas, como el coliflor y el repollo. Si se cocinan, debe ser levemente, para preservar sus mayores beneficios para la salud.

poseen cincuenta y ocho sustancias químicas anticancerosas conocidas, más que cualquier otro alimento.

El doctor Pierson dice también que "la maravilla de los cítricos es que el poder de las distintas clases de sustancias químicas vegetales puede ser mucho mayor [···] en esta mezcla natural que por separado". En otras palabras, las frutas enteras son un maravilloso coctel de compuestos anticancerosos. Uno de esos compuestos es el poderoso antioxidante glutatión, del cual hay grandes concentraciones en las naranjas enteras. Sin embargo, al exprimir el jugo tiende a disminuir la concentración de este elemento. Además, entre todos los alimentos, la naranja es la que posee la mayor cantidad de glucarato, otro inhibidor del cáncer. Algunos especialistas atribuyen la gran disminución del cáncer del estómago en los Estados Unidos al consumo generalizado de cítricos.

 *Bueno:*

## *FRÍJOLES DE SOYA: BLOQUEADORES DEL CÁNCER*

Aprenda a gustar de los fríjoles de soya y de sus derivados, entre ellos el queso de soya o tofu. Estos fríjoles ofrecen posibilidades muy interesantes contra el cáncer. Poseen por lo menos cinco agentes anticancerosos conocidos. Tienen actividad antiestrogénica para bloquear el desarrollo de cánceres de tipo hormonal, como el del seno y el de la próstata. Los fríjoles de soya son la fuente más rica de inhibidores de la proteasa, los cuales han demostrado, en experimentos con animales, que pueden bloquear o impedir el desarrollo de los cánceres del colon, la boca, el pulmón, el hígado, el páncreas y el esófago.

Los fitosteroles y las saponinas — otros dos elementos constituyentes de los fríjoles de soya — tienen un efecto poderoso contra el cáncer. En estudios con animales se ha observado que los fitosteroles contribuyen a suprimir el cáncer de colon inhibiendo la división y proliferación de las células. Las saponinas estimulan la inmunidad, eliminan directamente a ciertas células cancerosas, frenan el crecimiento de las células cancerosas. del cuello uterino y de la piel e inclusive pueden *invertir* el proceso de desarollo de las células cancerosas en el colon. No sorprende, entonces, que la tasa de cáncer entre los japoneses sea baja, considerando que consumen cinco veces más cantidad de estos agentes benéficos que nosotros. La dieta occidental típica proporciona 80 miligramos de fitosteroles al día, mientras que los japoneses consumen 400 miligramos diarios. Los vegetarianos occidentalizados comen cerca de 345 miligramos de saponinas al día. Lo irónico es que casi la totalidad de los fríjoles de soya cultivados en los Estados Unidos se utilizan en concentrados para los animales. Buena parte de la cantidad restante se exporta al Japón.

Los compuestos de los fríjoles de soya también frenan la formación de uno de los carcinógenos más temidos del mundo: las nitrosaminas, las cuales pueden producir cáncer del hígado. En efecto, las sustancias de la soya demostraron ser mejores que la vitamina C, la cual se añade expresamente a las carnes curadas, para inhibir las nitrosaminas.

 *Bueno:*

## EL TÉ: BEBIDA ANTICANCEROSA

Adquiera afición por el té, en el cual se han descubierto recientemente virtudes anticancerosas. "Es alentador descubrir que el té negro, el té verde y el té *oolong* tienen efectos anticancerosos", dice el investigador John Weisburger, de la Fundación Estadounidense para la Salud. Estas tres variedades de té, utilizadas en el mundo entero, provienen de una misma planta: la *Camellia sinensis*. No es lo mismo que las tisanas o aguas aromáticas, mezclas locales de muchas hierbas y especias, las cuales quizá no tengan los compuestos anticancerosos del "verdadero té".

Estudios recientes realizados en la China, el Japón y los Estados Unidos confirman que el té bloquea en gran medida el desarrollo de diversos tipos de cáncer en los animales. El doctor Allan Conney, de la Universidad Rutgers, encontró que, en concentraciones iguales a las consumidas normalmente por los seres humanos, el té contribuyó a bloquear en ratones hasta el 87% de los cánceres de la piel, el 58% de los cánceres gástricos y el 56% de los cánceres pulmonares. Otros estudios demuestran que los compuestos del té *oolong* y del té negro (té verde horneado y fermentado) también inhiben el cáncer en los animales.

Estos agentes anticancerosos se encuentran en el té de las marcas

## COCINA CONTRA EL CÁNCER: DE LA PARRILLA AL HORNO DE MICROONDAS

¿Cuál es la mejor forma de cocinar la carne, el pollo y el pescado para evitar el cáncer? Utilizar el horno de microondas, hervir, estofar a fuego lento o pasar por agua, según Richard H. Adamson, Ph.D., del Instituto Nacional de Cancerología. Con estos métodos de cocción a baja temperatura se reduce al mínimo la producción de aminas aromáticas heterocíclicas (AAH), productoras del cáncer.

En cambio, freír la carne o asarla a la plancha, a la parrilla o al carbón a altas temperaturas equivale a producir cargas de agentes cancerosos. Los peores métodos son la parilla y el carbón, puesto que las temperaturas alcanzan los 350°F. Asar al horno produce cantidades entre bajas y moderadas, dice el doctor Adamson.

La preocupación de los científicos por las AAH ha venido creciendo. El doctor Adamson calcula que contribuyen con cerca de 6 000 casos nuevos de cáncer al año. En los animales producen diversos tipos de cáncer, entre ellos el del hígado y el de la mama en los monos, nuestros parientes más cercanos. Un estudio realizado recientemente en Suecia demostró que el cáncer del colon es más común entre las personas que comen la carne frita o a la parrilla.

El consejo del doctor Adamson con respecto a la carne es que se prepare hervida o estofada la mayoría de las veces. La carne de res debe comerse a término medio de cocción (cuando se cocina durante mucho tiempo aumenta la producción de AAH). Pase por el horno de microondas las hamburguesas, las chuletas, el pollo y el pescado antes de asarlos a la brasa. Escúrrales el jugo antes de colocarlos sobre la parrilla. Evite la tentación de preparar salsas con el jugo de la carne. Varíe los métodos de cocción de las carnes.

tradicionales, como Lipton y Twining, y también en el té de otras marcas comunes. Pero, para obtener el mayor efecto, prefiera el té verde, el cual se consigue en los mercados y restaurantes asiáticos. La concentración de catequinas, sustancias anticancerosas, es mayor en el té verde. Los japoneses han identificado una catequina especialmente potente: la epigalocatequina (EGCG). Chi-tang Ho, químico de la Universidad Rutgers, descubrió las mayores cantidades de EGCG en el té verde. El té *oolong* tiene apenas un 40% de este agente, mientras que el té negro contiene solamente un 10%. La razón es que una parte de las catequinas se destruye cuando el té verde se procesa para producir té negro.

 *Bueno:*

## ¿UN AGENTE ANTICANCEROSO EN LA LECHE?

Como es de esperarse, la grasa saturada de la leche parece promover ciertos tipos de cáncer. Pero hay una sustancia de la leche que podría frenar la enfermedad. Tal es el extraño hallazgo de un estudio realizado por los investigadores del Instituto Roswell Park Memorial, de Búffalo, con 1 300 personas. Descubrieron, como era lógico, que los consumidores de leche baja en grasa al 2% y leche descremada tenían menos probabilidades de contraer cáncer (oral, gástrico, rectal, pulmonar y del cuello uterino) que quienes consumían leche entera rica en grasa. El resultado tiene sentido, puesto que la grasa está implicada como promotora de algunos tipos de cáncer.

Pero lo extraño es que los consumidores de la leche al 2% tenían también menos probabilidades de contraer diversos tipos de cáncer (oral, gástrico, del colon, rectal, pulmonar, de la vejiga, del seno y del cuello uterino) que las personas que no consumían leche. ¿Por qué? El director del estudio, el doctor Curtis Mettline, sospecha que la leche contiene agentes anticancerosos desconocidos que contrarrestan el efecto de la grasa sólo cuando ésta está presente en poca cantidad. Algunos de los posibles agentes anticancerosos de la leche podrían ser el calcio, la riboflavina, las vitaminas A, C y D. "O el componente clave podría ser algo que todavía no hemos identificado", dice.

*"Las personas que comen mucha carne son más vulnerables al cáncer del páncreas, del colon, del pulmón y del seno. El riesgo se acrecienta si la persona fuma y no come hortalizas verdes y amarillas todos los días".* — Takeshi Hirayama, Instituto de Oncología Preventiva, Tokio (Japón), (basado en un estudio de diecisiete años con 265 118 adultos en seis prefecturas del Japón).

 *Malo:*

## CUIDADO: ALGUNAS GRASAS SON ALIMENTO PARA EL CÁNCER

Comparando las dietas del mundo entero y dentro de los distintos países, se ha visto que la grasa es parte importante de las dietas de aquellas poblaciones con las tasas más elevadas de cáncer. Además, el uso generalizado de grasas poliinsaturadas omega 6, como el aceite de maíz, constituye un peligro más. Por ejemplo, la incidencia de cáncer aumenta considerablemente en los animales expuestos a carcinógenos y alimentados con aceite de maíz.

En cambio, la grasa monoinsaturada, del tipo que predomina en el aceite de oliva, no aparece implicada, según el doctor Ernst L. Wynder, presidente de la Fundación Estadounidense para la Salud. Al contrario, recientes pruebas indican que la grasa del tipo del aceite de oliva contribuye a contrarrestar el cáncer. Los ácidos grasos omega 3, presentes en la comida de mar, también ayudan a desestimular ciertos tipos de cáncer, entre ellos el del seno.

Son varios los mecanismos mediante los cuales la grasa promueve el cáncer. La grasa sirve de combustible para el crecimiento tumoral. Sin ella, las células propensas al cáncer podrían permanecer relativamente tranquilas. La grasa también estimula los ácidos biliares en el colon, favoreciendo la mutación celular hacia el cáncer. Además, el exceso de grasas, tanto las de origen animal como los aceites vegetales omega 6, adormece el mecanismo de vigilancia tumoral del sistema inmunitario, de acuerdo con los estudios de la Fundación Estadounidense para la Salud y del Centro Hospitalario St. Luke's-Roosevelt, de Nueva York.

*• CONCLUSIÓN • La grasa animal y los aceites vegetales poliinsaturados tienden a promover el cáncer. El aceite de oliva y el de pescado tienden a desestimularlo.*

 **Malo:**

## MODERE EL CONSUMO DE ALCOHOL

El alcohol aumenta el riesgo de que se produzca cáncer en las vías digestivas, el hígado, la próstata, el seno y, en especial, el colon. Si usted fuma, la combinación de cigarrillo y alcohol eleva 43 veces la probabilidad de contraer cáncer de la garganta y 135 veces la de contraer cáncer nasal, de acuerdo con un estudio con hombres europeos realizado por la Agencia Internacional para la Investigación sobre el Cáncer en Lyon (Francia). Hay una relación estrecha entre el consumo excesivo de cerveza y el cáncer rectal. Los investigadores de la Universidad de Oklahoma determinaron que el riesgo de contraer diversos tipos de cáncer era dos veces mayor en los hombres que bebían cinco o más cervezas al día. Por lo general, cuanto más alcohol se consuma, mayor será el riesgo de contraer diversos tipos de cáncer.

Además, las nuevas investigaciones indican que beber alcohol en exceso ocasionalmente puede estimular la diseminación del cáncer, al deprimir el sistema inmunitario. Según Gayle Page, de la Universidad de California, en Los Ángeles, unos pocos episodios de intoxicación o un día de consumo exagerado parecen suficientes para promover el avance de los tumores. En animales, dice ella, con el equivalente de cuatro a cinco copas en una hora se duplicó el número de tumores pulmonares que habían hecho metástasis desde la mama. El mensaje es claro: las personas con cáncer deben cuidar de no consumir alcohol en exceso.

## NUEVA FRONTERA: ALIMENTOS QUE PUEDEN FRENAR LA DISEMINACIÓN DEL CÁNCER

Si hay alimentos que ayudan a prevenir el cáncer, ¿podrían hacer las veces de quimioterapia una vez contraída la enfermedad? ¿Podrían los agentes químicos presentes en los alimentos intervenir en la evolución del cáncer? Es lógico desde el punto de vista científico; además, hay pruebas crecientes sobre el poder quimioterapéutico de los alimentos, los cuales combaten el cáncer retardando el crecimiento tumoral, la diseminación y recidiva, y también atacando la malignidad misma al destruir las células cancerosas.

Claro está que eso no significa que se deban emplear los alimentos en lugar de los tratamientos modernos contra el cáncer. Pero la dieta puede ser una forma de terapia coadyuvante que permita a los pacientes luchar con más eficiencia y sobrevivir al cáncer.

 *Bueno:*

## EL AJO MATA EL CÁNCER

No es absurdo pensar que el ajo pueda impedir el avance del cáncer. Un estudio reciente realizado en Alemania reveló que los compuestos del ajo son tóxicos para las células malignas. Por lo tanto, las sustancias del ajo podrían ayudar a destruir las células cancerosas de manera parecida a como lo hacen los agentes quimioterapéuticos. En el estudio se utilizaron células humanas y ajoeno, el cual demostró ser tres veces más tóxico para las células malignas que para las normales.

El ajo también puede actuar en contra de un cáncer existente, desempeñando el papel de "modificador de la respuesta biológica", según el doctor Benjamin H. S. Lau, de la Facultad de Medicina de la Universidad de Loma Linda, quien lleva muchos años investigando las propiedades del ajo. Algunos de los "remedios" más utilizados en la actualidad por los representantes de la medicina dominante para combatir el cáncer son los modificadores de la respuesta biológica, como la interleucina, los cuales refuerzan las funciones inmunitarias. El doctor Lau descubrió que el ajo se acomoda a esa descripción. En los tubos de ensayo, los compuestos sulfurosos del ajo reforzaron la actividad anticancerosa de los macrófagos y los linfocitos T, células del sistema inmunitario llamadas a destruir las células tumorales. Harán falta estudios adicionales para confirmar que el ajo ejerce el mismo efecto en el organismo humano, dice el doctor Lau.

El ajo podría desestimular los cánceres del colon y del estómago gracias a sus propiedades antibióticas. Pruebas recientes indican que la infección bacteriana producida por la *H. pylori* podría contribuir a esos tipos de cáncer. De ser así, dice el doctor Tim Byers, de los Centros para el Control y la Prevención de las Enfermedades, el ajo podría contrarrestar el cáncer al atacar a la bacteria.

 *Bueno:*

## EL CAROTENO: NUEVO MEDICAMENTO CONTRA EL CÁNCER

Uno de los principales agentes anticancerosos, contenido en las frutas y las hortalizas, es el betacaroteno, el cual parece no sólo ayudar a prevenir el cáncer sino también a combatirlo. De acuerdo con las últimas investigaciones, el betacaroteno puede destruir las células tumorales mediante varios mecanismos. En un estudio, por ejemplo, estimuló la producción de sustancias inmunizantes que atacaron directamente a las células tumorales, reduciendo siete veces el tamaño de los tumores de animales alimentados con betacaroteno en comparación con los que no lo habían sido.

En efecto, los resultados de unos estudios novedosos realizados en Harvard indican que el betacaroteno ejerce un efecto tóxico directo sobre las células escamosas tomadas de tumores sólidos, actuando como agente quimioterapéutico. El caroteno redujo la proliferación de la células cancerosas en el pulmón, disminuyó la actvidad de los radicales libres en las células cancerosas y reforzó la actividad enzimática contra el cáncer.

Quizá la más interesante de todas las investigaciones sea la realizada en la Universidad Tufts por el doctor Xiang-dong Wang, quien ha demostrado que el betacaroteno, dentro del organismo, puede convertirse en ácido retinoico, sustancia utilizada con considerable éxito en los Estados Unidos y en muchos otros países para tratar el cáncer, principalmente de la sangre y la vejiga. Así es: en los intestinos, el betacaroteno se transforma, aportando a la corriente sanguínea pequeñas cantidades de ese agente quimioterapéutico. Además, el betacaroteno se almacena en los pulmones, el hígado, los riñones y los tejidos adiposos, los cuales pueden convertirlo también en ácido retinoico según las necesidades. Eso significa que cuando comemos betacaroteno dotamos a los tejidos de un depósito propio de medicina antitumoral a la cual pueden recurrir las células en caso de que lo requieran. ¿Podría existir otra razón más poderosa para comer frutas y hortalizas ricas en betacaroteno? (En la página 555 aparece una lista de los alimentos ricos en betacaroteno.)

 *Bueno:*

## LA PROMESA DEL ACEITE DE PESCADO

En experimentos con animales, el aceite de pescado ha demostrado ser una maravilla para combatir el cáncer y retardar el crecimiento de los tumores. "Son muchos los estudios que demuestran que el aceite de pescado reduce el tamaño y el número de los tumores y su tendencia a diseminarse en el organismo de los animales", dice la doctora Artemis Simopoulos, presidenta del Centro para la Genética, la Nutrición y la Salud, de Washington, D.C.

Y lo mismo parece suceder en los seres humanos. Al examinar un estudio gubernamental de 6 000 hombres de edad madura, Therese A. Dolececk, Ph.D., del Centro de Coordinación del MRFIT, de Minneapolis, descubrió que la mortalidad por cáncer era menor entre los hombres que consumían pescado y en cuya sangre había mayor cantidad de ácidos grasos derivados del aceite de pescado. Otros interesantes estudios con seres humanos demuestran también que el aceite de pescado suprime los crecimientos precancerosos que terminan en cáncer del colon. Y el doctor George Blackburn, profesor de cirugía de la Facultad de Medicina de Harvard, cree que el aceite de pescado puede impedir la diseminación del cáncer del seno después de la cirugía. Confía en que el aceite de pescado contribuya a bloquear la adhesión de las nuevas células tumorales errantes, impidiéndoles hacer metástasis. Ha comenzado a poner a prueba su teoría pidiendo a las pacientes de cáncer del seno que coman más pescado e ingieran aceite de pescado después de la cirugía. "Con toda la información que se ha recogido hasta ahora, me extrañaría sobremanera que esta dieta no ayudara a reducir el riesgo de metástasis en el cáncer del seno", dice.

*Bueno:*

## QUIMIOTERAPIA A BASE DE TRIGO Y REPOLLO

Se sabe que el estrógeno promueve el cáncer del seno; por lo tanto, las mujeres aquejadas de esa enfermedad, especialmente si han entrado en la menopausia, deben tratar de disminuir el tipo de estrógeno promotor del cáncer. Se ha demostrado, en estudios con seres humanos, que el repollo y otras hortalizas de la familia de las crucíferas, como el bróculi, y también el salvado de trigo, aceleran el metabolismo de ese tipo de estrógeno. En esos estudios, el repollo y el salvado de trigo tendieron a agotar en el organismo las reservas de estrógeno que podían alimentar el cáncer. Las mujeres con cáncer del seno podrían disminuir la cantidad de estrógeno circulante consumiendo crucíferas crudas — repollo, bróculi, coliflor, col y nabos — además de alimentos a base de salvado de trigo, dicen algunos investigadores.

## OTRAS POSIBILIDADES

**Hongos shiitake.** El lenitano, sustancia presente en los *shiitakes*, es un "modificador de la respuesta biológica" que refuerza la actividad anticancerosa del sistema inmunitario.

**Yogur.** Los cultivos vivos del yogur aumentan el funcionamiento del sistema inmunitario, porque activan la producción del interferón gamma, el cual puede retardar el crecimiento tumoral.

**Regaliz.** Los triterpenoides del regaliz eliminan las células cancerosas de crecimiento rápido y hacen que algunas células precancerosas vuelvan a su ciclo normal de crecimiento.

## *ESTO COME LA GENTE QUE NO ENFERMA DE CÁNCER*

Si usted acabara de nacer y pudiera escoger para el resto de su vida la dieta perfecta para evitar el cáncer, sería vegetariano o semivegetariano, permitiéndose algo de comida de mar. Evitaría la carne roja, los alimentos de origen animal ricos en grasa saturada y los productos lácteos, como el queso y la leche entera. Comería muchas frutas y hortalizas junto con cereales integrales, en particular salvado de trigo, y fríjoles secos. Bebería principalmente té verde y en ocasiones algo de café. Consumiría leche baja en grasa y yogur, especialmente el preparado con cultivos de lactobacilina.

Si consumiera alcohol, lo haría con mucha moderación. Podría comer anguila, el alimento con más alto contenido de vitamina D y que supuestamente combate el cáncer del seno. Preferiría el pescado aceitoso, como la caballa, en lugar del pescado magro, puesto que el primero está lleno de ácidos grasos omega 3, los cuales supuestamente también bloquean el cáncer. Se abstendría de comer productos curados y salados. De comer carne sería pechuga de pavo sin la piel; nunca carnes curadas y ahumadas, como el tocino y el salami. Comería pan integral, sin mantequilla o margarina. Si utilizara aceite no sería del tipo tradicional, como el de maíz o el de cártamo. Preferiría el de oliva, el de canola o el poco corriente y consentido de los investigadores del cáncer: el de linaza.

Sería fanático de la ensalada y no dejaría de comerse las verduras jamás. No se cansaría nunca del bróculi, la zanahoria, el tomate, la cebolla y la naranja. Le encantaría el sabor del ajo, crudo o cocido. Tendería a preferir las frutas de colores vivos, como las fresas, las frambuesas, la sandía, la naranja, y sería un apasionado de las uvas rojas. Comería todo tipo de nueces, por su contenido de vitamina E y otros agentes anticancerosos, pero preferiría las del Brasil, por el selenio, las de nogal, por el ácido elágico, y las almendras, por el ácido oleico ... aunque no llegaría a comer más de la cuenta. Las personas delgadas que consumen menos calorías tienen menos probabilidades de ser víctimas del cáncer.

# ALIMENTOS QUE CONTRARRESTAN EL CÁNCER DEL SENO

Alimentos que pueden desestimular el cáncer del seno:
Repollo • Bróculi • Otras hortalizas de la familia de las crucíferas
• Frutas y hortalizas ricas en vitamina C • Fríjoles • Fríjoles de
soya • Pescado grasoso • Salvado de trigo • Aceite de oliva

**Alimentos que pueden fomentar el cáncer del seno:** Carne
• Alimentos ricos en grasa saturada • Aceites vegetales omega
6 como el de maíz • Alcohol

La alimentación puede influir sobre la posibilidad de contraer cáncer
del seno, la rapidez del crecimiento tumoral, la probabilidad de que
se produzca metástasis e incluso el resultado final de la enfermedad.
Claro está que son muchos los factores cruciales que intervienen en
el destino del cáncer del seno, pero la dieta se considera ahora uno
de los principales. Los investigadores han comenzado a descubrir los
mecanismos sorprendentes mediante los cuales los alimentos gobier-
nan lo que ocurre en las células, particularmente los sucesos relacionados con el estrógeno, para impedir que se manifieste el cáncer del
seno.

Hace mucho que se conoce uno de los hechos más significativos:
para escapar del cáncer del seno es preciso comer como lo hacen
las mujeres asiáticas. Por ejemplo, la probabilidad de contraer cáncer
del seno es cinco veces menor entre las japonesas que entre las

estadounidenses y las europeas; además, el crecimiento tumoral es más lento en las japonesas. No es precisamente cuestión de herencia. Cuando las japonesas van a vivir a otro lugar, como Hawai, y adoptan la dieta occidental, la incidencia de cáncer del seno aumenta entre ellas hasta niveles muy semejantes a los de las mujeres occidentales. ¿Sorprende entonces que los científicos crean que hay algo en la dieta asiática que previene el cáncer o algo en la dieta occidental que lo promueve, o ambas cosas?

Pasará mucho tiempo antes que los investigadores aclaren todo el misterio. Pero ya han comenzado a descubrir algunos de los secretos, y en este momento cuentan con pruebas suficientes para aconsejar a las mujeres que desean escapar del cáncer del seno acerca de lo que deben y no deben comer. Una de cada nueve mujeres estadounidenses contraerá cáncer del seno algún día. Esta enfermedad es, después del cáncer pulmonar, la segunda causa de muerte por cáncer. Sin embargo, algunas autoridades creen que cambiando la dieta se podría disminuir considerablemente la incidencia del cáncer del seno. Richard Peto, especialista británico, escribió en el *Journal of the National Cancer Institute* que con cambios en la dieta ¡se podrían prevenir hasta el 50% de todos los cánceres del seno en los Estados Unidos!

## LA SINGULAR INFLUENCIA DE LOS ALIMENTOS SOBRE EL CÁNCER DEL SENO

El cáncer del seno, al igual que los del útero y los ovarios, depende de las hormonas. Esto quiere decir que un exceso de la hormona femenina conocida como estrógeno al parecer estimula el crecimiento de esos tipos de cáncer. Por consiguiente, los alimentos que puedan interferir en el metabolismo o la absorción del estrógeno podrían contrarrestar parcialmente el cáncer del seno. Por ejemplo, algunos medicamentos, como el tamoxifeno, concebidos para tratar y prevenir el cáncer del seno, actúan reduciendo los efectos del estrógeno. Lo sorprendente es que varios alimentos pueden actuar sobre el estrógeno de una manera muy parecida a como lo hacen los fármacos. Así, los alimentos antagonistas del estrógeno poseen un mecanismo único para desestimular el cáncer del seno. Puesto que el estrógeno constituye un factor de riesgo durante toda la vida de la mujer, la dieta es importante para derrotar el cáncer tanto antes como después de la menopausia. Las mujeres premenopáusicas tienen más estrógeno, pero incluso después que los ovarios dejan de fabricar la hormona, cuando llega la menopausia, las células adiposas continúan produciendo algo de estrógeno, de tal manera que éste sigue existiendo en el organismo, con la consiguiente posibilidad de promover el cáncer del seno.

Algunos científicos sospechan que un exceso de estrógeno en la juventud puede acarrear el riesgo de que se desarrolle el cáncer más adelante. Así, una dieta antiestrogénica durante los años de juventud es una medida preventiva importante. Además, los niveles de estrógeno circulante pueden determinar la repetición del cáncer o su paso a otro sitio del cuerpo, incluso el otro seno. Por eso, aun después de aparecer el cáncer, es urgente prestar atención a los alimentos reguladores del estrógeno.

Por otra parte, ciertos compuestos de los alimentos ejercen un efecto tóxico directo sobre las células cancerosas, mientras que otros, especialmente diversos tipos de grasa, parecen estimular o bloquear el crecimiento del cáncer de alguna manera misteriosa.

Con base en los descubrimientos recientes, los siguientes son los alimentos que determinan la diferencia entre contraer o no la enfermedad y sobrevivir a ella.

 *Bueno:*

## EL REPOLLO

Incluya el repollo y sus parientes cercanos entre los primeros alimentos de su lista, si desea inmunizarse contra el cáncer actuando sobre el estrógeno. Hay alimentos que aceleran la eliminación del estrógeno en el organismo. Aceleran el metabolismo de la hormona, quemándola para que no haya suficiente para alimentar el cáncer. Eso es lo que hacen los compuestos del repollo y de otras crucíferas — bróculi, coliflor, coles de Bruselas —, según el doctor Jon Michnovicz y sus colegas del Instituto de Investigación Hormonal, de la ciudad de Nueva York. Sus estudios revelan que ciertos indoles contenidos en dichas hortalizas desactivan o eliminan el tipo de estrógeno capaz de promover el cáncer del seno.

En pruebas con hombres y mujeres, el compuesto del repollo

aceleró el proceso de desactivación del estrógeno en un 50%, dice el doctor Michnovicz. La dosis de prueba, como es usual, fue superior a la que una persona consumiría normalmente: 500 miligramos diarios de indol-3-carbinol, o sea la cantidad contenida en unas catorce onzas de repollo crudo. Pero una menor cantidad también quemaría el estrógeno, aunque en menor grado. Y se sabe que las mujeres en quienes el metabolismo del estrógeno es acelerado corren un menor riesgo de contraer los tipos de cáncer dependientes de las hormonas, como son los del seno, del útero y del endometrio, dice el doctor Michnovicz. En su opinión, las mujeres asiáticas presentan una menor incidencia de cáncer porque consumen muchas crucíferas, entre ellas el *bok choy*.

El doctor Michnovicz informa que, cuando alimentaron a ratones con indoles de origen vegetal, la tasa de cáncer disminuyó radicalmente. Los investigadores del Centro Eppley del Cáncer, de la Universidad de Nebraska, también observaron que en los animales alimentados con hortalizas crucíferas, especialmente con repollo y col rizada, disminuyeron tanto el desarrollo como la metástasis del cáncer del seno.

También hay concentraciones altas de los indoles anticancerosos en otros vegetales de la familia de las crucíferas, como la coliflor, el bróculi, las coles de Bruselas, las hojas de la mostaza y los nabos. Para obtener los mayores efectos, las verduras deben comerse crudas o ligeramente cocidas, aconseja el doctor Michnovicz. Cuando se cocinan en exceso se destruyen los indoles, con lo cual disminuye su efecto antiestrogénico y anticanceroso.

 *Bueno:*

## EL SALVADO DE TRIGO

Otra forma de derrotar al cáncer del seno limitando los niveles de estrógeno en la sangre consiste en comer salvado de trigo. Hay algo mágico en el salvado de trigo, mas no en otros salvados, que reduce notablemente los niveles de estrógeno circulante. Así lo determinó un estudio con sesenta y dos mujeres premenopáusicas, de edades entre veinte y cincuenta años, realizado por el doctor David P. Rose, de la Fundación Estadounidense para la Salud, en Nueva York.

Las mujeres consumieron diariamente de tres a cuatro panecillos con alto contenido de fibra a base de salvado de avena, salvado de maíz o salvado de trigo. De esa manera duplicaron el consumo de fibra de quince a treinta gramos aproximadamente. Al cabo de un mes la diferencia en los niveles de estrógeno en la sangre no era apreciable, pero al cabo de dos meses habían descendido en un 17% en las mujeres que consumieron el salvado de trigo. Los niveles de estrógeno no se modificaron en las mujeres que consumieron los panecillos de salvado de avena y de maíz.

La diferencia principal radica en que la fibra del salvado de trigo es muy insoluble, con lo cual proporciona a las bacterias del colon mucho trabajo. Eso, a través de una serie compleja de sucesos biológicos, hace que se libere menos estrógeno a la corriente sanguínea. ¿Cuánto salvado se necesita? La cantidad que en el estudio demostró ser eficaz se obtiene comiendo todos los días media taza de All-Bran o una taza y media de Bran Flakes de Kellogg's o seis cucharadas de salvado crudo sin procesar. Aunque el estudio se hizo con mujeres premenopáusicas, el doctor Rose dice que el salvado de trigo debe tener el mismo efecto en las mujeres postmenopáusicas.

De hecho, la fibra de trigo es mejor para suprimir el estrógeno de la sangre que la dieta baja en grasa, según otro estudio de la Facultad de Medicina de la Universidad Tufts. La investigadora Margo Woods informó que disminuyendo la grasa y aumentando la fibra se bloqueaba un tipo de estrógeno: el sulfato de estrona. Pero los niveles de estradiol, uno de los grandes implicados en el cáncer del seno, disminuyeron únicamente con la fibra. En los animales, la dieta baja en grasa y rica en fibra de trigo reduce a la mitad la incidencia de tumores de la mama. Otros estudios han revelado que la tasa de cáncer del seno es menor entre las mujeres que consumen una dieta rica en fibra.

---

*"Las mujeres occidentales deberían comer más fríjoles de soya, especialmente si tienen antecedentes familiares de cáncer del seno. Esto incluye los fríjoles, la proteína texturizada de soya, el tofu y la leche de soya".* — Kenneth Setchell, Centro Médico del Hospital Infantil de Cincinnati.

---

*Bueno:*

## LOS FRÍJOLES CONTRA EL CÁNCER DEL SENO

Los fríjoles, consumidos en buena cantidad, podrían proteger contra el cáncer del seno, por su contenido de fitoestrógenos, los cuales contribuyen a bloquear la actividad del estrógeno nocivo. Así lo afirma Leonard A. Cohen, Ph.D., investigador de la Fundación Estadounidense para la Salud, de Nueva York. El doctor Cohen dice que las mujeres hispanoamericanas del Caribe y de México sufren menos de cáncer del seno que las mujeres estadounidenses. Con base en uno de sus últimos estudios, el doctor Cohen cree haber encontrado la razón: las mujeres hispanoamericanas consumen el doble de leguminosas (principalmente fríjoles pintos, garbanzos y fríjoles negros) que las estadounidenses.

Las hispanoamericanas consumen en promedio tres cuartos de taza de fríjoles seis días por semana. Por su parte, las mujeres afroestadounidenses comen fríjoles sólo tres veces a la semana, mientras que las estadounidenses blancas lo hacen sólo dos veces en promedio. Los fríjoles poseen también varios compuestos anticancerosos, entre ellos inhibidores de la proteasa y los fitatos, dice el doctor Cohen.

 *Bueno:*

## FRÍJOLES DE SOYA: ¿EL ALIMENTO MÁGICO DE LOS JAPONESES?

Los fríjoles de soya también contienen compuestos capaces de actuar sobre el estrógeno, además de inhibir directamente el crecimiento de las células cancerosas. En teoría, entonces, podrían reducir el riesgo de cáncer del seno en las mujeres de todas las edades, de acuerdo con Stephen Barnes, Ph.D., profesor asociado de farmacología y bioquímica de la Universidad de Alabama. En efecto, uno de los compuestos del fríjol de soya tiene una gran semejanza química con el tamoxifeno, medicamento que se les administra a ciertas mujeres para prevenir el cáncer del seno y su metástasis.

Los fitoestrógenos de los fríjoles de soya contrarrestan el efecto nocivo del estrógeno de la misma manera que lo hace el tamoxifeno, por lo menos en animales. El doctor Barnes utilizó en sus experimentos una dieta rica en fríjol de soya con un grupo de animales y una dieta normal con otro grupo y luego los expuso a todos a los agentes carcinogénicos. La tasa de cáncer de la mama fue entre 40 y 65% *menor* en las ratas alimentadas con fríjoles de soya. El doctor Barnes y sus colegas han aislado el que consideran el agente anticanceroso más áctivo del fríjol de soya: la genisteína. Esta sustancia también previene los tumores de la mama en los animales. El doctor Barnes está estudiando la posibilidad de reducir los factores biológicos de riesgo de contraer cáncer del seno en mujeres a quienes les ha formulado unas cantidades determinadas de leche de soya.

Al parecer, el fríjol de soya protege a las mujeres asiáticas contra el cáncer del seno. Un estudio reciente reveló que un grupo de mujeres premenopáusicas de Singapur, que consumían el doble de la proteína de soya que el resto de la gente, tenían la mitad del riesgo de contraer cáncer del seno.

Se piensa que los fríjoles de soya son la razón principal por la cual el cáncer del seno es menos común entre las japonesas, concluyeron el doctor Herman Adlercreutz y sus colegas de la Universidad de Helsinki tras un estudio de las residentes de una aldea rural cerca de Kioto que aún consumen la dieta "tradicional" del Japón. Descubrieron que quienes comían la mayor cantidad de alimentos a base de soya tenían las concentraciones más altas de isoflavonoides en la orina. Los isoflavonoides son agentes anticancerosos que actúan especialmente contra el cáncer del seno y el de la próstata. Las mujeres estudiadas consumían tres onzas de productos de soya al día, entre ellos tofu (queso de soya), miso (pasta de soya), fríjoles fermentados y fríjoles hervidos.

En animales también se ha comprobado que el miso reduce tanto la presencia como el crecimiento de los tumores de la mama. Esto concuerda con la observación de que los cánceres del seno crecen más lentamente en las mujeres postmenopáusicas del Japón que en las caucásicas.

*NOTA: Al parecer, sólo la proteína de soya ofrece protección. Esto es válido para los fríjoles de soya, la proteína texturizada, la leche de soya, el tofu, el miso y el tempeh, pero no así para la salsa ni el aceite de soya.*

## LA PARADOJA DEL FRÍJOL DE SOYA Y EL ESTRÓGENO

Siendo que los fríjoles de soya contienen gran cantidad de estrógenos vegetales y el estrógeno promueve el cáncer del seno, ¿cómo podría la soya *prevenir* la enfermedad? Para los científicos es una paradoja. Parece que los fríjoles de soya imitan el estrógeno del organismo sin producir sus efectos nocivos, dice el doctor Barnes. Su teoría es que los fríjoles de soya contienen un análogo natural del tamoxifeno, sustancia que también es, extrañamente, un estrógeno con actividad antiestrogénica. Así, tanto los fríjoles de soya como el tamoxifeno parecen impedir que el estrógeno estimule los cambios malignos del tejido mamario, promoviendo a la vez efectos benéficos para el esqueleto y el sistema cardiovascular, dice el doctor Barnes.

Uno de los mecanismos mediante los cuales este compuesto activo de la soya podría interferir la acción del cáncer es adhiriéndose al sitio receptor del estrógeno en la célula, impidiendo el paso del estrógeno peligroso, promotor del cáncer. Así, lo que en realidad sucede es que mata al cáncer "por hambre", porque el estrógeno activo no puede unirse a la célula para cumplir con su vil tarea de alimentar a la célula cancerosa. Sin embargo, parece que los fríjoles de soya bloquean también el crecimiento de las células malignas mediante otro mecanismo que no tiene relación con el estrógeno. Los estudios de las células han demostrado que, por alguna razón misteriosa, los agentes de la soya detienen totalmente el crecimiento de las células cancerosas aunque no existan en ellas receptores del estrógeno a los cuales bloquear. Eso significa, dice el doctor Barnes, que los fríjoles de soya combaten el cáncer al menos de dos maneras diferentes. Por lo tanto, este alimento puede ser útil para prevenir el cáncer en las mujeres pre y postmenopáusicas, independientemente de las reservas de estrógeno.

 *Bueno:*

## BUSQUE COMIDA EN EL MAR

La comida de mar, en particular el pescado grasoso, también contribuye a bloquear el cáncer del seno. Así lo dice la doctora Rashida Karmali, profesora asociada de nutrición de la Universidad Rutgers, quien ha observado que con suplementos de aceite de pescado, equivalentes a la cantidad consumida por las mujeres japonesas en el pescado, se suprimen los signos biológicos del cáncer del seno en las mujeres con mayor riesgo de contraer la enfermedad. Además, un estudio canadiense sobre la situación en treinta y dos países, demostró que la incidencia y la tasa de mortalidad por cáncer del seno eran menores en países como el Japón, donde las mujeres consumen la mayor cantidad de pescado.

Más interesante todavía es que el aceite de pescado puede interferir el avance del cáncer una vez que éste aparece. George Blackburn, cirujano de Harvard, cree que el aceite de pescado puede contribuir a detener la metástasis del cáncer del seno. Según su teoría, el aceite de pescado refuerza la actividad del sistema inmunitario, el cual aniquila a las células cancerosas antes que puedan organizarse en tumores. También dice que el aceite de pescado impide que las células malignas errantes se arraiguen en otros sitios para formar nuevas colonias y tumores. En este momento, para probar su teoría, el doctor Blackburn realiza un amplio estudio con mujeres afectadas por la enfermedad.

 *Bueno:*

## LA PROTECCIÓN DE LA VITAMINA D

Hay nuevas pruebas de que las mujeres de edad que consumen pocos alimentos ricos en vitamina D tienen más probabilidades de contraer cáncer del seno, según Frank Garland, Ph.D., del Departamento de Medicina Familiar y Comunitaria de la Universidad de California, en San Diego. Esto contribuye a explicar el efecto protector del pescado, puesto que el pescado grasoso está lleno de vitamina D. El doctor Garland ha observado concretamente que la vitamina D obtenida de los alimentos detiene el cáncer del seno en las mujeres postmenopáusicas de más de 50 años, mas no en las mujeres que contraen la enfermedad siendo más jóvenes.

Infortunadamente, la mayoría de las mujeres estadounidenses consumen sólo una cuarta parte de la dosis diaria recomendada de vitamina D, o sea 200 UI (unidades internacionales) para las mujeres mayores de veintidós años. Las japonesas consumen seis veces esa cantidad, o sea 1 200 UI al día. Cuando se trasladan a los Estados Unidos, las mujeres japonesas disminuyen su consumo de vitamina D y su tasa de cáncer se eleva vertiginosamente. Además, la vitamina D reduce a la mitad la incidencia de cáncer en los animales. Todas las mujeres estadounidenses deberían consumir diariamente alimentos que contengan por lo menos 400 UI de vitamina D, dice el doctor Garland.

Las mejores fuentes de vitamina D son el pescado grasoso, como el salmón, las sardinas, la caballa, el arenque y el atún, y también la leche fortificada con vitamina D (descremada). Pero la fuente más abundante en vitamina D en el mundo es la anguila, popular en los bares de *sushi* en el Japón. En tres onzas y media de anguila hay cerca de 5 000 UI de vitamina D. (En la página 560 aparece una lista de los alimentos ricos en vitamina D.)

 *Bueno:*

## NUNCA SOBRA LA VITAMINA C

Coma frutas y hortalizas ricas en vitamina C, si desea reducir considerablemente el riesgo de contraer cáncer del seno y muchos otros tipos de cáncer a cualquier edad. La vitamina C es un antagonista formidable del cáncer del seno, de acuerdo con varias revisiones de las pruebas allegadas. Por ejemplo, los alimentos que contienen vitamina C ocuparon el primer lugar entre los agentes protectores, según el análisis de doce estudios importantes sobre dieta y cáncer del seno realizado por el Instituto Nacional de Cancerología del Canadá. De hecho, consumir poca vitamina C era peor que comer grasa en exceso.

Con base en este hallazgo, los investigadores pronosticaron que comiendo todos los días suficientes frutas y verduras para obtener 380 miligramos de vitamina C se podría reducir el riesgo de cáncer del seno en un 16% en la población femenina. Esa cantidad es aproximadamente seis veces mayor que la dosis diaria recomendada de vitamina C. Aún así, no es difícil obtener esa cantidad comiendo muchas frutas y verduras. (En las páginas 559-560 aparece una lista de los alimentos ricos en vitamina C.)

Los investigadores también descubrieron que la protección era mayor en el caso de las mujeres postmenopáusicas cuando disminuían también el consumo de grasa, en particular de grasa saturada proveniente de la leche y la carne. La conclusión es que la probabilidad de contraer cáncer del seno disminuye en un 10% al limitar el consumo de grasa saturada a un 9% de las calorías. Sin embargo, si las mujeres postmenopáusicas consumieran también 380 miligramos de vitamina C al día, la probabilidad disminuiría en un 24%.

En un estudio realizado en Italia con numerosas mujeres, se demostró que las hortalizas verdes, ricas en vitamina C, betacaroteno y otros carotenoides antioxidantes proporcionaban una protección especial contra el cáncer del seno. El riesgo de contraer cáncer del seno fue un tercio menor entre las mujeres que comían hortalizas verdes todos los días en comparación con aquéllas que comían una cantidad menor.

---

*Ni el café ni la cafeína promueven el cáncer del seno, aunque los dos contribuyen a la enfermedad fibroquística del seno. El doctor F. Lubin, de la Universidad de Toronto, quien estudió recientemente el tema, publicó en la revista* Cancer Letter *su conclusión de que no existe relación entre el cáncer del seno y el café u otras bebidas con cafeína.*

---

 **Bueno:**

## ¿BEBER O NO BEBER?

¿Contribuye el alcohol al cáncer del seno? Sí, de acuerdo con unas dos decenas de estudios, en los cuales se ha visto un riesgo mayor entre las mujeres que beben. Lo que no está claro aún es cuánto alcohol es peligroso y cuál es el mecanismo mediante el cual contribuye al riesgo de cáncer del seno.

En 1988, el investigador Matthew P. Longnecker, de la Escuela de Salud Pública de Harvard, trató de dilucidar esos interrogantes a través de un "metaanálisis" de todos los estudios pertinentes relacionados con el alcohol y el cáncer del seno. Encontró indicios "muy dicientes" de una relación de respuesta a la dosis entre el cáncer del seno y el alcohol. Un par de copas al día aumentaba el riesgo en un 50%, pero el peligro era mínimo con una sola copa al día. El doctor Longnecker determinó que el 13% del cáncer del seno en los Estados Unidos puede atribuirse al alcohol. Sin embargo, consideró tan leve el riesgo para las mujeres que beben tan sólo una copa o menos al día que no vio razón para recomendar que lo abandonaran del todo, en particular debido a que la protección que el alcohol en poca cantidad ofrece al corazón es superior al riesgo de producir cáncer. Otros estudios han dado mayor libertad aún, al señalar que dos copas al día no ofrecen peligro, aunque más sí.

*• CONCLUSIÓN • Beber una copa al día parece no ofrecer peligro y, por el contrario, ser benéfico. El alcohol en mayor cantidad implica cierto riesgo de promover el cáncer del seno, según varios especialistas. Si usted tiene antecedentes familiares de esta enfermedad, restrinja el consumo de alcohol a una copa al día.*

 *Malo:*

## LAS PARRANDAS SON UNA AMENAZA REAL

Las mujeres con cáncer del seno deben abstenerse de beber en exceso y por nada del mundo deben llegar hasta el punto de emborracharse, advierte la doctora Gayle Page, investigadora de la Universidad de California, en Los Ángeles. Hay pruebas de que un nivel alto de alcohol en la sangre contribuye a que el cáncer del seno invada otras partes del cuerpo, dice.

En sus estudios, ella y sus colegas administraron a ratas con cáncer de la mama suficiente alcohol para emborracharlas. Cuanto mayor el nivel de alcohol en la sangre, mayor era la probabilidad de que los tumores hicieran metástasis. Las ratas cuyo contenido de alcohol en la sangre era del 0.15% (cuatro o cinco copas en términos humanos) posteriormente presentaron el doble de metástasis pulmonares (tumores derivados del cáncer de la mama), en comparación con las ratas que no habían recibido alcohol. Los animales con un nivel de 0.25% de alcohol en la sangre presentaron ocho veces más tumores.

La metástasis se facilitó porque el alcohol suprimió el sistema inmunitario, en particular la actividad de las células asesinas naturales, que habrían podido destruir las células tumorales circulantes. "Es aterrador", dice la doctora Page, porque bastó un solo episodio de intoxicación para incitar la metástasis.

 *Malo:*

## EL PELIGRO DE LA GRASA

¿Puede el exceso de grasa desencadenar el cáncer del seno? En algunos estudios epidemiológicos se ha encontrado un vínculo con la grasa de la dieta, mientras que en otros no. Una de las pruebas más significativas fue la aportada por un estudio con 750 mujeres italianas, el cual demostró que las probabilidades de cáncer del seno eran tres veces mayores entre las mujeres que comían la mayor cantidad de grasas saturadas y proteína de origen animal. Otros estudios, entre ellos uno de Harvard, en el que se hizo seguimiento a cerca de 90 000 mujeres, no revelaron relación alguna entre el cáncer del seno y el consumo de grasa.

Aun así, hay pruebas de que el exceso de grasa puede influir sobre la diseminación y la virulencia de un cáncer del seno existente, la recidiva y las probabilidades de supervivencia. Algunos estudios demuestran que cuanto mayor sea la cantidad de grasa saturada en la dieta, mayor será la probabilidad de compromiso de los ganglios axilares y de metástasis, y cuanto mayor sea la cantidad de grasa total en la dieta, mayor será la probabilidad de morir a causa del cáncer del seno. La dieta baja en grasa puede ser una de las razones por las cuales la tasa de supervivencia a cinco años es 15% mayor entre las mujeres japoneses con cáncer del seno comparadas con las mujeres occidentales.

El peligro parece depender también del tipo de grasa. El peor tipo de grasa parece ser la saturada de origen animal y la del tipo omega 6 contenida en los aceites vegetales, como el de maíz. En animales alimentados con grandes cantidades de esos tipos de grasa, los tumores del seno crecen más rápido, alcanzan mayor tamaño y hacen metástasis más fácilmente. En contraste, el aceite de pescado omega 3 y el aceite de oliva desestimulan, al parecer, el crecimiento del cáncer del seno. Además, la tasa de cáncer del seno es baja entre las mujeres del Mediterráneo, que consumen grandes cantidades de aceite de oliva, lo mismo que entre las japonesas, que consumen mucho aceite de pescado y poca grasa animal. En los países donde es alto el consumo de grasa animal, también son elevadas las tasas de cáncer del seno.

En teoría, hay razones sólidas para sospechar que la grasa está implicada en el cáncer del seno. Por una parte, la grasa saturada de origen animal promueve el aumento de los niveles sanguíneos del estradiol, hormona considerada como indicador de propensión a la enfermedad. En un estudio del Instituto Nacional de Cancerología con setenta y tres mujeres postmenopáusicas sanas, se observó que al reducir el consumo de grasa del 38 al 20% de las calorías disminuía en 17% el nivel de estradiol. La dieta rica en grasa también deprime la actividad inmunitaria, impidiendo quizá que el organismo pueda luchar contra el cáncer.

---

*"Hay indicios de que la grasa de la dieta podría ser un mayor factor de riesgo para el cáncer del seno después de la menopausia que antes de ella".* — Lawrence H. Kushi, Escuela de Salud Pública, Universidad de Minnesota (Minneapolis).

---

 *Malo:*

## CUÍDESE DE LA GRASA SI TIENE CÁNCER DEL SENO

Si sufre de cáncer del seno, tenga mucho cuidado con la grasa, en particular la del queso, la mantequilla y la carne. Esa grasa de origen animal puede estimular la reaparición del cáncer después de su extirpación quirúrgica, de acuerdo con los resultados de un estudio realizado en Suecia con 220 mujeres. Los investigadores encontraron que el consumo de grasa estimulaba el crecimiento de los tumores nuevos dependientes del estrógeno; es decir, tumores con muchos receptores para el estrógeno. (La grasa no influyó sobre el crecimiento de los tumores que tenían pocos o ningún receptor para el estrógeno.) La teoría es que las dietas ricas en grasa aumentan las concentraciones de estrógeno en la sangre, el cual se convierte en alimento de tumores nuevos.

En el estudio sueco, entre las 220 mujeres, aquéllas que consumían normalmente la mayor cantidad de grasa tenían una probabilidad del 20% de que reapareciera el cáncer en los siguientes cuatro años después de la cirugía inicial.

Por lo tanto, aunque no hay seguridad de que el exceso de grasa produzca cáncer, la verdad es que sí estimula el crecimiento de los tumores existentes. Así opina Norman F. Boyd, del Instituto de Cancerología de Ontario, en Toronto, quien afirma que se puede salvar la vida tratando de impedir, por medio de una dieta baja en grasa, que reaparezca un cáncer detectado y extirpado.

---

*UNA DIETA CONTRA EL CÁNCER DEL SENO*

- Haya llegado o no a la edad de la menopausia, coma pescado grasoso y fríjoles — incluidos los de soya — para tratar de prevenir tanto la aparición como el crecimiento del cáncer del seno.

- Consuma alimentos que interfieran las actividades cancerígenas del estrógeno. Entre ellos se incluyen los fríjoles de soya, las hortalizas crucíferas y el salvado de trigo.

- Además, consuma hortalizas verdes, las cuales parece que desestimulan el cáncer del seno.

- Limite el consumo de alcohol a una copa al día.

- Para prevenir el cáncer del seno o frenar su crecimiento, consuma los ácidos grasos omega 3 y omega 9, contenidos en el pescado y en aceites monoinsaturados, como el de oliva. Limite las grasas saturadas de origen animal y también las del tipo omega 6, predominantes en los aceites de maíz, girasol, cártamo, y en las margarinas y grasas de panadería hechas con dichos aceites.

- Coma más como las mujeres japonesas, o como comían antes de la Segunda Guerra Mundial. Ésta es la dieta tradicional diaria de las japonesas: unas ocho onzas de fruta, nueve onzas de hortalizas, tres onzas de productos de soya (principalmente tofu), tres onzas y media de pescado y muy poca carne, leche y alcohol.

---

# CÁNCER DEL COLON: CÓMO LUCHAR CONTRA ÉL MEDIANTE LA DIETA

---

**Alimentos que ayudan a controlar el cáncer del colon:**
Salvado de trigo • Hortalizas, en especial repollo, bróculi, coliflor y otras de la familia de las crucíferas • Leche• Yogur • Comida de mar • Alimentos ricos en fibra, calcio y vitamina D

**Alimentos que pueden fomentar el cáncer del colon:** Alimentos ricos en grasa • Carne roja • Alcohol

---

## *ASÍ BLOQUEAN LOS ALIMENTOS EL CÁNCER DEL COLON*

Aunque haya antecedentes de cáncer del colon en su familia y aunque usted haya entrado en la edad madura, podrá vencer con la dieta esta enfermedad que podría ser mortal. Sorprendentes experimentos con seres humanos indican que los alimentos pueden intervenir, disminuyendo el ritmo de proliferación de las células propensas al cáncer en el intestino, e incluso eliminando o encogiendo esos pequeños brotes precancerosos conocidos como pólipos, los cuales pueden convertirse en tumores malignos. La teoría es que al controlar los alimentos el crecimiento acelerado y desordenado de las células, o al evitar la aparición posterior de los pólipos, el cáncer del colon no se hace realidad.

En pocas palabras, la alimentación contribuye a evitar que unos procesos mínimos y benignos se conviertan en grandes y catastróficos, e incluso impide nuevos brotes de la enfermedad después de una cirugía de cáncer del colon. Por lo tanto, los alimentos son agentes químicos poderosos y seguros para prevenir e incluso tratar este tipo de cáncer que afecta a cerca de 110 000 estadounidenses todos los años y mata aproximadamente a 50 000. En efecto, la dieta puede influir hasta en el 90% de estos casos, dice desde Oxford el médico británico Richard Peto, autoridad en cáncer del colon.

## NUNCA ES DEMASIADO TARDE

¿Ya entró en la edad madura? No desespere. Todavía está muy a tiempo para comenzar una dieta contra el cáncer del colon. Es maravilloso saber, dice el doctor Peter Greenwald, del Instituto Nacional de Cancerología, que quizá nunca sea demasiado tarde para interrumpir con la dieta el avance del cáncer del colon. Explica que ahora los científicos comprenden que el cáncer se puede detener "atacando" distintas etapas de la cadena progresiva de sucesos conducentes a la formación de los tumores. Los investigadores pueden juzgar los efectos de la dieta midiendo los "marcadores", entre los cuales están la proliferación celular y las pequeñas masas precancerosas denominadas pólipos. Por ejemplo, los médicos pueden saber con rapidez si un alimento ha fomentado o frenado los pólipos con sólo contarlos y medirlos mediante un examen interno del colon. Si los pólipos crecen, hay problema; si no lo hacen o si se encogen, todo va por buen camino.

"Eso es importante — dice el doctor Greenwald — porque la mayoría de estos cambios durante las fases de formación de los pólipos se presentan en personas que han entrado en los cuarenta, cincuenta o sesenta". Así, dice, ésas son edades críticas para intervenir y romper la cadena. "Estamos en capacidad de ejercer un efecto decisivo sobre el cáncer del colon y el recto, incluso en esas edades, modificando la dieta".

La clave está en descubrir los alimentos que fomentan o frenan estos cambios cataclísmicos en el colon. Los siguientes son los mejores para detener dichos cambios.

*Bueno:*

## UN ALIMENTO MILAGROSO PARA SALVAR A 50 000 ESTADOUNIDENSES

¿Qué sucedería si alguien descubriera un medicamento que pudiera reducir en un tercio o a la mitad las probabilidades de contraer cáncer del colon, previniendo 50 000 casos al año? ¿Y si, además, esa sustancia fuese totalmente inocua y no costara casi nada? ¿No sería aclamada como uno de los fármacos milagrosos del siglo? Bueno, la fibra de los alimentos tiene la capacidad asombrosa de prevenir el cáncer del colon en esa proporción, de acuerdo con el trabajo de un grupo de especialistas publicado en el *Journal of the National Cancer Institute*. Y la dosis de fibra que se necesita para realizar esta hazaña salvadora es insignificante.

Según el autor principal, Geoffrey R. Howe, Ph.D., de la Universidad de Toronto, si los estadounideses consumieran 13 gramos más de fibra al día (la cantidad contenida en un tazón de salvado de trigo rico en fibra), las tasas de cáncer del colon se reducirían en un 31%; es decir, 50 000 casos menos de cáncer colorrectal al año. Para hacer esta afirmación, él y sus colegas se basaron en el análisis de trece estudios recientes acerca del cáncer del colon y la dieta.

Para reducir la cifra en 50 000 casos al año, la mayoría de los estadounidenses tendrían que elevar el consumo de fibra en un 70%, según estos especialistas. La fibra se obtiene de los cereales, las frutas, las verduras, las leguminosas y las nueces. Todos esos alimentos contienen abundantes sustancias químicas anticancerosas, además de la fibra misma.

Aunque todos los estudios coinciden en demostrar que los alimentos ricos en fibra en general ayudan a detener el cáncer, hay algunos alimentos cuyo poder es especial. El salvado de trigo tiene la mejor reputación comprobada como arma formidable contra el cáncer del colon.

*Bueno:*

## EL PODER ASOMBROSO DEL ALL-BRAN

Aunque usted no haga ninguna otra cosa para protegerse contra el cáncer del colon, coma cereal de salvado de trigo. Este consejo surgió primero del estudio del doctor Jerome J. DeCosse, cirujano del Centro de Cáncer Sloan-Kettering Memorial, de Nueva York. El doctor DeCosse escogió cincuenta y ocho pacientes que habían heredado la tendencia "familiar" a los pólipos y, por tanto, tenían un riesgo alto de contraer cáncer del colon. Descubrió que con dos porciones (una onza o un tercio de taza cada una) del cereal All-Bran de Kellogg's se reducía el tamaño de los pólipos premalignos, frenando así su avance inevitable.

Durante cuatro años, los pacientes consumieron All-Bran o un cereal parecido pero bajo en fibra. Nadie, ni siquiera los médicos, sabía quién comía qué. El grupo del All-Bran consumía un total de veintidós gramos de fibra al día, y los demás apenas doce gramos, la cantidad usual que consumen los estadounidenses. Periódicamente se hacían exámenes endoscópicos del colon para medir los cambios en el crecimiento de los pólipos.

Una vez revelado el código, el doctor DeCosse descubrió que el tamaño y el número de los pólipos de todos los que habían comido All-Bran habían comenzado a disminuir a los seis meses. Los pólipos continuaron encogiéndose durante los siguientes tres años. Lo más notable es que esa pequeña cantidad de alimento pudiese ejercer un efecto tan grande sobre una enfermedad tan terrible en tan corto tiempo. Esto es ilustrativo de cómo intervenir por medio de la dieta sirve incluso durante las etapas tardías, cuando ya han aparecido las señales precancerosas de advertencia. Si los hallazgos son aplicables a la generalidad de las personas, significa que cualquiera que reciba un diagnóstico de pólipos del colon debe salir en busca de una caja de cereales, puesto que todavía tiene mucho tiempo para cortar la malignidad. Por lo general los pólipos tardan diez años en convertirse en tumores malignos.

*"Solamente el salvado de trigo y no el de avena u otros cereales ha demostrado ejercer un efecto de protección contra el cáncer".* — Bandaru S. Reddy, Fundación Estadounidense para la Salud.

 *Bueno:*

## COMA CEREALES DESPUÉS DE OPERARSE DE CÁNCER

Suponga que contrae un cáncer del colon y le extirpan el tumor. Por sorprendente que parezca, el salvado puede actuar como un medicamento y ayudar a que no se repita el cáncer. Así lo indica la investigación del doctor David S. Alberts, del Centro de Cáncer de Arizona, en Tucson. Pudo documentar que, después de extirparse los tumores malignos, el cereal All-Bran detuvo los cambios celulares que hubieran podido estimular la reaparición de los tumores en el colon o en el recto.

Durante dos meses, diecisiete hombres y mujeres que habían sido operados de cáncer colorrectal consumieron todos los días media taza de cereal All-Bran (13.5 gramos de fibra). Los investigadores midieron la tasa de proliferación de las células de la pared del recto, la cual es un buen signo para saber si puede repetirse o desarrollarse el cáncer. El All-Bran suprimió dicha tasa de proliferación rápida en la mitad del grupo de pacientes con mayor riesgo. Una vez más, los investigadores observaron la rapidez (apenas 60 días) con la cual este cereal rico en fibra frenaba "cualquier cosa que sea lo que estimule el cáncer del colon", según las palabras del doctor Alberts.

 *Bueno:*

## SÓLO EL SALVADO DE TRIGO SIRVE

No acepte sustitutivos. Nadie sabe realmente por qué sirve el salvado de trigo. Lo único que se sabe es que el ingrediente mágico parece no existir en otros cereales. En un estudio de los investigadores de la Fundación Estadounidense para la Salud, setenta y cinco mujeres comieron diariamente dos o tres panecillos de trigo, avena o maíz para obtener un total de 30 gramos de fibra durante ocho semanas. Sólo los panecillos de salvado de trigo suprimieron los cambios promotores del cáncer. Al parecer, el trigo contiene un tipo de fibra biológicamente activa u otros elementos constituyentes que atacan y vencen específicamente a los promotores del cáncer del colon. Una pista es que el salvado de trigo, pero no el de avena o de maíz, reduce la concentración de los ácidos biliares y las enzimas bacterianas presentes en las heces, los cuales se cree que promueven el cáncer del colon. Para algunos, el principal agente anticanceroso del trigo es el fitato, el cual ha demostrado, en experimentos con animales, que bloquea el cáncer del colon. El doctor DeCosse cree que la pentosa, un azúcar del trigo, podría ser un inhibidor activo de los pólipos.

*· CONCLUSIÓN · La persona que come muy poca fibra triplica las probabilidades de contraer pólipos. En un estudio de Harvard, la tasa de formación de pólipos entre los hombres que consumían la mayor cantidad de fibra — más de 28 gramos al día — era tres veces menor que entre los que comían la menor cantidad, o 17 gramos al día. La dosis protectora es la cantidad de fibra contenida en una taza de All-Bran, o de cereales con 100% de salvado. Lea la etiqueta para estar seguro.*

 *Bueno:*

## LA COMIDA DE MAR AHUYENTA LOS PÓLIPOS

Una de las formas más rápidas de detener el crecimiento de los pólipos y frenar el cáncer es comer mucho pescado grasoso. Así lo indican los resultados de un estudio de la Universidad Católica de Roma en Italia. Los investigadores observaron que el crecimiento de las células precancerosas del colon se detuvo en tan sólo dos semanas al dar aceite de pescado a los pacientes con pólipos. "Es una prueba muy prometedora de que el aceite de pescado puede interferir el proceso del cáncer en un tiempo increíblemente corto", dijo George Blackburn, de Harvard.

En el estudio, los hombres con pólipos consumieron dosis diarias de aceite de pescado o una cápsula falsa durante tres meses. En el

90% del grupo asignado al aceite de pescado, la proliferación celular, señal de actividad cancerosa, disminuyó un 62% en promedio. El proceso de crecimiento anormal se detuvo totalmente en uno de los pacientes. Además, los investigadores observaron que el crecimiento celular comenzaba a disminuir al cabo de tan sólo dos semanas.

Las dosis de aceite de pescado fueron relativamente altas: el equivalente de ocho onzas de caballa al día. Sin embargo, el doctor Blackburn dice que en un principio es necesaria esa "dosis de carga" para corregir una deficiencia de muchos años. Después quizá sea suficiente una cantidad menor para impedir que las células enloquezcan. Por esa razón, algunas autoridades en la materia creen que comer pescado con regularidad a lo largo de los años previene la formación de los pólipos y el desarrollo del cáncer del colon.

 *Bueno:*

## HAGA AMISTAD CON LAS HORTALIZAS

Siga el ejemplo del doctor Jim Duke, especialista en plantas medicinales y funcionario del Departamento de Agricultura de los Estados Unidos, quien tiene antecedentes familiares de cáncer del colon: comer muchas verduras. El doctor Duke cuenta que sus pólipos se redujeron radicalmente en tamaño cuando se propuso comer repollo crudo cada tercer día. Parece que otras verduras ricas en fibra también le hacen mella al cáncer del colon, según el doctor Greenwald. Su análisis de treinta y siete estudios realizados durante los últimos veinte años reveló que el consumo de verduras o de alimentos ricos en fibra reduce en un 40% las probabilidades de contraer cáncer del colon. El doctor Greenwald dice que le fue imposible determinar qué ofrecía mayor protección: si la fibra en sí o las hortalizas que contienen fibra junto con otros compuestos anticancerosos.

 *Bueno:*

## EL REPOLLO CONTRA EL CÁNCER DEL COLON

Entre las hortalizas, las mejores para protegerse contra el cáncer del colon son el repollo y sus primas crucíferas. Hay algo especial en estos vegetales — quizá la elevada concentración de indoles — que les da el poder para actuar contra el cáncer del colon. En el examen del doctor Greenwald, ocho de cada nueve estudios de "casos y controles" declaraban que las crucíferas, entre ellas el repollo, el bróculi, las coles de Bruselas y la coliflor, eran enemigas del cáncer del colon.

Las pruebas son contundentes y constantes. El primer estudio en traer al repollo a la escena del cáncer del colon fue uno realizado con una población masculina de Búfalo (Nueva York). Reveló que los que comían la mayor cantidad de hortalizas — en particular repollo, rallado en ensalada y en chucrut — eran menos propensos a contraer cáncer del colon. La probabilidad de llegar a sufrir de esta enfermedad era tres veces menor entre los hombres que comían repollo más de una vez a la semana, en comparación con quienes lo comían una vez al mes o nunca. El riesgo se reducía casi a la mitad incluso cuando el repollo se consumía una vez cada dos o tres semanas. Un estudio más reciente con 600 personas es el de la Facultad de Medicina de la Universidad de Utah. También éste reveló que el riesgo de contraer cáncer del colon era un 70% menor entre los hombres que consumían la mayor cantidad de crucíferas comparados con los que comían la menor cantidad. Los que comen repollo y otras crucíferas también presentan un menor riesgo de contraer pólipos premalignos.

Los indoles son probablemente los agentes anticancerosos más importantes de las crucíferas. Estas sustancias han demostrado proteger a los animales de laboratorio contra el cáncer del colon después de haberles administrado cancerígenos potentes. Parece que los compuestos del repollo actúan como antídoto contra los carcinógenos.

 *Bueno:*

## LA CONEXIÓN DEL CALCIO

No sea parco con los alimentos ricos en calcio, al parecer un antagonista del cáncer. Hay un número impresionante de estudios que indican que el calcio detiene unos acontecimientos fisiológicos desastrosos que conducen al cáncer del colon. El doctor Cedric Garland, director del centro cancerológico de la Universidad de California, en San Diego, señaló que la propensión a contraer cáncer del colon fue tres veces menor entre un grupo de hombres acostumbrados a beber un par de vasos de leche al día durante veinte años comparados con los que no bebían leche. El doctor Garland calcula que entre 1 200 y 1 400 miligramos de calcio al día podrían prevenir entre el 65 y el 75% de los cánceres del colon. En la actualidad, el consumo promedio de calcio es de 700 y 450 miligramos diarios entre los hombres y las mujeres de edad madura, respectivamente. Eso significa que dos o tres vasos adicionales de leche descremada diarios — cada uno de los cuales aporta 316 miligramos de calcio — podrían impedir que las células desordenadas se conviertan en tumores, especialmente en los casos de alto riesgo, aquéllos en que ya hay pólipos.

Una de las razones de este efecto es que el calcio puede suprimir la proliferación de las células superficiales del revestimiento interno del colon, previniendo así el crecimiento celular rápido, un signo de que se está incubando un cáncer. Cuando los investigadores del Hospital Ichilov, de Israel, administraron a treinta y cinco hombres y mujeres entre 1 250 y 1 500 miligramos de calcio durante tres meses, la proliferación anormal de las células se redujo en un 36% al cabo del primer mes, tal como se determinó mediante examen del colon. Además, al suspender el calcio reaparecieron las tasas anormales de proliferación. Los científicos del Hospital Henry Ford, de Detroit, observaron que administrando 1 250 miligramos de calcio al día durante sólo una semana lograban reducir a la mitad la actividad de las enzimas colónicas promotoras del crecimiento tumoral en algunos pacientes con pólipos. El calcio no surtió efecto en algunas personas.

---

*UNA TAZA DE LECHE, UNA PORCIÓN DE CEREALES Y ...*

Una combinación difícil de vencer como antídoto para el cáncer del colon es un tazón de cereales (con salvado de trigo) empapados en leche descremada. Eso determinaron investigadores suecos, al comparar las dietas de los pacientes operados de cáncer del colon con las de hombres y mujeres sanos durante un período de quince años. Dos alimentos se destacaron en la dieta de las personas sanas: cereales ricos en fibra y calcio. Además, consumían menos grasa.

*Bueno:*

## VITAMINA DE LA LECHE ATACA EL CÁNCER

También la vitamina D de la leche ofrece una posibilidad de suprimir el cáncer, según el doctor Garland, quien concluyó que los niveles de la vitamina D en la sangre sirven para predecir el riesgo de cáncer del colon. Para su estudio examinó el contenido de vitamina D de 25 620 muestras de sangre recogidas en Maryland en 1974; después comparó las tasas de cáncer del colon durante los ocho años siguientes y observó que el riesgo de contraer la enfermedad se reducía en un 70% en las personas que tenían altos niveles de la vitamina en la sangre. Un hecho fascinante revelado por este estudio es que la cantidad de vitamina D requerida para proteger el colon es mínima. Para obtener las concentraciones sanguíneas anticancerosas necesarias basta una dosis diaria de 200 UI de vitamina D, apenas la mitad de la dosis diaria que las autoridades médicas recomiendan para los hombres. Esa cantidad se obtiene con dos vasos de ocho onzas de leche enriquecida, dice el doctor Garland. Pero hay otros alimentos ricos en vitamina D, entre ellos la comida de mar.

 *Bueno:*

## LACTOBACILINA: TRIPLE POTENCIA CONTRA EL CÁNCER

Regale a su colon un poco de leche o de yogur preparados con cultivos de lactobacilina. Así agregará al calcio y a la vitamina D de estos dos productos otro posible antagonista del cáncer. Las investigaciones han demostrado que el *Lactobacillus acidophilus* ayuda a suprimir la actividad enzimática que convierte en agentes químicos cancerígenos las sustancias que de otra manera serían inocuas. Las pruebas se derivan de los estudios realizados por Barry R. Goldin y Sherwood L. Gorbach, importantes científicos del Centro Médico de Nueva Inglaterra. Durante un mes, los voluntarios bebieron dos vasos de leche pura al día. Después se cambiaron a leche con lactobacilina, con la cual se observó una disminución del 40 al 80% en la actividad enzimática peligrosa. Esto implica una supresión considerable de la actividad carcinogénica en el colon. La leche con lactobacilina que se consigue en el supermercado contiene básicamente la misma cantidad de cultivo utilizada en las pruebas. Algunos tipos de yogur también contienen lactobacilina. Verifique la etiqueta.

 *Bueno:*

## ¿HA PENSADO EN LA MERMELADA?

Ensaye la pectina, o sea la fibra de las manzanas y de otras muchas frutas y verduras; también promete ahuyentar el cáncer del colon, según el doctor Ivan Cameron, profesor de biología del Centro de Ciencia de la Salud de la Universidad de Texas, en San Antonio. Tras alimentar a ratas con pectina, una fibra soluble, observó en ellas una disminución del 50% en la tasa de cáncer del colon. (Además, se obtuvo el beneficio adicional de reducir los niveles de colesterol en un 30%.) El doctor Cameron dice que la pectina es "única" entre las fibras solubles, en lo que se refiere a su poder para inhibir el cáncer del colon. Se ha demostrado que, por lo general, la fibra insoluble, como la que contiene el trigo, bloquea el cáncer del colon. Hay pectina en la manzana, el banano, la pera, las ciruelas pasas, el albaricoque, la zanahoria, los fríjoles secos y las membranas blancas de los cítricos. "La mermelada es una fuente excelente de pectina", dice el doctor Cameron.

 *Malo:*

## LA GRASA ANIMAL: UN GRAN PELIGRO

Si tiene pólipos, cáncer del colon, antecedentes familiares de cáncer del colon, o alguna preocupación con respecto a dicha enfermedad, limite estrictamente la carne y la grasa animal. Hay pruebas sólidas de que la carne y la grasa animal promueven en gran medida el cáncer del colon.

En el mundo entero, las investigaciones han demostrado repetidamente que la incidencia del cáncer del colon es mayor entre las poblaciones que consumen la mayor cantidad de grasa animal. De acuerdo con Edward Giovannucci y sus colegas de Harvard, el consumo abundante de grasas saturadas duplica las probabilidades de contraer pólipos precancerosos. En su estudio de 7 248 hombres, la frecuencia de pólipos cancerosos fue la mitad entre los que consumían la menor cantidad de grasa saturada (el 7% de las calorías en grasa animal), comparados con quienes consumían el doble de dicha cantidad (el 14% de las calorías en grasa animal). La escasez de fibra también promovió la formación de pólipos, lo cual llevó a los investigadores a concluir que la grasa actúa con otras sustancias de los alimentos, entre ellas la fibra, determinando la probabilidad de que se produzca el cáncer del colon.

## ASÍ PROMUEVE EL CÁNCER LA GRASA

Una teoría indica que, cuando se consume mucha grasa, los microorganismos del colon fabrican más ácido biliar, el cual promueve el cáncer. Según el doctor Michael J. Wargovich, investigador del cáncer, "creemos que estos productos de la digestión de la grasa de la dieta lesionan el colon". Las células comienzan entonces a proliferar en un intento por sanar la pared del colon y, si la persona come demasiada grasa, el proceso se desboca, "perpetuándose en el colon", explica. Esa proliferación rápida y excesiva de las células puede estimular con el tiempo el desarrollo de pólipos y quizá de tumores malignos. El doctor Wargovich también plantea que uno de los mecanismos mediante los cuales el calcio, la fibra y otros constituyentes de los alimentos neutralizan la grasa carcinogénica es uniéndose a los ácidos biliares para impedirles lesionar el colon, y así desencadenan el proceso canceroso.

*"Analizando fríamente los datos [sobre el cáncer del colon], la verdad es que no se debería comer carne roja en absoluto".*
— Doctor Walter Willett, investigador de Harvard.

*Malo:*

## CUANTO MENOS CARNE ROJA, MEJOR

Huya de la carne roja, independientemente de la grasa. Los estudios indican que hay algo en la carne roja, además de la grasa, que la hace todavía más peligrosa. Por ejemplo, entre los noruegos, aquéllos que consumían la mayor cantidad de carne procesada presentaban las tasas más altas de cáncer del colon. En un estudio de seguimiento realizado en Suecia durante catorce años, la carne (vacuna y de cordero) fue el único alimento asociado con las más altas tasas de cáncer del colon.

El resultado más preocupante es el de un estudio realizado en Harvard durante seis años con más de 90 000 mujeres, bajo la dirección del doctor Walter Willett, de la Escuela de Salud Pública de Harvard. El estudio concluyó que, en lo que se refiere al cáncer del colon, no existe una cantidad inocua de carne roja. El doctor Willett y sus colegas determinaron que la probabilidad de contraer cáncer del colon era 250% mayor entre las mujeres que comían un plato principal a base de carne todos los días — unas cinco onzas de carne vacuna, de cerdo o de cordero — en comparación con las que consumían carne roja menos de una vez al mes. Y cuanto mayor era la cantidad consumida, más grande era el riesgo. Además, incluso entre las mujeres que comían carne roja con poca frecuencia — una vez a la semana o una vez al mes —, el riesgo era 40% mayor, en comparación con las mujeres que la consumían menos de una vez al mes. En realidad, ninguna cantidad de carne demostró ser inocua, es decir, que no promoviera el cáncer del colon.

En cambio, el pescado y el pollo poseen, al parecer, la propiedad de prevenir el cáncer del colon. El pescado, consumido dos o cuatro veces por semana, redujo en un 25% las probabilidades de contraer la enfermedad. El riesgo se redujo en un 50% consumiendo pollo sin piel todos los días. Una explicación posible, dice el doctor Willett, es que el tipo de grasa del pollo y del pescado inclina la balanza en una dirección favorable. Las probabilidades también disminuyeron al aumentar el consumo de fibra.

El doctor Willett, quien no come carne, dice que los resultados se aplican por igual a hombres y a mujeres.

*Bueno:*

## ASPIRINA DE LOS ALIMENTOS, ¿ANTÍDOTO?

No descuide las frutas. Las frutas tienen algo más que la fibra para prevenir el cáncer del colon, según una nueva teoría bastante curiosa. "Ha llegado un nuevo agente de lucha contra el cáncer del colon", según dice Tim Byers, del Centro de Control de las Enfermedades. Se trata de la aspirina. Un amplio estudio reveló que el cáncer del colon se reduce radicalmente con una aspirina al día. Eso nos lleva a preguntarnos sobre la aspirina natural de los alimentos, los llamados salicilatos. Son muchos los alimentos que los contienen. Por lo tanto, ¿contribuirían estos alimentos a frenar el cáncer del colon? El doctor Byers no descarta la posibilidad. "Por lo menos es todo un campo nuevo de estudio en el cual vale la pena adentrarse", dice. Los alimentos más ricos en salicilatos son las frutas, sobre todo las manzanas, los dátiles y las bayas. (En la página 534 encontrará una lista de dichos alimentos.)

 *Malo:*

## EL CÁNCER DEL COLON DE LOS BEBEDORES

Cuídese del exceso de alcohol. La mala noticia es que la bebida en exceso puede duplicar o triplicar las probabilidades de contraer cáncer del colon y del recto y, en general, cuanto más alcohol se consuma, mayor será la probabilidad de malignidad. Ésa fue la conclusión de los investigadores australianos que analizaron 52 estudios con seres humanos sobre el tema. La mayor culpable fue la cerveza. Los licores demostraron ser menos peligrosos, mientras que el más inocuo fue el vino. También atribuyeron los pólipos a la bebida. Aún no está claro el mecanismo por el cual el alcohol promueve el cáncer del colon. Los investigadores plantearon la posibilidad de que el consumo constante de alcohol pueda suprimir el funcionamiento de la inmunidad en forma crónica, restándole al organismo la capacidad de combatir el proceso canceroso. También es posible que algunas bebidas, en particular la cerveza, contengan carcinógenos tales como las nitrosaminas.

## CONSEJOS PARA PREVENIR EL CÁNCER DEL COLON

- Todas las investigaciones apuntan en la misma dirección, demostrando que hay dos cosas de vital importancia para prevenir el cáncer del colon: comer con regularidad cereal rico en salvado de trigo y evitar la carne roja y la grasa de la carne. En caso de comer carne, prefiérala asada o preparada en el horno de microondas, en lugar de hacerla a la plancha o a la parrilla.

- Dedíquese a comer más hortalizas, especialmente las de la familia de las crucíferas, como el repollo, el bróculi, la coliflor y las coles de Bruselas. Al parecer, comer crucíferas dos o tres veces a la semana ayuda mucho a prevenir el cáncer del colon. No es necesaria una dosis diaria de repollo, y en realidad podría ser nociva en algunos casos. Estos vegetales suministran fibra, además de otros compuestos, como los indoles, que han demostrado ser antídotos para el cáncer del colon en los estudios con animales.

- Coma pollo y pescado, los cuales parecen contrarrestar la propensión al cáncer del colon. Si ya tiene pólipos, podría eliminarlos comiendo grandes cantidades de pescado grasoso.

- La leche descremada y el yogur sin grasa, especialmente si contienen lactobacilina, también forman parte del régimen contra el cáncer del colon. Si no tolera la leche, consuma yogur.

- Restrinja la bebida a un máximo de dos copas al día, y cuídese de la cerveza.

- Estos cambios en la dieta son todavía más urgentes si ha sido operado de cáncer del colon o si tiene pólipos que pueden convertirse en tumores cancerosos. Si éste es su caso, piense en salvarse con uno o dos tazones de All-Bran (u otro cereal con un contenido equivalente de salvado de trigo) con leche todos los días, como remedio natural casi tan eficaz como los medicamentos.

El alcohol representa una amenaza seria para el colon sigmoide, la parte en forma de S que está contra la pelvis. De acuerdo con un estudio de diecisiete años con 26 118 japoneses mayores de cuarenta años, la probabilidad de contraer cáncer del colon sigmoide era cuatro veces mayor en los bebedores que en los que no bebían. También en este estudio, la mayor culpable fue la cerveza. Las personas que bebían cerveza todos los días aumentaban en trece veces sus probabilidades de contraer cáncer en esa parte del colon. La probabilidad de llegar a sufrir de cáncer del colon fue cuatro a seis veces mayor entre los consumidores de sake y shochu, el vino de arroz de los japoneses. El consumo excesivo de carne también demostró ser nocivo.

 *Malo:*

## EL PELIGRO DE LA CERVEZA PARA EL CÁNCER RECTAL

La cerveza es especialmente causante del cáncer del recto. Un estudio de la Universidad Estatal de Nueva York, en Búfalo, reveló que los hombres que consumen dos o tres cervezas al día durante toda su vida tienen un mayor peligro de contraer cáncer rectal. Pero no se observó lo mismo entre los bebedores de vino y de licor. Se necesitaron más copas al día — un mínimo de cuatro — para aumentar las probabilidades. Los científicos creen que el alcohol por sí solo estimula el cáncer rectal, pero que la cerveza conlleva el riesgo adicional de otros químicos cancerígenos.

Los investigadores suecos están de acuerdo, basados en un seguimiento de diecinueve años a 6 230 trabajadores de las cervecerías. En comparación con la población sueca en general, estos trabajadores presentaron tasas más elevadas de todos los tipos de cáncer, pero de cáncer rectal en particular. Los trabajadores de las cervecerías consumían siete veces más cerveza que sus compatriotas.

# ¿SE DEBE EL CÁNCER PULMONAR A UNA DEFICIENCIA DE HORTALIZAS?

> **Alimentos que previenen el cáncer pulmonar:** Cualquier hortaliza de hoja verde; cuanto más oscura mejor • Cualquier fruta u hortaliza de color anaranjado; cuanto más intenso el color mejor • Zanahoria • Bróculi • Espinaca • Col • Lechuga de color verde oscuro • Col rizada • Coles de Bruselas • Auyama • Batata • Té verde • Fríjoles • Leche baja en grasa
>
> **Alimentos que pueden prolongar la supervivencia:** Todas las hortalizas especialmente el bróculi y el tomate

## ATENCIÓN, FUMADORES Y EX FUMADORES: ESTO ES LO QUE DEBEN COMER

No vacile un instante. Si usted es fumador o exfumador, si vive o comparte el espacio con fumadores o tiene alguna otra razón para creer que es vulnerable al cáncer del pulmón, dedíquese a comer frutas y verduras todos los días, especialmente zanahoria, bróculi y otras hortalizas de hojas verdes. Es sorprendente, pero una zanahoria adicional al día, media taza de vegetales anaranjados o de color verde oscuro, una tajada de fruta o un jugo de frutas todos los días, o más de una vez por semana, podría ser la diferencia entre contraer y no contraer cáncer pulmonar. En efecto, esa mínima cantidad parece reducir a la mitad o más la probabilidad de contraer la enfermedad. Parece también que consumir verduras después que se produce el cáncer ayuda a combatirlo, disminuyendo el ritmo de proliferación y prolongando así la vida.

Podría sonar ridículo que un trozo de zanahoria, un flósculo de bróculi o una hoja de espinaca sirvieran para combatir esa forma tan temida de cáncer. Sin embargo, es una posibilidad que reconocidos científicos del mundo entero comienzan a tomar muy en serio. Las publicaciones médicas los respaldan ampliamente. En un análisis de numerosos estudios, Gladys Block, Ph.D., quien trabajaba anteriormente con el Instituto Nacional de Cancerología y lo hace ahora con la Universidad de California, en Berkeley, encontró que treinta de treinta y dos estudios relacionados con el efecto de la dieta sobre las probabilidades de contraer cáncer pulmonar señalaban las frutas y las verduras como potentes antídotos.

"Es asombroso — dice Tim Byers, epidemiólogo del Centro para el Control y la Prevención de las Enfermedades —. De todos los cánceres, los de los fumadores, en especial los del pulmón y la garganta, presentan una relación estrecha con la dieta. Uno tras otro, los estudios realizados en los cinco continentes demuestran que la deficiencia de frutas y verduras en la dieta aumenta el riesgo de esos tipos de cáncer". Señala que el tabaco tiene un "efecto sinergístico"; es decir, que su efecto cancerígeno es mucho mayor en las personas que se "alimentan mal".

---

*"Los fumadores deberían cambiar los nocivos cigarrillos por palitos de zanahoria y fríjoles de soya".* — James Duke, Ph.D., Departamento de Agricultura de los Estados Unidos.

---

Si usted fuma o fumó alguna vez, no puede darse el lujo de vivir con una "deficiencia de verduras". Es una nueva perspectiva desde la cual la tragedia del cáncer del pulmón no se ve únicamente como una maldición del tabaco y de la contaminación del siglo XX, sino también como una deficiencia alimentaria que podría contrarrestarse en parte mediante la "prevención con plantas comestibles": infusiones de medicamentos naturales para impedir que las células pulmonares sufran daño prematuro. El doctor John Potter, epidemiólogo de la

Universidad de Minnesota, dice que las frutas y las verduras son "nutrimentos esenciales" para combatir el cáncer, en especial el pulmonar.

 *Bueno:*

## TODOS APLAUDEN LA QUÍMICA DE LA ZANAHORIA

Aprenda a gustar de las hortalizas más anaranjadas y más verdes. Las frutas y las verduras de todo tipo podrán rescatar a sus pulmones de los estragos del cáncer, pero las mejores son las ricas en betacaroteno, un pigmento anaranjado aislado de la zanahoria hace 150 años. El betacaroteno se encuentra concentrado en los vegetales de color anaranjado y verde (la clorofila verde oculta el anaranjado), y cuanto más oscuro sea el color, mayor será la cantidad de betacaroteno. Esta sustancia, que contrarresta el cáncer pulmonar, ha sido descrita como la "píldora para la mañana siguiente", porque anula el cáncer en los animales alimentados con cancerígenos potentes.

En los seres humanos, la probabilidad de contraer cáncer pulmonar se reduce en un 40 a 70% en los consumidores asiduos de betacaroteno, según lo indican casi todos los estudios epidemiológicos realizados durante los últimos diez años. Un estudio típico es el de la Universidad Estatal de Nueva York, en Búfalo. Demostró que consumiendo vegetales ricos en betacaroteno más de una vez por semana disminuía notablemente el riesgo de contraer cáncer, al compararlo con el riesgo de las personas que no comían dichos vegetales. Una simple zanahoria cruda al menos dos veces por semana reducía las probabilidades en un 60%; con más de una taza de bróculi crudo por semana, las probabilidades se reducían en un 70%, y con la espinaca cruda en un 40%.

## UNA BOMBA DE TIEMPO EN SU CORRIENTE SANGUÍNEA

No permita que bajen los niveles de betacaroteno en su sangre. Si no come suficientes verduras, esos niveles se reducen y se convierten en una bomba de tiempo: un factor de predicción bastante sombrío sobre la posibilidad de morir a causa del cáncer, concretamente del pulmón. En un estudio sin precedentes, Marilyn Menkes, Ph.D., de la

Universidad Johns Hopkins, hizo el seguimiento de las personas que en 1974 habían donado muestras de sangre para analizar el contenido de betacaroteno. Descubrió que en 1983 noventa y nueve de los donantes habían contraído cáncer pulmonar. Comparó los niveles de betacaroteno en la sangre de las víctimas del cáncer con los de otros donantes no afectados por la enfermedad.

El resultado fue sorprendente. La tasa de cáncer pulmonar era dos veces mayor entre los que tenían los menores niveles de betacaroteno en la sangre comparados con los que tenían los niveles más altos. Más sorprendente aún fue que la ausencia de betacaroteno en la sangre servía para predecir exactamente la aparición, cerca de diez años después, del tipo más letal de cáncer pulmonar en los fumadores: el carcinoma escamocelular, una especie de cáncer de la piel que afecta el revestimiento de los pulmones. Se demostró que el simple error de no consumir alimentos ricos en betacaroteno tenía consecuencias abrumadoras. Las probabilidades de contraer este temido cáncer "del fumador" se cuadruplicaron en las personas que tenían los niveles más bajos de betacaroteno en la sangre, comparadas con quienes tenían los niveles más altos.

El Instituto Nacional de Cancerología está utilizando cápsulas del compuesto de la zanahoria en miles de personas participantes en catorce estudios a gran escala en el mundo entero, para determinar si contribuye a prevenir el cáncer. Cinco de los estudios están dirigidos concretamente al cáncer del pulmón.

---

*"Comer una zanahoria más al día podría ayudar a prevenir entre 15 000 y 20 000 muertes por cáncer pulmonar al año".*
— Marilyn Menkes, Ph.D., investigadora del cáncer, Universidad Johns Hopkins.

---

 *Bueno:*

## UN POCO DE CAROTENO AL DÍA

Coma zanahoria, batata, espinaca y otras verduras de hojas todos los días. Un poco al día es mejor que nada. Media taza o una taza completa es todavía mejor. La cantidad de caroteno necesario para prevenir el cáncer pulmonar depende de factores individuales tales como la herencia, el grado de daño causado por el cigarrillo y la capacidad para absorber el betacaroteno. Pero la diferencia en las cantidades que se deben consumir es mínima entre los más propensos y los menos propensos a contraer la enfermedad. Regina Ziegler, Ph.D., del Instituto Nacional de Cancerología, calculó que la diferencia diaria para los hombres ex fumadores con el mayor y el menor riesgo es apenas de media taza de hortalizas anaranjadas o verdes. Así mismo, los investigadores de la Universidad Estatal de Nueva York, en Búfalo, calcularon que la dosis protectora se consigue con una zanahoria al día.

Los investigadores británicos del Fondo Imperial para la Investigación sobre el Cáncer, de Oxford, redujeron la diferencia a tan sólo un trozo adicional de zanahoria al día. En un estudio de 193 hombres, los investigadores calcularon que la probabilidad de contraer cáncer pulmonar era de tan sólo un 45% entre quienes consumían apenas 2.7 miligramos de betacaroteno al día comparados con quienes consumían sólo 1.7 miligramos. La diferencia en la dosis protectora fue tan sólo de un miligramo. Una zanahoria mediana contiene cerca de seis miligramos de betacaroteno. En el estudio se halló una respuesta a la dosis: cuanto mayor sea la cantidad de betacaroteno, menores serán las probabilidades de contraer cáncer pulmonar.

En teoría, el poder anticanceroso del betacaroteno radica en su efecto antioxidante y en su capacidad para aumentar las defensas inmunitarias importantes para prevenir y combatir el cáncer.

*NOTA: Los estudios no revelan una dosis óptima para luchar contra el cáncer, porque hasta las personas que comen la mayor cantidad de alimentos ricos en betacaroteno consumen poca cantidad. El efecto benéfico de comer dos o tres zanahorias al día o dosis comparables de betacaroteno no ha sido probado y se desconoce por ahora. ¿Quién lo sabe? Optar por comer grandes cantidades de verduras al día — cinco porciones o más — podría producir un efecto mucho mayor que el que se prevé en la actualidad.*

*Bueno:*

## EL ARMA SECRETA DE LAS VERDURAS Y LOS FRÍJOLES

Dote a sus pulmones de las municiones químicas para reforzar la resistencia celular, a saber: ácido fólico o folato, una vitamina del complejo B. Es otro protector potente concentrado en las hortalizas de hojas verdes. Douglas Heimburger, investigador de la Universidad de Alabama, descubrió la importancia decisiva del ácido fólico para prevenir el cáncer del pulmón. Midiendo los niveles del ácido fólico en el tejido pulmonar de hombres con y sin cáncer, descubrió que las víctimas de la enfermedad tenían mayores probabilidades de presentar una deficiencia localizada de esta vitamina B en el tejido pulmonar. Esta falta, dice, produjo mayores rupturas cromosomáticas en las células, aumentado su propensión a formar tumores.

Los fumadores también tuvieron niveles mucho más bajos de ácido fólico en la sangre, como era de esperarse, lo cual indica que la predisposición al cáncer pulmonar puede deberse en parte a una "deficiencia de verduras". El ácido fólico se encuentra concentrado en las espinacas, la col rizada, las hojas de nabo y de remolacha, el bróculi y las coles de Bruselas. También existe en cantidades apreciables en todo tipo de fríjoles secos, entre ellos los fríjoles de soya. El ácido fólico puede ser otra arma secreta que explique por qué los aficionados a los vegetales de hojas verdes son más inmunes al cáncer pulmonar.

 *Bueno:*

## COMA TOMATE Y REPOLLO TAMBIÉN

Apueste en todos los frentes. Comer todo tipo de verduras le ayudará a salvarse del cáncer pulmonar. El betacaroteno y el ácido fólico no son los únicos agentes capaces de luchar contra el cáncer pulmonar. Un amplio estudio del Centro de Investigaciones para el Cáncer de la Universidad de Hawai demostró que todas las hortalizas, entre ellas las de color verde oscuro, las crucíferas y los tomates, disminuyen notablemente el riesgo de cáncer del pulmón; más aún que el betacaroteno por sí solo. En las mujeres y los hombres que comían esta variedad de verduras, la tasa de cáncer era siete y tres veces menor, respectivamente, mientras que el betacaroteno por sí solo apenas redujo las probabilidades tres y dos veces en mujeres y hombres, respectivamente. Esto indica que otros carotenoides, como la luteína, el licopeno y los indoles, aparte del betacaroteno, los cuales se encuentran normalmente en las verduras, contribuyen también en gran medida a combatir el cáncer pulmonar.

 *Bueno:*

## *EL TÉ PROTEGE A LOS ANIMALES CONTRA EL CÁNCER PULMONAR*

Si desea proteger sus pulmones, beba más té. Ni siquiera entre los japoneses que fuman es tan alta la tasa de cáncer pulmonar como en los Estados Unidos. Una razón podría ser que los japoneses consumen grandes cantidades de té verde, según el doctor Fung-lung Chung, investigador de la Fundación Estadounidense para la Salud, en Nueva York. Sus experimentos realizados en ratones demuestran que un compuesto del té verde neutraliza uno de los agentes del tabaco conocido por su potente efecto cancerígeno y su papel en el cáncer pulmonar de los fumadores. En los ratones a los cuales se les dio té verde y el compuesto concentrado en agua, la incidencia del cáncer pulmonar fue entre un 30 y un 45% menor que en los ratones que recibieron agua pura. Otros estudios realizados en Estados Unidos y Japón demuestran básicamente lo mismo. El doctor Hirota Fujiki, funcionario del Instituto de Investigaciones del Centro Nacional de Cáncer del Japón, dice que la protección que ofrece el té es "impresionante" y afirma que "beber té verde podría ser uno de los métodos más prácticos para prevenir el cáncer en el común de la población". El té negro corriente, común en los supermercados, contiene una menor cantidad del compuesto que previno el cáncer pulmonar en los ratones. El té verde se consigue en los mercados asiáticos y también en las tiendas especializadas y en algunos supermercados.

## ¿QUÉ BENEFICIOS OFRECEN ESTOS ANTÍDOTOS A LOS FUMADORES?

La verdad es que los fumadores de ahora y antes, y también los no fumadores, se protegen en distinta medida contra el cáncer pulmonar comiendo más verduras y otros alimentos conocidos por su poder para prevenir la enfermedad. Aun así, muchos investigadores prefieren no mencionar ese hecho, para no restarle importancia al peligro del cigarrillo. En efecto, algunos estudios indican que los mayores beneficiarios de las verduras son aquéllos que todavía fuman o que han dejado de hacerlo hace poco. Un estudio realizado en Hawai reveló que las verduras tenían un mayor efecto protector en los hombres que fumaban mucho o que habían dejado de hacerlo hacía poco, y en las mujeres que fumaban poco o que habían fumado durante mucho tiempo. Otros estudios señalan que las frutas y las verduras benefician mucho más a los ex fumadores, pero que incluso los que todavía fuman obtienen un alto grado de protección.

Claro está que esto no significa en absoluto que usted deba dedicarse a comer grandes cantidades de verduras para continuar fumando impunemente, con la esperanza inútil de que los remedios de la naturaleza lo salven de un futuro cáncer del pulmón. La medida más importante y eficaz es dejar de fumar. No hay manera de que la dieta pueda compensar totalmente el daño que usted se produce al llenarse los pulmones de humo. Incluso los más fervientes consumidores de verduras anticancerosas que continúan fumando son diez veces más propensos al cáncer pulmonar que los no fumadores, según un especialista.

Sin embargo, si usted insiste en fumar, es muy conveniente que se dedique a comer frutas y verduras, a fin de reducir el riesgo lo más posible. Y los que han dejado de fumar deben saber que esos alimentos aceleran el proceso de recuperación, al limpiar los tejidos pulmonares y eliminar más pronto la amenaza del cáncer. La ingestión constante de agentes antioxidantes y anticancerosos puede ayudar a interrumpir el largo y lento avance hacia el cáncer pulmonar que se prolonga durante años después que la persona ha dejado de fumar.

Las investigaciones de Richard Shekelle, Ph.D., de la Universidad de Texas, en Houston, revelaron que hasta los hombres que llevaban mucho tiempo fumando — algunos durante treinta años — podían encontrar salvación en las verduras. El riesgo de contraer cáncer pulmonar fue siete veces mayor entre quienes consumían la menor cantidad de alimentos con betacaroteno, comparados con los que consumían la mayor cantidad.

---

*"Una dieta relativamente rica en betacaroteno puede reducir el riesgo de contraer cáncer pulmonar incluso entre las personas que han fumado durante muchos años".* — Richard Shekelle, Ph.D., Universidad de Texas (Houston).

---

## HORTALIZAS PARA LOS FUMADORES PASIVOS

¿Y si nunca ha fumado? Comer "lo indicado" también puede salvar del cáncer pulmonar a los no fumadores. En un grupo de "fumadoras pasivas" (expuestas al humo de otros) de Nueva Jersey, el riesgo de cáncer se redujo casi a la mitad con una taza adicional de hortalizas anaranjadas todos los días. En otro estudio, los investigadores analizaron a un grupo de ochenta y ocho mujeres de Hong Kong, entre las cuales muchas que, pese a no haber fumado jamás, padecían de cáncer pulmonar. Algunos alimentos proporcionaron un alto grado de protección contra los tumores pulmonares, en particular las hortalizas de hojas verdes, la zanahoria, el tofu y otros productos de soya, las frutas frescas y el pescado fresco. También en ese estudio las verduras ejercieron un efecto profundo. Las mujeres que consumieron la mayor cantidad de zanahoria, hortalizas frescas de hojas verdes y frutas frescas redujeron sus probabilidades de contraer cáncer en 90, 70 y 40%, respectivamente.

## QUÉ DEBE COMER SI TIENE CÁNCER PULMONAR

Aunque le hayan diagnosticado un cáncer pulmonar, de todas maneras le conviene comer más hortalizas y frutas. Le ha llegado el momento en que los alimentos no sólo le ayudarán a frenar el cáncer sino también a tratarlo activamente. Los profesionales de la medicina alternativa han aconsejado desde hace mucho tiempo la dieta vegetariana o macrobiótica para las personas con cáncer, incluido el del pulmón. Ahora, la medicina tradicional recibe cada vez más pruebas de que las frutas y las verduras pueden ser una buena opción para los pacientes con cáncer pulmonar. Investigaciones recientes demuestran que las sustancias contenidas en los alimentos, como el betacaroteno, pueden atacar y destruir las células tumorales y retardar el crecimiento y la diseminación de los tumores. En un informe reciente, el Centro de Investigación sobre el Cáncer, de la Universidad de Hawai, en Honolulú, indicó que los poderes quimioterapéuticos de los vegetales frenaban el avance y la virulencia del cáncer, prolongando el tiempo de vida.

En ese estudio participaron 463 hombres y 212 mujeres con cáncer del pulmón. Los investigadores descubrieron que comiendo grandes cantidades de verduras de todo tipo las mujeres duplicaban su tiempo de vida. Aquéllas que consumían la mayor cantidad de hortalizas, especialmente bróculi, podían sobrevivir treinta y tres meses, en comparación con sólo dieciocho en el caso de las que comían la menor cantidad de verduras. Las frutas, y el tomate concretamente, también prolongaron la vida. Entre los hombres con cáncer pulmonar, aquéllos que consumieron la mayor cantidad de tomate y naranja prolongaron su tiempo de vida. Los investigadores les conceden el crédito a los compuestos contenidos en las verduras y las frutas. Los "candidatos" más probables fueron el licopeno del tomate y los carotenoides de las otras verduras, entre ellos el betacaroteno que, en tubos de ensayo, ha demostrado destruir las células tumorales humanas mediante mecanismos diversos.

*LOCURA POR LAS HORTALIZAS: LA MEJOR DIETA*

- La mejor solución dietética para escapar del cáncer del pulmón, ya sea que usted haya fumado o no, es comer muchas verduras, en especial las ricas en carotenoides, incluido el betacaroteno. Entre ellas están la zanahoria, el bróculi, la espinaca, la lechuga de color verde oscuro, la auyama, la batata. (En la página 555 encontrará una lista de los alimentos ricos en betacaroteno.)

- Si usted fumó o todavía fuma, el consejo es mucho más importante Es vital comer por lo menos media taza de hortalizas de color verde oscuro o anaranjado profundo todos los días una vez que haya dejado de fumar. Esos alimentos pueden actuar positivamente durante la larga y lenta marcha hacia el cáncer del pulmón, la cual se prolonga por diez años o más después de suspender el cigarrillo. Las sustancias químicas vegetales pueden retardar la promoción del cáncer y la formación de tumores.

- También parece buena idea beber té, especialmente verde, y comer más leguminosas, aunque no se ha comprobado totalmente su eficacia.

- Si le han diagnosticado un cáncer del pulmón, añada a su dieta una mayor cantidad de agentes anticancerosos comiendo más verduras, concretamente tomate, bróculi y las demás ricas en carotenoides, como el betacaroteno, el licopeno y la luteína, para ayudar a su organismo a luchar contra el cáncer y a prolongar la vida.

# CÁNCER DEL PÁNCREAS: ¿UNA NARANJA TODOS LOS DÍAS?

---

**Alimentos que ayudan a prevenir el cáncer del páncreas:**
Frutas, en especial las cítricas • Tomate • Leguminosas
**Alimentos que pueden promover el cáncer del páncreas:**
Productos porcinos curados (tocino, jamón, carnes frías) • Carne roja

---

Es decisivo utilizar los alimentos para prevenir el cáncer pancreático, puesto que es una forma de cáncer particularmente resistente al tratamiento. Hay pruebas convincentes de que con una dieta apropiada se puede impedir la aparición de este cáncer virulento.

 *Bueno:*

## EL PODER DE LAS FRUTAS

El mejor consejo para escapar del cáncer pancreático es: coma más frutas. Todos los estudios confirman que esta forma de cáncer es más escasa entre los aficionados a las frutas. Ejemplos: Un estudio realizado en Suecia determinó que el riesgo de cáncer del páncreas se reduce a la mitad o a un tercio consumiendo una fruta cítrica al día, en comparación con sólo una por semana. Un estudio de los adventistas del séptimo día reveló que incluso las frutas secas protegen contra la aparición de este cáncer. En dicho estudio también se demostró que eran buenos el tomate y los cítricos frescos.

Pero la prueba más fascinante del poder de las frutas es la siguiente: Un estudio realizado en la población cajun de Luisiana, la cual tiene una de las tasas de cáncer pancreático más elevadas de todo Estados Unidos, reveló que las frutas pueden ser un antídoto contra la dieta a base de carne, la cual es culpable de promover el cáncer pancreático. En otras palabras, las frutas pueden reducir la capacidad de la carne para promover este tipo de cáncer. Una investigación del Instituto Nacional de Cancerología identificó unas tasas enormes de cáncer del páncreas en un grupo cajun que consumía la mayor cantidad de carne de cerdo (principalmente tocino, jamón, salchichas, carnes frías y carne fresca sin procesar, comida generalmente con arroz). Una persona que consumía cerdo una vez al día tenía un 70% más de probabilidades de contraer el cáncer que una persona que consumía cerdo menos de dos veces por semana. Los que comían cerdo más de una vez al día triplicaban el riesgo. Al mismo tiempo, el riesgo era tan sólo del 40% para quienes comían fruta dos veces al día (banano, naranja, fresa, frutas enlatadas, jugo de naranja y manzana), comparado con el de quienes comían frutas menos de una vez al día. Y se observó una respuesta a la dosis: cuanto mayor era la cantidad de fruta, menor era el riesgo. Todo eso era de esperarse.

Pero el hecho más sorprendente fue que el cerdo no ejercía sus efectos nocivos cuando las personas comían mucha fruta. Los grandes comedores de cerdo que al mismo tiempo consumían enormes cantidades de frutas no presentaban un riesgo mayor que quienes comían poco cerdo. Había un efecto de limpieza, atribuido en un principio a la vitamina C de las frutas, aunque es bien sabido que éstas contienen muchas otras sustancias que contrarrestan el cáncer y que podrían desempeñar un papel también en este caso.

 *Bueno:*

## SEA BUEN AMIGO DEL TOMATE

Parece que el licopeno es un formidable freno del cáncer pancreático. Licopeno es sinónimo de tomate. El tomate es la fuente más rica de licopeno en la dieta estadounidense. El hecho de tener un nivel bajo de licopeno en la sangre sirve para predecir el cáncer del páncreas, según un estudio de la Universidad Johns Hopkins. Los investigadores examinaron 26 000 muestras de sangre recogidas hacía diez años, a fin de encontrar indicios para identificar a las personas con mayor probabilidad de contraer cáncer del páncreas.

En efecto, en la sangre de las víctimas de esta enfermedad se observó una característica clara: niveles bajos de licopeno. El riesgo de cáncer pancreático era cinco veces mayor en las personas con los menores niveles de licopeno en la sangre, comparadas con las personas sanas que tenían los niveles más altos. El bajo nivel de licopeno refleja el escaso consumo de tomate. La sandía también es rica en esa sustancia, la cual les da a estos alimentos su color rojo. (Las bayas rojas no son buena fuente de licopeno, puesto que deben su color a otra sustancia química.)

*• CONCLUSIÓN • Comiendo una naranja — o una toronja — todos los días, usted puede reducir a la mitad el riesgo de contraer cáncer del páncreas. La probabilidad de sufrir la enfermedad es cinco veces mayor en las personas que no consumen tomate o sandía.*

 *Bueno:*

## LA DEFENSA DE LOS FRÍJOLES

Coma fríjoles secos por lo menos una vez a la semana. Un estudio en gran escala demostró que la probabilidad de morir a causa del cáncer del páncreas era un 40% menor entre las personas que consumían semanalmente leguminosas, comprendidos los fríjoles de soya, en comparación con quienes las comían menos de una vez por semana. El director del estudio, el doctor Paul K. Mills, del Departamento de Medicina Preventiva de la Facultad de Medicina de la Universidad de Loma Linda, cree que el efecto salvador se debe a unos compuestos llamados inhibidores de las proteasas. Sin embargo, aparte de dichos compuestos, las leguminosas contienen otros agentes que han demostrado ser eficaces contra el cáncer.

*Malo:*

## *ARGUMENTACIÓN CONTRA LA CARNE Y LA GRASA*

Coma menos carne. La mayor incidencia de cáncer pancreático se presenta entre las poblaciones más consumidoras de grasa. Pero es probable que ello se deba más a la carne que a la grasa. Son numerosos los estudios que demuestran un aumento considerable de la probabilidad de contraer este tipo de cáncer con el consumo excesivo de carne frita o a la plancha y también de productos de cerdo ahumados o curados. Como se señaló anteriormente, con referencia al estudio de las poblaciones cajun, el tocino, el jamón, las salchichas, las carnes frías y el cerdo fresco sin procesar aumentan notablemente la probabilidad de contraer cáncer pancreático.

En el Japón, el riesgo de cáncer del páncreas aumentó un 50% con el consumo de carne por lo menos una vez al día. Un estudio sueco reveló que las carnes fritas y a la parrilla — pero no las preparadas en otras formas — aumentaban las probabilidades de sufrir de cáncer pancreático. En Los Ángeles, la tasa de este cáncer era dos veces mayor entre las personas que comían carne por lo menos cinco veces a la semana. Se observaron daños frecuentes en las células pancreáticas de los animales alimentados con mucha grasa.

Si no es la grasa de la carne la única responsable de promover el cáncer pancreático, ¿cuál es el otro culpable? Nadie lo sabe con certeza, pero las mayores sospechosas son las nitrosaminas cancerígenas que se forman a partir del nitrito de sodio, utilizado como conservante de las carnes curadas. La vitamina C contribuye a contrarrestar las nitrosaminas, lo cual quizá explica el gran poder que parecen tener las frutas cargadas de esta vitamina para prevenir el desarrollo de la enfermedad.

## *¿QUÉ PASA CON EL CAFÉ, EL TÉ Y EL ALCOHOL?*

Un par de estudios realizados a principios de los años 80 indicaron que el café promovía el cáncer pancreático y que una o dos tazas de la bebida al día eran suficientes para duplicar el riesgo. Desde esa fecha se han publicado más de una docena de estudios bien realizados, según los cuales ni el café corriente ni el descafeinado ofrecen peligro alguno. Por esta razón, la mayoría de los investigadores han eliminado al café de la lista de culpables del cáncer del páncreas.

Tampoco el té parece representar una amenaza. Se han hecho por lo menos diez estudios encaminados a determinar el efecto del té respecto al cáncer pancreático, sin demostrar nada. En un análisis británico se dijo que el riesgo se duplicaba al consumir tres o más tazas de té diarias. Pero científicos italianos determinaron que el té, en realidad, reducía el riesgo a la mitad. El 80% restante de los estudios no demostró relación alguna. Es muy probable que el efecto del té respecto al cáncer pancreático sea neutro.

Pese a varios informes de los años 60, y a algunos más recientes, en los cuales se declaraba al alcohol, y en particular a la cerveza, culpable del cáncer del páncreas, la mayoría de los investigadores no han encontrado conexión alguna, según Pelayo Correa, profesor de patología del Centro Médico de la Universidad Estatal de Luisiana. En caso de estar relacionado con el cáncer pancreático, el efecto del alcohol sería muy leve.

# CÁNCER GÁSTRICO: LA SOLUCIÓN DE LA ENSALADA

---

**Alimentos que ayudan a prevenir el cáncer gástrico:** Repollo • Té • Ajo • Cebolla • Fríjol de soya • Frutas y verduras ricas en vitamina C

**Alimentos que pueden promover el cáncer gástrico:** Sal • Carnes curadas, ahumadas

---

En Estados Unidos, el cáncer del estómago no cobra en la actualidad tantas vidas como solía hacerlo a principios del siglo, pero aún sigue siendo uno de los mayores asesinos en otras partes del mundo, especialmente en el Japón. Muchas autoridades atribuyen a la dieta la gran disminución del cáncer gástrico en los Estados Unidos, principalmente debido a la posibilidad de contar con frutas y verduras durante todo el año, gracias a la refrigeración. ¿El ingrediente mágico? Quizá sea la vitamina C. Es innegable la capacidad de la vitamina C para neutralizar carcinógenos tan poderosos como las nitrosaminas y, de hecho, se agrega a las carnes curadas concretamente con ese propósito. Además, las frutas y las verduras contienen una amplia gama de compuestos adicionales como carotenoides, indoles y sustancias químicas sulfurosas que han demostrado tener poder para combatir el cáncer.

*Bueno:*

## BAR DE ENSALADAS CONTRA EL CÁNCER

Coma verduras crudas. La propensión al cáncer gástrico aumenta entre dos y tres veces cuando no se comen frutas y verduras crudas. Son tantos los estudios que han identificado un gran número de frutas y verduras crudas benéficas que, si a alguien le preocupa el cáncer gástrico, lo primero que debe hacer es buscar el bar de ensaladas. Si usted no consume frutas todos los días, su riesgo de contraer cáncer del estómago se duplica o quizá se triplica, de acuerdo con estudios realizados en el Japón, Inglaterra y Polonia. Muchas investigaciones han demostrado que las verduras crudas de distintos tipos son contrincantes formidables del cáncer gástrico. Las mejores entre ellas son el apio crudo, el cohombro, la zanahoria, el pimiento verde, el tomate, la cebolla y la lechuga.

En efecto, las verduras parecen ganarles la partida a las frutas en lo que se refiere a evitar el cáncer gástrico, de acuerdo con un estudio en gran escala hecho en Hawai con cerca de 70 000 hombres de ascendencia japonesa. A estos hombres se les entrevistó por primera vez en 1965 para conocer sus hábitos alimentarios. Después de dieciocho años de seguimiento, 111 habían contraído cáncer gástrico. Cuando se compararon sus dietas con las de aquéllos que no tenían cáncer, se observó que las verduras de todo tipo eran el factor más importante en la ausencia de la enfermedad. Los hombres que consumían por lo menos 3 onzas de verduras al día tenían una probabilidad 60% menor de contraer cáncer gástrico. Entre las mejores protectoras del estómago se destacaron las crucíferas y las hortalizas verdes. El repollo fue la verdura más común de la lista.

 *Bueno:*

## UN PAR DE CUCHARADAS DE REPOLLO AL DÍA

Es cierto: el repollo puede tener grandes poderes contra el cáncer gástrico. Un estudio sorprendente realizado en la provincia de Heilongjiang, en el noreste de la China, donde el cáncer gástrico es el mayor asesino entre los demás cánceres, identificó al repollo como principal enemigo de la malignidad. Se observó una relación entre distintas hortalizas, como la col china, la espinaca, la calabaza, la berenjena y las habichuelas, y una baja incidencia del cáncer. Pero la campeona fue la col china. La incidencia de cáncer gástrico fue menor entre quienes comían diariamente apenas un tercio de taza de este repollo crudo o dos cucharadas de la verdura cocinada.

 *Bueno:*

## LA SORPRESA DE LA CEBOLLA ESCALONIA

Coma una cebolla cada día. Uno de los estudios más convincentes sobre el poder de la dieta para combatir el cáncer gástrico fue el realizado en la provincia China de Shandong, donde las tasas de este cáncer son muy altas. El estudio fue auspiciado por el Instituto Nacional de Cancerología de los Estados Unidos. Al estudiar las dietas de 564 enfermos de cáncer gástrico y compararlas con las de 1 131 individuos sanos, los investigadores encontraron que quienes consumían tres onzas de ajo y cebolla al día tenían tan sólo el 40% de probabilidades de contraer cáncer gástrico, comparados con quienes consumían solamente una onza diaria. Eso incluía ajo, tallos de ajo, escalonia, cebollino chino y cebolla corriente.

La más potente fue la escalonia, seguida del ajo y del cebollino chino. Se observó, además, una relación dependiente de la dosis: Cuanto mayor era la cantidad de ajo y cebolla, menores eran las probabilidades de contraer cáncer. Considerando la magnitud de la protección, las cantidades fueron bastante insignificantes. La dosis protectora de tres onzas se obtiene con una cebolla mediana o media taza de cebolla picada. El hallazgo tiene sentido, dicen los investigadores, porque las verduras pertenecientes a la familia *allium* poseen agentes anticancerosos conocidos y han salvado a muchos animales de laboratorio de morir de cáncer. Por ejemplo, la cebolla y el ajo contienen compuestos sulfurosos que, al ser probados en el laboratorio, han demostrado que frenan el cáncer.

*Bueno:*

## LAS BONDADES DEL TÉ

Ensaye con el té. En un estudio realizado en el Japón con 4 729 adultos, se observó que aquéllos que consumían la mayor cantidad de té presentaban la menor probabilidad de contraer cáncer del estómago. Estaban protegidos aquélllos que bebían al menos diez tazas (pequeñas, al estilo japonés) de té verde al día. Esa cantidad de té proporciona entre 40 y 50 miligramos de vitamina C, de acuerdo con los cálculos de los investigadores. Además, se ha demostrado que el té verde (y también el negro) neutraliza la formación de nitrosaminas — potentes carcinógenos —, tanto en los tubos de ensayo como en el estómago de los seres humanos.

 *Bueno:*

## PREPARE UNA SOPA DE MISO

Los fríjoles de soya ayudan a evitar el cáncer gástrico. Buscando pistas sobre los alimentos que ayudan a prevenir el cáncer, los científicos japoneses se tropezaron con el miso (la pasta de soya). Concretamente, hallaron que la probabilidad de contraer cáncer gástrico era dos tercios menor entre los hombres y mujeres que consumían un tazón de sopa de miso al día, comparados con quienes no la consumían nunca. Incluso consumida ocasionalmente reducía la probabilidad en un 17% en los hombres y en un 19% en las mujeres. En ese momento — hace unos diez años — el hallazgo fue una verdadera sorpresa. En la actualidad, los análisis han demostrado que los fríjoles de soya están llenos de compuestos anticancerosos. Al parecer, los elementos constituyentes de la soya vencieron cualquier efecto nocivo que hubiese podido ejercer el alto contenido de sodio del miso.

---

*Hecho sorprendente: ¡Un tazón de sopa japonesa de miso (pasta de soya) al día redujo en dos tercios el riesgo de contraer cáncer gástrico!*

---

*Malo:*

## *SODIO, CARNE Y GRASA: LA TRIPLE AMENAZA*

Evite el exceso de sal. Hace mucho tiempo se sabe que el sodio es una amenaza para el estómago, especialmente cuando se combina con otros carcinógenos, como los residuos y el humo de la carne a la parrilla y a la brasa. Las carnes curadas, como las salchichas, el jamón, las carnes frías y el tocino, también tienen un alto contenido de sodio. La sal es mala, pues al irritar el estómago produce gastritis, incrementa la proliferación de las células precancerosas y aumenta la potencia de los carcinógenos químicos. Parece ser mucho más virulenta cuando la dieta es pobre en las frutas y verduras capaces de contrarrestar el proceso del cáncer.

# LA DIETA CONTRA OTROS CÁNCERES

## *UNA DIETA CONTRA EL CÁNCER DE LA PIEL*

Si le preocupa el melanoma (cáncer de la piel), el cual se ha duplicado en los Estados Unidos desde 1980, el mejor consejo dietético es reducir los aceites ricos en ácidos grasos omega 6. Entre ellos están el de maíz, el de cártamo y el de girasol. Consuma más grasa del tipo omega 3, contenido en el pescado. La razón: cuando hay demasiada grasa omega 6 y poca omega 3 en las células, aumenta considerablemente la producción de prostaglandinas, fomentando la aparición y el crecimiento de los tumores de la piel. Un consumo equilibrado de aceite de pescado contribuye a bloquear esa cascada desastrosa de acontecimiento bioquímicos.

En los ratones de laboratorio, los aceites de cártamo y girasol, ricos en ácidos grasos omega 6, estimulan el crecimiento del melanoma. Un estudio reciente reveló también que los pacientes con melanoma consumían el doble de aceite poliinsaturado omega 6 que los individuos de un grupo sin cáncer.

El doctor James Duke aconseja mantener una proporción alta de los ácidos grasos omega 3 respecto a los omega 6. "Comer pescado por lo menos dos veces a la semana y evitar los aceites vegetales ricos en ácido linoleico", como el de maíz. El aceite de oliva está bien. Una conferencia internacional sobre melanoma celebrada en 1989 concluyó que era mejor consumir mantequilla, con una proporción más alta de omega 3, que consumir aceites vegetales ricos en ácidos grasos omega 6. Además, los antioxidantes, concentrados en las frutas

303

y verduras, minan la capacidad de las grasas omega 6 para promover el melanoma. Por ejemplo, en el laboratorio fue posible reducir el crecimiento, el tamaño y la malignidad de los melanomas agregando vitamina C al agua que bebían los ratones enfermos. La vitamina también contribuyó a prolongar el tiempo de supervivencia.

Otra protección adicional contra el melanoma, según el doctor Herbert Pierson, especialista en dieta y cáncer, es comer ajo, linaza, quercetina (cebolla) y aceite de nuez de nogal.

## VERDURAS CONTRA EL CÁNCER DEL ENDOMETRIO

La dieta puede "desempeñar un papel importante en la etiología [causa] del cáncer del endometrio", de acuerdo con los investigadores de la Escuela de Salud Pública de la Universidad de Alabama, en Birmingham. Al comparar las dietas de mujeres con cáncer del endometrio con las dietas de mujeres sanas, se observó que aquéllas que comían zanahoria, espinaca, brócoli, melón cantalupo o lechuga (alimentos ricos en caroteno) por lo menos una vez al día, tenían tan sólo el 27% de probabilidades de contraer el cáncer, comparadas con aquéllas que consumían esos alimentos menos de una vez a la semana. El riesgo también disminuía de manera significativa consumiendo queso, yogur y otros alimentos ricos en calcio.

## EL BRÓCULI Y EL TOMATE BLOQUEAN EL CÁNCER DEL CUELLO UTERINO

Es increíble pero cierto: comiendo los alimentos apropiados — fríjoles verdes y secos ricos en ácido fólico, una vitamina del complejo B — es posible frenar el virus que puede conducir al cáncer del cuello uterino. Cerca del 80% de todos los casos de este tipo de cáncer se presentan en mujeres infectadas por el virus. Aun así, aquéllas que tienen altos niveles de ácido fólico en los glóbulos rojos están mucho más lejos de contraer el cáncer, de acuerdo con las últimas investigaciones del doctor Charles Butterworth, Jr., de la Universidad de Alabama, en Birmingham. En su estudio con 464 mujeres infectadas por el virus, descubrió que la probabilidad de sufrir los cambios celulares que desembocan en el cáncer era cinco veces mayor entre aquéllas con los menores niveles de ácido fólico.

La falta de ácido fólico provoca una especie de "doble maldición", dice el doctor Butterworth. Los cromosomas tienden a romperse en los puntos "frágiles", con lo cual el virus logra llegar hasta el material genético de la célula sana, promoviendo los cambios iniciales que anteceden al cáncer. Una dieta rica en ácido fólico contribuye a prevenir esta situación, dice. "Un par de ramas de bróculi al día" proporcionan la mitad de la dosis recomendada de ácido fólico, equivalente a 400 microgramos diarios. Una vez presente el cáncer, de nada sirve suministrar la vitamina, dice. (En las páginas 556-557 encontrará una lista de alimentos ricos en ácido fólico.)

Parece que el tomate también ayuda a prevenir los signos precancerosos del cáncer del cuello uterino, en particular un estado inflamatorio conocido como neoplasia intraepitelial cervical. Los investigadores de la Universidad de Illinois, en Chicago, determinaron que el riesgo de contraer esta afección precancerosa era cinco veces menor en las mujeres con los niveles más altos de licopeno en la sangre (el tomate es la fuente principal de licopeno), en comparación con aquéllas con los niveles más bajos.

## ZANAHORIA PARA LA LARINGE

Puesto que el cáncer de la laringe afecta principalmente a los fumadores y ex fumadores, las mismas prescripciones para ayudar a evitar otros cánceres relacionados con el tabaquismo, como el del pulmón, pueden surtir efecto en este caso.

Un elemento de gran importancia es el betacaroteno. Al parecer es muy benéfico consumir alimentos ricos en caroteno (zanahoria, batata, hortalizas de hojas verdes, auyama), en especial para los ex fumadores durante los primeros años — dos a diez — después de dejar el cigarrillo. Así lo revela un estudio de gran magnitud realizado por la doctora Dorothy Mackerras y sus colegas del Centro de Ciencias de la Salud de la Universidad de Texas

Al comparar las dietas de quienes contrajeron cáncer de la laringe con las de quienes permanecieron sanos, la doctora Mackerras halló que en el grupo de quienes habían dejado de fumar hacía de dos a diez años la probabilidad de contraer el cáncer era cinco veces y media mayor entre los que consumían la menor cantidad de caroteno en la dieta. "Una vez que la persona deja de fumar, el caroteno ayuda a la laringe a sanar, reduciendo la probabilidad de contraer el cáncer", dijo.

Advertencia: los fumadores no consiguieron protección alguna consumiendo grandes cantidades de alimentos ricos en caroteno; sólo los ex fumadores.

## EL CÁNCER DE LA PRÓSTATA Y EL PELIGRO DE LA LECHE

¿Le preocupa el cáncer de la próstata? Su enemigo puede estar oculto en la dieta rica en grasa, especialmente la grasa de los productos lácteos. Investigaciones recientes demostraron, por ejemplo, que los adventistas del séptimo día que consumían dos vasos de leche al día tenían un riesgo casi dos veces mayor de contraer cáncer de la próstata, comparados con aquéllos que bebían solamente un vaso diario. Las probabilidades aumentaban dos veces y media con tres vasos diarios. Los aficionados al queso, los huevos y la leche también tenían mayor probabilidad de contraer cáncer de la próstata.

Parece que la principal culpable es la grasa de la leche. Los investigadores del Instituto Roswell Park Memorial, de Búfalo, examinaron las dietas de pacientes con y sin cáncer de la próstata y descubrieron una relación con la leche entera, mas no con la leche descremada. El riesgo de cáncer aumentaba dos veces y media cuando se consumían más de tres vasos diarios de leche rica en grasa.

# ALIMENTOS QUE LO HARÁN SENTIR MEJOR Y MÁS INTELIGENTE

# ALIMENTOS PARA MANTENERSE DESPIERTO, ACTIVO Y CON LA MENTE LÚCIDA

> **Alimentos que bajan el nivel de actividad:** Azúcar • Miel • Otros carbohidratos, entre ellos la pasta, el pan y el alcohol
>
> **Alimentos estimulantes:** Cafeína • Proteína

Si la alimentación tiene un efecto de tal magnitud sobre el cáncer, la enfermedad cardíaca, la artritis y los trastornos digestivos — las denominadas enfermedades crónicas de la civilización occidental — ¿por qué no ha de afectar también al funcionamiento del cerebro? La verdad es que sí lo hace. Los estudios de vanguardia en este campo revelan que la alimentación influye sobre el grado de actividad y energía, la capacidad de memoria y concentración, los estados de depresión, ansiedad o agresividad, la anormalidad de las ondas cerebrales o la vulnerabilidad a ciertos trastornos mentales o a enfermedades degenerativas del sistema nervioso. Los grandes grupos de alimentos — como los carbohidratos, las proteínas y las grasas, y también la cafeína — pueden ejercer un efecto profundo y casi inmediato sobre el estado de ánimo y la energía mental.

Pero también las deficiencias imperceptibles de ciertos nutrimentos pueden, con el tiempo, alterar el funcionamiento del cerebro y el ritmo de las ondas cerebrales, según lo revelan los nuevos estudios. Esto ha sorprendido a los investigadores, quienes no creían que el cerebro fuese susceptible de sufrir modificaciones de tanta importancia como consecuencia de sucesos tan leves. Por fortuna, es fácil volver el cerebro a la normalidad mediante la dieta.

---

*"El niño que al regresar de la escuela come papas fritas y una gaseosa por la tarde, pizza con muy poco queso en la comida y un helado de postre, se mantiene durante varias horas a base de carbohidratos. Cuando llega la hora de hacer los deberes, está aletargado y con sueño y no puede hacerlos bien".* — Judith Wurtman, investigadora del Instituto Tecnológico de Massachusetts.

---

## LA TEORÍA DEL DOCTOR WURTMAN SOBRE EL CEREBRO Y LA ALIMENTACIÓN

Buena parte del crédito por descubrir la forma como los alimentos actúan sobre la actividad cerebral les corresponde al neuroendocrinólogo Richard Wurtman y a sus colegas del Instituto Tecnológico de Massachusetts, en Cambridge.

De acuerdo con su investigación, el secreto está en los neurotransmisores, sustancias químicas que transportan la información entre las células del cerebro. Los neurotransmisores son fabricados por las células nerviosas a partir de componentes específicos de los alimentos, conocidos como precursores. Los alimentos contribuyen a crear varios neurotransmisores, cada uno de los cuales desempeña funciones diferentes, dependiendo de la materia prima que las células obtengan de cada alimento. Por ejemplo, el triptófano, un aminoácido presente en las proteínas, se convierte en serotonina, la sustancia química encargada de calmar, relajar y adormecer. A partir de la tirosina, otro aminoácido, se fabrican la dopamina y la norepinefrina, neurotransmisores que activan el cerebro, haciendo que la persona esté más alerta y pueda pensar y reaccionar con rapidez, sentirse atenta, motivada y llena de energía mental.

Considerando la complejidad de la química cerebral, es obvio que el hecho de comer un alimento rico en determinados aminoácidos no significa necesariamente que éstos lleguen directamente al cerebro. Debido a las diferencias de tamaño y a las distintas concentraciones de los aminoácidos en la sangre, éstos compiten para llegar al cerebro. Por lo tanto, aunque parezca paradójico, al consumir leche, la cual contiene triptófano, los niveles de este aminoácido no aumentan en el cerebro sino que en realidad disminuyen, porque sus moléculas son expulsadas del cerebro por otros aminoácidos más abundantes en la leche. Por otra parte, al consumir comidas ricas en carbohidratos sin triptófano, los niveles de este aminoácido aumentan y se produce serotonina, la cual tiene un efecto calmante en la mayoría de los casos, dice el doctor Wurtman.

No todos los científicos están de acuerdo con esta explicación tan complicada de la química cerebral. Aun así, existe un consenso bastante generalizado de que en las personas normales el consumo de alimentos ricos en carbohidratos tiende a atenuar la actividad cerebral, mientras que las proteínas contrarrestan la pereza mental producida por los carbohidratos. Algunas excepciones: el síndrome premenstrual, la depresión del invierno conocida como desorden afectivo estacional y el estado de los fumadores que pasan por el período de abstinencia de nicotina. Por razones desconocidas, en esos casos los carbohidratos tienden a aumentar la actividad cerebral.

 *Bueno:*

## ¡ALERTA! INGIERA PROTEÍNA

Una de las primeras reglas en la mayoría de los casos es que los carbohidratos, principalmente el azúcar, reducen la actividad del cerebro. Los alimentos que contienen proteína mejoran relativamente la actividad cerebral. Si desea mantener la mente alerta, no consuma demasiados dulces, tortas, rosquillas, helados, batidos de fruta, cereales azucarados, arroz o pasta (sin acompañarlos con carne, leche o algún otro alimento que contenga proteína). Para aumentar al máximo su lucidez mental, coma alimentos ricos en proteína, solos o con otros alimentos dulces o con contenido de almidón. Los mejores son: la comida de mar baja en grasa, la pechuga de pavo, la leche descremada, el yogur bajo en grasa y la carne magra. La grasa también amortigua el dinamismo del cerebro, puesto que tarda mucho tiempo en ser digerida. Otros alimentos, como las hortalizas de hoja verde, parecen ser bastante neutros, sin estimular ni embotar el cerebro.

Bonnie Spring, profesora de psicología de la Universidad de Ciencias de la Salud de la Facultad de Medicina de Chicago e investigadora del tema del estado de ánimo y la alimentación, explica que no es que los alimentos ricos en proteína aumenten la energía del cerebro o la inteligencia básica de la persona. Lo que sucede es que la proteína impide que los carbohidratos ejerzan su efecto. Por esta razón, incluyendo un poco de proteína en la comida se bloquea el efecto amortiguador de los carbohidratos. Y no es necesario consumir grandes cantidades de proteína. Según la doctora Spring, los estudios han demostrado que es suficiente entre 5 y 10% de proteína con cada comida para bloquear la acumulación de serotonina, el neurotransmisor que produce el sueño y que, en opinión de muchos, es la razón por la cual los carbohidratos causan somnolencia y confusión mental. Eso significa que un poco de carne o de queso con la pasta, de leche con las galletas o de atún con el pan es suficiente. También significa que cuando la persona desea estar muy alerta, debe evitar los carbohidratos puros, como dulces, caramelos, gomitas, chocolatinas, crema de chocolate, miel o azúcar con el té o el café. La proteína contenida en ellos es mínima o nula.

 *Bueno:*

## EL CAFÉ, EL GRAN ESTIMULANTE

Desde el siglo XV, cuando en Europa se introdujo por primera vez el café en las farmacias y se establecieron los primeros cafés, los consumidores se han maravillado del efecto estimulante que ejerce sobre el cerebro. En un principio se le consideró tan poderoso y peligroso para las sensibilidades mentales que sólo los médicos podían administrarlo, y hubo quienes propusieron que se prohibiera su uso al común de las gentes. En la actualidad, millones de personas recurren al café para sentirse mejor y llenas de energía, y nadie puede negar que actúa como una droga para el cerebro.

Los últimos estudios sobre la actividad de la cafeína en el cerebro han demostrado que se trata de un estimulante singular. Suprime las sustancias químicas que "deprimen" el cerebro en lugar de liberar sustancias que lo "activen". Según los investigadores, la cafeína funciona por su semejanza caprichosa con una sustancia cerebral denominada adenosina, secretada por las terminaciones nerviosas a fin de frenar la actividad de las neuronas. La cafeína, al hacerse pasar por adenosina, se incorpora a los receptores de la célula, dejando por fuera a la adenosina, impidiéndole cumplir con su tarea de amortiguar la actividad neuronal. Por lo tanto, las células cerebrales permanecen en un estado de excitabilidad. Además, basta con una pequeña cantidad de cafeína para producir el efecto. La cafeína contenida en dos tazas de café puede apoderarse de la mitad de los receptores de la adenosina durante un par de horas, dicen los especialistas. Esto significa que se necesita solamente un poco de cafeína para poner al cerebro en estado de alerta, sin necesidad de reforzar permanentemente la dosis.

 *Bueno:*

## MÁXIMA ALERTA CON UNA O DOS TAZAS

Todos los estudios coinciden en demostrar que es suficiente una dosis muy baja de cafeína para mejorar el desempeño del cerebro. Así lo afirma Harris R. Lieberman, psicólogo del Instituto de Investigaciones del Ejército de los Estados Unidos, en Natick (Massachusetts), y especialista en el tema de la cafeína y el comportamiento. En uno de sus experimentos, el doctor Lieberman pidió a un grupo de hombres que consumieran distintas dosis de cafeína por la mañana, desde la cantidad presente en una gaseosa (32 miligramos) hasta la contenida en una taza de diez onzas de café (256 miligramos). Después realizó una serie de pruebas mentales sutiles para medir el tiempo de reacción, el intervalo de atención, la concentración y la exactitud con los números.

El resultado sorprendente fue que todas las dosis de cafeína, desde la mínima, mejoraron el desempeño de los integrantes del grupo, estimulando al cerebro a pensar con mayor rapidez, mejorando el tiempo de reacción y aumentando la concentración.

Muchos otros estudios confirman que la cafeína mejora el estado de alerta y el desempeño mental, y reduce la fatiga. ¿Cuál es la mejor dosis? Entre 100 y 200 miligramos de cafeína, la cantidad contenida en una taza de cinco o de diez onzas, consumida por la mañana y hacia el final de la tarde, cuando se acaba el efecto y baja el nivel de energía. Es interesante señalar que no se ha observado que el desempeño mental sea mayor consumiento más cafeína. Por lo tanto, de nada sirve tratar de recargar el cerebro consumiendo muchas tazas de café durante el día. Lo que sí han visto los investigadores es que una o dos tazas de café proporcionan una benéfica ventaja al cerebro cuando la persona necesita mantenerse alerta.

 *Bueno:*

## ADIÓS A LA BAJA DE ENERGÍA DESPUÉS DE COMER

Esa dosis de cafeína sirve incluso para contrarrestar la pereza mental que se produce normalmente después de comer. Muchos estadounidenses y europeos han adoptado por instinto la costumbre de terminar las comidas con una taza de café. En la actualidad hay pruebas de que es un antídoto autorrecetado contra la baja de energía, de acuerdo con los psicólogos de la Universidad de Gales, en Cardiff. Primero, los investigadores demostraron que sentirse sin energía después del almuerzo es un fenómeno común, aunque la comida no sea abundante. En un experimento, treinta y dos hombres y mujeres se sintieron somnolientos, menos alertas, menos lúcidos y menos activos después del almuerzo, independientemente de la cantidad de comida consumida. Además, tendían a cometer más errores realizando tareas que exigían atención constante.

Los investigadores quisieron averiguar si el café con cafeína servía para contrarrestar la situación de menor lucidez aumentando la atención y el estado de alerta. La respuesta fue afirmativa. El café sin cafeína no sirvió para combatir la baja de energía, pero el café corriente la eliminó prácticamente del todo. Quienes bebieron café después del almuerzo tuvieron períodos de atención mucho más prolongados, lo cual les permitió realizar sus actividades con mayor rapidez y exactitud.

## LA SOLUCIÓN DE LA CAFEÍNA

Si usted utiliza la cafeína — del café, el té, las gaseosas y el chocolate — para revitalizar su cerebro, debe saber que podría adquirir adicción a la sustancia. Y aunque la adicción puede ser leve e inocua — un precio pequeño a cambio de los beneficios — en algunos casos puede llegar a ser destructiva, desembocando en el consumo excesivo de cafeína, con sus efectos nocivos para la mente, el estado de ánimo y el organismo. Estudios recientes demuestran que la cafeína provoca los signos físicos típicos de la adicción. En pocas palabras, produce bienestar cuando se la tiene y un malestar horrible cuando falta.

No cabe duda de que la cafeína "refuerza", dice el doctor Roland Griffiths, profesor de psiquiatría y neurociencia de la Universidad Johns Hopkins. Además, cuando se suspende abruptamente la cafeína, la persona puede sufrir los efectos de la abstinencia — letargo, dolores de cabeza, depresión — durante un período de pocos días hasta una semana. Esto indica que la cafeína produce adicción. Además, no se necesita mucha para caer en sus garras. En algún momento los especialistas pensaron que se necesitaban más de cinco tazas diarias para producir los signos de dependencia. El doctor Griffiths documenta que una sola taza de cinco onzas — apenas 100 miligramos de cafeína al día — puede ser suficiente.

El doctor Griffiths dice que es fácil saber si uno es adicto a la cafeína. Basta con dejar de consumir las cosas que la contienen — café, té, gaseosas — durante un par de días para ver si se siente fatiga, dolor de cabeza, falta de motivación, mal humor y depresión. El dolor de cabeza y la fatiga son los signos típicos de la privación de cafeína. En la página 361 encontrará los consejos para deshacerse del hábito de la cafeína.

*• CONCLUSIÓN • Por lo general es suficiente con una taza de café por la mañana y otra hacia el final de la tarde para suministrar al cerebro toda la energía que puede utilizar. Las dosis grandes de cafeína, más de cinco o seis tazas al día, consumidas en un intento de recargar baterías, aumentar la concentración o la atención, pueden producir ansiedad, inquietud, excitación, e incluso temblores, todos los cuales son signos de "cafeinismo". Esos síntomas pueden aparecer con dosis menores cuando la persona es sensible a la cafeína. Puesto que la tolerancia individual a la cafeína varía considerablemente, lo que es bienestar para una persona es veneno para otra.*

## ¿PODRÍA SER SEDANTE EL CAFÉ? HARVARD DICE QUE SÍ

En Harvard han descubierto algo extraordinario: que el café, o la cafeína, pone a dormir a algunas personas en lugar de ahuyentarles el sueño. Cuando se le suspendió la cafeína a un grupo de esas personas, todas ellas se sintieron más activas, de acuerdo con el *Boletín de Salud* de la Escuela de Medicina de Harvard.

El doctor Quentin Regestein, psiquiatra del Brigham and Women's Hospital, de Boston, indicó que esas personas sufrían de una afección rara y paradójica en la cual la cafeína las mantenía en un estado de somnolencia en lugar de estimularles el cerebro. En efecto, cuanto más café consumían para despertarse, mayor era el sueño durante el día. Una mujer de treinta y cinco años dijo que dormía doce horas todas las noches y tenía que quedarse en cama los domingos, pese a que consumía diez tazas de café y dos litros de bebida de cola al día.

Es un misterio, pero el doctor Regestein cree que algunas personas sencillamente presentan una hipersensibilidad individual (contraria a la esperada) a la cafeína. El consejo del *Boletín de Salud* es: Si a pesar de consumir cafeína vive somnoliento, suspéndala durante dos a cuatro semanas para ver si las cosas mejoran.

 *Bueno:*

## MÁS ENERGÍA PARA EL CEREBRO EN LAS FRUTAS Y LAS NUECES

¿Las frutas y las nueces son alimento para el cerebro? Sí, según los experimentos realizados recientemente por el psicólogo James Penland, Ph.D., en el Centro de Investigación sobre Nutrición Humana del Departamento de Agricultura de los Estados Unidos, en Grand Forks. La razón está en que las frutas y las nueces contienen mucho boro, un oligoelemento que parece tener un efecto sobre la actividad eléctrica del cerebro. La falta de boro puede disminuir el estado de vigilia, dice el doctor Penland, dificultando la realización de determinadas tareas.

En su estudio sometió a quince personas de más de cuarenta y cinco años alternadamente a una dieta rica y a otra pobre en boro, durante cuatro meses. Durante el período en que consumieron poco boro, la actividad eléctrica del cerebro fue más lenta, indicando una reducción de la actividad mental. "El cerebro producía más ondas theta y menos ondas alfa, lo cual sucede cuando la persona está somnolienta", dice. Al parecer, la falta de boro "bajaba la velocidad del cerebro". Con la dieta muy pobre en boro, presentaban un rendimiento muy bajo en las actividades más simples. No podían golpear con los dedos con la misma rapidez, seguir un objetivo con la barra del computador con la misma exactitud o identificar con igual rapidez las letras del alfabeto. Eran mucho más lentos. Pero durante el período de la dieta rica en boro (tres miligramos al día) la actividad cerebral se aceleró, tal como lo demostraron los electroencefalogramas.

Al doctor Penland le sorprendió ver que la sintonización del cerebro dependiera de cantidades tan insignificantes de un componente alimenticio. "Es asombroso pensar que el cerebro sea tan sensible a diferencias mínimas del estado nutricional. Es un descubrimiento totalmente nuevo", dice.

¿En qué alimentos se encuentra el boro concretamente? En las nueces, las leguminosas, las hortalizas de hojas — como el brócoli — y las frutas, especialmente la manzana, la pera, el durazno y las uvas. Un par de manzanas (un miligramo de boro) y tres onzas y media de maní (dos miligramos) son suficientes para obtener la dosis diaria completa de tres miligramos.

## UNA POCIÓN PARA EL CEREBRO ENVEJECIDO

Consuma su cuota diaria de tiamina, riboflavina, caroteno y hierro. Hasta una leve deficiencia de estos componentes puede aletargar la mente y la memoria de las personas de edad, según revelan los estudios del doctor Penland. Cuando él y sus colegas compararon el estado nutricional con el funcionamiento del cerebro de veintiocho personas sanas de más de sesenta años, observaron lo siguiente:

• Había relación entre los niveles bajos de tiamina y una menor actividad cerebral. La tiamina, conocida como la "vitamina de los nervios", está concentrada en el germen y el salvado de trigo, las nueces, la carne y los cereales enriquecidos.

• Las personas que consumían suficiente riboflavina obtenían mejores resultados en las pruebas de memoria. Las mejores fuentes son el hígado, la leche, las almendras y los cereales enriquecidos.

• Quienes consumían suficiente caroteno tenían mejores resultados en las pruebas cognoscitivas. El caroteno se obtiene de las hortalizas de hojas verdes y de las frutas y hortalizas de color anaranjado intenso.

• Un hallazgo fascinante fue que las personas de edad con niveles altos de hierro presentaban el mismo tipo de actividad electroencefalográfica que se observa en los adultos jóvenes. El hierro se obtiene de alimentos tales como las hojas verdes, el hígado, los mariscos, la carne roja y la soya.

• Las cantidades de vitaminas necesarias para restablecer el funcionamiento óptimo del cerebro demostraron ser tan pequeñas, apenas la dosis diaria recomendada, que no hace falta tomar suplementos para obtenerlas. El doctor Penland dice que los alimentos proporcionan la cantidad suficiente para proteger el cerebro.

👍 *Bueno:*

## ¿CÓMO PODRÍA OLVIDARLO? LA COMIDA DE MAR ES ALIMENTO PARA EL CEREBRO

Si comienza a perder la memoria y la capacidad de concentración, lo más probable es que no esté consumiendo suficiente zinc. Los científicos han hecho descubrimientos sorprendentes en el sentido de que incluso la falta marginal de este elemento puede afectar levemente el funcionamiento mental y la memoria. "Es asombroso", dice el doctor Harold Sandstead, especialista en el tema del zinc, de la Facultad de Medicina de la Universidad de Texas, en Galveston. Él y sus colegas observaron que el desempeño de un grupo de hombres y mujeres normales era malo en las pruebas de memoria y concentración cuando tenían una deficiencia marginal de zinc. Al reponer el zinc, las facultades mentales mejoraban. Por ejemplo, la capacidad de las mujeres para recordar palabras y diseños visuales aumentó en 12% y 17%, respectivamente, al volver a los niveles adecuados de zinc.

En otro experimento se observó que los hombres que consumieron solamente de 1 a 4 miligramos de zinc cometieron más errores y respondieron más lentamente a 10 de 15 pruebas mentales, sensoriales y motrices en un estudio de siete meses, período durante el cual permanecieron en los laboratorios del Departamento de Agricultura en Grand Forks (Dakota del Norte). No cabe duda de que las funciones mentales más afectadas por la deficiencia de zinc fueron la memoria inmediata y la atención.

Esto no significa que sea necesario llenarse de suplementos de zinc para tener buena memoria. La cantidad requerida puede obtenerse con base en la dieta, comiendo productos del mar — como las ostras y el pescado —, leguminosas, cereales integrales y la carne oscura del pavo. Un onza de ostras crudas suministra 20 miligramos de zinc, más de la dosis diaria recomendada de 15 miligramos. Tres onzas de ostras ahumadas contienen 103 miligramos de zinc, de acuerdo con las cifras del Departamento de Agricultura de los Estados Unidos.

---

*"Existe una teoría [según la cual] el hombre evolucionó en zonas vecinas a los mares y los lagos porque encontró en el pescado el material necesario para desarrollar el cerebro, del cual carecieron las otras especies. Así se reivindica la creencia popular de que el pescado es alimento para el cerebro".* — A. E. Bender, profesor emérito, Universidad de Londres.

---

 *Malo:*

## LA MANTECA DE CERDO Y UN LABERINTO IMPOSIBLE

El exceso de grasa animal puede adormecer las facultades mentales. Las ratas alimentadas con manteca de cerdo no pueden salir de los laberintos con la misma facilidad que las ratas alimentadas con aceite de soya. La memoria espacial de las primeras no es tan buena, razón por la cual cometen más errores. Los investigadores no saben si esto mismo les sucede a las personas que prefieren las hamburguesas de McDonald's al queso de soya, pero ya han comenzado a estudiar la posibilidad de que determinado tipo de grasa, consumido en la dieta durante cierto tiempo, pueda afectar el funcionamiento del cerebro, principalmente la memoria. En los experimentos con animales, la mayor culpable ha sido la grasa saturada de origen animal.

En teoría, es lógico que la grasa afecte al cerebro. Las neuronas, al igual que las demás células, se mantienen unidas por membranas, y hay muchas pruebas de que los ácidos grasos cambian la composición lípida de las membranas celulares, lo cual influye sobre la producción de una gran cantidad de mensajeros del organismo, entre ellos los neurotransmisores.

Los investigadores del Instituto Clark de Psiquiatría de Toronto (Ontario) fueron los primeros en documentar, en 1986, que la grasa afectaba a la memoria y al aprendizaje en las ratas jóvenes. Cuando alimentaron a las ratas con manteca de cerdo (grasa animal saturada), con soya o con una mezcla de grasas durante veintiún días, observaron que las alimentadas con soya podían maniobrar mejor y escapar con facilidad del laberinto.

En los estudios de seguimiento, Carol E. Greenwood, Ph.D., y sus colegas de la Universidad de Toronto alimentaron a las ratas con manteca de cerdo y soya durante períodos más largos (tres meses) para luego someterlas a varias pruebas complicadas de memoria en los laberintos. Las consumidoras crónicas de manteca de cerdo tuvieron el peor desempeño y no pudieron aprender ciertas configuraciones del laberinto. Además, presentaron una "alteración severa" de la memoria temporal en intervalos cortos y largos.

Hasta ahora, los investigadores desconocen el mecanismo mediante el cual la grasa altera el funcionamiento cerebral al afectar a la memoria, pero piensan que la grasa produce "alteraciones generalizadas y difusas en el cerebro".

---

*"El cerebro de un alcohólico de treinta años se ve igual al de una persona de cincuenta".* — Doctor Gene-Jack Wang, Laboratorio Nacional Brookhaven.

---

 *Malo:*

## DISMINUYA EL ALCOHOL Y SALVE SU CEREBRO

Su cerebro no se beneficia con el exceso de alcohol. Según el doctor Gene-Jack Wang, del Laboratorio Nacional Brookhaven, de Upton (Nueva York), el alcohol daña indudablemente el cerebro, afectando principalmente a la memoria. Mediante imágenes complejas obtenidas por emisión de positrones (PET) y resonancia magnética (MRI), estudió los cerebros de un grupo de alcohólicos jóvenes y documentó daños cerebrales, tales como encogimiento de la corteza, alteraciones de las estructuras cerebrales y reducción de la actividad metabólica. "La actividad metabólica es menor en todo el cerebro, pero principalmente en la corteza frontal y en las partes relacionadas con la memoria", dice.

• *CONCLUSIÓN* • *La mayoría de los especialistas recomiendan limitar el consumo de alcohol a una o dos copas al día. Algunos están en favor de una sola copa al día.*

 *Bueno:*

## LA LECHE MATERNA Y EL COCIENTE DE INTELIGENCIA (CI)

Hay "pruebas fehacientes" de que la leche materna contiene alguna sustancia desconocida que estimula el desarrollo mental. El doctor Alan Lucas, jefe de Nutrición Infantil de la Unidad Dunn de Nutrición del Consejo de Investigación Médica de Cambridge (Inglaterra), dice que los niños amamantados tienen un CI más elevado. Tras estudiar a 300 niños prematuros, descubrió que los alimentados con leche materna daban signos de mayor inteligencia que los alimentados con leche de fórmula. Concretamente, los prematuros alimentados sólo con leche materna o leche materna más la fórmula obtuvieron 8.3 puntos más en las pruebas de cociente intelectual realizadas a los siete y medio y ocho años. Además, cuanto más leche materna habían recibido, mayor era el CI. El promedio del CI entre los bebés alimentados con fórmula fue de 93.1, mientras que el de los amamantados fue de 103.7.

La ventaja que proporciona la leche materna no puede deberse simplemente a factores como la unión que se crea entre la madre y el bebé. En el estudio se eliminó este sesgo administrando la leche materna y la fórmula a través de una sonda, puesto que los bebés eran demasiado prematuros para succionar.

Algunos expertos insisten en que el ácido graso omega 3, del tipo que se encuentra en el pescado, podría ser el ingrediente mágico de la leche materna que contribuye a mejorar la inteligencia. Se ha establecido que los ácidos grasos omega 3 son decisivos para el desarrollo del cerebro de los fetos y los lactantes. Así, los especialistas aconsejan a las madres embarazadas y lactantes que consuman comida de mar para garantizar que el cerebro del niño en desarrollo reciba suficiente aporte de aceites omega 3. (Advertencia: el pescado contaminado con PCB o metilmercurio podría ser nocivo para el feto o el lactante. Para no correr riesgos, las madres embarazadas y lactantes deben restringir el consumo de pez espada, tiburón y atún fresco a una vez al mes; limitar el atún enlatado a siete onzas a la semana; evitar el pescado capturado en ríos, lagos, bahías oceánicas y muelles cercanos a fuentes de contaminación industrial; evitar la piel y los órganos internos del pescado; consumir pescado de diversas fuentes. El pescado pequeño y joven, como la sardina, es el más seguro.)

---

### UNA DIETA PARA EL CEREBRO Y PARA MANTENERSE EN ESTADO DE ALERTA

La doctora Judith Wurtman, Ph.D., estudiosa del tema de la nutrición en el Instituto Tecnológico de Massachusetts, aconseja consumir alimentos bajos en carbohidratos, ricos en proteína y con poca grasa antes de presentar un examen, pronunciar un discurso, asistir a una reunión de negocios importante o realizar cualquier otra actividad que demande gran lucidez mental. Éstas son algunas de sus sugerencias, descritas en detalle en su libro *Managing Your Mind and Mood Through Food*.

**Desayuno:** Sí: Leche descremada, yogur sin grasa, un huevo duro, café, té, jugo o fruta.

No: Huevos con tocino, papas ralladas fritas, tostadas con mermelada, panecillos, panqueques, waffles, rosquillas.

**Almuerzo:** Sí: Atún solo, ensalada verde (con poco aderezo), camarones al vapor o hervidos, plato de fruta, requesón bajo en grasa, 3-4 onzas de pavo, pollo, carne magra al horno.

No: Pasta o pizza, papas a la francesa, empare-
dado de mantequilla de maní con mermelada, galletas de dulce, gaseosa corriente
(no dietética).

**Cena:** Sí: Salmón u otro pescado a la plancha, hortalizas verdes, tomate, bayas.

No: Rosbif, papas asadas con crema agria,
mazorca, torta.

- Si desea aumentar la lucidez mental, cuando inicie la comida
no coma los carbohidratos (por ejemplo, el pan) antes de la
proteína (pescado, por ejemplo). Al hacerlo anula el poder de
la proteína para dar energía al cerebro. Coma siempre la
proteína primero y deje los carbohidratos para cuando haya
comenzado a digerir la proteína y así darle tiempo de que
llegue primero al cerebro. El orden de los platos es importante.

- No coma carbohidratos con el estómago vacío o sin proteínas.
(Por ejemplo, está bien un cereal rico en carbohidratos com-
binado con leche rica en proteína.) Comer pan, pasta o galletas
solas con el estómago vacío produce la misma sensación de
sueño y calma que un trago de alcohol con el estómago vacío,
dice la doctora Wurtman.

- Si desea mantener la mente alerta, evite las comidas abundantes ricas en grasa. El exceso de comida aletarga. La grasa
permanece por más tiempo en el tubo digestivo, prolongando
la sensación de cansancio. Cuanto más grasosa y pesada sea
la comida, mayor será el tiempo que tardará la mente en
recuperar su actividad y energía.

# ALIMENTOS PARA LEVANTAR
# EL ÁNIMO

---

**Alimentos que ayudan:** Alimentos ricos en ácido fólico, como la espinaca • Alimentos ricos en selenio, como los productos del mar • Carbohidratos (entre ellos el azúcar) • Cafeína • Ajo

---

Ya no existe duda alguna, desde el punto de vista científico, de que los alimentos influyen sobre el estado de ánimo, determinando que la persona se sienta deprimida o llena de vitalidad. Aunque a usted podría parecerle que escoge sus alimentos con base en sus gustos u otros criterios conscientes, los hechos indican que todos solemos escoger de manera inconsciente los alimentos para cambiar la química cerebral y mejorar el estado de ánimo. Nos "automedicamos", sin saberlo, con alimentos antidepresivos. Además, se ha establecido una relación entre la depresión crónica y una deficiencia sutil de ciertos nutrimentos, la cual pasa inadvertida sin ser corregida durante largos períodos.

Salvo la cafeína y el azúcar, son pocas las sustancias estudiadas a fondo para determinar cómo influyen sobre el estado de ánimo. Sin embargo, parece claro que las sustancias de los alimentos actúan sobre los neurotransmisores, o mensajeros de las células cerebrales. Se ha demostrado una relación entre uno de esos neurotransmisores, la serotonina, y los estados de depresión y también de violencia. Se sabe que levanta el ánimo en general, pero que también produce efectos profundos en algunas personas propensas a la depresión. El especialista en depresión Simon N. Young, del Departamento de

Psiquiatría de la Universidad McGill, en Montreal, dice que cuando los niveles de serotonina en el cerebro son bajos, hay síntomas psiquiátricos. Por ejemplo, las personas deprimidas que se suicidan o intentan hacerlo, y también los delincuentes que cometen actos violentos e impulsivos, por lo general presentan niveles bajos de serotonina en el cerebro. Algunas veces es posible aliviar la depresión llevando más serotonina al cerebro o estimulando su actividad. Por eso las personas agobiadas por la tristeza durante el invierno buscan refugio en el dulce.

 *Bueno:*

## UN REMEDIO PARA LA TRISTEZA DEL INVIERNO

Cuando llegan los oscuros días de invierno, cerca de 35 millones de estadounidenses caen en un estado depresivo conocido como trastorno afectivo estacional. La teoría es que la falta de luz solar afecta la química cerebral de las personas susceptibles biológicamente. En ese estado buscan por lo general el dulce y los almidones. No hay por qué sorprenderse. "Los carbohidratos son una fórmula autoadministrada del medicamento que tanto necesita el cerebro para combatir la tristeza del invierno", dice el doctor Norman Rosenthal, importante investigador del tema de este trastorno estacional en el Instituto Nacional de Salud Mental. Según él, después de consumir carbohidratos, como el azúcar, la persona normal se siente menos lúcida y menos activa, cualquiera que sea la estación. Pero en las personas aquejadas por el trastorno afectivo estacional, el efecto es todo lo contrario. En ellas, los carbohidratos actúan como antidepresivos. "Los carbohidratos les dan energía y les levantan el animo", dice el doctor Rosenthal.

En los experimentos realizados en los laboratorios del Instituto Nacional de Salud Mental, el doctor Rosenthal estudió los efectos de los carbohidratos tanto en pacientes afectados por el trastorno estacional como en pacientes normales sin depresión. Para ello les pidió que comieran galletas dulces. Dos horas después de consumir seis galletas, que contenían 105 gramos de carbohidratos, los pacientes deprimidos se mostraban más alegres y activos y menos tensos, deprimidos o fatigados, mientras que las personas normales estaban aletargadas. Una explicación posible es que la química cerebral de las personas deprimidas es anormal, comprendido el metabolismo de la serotonina antidepresiva. Algunos especialistas creen que los carbohidratos ayudan a corregir el problema elevando los niveles de serotonina o la actividad de ésta.

---

*"Algunas personas que consumen pasta y pasteles en exceso podrían estar utilizando los carbohidratos como antidepresivos comestibles".* — Judith Wurtman, Ph.D., Instituto Tecnológico de Massachusetts.

---

Cualquiera que sea la razón, si usted sufre de la "tristeza del invierno", no prive a su cerebro del medicamento que tanto necesita. Abstenerse de consumir los carbohidratos sólo agrava y agudiza el problema, puesto que los antojos de dulce y almidón tienen intensidad biológica. "Algunos de nuestros pacientes la llaman adicción, como la necesidad de la cocaína", dice. Además, lo más probable es que no pueda evitar los carbohidratos cuando el organismo se los pide a gritos. El doctor Rosenthal aconseja a quienes sufren este tipo de depresión que no opten por una dieta rica en proteína y baja en carbohidratos, especialmente durante los meses grises del invierno.

Aunque se puede recurrir a los dulces para aliviar los síntomas del trastorno afectivo estacional, es más sano comer carbohidratos complejos, como los fríjoles secos, la pasta, las verduras, los cereales, el pan y las galletas. También hacen efecto, aunque tardan un poco más. Además, el doctor Rosenthal advierte contra el exceso de alcohol o de cafeína (más de dos tazas al día) como remedio para luchar contra la tristeza del invierno. El exceso de estas dos sustancias aumenta la ansiedad, empeorando el problema depresivo.

 *Bueno:*

## EL GRAN PODER DE LA CAFEÍNA

Como todas las personas que consumen cafeína lo saben bien, esta droga psicoactiva, la más utilizada en el mundo entero, tiene el poder de levantar el estado de ánimo. Los efectos benéficos de la cafeína sobre el estado de ánimo, descubiertos recientemente, explican en parte por qué los seres humanos se han automedicado con esta sustancia durante siglos para combatir la pereza de la mañana, revitalizarse por la tarde y por la noche, e incluso aliviar el mal genio o la depresión crónicos. Muchas veces es cierto eso de que una taza de café por la mañana trae alegría.

Según el doctor Roland Griffiths, profesor de psiquiatría y neurociencia de la Universidad Johns Hopkins y quien se ha dedicado a estudiar a fondo los efectos de la cafeína, ésta "intensifica las sensaciones y aumenta el bienestar, produciendo incluso euforia", que es lo que induce a la gente a autoadministrársela. Los estudios del doctor Griffiths demuestran que las personas adictas a la cafeína se refugian automáticamente en ella cuando necesitan sentirse "a gusto" y reducir la ansiedad y la urgencia de consumirla.

Sin que nadie se lo diga, los consumidores asiduos saben si el café contiene cafeína o no. En pruebas a ciegas con café con y sin cafeína, los consumidores asiduos siempre buscan y beben mayor cantidad del café con cafeína.

## UNA TAZA AL DÍA ES SUFICIENTE

Por fortuna, el café es único en el sentido de que no hace falta consumir cada vez más para sentir el mismo efecto, dice el doctor Andrew Baum, profesor de psicología médica de la Universidad de Ciencias de la Salud para los Servicios Uniformados, en Bethesda (Maryland). Una sola taza de café por la mañana produce todos los días el mismo efecto, cualquiera que sea el grado de adicción. Ésta fue la conclusión tras realizar pruebas a ciegas con cuarenta y ocho bebedores asiduos de café.

En las mañanas en que bebían sin saberlo una taza de café descafeinado o de té sin cafeína, se sentían irritables, molestos, aletargados, se quejaban de dolor de cabeza y realizaban mal las tareas mentales. Los días en que bebían sin saberlo una taza de café con cafeína se sentían animosos, menos tensos y su desempeño mental era mucho mejor. Según el doctor Baum, la buena noticia es que una sola taza de café es suficiente para conseguir ese "empujón" todos los días, incluso en el caso de los grandes consumidores de cafeína.

*"No solamente parece posible sino probable que entre los millones de consumidores asiduos de café haya algunos que utilizan la cafeína — consciente o inconscientemente — como remedio para la depresión, la afección psiquiátrica más generalizada en nuestro medio".* — Doctor Melvin Konner, Universidad Emory.

El doctor Melvin Konner, de la Universidad Emory, anota que los estudios recientes sobre la fisiología cerebral respaldan el uso de la cafeína como antidepresivo suave y no ve nada de malo en ella, siempre y cuando que la depresión sea leve y no exija atención médica. Cita la larga historia de inocuidad de la cafeína. "A diferencia de los medicamentos antidepresivos o de los estimulantes formulados, la cafeína ha sido consumida miles de millones de veces durante siglos. No tenemos experiencia semejante con droga alguna, y el hecho de que no haya habido desastres manifiestos habla muy bien de su inocuidad, por lo menos cuando se consumen una, dos, tres o cuatro tazas de café al día".

Sin embargo, el exceso de cafeína puede dar al traste con el ánimo, perturbar el sueño y desencadenar ansiedad, según la tolerancia de cada cual a la droga.

*• CONCLUSIÓN • En pequeñas dosis, la cafeína mejora el estado de ánimo y el rendimiento mental; en dosis grandes, puede ser nociva para la psiquis y el bienestar emocional.*

 *Malo:*

## DEPRESIÓN POR FALTA DE CAFEÍNA

Pero suspenda la cafeína y verá lo que sucede. "Además de producir dolor de cabeza, la abstinencia súbita puede causar depresión", dice el doctor Seymour Solomon, del Centro Médico Montefiori de Nueva York. Por lo general la persona sufre uno o dos días de depresión leve pero, de acuerdo con las reacciones individuales, ese estado puede prolongarse hasta una semana, según lo revelan los estudios del doctor Griffiths. Es la consecuencia normal de suspender la cafeína de un momento a otro. La depresión se puede reducir dejando gradualmente la cafeína. En la página 361 encontrará las recomendaciones del caso.

 *Bueno:*

## ¿ESPINACA CONTRA LA DEPRESIÓN?

¿Sabía que las hortalizas son buenas para el ánimo? ¿O que puede sufrir de depresión si no consume suficientes fríjoles o espinaca? Seguramente no. Sin embargo, las publicaciones médicas coinciden en señalar que la deficiencia de ácido fólico (folato) — muy generalizada en los Estados Unidos, especialmente entre las mujeres — promueve los trastornos psíquicos, en particular la depresión, pero también la demencia y la esquizofrenia. El ácido fólico es una vitamina B, la cual se aisló por primera vez de las hortalizas de hojas verdes. También se encuentra concentrado en las leguminosas. Para los científicos no es un secreto que el ácido fólico tiene efectos antidepresivos.

El doctor Young, de la Universidad McGill, ha encontrado "cada vez mayores pruebas de que la deficiencia de ácido fólico puede contribuir al mal estado de ánimo" y que muchas veces basta sólo con eliminar la deficiencia para curar la depresión.

Las pruebas acerca del enorme efecto del ácido fólico sobre el cerebro son abrumadoras. El doctor Young señala que la tasa de deficiencia de ácido fólico es mucho mayor entre los pacientes con distintos tipos de problemas psíquicos, especialmente depresión, comparados con el común de las gentes. Además, los trastornos psíquicos son tanto más profundos cuanto más bajos son los niveles de ácido fólico. Hay buenas razones por las cuales la falta de la vitamina podría causar depresión. En primer término, porque la deficiencia de ácido fólico provoca una reducción de los niveles de serotonina en el cerebro.

En una prueba en la cual durante cinco meses se privó deliberadamente de ácido fólico a las personas estudiadas, todas ellas sufrieron de insomnio, pérdida de la memoria e irritabilidad. Al restablecer los niveles de la vitamina, los síntomas desaparecieron casi por completo en dos días.

Un estudio doble ciego con setenta y cinco pacientes afectados de depresión medicados con litio demostró cuán mínima es la cantidad de ácido fólico necesaria para combatir la depresión. Los investigadores administraron solamente 200 microgramos de ácido fólico al día — la cantidad contenida en tres cuartos de taza de espinaca cocida — a la mitad de los pacientes del grupo durante un año. Los otros recibieron un placebo. Sin lugar a dudas, los que recibieron ácido fólico mejoraron notablemente.

El doctor Young señala que una dosis de 200 a 500 microgramos de ácido fólico al día ayuda a combatir la depresión en algunas personas susceptibles. Es muy fácil obtener esa cantidad mediante los alimentos. Sin embargo, en dosis elevadas, el ácido fólico puede ser tóxico, advierte el doctor Young.

 *Bueno:*

## UN MINERAL MARINO PARA EL ÁNIMO

Seguramente habrá oído decir que el pescado es el alimento del cerebro. Las pruebas recientes al respecto son fascinantes, puesto que revelan que la comida de mar también sirve para mejorar el estado de ánimo. La razón: el alto contenido de selenio. Hay indicios de que las personas que consumen pocas cantidades de este oligoelemento son más propensas a la depresión. Hace poco, los psicólogos David Benton y Richard Cook, del Colegio Universitario de Swansea (Gales), documentaron que las personas que consumían la menor cantidad de selenio en el grupo estudiado presentaban los mayores niveles de ansiedad, depresión y fatiga, y se sentían mucho mejor cuando consumían las dosis adecuadas del mineral.

En un estudio controlado se administraron 100 microgramos de selenio al día o un placebo durante cinco semanas a cada integrante de un grupo de cincuenta hombres y mujeres sanos entre las edades de catorce y setenta y cuatro años. A los seis meses, los dos grupos en estudio cambiaron de píldora. También se midió el contenido de selenio en la dieta de cada cual. Durante el tiempo que duró el estudio se les hicieron pruebas para determinar el estado de ánimo: más tranquilos o angustiados, amables u hostiles, alegres o deprimidos, seguros o inseguros, activos o cansados, lúcidos o confundidos.

Los resultados fueron soprendentes. El estado de ánimo mejoraba notablemente cuando recibían suficiente selenio. Además, cuanto mayor la falta anterior de selenio, mayor la mejoría. Los investigadores suponen que una deficiencia imperceptible de selenio, no lo suficientemente grande para producir síntomas manifiestos, baja el estado de ánimo. Por lo tanto, el ánimo se normaliza al corregir la deficiencia, aunque el efecto no es mayor con dosis adicionales del mineral.

Es probable que sean muchos los casos de mal estado de ánimo relacionados con la deficiencia de selenio. Los investigadores señalaron que las personas estudiadas que se habían sentido mejor al aumentar el consumo de selenio venían consumiendo cerca de 72 microgramos diarios antes de la prueba. El común de los británicos consume mucho menos: apenas 43 microgramos al día. También las dietas de los estadounidenses, en general, son pobres en selenio.

No se conoce el mecanismo por el cual el selenio influye sobre el estado de ánimo, pero es probable que su poder antioxidante tenga algo que ver. En otro estudio, con personas de edad, se observó un efecto positivo importante sobre el estado de ánimo, las funciones mentales y el aflujo de sangre al cerebro, al administrar selenio más vitamina E y otros antioxidantes. En un estudio con pacientes con enfermedad de Alzheimer incipiente, el estado de ánimo y el desempeño mental mejoraron al administrar antioxidantes, entre ellos el selenio. Sin embargo, los investigadores galeses piensan que el selenio podría ejercer alguna función neural desconocida.

 *Bueno:*

## UNA NUEZ AL DÍA PARA AHUYENTAR LA TRISTEZA

El selenio se obtiene principalmente de la comida de mar, los cereales y la carne. Pero si desea una fuente rica en este mineral, pruebe las nueces del Brasil; con una sola al día es suficiente para garantizar que nunca haya deficiencia de selenio, dice Donald J. Lisk, director del laboratorio de toxicología química de la Universidad de Cornell. Descubrió que contienen gran cantidad de selenio — cerca de 2 500 veces más que cualquier otra nuez — puesto que se cultivan en suelos ricos en este mineral. Comiendo media docena de nueces se logra rápidamente un aumento del 100 al 350% en los niveles de selenio en la sangre. Pero el doctor Lisk advierte que no se debe consumir más de esa cantidad al día, porque el selenio puede ser tóxico.

---

**"PÍLDORAS ALIMENTICIAS" DE SELENIO PARA EL BUEN GENIO**

No hay necesidad de consumir píldoras de selenio para garantizar el buen genio. Cada uno de los alimentos enumerados a continuación contiene la misma cantidad de selenio que la píldora de 100 microgramos cuyos resultados fueron tan positivos en el estudio británico antes mencionado. Con un poco aquí y otro allá es fácil obtener la dosis necesaria.

- 1 nuez del Brasil
- 4 $\frac{1}{2}$ onzas de atún enlatado en agua
- 7 onzas de pez espada o de almejas
- 5 onzas de ostras cocidas
- 4 $\frac{1}{2}$ onzas de semillas de girasol
- 12 rebanadas de pan blanco
- 8 onzas de salvado de avena seco
- 5 $\frac{1}{2}$ tazas de cereal de trigo soplado
- 5 onzas de hígados de pollo

---

 *Bueno:*

## EL AJO: ¿ELEVADOR DEL ÁNIMO?

Por extraño que parezca, muchos investigadores que estudiaban los efectos positivos del ajo sobre la sangre y el colesterol observaron que quienes comían ajo estaban siempre de buen ánimo, que experimentaban "una mayor sensación de bienestar". Varios investigadores han comentado que se trata de un efecto secundario, inesperado y bienvenido.

El efecto del ajo como elevador del ánimo sorprendió en particular a los investigadores alemanes de la Universidad de Hannover, quienes probaron hace poco una preparación especial a base de ajo en un grupo de personas con niveles altos de colesterol. De acuerdo con las respuestas al cuestionario, quienes consumieron el ajo se sintieron mucho mejor después de la terapia. Dijeron sentir menos fatiga, ansiedad, agitación e irritabilidad. Este beneficio adicional de los "remedios de ajo" es importante y contrasta con los efectos secundarios adversos de muchos fármacos, comentaron los investigadores, quienes además plantearon la posibilidad de que "la gran popularidad de las preparaciones a base de ajo quizá se deba a este efecto positivo sobre el estado de ánimo". Los suplementos de ajo son el medicamento más vendido sin prescripción en Alemania.

 *Bueno:*

## EL ESTÍMULO DEL AJÍ

La emoción que se siente comiendo ají va más allá de lo puramente sensorial. La capsicina, la sustancia picante del ají, puede provocar en el cerebro un aflujo de endorfinas, las cuales producen una sensación temporal de excitación mental, dice Paul Rozin, psicólogo de la Universidad de Pensilvania, quien ha realizado muchas investigaciones sobre las reacciones al ají. El doctor Rozin explica que, por razones desconocidas, cuando uno come ají, la capsicina "quema" las terminaciones nerviosas de la lengua y de la boca, induciéndolas a enviar señales falsas de dolor al cerebro. Éste, en un intento por proteger de la supuesta lesión al organismo, secreta los analgésicos naturales o endorfinas, las cuales, lo mismo que una inyección de morfina, producen la sensación de bienestar. La siguiente porción de ají provoca una mayor liberación de endorfinas, y así sucesivamente, hasta que se genera una oleada de placer, según el doctor Rozin. En su opinión, ésa es la razón por la cual algunas personas se vuelven adictas al ají y cada vez lo comen más picante. La persona no tarda en adquirir la adicción porque se siente de maravilla, dice.

# ALIMENTOS PARA ELIMINAR LA ANSIEDAD Y LA TENSIÓN EMOCIONAL

---

**Alimentos que ayudan a aliviar la ansiedad:** Azúcar • Almidones

**Alimentos que pueden provocar ansiedad:** Cafeína • Alcohol

---

Sentir tensión, irritabilidad, cansancio y ansiedad es algo natural y le sucede a todo el mundo de vez en cuando. Pero hay algunas personas que sufren de ansiedad crónica severa, la cual se traduce no solamente en sentimientos de temor, aprensión e incertidumbre, sino también en ataques súbitos de taquicardia (latidos acelerados), transpiración y temblores. La ansiedad intensa y persistente puede producir ataques de pánico y fobias incapacitantes.

No cabe duda de que esos estados mentales de tensión y angustia se pueden aliviar mediante la alimentación. Ciertos alimentos y bebidas pueden actuar como tranquilizantes o como generadores de ansiedad, sobrecargando o calmando el sistema nervioso.

*Malo:*

## LA CATÁSTROFE DE LA CAFEÍNA

Quizá no le sorprenda saber que uno de los principales generadores de ansiedad es la cafeína: la droga psicotrópica (activa) del café, el té y las bebidas de cola. Para la mayoría de las personas, la cafeína, en las dosis normales en que suele consumirse, es una droga inocua que sirve para mejorar el ánimo y el rendimiento. Pero en un considerable número de personas cuyas células cerebrales son especialmente sensibles a la cafeína, cinco o seis tazas de café diarias pueden desencadenar signos bien reconocidos de enfermedad psíquica. Con una dosis todavía mayor pueden sobrecargarse los centros de la ansiedad de un gran número de personas mentalmente sanas, de acuerdo con su sensibilidad particular a la cafeína. En efecto, la Asociación Estadounidense de Psiquiatría clasifica la "intoxicación por cafeína" como un trastorno mental entre cuyos síntomas se cuentan el nerviosismo, la excitación, la inquietud, la taquicardia, el insomnio, la agitación psicomotriz y la confusión para pensar y hablar.

Como lo ha señalado el doctor John F. Greden, ex director de investigación psiquiátrica del Centro Médico Militar Walter Reed de Washington, D.C., los síntomas del "cafeinismo" son "básicamente idénticos a los de la neurosis de angustia". Las publicaciones médicas están llenas de casos de exámenes médicos inútiles, prescripciones de tranquilizantes fuertes y atención psiquiátrica, en un intento de buscar una enfermedad física inexistente cuando la verdadera culpable es una sobredosis de cafeína.

---

*"Es probable que algunas personas en realidad necesiten medicamentos para aliviar la ansiedad, pero hay un grupo indeterminado que se beneficiaría más con el solo hecho de suprimir una droga — la cafeína — en lugar de agregar otra".*
— Doctor John F. Greden, ex funcionario del Centro Médico Militar Walter Reed.

---

## EL CAFEINISMO DE UN CORONEL ESCÉPTICO

Es probable que usted se reconozca a sí mismo, a un miembro de su familia o a un amigo en el caso de un teniente coronel del ejército quien, a los treinta y siete años, acabó recluido en una clínica psiquiátrica después de dos años de ansiedad crónica caracterizada por ataques casi diarios de mareo, temblor, dudas sobre su desempeño laboral, náuseas, agitación, episodios frecuentes de diarrea y dificultad persistente para conciliar el sueño y dormir. Su puntuación en las pruebas normales de ansiedad era alta.

Los médicos no encontraron nada después de tres estudios completos. Las dosis diarias de Valium y otros tranquilizantes no le servían en absoluto e interferían su desempeño en el trabajo. Cuando finalmente consultó al doctor Greden, del Walter Reed, y éste le habló de que la toxicidad de la cafeína podía ser la causante de su ansiedad, el coronel se mostró incrédulo. Siempre había consumido entre ocho y catorce tazas de café al día y las consideraba necesarias. Con el tiempo, cuando la ansiedad llegó a niveles insoportables, decidió reducir la cafeína. Al cabo de un mes comenzaron a desaparecer los síntomas, y tres meses después se había desvanecido la ansiedad que lo había atormentado durante tanto tiempo.

 *Malo:*

## LA CAFEÍNA DESENCADENA ATAQUES DE PÁNICO

En los Estados Unidos hay cerca de tres millones de personas para quienes el peligro de la cafeína se multiplica a causa de un sistema de alarma en extremo eficaz que las predispone al pánico: ataques frecuentes de temor paralizante que pueden acabar en fobias incontrolables. Por razones genéticas, el cerebro de esas personas tiene un "cableado" diferente que las hace más sensibles a la tensión y otros estímulos, entre ellos los de la cafeína. Su reacción a la ansiedad va más allá de lo normal y es un estado fisiológico específico.

El doctor Thomas Uhde, jefe de la sección de ansiedad y trastornos afectivos del Instituto Nacional de Salud Mental, ha documentando el hecho de que la cafeína puede provocar ansiedad excesiva y ataques de pánico en las personas que sufren de este trastorno y, lo que es más sorprendente aún, también en las personas normales. Estudió los efectos de la cafeína en pacientes que sufrían ataques de pánico y también en personas sanas normales. Los afectados por el trastorno entraron en estado de pánico tras consumir dosis bastante moderadas de 480 miligramos, o sea entre cuatro y cinco tazas de café.

El doctor Uhde pudo provocar ataques de pánico en dos de ocho individuos normales aumentando la dosis de cafeína a 750 miligramos (entre siete y ocho tazas de café). El que la cafeína pueda generar reacciones tan atemorizantes e incapacitantes es prueba positiva del enorme poder farmacológico que ejerce sobre el cerebro.

Como es obvio, algunas personas son más sensibles a la droga y, como lo anota el doctor Uhde, quienes sufren del trastorno del pánico tienden a consumir menos cafeína, quizá por instinto de conservación. Pero existe la posibilidad de que la cafeína, según la dosis, desencadene sensaciones inesperadas de temor y ansiedad, incluso entre los niños propensos al trastorno del pánico. Claro está que la cafeína es sólo uno de los muchos factores que pueden desencadenar la ansiedad y los ataques de pánico en los sistemas nerviosos susceptibles (los acontecimientos difíciles de la vida son decisivos), pero la diferencia está en que puede eliminarse con facilidad.

## LA CURA INSTANTÁNEA PARA LA ANSIEDAD

¿Cuán comunes son la ansiedad y los trastornos de pánico provocados por la cafeína? El doctor Malcolm Bruce, del Instituto de Psiquiatría de Londres, dice de la cafeína que ha sido una "causa muy subestimada de los trastornos graves de ansiedad". En un estudio reciente descubrió que cerca del 25% de sus pacientes con trastornos de ansiedad mejoraban notablemente al suspender la cafeína.

"El caso típico — dice el doctor Bruce — es el de una paciente de treinta y tres años que vino a mi consultorio con un viejo y grave trastorno de ansiedad". Llevaba diez años sufriendo dos o tres ataques de pánico todas las semanas, sin haber encontrado mayor alivio en los medicamentos ni en la psicoterapia. Fiel a la costumbre británica, todos los días bebía unas nueve tazas de té fuerte con un contenido aproximado de 540 miligramos de cafeína (equivalentes a cinco o seis tazas de café).

A manera de prueba, el doctor Bruce le pidió que suspendiera la cafeína durante una semana. La mejoría fue inmediata. Al poco tiempo pudo dejar los medicamentos. Los ataques de pánico desaparecieron para siempre; es decir, salvo en las raras ocasiones en que bebía más de media taza de té a la semana. Los ataques reaparecían inmediatamente cuando sobrepasaba esa dosis.

 *Malo:*

## EL ALCOHOL NO ES LA SOLUCIÓN

El alcohol y la ansiedad suelen ir de la mano. ¿Pero acaso beben las personas para curar la ansiedad? ¿O acaso algunas personas vulnerables que beben excesivamente terminan con una ansiedad patológica cuando el efecto del alcohol desaparece? El tema es polémico. Sin embargo, el doctor Uhde anota que algunos pacientes sufren ataques de pánico o los tienen con más frecuencia dentro del período de 6 a 12 horas después de haber consumido incluso una cantidad mínima de alcohol. El doctor Uhde dice que es una especie de "síndrome de abstinencia en miniatura" producido cuando el efecto del alcohol desaparece. Algunas autoridades en la materia han planteado la teoría de que los pacientes que sufren de pánico toleran menos el alcohol y necesitan poca cantidad de la sustancia para generar la misma actividad de los neurotransmisores del cerebro que generan las personas normales con cantidades mayores de alcohol.

El doctor Uhde aconseja a todas las personas que sufren de trastornos de pánico suspender el alcohol del todo o limitarse a beber un máximo de dos copas al día, para comprobar la relación con los ataques de pánico. Si una cantidad mínima de alcohol aumenta la ansiedad o provoca ataques más frecuentes de pánico, la persona debe abstenerse de probar el alcohol.

---

*"El alimento apropiado en el momento apropiado y en la cantidad apropiada es tan eficaz como un tranquilizante[...] De una y media a dos onzas de carbohidratos (aproximadamente dos cucharadas y media de azúcar blanco) son suficientes para desencadenar la producción de serotonina, una*

*sustancia química que altera el estado de ánimo y alivia la ansiedad en un lapso de veinte minutos".* — Judith J. Wurtman, Ph.D., Instituto Tecnológico de Massachusetts.

 *Bueno:*

## LOS REMEDIOS MÁS DULCES PARA LA ANSIEDAD

Es probable que le sorprenda saber que la naturaleza tiene su propio remedio para calmar el cerebro y aliviar la tensión y la ansiedad, aunque la verdad es que ha sido utilizado durante siglos. Nuestros antepasados recomendaban un poco de miel antes de acostarse, para conciliar el sueño. "En momentos de tensión es bueno endulzar el té", reza un antiguo proverbio chino. Sin embargo, la noción de que los dulces tranquilizan el cerebro es contraria a la creencia popular. No hay quien no diga que el azúcar es el remedio perfecto para recuperar la energía y acelerar y despertar el cerebro. Sin embargo, estudios recientes sobre la biología cerebral indican que todos los carbohidratos, incluidos el azúcar y los almidones, ejercen el efecto contrario en la mayoría de las personas corrientes y normales. Son sedantes, tranquilizan y aletargan. Una serie de experimentos demuestran que los carbohidratos bajan el nivel de energía en lugar de elevarlo.

Un experimento típico fue el realizado por la doctora Bonnie Spring, profesora de psicología de la Escuela de Medicina de Chicago. Estudió las reacciones de un grupo de hombres y mujeres sanos tras consumir un sorbete rico en carbohidratos o lonjas de pechuga de pavo rica en proteína. Dos horas después los sometió a unas pruebas normalizadas, para medir el grado de agudeza mental y el estado de ánimo. En el grupo de quienes habían consumido el sorbete, las mujeres se sentían somnolientas y los hombres relajados, en comparación con el grupo de los que habían comido pavo. La doctora Spring dice que algunas personas, entre ellas las mujeres en general y los hombres mayores de cuarenta años, son más sensibles al efecto sedante del dulce. Algunas personas quedan agotadas cuando consumen carbohidratos, los cuales producen la denominada "tristeza del dulce".

Los expertos dicen que el efecto sedante de los carbohidratos puede deberse a varias reacciones bioquímicas complejas que ocurren en el cerebro. La teoría más aceptada es que los carbohidratos permiten una mayor entrada del aminoácido triptófano al cerebro, donde es convertido en serotonina, neurotransmisor conocido como el "calmante natural".

Dicho sea de paso, la somnolencia no se produce como consecuencia de la elevación súbita seguida por el descenso de los niveles de azúcar en la sangre (hipoglucemia). Los análisis han demostrado que los niveles de azúcar en la sangre muchas veces son altos en las personas somnolientas. La agudeza mental y la fatiga dependen, en la mayoría de los casos, de la química cerebral y no de la glucemia.

*• CONCLUSIÓN • Uno de los mejores remedios para recobrar la calma es comer carbohidratos, incluyendo los carbohidratos complejos, como la papa, la pasta, el pan, los fríjoles y los cereales. Si desea tranquilizarse rápidamente, consuma el dulce de la naturaleza: miel o azúcar. Los edulcorantes artificiales, como el aspartame y la sacarina, no tranquilizan el cerebro.*

 *Bueno:*

## LA RECETA DE LA DOCTORA WURTMAN PARA COMBATIR LA ANSIEDAD Y LA TENSIÓN

La doctora Judith Wurtman, Ph.D., investigadora del Instituto Tecnológico de Massachusetts, le recomienda comer azúcar o almidones cuando necesite relajarse y calmarse. Su esposo, el endocrinólogo Richard Wurtman, ha identificado algunos de los mecanismos extraños y aparentemente contradictorios mediante los cuales los carbohidratos influyen en la química cerebral. Judith Wurtman ha traducido esas observaciones en consejos prácticos sobre el uso de los carbohidratos como fórmula tranquilizante para alejar la tensión y la ansiedad, consejos que aparecen en su libro *Managing Your Mind and Mood Through Food,* publicado en 1986. Las siguientes son sus observaciones y sugerencias:

• Tanto el azúcar como los almidones son tranquilizantes, si bien el azúcar actúa más rápido. Una bebida dulce puede producir resultados en tan sólo cinco minutos, mientras que el efecto de los almidones, como el pan y los cereales, pueden tardar entre media hora y cuarenta y cinco minutos.

• La mejor dosis en la mayoría de los casos es una y media o dos onzas de carbohidrato puro, como dos onzas de gomitas, dos tazas de cereales dulces (sin leche) o nueve onzas de una bebida no dietética. No hay necesidad de exagerar. La química del cerebro cambia con los primeros bocados de dulce, galleta o cereal, o con los primeros sorbos de gaseosa, empezando a producir una sensación de calma.

• No mezcle proteínas con el carbohidrato. Consúmalo solo. Eso quiere decir que no debe añadir leche, rica en proteína, a los cereales. Una pequeña cantidad de proteína es suficiente para anular el efecto calmante del carbohidrato.

• Coma carbohidratos bajos en grasa. Los dulces y postres cargados de grasa tardan más tiempo en actuar. Las gomitas, los caramelos y las mentas, por ser solamente azúcar, proporcionan un alivio más rápido que una barra de chocolate, más rica en grasa.

• Para un alivio más rápido, consuma los carbohidratos en forma líquida, puesto que tardan menos tiempo en pasar por el estómago. "Beba a sorbos una taza de agua de hierbas con dos cucharadas de azúcar o una taza de cacao instantáneo en agua, no en leche, o beba lentamente un refresco corriente [no dietético] de ocho onzas", sugiere la doctora Wurtman. Beba lentamente el líquido con una pajilla hasta que se sienta más tranquilo.

• Si sabe que le esperan unas horas llenas de tensión — algo así como un período de doce a catorce horas — coma bocaditos de alimentos bajos en grasa y ricos en carbohidratos como palomitas de maíz, pasteles de arroz, malvaviscos en miniatura y cereales dulces secos. Además, chupar cosas dulces, como un caramelo, contribuye a mantener la tensión bajo control.

 *Bueno:*

## UNA CEBOLLA

Los egipcios de la antigüedad utilizaban la cebolla para producir la calma y el sueño. Es probable que no hayan estado equivocados. Las cebollas roja y amarilla son las fuentes más ricas de quercetina. Este compuesto tiene efectos antioxidantes, antiinflamatorios y sedantes. Al parecer sirvió para producir somnolencia actuando sobre el sistema nervioso central de unos ratones de experimentación en estudios recientes realizados en Francia.

---

### UNA FÓRMULA CONTRA LA ANSIEDAD

- Si sufre de ansiedad, suspenda o restrinja al máximo la cafeína por lo menos durante una semana, para ver si la ansiedad comienza a disiparse. Eso implica beber menos café con cafeína, té, cacao, chocolate y bebidas de cola. Prepárese para los síntomas de abstinencia, como dolores de cabeza, los cuales comienzan a aparecer hacia las diecinueve horas, empeoran durante los dos primeros días y luego van desapareciendo. Si desea estar seguro de que la cafeína es la causa de su ansiedad, consuma un poco de cafeína más adelante, para ver si los síntomas reaparecen.

- Si sufre de ataques de pánico o del trastorno del pánico, elimine o reduzca la cafeína. "Es probable que un par de tazas de café al día no provoquen ataques de pánico — dice el doctor Uhde —. Pero una mayor cantidad sí". Observe si existe una relación entre la aparición del ataque y la cafeína. Consulte a un profesional para obtener tratamiento adecuado.

- Si siente que aumenta la ansiedad o la sensación de pánico después de consumir alcohol, reduzca el consumo o absténgase del todo.

- Para aliviar la ansiedad y la tensión de todos los días, consuma más carbohidratos complejos, como pasta y papas. Para un efecto más rápido, coma algo con miel o azúcar, sustancias reconocidas desde siempre por su leve efecto tranquilizante.

---

# DATOS SORPRENDENTES SOBRE LA DIETA Y EL COMPORTAMIENTO

---

**Alimentos que ayudan a reducir la agresividad:** Carbohidratos, en especial el azúcar y los almidones

---

¿Es cierto que el dulce promueve un comportamiento criminal, antisocial o hiperactivo? La teoría fue muy difundida en los años 70 y 80 y llevó a algunas instituciones correccionales a prohibir los dulces y las golosinas en un intento de apaciguar la psiquis criminal. El caso más notorio de la fobia al azúcar fue la ahora famosa "defensa Twinkie". En 1978, Dan White disparó contra el alcalde de San Francisco, George Moscone, y el supervisor municipal Harvey Milk, y luego alegó que su conducta criminal y su confusión mental se debían a su consumo excesivo de las barras de dulce Hostess Twinkies.

## EL INSTITUTO DE SALUD MENTAL NO DEMOSTRO RELACIÓN ALGUNA ENTRE LA HIPERACTIVIDAD Y EL AZÚCAR

La creencia de que los dulces promueven la hiperactividad y la agresión está muy generalizada. Por lo tanto, sorprende saber que la teoría queda sin piso cuando se somete a prueba en estudios de laboratorio estrechamente controlados y supervisados. Los estudios del Instituto Nacional de Salud Mental contradicen una y otra vez a

343

los padres que sostienen que sus hijos reaccionan mal al dulce. Un estudio típico fue el realizado con dieciocho niños entre los dos y los seis años cuyos padres consideraban que "respondían al azúcar", y con doce niños que no presentaban la supuesta reacción al dulce.

A todos los niños se les dio a distintas horas una bebida carbonatada de limón endulzada con azúcar, aspartame o sacarina y luego se les dejó que jugaran juntos. Nadie sabía quién había recibido qué y en qué momento. A todos los niños se les colocó un aparato especial para medir la actividad física.

No fue posible detectar, con base en el juego, cuáles niños habían consumido azúcar. Ni los padres ni los maestros ni los observadores calificados pudieron detectar con precisión alguna conducta agresiva que pudiese estar relacionada con el azúcar. Los niños que comieron el azúcar no manifestaron un nivel de actividad física mayor que el de los demás, de acuerdo con la lectura de los medidores. Los investigadores concluyeron que la "carga de azúcar no aumentó la agresión ni el nivel de actividad de los niños en edad preescolar". Prácticamente todos los estudios dobles ciegos han revelado que el azúcar no es culpable del mal comportamiento.

---

*"Sé de unos 50 ó 60 proyectos de investigación sobre el tema del comportamiento infantil. Al analizar los resultados, la conclusión es que el azúcar no tiene relación alguna con la hiperactividad".* — Dian Gans, profesora auxiliar de nutrición en la Universidad de Hawai, en Manoa.

---

Tras analizar, en 1991, todos los testimonios objetivos sobre el tema, Dian A. Gans, Ph.D., de la Universidad de Hawai, llegó a la conclusión de que el azúcar no fomenta el comportamiento antisocial ni la hiperactividad entre los niños normales y tampoco entre los hiperactivos. Sin embargo, dejó abierta la posibilidad de que existieran casos aislados. En efecto, la doctora Gans advierte a los padres que restringir el azúcar y otros carbohidratos para eliminar los problemas de comportamiento podría tener el efecto contrario. La razón: la investigación revela que los carbohidratos, en especial el azúcar, tienden a calmar en lugar de excitar el cerebro y, por lo tanto, podrían reducir la hiperactividad y la agresividad, por irónico que parezca.

La psicóloga Bonnie Spring, de la Escuela de Medicina de Chicago, importante investigadora en este campo, señala incluso que los niños muy activos consumen carbohidratos en exceso buscando precisamente un efecto calmante. Así, los padres podrían equivocarse al concluir que la "causa" del problema es el azúcar, cuando en realidad puede ser la cura, dice.

 *Bueno:*

## ¡SORPRESA! EL AZÚCAR DULCIFICA A LOS DELINCUENTES

La verdad sorprendente es que, al parecer, el azúcar mejora el comportamiento de algunos delincuentes, de acuerdo con un estudio de los investigadores de la Universidad de Wisconsin, en Madison. En un experimento a ciegas, los investigadores dieron a 115 adolescentes encarcelados y a 39 estudiantes de secundaria, desayunos a base de un cereal endulzado con azúcar de mesa o con aspartame, el edulcorante artificial. El consumo de azúcar fue de una y media onzas. Luego sometieron a todos los participantes a una serie de pruebas neuropsicológicas para medir factores tales como la concentración, la hiperactividad, el estado de ánimo y las alteraciones del comportamiento. Cada uno de los muchachos fue sometido a las pruebas dos veces: después de un desayuno sin dulce y de otro azucarado.

"No hubo indicación alguna de que el azúcar produjera efectos nocivos", concluyó el autor del estudio, Joseph P. Newman, profesor asociado de psicología de la universidad.

Según él, el azúcar puede ayudar a controlar el comportamiento destructivo y la hiperactividad, especialmente en los niños con los problemas más graves. Fue ese grupo de delincuentes el que "demostró mejor desempeño después del desayuno con sacarosa [azúcar de mesa] que después del desayuno sin sacarosa". También el grupo de los estudiantes presentó mejor comportamiento y estado de ánimo después del desayuno azucarado. Sin embargo, el doctor Newman anota que los delincuentes no hiperactivos registraron menor rendimiento en pruebas mentales, como el golpeteo de los dedos y la memoria inmediata, después de consumir el azúcar. Pero ese resultado no fue inesperado, puesto que se sabe que el azúcar y otros carbohidratos tienden a producir somnolencia y a desacelerar la actividad mental en las personas normales.

 *Malo:*

## AGRESIÓN Y BAJOS NIVELES DE COLESTEROL

¿Es posible que la falta de colesterol aumente los niveles de agresividad y mal humor? Aunque parezca absurda y traída de los cabellos, es una teoría de la cual se habla seriamente en los círculos científicos y sobre la cual existe alguna certeza. Los primeros indicios surgieron como consecuencia de un estudio en gran escala realizado en 1981 por el Instituto Nacional de Salud, el cual demostró, en una población masculina, que al bajar los niveles de colesterol se reducía el riesgo de ataques cardíacos. Sin embargo, para sorpresa de los autores, el hecho de tener niveles bajos de colesterol no se traducía en un mayor tiempo de vida. De alguna manera, a falta de ataques cardíacos, había un aumento en el número de accidentes, homicidios y suicidios.

---

### LA VERDAD SOBRE EL AZÚCAR

Hay poca razón para pensar que el azúcar pueda causar un comportamiento agresivo, violento o hiperactivo. Por el contrario, los hechos indican que, en la mayoría de los adultos y los niños, los carbohidratos, en especial el azúcar, producen un efecto calmante y reducen la agresividad. Así, consumir carbohidratos puede ser una forma de automedicarse en lugar de autodestruirse. Privar totalmente a los niños de los carbohidratos puede, en realidad, agravar el mal comportamiento.

Sin embargo, esto no significa que usted o su familia deban consumir una sobredosis de azúcar para modificar la química cerebral y el comportamiento. El exceso de azúcar promueve la obesidad y da lugar a niveles demasiado altos de insulina y glucosa en la sangre. Es mejor comer carbohidratos complejos, como la pasta, los cereales y el pan, los cuales también ejercen un efecto calmante sobre el cerebro, aunque sea más lento.

---

También en Finlandia se halló una relación entre los bajos niveles de colesterol y el comportamiento violento y agresivo.

Los científicos se ven precisados algunas veces a imaginar cosas increíbles. Eso fue lo que hicieron Jay Kaplan, experto en comportamiento, de la Escuela de Medicina Bowman Gray, y Stephen Manuck, psicólogo de la Universidad de Pittsburgh. Decidieron averiguar cómo se comportaban nuestros parientes más cercanos, los monos, alimentados con dietas bajas en grasa destinadas a reducir los niveles de colesterol. Estudiaron a treinta monos durante dos años. La mitad fueron alimentados con dietas bajas en grasa — menos del 30% de las calorías en grasa — reduciendo los niveles de colesterol. Los otros monos consumieron una dieta rica en grasa, con la cual el nivel de colesterol se triplicó.

Los monos con niveles bajos de colesterol eran un 50% más propensos al comportamiento agresivo: agarrar, morder, empujar y atormentar a sus vecinos. "No tenemos idea de cuál pueda ser el mecanismo — dice el doctor Manuck —. No sabemos si los niveles altos de colesterol apaciguan a los monos o si los niveles bajos los vuelven irascibles". Sin embargo, el doctor Manuck piensa que el colesterol podría influir sobre la forma en que se liberan los neurotransmisores cerebrales, como la serotonina, la cual afecta el estado de ánimo.

Estudios recientes han revelado también que algunos hombres de edad avanzada con niveles bajos de colesterol (menos de 160) presentan un mayor grado de depresión que otros cuyos niveles de colesterol son más altos.

# ALIMENTOS QUE PROVOCAN O CURAN EL DOLOR DE CABEZA

> **Alimentos que suelen provocar dolor de cabeza:** Chocolate • Vino tinto • Cafeína • Glutamato monosódico • Aspartame • Carnes curadas • Quesos añejos • Nueces • Alcohol • Helados de crema
>
> **Alimentos que pueden aliviar o prevenir el dolor de cabeza:** Pescado y aceite de pescado • Jengibre

Créalo: todos sus dolores de cabeza, ya sean por sinusitis, tensión o la temida jaqueca, podrían ser provocados por los alimentos que usted consume todos los días. Así lo han revelado unos nuevos hallazgos verdaderamente revolucionarios. Muchas personas son víctimas constantes del dolor de cabeza sin siquiera soñar que la causa puede ser algún alimento. En los niños, la tragedia de los dolores de cabeza relacionados con la comida son muy comunes y no se reconocen. Si usted sufre de ese fuerte dolor de cabeza conocido como jaqueca, piense seriamente en su alimentación. Sin embargo, hoy se sabe que los mismos alimentos que provocan la jaqueca también son la causa de los más comunes dolores de cabeza vasculares, de acuerdo con sobresalientes autoridades en el tema de las cefaleas.

La razón: Todos esos dolores de cabeza comunes, conocidos como cefaleas sinusales, por tensión o por estrés, en realidad son versiones más suaves de la jaqueca, derivadas de la misma biología cerebral y más apropiadamente denominadas cefaleas "vasculares". Por lo tanto, la alimentación debe considerarse ahora como posible culpable de todos los dolores de cabeza benignos que torturan a más de 50 millones de estadounidenses.

## NUEVAS TEORÍAS SOBRE EL DOLOR DE CABEZA

El que una persona tenga frecuentes e intensos dolores de cabeza depende en gran medida de la propensión genética. Cuanto mayor sea la propensión genética, mayor será la probabilidad de que ciertos factores desencadenen el dolor de cabeza. Algunos de ellos son sencillamente imposibles de controlar, como los cambios de clima, las luces brillantes, los olores fuertes y los ciclos menstruales. El único factor que se puede controlar fácilmente es la dieta. Así, evitar los alimentos culpables podría ser una medida decisiva en la prevención de los dolores de cabeza, dice el doctor David W. Buchholz, director de la Clínica de Consulta Neurológica del Hospital de la Universidad Johns Hopkins.

Pero la cuestión es complicada, porque los alimentos rara vez precipitan por sí solos el dolor de cabeza. Por lo general se necesitan dos o más factores para sobrecargar los mecanismos reguladores del cerebro y provocar el dolor de cabeza. Es como producir un cortocircuito por exceso de voltaje, razón por la cual el vino tinto puede causar jaqueca en una ocasión, y en otra no. Las probabilidades aumentan, por ejemplo, si usted acompaña el vino tinto con un trozo de queso roquefort en un momento de tensión emocional. La cantidad del alimento también influye. Una sola chocolatina quizá no produzca efecto alguno, pero una caja de chocolates completa sí, dice el doctor Seymour Solomon, director de la unidad de dolor de cabeza del Centro Médico Montefiore de la ciudad de Nueva York y autor de *The Headache Book.*

Además, es probable que el dolor de cabeza aparezca uno o dos días después, dificultando todavía más la labor de identificar al culpable, especialmente si se trata de un alimento que la persona consume con frecuencia, dice el doctor Buchholz.

*"La tendencia al dolor de cabeza se tiene o no se tiene; es genética y consubstancial a ciertas personas. Los alimentos pueden influir sobre esa propensión, desencadenando los dolores de cabeza".* — Joel Saper, profesor clínico de medicina, Universidad Estatal de Michigan.

## ASÍ INFLUYEN LOS ALIMENTOS EN EL DOLOR DE CABEZA

Muchos alimentos comunes contienen algunas sustancias químicas, en especial tiraminas y nitrito, que ejercen un efecto directo sobre el cerebro de las personas con propensión genética, desencadenando cambios neurales y vasculares que terminan en dolor de cabeza. La frecuencia y la intensidad de las cefaleas dependen del grado de vulnerabilidad y del efecto acumulado de la comida y de otros factores sobre el cerebro. En algunos casos, el factor alimentario estimula la constricción de los vasos sanguíneos, provocando disfunciones de flujo y síntomas neurológicos transitorios, como las molestias visuales. En otros casos, los vasos sanguíneos externos al cerebro se dilatan, se inflaman y desencadenan el dolor.

De acuerdo con esta teoría, son sospechosos todos los alimentos que contienen ciertas sustancias químicas desencadenantes del dolor de cabeza. Entre ellos se cuentan el chocolate, el queso añejo, el tocino y el vino tinto.

Por otra parte, algunos investigadores sostienen que muchos dolores de cabeza en los niños y los adultos son el producto de alergias o intolerancias a los alimentos, las cuales son muy generalizadas pero pasan inadvertidas. Según esa teoría, el sistema inmunitario del organismo puede percibir determinado alimento como un antígeno (sustancia extraña) y desencadenar una serie de sucesos que culminan en cambios vasculares y dolores de cabeza. El supuesto es que una gran variedad de alimentos, aparentemente sin tener en común una sustancia química, podrían provocar el dolor de cabeza según la sensibilidad peculiar de cada persona.

Además, los alimentos pueden ejercer un efecto indirecto sobre el dolor y la inflamación al actuar a través del sistema complejo de las prostaglandinas. Puesto que los dolores de cabeza tienen relación con los cambios vasculares y los procesos inflamatorios, algunos alimentos que afectan estos procesos podrían contribuir a aliviar el dolor de cabeza. Dos ejemplos son el aceite de pescado y el jengibre.

## ¿CUÁN COMÚN ES EL DOLOR DE CABEZA CAUSADO POR LOS ALIMENTOS?

No se sabe a ciencia cierta cuántos dolores de cabeza son producto de los factores alimentarios. Algunos especialistas afirman que muy pocos: entre un 5 y un 20%. Otros dicen que la mayoría. El doctor James Breneman, antiguo presidente del comité de alergias a los alimentos, del Colegio Estadounidense de Alergia, dice: "Estoy convencido de que el 75% de las jaquecas tienen relación con los alimentos". Aunque hay algunos alimentos más culpables que otros, la lista es cada vez más larga, y hay quienes creen que cualquier alimento podría desencadenar un dolor de cabeza. Por ejemplo, una mujer descubrió que la causante de sus jaquecas era la canela, la cual no está en la lista de factores desencadenantes comunes. El doctor Joel Saper, profesor clínico de medicina de la Universidad Estatal de Michigan y director del Instituto Neurológico de Dolor de Cabeza de Ann Arbor, ha incluido la leche entre los factores desencadenantes de las cefaleas, aunque se desconoce el mecanismo. Para el doctor Buchholz, el primer factor de riesgo en la mayoría de los casos es la cafeína.

Reduciendo o eliminando los alimentos desencadenantes bien podría ponerse fin al problema. En una reseña reciente de las investigaciones sobre el tema, Cynthia L. Radnitz, Ph.D., profesora auxiliar de psicología de la Universidad Fairleigh Dickinson, anotó que en algunos estudios entre un 70 y un 85% de las víctimas de jaqueca que restringían los alimentos desencadenantes reducían el número y la intensidad de las cefaleas.

A continuación se describen los alimentos de peor reputación como desencadenantes del dolor de cabeza. La mayoría de los estudios se han hecho concretamente en personas con cefaleas vasculares graves conocidas como jaquecas, pero los especialistas dicen que esos mismos alimentos pueden desencadenar los dolores de cabeza que afectan comúnmente a la mayoría de las personas.

*Malo:*

## CUÍDESE DE LAS TERRIBLES AMINAS

Estos elementos constituyentes de los alimentos pueden sencillamente crear caos en el cerebro. Plinio, filósofo de la antigua Grecia, decía que los dátiles frescos eran una de las causas del dolor de cabeza. Ahora sabemos que las proteínas de los dátiles contienen una amina en su estructura química. Es bien sabido que las aminas activan el dolor de cabeza. Por ejemplo, el chocolate, cuya reputación como desencadenante de jaquecas es legendaria, contiene feniletilamina. Las frutas cítricas, otras culpables, contienen octopamina. Pero la amina más comúnmente implicada en los casos de jaqueca es la tiramina, contenida en una gran variedad de alimentos y en distintas cantidades en las bebidas alcohólicas (en especial el vino tinto), los productos lácteos (quesos añejos y duros, yogur, crema agria), ciertas carnes y pescados (carnes curadas o procesadas, arenques), los productos con levadura (ciertos panes y las tortas frescas), las frutas (higos, dátiles, uvas pasas), las nueces y el chucrut. Es interesante anotar que la tiramina sola no siempre producía dolor de cabeza en los individuos estudiados, confirmándose así que otros factores desencadenantes han de combinarse con los alimentos para precipitar el dolor.

 *Malo:*

## EL DOLOR DE CABEZA DEL VINO TINTO

Sospeche del vino tinto. Si cree que es el culpable de sus dolores de cabeza, probablemente no se equivoque. Entre las bebidas alcohólicas, el vino tinto tiene la peor reputación como instigador del dolor de cabeza, debido quizá a que es rico en muchas sustancias de las uvas, denominadas congéneres, entre las que se cuenta la tiramina. Hay varios estudios que demuestran este efecto del vino tinto, entre ellos un estudio controlado realizado en la Gran Bretaña con diecinueve pacientes de jaqueca.

La investigadora Julia T. Littlewood, de la Clínica de Jaqueca Princesa Margarita del Hospital Charing Cross de Londres, pidió a los

| QUESOS MÁS FRECUENTEMENTE ASOCIADOS CON EL DOLOR DE CABEZA (CON CONTENIDO MÁS ALTO DE TIRAMINA) | |
| --- | --- |
| Queso | Miligramos de tiramina por $\frac{1}{2}$ onza de queso |
| Stilton inglés | 17.3 |
| Roquefort | 15.0 |
| Cheddar añejo | 7.5 |
| Danés azul | 5.5 |
| Mozzarella | 2.4 |
| Gruyère suizo | 1.9 |
| Feta | 1.1 |
| Parmesano rallado | 1.1 |
| Gorgonzola | 0.8 |

participantes en el estudio que bebieran de botellas oscuras cuyo contenido había sido enfriado para ocultar el sabor. Algunas contenían un poco más de una taza de vino tinto español y otras vodka con limonada. El contenido de alcohol era el mismo y se administró con pajillas para que las personas estudiadas no supieran de qué se trataba. Algunas creyeron que era jarabe para la tos y otras que era el zumo de dulces cocidos. Después de consumir las mezclas se les sometió a observación.

Al cabo de las tres horas, nueve de los once pacientes de jaqueca que habían bebido el vino tinto presentaron todos los síntomas de la enfermedad: dolor unilateral, náusea y sensibilidad a la luz. Quienes consumieron el vodka no presentaron signos de dolor de cabeza como tampoco el grupo de personas sanas que bebieron vino tinto.

La doctora Littlewood sostiene que el hecho más importante es que el vino tinto en realidad produce jaqueca, y no debido precisamente a su contenido de alcohol. También dice que utilizó deliberadamente un vino tinto con bajo contenido de tiramina, la sustancia a la cual se le atribuye con frecuencia la culpa. Para la doctora Littlewood, el agente activo es un compuesto fenólico natural — ausente del vino blanco — que algunas víctimas de jaqueca no pueden metabolizar adecuadamente, por una deficiencia enzimática.

*Malo:*

## EL DOLOR DE CABEZA DEL CHOCOLATE

El chocolate es tristemente famoso por provocar jaquecas. En una encuesta reciente entre 490 víctimas de la jaqueca, el 19% mencionó el chocolate como principal amenaza después del alcohol.

La realidad de esta amenaza se demostró a través de un estudio doblemente ciego realizado en la Gran Bretaña con veinte pacientes de jaqueca típica. Todos estaban seguros de que el chocolate era el causante de sus dolores de cabeza. Para hacer la prueba, los investigadores dieron a doce pacientes una barra de chocolate de 1.4 onzas. Los otros ocho recibieron placebo o una barra de "chocolate falso". Al cabo de un promedio de veintidós horas, cinco de los pacientes (40%) que habían recibido el chocolate comenzaron a sentir los síntomas que anteceden a la jaqueca. Ninguno de los pacientes que comió el chocolate falso presentó jaqueca.

*NOTA: El chocolate blanco, que contiene manteca de cacao pero no licor de chocolate (fuente de tiramina), no provoca dolor de cabeza.*

 *Malo:*

## EL DOLOR DE CABEZA DEL PERRO CALIENTE: LA NÉMESIS DE LOS NITRITOS

Si usted es propenso al dolor de cabeza, cuídese de los perros calientes, el tocino, el salami, el jamón y otras carnes curadas con nitrito o nitrato de sodio, conocidos por su poder para desencadenar la cefalea. Los neurólogos William R. Henderson y Neil H. Raskin, de la Universidad de California, en San Francisco, comprobaron la culpabilidad de estos agentes con la ayuda de una víctima del "dolor de cabeza del perro caliente". Se trataba de un hombre de cincuenta y ocho años de edad a quien le sobrevenía el dolor de cabeza, y algunas veces una sensación de calor en el rostro, treinta minutos después de comer salchichas, tocino u otras carnes curadas con nitrito. El dolor de cabeza se prolongaba por varias horas.

A manera de prueba aceptó beber soluciones insaboras e inodoras con 10 miligramos o menos de nitrito de sodio, o una solución idéntica pero sin el nitrito. No se le dijo cuál había bebido. Sin embargo, ocho de las treces veces en que bebió la solución con nitrito presentó dolor de cabeza, mientras que con la solución de placebo no experimentó nunca el problema. Los dolores de cabeza desaparecieron del todo cuando les dijo adiós a las carnes curadas con nitrito.

---

### *ALIMENTOS QUE SUELEN DESENCADENAR EL DOLOR DE CABEZA*

- La cafeína (café, té, té helado, bebidas de cola).
- El chocolate.
- El queso (salvo el queso crema y el requesón).
- El yogur y la crema agria.
- Las nueces (incluida la mantequilla de maní).
- Las carnes procesadas, curadas y añejadas (incluidos los perros calientes, el salchichón, el tocino, el salami y la mortadela).
- Las bebidas alcohólicas (especialmente el vino tinto, el champaña y las bebidas oscuras o espesas; el vodka ofrece la menor probabilidad de producir cefalea).
- El glutamato monosódico.
- Los cítricos (naranja, toronja, limón, lima) y la piña, y los jugos de estas frutas.
- Otras frutas (banano, uvas pasas, ciruelas rojas, higos enlatados, aguacate).
- Ciertas hortalizas (habas, alubias, fríjol blanco, guisantes, chucrut y cebolla).
- Algunos panes (panes caseros con levadura, panes de masa agria y otros productos con levadura).
- Aspartame (NutraSweet).

*Fuente: Doctor David Buchholz, Universidad Johns Hopkins.*

---

*Malo:*

## EL DOLOR DE CABEZA DEL ASPARTAME

¿Puede el aspartame (NutraSweet) desencadenar dolores de cabeza? Sus fabricantes dicen que este edulcorante artificial es inocente. Pero el cúmulo de quejas recibidas por el gobierno federal y por los expertos en cefaleas han llevado a muchos a concluir que el aspartame puede producir dolores de cabeza en las personas susceptibles. "El aspartame puede ser un factor desencadenante importante en una gran proporción de las personas que sufren de dolor de cabeza, especialmente las susceptibles a la jaqueca", insiste el doctor R. B. Lipton, neurólogo de la Unidad de Dolor de Cabeza del Centro Médico Montefiore de la ciudad de Nueva York, quien estudió el efecto del aspartame en 117 pacientes que sufrían de cefalea.

Otro estudio — de la doctora Shirley M. Koehler, de la Universidad de Florida — demostró que el aspartame aumentaba la frecuencia de los dolores de cabeza en más de la mitad de un grupo de pacientes. En efecto, el número total de ataques de jaqueca aumentó a más del doble (de un promedio de 1.55 a 3.55) después de consumir cuatro dosis diarias de 300 miligramos de aspartame durante cuatro semanas, en comparación con los efectos del placebo. Además, los ataques fueron más prolongados y algunos pacientes experimentaron más "síntomas raros" durante las cefaleas provocadas por el aspartame, como mareo, debilidad y menor visión. No se conoce la razón por la cual el aspartame desencadena la jaqueca pero, al igual que otros factores de la dieta, al parecer afecta a aquellas personas con vulnerabilidad congénita.

 *Malo:*

## EL DOLOR DE CABEZA DEL GLUTAMATO MONOSÓDICO

Hay quienes dicen que no existe el dolor de cabeza producido por el glutamato monosódico, el cual puede ir acompañado de otros signos del denominado "síndrome del restaurante chino", tales como ardor y hormigueo en el rostro y el pecho, transpiración, calambres abdominales y mareo. Sin embargo, muchos expertos en dolor de cabeza incluyen el glutamato monosódico en la lista de los factores desencadenantes más comunes de las cefaleas vasculares. El doctor Saper dice que algunas personas no metabolizan bien el glutamato monosódico, de manera que éste se acumula en la corriente sanguínea produciendo una reacción química exagerada y dolor de cabeza.`

El glutamato monosódico se utiliza de manera generalizada para realzar los sabores de los alimentos procesados. La autoridades no exigen mencionar por separado el glutamato monosódico en las etiquetas de los productos. Por lo tanto, si usted es sensible a esta sustancia, cuídese de ingredientes tales como la proteína vegetal hidrolizada y el extracto de Kombu, los cuales contienen glutamato monosódico, advierte el doctor Alfred L. Scopp, de la Clínica de Dolor de Cabeza del Norte de California.

 *Malo:*

## CAFEÍNA: BUENA Y MALA

No desconozca los efectos paradójicos de la cafeína, la cual puede aliviar los dolores de cabeza o causárlos. Una sola taza de café fuerte es suficiente para eliminar un dolor de cabeza y, por sí sola, la cafeína es un analgésico igual al acetaminofén, de acuerdo con las pruebas realizadas por el doctor Nicholas Ward, psiquiatra de la Universidad de Washington.

Pero la cafeína tiene también su lado malo que la convierte en una amenaza de dolor de cabeza, dice el doctor Buchholz. En muchos casos, la cafeína promueve el dolor de cabeza y es quizá *la primera instigadora de la cefalea* de los Estados Unidos. "Si una persona sufre de dolores de cabeza, lo primero que debe hacer es suspender la cafeína". El doctor Buchholz afirma que si bien es cierto que la cafeína alivia temporalmente el dolor de cabeza constriñendo los vasos saguíneos dilatados, con el tiempo puede cobrar su precio con creces. "Cuando el efecto se desvanece, los vasos constreñidos se desquitan dilatándose todavía más, empeorando el dolor de cabeza". Así, a la larga, el hábito de la cafeína promueve el dolor de cabeza en muchas personas convencidas de contar con una solución rápida, dice. Y advierte contra el uso de la cafeína como remedio para el dolor de cabeza.

¿Cuál es la cantidad nociva de cafeína? Depende, porque la tolerancia a esta sustancia varía considerablemente. Una sola taza de café es suficiente para promover el dolor de cabeza en las personas susceptibles, mientras que otras pueden beber una taza tras otra sin nunca sentir un dolor de cabeza, dice el doctor Buchholz. "No estoy diciendo que todo el mundo deba dejar la cafeína — agrega —, pero en el caso de las personas propensas al dolor de cabeza y susceptibles a la cafeína, lo mejor que pueden hacer para librarse del mal es dejar la cafeína". Advertencia: para evitar las cefaleas por abstinencia es necesario dejar gradualmente la cafeína, tardando una o dos semanas en el proceso, en lugar de suspenderla de un día para otro.

 *Malo:*

## CEFALEAS POR ABSTINENCIA

Cuando el organismo está habituado a la cafeína y no la obtiene, el malestar puede ser terrible. En efecto, millones de estadounidenses son víctimas de cefaleas por abstinencia y otros síntomas, sin sospechar jamás la causa. Así opinan los expertos, para quienes la cefalea por abstinencia de cafeína solía ser un concepto trivial, un suceso raro que afectaba solamente a los grandes consumidores (más de cinco tazas de café al día) a quienes se les suspendía la cafeína abruptamente. Ese concepto ha sido revaluado. Aunque es cierto que los grandes consumidores de cafeína son los que más sufren cuando se abstienen, las cefaleas por abstinencia afectan por lo general a las personas que consumen un promedio de una o dos tazas de café al día.

La mayoría de las personas que dejan la cafeína o no toman su dosis diaria por alguna otra razón, experimentan dolores de cabeza, muchas veces intensos. En los trabajos de investigación, las personas privadas de la cafeína describen el dolor de cabeza como "el peor" que han tenido. Algunas ni siquiera pueden actuar normalmente y quedan incapacitadas temporalmente. Tan severa y perturbadora puede ser la abstinencia en muchos casos, que los especialistas dijeron hace poco, en un artículo publicado en el *American Journal of Psychiatry,* que debería declarársele trastorno mental.

En sus experimentos en la Facultad de Medicina de la Universidad

Johns Hopkins, el doctor Roland R. Griffiths demostró que la abstinencia puede afectar a personas que consumen una sola taza de café fuerte o hasta tres gaseosas con cafeína al día. Además, descubrió que entre los síntomas de la abstinencia no solamente figura el dolor de cabeza sino también la fatiga, la depresión leve, el dolor y la rigidez musculares, sensaciones de gripe, náusea y vómito. El doctor Griffiths y sus colegas realizaron un estudio con 62 bebedores de café, a quienes les pidieron que dejaran la cafeína de un día para otro durande dos períodos consecutivos de dos días cada uno. Durante ese tiempo recibieron una píldora de cafeína (equivalente a un poco más de dos tazas de café) o una píldora falsa. El 52% de ellos se

---

**UN HOMBRE SE CURA DE SUS DOLORES DE CABEZA CAUSADOS POR EL EXCESO DE CAFEÍNA**

A los treinta y cuatro años sufría de cefaleas pulsátiles que se prolongaban durante varias horas y que normalmente lo afectaban los fines de semana. Tras cerciorarse de que no existía ningún problema físico, el médico le recomendó una evaluación psiquiátrica. Tampoco el psiquiatra encontró nada anormal, salvo quizá una puntuación relativamente alta en una prueba de ansiedad. Una pista importante: lo único que le aliviaba el dolor de cabeza era alguna droga con cafeína, de la cual consumía ocho a diez tabletas al día; ni la aspirina ni el Darvon le servían de nada.

Se ufanaba de su capacidad para consumir café. "Puedo beber fácilmente entre diez y quince tazas diarias. Les gano a todos en la oficina". Consumía un promedio de 1 500 miligramos de cafeína en un día de trabajo. Como era de esperarse, reducía el consumo durante el fin de semana cuando estaba en su casa, alejado de las tensiones de la oficina.

El médico supuso que esos dolores de cabeza que lo dejaban hecho un caos ocurrían cuando los niveles de cafeína en la sangre bajaban. Unas cuantas semanas después de convencerse de que debía abandonar el exceso de cafeína, los dolores de cabeza habían desaparecido casi por completo. Su puntuación en las pruebas de ansiedad también volvió a ser normal.

quejó de dolores de cabeza durante el tiempo en que estuvieron privados de la cafeína; el 11% presentó depresión; el 11% experimentó fatiga; algunos presentaron síntomas de gripe y en el 13% de los casos el dolor fue tan fuerte que rompieron las reglas del experimento al tomar aspirina u otros analgésicos.

Los síntomas, entre ellos el dolor de cabeza, suelen presentarse entre las doce y las veinticuatro horas después de suspender la cafeína, llegan a su punto máximo a las cuarenta y ocho horas, y por lo general se prolongan hasta una semana.

 *Malo:*

## LA CAFEÍNA PODRÍA SER LA CAUSA DE SUS DOLORES DE CABEZA MATUTINOS

Aunque le parezca sorprendente, usted puede sufrir de cefaleas por abstinencia sin saberlo y sin dejar deliberamente la cafeína. En efecto, ese tipo de dolor de cabeza puede ser el compañero casi constante de algunos consumidores frecuentes de cafeína. Si usted despierta por la mañana con dolor de cabeza, podría ser a causa de la abstinencia durante la noche. Entonces, esa primera taza de café es el remedio. Sin embargo, es algo que se convierte en un círculo vicioso, exigiendo el remedio con más frecuencia.

Si sufre de dolor de cabeza los fines de semana y los días de fiesta, es probable que se deba a un menor consumo de cafeína en comparación con la dosis de los días de trabajo. Un estudio reciente demuestra incluso que las cefaleas postoperatorias, atribuidas durante largo tiempo a la anestesia, en muchos casos se deben sencillamente a la falta de cafeína durante las horas de preparación preoperatoria y de permanencia en el quirófano.

*Bueno:*

## CÓMO DESHACERSE DE LA CAFEÍNA SIN SUFRIR DOLORES DE CABEZA

Para evitar que su organismo se sienta molesto si usted suspende súbitamente la cafeína, redúzcala gradualmente. Éste es el consejo de los especialistas de la Universidad Tufts: trate de eliminar taza por taza, con intervalos de unos cuantos días, hasta que se sienta bien. O combine el café corriente con café descafeinado para diluir la cantidad de cafeína, aumentando lentamente la cantidad de café descafeinado. Como es lógico, disminuya otras fuentes de cafeína, como las bebidas de cola, y reemplácelas por otras en cuya etiqueta se lea que no contienen cafeína. Las bebidas con mayor contenido son las colas y la Mountain Dew.

Los fumadores necesitan más cafeína para sentir el efecto estimulante, dicen las autoridades médicas de Tufts, porque los fumadores metabolizan o utilizan la cafeína de la sangre con mayor rapidez que los no fumadores. Eso significa que, si usted deja de fumar, debe reducir al mismo tiempo la cafeína, o de lo contrario puede experimentar efectos exagerados a causa del exceso de cafeína en la sangre.

 *Malo:*

## EL DOLOR DE CABEZA DEL HELADO: ASOMBROSAMENTE COMÚN

Muchas veces un trago de una bebida helada o un trozo de helado es suficiente para que el choque frío en la boca se convierta en un dolor agudo en la frente. Es el fenómeno conocido como el dolor de cabeza del helado. Por lo general dura muy poco, entre veinte y treinta segundos, y a veces se siente muy adentro de la nariz, en las sienes o detrás de las mejillas. El doctor Saper explica lo que sucede: el frío entra en contacto con el paladar, estimulando una reacción en el quinto par craneal (trigémino) a través de una rama que se extiende desde la superficie de la boca hasta la cabeza. Este quinto par es el principal portador del dolor de cabeza.

No se sabe por qué algunas personas sufren del "dolor de cabeza del helado" mientras que otras no. Sin embargo, es muy común. En un estudio realizado recientemente en la Gran Bretaña, el 46% de los voluntarios a quienes les aplicaron helado en el paladar reaccionaron con dolor de cabeza.

Para el doctor Saper, la solución es comer y beber las cosas heladas lentamente. Guardarlas un momento en la parte anterior de la boca para permitirle al paladar enfriarse gradualmente. En esa forma se reduce el choque frío causante del dolor de cabeza.

 *Malo:*

## EL DOLOR DE CABEZA DE LA RESACA

Cuídese no solamente de la cantidad de alcohol que beba sino de la clase de bebida. El dolor de cabeza del día siguiente no es sólo producto del alcohol, dice el doctor Solomon, sino de otros componentes, ingredientes o saborizantes denominados congéneres, que ayudan a diferenciar los sabores de las distintas bebidas alcohólicas. Algunos congéneres son inherentes a la bebida, como es el caso de los fenoles de las uvas o los aldehídos del proceso de destilación o añejamiento. Otros son aditivos, como sucede con los sulfitos.

Las bebidas que contienen la mayor cantidad de congéneres son el vino tinto, el champaña y el whisky de maíz y centeno, y es probable que estos ingredientes sean la razón por la cual se las conozca como fuertes desencadenantes del dolor de cabeza. El vodka contiene la menor concentración de congéneres y ofrece menores probabilidades de producir los síntomas de la resaca. Eso no quiere decir que se pueda beber vodka desenfrenadamente sin arriesgarse a sufrir las consecuencias. Beber más de la cuenta es un medio seguro de llegar a sufrir dolor de cabeza.

No hay claridad sobre la forma como se produce el dolor de cabeza de la resaca, pero al parecer se debe a los trastornos metabólicos del cerebro causados por el exceso de alcohol: una especie de "hipoglucemia cerebral" o reducción de los niveles de azúcar. Por lo tanto, algunos especialistas aconsejan comer o beber algun refrigerio rico en fructosa, como jugo de fruta, antes de acostarse. "La fructosa ayuda a metabolizar los productos químicos del alcohol que tienden a producir el dolor de cabeza y otros síntomas de la resaca", dice el doctor Solomon. También es importante beber mucho líquido, puesto que el alcohol deshidrata. Al igual que con otros tipos de cefalea, la susceptibilidad al dolor de cabeza de la resaca también es congénita.

## JAQUECAS EN LOS NIÑOS A CAUSA DE LOS ALIMENTOS: EL FAMOSO ESTUDIO EGGER

Su hijo podría sufrir jaquecas causadas por los alimentos, sin que usted lo sospeche jamás. Así lo reveló hace poco el neurólogo pediatra británico Joseph Egger, del Hospital Infantil de Londres. El doctor Egger estudió los efectos de las intolerancias a los alimentos en ochenta y ocho niños con jaqueca grave. Los hallazgos sin precedentes de este primer estudio doble ciego estrechamente controlado fueron una verdadera sorpresa y sacudieron al mundo médico con una nueva realidad: el gran poder de los alimentos para provocar jaquecas en la infancia.

Para sorpresa suya, el doctor Egger descubrió que el 93% de los niños y niñas entre las edades de tres y dieciséis años dejaban de sufrir de dolor de cabeza cuando suspendían ciertos alimentos. Algunos se recuperaban casi inmediatamente al eliminar de la dieta a los culpables; en otros, el mal se prolongaba durante otras tres semanas después de suspender los alimentos "alérgicos".

Especialmente notable fue el descubrimiento de que cincuenta y cinco alimentos distintos producían los dolores de cabeza, además de otros síntomas, como dolor abdominal, diarrea, asma, eccema e hiperactividad. La primera culpable fue la leche de vaca, la cual desencadenaba jaquecas en el 30% de los niños. La seguían en orden los huevos (27%), el chocolate (25%), la naranja (24%), el trigo (24%), el queso (15%) y el tomate (15%). Más abajo en la lista estaban el cerdo, la carne vacuna, el maíz, la soya, el té, la avena, el café, el maní, el tocino, las papas, las manzanas, los duraznos, las uvas, el pollo, el banano, las fresas, el melón y la zanahoria.

La mayoría de los niños reaccionaban a varios alimentos, pero un 20% reaccionaba solamente a uno. Algunas jaquecas se presentaban a los pocos minutos de haber comido el alimento nocivo; en otros casos había intervalos hasta de una semana antes de presentarse el dolor. El promedio fue de dos a tres días. Otra nota escalofriante: a los niños por lo general les encantaban los alimentos que les provocaban el dolor ("algunos casos eran de antojo y otros de consumo excesivo"), informó el doctor Egger. Según él, a diferencia de la típica alergia a los alimentos, la cual ataca instantáneamente y requiere cantidades mínimas para infligir daño, las alergias que causan la jaqueca evolucionan lentamente, por exposición crónica a los antígenos de los alimentos, y requieren cantidades más grandes para provocar reacciones.

## NO MÁS DOLORES DE CABEZA "EPILÉPTICOS"

En otro estudio sin precedentes, el doctor Egger descubrió que los niños que sufrían de jaqueca solían presentar crisis epilépticas, las cuales también se podían controlar evitando ciertos alimentos. Estudió sesenta y tres niños, dieciocho de ellos con epilepsia únicamente y cuarenta y cinco que presentaban crisis epilépticas y también jaqueca. Durante cuatro semanas, los niños consumieron la denominada "dieta oligoantigénica", constituida por alimentos conocidos por no provocar reacciones alérgicas.

Los resultados fueron maravillosos en el grupo de los niños con epilepsia y jaqueca: en el 55% de los casos desaparecieron las crisis y en el 25% se redujeron en número. La dieta no tuvo efecto alguno sobre los niños con epilepsia solamente.

Para verificar sus resultados, el doctor Egger realizó un estudio doble ciego controlado con placebo, en el cual se introdujeron los alimentos sospechosos uno por uno, sin que los niños lo supieran. Las crisis reaparecieron en treinta y dos casos: 89%. Estos son los alimentos implicados con mayor frecuencia en las crisis: leche de vaca (37% de los niños), queso (36%), cítricos y trigo (29%), huevos (19%), tomate (15%), cerdo (13%), chocolate (11%) y maíz (10%). Todos los niños reaccionaban por lo menos a dos alimentos.

Al cabo de un período de siete meses a tres años de no consumir esos alimentos, las crisis estaban totalmente bajo control en más de la mitad de los niños; en otros se habían reducido a la mitad. Y en la mayoría de los casos, las jaquecas habían desaparecido o disminuido. La dieta puede ser un tratamiento poderoso para el síndrome de la jaqueca epiléptica, insiste el doctor Egger.

La conexión entre la epilepsia y la jaqueca ha confundido a los neurólogos desde tiempo atrás, dice el doctor Egger. Según él, es probable que ambas tengan relación con cambios químicos en los neurotransmisores cerebrales, los cuales a su vez son afectados por los componentes de los alimentos. Por ejemplo, se ha determinado la participación de los péptidos opioides en las crisis epilépticas y en los cambios inmunitarios, y son muchos los alimentos, especialmente la leche y el trigo, que contienen péptidos de tipo opioide. El doctor Egger cree que puede haber una conexión.

*NOTA: Ni el doctor Egger ni otros investigadores han observado que esas dietas sirvan en los casos en que sólo hay epilepsia; únicamente cuando hay jaquecas también.*

 *Bueno:*

## CURE LA JAQUECA CON JENGIBRE

Ensaye el jengibre. Este condimento pasado de moda puede ser tan eficaz para detener y prevenir la jaqueca como los medicamentos fuertes que pueden tener serios efectos secundarios. Desde el punto de vista fisiológico, parece sensato revivir esta planta utilizada durante siglos en algunas culturas para tratar el dolor de cabeza, la naúsea y los trastornos nerviosos, de acuerdo con el doctor Krishna C. Srivastava, de la Universidad de Odense (Dinamarca). El jengibre, al igual que la aspirina y otros medicamentos contra la jaqueca, afecta a las prostaglandinas, esas sustancias endógenas de tipo hormonal que ayudan a controlar las respuestas inflamatorias, en las cuales participa la histamina, y el dolor. En efecto, el jengibre ejerce una acción muy parecida a la de la aspirina, al bloquear la síntesis de las prostaglandinas, reduciendo la inflamación y el dolor.

Para hacer sus pruebas, el doctor Srivastava y sus colaboradores pidieron a una paciente de cuarenta y dos años que comiera jengibre a la primera señal de alteración visual (aura), la cual suele preceder a la jaqueca. Así lo hizo, consumiendo entre 500 y 600 miligramos (un tercio de cucharadita) de jengibre en polvo mezclado con agua. El éxito fue rotundo, según el doctor Srivastava. A los treinta minutos se "veía claramente que se había interrumpido el ataque", anota. La paciente continuó tomando el tercio de cucharadita de jengibre cuatro veces al día durante los tres o cuatro días siguientes al episodio.

Tan grande fue el éxito del experimento que la paciente se aficionó a la raíz cruda de jengibre como parte de su dieta, y tanto la frecuencia como la intensidad de las jaquecas disminuyeron marcadamente. Antes del régimen a base de jengibre solía tener dos o tres jaquecas intensas al mes. Durante trece meses en que utilizó el jengibre tuvo sólo leves dolores de cabeza cada tercer mes.

Los médicos piensan que el jengibre frena o previene la jaqueca mediante uno o varios mecanismos combinados, como lo hacen la mayoría de los medicamentos modernos. Puesto que no se han documentado efectos secundarios, el doctor Srivastava piensa que tanto los adultos como los niños pueden utilizar el jengibre sin temor alguno para bloquear las jaquecas.

 *Bueno:*

## EL ACEITE DE PESCADO CONTRA LA JAQUECA

Coma pescado para prevenir el dolor de cabeza. A través de sus experimentos en la Facultad de Medicina de la Universidad de Cincinnati, el doctor Timothy McCarren demostró que, en el 60% de las personas estudiadas víctimas de jaqueca grave, las cápsulas de aceite de pescado tomadas durante seis semanas bloquearon los ataques, reduciéndolos a la mitad: de dos a la semana a dos cada quince días. El dolor y la intensidad también se redujeron. En general, los hombres tendieron a beneficiarse más del aceite de pescado, por razones desconocidas. El doctor McCarren indica que un menor consumo de grasa saturada de origen animal puede prevenir las jaquecas en algunos casos, puesto que dicha grasa estimula la formación de una sustancia de tipo hormonal, la cual actúa como desencadenante de los sucesos que conducen a la jaqueca.

Esto no significa que se puedan comer trozos de pescado como píldoras cada vez que se sienta venir un dolor de cabeza. Sin embargo, la investigación indica que consumir pescado con regularidad, especialmente del tipo grasoso, como el salmón, el atún, la caballa y las sardinas, produce efectos a largo plazo sobre la química cerebral, contribuyendo a reducir con el tiempo los ataques de jaqueca.

*Bueno:*

## ANALGÉSICOS EXTRAÑOS

¿Ostras, langosta, hígado, nueces, semillas, aceitunas verdes y salvado de trigo como analgésicos? Es probable, según los estudios recientes

---

### UNA DIETA PARA COMBATIR EL DOLOR DE CABEZA

Ante todo, trate de identificar y evitar los alimentos que provocan su dolor de cabeza. Éstos son los consejos del doctor David Buchholz, de la Universidad Johns Hopkins, a sus pacientes:

- Trate de evitar durante un mes todos los alimentos de la lista "Alimentos que suelen desencadenar el dolor de cabeza" (página 355). Evite también los medicamentos con cafeína, tales como el Anacín, el Excedrín y el Actifed.
- Si tiene la costumbre de consumir cafeína, disminúyala gradualmente durante dos semanas. Puede beber café, té y gaseosas sin cafeína.
- Si los dolores de cabeza menguan o desaparecen, "experimente" agregando los alimentos uno por uno cada tres días o una vez cada semana. Si se presenta el dolor de cabeza, habrá identificado al alimento culpable, para que lo evite en el futuro. El doctor Buchholz advierte que pueden pasar veinticuatro horas entre el momento de consumir el alimento y la aparición del dolor de cabeza. Una vez que haya identificado aquellos alimentos que lo afectan, podrá evitarlos. Sin embargo, recomienda no agregar de nuevo la cafeína si los dolores de cabeza son frecuentes. "Es mejor evitarla del todo", dice.
- Además, como lo sugieren otros especialistas, es buena idea consumir más pescado y un poco de jengibre, los cuales ayudan a bloquear los dolores de cabeza en algunos casos.
- Si un niño presenta dolores de cabeza intensos y crisis epilépticas, averigüe si se trata de una alergia a algún alimento. La primera sospechosa es la leche.

del Departamento de Agricultura de los Estados Unidos. Todos estos alimentos son ricos en cobre, mineral que al parecer combate ciertos dolores que normalmente se alivian con los análgesicos de venta libre. Tal es el hallazgo sorprendente de James G. Penland, Ph.D., psicólogo del Departamento de Agricultura de los Estados Unidos.

El doctor Penland hizo su descubrimiento tras analizar varios estudios de hombres y mujeres sometidos a dietas bajas en minerales en una unidad hospitalaria especial. Observó que cuando la dieta era baja en cobre los pacientes solicitaban el doble de analgésicos que cuando el nivel de cobre ingerido era normal. Pedían analgésicos de venta libre, como aspirina y Tylenol, para los dolores comunes, entre ellos la cefalea.

La teoría del doctor Penland es que la deficiencia de cobre, bastante generalizada en los Estados Unidos, podría afectar la química cerebral o constreñir las paredes de los vasos sanguíneos, precipitando mayores episodios de dolor general y cefalea.

# ALIMENTOS PARA COMBATIR LAS INFECCIONES COMUNES Y LOS PROBLEMAS RESPIRATORIOS

# ALIMENTOS QUE FORTALECEN EL SISTEMA INMUNITARIO Y AHUYENTAN LAS INFECCIONES

---

**Alimentos que ayudan a mejorar la inmunidad:** Yogur
• Hongos shiitake • Ajo • Alimentos ricos en betacaroteno y zinc
• La dieta vegetariana • Una dieta baja en grasa
**Alimentos que contribuyen a reducir la inmunidad:** La dieta rica en grasas, en especial los aceites vegetales poliinsaturados, como los de maíz, cártamo y soya

---

No hay factor más decisivo para la buena salud que un sistema inmunitario que funcione bien. Puede librar a la persona de todo tipo de problemas, desde infecciones menores hasta un cáncer. Claro está que la constitución genética influye en gran medida sobre la inmunidad, pero también los factores externos. Uno de los más importantes es la dieta. Solamente desde hace poco han comenzado los científicos a explorar y desenmarañar la fascinante y compleja trama del sistema inmunitario, sin olvidar su dependencia de la dieta. Cada vez es más claro que es posible manejar la inmunidad a través de la alimentación. Los alimentos contienen vitaminas, minerales y otros compuestos menos conocidos que pueden estimular el funcionamiento del sistema inmunitario de muchas maneras distintas, aumentando la resistencia a las infecciones virales y bacterianas y también a las masas cancerosas, las cuales florecen o mueren de acuerdo con la acción de los mecanismos inmunitarios.

## ASÍ INFLUYEN LOS ALIMENTOS SOBRE LA INMUNIDAD

Lo que una persona coma puede influir grandemente sobre el desempeño de los glóbulos blancos, los cuales constituyen la primera línea de defensa contra la infección y el cáncer. Son los neutrófilos que envuelven y matan a las bacterias y a las células cancerosas y los linfocitos, entre los cuales se cuentan las células T, las células B y las células asesinas naturales. Las células B producen importantes anticuerpos que se apresuran a destruir a los invasores extraños, como los virus, las bacterias y las células tumorales. Las células T dirigen muchas de las actividades inmunitarias y producen interferón e interleucina, dos agentes químicos esenciales para bloquear las infecciones y el cáncer. Las células asesinas naturales son la primera línea de defensa del organismo contra el desarrollo del cáncer, puesto que destruyen las células cancerosas al igual que las infectadas por virus.

Son muchas las investigaciones que sustentan el hecho de que los diversos alimentos y sus componentes ayudan a controlar las concentraciones de los glóbulos blancos en la sangre y su potencia. Así, la alimentación estimula la acción del sistema inmunitario y refuerza su funcionamiento.

 *Bueno:*

## EL EFECTO PODEROSO DEL YOGUR

Aunque no haga ninguna otra cosa en favor de su sistema inmunitario, tome yogur. Su poder contra las enfermedades es legendario y su reputación en el mundo científico crece día por día. Desde hace tiempo se ha reconocido el hecho de que el yogur mata e incapacita a las bacterias, pero estudios recientes demuestran que también opera proporcionando un refuerzo generalizado al sistema inmunitario. Experimentos con animales y seres humanos revelan que el yogur puede estimular la producción del interferón gamma, reforzar la actividad de las células asesinas naturales y aumentar la producción de anticuerpos. Hace algunos años, el doctor Claudio DeSimone, profesor de medicina de la Universidad de L'Aquila (Abruzos, Italia), demostró con sus estudios de cultivos celulares que el yogur era tan eficaz como la droga sintética Levaelsole para estimular el funcionamiento de la inmunidad.

La comprobación más notable se deriva de la investigación con seres humanos realizada por el doctor Georges M. Halpern, de la Facultad de Medicina de la Universidad de California, en Davis. En el primer estudio en gran escala de los efectos inmunitarios del yogur, el doctor Halpern y sus colegas determinaron que las personas que consumieron dos tazas de yogur al día durante cuatro meses tenían mayores niveles de interferón gamma en la sangre que aquéllos que no lo consumieron. En el estudio participaron sesenta y ocho personas entre los veinte y cuarenta años de edad. Un tercio del grupo no consumió yogur, otro tercio recibió yogur con cultivos vivos y el último tercio consumió yogur pasterizado en el cual se habían destruido los cultivos. Solamente el yogur con los cultivos vivos de *Lactobacillus bulgaricus* y *Streptococcus thermophilus* (utilizados para preparar el yogurt en el mundo entero) aumentó los niveles de interferón.

Más interesante aún fue el resultado de un año completo de seguimiento realizado por el mismo doctor Halpern. Descubrió que seis onzas de yogur al día eran suficientes para prevenir los resfriados, la fiebre del heno y la diarrea tanto en los adultos jóvenes como en los ancianos. Los síntomas de la fiebre del heno disminuyeron diez veces mientras que los resfriados se redujeron en un 25%.

 *Bueno:*

## EL YOGUR DA LA BATALLA AUN DESPUÉS DE MUERTO

El doctor Joseph A. Scimeca, Ph.D., especialista en nutrición de Kraft General Foods, Inc., ha demostrado otro hecho sin precedentes: el yogur estimula la inmunidad hasta el punto de bloquear el cáncer pulmonar en los ratones de laboratorio. Aunque los científicos han tenido sospechas desde hace mucho tiempo sobre la actividad anticancerosa del yogur, ésta es la primera prueba de que las dos cepas bacterianas utilizadas en el yogur común puedan prevenir el cáncer. (Otros estudios indican que los cultivos de lactobacilina, opcionales en la preparación del yogur en los Estados Unidos, pueden ayudar a prevenir el cáncer, en especial el del colon.)

El doctor Scimeca administró a los ratones las dosis de un yogur corriente de supermercado y luego les inyectó células cancerosas. El yogur redujo en una tercera parte el número de cánceres previstos. Incluso el yogur que había sido sometido a tratamiento con calor, perdiendo el 95% de sus cultivos vivos, también previno el cáncer.

El secreto quizá radique en la capacidad del yogur para estimular la actividad de las células asesinas naturales. El doctor Scimeca y otros han demostrado, tanto en animales como en seres humanos, que el yogur estimula la actividad de estas células que destruyen la proliferación tumoral.

Aunque las dosis de yogur administradas a los ratones fueron altas, el doctor Scimeca dice que el número de bacterias fue comparable al que se obtiene al consumir una cantidad usual de yogur. Y dice que es la concentración de lactobacilos la que empuja a las células asesinas a lanzar un ataque feroz contra las células cancerosas. Por extraño que parezca, incluso las bacterias muertas refuerzan el poder del sistema inmunitario. Esto significa que también el yogur pasteurizado y refrigerado podría mejorar la inmunidad pese a estar muertos los cultivos.

 *Bueno:*

## ÁBRALE SUS PUERTAS AL ANTIGUO HONGO SHIITAKE

Si desea revitalizar su sistema inmunitario, coma shiitakes, esos hongos asiáticos grandes y carnosos de color oscuro que cada día se venden más en nuestros mercados. Los practicantes de la medicina tradicional china han reverenciado desde épocas remotas los poderes curativos de este hongo. En 1960, el doctor Kenneth Cochran, de la Universidad de Michigan, descubrió una de las razones; pudo aislar del hongo una sustancia antiviral denominada lentinana, la cual mostró una intensa actividad estimulante del sistema inmunitario.

— Hay toda una serie de estudios que demuestran que el poder de la lentinana para estimular la inmunidad es en realidad maravilloso. Se sabe concretamente que la lentinana modifica la respuesta biológica y revitaliza el funcionamiento de los macrófagos y los linfocitos T. La investigación demuestra que induce a los macrófagos a aumentar la producción de interleucina 1 — agente antitumoral — y también su propia actividad citotóxica (de destrucción celular). El hongo estimula también la proliferación de los linfocitos T, en particular de las células ayudadoras, y la producción de interleucina 2.

Científicos de la Universidad Médica Semmelweis, de Budapest (Hungría), han descubierto recientemente que la lentinana puede modificar las células para que se opongan a la colonización o invasión de las células del cáncer pulmonar. Así, el hongo shiitake podría ayudar al sistema inmunitario a prevenir y combatir el cáncer.

 *Bueno:*

## EL SECRETO DEL AJO

Cuente con el ajo para estimular el funcionamiento de su sistema inmunitario. El porqué de la reputación de este bulbo como enemigo de las bacterias, los virus y el cáncer puede explicarse en parte por su capacidad para aumentar el funcionamiento de la inmunidad. En particular, el ajo estimula la potencia de los linfocitos T y de los macrófagos, que desempeñan una función inmunitaria clave. Así lo determinó el doctor Benjamin H. S. Lau, de la Facultad de Medicina de la Universidad de Loma Linda. En estudios de laboratorio, el doctor Lau documentó que el extracto de ajo estimulaba a los macrófagos a generar más agentes antimicrobianos y antitumorales. Para este investigador, el ajo es un "modificador de la respuesta biológica". La ciencia está tratando de crear modificadores sintéticos de la respuesta biológica como terapia para el cáncer.

Hace varios años, el doctor Tarig Abdullah y sus colegas de la Clínica y el Centro Médico Akbar, de Panama City (Florida), consumieron grandes cantidades de ajo crudo — hasta quince dientes al día — o Kyolic, un extracto japonés preparado en frío. Otros participantes en el estudio no consumieron ajo. En la sangre de quienes consumieron el ajo había un mayor número de células asesinas naturales; y, de hecho, esas células destruyeron entre un 149 y un 160% más células cancerosas que las células asesinas tomadas de los que no consumieron el ajo.

*Bueno:*

## LA VENTAJA INMUNITARIA DE LOS VEGETARIANOS

Fortalezca su sistema inmunitario consumiendo toda clase de frutas y verduras. Son alimentos que contienen toda una variedad de compuestos para aumentar la inmunidad, entre ellos vitamina C y betacaroteno. Además, está demostrado que las defensas de los vegetarianos son más fuertes. En un estudio reciente del Centro Alemán para Investigación del Cáncer, con sede en Heidelberg, se comparó la sangre de un grupo de hombres vegetarianos con la de un grupo de consumidores de carne. *Los glóbulos blancos de los vegetarianos actuaban en forma dos veces más mortífera contra las células tumorales que los de los carnívoros.* Esto significa que los vegetarianos necesitaban la mitad de los glóbulos blancos para cumplir la misma función que los consumidores de carne. No se sabe con certeza por qué son más potentes los glóbulos blancos de los vegetarianos. Los investigadores piensan que quizá se deba a que producen células asesinas naturales más feroces o en un número mayor. También se observó que los niveles de caroteno eran mucho más altos en la sangre de los vegetarianos; y es bien sabido que el caroteno de las frutas y las verduras es gran amigo del sistema inmunitario.

 *Bueno:*

## EJÉRCITOS INMUNITARIOS: FRUTAS Y VERDURAS

Prefiera la espinaca, la zanahoria y otras frutas y verduras ricas en betacaroteno. Los estudios han demostrado que ese tipo de caroteno refuerza el poder de las defensas inmunitarias contra las infecciones bacterianas y virales, y también contra el cáncer. En un estudio de un grupo de sesenta hombres y mujeres con edad promedio de cincuenta y seis años, el betacaroteno sirvió para aumentar el porcentaje de células inmunes específicas contra la infección, tales como las células asesinas naturales, los linfocitos T y las células T ayudadoras activadas, de acuerdo con las conclusiones de Ronald R. Watson, Ph.D., de la Universidad de Arizona, en Tucson. Cuanto mayor era la cantidad de betacaroteno, mayor era el número de células inmunes protectoras. Por ejemplo, las dos dosis de 30 y 60 miligramos de betacaroteno administradas diariamente durante los dos meses mejoraron las células inmunes, pero la dosis mayor fue más eficaz. Dos meses después de suspender el betacaroteno, el número de células inmunes se redujo a los niveles anteriores al experimento. Las dosis utilizadas equivalen a comer entre cinco y diez zanahorias o entre una y dos tazas de batata machacada al día. Así, una dieta rica en alimentos que contengan caroteno, como la espinaca, la col, la batata, la auyama y la zanahoria, podría proporcionar las dosis necesarias de betacaroteno para fortalecer el sistema inmunitario.

 *Bueno:*

## EL ZINC REVITALIZA EL SISTEMA INMUNITARIO ENVEJECIDO

Procure consumir alimentos ricos en zinc. Su sistema inmunitario no podrá funcionar a todo vapor si en su organismo no hay suficiente zinc. Este mineral contribuye al funcionamiento de muchos aspectos inmunitarios como la producción de anticuerpos y células T, al igual que otras funciones de los glóbulos blancos. Los animales con deficiencia de zinc no pueden defenderse de los ataques de la bacterias, los virus y los parásitos. Los adultos y los niños con deficiencia de zinc, por ejemplo, sufren con más frecuencia de resfriados e infecciones de las vías respiratorias.

El zinc puede incluso rejuvenecer el sistema inmunitario envejecido, de acuerdo con el doctor Novera H. Spector, científico del Instituto Nacional de Salud, quien explica que el zinc contribuye a revertir el deterioro de las funciones inmunitarias, el cual se acelera a partir de los sesenta años. Pasada la edad de la madurez, el timo, actor importante del sistema de defensa, comienza a encogerse a un ritmo acelerado. Esta glándula secreta timolina, hormona que estimula la producción de células T. A medida que el timo se encoge, también disminuye la producción de timolina.

Sin embargo, científicos italianos descubrieron en sus experimentos con ratones viejos que una dosis diaria de zinc hacía que el timo recuperara un 80% de su tamaño y que aumentara significativamente el número de hormonas activas y de células T, enemigas de las infecciones.

Nicola Fabris, Ph.D., del Centro Nacional de Investigaciones sobre el Envejecimiento, con sede en Ancona (Italia), administró 15 miligramos diarios de zinc a un grupo reducido de personas de más de 65 años y observó que los niveles de las hormonas y las células T activas aumentaban sorpresivamente en la sangre, alcanzando casi el mismo nivel de las personas jóvenes.

Las ostras son la mayor fuente de zinc. Tres onzas de ostras crudas contienen 63 miligramos de zinc; tres onzas de ostras ahumadas contienen la enorme cantidad de 103 miligramos. (En la página 559 encontrará una lista de otros alimentos ricos en zinc.)

 *Malo:*

## LA GRASA ADORMECE EL SISTEMA INMUNITARIO

Consuma poca grasa. En exceso y en particular del tipo equivocado, la grasa afecta negativamente al sistema inmunitario. Las pruebas obtenidas en seres humanos demuestran que el exceso de grasa suprime la actividad de las células asesinas naturales encargadas de patrullar el organismo en busca de los radicales libres y las células cancerosas, para impedir que se atrincheren en algún sitio. En un estudio realizado en la Facultad de Medicina de la Universidad de Massachusetts, el doctor James R. Hebert, Sc.D., profesor asociado de medicina y epidemiología, pidió a un grupo de hombres jóvenes que redujeran la grasa de la dieta de un promedio del 32% a 23%. La actividad de las células asesinas naturales se incrementó en un 48%. Los que venían consumiendo las dietas con mayor contenido de grasa fueron los más beneficiados con el nuevo régimen.

Pero la vitalidad del sistema inmunitario depende también del tipo de grasa. El aceite de pescado (que contiene ácidos grasos omega 3) parece mejorar la inmunidad. Las peores grasas son las poliinsaturadas de origen vegetal (ácidos grasos omega 6), las cuales predominan en los aceites de maíz, cártamo y girasol. El funcionamiento del sistema inmunitario se puede alterar cuando se consumen dichas grasas en gran cantidad. Por ejemplo, pueden inhibir la formación de linfocitos, causando un bloqueo parcial de las respuestas inmunitarias.

Además, las grasas del tipo omega 6 tienden a oxidarse con mayor rapidez, formando radicales de oxígeno libres que atacan a las células inmunes. Muchos estudios con animales han revelado que esas grasas de origen vegetal adormecen las funciones inmunitarias y la actividad de defensa contra los radicales libres. Se ha observado que el aceite de maíz promueve el cáncer en los animales.

 **Bueno:**

## POR QUÉ LOS BEBEDORES DE VINO TINTO SON MÁS INMUNES A CIERTAS INFECCIONES

Sin saberlo, usted puede aumentar la resistencia a ciertas infecciones consumiendo un poco de alcohol, en particular vino tinto. La razón es que destruye o incapacita a los microorganismos patógenos. Los antiguos griegos desinfectaban las heridas con vino. Durante la Segunda Guerra Mundial, los franceses lo utilizaban para purificar el agua contaminada. El vino salvó muchas vidas durante la terrible epidemia de cólera que azotó a París a fines del siglo pasado. Un médico francés, al observar que los bebedores de vino eran más inmunes al flagelo, aconsejó a la gente que mezclara el agua con vino, para protegerse. Pruebas realizadas por un médico del ejército austriaco confirmaron que los gérmenes del cólera y de la fiebre tifoidea mueren rápidamente, en quince minutos, cuando son expuestos al vino tinto o al blanco, puro o mezclado mitad y mitad con agua. Las pruebas realizadas posteriormente han demostrado que el vino mata un número de bacterias, entre ellas la *Salmonella,* la *Staphylococcus* y la *E. coli,* causantes comunes del envenenamiento de los alimentos. Aunque el vino puede tener un poder especial para contrarrestar las infecciones, debido a los compuestos formados a partir del hollejo de las uvas durante la fermentación, el alcohol puro también destruye los microorganismos indeseables.

*"Con la ayuda de la ciencia moderna estamos demostrando lo que nuestras abuelas supieron siempre. Ellas solían matar los microorganismos del pescado y de las frutas remojándolos en vino".* — Yves Glories, profesor, Instituto de Enología, Burdeos, Francia.

En efecto, las probabilidades de enfermar se reducen si se toma una bebida alcohólica junto con los alimentos contaminados con ciertas bacterias o virus patógenos, dice el doctor Karl C. Klontz, investigador de la Administración de Drogas y Alimentos. El doctor Klontz cita estudios que demuestran que las personas que consumían una bebida alcohólica con alimentos contaminados con Salmonella y estafilococos tenían menos probabilidades de sucumbir al envenenamiento causado por dichos microorganismos. Además, un estudio reciente reveló que el alcohol elimina casi por completo el riesgo de hepatitis causada por ostras crudas contaminadas.

Después de un brote de hepatitis A, ocasionado por unas ostras crudas contaminadas, el doctor Klontz observó que quienes habían acompañado las ostras con una copa de vino, un coctel o un trago de licor fuerte no contrajeron la enfermedad hepática. En efecto, el alcohol redujo en un 90% el riesgo de contraer la hepatitis, cualquiera que fuese el número de ostras contaminadas ingeridas. Sin embargo, la cerveza no ofreció protección alguna. El doctor Klontz dice que la cerveza no contiene suficientes concentraciones de alcohol para inutilizar el virus. Su teoría es que el alcohol de alguna manera bloquea la absorción del virus de la hepatitis por la corriente sanguínea, o mata muchos de los microorganismos antes que lleguen al intestino delgado.

ADVERTENCIA: Las ostras crudas, aunque se acompañen con alcohol, no son seguras, insiste el doctor Klontz. El alcohol no destruye el *Vibrio vulnificus,* microorganismo que podría ser fatal y que también se encuentra en las ostras crudas; la única medida segura es la cocción.

---

*ESTRATEGIAS PARA FORTALECER EL SISTEMA INMUNITARIO*

- No cabe duda de que la mejor dieta para fortalecer la resistencia a las infecciones y también al cáncer es comer muchas frutas y verduras, especialmente ajo y los alimentos ricos en betacaroteno y vitamina C.
- Consuma poca carne, en particular la grasosa.
- Limite los ácidos grasos omega 6 del tipo presente en los aceites de maíz, cártamo y girasol.
- Consuma comida de mar, especialmente mariscos y pescado grasoso, y también otros alimentos ricos en zinc.
- Consuma yogur con regularidad.
- Limite el consumo de azúcar. Hay pruebas de que baja las defensas.

---

# ALIMENTOS PARA LOS RESFRIADOS, LA GRIPE, LA BRONQUITIS, LA SINUSITIS, LA FIEBRE DEL HENO

**Alimentos que ayudan:** Sopa de pollo • Ajo • Rábano picante • Ají picante • Curry picante • Alimentos ricos en vitamina C • Yogur

**Alimento nocivo:** La leche

Parece casi inverosímil que los remedios antiguos, transmitidos de generación en generación por los sabios y las abuelas, hayan pasado la prueba de la indagación científica en lo que se refiere a los problemas respiratorios, como los resfriados y las gripes. El médico más conocedor de este tema es Irwin Ziment, profesor de medicina de la UCLA. Basado en sus lecturas de antiguas publicaciones médicas, llegó a la conclusión de que los alimentos empleados durante siglos contra las enfermedades respiratorias son muy semejantes a las drogas modernas. Tienen una acción común: adelgazan y movilizan las secreciones pulmonares para que no taponen las vías respiratorias y puedan ser expulsadas normalmente o por medio de la tos. Los alimentos y medicamentos que producen dicha acción se conocen como "mucocinéticos" (movilizadores del moco), y entre ellos se cuentan los descongestionantes y expectorantes. El rey de la farmacia alimentaria contra las enfermedades respiratorias es el ají, junto con otros alimentos picantes y fuertes. El propio Hipócrates formulaba vinagre con pimienta para aliviar las infecciones respiratorias.

## ASÍ IMITAN A LAS DROGAS LOS ALIMENTOS PICANTES

El doctor Ziment explica el mecanismo mediante el cual algunos alimentos imitan a los medicamentos. La capsicina es la sustancia picante del ají, la cual se asemeja a la guaifenesina, droga expectorante contenida en el 75% de los jarabes para la tos, las tabletas para los resfriados y los expectorantes que se venden libremente o con fórmula médica, como el Robitussin, la Fórmula 44D de Vick y el Sudafed.

La aliína, sustancia que le da el sabor al ajo, se convierte en el organismo humano en una droga semejante a la S-carboximetilcisteína (Mucodyne), medicamento típicamente europeo para regular el flujo de moco.

El principal agente químico activo del rábano picante, perteneciente a la familia de la mostaza, es el isotiocianato de alilo o aceite de mostaza, el cual irrita las terminaciones de los nervios olfatorios, produciendo lagrimeo y salivación.

---

*"Muchos medicamentos comunes para los resfriados, la tos y la bronquitis hacen exactamente lo mismo que el ají, pero creo más en el ají, puesto que no produce efectos secundarios. Estoy convencido de que el 90% de las personas pueden tolerar los alimentos picantes y de paso beneficiarse".* — Doctor Irwin Ziment, neumólogo de la UCLA.

---

 *Bueno:*

## PREFIERA LOS ALIMENTOS PICANTES

No hay duda de que los mejores alimentos mucocinéticos son los picantes. No debe sorprendernos que, desde la antigüedad, los alimentos preferidos para tratar las enfermedades pulmonares y respiratorias hayan sido la mostaza, el ajo y el ají picante. Aunque los agentes activos de estos alimentos pueden ejercer su acción a través de distintos mecanismos, el doctor Ziment cree que lo que hacen es provocar una inundación repentina de líquido en las vías respiratorias, la cual adelgaza el moco haciéndolo fluir más fácilmente.

En el momento en que el picante entra en contacto con la boca, la garganta y el estómago, toca los receptores nerviosos encargados de enviar mensajes al cerebro, el cual a su vez activa el nervio vago que controla las glándulas productoras de secreciones que llenan las vías respiratorias. Las glándulas reaccionan instantáneamente liberando oleadas de líquido que se manifiestan en lagrimeo y secreciones nasales, como lo sabe toda persona que haya mordido un ají o un trozo de wasabi, una mostaza picante con la cual los japoneses acompañan el sushi. Imagine la misma afluencia de líquido dentro de los conductos bronquiales. Las características farmacológicas de todos los alimentos picantes son que eliminan la congestión, lavan los senos nasales y arrastran los agentes irritantes, dice el doctor Ziment. Él formula alimentos picantes para todas las afecciones en las cuales las secreciones de las vías respiratorias son más espesas que de costumbre, como es el caso de la sinusitis, el catarro con congestion, el asma, la fiebre del heno, el enfisema y la bronquitis crónica.

El doctor Ziment también aconseja a quienes sufren de bronquitis crónica y enfisema el consumo habitual (por lo menos tres veces por semana) de alimentos picantes. Dice que los pacientes que siguen su consejo respiran con mayor facilidad y necesitan menos tratamiento. Además, sus encuestas le han demostrado que quienes prefieren los platos picantes tienen menores probabilidades de contraer bronquitis crónica y enfisema, aunque fumen. El cigarrillo es la primera causa de estas dos enfermedades.

 *Bueno:*

## *SOPA DE POLLO, SIEMPRE SOPA DE POLLO*

¿Por qué la sopa de pollo para los resfriados? La primera autoridad que dio el espaldarazo a la sopa de pollo fue el más eminente médico del siglo XII, Moisés Maimónides. Cuenta la historia que cuando el sultán Saladino, el poderoso caudillo musulmán, le rogó que le diera una cura para el asma de su hijo, Maimónides le prescribió sopa de pollo. Aunque se hubiera preparado sin ajo y con gallinas viejas y grasosas, seguramente le hizo bien al muchacho, dice el doctor Ziment, porque la sopa de pollo tiene en realidad propiedades medicinales. "El pollo, como muchos alimentos proteicos, contiene un aminoácido natural denominado cisteína, el cual se libera al preparar la sopa. La cisteína tiene un gran parecido químico con la acetilcisteína, droga formulada en casos de bronquitis e infecciones respiratorias". El doctor Ziment agrega que la acetilcisteína se obtuvo inicialmente de las plumas y la piel del pollo. La acción farmacológica de la acetilcisteína, como la de otros mucocinéticos, consiste en adelgazar el moco en los pulmones, facilitando su expulsión.

Marvin Sackner, neumólogo del Centro Médico Mount Sinai, de Miami Beach, coincide con esta opinión. "La sopa de pollo contiene una sustancia aromática [...] que ayuda a despejar las vías respiratorias". El doctor Sackner es el autor del famoso estudio sobre la sopa de pollo publicado en 1978 en la prestigiosa revista médica *Chest*. No creyendo que la "penicilina judía" fuera mejor que la simple agua caliente para aliviar los síntomas del resfriado, el doctor Sackner

---

**SUGERENCIAS PICANTES DEL DOCTOR ZIMENT PARA LOS PROBLEMAS RESPIRATORIOS**

"Cuando hay congestión es mejor comer una salsa picante que chupar una pastilla mentolada para la tos", dice Irwin Ziment, neumólogo de la UCLA. La siguiente es una lista de las recomendaciones del doctor Ziment para despejar la nariz, aliviar la congestión pulmonar y combatir la sinusitis, la bronquitis y el enfisema.

• Agregar entre diez y veinte gotas de salsa de Tabasco a un vaso de agua y beber la mezcla o hacer gárgaras con ella.

• Masticar un ají picante.

• Comer un plato mexicano picante. Hacerlo tres veces a la semana cuando los problemas respiratorios son crónicos.

• Agregar dientes de ajo enteros y pelados a la sopa. Pasar el ajo por el horno de microondas primero ayuda a conservar la aliína, su principal sustancia terapéutica.

estudió los efectos de la sopa de pollo, el agua fría y el agua caliente en quince hombres y mujeres sanos. A los cinco minutos y después a los treinta, midió la tasa de flujo del moco y del aire a través de las vías nasales de los participantes en el estudio.

Para sorpresa del doctor Sackner, la sopa de pollo dio mejores resultados contra la congestión que el agua fría o caliente. También los vapores de la sopa de pollo fueron mejores que los del agua caliente. El doctor Sackner cree que también la sopa fría "ayuda a aliviar 'el resfrío de la nariz', mientras que, si se toma bien caliente, el efecto es todavía más rápido y eficaz".

Y para el máximo efecto descongestionante, el doctor Ziment aconseja agregar mucho ajo, cebolla, pimienta y condimentos picantes como curry o ají. Para él, esa sopa es "el mejor remedio que existe". El remedio del doctor Ziment para evitar o combatir los microorganismos causantes de la gripe es tomar una taza de sopa de pollo bien condimentada todos los días. Es mejor beber la sopa a sorbos en lugar de beberla toda, porque los efectos terapéuticos duran media hora, de modo que es necesario ingerir los agentes activos de la sopa lenta y continuamente.

 *Bueno:*

## AHUYENTE LOS RESFRIADOS CON EL AJO

Cuando sienta que le comienza el dolor de garganta, coma un poco de ajo o cebolla para ahuyentar el resfriado o la gripe. "Si lo hace a tiempo, es probable que ni siquiera enferme", dice James North, jefe de microbiología de la Universidad Brigham Young, de Provo (Utah), quien confirmó que estos dos alimentos, tal como lo dice la medicina popular, matan los virus causantes de los resfriados y la gripe. Por ejemplo, el doctor North descubrió que el extracto de ajo mata casi el 100% de un rinovirus humano causante de los resfriados, y el parainfluenza 3, virus de la gripe y que ataca las vías respiratorias.

El ajo se ha utilizado de tiempo atrás como remedio para el resfriado en el mundo entero. En Rusia es tan común que se le conoce como "penicilina rusa". Según los informes, los funcionarios rusos importaron en una ocasión quinientas toneladas de ajo para combatir una epidemia de gripe.

No hay duda al respecto: en cientos de pruebas, el ajo ha demostrado poseer propiedades antibacterianas y antivirales fuertes.

---

*"El mejor remedio casero que he encontrado para el resfriado es comer varios dientes de ajo crudo ante los primeros síntomas [...] Deben cortarse en trozos y tragarse como si fueran píldoras. Si le producen flatulencia, coma menos. Recomiendo uno o dos dientes de ajo al día a las personas que sufren de infecciones crónicas o recurrentes, infecciones frecuentes por levaduras y poca resistencia a la infección".* — Doctor Andrew Weil, autor de *Natural Health, Natural Medicine.*

---

 *Bueno:*

## AHOGUE SU GRIPE EN LÍQUIDO

Los médicos recomiendan beber mucho líquido para el resfriado o la gripe. Existe una buena razón para ello: cuando hay congestión, la persona respira por la boca, y las membranas mucosas de las vías respiratorias se deshidratan. Los virus se desarrollan mejor en esos ambientes secos. Cuando se mantienen húmedas las vías respiratorias, los virus no prosperan. Son mejores los líquidos calientes que los fríos, porque se ha comprobado que el calor en sí es enemigo de los virus. Y como lo han descubierto el doctor Sackler y otros, los vapores del agua caliente combaten hasta cierto punto la congestión. Consuma entre seis y ocho vasos de líquidos claros al día, en especial agua. ¡Pero evite la leche!

---

*"Mi propio remedio, cuando tengo gripe, es comer una cebolla asada caliente justo antes de ir a la cama".* — Afirmación atribuida a George Washington.

---

*Malo:*

## *EVITE LA LECHE, SI SUFRE DE CONGESTIÓN O SINUSITIS*

El consejo popular dice: "Evite la leche si tiene catarro". Se cree que la leche genera moco, empeorando el problema de congestión. Según los especialistas, la leche no produce tal efecto. Aun así, conviene evitar la leche y sus derivados cuando hay congestión.

Los hechos son los siguientes: hace poco, los investigadores de la Universidad de Adelaida (Australia) desmintieron la creencia popular de que la leche produce moco. Para hacer la prueba infectaron a seis adultos sanos con un virus del catarro. Después recogieron las secreciones nasales para comparar la producción de moco con el consumo de leche. Algunas de las personas no consumieron leche, mientras que otras bebieron hasta once vasos al día. Cerca de una tercera parte de los integrantes del grupo dijeron que suspendían la leche cuando tenían catarro, porque les producía flema o moco.

Pero los investigadores no encontraron ninguna prueba de que los que consumieron la leche produjeran más secreciones nasales. Los investigadores creen que la ligera viscosidad de la leche produce una sensación de congestión en la garganta, aunque en realidad no aumenta la producción de moco en los pulmones o en la nariz.

Sin embargo, el doctor Ziment dice que la leche empeora los síntomas de congestión, pero no porque aumente la producción de moco. Según él, la leche ejerce el efecto contrario de los alimentos picantes. El picante estimula las secreciones que adelgazan el moco, aliviando la congestión. Pero la leche adormece o "seda" los recep-tores sensoriales de la boca y del estómago, suprimiendo esa inun-dación súbita de secreciones acuosas, prolongando la congestión. (Dicho sea de paso, por eso es que la leche sirve para contrarrestar la sensación de quemazón que puede dejar en la boca una sobredosis de ají.) "Parece que la leche amortigua el mismo reflejo secretorio estimulado por los alimentos picantes", dice el doctor Ziment, quien aconseja evitar la leche si hay congestión.

Y si tiene sinusitis, también es prudente evitar la leche y sus derivados, dice el doctor Andrew Weil, profesor de la Facultad de Medicina de la Universidad de Arizona, quien ha observado que la mayoría de los pacientes con sinusitis mejoran muchísimo al cabo de dos meses de no consumir leche.

*Bueno:*

## TISANAS Y PONCHES PARA EL DOLOR DE GARGANTA Y LA TOS

Los remedios populares para los síntomas del resfriado abundan. He aquí cuatro que han resistido el análisis científico.

**Ponche ruso de rábano picante.** A un vaso de agua tibia agregue una cucharadita de rábano picante fresco rallado, una cucharadita de miel y una cucharadita de clavos molidos. Revuelva. Ésta es una receta del doctor Ziment, quien afirma que es un viejo remedio ruso para el dolor de garganta. "Debe beberse a sorbos, revolviendo permanentemente, puesto que el rábano tiende a irse al fondo". También se puede usar como gargarismo. De ambas formas alivia el dolor de la garganta y la ayuda a sanar.

**Tisana de raíz de regaliz.** El regaliz actúa como anestésico; alivia la garganta irritada y suprime la tos. Utilice esta planta con moderación, puesto que puede elevar la presión arterial.

**Gargarismo de salvia.** En Alemania, los médicos recomiendan el gargarismo de salvia caliente para el dolor de garganta y la amigdalitis, dice Michael Castleman, autor de *The Healing Herbs*. El beneficio terapéutico de la salvia radica en los taninos astringentes, dice el doctor Castleman. Éstas son sus instrucciones para hacer las gárgaras: agregue una o dos cucharaditas de hojas secas de salvia por cada taza de agua hirviendo. Déjelas en infusión durante diez minutos. Advertencia: no se deben administrar dosis medicinales de salvia a los niños menores de dos años.

**Jarabe de cebolla para la tos.** "Ponga a cocer al baño de María seis cebollas blancas picadas y agregue media taza de miel. Cocine a fuego lento durante dos horas y cuele. Beba el jarabe a intervalos regulares, de preferencia tibio". Esto aconsejan Michael Murray, N.D., y Joseph Pizzorno, N.D., en su libro *Encyclopedia of Natural Medicine*.

*Bueno:*

## EL REMEDIO DEL DOCTOR DUKE PARA LA LARINGITIS

¿Está ronco a causa de la laringitis? Es una inflamación de la laringe, acompañada de sequedad, tos y dolor de garganta. Jim Duke, Ph.D., especialista en plantas medicinales del Departamento de Agricultura de los Estados Unidos, dice que varios alimentos contienen compuestos útiles para esta afección.

"Si yo tuviera laringitis — dice el doctor Duke —, bebería jugo de piña con una pizca de jengibre, nuez moscada, romero y hierbabuena, y un poquito de regaliz para endulzar". Todos ellos son remedios populares para la laringitis cuya validez se ha demostrado científicamente, dice. Así mismo, podría agregar tomillo y cardamomo, que también son terapéuticos. Si la persona sufre de hipertensión, el doctor Duke aconseja omitir el regaliz.

 *Bueno:*

## UN ALIMENTO EXTRAORDINARIO PARA EVITAR LA FIEBRE DEL HENO Y LOS RESFRIADOS

Tres meses antes de la estación del polen o del frío, comience a consumir yogur. Este alimento refuerza la inmunidad, reduciendo drásticamente la susceptibilidad a estas dos afecciones, dice el inmunólogo Georges Halpern, de la Universidad de California, en Davis. En un estudio controlado de todo un año con 120 adultos jóvenes y de edad, determinó que tres cuartos de taza de yogur al día contribuían a reducir el número de días durante los cuales los integrantes del estudio sufrían los ataques de la fiebre del heno, especialmente los causados por el polen de las gramíneas. Los consumidores de yogur tuvieron la décima parte de los síntomas de la fiebre del heno y las alergias. Además, tuvieron un 25% menos casos de resfriados durante el año que quienes no consumían yogur.

El yogur con cultivos vivos revitaliza el funcionamiento del sistema inmunitario al estimular la producción de interferón gamma, el cual combate tanto las infecciones como las reacciones alérgicas. Cuanto mayor sea el nivel de interferón gamma, menor será el de las IgE, principales componentes de las reacciones alérgicas. En estudios anteriores, el doctor Halpern había descubierto que el interferón gamma aumentaba casi cinco veces en quienes tomaban dos tazas de yogur con cultivos vivos todos los días. Así, aunque los tres cuartos de taza son benéficos, el doctor Halpern dice que la protección contra los resfriados y la fiebre del heno puede ser mucho mayor si se consumen entre una y media y dos tazas al día. Es importante comenzar a consumir el yogur por lo menos tres meses antes de las épocas de frío y de la fiebre del heno, porque es el tiempo que tarda el interferón gamma en acumularse en el sistema. Además, para que surta efecto, el yogur debe contener cultivos vivos. En las pruebas del doctor Halpern, el yogur en el cual habían muerto los cultivos bacterianos no produjo efecto alguno.

También la cebolla puede aliviar la fiebre del heno. La cebolla es rica en quercetina, recomendada por algunos para amortiguar las reacciones alérgicas.

 *Bueno:*

## LA VITAMINA C CONTRA LA BRONQUITIS

Si le preocupa la bronquitis crónica, refuerce su dieta con más alimentos ricos en vitamina C. Son alimentos que ayudarán a sus pulmones a protegerse del daño y los efectos debilitantes de la bronquitis, afirma el doctor Joel Schwartz, del Organismo Estadounidense para la Protección del Medio Ambiente. En efecto, la bronquitis obstructiva crónica, una "enfermedad de los fumadores" en la cual los conductos del aire se inflaman y se taponan de moco, afectando la respiración, puede deberse en parte a una falta de la vitamina C antioxidante y protectora de las células.

El doctor Schwartz encontró apoyo para su teoría en un estudio reciente con 9 000 adultos. Descubrió que las personas que consumían diariamente alimentos con un contenido de 300 miligramos de vitamina C tenían sólo un 70% de probabilidades de contraer bronquitis crónica o asma en comparación con quienes consumían una tercera parte de esa cantidad, o sea cerca de 100 miligramos. La diferencia se encuentra en una porción de melón cantalupo o dos vasos de ocho onzas de jugo de naranja.

El doctor Schwartz dice que la dieta rica en vitamina C es esencial para los fumadores, quienes corren un alto riesgo de sufrir de bronquitis obstructiva crónica al cabo del tiempo. La investigación confirma que los niveles de vitamina C en la sangre de los fumadores son demasiado bajos, quizá debido a que el organismo utiliza rápidamente la vitamina en un esfuerzo por contrarrestar los efectos de los agentes oxidativos tóxicos del humo del cigarrillo. En efecto, los fumadores consumen tanta vitamina C que necesitan una cantidad tres veces y media mayor que los no fumadores, cuyo consumo es normal.

El doctor Schwartz se pregunta si acaso la vitamina C no sea un eslabón perdido, o por lo menos la explicación parcial, de por qué entre un 10 y un 15% de los fumadores cae víctima de la enfermedad pulmonar obstructiva crónica mientras que los demás fumadores no. Es probable que los pulmones de esos afortunados no se destruyan gracias en parte al efecto benéfico de consumir mayor cantidad de antioxidantes en las frutas y verduras. El doctor Schwartz y otros expertos creen que los antioxidantes son esenciales para proteger el tejido pulmonar contra el daño que conduce finalmente a la bronquitis crónica obstructiva y al enfisema.

El doctor Schwartz dice también que el exceso de sal en la dieta puede promover las enfermedades respiratorias, entre ellas el enfisema. La razón es que cuando hay demasiado sodio se produce un desequilibrio entre el sodio y el potasio, el cual desencadena una respuesta exagerada de las vías bronquiales y también de los controles del sistema nervioso, produciendo inflamación y daño pulmonar.

---

### OTROS ALIMENTOS CONTRA LA GRIPE

- El jengibre destruye los virus de la gripe.
- El lentinano, sustancia de los hongos shiitake, combate mejor los virus de la gripe que una droga antiviral formulada, según lo confirman experimentos realizados en el Japón.
- La quercetina, concentrada en la cebolla, tiene propiedades antivirales y antibacterianas.

# COMBATA EL ASMA CON LA CEBOLLA, EL AJÍ Y EL PESCADO

> **Alimentos que pueden aliviar el asma:** Cebolla • Ajo • Aceite de pescado • Ají picante • Frutas y hortalizas ricas en vitamina C • Café
>
> **Alimentos que pueden agravar el asma:** Alimentos de origen animal • Alimentos que suelen desencadenar alergias, como las nueces, el huevo y las bebidas de cola

La idea de que con los alimentos se puede frenar el asma es muy antigua. En los papiros de Ebers, un texto médico egipcio del año 1550 antes de Cristo, se prescriben los higos, las uvas, el olívano, el comino, la enebrina, el vino y la cerveza dulce para combatir el asma. Los primero médicos chinos recomendaban las hojas de té *(Camellia sinensis)*, a partir de las cuales se obtuvo en 1888 la teofilina, una droga antiasmática. Los antiguos médicos griegos y romanos recurrían a alimentos picantes como el ajo, la pimienta, la canela y el vinagre para tratar el asma. El famoso médico y filósofo medieval Moisés Maimónides escribió todo un libro, *Tratado sobre el asma,* en el cual recomendaba pescado de agua dulce, hinojo, perejil, menta, berros, alholva, rábanos, higos, membrillos, uvas pasas, vino y mazamorra de cebada para tratar el asma. De todos esos remedios de la antigüedad, aquéllos que han pasado la prueba de la ciencia son los alimentos picantes, las frutas, las hortalizas y el pescado.

## CUATRO MECANISMOS MEDIANTE LOS CUALES LOS ALIMENTOS INFLUYEN SOBRE EL ASMA

Aunque el asma sigue siendo una enfermedad misteriosa y compleja, en la actualidad hay mucha claridad sobre la forma como los alimentos inciden en ella, gracias al conocimiento de cómo se origina. (Dicho sea de paso, el número de estadounidenses afectados por el asma ha alcanzado un nivel sin precedentes, con un aumento de más del 50% con respecto a las cifras de 1980, para un total de 10 millones de casos en 1990. El número de muertes casi se ha duplicado.)

El asma se caracteriza por ataques recurrentes de sibilancia, tos y dificultad para respirar, los cuales van desde leves hasta potencialmente mortales. Durante el ataque, los pequeños conductos del aire de los pulmones se taponan súbitamente con moco y otras secreciones y, si no se despejan, la persona puede morir por asfixia. Los especialistas saben hoy que la principal causa del asma es la inflamación crónica y el engrosamiento de los tubos bronquiales y de los conductos nasales, lo cual produce intensos espasmos musculares, constricción de las vías respiratorias y, en consecuencia, dificultad para respirar. Por lo tanto, las terapias nuevas tienen por objeto primordial combatir la inflamación persistente.

Comiendo los alimentos apropiados es posible aliviar o prevenir los ataques de asma a través de cuatro mecanismos: ayudando a controlar la inflamación de las vías respiratorias, dilatando éstas, adelgazando el moco alojado en los pulmones y previniendo las reacciones alérgicas a los alimentos que pueden desencadenar los ataques de asma.

 *Bueno:*

## TERAPIA A BASE DE CEBOLLA

Lo primero es comer cebolla con regularidad. Estos bulbos contienen por lo menos tres drogas antiinflamatorias naturales que atacan la causa esencial del asma. Un destacado investigador en este campo, el doctor Walter Dorsch, de la Universidad Johannes-Guttenberg, de Maguncia (Alemania), ha descubierto que tanto el jugo de cebolla como ciertos compuestos del bulbo ejercen una fuerte actividad antiinflamatoria. En una de sus pruebas observó que el difeniltio-sulfinato, una de las sustancias químicas de la cebolla, tenían una mayor actividad antiinflamatoria que la prednisolona, uno de los antiinflamatorios más comúnmente empleados. El doctor Dorsch también encontró que la cebolla ejerce un efecto antiasmático directo. En un experimento con cobayos, les hizo inhalar histamina, la sustancia química que produce los síntomas del asma. La respuesta a la histamina aumentó al 300%. Pero cuando les administró el extracto de cebolla, la respuesta a la histamina disminuyó, junto con el riesgo del ataque de asma.

La cebolla también surtió efecto en seres humanos. Cuando los participantes en el estudio consumían jugo de cebolla antes de ser expuestos a los irritantes, los ataques de asma bronquial disminuían en un 50%. El doctor Dorsch atribuye la actividad antiinflamatoria a los tiosulfinatos de la cebolla. Sin embargo, este bulbo es la fuente más rica en otro compuesto antiinflamatorio potente, la quercetina, que también alivia las alergias, incluida la fiebre del heno. La quercetina es un antioxidante cuyo efecto parece ser el de estabilizar las membranas de las células liberadoras de la histamina. En efecto, la quercetina es químicamente parecida a la cromolina, una droga antialérgica que inhibe la liberación de histamina.

El doctor Eric Block, de la Universidad Estatal de Nueva York, en Albany, también ha detectado lo que denomina otro "extraño compuesto de azufre" que, en los tubos de ensayo, ayuda a "prevenir la cascada bioquímica que desemboca en el asma y en las reacciones inflamatorias".

Otra explicación posible del poder de la cebolla para combatir el asma es que algunos casos de la enfermedad pueden ser producto de una infección bacteriana por *Chlamydia pneumoniae,* según la revista *Journal of the American Medical Association.* La cebolla tiene una gran reputación de enemiga de las bacterias.

 *Bueno:*

## ACEITE DE PESCADO PARA EL ASMA

Propóngase consumir pescado grasoso. Es una buena opción como tratamiento a largo plazo para el asma. Antiinflamatorio de acción demostrada, el aceite contribuye a corregir la inflamación de las vías respiratorias, permitiendo la regeneración de los tejidos que las revisten y facilitando la respiración. Así lo afirman los investigadores británicos que utilizaron para sus experimentos dosis altas de aceite de pescado, equivalentes a comer cerca de ocho onzas de caballa al día durante diez semanas. Observaron que el aceite marino reducía en un 50% la producción de los agentes promotores de la inflamación, denominados leucotrienos. Los leucotrienos son mil veces más potentes que la histamina como estimulantes de la constricción de los bronquios.

Los investigadores concluyeron que la prueba no fue lo suficientemente larga para que los pacientes de asma detectaran alguna mejoría en su respiración y que quizá se necesite más tiempo para que el aceite de pescado pueda ejercer su efecto curativo sobre las vías respiratorias inflamadas. Sin embargo, afirman que el consumo regular de pescado rico en ácidos grasos omega 3, como el salmón, la caballa, las sardinas y el atún, es una forma de prevenir el asma cuando aún no se ha desarrollado y también de sanar a las personas que ya la tienen, puesto que se suprimen en forma constante los ataques inflamatorios de las vías respiratorias. Lo cierto es que la incidencia de asma es muy baja donde se consumen grandes cantidades de productos marinos en forma permanente, como es el caso de los esquimales. Y un estudio reciente de Joel Schwartz, del Organismo para la Protección del Medio Ambiente, reveló que la probabilidad de contraer asma y otras afecciones respiratorias es menor entre los consumidores de pescado en los Estados Unidos.

Además, en algunos estudios se ha observado que el aceite de pescado alivia inmediatamente el asma. En el Guy's Hospital, de Londres, los pacientes asmáticos que tomaron aceite de pescado presentaron menos dificultades respiratorias durante la reacción asmática tardía, una afección inflamatoria que ocurre entre dos y siete horas después de los problemas respiratorios iniciales.

Así mismo, los investigadores del Hospital Rothschild, de París, observaron, en un estudio doble ciego reciente, que algunos pacientes asmáticos que habían recibido aceite de pescado durante nueve meses habían, ciertamente, mejorado.

Advertencia: el resultado de uno de los estudios fue que el aceite de pescado empeoraba la obstrucción de las vías respiratorias en los pacientes asmáticos sensibles a la aspirina.

*Bueno:*

## ELIMINE LAS SIBILANCIAS CON FRUTAS Y VERDURAS

Si desea respirar mejor, coma muchas frutas y verduras ricas en vitamina C. También ellas contribuyen a controlar el asma, quizá al mitigar la inflamación, según el doctor Schwartz. Tras un análisis de la dieta de 9 000 adultos estadounidenses, descubrió que los mayores consumidores de alimentos ricos en vitamina C que, por lo tanto, tenían los niveles más altos de esta vitamina en la sangre, eran los menos propensos a los problemas respiratorios de asma o de bronquitis.

Concretamente, el riesgo de sibilancia y bronquitis se reducía en un 30% al consumir dietas con un contenido mínimo de 300 miligramos de vitamina C todos los días. Es la cantidad contenida en tres vasos de ocho onzas de jugo de naranja o tres tazas de bróculi cocido. La mayoría de los estadounidenses estudiados consumían solamente la cuarta parte de esa cantidad de vitamina C.

¿Cuál es el origen de este efecto antiasmático de la vitamina C? El doctor Schwartz cree que existen varias razones, entre ellas la actividad antioxidante de la vitamina C, la cual, entre otras cosas, neutraliza los radicales de oxígeno libres que pueden estimular la inflamación. La vitamina C quizá también acelere el metabolismo de la histamina (la histamina se forma durante las reacciones alérgicas) y afecte al músculo liso que interviene en el broncoespasmo. Además, la vitamina C influye en las prostaglandinas, las cuales ayudan a controlar la inflamación. En otras pruebas, con dosis altas de vitamina C — entre 500 y 1 000 miligramos diarios — fue posible frenar los ataques de asma y mejorar la función respiratoria al aliviar la constricción bronquial.

 *Bueno:*

## LOS VEGETARIANOS RESPIRAN MEJOR

El poder de las frutas y las verduras contra el asma va mucho más allá de la vitamina C. Hay pruebas de que el asma se alivia cuando se abandonan del todo los productos de origen animal y se adopta una dieta vegetariana. En un estudio de 25 pacientes, *el 71% mejoró al cabo de cuatro meses sin carne ni productos lácteos; transcurrido un año, el 92% de los pacientes había mejorado.* Era una dieta sin carne, pescado, huevo o lácteos. ¿Por qué funcionó? Los médicos creen que con la nueva dieta se eliminaron los posibles alergenos: agentes de los alimentos que podrían desencadenar el asma. Pero hay otra posibilidad: los leucotrienos son una de las causas primordiales de las reacciones inflamatorias; los leucotrienos están compuestos de ácido araquidónico, un ácido graso presente en los alimentos de origen animal.

 *Bueno:*

## EL FUEGO DEL AJÍ

Los alimentos picantes proporcionan alivio inmediato en caso de asma. El ají picante, la mostaza, el ajo y la cebolla facilitan la respiración de los asmáticos porque despejan las vías respiratorias, dice Irwin Ziment, neumólogo de la UCLA. Explica que esos alimentos tienen actividad "mucocinética" (movilización del moco), la cual adelgaza el moco viscoso que tiende a acumularse en las vías respiratorias menores, dificultando la respiración de los asmáticos.

El doctor Ziment piensa que uno de los mecanismos de acción de los alimentos picantes es el estímulo que ejercen sobre las terminaciones nerviosas de las vías digestivas, las cuales generan la orden de liberar líquidos en la boca, la garganta y los pulmones. Estas secreciones ayudan a adelgazar el moco, impidiendo que obstruya las vías respiratorias, facilitando su expulsión y permitiendo un proceso normal de respiración.

Además, los alimentos picantes poseen otras propiedades antiasmáticas. Se ha descubierto que la capsicina, la sustancia picante del ají, ejerce actividad antiinflamatoria cuando se ingiere; en inhalaciones actúa como broncodilatador en los casos de asma leve. La cebolla, al igual que el ajo, posee propiedades antiinflamatorias.

*Bueno:*

## CAFÉ : BUEN REMEDIO

Ensaye la cafeína para dilatar los tubos bronquiales. La cafeína fue una droga antiasmática importante durante el siglo XIX, hasta que en los años 1920 fue desplazada por la teofilina, la cual se emplea todavía en forma generalizada. Sin embargo, hay pruebas de que la cafeína contribuye a la prevención y al tratamiento de los síntomas del asma. La conclusión de un amplio estudio con 72 248 italianos de más de quince años de edad fue que el consumo constante de café, supuestamente a causa de la cafeína, redujo la intensidad de los ataques bronquiales y previno su reaparición. En el caso de las personas que consumían una taza de café todos los días, la probabilidad de los ataques se reducía en un 5%; en el caso de los consumidores de dos tazas al día, el riesgo se reducía en 23%, y en el caso de los consumidores de tres tazas o más, el riesgo se reducía en un 28%. El beneficio no aumentaba cuando se consumían más de tres tazas al día. Los médicos dijeron que la cafeína contenida en tres tazas de café tenía el mismo efecto broncodilatador que una dosis corriente de teofilina.

---

*"Uno de los remedios más comunes y más afamados para el asma es un café fuerte".* — Doctor Hyde Salter, *Edinburgh Medical Journal, 1859.*

---

En Harvard, el médico e investigador Scott T. Weiss señaló hace poco que el consumo regular de café podría redundar en la eliminación de unos dos millones de casos de asma en los Estados Unidos. El doctor Weiss analizó los datos oficiales de salud de 20 000 estadounidenses y determinó que las personas que consumían café con regularidad tenían una proporción tres veces menor de síntomas de asma que quienes no consumían café. La probabilidad de sufrir ataques de sibilancia, bronquitis y alergias era menor entre los consumidores de café. También en su estudio, la dosis de tres tazas al día parecía ofrecer la mayor protección, aunque una sola taza también producía beneficios. El doctor Weiss señala que el café y el té son los más antiguos broncodilatadores, drogas que despejan las vías respiratorias, facilitando la respiración. Según un estudio, la cafeína demostró tener un 40% de la potencia de la droga aminofilina, un broncodilatador común. En teoría, la cafeína se descompone dentro del organismo en varias sustancias, entre ellas la teofilina, la cual relaja los músculos que rodean a los tubos bronquiales.

Un par de tazas de café negro fuerte es un buen tratamiento de emergencia para un ataque de asma (tan eficaz como la teofilina) de acuerdo con los investigadores de la Universidad de Manitoba.

 *Malo:*

## EL ASMA Y LA GENERACIÓN DE LAS COLAS

Algunos alimentos pueden provocar ataques agudos y súbitos de asma, especialmente en los niños. Entre ellos se cuentan los huevos, el pescado, las nueces y el chocolate. También las bebidas de cola, por razones desconocidas, pueden producir síntomas de asma en los jóvenes, según lo descubrieron los investigadores británicos del Hospital Hammersmith, de Londres. Diez niños entre los siete y los diecisiete años dijeron que presentaban tos y sibilancia inmediatamente después de beber una cola, y que el efecto duraba entre una hora y un par de días. Para averiguar si existía una causa física, los científicos pidieron a los niños que consumieran bebidas de cola un día y agua mineral carbonatada o agua pura los otros días. Después midieron la respiración. Aunque no observaron cambios apreciables en la función de las vías respiratorias, nueve de los diez niños presentaban mayor sensibilidad a la histamina a los treinta minutos de haber consumido la bebida de cola, comparada con la que presentaban con las otras dos bebidas.

Los investigadores atribuyeron la sibilancia y la tos a las bebidas de cola. "Creemos que es la primera vez que se ha demostrado que las bebidas de cola producen síntomas de asma", concluyeron.

> ## ATAQUES DE ASMA DESENCADENADOS POR LOS ALIMENTOS
>
> Un ataque de asma desencadenado por un alimento se presenta dentro del lapso de unos pocos minutos hasta una hora después de comer el alimento nocivo. Pero en algunos casos, las reacciones asmáticas tardan un día o más en aparecer. En Holanda se realizó un estudio con 118 asmáticos, el cual reveló que algunos ataques instigados por los alimentos eran "tardíos" y se presentaban entre treinta y dos y treinta y ocho horas después de consumir el alimento, prolongándose hasta cuarenta y ocho y cincuenta y seis horas. En el 93% de los casos se redujeron las molestias bronquiales al cabo de seis meses a un año de haber suspendido los alimentos incriminados.

 *Malo:*

## EL ASMA Y LA LECHE DE VACA

Sospeche de la leche. Es otra culpable común en los casos de asma. Algunos asmáticos mejoran notablemente cuando adoptan una dieta sin leche. Aunque son los niños los más propensos a sufrir reacciones asmáticas con la leche, también puede sucederles a los adultos.

Está el caso de un hombre de veintinueve años que súbitamente comenzó a sufrir de broncoespasmos dos o tres veces por semana; cada ataque duraba entre una y dos horas. Tenía una tos seca y sentía algo de dificultad para respirar después de desayunar. Llegó a ser tan grave el asma, que en un par de ocasiones tuvo que acudir al servicio de urgencias del hospital. Llegó el día en que bebió un vaso de leche fría y a los veinte minutos estaba en la sala de urgencias de un hospital, con broncoespasmo y urticaria en todo el cuerpo. Fue tratado con medicamentos, y una hora más tarde estaba bien. Sin embargo, sus médicos de Madrid (España), lo mantuvieron hospitalizado para hacerle más exámenes.

La leche había sido la culpable. Cuando se le pidió que bebiera un cuarto de taza de leche, presentó un broncoespasmo. A los veinte minutos de recibir caseína seca (de la leche) presentó un ataque de sibilancia y dolor abdominal.

En el caso de este hombre no hubo señales previas de que estuviese sufriendo de esta alergia súbita y grave. No tenía alergia a ningún otro alimento. Mientras evitara la leche, podría estar seguro de no presentar nuevamente síntomas de asma.

 *Malo:*

## EL ASMA DEL RESTAURANTE CHINO

Cuidado con el glutamato monosódico. Las personas sensibles a este compuesto sufren de dolor de cabeza, ardor en la nuca, estrechez en el pecho, náusea y transpiración. Sin embargo, el glutamato monosódico también puede desencadenar ataques de asma. Además, puede ser difícil establecer la conexión, porque la reacción puede no presentarse inmediatamente, sino entre seis y doce horas después. Así lo determinaron investigadores australianos en un estudio con treinta y dos asmáticos, muchos de los cuales parecían sufrir asma producida por el glutamato monosódico.

Después de cinco días de una dieta sin el aditivo, se les dieron distintas dosis de glutamato monosódico. Más del 40% de los pacientes estudiados tuvieron una reacción asmática. Siete presentaron asma junto con síntomas del "síndrome del restaurante chino" una a dos horas después de consumir el glutamato monosódico. En seis casos, los síntomas de asma se presentaron entre seis y doce horas después. "Estos estudios confirman que el glutamato monosódico puede provocar asma; que cuanto más alta sea la dosis, mayor será la probabilidad del ataque; y que el glutamato monosódico ofrece riesgos en algunos casos", concluyeron los investigadores.

*ESTRATEGIAS PARA COMBATIR EL ASMA CON LA DIETA*

- Concéntrese en consumir alimentos antiinflamatorios, los cuales le ofrecen una buena probabilidad de prevenir y aliviar la inflamación de los tejidos que revisten las vías respiratorias. Esos alimentos prometen prevenir daños futuros, sanar las vías respiratorias y restablecer una respiración normal. Trate de incluir los siguientes alimentos en su dieta diaria: cebolla, ajo, pescado grasoso, frutas y verduras, especialmente aquéllas con alto contenido de la vitamina C antioxidante.
- También es de vital importancia evitar los aceites vegetales, como el de maíz, cártamo y girasol, los cuales son ricos en ácidos grasos omega 6. Estos aceites promueven la inflamación y contrarrestan los beneficios de los alimentos antiinflamatorios, en particular los del aceite de pescado.
- Reduzca o elimine la carne y las grasas de origen animal, excepto las de pescado, puesto que también promueven la inflamación.
- Coma ají y alimentos picantes, tanto para prevenir como para aliviar los ataques de asma. Facilitan la respiración porque despejan las vías respiratorias.
- Recurra al café como medida de emergencia para aliviar un ataque de asma. También puede probar beber entre una y tres tazas de café al día para prevenir los síntomas del asma, siempre y cuando que el café no le produzca ningún efecto adverso.
- Evite los alimentos que tiendan a dificultarle la respiración o que desencadenen los ataques de asma.

# ANTÍDOTOS PARA LAS INFECCIONES DE LA VEJIGA

---

**Alimentos que pueden prevenir o aliviar las infecciones de la vejiga:** Arándanos rojos • Arándanos azules • Mucho líquido
**Alimentos que pueden agravar los síntomas:** Cafeína • Chocolate

---

Las infecciones de la vejiga son el problema de salud más frecuente entre las mujeres después de los resfriados. Se manifiestan como una urgencia de orinar con frecuencia, acompañada de ardor y dolor, y a veces sangre en la orina. Esas infecciones de las vías urinarias o de la vejiga, conocidas también como cistitis, son causadas generalmente por la *Escherichia coli,* una bacteria que coloniza las vías urinarias altas, la uretra y la vejiga. (También puede haber síntomas de cistitis sin infección cuando la vejiga se irrita.) Los hombres también sufren de infecciones de la vejiga, pero con una frecuencia mucho menor.

 *Bueno:*

## ARÁNDANOS ROJOS Y AZULES: NUEVA TEORÍA PEGAJOSA

Beba jugo de arándanos rojos para poner fin a las infecciones recurrentes de la vejiga. Es un consejo milenario cuya credibilidad ha sido revalidada. Durante años, los médicos creyeron que los arándanos rojos servían porque aumentaban la acidez de la orina, causándoles la muerte a las colonias de bacterias *E. coli*. Pero los nuevos hallazgos revelan que la confabulación de los arándanos rojos contra la bacteria es mucho más complicada. Los arándanos rojos, y también los azules, poseen unos compuestos únicos que impiden a las bacterias adherirse a las células que revisten las vías urinarias y la vejiga. La *E. coli* reside normalmente en el intestino pero invade las vías urinarias, se sujeta a las células de la vejiga mediante unos apéndices vellosos y, una vez allí, procede a esparcir la infección. Pero el compuesto químico de los arándanos rojos y azules daña el "tren de aterrizaje" de las vellosidades, de manera que las bacterias no pueden adherirse y son arrastradas por la orina, derrotadas en su intento de colonizar las vías urinarias.

Anthony Sobota, Ph.D., profesor de microbiología de la Universidad Estatal de Youngstown, de Ohio, descubrió el mecanismo de los arándanos en 1984. Después, en 1991, científicos israelíes del Instituto Weizmann de Ciencias causaron sensación al anunciar, en el *New England Journal of Medicine*, que habían detectado por lo menos dos compuestos, ambos constitutivos de los arándanos rojos y azules, que inutilizan las moléculas mediante las cuales la *E. coli* se adhiere a la superficie de las células del tracto urinario. Los científicos israelíes experimentaron con distintos jugos de frutas, entre ellos los de toronja, mango, guayaba, naranja y piña. Solamente los jugos de arándanos rojos y azules contenían la sustancia química indicada para inutilizar por completo la capacidad de adherencia de los gérmenes causantes de la infección. Los científicos creen que estas dos bayas son únicas. Los dos tipos de arándanos pertenecen al mismo género *(Vaccinium)*.

¿Cuánto jugo de arándanos se debe consumir? Los estudios demuestran que la cantidad varía entre media y dos tazas al día. Un estudio clásico citado muchas veces fue el realizado en 1966 por Prodromos N. Papas, de la Facultad de Medicina de la Universidad Tufts. En este estudio logró prevenir la infección en el 73% del grupo de sesenta pacientes, al suministrarles dieciséis onzas de jugo de arándanos rojos al día durante tres semanas. Las infecciones reaparecieron al cabo de seis semanas en un 50% de los pacientes después de suspender el jugo. Incluso una dosis diaria de cuatro a seis onzas de coctel de jugo de arándanos rojos (30% de jugo de arándanos), durante siete semanas, fue suficiente para prevenir las infecciones de las vías urinarias en dos terceras partes de un grupo de veintiocho hombres y mujeres de edad, de acuerdo con un estudio realizado en 1991.

## EL MITO DEL ÁCIDO DE LOS ARÁNDANOS

Algunos médicos han dicho que el jugo de arándanos realmente no es muy buen remedio, porque aumenta demasiado la acidez de la orina, lo cual puede irritar la vejiga, empeorando los síntomas en algunos casos. Al parecer, esos temores son infundados. La teoría, sostenida por los médicos desde tiempo atrás, de que los arándanos elevan la acidez hasta el punto de destruir o inhibir las bacterias podría estar equivocada. William Graham Guerriero, profesor de urología de la Escuela Baylor de Medicina de Houston, dice: "De existir un efecto, es muy leve y probablemente no produce ningún daño ni irritación a la vejiga". Ara Der Marderosian, Ph.D., de la Escuela de Farmacia y Ciencia de Filadelfia, dice que los estudios demuestran que es necesario beber más de seis vasos de jugo de arándanos al día para acidificar la orina. Por lo tanto, contrariamente a la opinión difundida

---

*FÓRMULA PARA PREVENIR LAS INFECCIONES DE LA VEJIGA*

- Si sufre de infecciones recurrentes de las vías urinarias, ensaye una dosis diaria de una o dos tazas de jugo de arándanos o de coctel de jugo de arándanos rojos. Hay una probabilidad muy grande de que le sirva para prevenir infecciones futuras si la bacteria causante es la *E. coli.*

- Procure también comer más arándanos azules, los cuales contienen el mismo tipo de compuesto que anula el mecanismo de adherencia de las bacterias.

- Beba mucho líquido: por lo menos medio galón al día.

- Evite la cafeína y el chocolate durante la infección activa, puesto que pueden irritar los tejidos inflamados.

Importante: el jugo de arándanos rojos podrá ayudarle a prevenir las infecciones recurrentes, pero no lo utilice para curar las infecciones. Es probable que necesite antibióticos.

---

entre los médicos, los arándanos no aumentan la acidez de la orina lo suficiente para matar las bacterias, irritar la vejiga o convertirse en el mecanismo principal de acción de estas bayas en contra de las infecciones urinarias.

 *Bueno:*

## EL REMEDIO DE LOS LÍQUIDOS

Beba muchos líquidos, incluida el agua, para prevenir y curar las infecciones urinarias. Los líquidos diluyen la concentración bacteriana en la orina y aumentan la frecuencia de la micción, eliminando así las bacterias. Puesto que la *E. coli* se multiplica rápidamente, cuanto más tiempo permanezca la orina en la vejiga, mayores serán el dolor, la sensación de ardor y los demás síntomas. Todos los líquidos estimulan la micción y lavan las bacterias. Así, el jugo de arándanos rojos cumple a las mil maravillas la doble función de lavar e inutilizar las bacterias al mismo tiempo.

 *Malo:*

## CUIDADO CON LA CAFEÍNA Y EL CHOCOLATE

Cuando la vejiga está infectada, los tejidos del tracto urinario se inflaman. Por lo tanto, ciertos alimentos pueden causar irritación y empeorar los síntomas. Una de las mayores culpables es la cafeína, según el doctor Guerriero, quien aconseja evitarla al igual que el chocolate (otro irritante para algunas personas), si hay infección de la vejiga.

# UNA DIETA PARA MATAR
# DE HAMBRE AL VIRUS
# DEL HERPES

---

**Los tres peores alimentos cuando hay propensión al herpes:**

- Chocolate
- Nueces
- Gelatina

---

¿Tiene herpes labial o "fuegos", ulceraciones dentro de la boca, úlceras genitales, herpes zoster (inflamación de los nervios sensoriales) o mononucleosis infecciosa, conocida también como enfermedad de Epstein-Barr? Si es así, usted, al igual que treinta millones de estadounidenses, es víctima del virus del herpes. Pero tiene la posibilidad de ayudarse con la alimentación. Aunque el virus permanece latente en el 90% de todas las personas, la dieta puede ser uno de los factores que determinan la reactivación del virus y su manifestación a través de los síntomas del herpes. Así lo dice el doctor Richard S. Griffith, profesor emérito de medicina de la Facultad de Medicina de la Universidad de Indiana y especialista en enfermedades infecciosas, quien explica lo siguiente:

## LOS BROTES DEL VIRUS SE PUEDEN CONTROLAR CON BANQUETES O HAMBRUNAS

Las moléculas de lo que usted come terminan en sus células. El que usted proporcione al virus un festín o apenas las migajas en el banquete ofrecido a las células determina la posibilidad de que el bribón reviva para torturarlo. Cuando el virus recibe suficiente alimento del tipo indicado, comienza a crecer a un ritmo acelerado, buscando dónde generar úlceras, llagas genitales y otros síntomas. En cambio, usted puede debilitar al virus, reprimiéndolo para que no pueda causar mucho daño.

En el drama del herpes hay alimentos buenos y malos. El doctor Griffith dice que en los años 50 se descubrió que los aminoácidos de los alimentos pueden o frenar o estimular el crecimiento del virus del herpes. En los cultivos celulares se observó que el aminoácido arginina producía un crecimiento acelerado del virus. En cambio, la lisina frenaba el crecimiento y la diseminación del virus en las células. Una teoría es que la lisina forma una capa protectora alrededor de la célula, impidiéndole la entrada al virus para que no pueda eviscerar a la célula. Si ése es el caso, ¿no es lógico alimentar al virus con una dieta baja en la arginina promotora de su crecimiento y rica en la lisina que lo inhibe? Sería una tontería brindar al virus el festín que tanto le conviene.

Así piensa el doctor Griffith, quien desde hace veinte años viene diciendo a sus pacientes de herpes que ofrezcan al virus una dieta pobre, consumiendo alimentos ricos en lisina y bajos en arginina. Lo que cuenta, dice, es la cantidad relativa de estos dos aminoácidos en las células. Es el "equilibrio de poder" entre los dos aminoácidos el que determina el triunfo del virus sobre las células. Dada la conyuntura, es vital consumir mucha lisina y poca arginina, para mantener al virus bajo control.

## LOS EXPERIMENTOS CON LA ARGININA

Para comprobar cómo era que la arginina activaba el virus del herpes, el doctor Griffith dio a los pacientes altas dosis de este aminoácido — 500 miligramos cuatro veces al día — y restringió el consumo de lisina. Tres de los cinco pacientes sufrieron al poco tiempo brotes tan graves de herpes, que el doctor prefirió suspender el estudio. Una de las personas que solía presentar ulceraciones solamente en el labio, las presentó también debajo de los ojos. A una niña le aparecieron ulceraciones en toda la boca. Los graves brotes se produjeron de un día para otro, tras consumir la arginina.

¿Cuál es la cantidad de alimento que contiene las dosis de arginina utilizadas en el estudio? Apenas dos onzas de maní o chocolate.

Al mismo tiempo, una cantidad suficiente de alimentos ricos en lisina ayuda a contrarrestar la amenaza de la dieta rica en arginina. Los alimentos con alto contenido de lisina son: la leche, los fríjoles

---

### ALIMENTOS QUE PROMUEVEN EL HERPES

No es sólo la cantidad, sino el equilibrio entre la lisina y la arginina de los alimentos. En los siguientes alimentos, la proporción de arginina frente a la de lisina es alta y, por lo tanto, su consumo tiende a estimular el crecimiento del virus del herpes, según el doctor Richard Griffith.

**Evite del todo:**
Almendras
Nueces del Brasil
Marañones (anacardos)
Avellanas
Maní
Nueces lisas (pacanas)
Nueces de nogal
Chocolate
Gelatina

**Limite la cantidad, si los consume mucho:**
Coco
Cebada
Maíz
Avena
Trigo, incluido el salvado, el germen y el gluten
Pasta
Coles de Bruselas

de soya, la carne, tanto la vacuna como la porcina (la lisina es uno de los ingredientes de los concentrados para animales; por lo tanto, puede ser abundante en la carne). "He observado que los pacientes de herpes no consumen mucha leche", dice el doctor Griffith. Además, los lactantes suelen presentar el primer ataque de herpes cuando son destetados y se les suspende la leche rica en lisina, anota.

## "PERO YO COMO NUECES Y NO TENGO HERPES"

Sin embargo, no todo el mundo presenta síntomas de herpes al comer alimentos ricos en arginina. Y tampoco sirve eliminar dichos alimentos para frenar todos los ataques de herpes. Algunas personas pueden comer todas las nueces del mundo sin molestar al virus. ¿Por qué? Por la misma razón de que no todo el mundo sufre de hipertensión a causa de la sal, dice el doctor Griffith. Es algo muy individual.

Se puede adoptar una dieta baja en arginina y alta en lisina para prevenir y curar los brotes de herpes, dice el doctor Griffith. "Lo peor que se puede hacer, si ya tiene una ulceración herpética, es consumir alimentos ricos en arginina, como las nueces. Eso perpetúa el crecimiento del virus", dice. No todos los especialistas están de acuerdo con el método del doctor Griffith. Pero la dieta no ofrece ningún riesgo, mientras que la otra opción es una terapia con drogas costosas que podrían tener efectos secundarios peligrosos o proporcionar muy poco beneficio terapéutico.

## CÓMO SABER SI SON LOS ALIMENTOS LOS QUE DESENCADENAN EL BROTE DE HERPES

"Lo único que hay que hacer es experimentar", dice el doctor Griffith. Si los alimentos ricos en arginina, como las nueces, el chocolate y la gelatina, son los culpables, es posible saberlo de un día para otro. Es simple. Basta con comer una buena cantidad de maní, chocolate o gelatina para ver si comienzan a manifestarse las ulceraciones, las ampollas o el dolor al día siguiente. Muchas personas experimentan brotes herpéticos si comen un simple puñado de maní. Otras necesitan más, pero para hacer la prueba es suficiente un paquete pequeño de maní o tres onzas y media de nueces.

*"Basta con suprimir las nueces, el chocolate y la gelatina para eliminar de la dieta la mayor parte de la arginina. Las nueces cubiertas con chocolate son una amenaza doble".* — Doctor Richard S. Griffith

Si no se produce la reacción herpética, lo más probable es que esos alimentos no estén implicados, de manera que la persona podrá estar tranquila, dice el doctor Griffith. Las personas propensas a los brotes producidos por los alimentos no necesitan hacer experimentos. "Si la primera vez se produce el brote después de comer nueces, seguirá sucediendo cada vez que las coma — dice —. La respuesta es constante".

Frene la infección a tiempo. Una vez que se manifiesta en su totalidad con ampollas y úlceras, es más difícil curarla con el método de aumentar la lisina y bajar la arginina. Cuanto más pronto actúe contra el virus, tanto mejor. Las medidas dietéticas son más eficaces para prevenir la recurrencia del virus o frenar los síntomas si se adoptan durante las etapas iniciales: tan pronto como se sienten el ardor y el dolor del ataque. Es en ese momento cuando se deben suspender los alimentos ricos en arginina.

 *Malo:*

## EL CASO DEL EMPAREDADO DE MANTEQUILLA DE MANÍ

Si está tratando de evitar los ataques herpéticos agravados por los alimentos, no olvide que la mantequilla de maní no es otra cosa que maní triturado y, por consiguiente, es rica en arginina y una amenaza que debe evitar. Así lo descubrió una paciente muy vulnerable al herpes genital, el cual se agravaba al aproximarse el período menstrual. El mal era muy doloroso e intenso.

El doctor Griffith la sometió a una dieta baja en arginina y le formuló suplementos de lisina: 500 miligramos dos veces al día. Los ataques de herpes disminuyeron y casi desaparecieron durante más de un año. Después se presentaron de nuevo. La razón: la paciente había comenzado a comer emparedados de mantequilla de maní al almuerzo, alimentando a sus células con mucha arginina. Cuando suspendió la mantequilla de maní, los brotes desaparecieron nuevamente. No ha tenido ataques herpéticos durante los últimos cinco años, dice el doctor Griffith.

 *Bueno:*

## LAS ALGAS MARINAS CONTRA EL HERPES

Parece que las algas marinas son otra forma de frenar el herpes, el cual se retrae e inicia la retirada cuando se encuentra con ciertos tipos comestibles de algas. Esto fue lo que descubrieron dos investigadores del Laboratorio de Biociencia Marina de la Universidad de California, en Berkeley. En sus experimentos colocaron en los tubos de ensayo extractos de ocho tipos distintos de algas rojas junto con células humanas infectadas por el virus del herpes símplex 1 (causante del herpes labial) o 2 (causante del herpes genital). La diseminación del virus se redujo a la mitad. Más importante aún: cuando los científicos expusieron primero a las células a los extractos de algas y dos horas después agregaron el virus, éste no pudo sobrevivir, demostrando el bloqueo total de la actividad proherpética.

 *Malo:*

## EL HERPES ZOSTER Y EL CHOCOLATE

El herpes zoster es una de las enfermedades más dolorosas y afecta con frecuencia a las personas de edad. Según un cálculo, cerca de la mitad de las personas mayores de ochenta años habían tenido herpes zoster. El doctor Griffith explica que el mal se manifiesta cuando el virus que ha estado presente en el organismo durante mucho tiempo revive, quizá porque con la edad disminuyen las defensas orgánicas. El virus penetra en las células nerviosas, produciendo vesículas dolorosas en la piel. Cuando las vesículas cicatrizan dejan en un 5% de los casos una secuela dolorosa conocida como neuralgia postviral.

El herpes zoster es una grave enfermedad que exige atención médica. Sin embargo, como medida preventiva, el doctor Griffith aconseja evitar los alimentos ricos en arginina. Ejemplo: una paciente anciana había conservado un conejo de pascua para decorar una mesa. Un día decidió comerse buena parte del conejo de chocolate y al día siguiente enfermó de herpes zoster. Para las personas con neuralgia postviral, el doctor Griffith recomienda tomar, a manera de ensayo, dos tabletas de 500 miligramos de lisina tres o cuatro veces al día.

---

### SUGERENCIAS PARA COMBATIR EL HERPES LABIAL, EL HERPES BUCAL, EL HERPES GENITAL, EL HERPES ZOSTER Y LA ENFERMEDAD DE EPSTEIN-BARR

Si sufre la tortura de los ataques periódicos de herpes, procure reducir el consumo de nueces, chocolate y gelatina, los cuales son ricos en arginina. Cuando reviva el brote del herpes o cuando sienta que va a comenzar, suspenda inmediatamente los alimentos ricos en arginina. Cuanto más pronto actúe, mayor será la probabilidad de que pueda beneficiarse, dice el doctor Griffith. Es una medida que no le hará daño y sí podrá darle la agradable sorpresa de frenar el ataque del herpes.

Por lo general basta, para bloquear el virus, con reducir los alimentos ricos en arginina. Pero si eso no funciona, el doctor Griffith recomienda tomar una o dos tabletas de 500 miligramos de lisina al día durante el tiempo que tienda a reaparecer la infección por herpes.

Estas medidas quizá no le sirvan a todo el mundo, pero usted podría ser uno de los beneficiados, y vale la pena ensayar.

# ALIMENTOS PARA REMEDIAR LAS AFECCIONES DE LOS HUESOS Y LAS ARTICULACIONES

# ARTRITIS REUMATOIDEA: NUEVOS DESCUBRIMIENTOS SOBRE LA DIETA

---

**Alimentos que pueden desencadenar o agravar la artritis:**
Maíz • Trigo • Leche • Carne • Aceites vegetales omega 6 (maíz, cártamo, girasol)
**Alimentos que pueden aliviar la artritis:** Pescado grasoso • Dieta vegetariana • Jengibre

---

Los textos antiguos de medicina y las creencias populares están llenos de referencias sobre la dieta y la artritis y el reumatismo: evitar el tomate, la papa, y otras solanáceas; olvidar la carne, los alimentos ácidos o condimentados, los cítricos, el café, el azúcar blanco, los cereales; comer más algas marinas, yuca y gingseng. Ya en 1766, un texto inglés de medicina hablaba del aceite de hígado de bacalao para tratar el reumatismo crónico y la gota. A mediados del siglo XIX se había generalizado el uso del aceite de hígado de bacalao para tratar distintas enfermedades de las articulaciones y la columna vertebral, según el *Recetario de los Estados Unidos* de 1907. En épocas más recientes, Dale Alexander popularizó el uso del aceite de hígado de bacalao en un éxito de librería, en el cual decía que este aceite servía para "lubricar las articulaciones". Aunque la explicación era bastante simplista, la ciencia moderna comprende hoy por qué, después de todo, la idea no era tan absurda.

## *YA NO ES SÓLO HABLADURÍA*

La noción de que la alimentación pueda tener relación con la artritis, en especial con la artritis reumatoidea, ha sido rechazada desde hace mucho tiempo por considerársela una peligrosa necedad medieval y pura charlatanería. Quienes no estén al tanto de los avances médicos quizá sigan opinando igual. Sin embargo, los nuevos descubrimientos médicos revelan que los alimentos pueden en realidad acrecentar o aminorar la inflamación: el proceso clave de la artritis, término que significa literalmente "fuego en las articulaciones". Los especialistas más destacados en el campo de la artritis reconocen que la dieta puede mitigar los síntomas de la enfermedad y, en algunos casos, ser la única causa del padecimiento. No cabe duda de que la tendencia a la artritis puede ser hereditaria y de que en la enfermedad pueden participar otros factores, incluso virales, pero existen pruebas sólidas de que la dieta puede agravar o combatir la artritis.

Existe fundamento científico para la idea, por tanto tiempo defendida en la medicina popular primitiva, de que ciertos alimentos son como demonios que invaden y dañan el organismo de ciertas personas susceptibles y que ninguna otra cosa que no sea un exorcismo para expulsar de la dieta a ese alimento puede salvar a esas personas. Además, que los alimentos predilectos pueden ser los peores enemigos. Si eso le suena a una trama del programa de televisión "Dimensión desconocida", piense en el asombroso caso de la señora X británica.

 **Malo:**

## *"QUEDÉ INVÁLIDA A CAUSA DE MI PASIÓN POR EL QUESO"*

Un lector informado seguramente se burlaría incrédulo si leyera este titular en un tabloide sensacionalista. Pero los médicos no rieron cuando la misma historia apareció publicada en el respetado *British Medical Journal* bajo el sobrio título de: "La artritis reumatoidea y la alimentación: estudio de un caso".

La pobre señora X, de tan sólo treinta y ocho años, había sufrido de artritis reumatoidea desde hacía once. Tenía las articulaciones de los brazos, las piernas y las caderas inflamadas y tumefactas. No tenía fuerza para agarrar algo con las manos, y los intensos dolores escasamente le permitían moverse. Durante muchas horas del día experimentaba profunda fatiga y rigidez.

No se aliviaba con nada. Había recibido todos los tratamientos conocidos por la ciencia moderna: salicilatos, agentes antiinflamatorios no esteroideos, oro, penicilamina, prednisona y hasta transfusiones de sangre. El alivio era mínimo o nulo; en realidad, los efectos tóxicos de los medicamentos empeoraban su estado.

Fue entonces cuando su reumatólogo del Hospital Hammersmith, de Londres, decidió estudiar más a fondo la pasión que ella sentía por el queso. Ella confesó que desde los veinte años su afición al queso era tan enorme, que a veces comía hasta una libra al día. Los médicos observaron que también presentaba reacciones alérgicas a muchos medicamentos; hasta una aspirina le provocaba malestar estomacal.

¿Podría tratarse de una alergia a la comida? ¿Acaso era que el organismo de esta mujer veía en una sustancia un enemigo invasor contra el cual debía enviar todo un ejército de anticuerpos, produciendo dolor y sufrimiento y destruyendo sin saberlo las articulaciones y otras partes de sí mismo? ¿Desaparecería esa artritis virulenta si lograban encontrar al culpable? Valía la pena ensayar. La convencieron de que suspendiera todos los productos lácteos: leche, mantequilla y queso.

A las tres semanas habían disminuido la tumefacción articular y la rigidez matutina, y al cabo de unos cuantos meses habían desaparecido del todo. Recuperó la fuerza de las manos y el dolor se desvaneció. Los análisis de sangre demostraron que su sistema inmunitario, que había venido sufriendo una terrible disfunción, había vuelto a ser normal. Después de más de diez años de sufrir un dolor incapacitante que no pudo controlar ninguno de los mejores medicamentos modernos, se curó, no solamente de los síntomas sino de la enfermedad.

Un día consumió por error algún producto lácteo. A las doce horas, los síntomas artríticos regresaron para cobrar venganza.

Los médicos decidieron hacer la prueba final de confirmación. En el lenguaje médico se la conoce como prueba de "provocación", que consiste en reintroducir deliberadamente el alimento nocivo.

Después que la señora X había recuperado toda su movilidad y

## ASÍ INFLUYEN LOS ALIMENTOS SOBRE LA ARTRITIS REUMATOIDEA

Hoy día se sabe que la dieta puede aplacar la artritis reumatoidea a través de dos mecanismos completamente diferentes. Uno: ciertos componentes de los alimentos, en especial la grasa, regulan el funcionamiento de unos agentes orgánicos de tipo hormonal denominados eicosanoides, los cuales contribuyen a controlar la inflamación, el dolor y otros síntomas de la artritis.

Dos: en algunos casos, la artritis reumatoidea puede ser una exagerada reacción alérgica a ciertos alimentos. Así, en unos casos, se puede tratar la enfermedad consumiendo ciertos alimentos que actúan como si fueran fármacos, aliviando el dolor, la tumefacción, la fatiga y la rigidez. En otros casos, con sólo evitar uno o más alimentos se puede obtener la cura instantánea y permanente, venciendo la enfermedad para siempre.

Nadie sabe por qué algunas personas son más vulnerables que otras a la artritis desencadenada por los alimentos. Una hipótesis es que las vías digestivas de algunas de las víctimas de esta enfermedad son demasiado penetrables o presentan "fugas", lo cual hace que los antígenos bacterianos o de los alimentos (desencadenantes de las alergias) penetren con mayor facilidad en la corriente sanguínea, donde provocan la inflamación y otros estragos. Otra teoría es que las bacterias intestinales se nutren de ciertos alimentos y luego liberan las toxinas que causan los síntomas.

Entonces, es probable que ese tipo de artritis reumatoidea precipitada por los alimentos no sea en absoluto la enfermedad típica. El doctor Richard Panush, destacado investigador en este campo, señala que la "artritis alérgica" puede ser una entidad completamente distinta de la artritis reumatoidea corriente.

En todo caso, cada vez se ve más clara la relación de la artritis con la dieta.

no había sentido síntomas de la enfermedad durante diez meses, los médicos la hicieron regresar al hospital para observarla consumir valientemente durante tres días uno y medio kilogramos de queso cheddar y tres y medio litros de leche. A las veinticuatro horas, su cuerpo había sufrido una transformación. Los ejércitos de anticuerpos destructivos estaban en pie de guerra nuevamente: la artritis reumatoidea se apoderó de ella manifestándose con debilidad de las manos, rigidez matutina, dedos inflamados (uno de ellos se tornó dos veces más ancho) y trastornos inmunitarios de tipo alérgico. Las pruebas fueron positivas para anticuerpos IgE contra la proteína de la leche y el queso. Los anticuerpos destructivos alcanzaron su pico máximo a los doce días después de suspender la leche y el queso. Y, como era de esperarse, la reacción al queso fue mucho más fuerte.

Hasta donde se sabe, la señora X podía mantener alejada la artritis incapacitante mientras se abstuviera de consumir queso y leche.

 *Malo:*

## CUÍDESE DEL MAÍZ, OTRO ENEMIGO

Alentado por la publicación del caso del queso, otro médico decidió informar acerca de un caso igualmente grave de artritis producida por un alimento. Esta vez el culpable era el maíz. "La paciente que más me ha impresionado en toda mi experiencia profesional había sufrido de artritis reumatoidea activa durante 25 años, para la cual tomaba azatioprina y aspirina soluble ... Se le había practicado intercambio plasmático y empeoraba lenta pero constantemente", escribió el médico londinense Ronald Williams, en el *British Medical Journal*.

Resultó ser alérgica al maíz, el cual formaba parte, irónicamente, del "empaque" o relleno del medicamento. Eliminó totalmente el maíz de la dieta y mejoró de manera "asombrosa" en una semana, dijo el doctor Williams. Pero a las seis semanas tuvo una recaída terrible, haciendo pensar con tristeza al doctor Williams que el efecto de placebo del nuevo tratamiento se había desvanecido. Pero entonces descubrió que durante esa semana, sin que ella supiera, se había utilizado harina de maíz para espesar la salsa de la carne. Descubierto el problema, la paciente siguió mejorando rápidamente. "Ahora [···] se siente y se ve mejor de lo que nunca había estado durante más de diez años", escribió el doctor Williams.

---

*"Nadie sería tan tonto de decir que todos los casos de artritis reumatoidea tienen relación con alguna alergia a la comida, pero si tan sólo uno de cada veinte casos la tiene — y sospecho que son muchos más — me pregunto si tenemos el derecho de no hacer ese estudio tan simple, seguro, breve y no invasor [sobre la alergia a los alimentos] en el caso de una enfermedad cuya cronicidad produce tal consternación".*
— Doctor Ronald Williams, Londres.

---

 *Malo:*

## CUÍDESE TAMBIÉN DE LOS CEREALES

Los investigadores de la Universidad de Verona (Italia) cuentan de una paciente que se recuperó de la artritis reumatoidea cuando dejó de comer cereales. A pesar de las inyecciones de corticosteroides y de las sales orales de oro, su estado empeoraba. Fue entonces cuando los médicos descubrieron que tenía una reacción alérgica a los cereales.

Le suspendieron los cereales de la dieta durante tres semanas y mejoró notablemente. Para confirmar, le pidieron que comiera cereales de nuevo, y todos los síntomas de dolor articular, rigidez matutina y demás signos de la artritis reumatoidea regresaron. La paciente eliminó del todo los cereales y no volvió a sufrir recaídas. En el momento de publicarse el informe, hacía todo un año que vivía sin signos de la enfermedad.

En efecto, los cereales suelen desencadenar ataques de artritis reumatoidea. Según un estudio británico, los cereales, concretamente el maíz y el trigo, demostraron ser los principales culpables de la enfermedad en un grupo de pacientes con artritis reumatoidea sensibles a los alimentos. Más de la mitad de ellos presentaba los síntomas tras consumir esos cereales. Se cree que el agente implicado, en el caso del trigo, es el gluten.

*Bueno:*

## EL AYUNO, LA FÓRMULA PARA UN ALIVIO RÁPIDO

Hay muchas pruebas médicas de que ayunar o limitarse a consumir pocos alimentos ayuda a las personas que sufren de artritis a aliviar el dolor articular y la rigidez. Es una prueba convincente de que la dieta contribuye a regular los agentes orgánicos de la inflamación, y de que se puede obtener una especie de cura evitando ciertos alimentos. Claro está que las reacciones a los alimentos son muy individuales y podrían ser causadas por cualquier alimento. Pero los primeros de los cuales se debe sospechar son la carne y la grasa de la carne.

Son muchas las personas que se han aliviado siguiendo dietas vegetarianas muy espartanas, entre ellas la dieta Dong, creada por el médico de San Francisco Collin H. Dong y popularizada en un libro de éxito publicado en 1973 con el título de *The Arthritis Cookbook*. La dieta Dong prohíbe la carne, el tomate, los productos lácteos, el pimiento, el alcohol, los condimentos picantes y los aditivos químicos, en especial el glutamato monosódico. Según el doctor Dong, esos alimentos pueden provocar artritis al desencadenar alergias. Y es muy posible que así sea.

El doctor Richard Panush, reumatólogo y director del departamento de medicina del Centro Médico Saint Barnabas, de Nueva Jersey, prescribió la dieta Dong a veintiséis de sus pacientes con artritis reumatoidea progresiva de mucho tiempo de evolución. Cinco de los pacientes mejoraron notablemente; pero también mejoraron otros que estaban consumiendo una dieta de placebo en la cual se les habían limitado ciertos alimentos. Un 20% de los pacientes de ambos grupos mejoró con respecto a la rigidez matutina, la fuerza de las manos, la tumefacción y el dolor articular. Cuando se suspendía cualquiera de las dos dietas, los pacientes sufrían una recaída. El doctor Panush, quien había sido un escéptico convencido de que no existía relación entre la dieta y la artritis, concedió que "algún paciente podría ser ocasionalmente sensible a ciertos alimentos". En otros ensayos, el doctor Panush confirmó que uno de los pacientes presentaba reacciones artríticas severas a la leche, otro a los camarones y un tercero al nitrito, el conservante de las carnes curadas.

---

*TRES RAZONES PARA DEJAR LA CARNE SI SUFRE DE ARTRITIS
REUMATOIDEA*

1. La carne contiene el tipo de grasa que estimula la producción de agentes inflamatorios en el organismo.
2. La carne puede provocar reacciones "alérgicas" que causan el empeoramiento de la artritis por razones de sensibilidad individual, probablemente heredada.
3. Algunas carnes, en especial las curadas, como el jamón, el tocino, las salchichas y las carnes frías, contienen conservantes y otras sustancias químicas que desencadenan reacciones alérgicas de tipo artrítico en determinadas personas. Esto se suma a las propiedades inflamatorias de la grasa de la carne.

---

 *Bueno:*

## ARGUMENTOS EN FAVOR DEL VEGETARIANISMO

La artritis podría desaparecer suspendiendo la carne. Tal fue la conclusión de un estudio, ampliamente aclamado, publicado en 1991 por un grupo de investigadores noruegos. En él documentan que las dietas sin carne aliviaron los síntomas de la artritis reumatoidea en nueve de diez pacientes. Las dietas ejercieron un efecto terapéutico no sólo al eliminar las reacciones alérgicas a la carne sino también el efecto inflamatorio de la grasa sobre los articulaciones.

El doctor Jens Kjeldsen-Kragh, del Instituto de Inmunología y Reumatología del Hospital Nacional de Reumatismo, de Oslo, determinó que el 90% de un grupo de pacientes con artritis tuvieron una mejoría al cambiarse a la dieta vegetariana: mejoró la fuerza de la mano y se aliviaron el dolor y la inflamación de las articulaciones, al igual que la rigidez matinal, en comparación con los controles que continuaron consumiendo la dieta corriente. Los pacientes observaron la mejoría al cabo de un mes, y ésta se prolongó durante todo el año del experimento.

La primera semana, a fin de eliminar los residuos de alimentos desencadenantes, los pacientes se sometieron a una dieta "líquida" de ayuno a base de tisanas, caldo de verduras y jugo de zanahoria, remolacha, apio y papa. Durante los tres a cinco meses siguientes consumieron una dieta estrictamente vegetariana (sin ningún tipo de producto animal, como carne, pescado, leche y huevos). También evitaron el gluten (trigo), el azúcar refinado, las frutas cítricas, los condimentos fuertes y los conservantes, puesto que todos ellos podrían desencadenar los síntomas. Después de ese tiempo comenzó el proceso de agregar lentamente los alimentos, uno por uno: primero un alimento vegetariano "nuevo", y después, productos lácteos y de trigo. En caso de presentarse una recaída en el lapso de cuarenta y ocho horas después de consumir un alimento, lo suspendían durante un semana y luego ensayaban de nuevo. Si al segundo intento revivían los síntomas, eliminaban de la dieta totalmente ese alimento.

El doctor Kjeldsen-Kragh concluyó que un *70% de los pacientes mejoraron porque evitaron las grasas, en particular la de la carne,* la cual puede provocar el proceso inflamatorio. Cree que los demás se sintieron mejor porque excluyeron de la dieta alimentos "alérgicos".

 *Bueno:*

## PRUEBA DE QUE LA CURA VEGETARIANA ES MEJOR QUE LOS MEDICAMENTOS

Una mujer se curó completamente de una artritis que la había afectado durante años, al adoptar una dieta vegetariana, y pudo dejar de depender de medicinas potentes. Así lo informó Joel Fuhrman, médico de Nueva Jersey, en una publicación reciente. El doctor Fuhrman dice que, "aunque parecería ridículo que algo tan simple como la dieta pudiese aliviar la artritis", en realidad es tan eficaz que podría ser "un acto de irresponsabilidad" no defenderla. Así describió el caso:

> Mujer de 62 años, con artritis reumatoidea grave y otros problemas, tratada con nueve medicamentos distintos: Altace, Azulfidina, Beclovent, Digoxin, Ecotrin, Nasalcrom, Organidina, Prednisona y Seldane. Hacía diez años que no podía cerrar la mano y sufría de dolores en múltiples articulaciones.
>
> Decidimos iniciar un ayuno, seguido de una dieta vegetariana a base de verduras. Al terminar el ayuno supervisado por los médicos, la artritis había desaparecido ... En este momento, cinco meses después, continúa con la dieta vegetariana y no ha tenido

síntomas. Ya no necesita ninguno de los nueve medicamentos que tomaba cuando llegó a mi consultorio, hace seis meses. Ha recuperado la fuerza física y el movimiento perdidos desde hacía diez años.

---

*VEINTE ALIMENTOS QUE PUEDEN AGRAVAR LA ARTRITIS*

Los siguientes son los alimentos que provocaron síntomas de artritis reumatoidea en el mayor porcentaje de pacientes, de acuerdo con un estudio reciente de L. Gail Darlington, autoridad británica en la materia. El maíz y el trigo fueron los peores culpables, al desencadenar síntomas en más de la mitad de las personas estudiadas.

| Alimento | Porcentaje |
|---|---|
| Maíz | 56 |
| Trigo | 54 |
| Tocino/cerdo | 39 |
| Naranja | 39 |
| Leche | 37 |
| Avena | 37 |
| Centeno | 34 |
| Huevos | 32 |
| Carne vacuna | 32 |
| Café | 32 |
| Malta | 27 |
| Queso | 24 |
| Toronja | 24 |
| Tomate | 22 |
| Maní | 20 |
| Azúcar (de caña) | 20 |
| Mantequilla | 17 |
| Cordero | 17 |
| Limón | 17 |
| Soya | 17 |

---

*Malo:*

## ¿ES LA ARTRITIS UNA ALERGIA A LA LECHE?

Si sufre de artritis, suspenda la leche y sus derivados durante una semana, para ver si aminoran los síntomas. Es una prueba fácil y rápida que podría arrojar resultados sorprendentes. Hay muchas pruebas de que los alimentos lácteos producen la artritis en algunas personas. Por ejemplo, el doctor Richard Panush estudió en una ocasión a una mujer de cincuenta y dos años que atribuía su artritis a la leche, por lo menos en parte. Efectivamente, cuando consumía cápsulas, sin marcar, de leche en polvo liofilizada (equivalentes a un vaso de ocho onzas), los síntomas eran terribles: sus articulaciones se inflamaban dolorosamente y la rigidez matutina se prolongaba hasta treinta minutos. Los síntomas eran peores transcurridas de venticuatro a cuarenta y ocho horas después de consumir la leche, y desaparecían uno o dos días después. La paciente logró controlar su enfermedad evitando totalmente la leche y los productos lácteos. El doctor Panush también pudo producir sinovitis inflamatoria en articulaciones de conejos con sólo cambiarles la bebida de agua a leche.

¿Podría la artritis tener alguna relación con la intolerancia a la lactosa o la "alergia común a la leche"? Los científicos israelíes sospechan que sí, especialmente en las mujeres, aunque no saben por qué. En un estudio con quince mujeres y ocho hombres artríticos, observaron que el dolor, la inflamación y, por consiguiente, el uso de medicamentos, se redujeron a la mitad en siete pacientes cuando suspendieron la leche. Es interesante anotar que esos siete pacientes eran mujeres, todas ellas con deficiencia de lactasa, la enzima que ayuda a digerir la lactosa o azúcar de la leche. En otras palabras, eran intolerantes a la lactosa, "alérgicas" a la leche de vaca. Así, si usted es mujer y sufre de intolerancia a la lactosa, debe saber que su artritis podría tener relación con la leche.

## LA MISTERIOSA FOBIA AL TOMATE

¿Qué hay con el tomate? El tomate y otros miembros de la familia de las solanáceas, como la papa, la berenjena y el pimiento, tienen la pésima reputación de desencadenar síntomas de artritis. La sabi-

---

### ¿CUÁN COMÚN ES LA ARTRITIS PROVOCADA POR LOS ALIMENTOS?

Nadie sabe cuán generalizada puede ser la "artritis alérgica" provocada por los alimentos. Cada quien tiene su propia versión — y hay una amplia gama de ellas —, puesto que no se han realizado estudios concluyentes. El doctor Panush calcula que la cifra no es mayor del 5% de todos los pacientes con artritis reumatoidea. Su antiguo compañero de investigación, el doctor Robert Stroud, de la Universidad de Florida, cree que la cifra se aproxima más al 20 o 30%.

El doctor James C. Breneman, quien trabajaba por aquella época en el Centro Médico de la Universidad de Cincinnati y presidía un comité creado por el Colegio Estadounidense de Alergistas para estudiar la relación entre la artritis y las alergias a los alimentos, calcula que la cifra es mucho mayor. Dijo: "Creo que es razonable decir que entre el 60 y el 80% de los pacientes artríticos podrían obtener algún beneficio con un adecuado manejo de la dieta". Después de una prueba doble ciega de provocación, se concluyó que ciertos alimentos agravan los síntomas en un 85 a 90% de los pacientes.

---

duría popular sostiene que la artritis puede disminuir o desaparecer, si se evitan esas malvadas solanáceas.

La idea ha prosperado gracias principalmente a la experiencia de Norman F. Childers, Ph.D., actualmente profesor de horticultura de la Universidad de Florida. Cuando el doctor Childers comenzó a sufrir de alteraciones incapacitantes, como dolor intenso y rigidez articular, decidió observar de cerca su dieta y concluyó que los síntomas de artritis se presentaban a las pocas horas de comer tomate. Conocía el pasado sombrío de las solanáceas. Por ejemplo, en alguna época se creyó que el tomate era venenoso, y las malezas de la familia solanácea (que contienen solanina) se han visto implicadas en casos de trastornos reumáticos en el ganado.

El doctor Childers dijo que todos los malestares y dolores desaparecieron tras haber suprimido una por una todas las solanáceas de la dieta. Afirma que ha recibido testimonios de miles de personas que se han aliviado de la misma forma. Según el doctor Childers, las solanáceas contienen toxinas que atacan las células de las personas susceptibles, cuyo número calcula en un 10% de la población.

Sin embargo, para algunos especialistas, este ataque contra el tomate es preocupante, porque no existen estudios científicos controlados que incriminen a las solanáceas como uno de los principales desencadenantes de la artritis alérgica. En efecto, en un estudio británico, el tomate ocupó el puesto catorce entre veinte alimentos que pueden causar síntomas de artritis, afectando al 22% de las personas estudiadas. En la lista no aparecía ninguna otra solanácea. El doctor Panush, autoridad en artritis provocada por los alimentos, señala que, al rechazar una gran variedad de solanáceas, algunas personas podrían excluir accidentalmente aquélla que desencadena en ellas los síntomas de la artritis. ¿Pero hay alguna razón para pensar que esa familia del reino vegetal esté más desacreditada — que represente un mayor peligro de atacar las articulaciones — que otros alimentos? Hasta ahora, las pruebas son débiles, aunque muchas personas continúan convencidas de sentir alivio cuando dejan esos alimentos. No es prudente desechar esa creencia firme y esos testimonios personales, pero por el momento no existe confirmación científica. En caso de existir una razón bioquímica para condenar al tomate en forma amplia o universal, su descubrimiento aguarda en algún momento del futuro.

• *CONCLUSIÓN* • *Infortunadamente, no existe una dieta universal y simplista que pueda considerarse la "correcta" para solucionar el mal de la artritis. Usted deberá probar su propia dieta antiartrítica para determinar cuál, entre una amplia gama de alimentos, es el que le causa daño.*

 *Bueno:*

## ¿ESTÁ LA SALUD EN UN ARENQUE DIARIO?

Es una buena medida. Como lo es también comer una porción de salmón, caballa, atún, una lata de sardinas u otro pescado rico en ácidos grasos omega 3. El conocimiento popular de muchos siglos estaba en lo cierto. El aceite de pescado es un agente antiinflamatorio confirmado, de acuerdo con el doctor Alfred D. Steinberg, especialista en artritis que trabaja en los Institutos Nacionales de Salud. Este aceite contribuye a mitigar el ardor de la inflamación. Además, los aceites marinos actúan directamente sobre el sistema inmunitario, suprimiendo en un 40 a 55% la liberación de citoquinas, compuestos que ayudan a destruir las articulaciones.

Por lo menos media docena de estudios dobles ciegos bien concebidos demuestran que una cantidad moderada de aceite de pescado es suficiente para reducir los síntomas de la artritis. Así lo confirma el doctor Joel M. Kremer, profesor asociado de medicina de la Escuela Médica de Albany (Nueva York). En uno de esos estudios, realizado por el doctor Kremer, los treinta y tres pacientes participantes sufrían de inflamación y dolor articulares, fatiga y rigidez matutina durante más de media hora. Tras consumir cápsulas de aceite de pescado durante catorce semanas, los síntomas comenzaron a ceder. Por ejemplo, el dolor articular se redujo en más de una tercera parte y la fatiga fue desapareciendo durante dos horas y media más cada día.

El doctor Kremer también observó que la grasa marina limitaba la producción de leucotrieno B4, sustancia inflamatoria a la cual se le atribuyen en gran medida los síntomas de la artritis. Cuanto mayor sea la reducción del leucotrieno B4, menor será el número de articulaciones dolorosas. Otros estudios han revelado que el aceite de pescado disminuye notablemente los leucotrienos transcurrido tan sólo un mes. Además, la producción de leucotrienos aumenta de nuevo un mes después de suspender el aceite de pescado. Por lo general se necesita un mes para observar una mejoría con el aceite de pescado, dice el doctor Kremer. Después del mes, el alivio será tanto más rápido y más intenso cuanto mayor sea el tiempo durante el cual se consuma el aceite.

¿Cuál es la cantidad necesaria? La cantidad diaria utilizada en el estudio fue el equivalente de una porción de siete onzas de salmón o de un par de latas de sardinas. Un experto británico dice que tres onzas y media de arenque proporcionan tanto aceite activo del tipo EPA como las dosis típicas de suplementos de aceite de pescado utilizadas para tratar la artritis.

La cuestión es que se necesita más aceite de pescado para controlar la artritis reumatoidea activa que para prevenirla. Es probable que nunca se sufra de artritis si se consumen constantemente pequeñas porciones de pescado grasoso durante muchos años, dicen los investigadores.

**Malo:**

## CUIDADO CON EL ACEITE DE MAÍZ Y SUS PARIENTES

Si bien la grasa de pescado es buena para prevenir y aliviar la artritis, las otras no lo son. No avive el fuego de la artritis consumiendo demasiada grasa de origen vegetal. Estas grasas tienden a anular la actividad antiartrítica del pescado. Eso quiere decir que si come un buen trozo de pescado junto con una ensalada aderezada con aceite de maíz, o sardinas con la típica mayonesa, o pescado frito en aceite de cártamo, o carne con el pescado, contrariará sus buenas intenciones y no le hará ningún bien a sus articulaciones. Las peores enemigas son las grasas poliinsaturadas ricas en ácidos grasos omega 6, presentes en abundancia en los aceites de maíz, cártamo y girasol, y en la carne de los animales alimentados con esas grasas. Muchos especialistas comienzan a preocuparse cada vez más por el efecto de esas grasas.

El problema: el exceso de ácidos grasos omega 6 en comparación con los omega 3 domina la actividad bioquímica de la célula, estimulando la producción de sustancias que causan la inflamación y otras consecuencias nocivas. Esto no sucede a causa de alguna "alergia" individual a esos aceites. El efecto es universal y representa un peligro potencial para todo el mundo.

"Reduzca los aceites vegetales ricos en ácidos grasos omega 6, si usted sufre de alguna enfermedad inflamatoria crónica", advierte el doctor George Blackburn, de Harvard. Esas grasas proinflamatorias son otra de las principales razones por las cuales la carne puede promover la artritis. El aceite de cocina con la mejor relación entre ácidos grasos omega 3 y omega 6 es el de canola. El de oliva también es bueno. (En la página 561 encontrará una descripción del contenido de ácidos grasos omega 3 y omega 6 de los distintos aceites.)

 **Bueno:**

## EL REMEDIO DEL JENGIBRE

Ensaye el jengibre para aliviar la artritis reumatoidea. Esta especia también tiene propiedades antiinflamatorias, dice el doctor Krishna C.

Srivastava, de la Universidad de Odense (Dinamarca), investigador médico sobre el tema de las especias reconocido internacionalmente. El jengibre se ha utilizado durante miles de años en la medicina ayurvédica, el sistema de medicina tradicional de la India, para tratar diversas enfermedades reumáticas y musculoesqueléticas. Tras hacer un esquema teórico del funcionamiento de esta especia, el doctor Srivastava realizó pruebas con pequeñas dosis diarias durante tres meses en un grupo de pacientes con artritis. En la mayoría de los casos hubo alivio del dolor, de la inflamación y de la rigidez matutina, y la movilidad mejoró.

El doctor Srivastava cuenta el caso de un mecánico de automóviles de cincuenta y un años, originario de Asia, quien comenzó a consumir jengibre el mismo mes en que le diagnosticaron artritis reumatoidea. Todos los días consumía 50 gramos (una onza y tres cuartos) de jengibre fresco ligeramente cocido con verduras y carnes. Los síntomas disminuyeron al cabo de un mes. A los tres meses de comer jengibre, "no tenía dolor, inflamación ni tumefacción", y así ha permanecido durante diez años.

Hace poco, el doctor Srivastava utilizó con éxito el jengibre en cincuenta pacientes a quienes trató durante dos años. La dosis que acostumbra recomendar a los pacientes artríticos es de cinco gramos de jengibre fresco (un sexto de onza) o medio gramo de jengibre molido (un tercio de cucharadita), tres veces al día. Tanto fresco como molido seco, el jengibre se puede añadir a la comida. Pero para consumirlo solo es mejor disolver el jengibre seco en líquido o mezclarlo con algún alimento para suavizar el ardor del picante. En esas pequeñas dosis terapéuticas, el jengibre no parece tener efectos secundarios, según los especialistas.

 *Bueno:*

## LAS ESPECIAS SON MEJORES QUE ALGUNOS MEDICAMENTOS ANTIARTRÍTICOS

El jengibre, en realidad, es mejor que los medicamentos de uso generalizado conocidos como AINES (antiinflamatorios no esteroideos), dice el doctor Srivastava. El principal mecanismo de acción de los AINES consiste en bloquear la formación de sustancias de tipo hormonal que producen la inflamación. Todos los AINES tienen efectos secundarios importantes, entre ellos las úlceras gástricas, por lo cual no se pueden utilizar durante períodos prolongados.

Por su parte, el jengibre tiene por lo menos dos y quizá más mecanismos de acción. Bloquea la formación de las prostaglandinas y de otras sustancias inflamatorias conocidas como leucotrienos. Además, el doctor Srivastava señala que la acción antioxidante del jengibre descompone los ácidos inflamatorios presentes en el líquido sinovial de las articulaciones.

Pero el jengibre no es la única especia antiartrítica. El doctor Srivastava anota que también la cúrcuma y los clavos combaten la inflamación. Los efectos antiinflamatorios de la cúrcuma se han demostrado en experimentos con animales, y la curcumina, uno de los compuestos principales de la cúrcuma, mejoró la rigidez matutina, el tiempo de deambulación y la tumefacción articular en dieciocho pacientes con artritis reumatoidea. En efecto, 1 200 miligramos de curcumina tuvieron la misma actividad antiartrítica que 300 miligramos de fenilbutazona, un medicamento antiinflamatorio.

 *Bueno:*

## ¿PESCADO Y AJO CONTRA LA OSTEOARTRITIS?

La osteoartritis es la denominada artritis "por desgaste", que termina por engrosar las articulaciones a medida que pasan los años, y es la forma más común de la enfermedad. Puesto que en la osteoartritis también participa un proceso inflamatorio, los aceites de pescado podrían ser de utilidad. En un estudio preliminar limitado a veintiséis pacientes, los investigadores británicos de la Escuela de Medicina del Hospital St. George, de Londres, observaron que dosis reducidas de aceite de pescado sumadas a los medicamentos corrientes aliviaban el dolor y facilitaban la actividad física.

El doctor Srivastava también ha observado que el jengibre en polvo es eficaz para combatir el dolor y la tumefacción causados por la inflamación de la osteoartritis. En un estudio, el 75% de los afectados que consumieron un tercio de cucharadita de jengibre molido tres veces al día durante dos años y medio experimentaron un alivio notable.

## CUATRO FORMAS DE VENCER LA ARTRITIS REUMATOIDEA CON LA ALIMENTACIÓN

- Descubra los alimentos que desencadenan los síntomas. Sospeche en particular de los cereales, especialmente del trigo y el maíz, y también de los productos lácteos y la carne. Las autoridades en la materia aconsejan no eliminar un gran número de alimentos y luego introducirlos nuevamente, en un intento de descubrir a los culpables, sin someterse a supervisión médica. Sin embargo, puede eliminar un solo alimento sospechoso para ver si los síntomas aminoran. Espere por lo menos entre dos días y una semana para que los síntomas desaparezcan, antes de volver a comer el alimento en cuestión. Si los síntomas regresan, lo mejor será suprimirlo de la dieta.

- Evite la carne, en particular el tocino, el cerdo y la carne vacuna. Podría sufrir de intolerancia a ciertas carnes. Además, las grasas saturadas de la carne pueden estimular el proceso inflamatorio. Ensaye una dieta vegetariana, para ver si le ayuda.

- Consuma pescado grasoso, como salmón, arenque, caballa, sardinas o atún, tres o más veces por semana. Los aceites de pescado son agentes antiinflamatorios. Ensaye con un poco de jengibre al día, otro agente antiinflamatorio.

- Al mismo tiempo, reduzca la grasa omega 6, concentrada en los aceites de maíz, cártamo, girasol y en las margarinas hechas con esos aceites. Pueden deshacer el beneficio de los aceites de pescado y también alterar el equilibrio químico de los ácidos grasos en las membranas celulares, promoviendo ataques inflamatorios en los tejidos y las articulaciones. La grasa de las carnes ejerce el mismo efecto.

Si sufre de osteoartritis, le conviene restringir también los aceites poliinsaturados del tipo omega 6, es decir, los de maíz y sus parientes, los cuales pueden promover la inflamación.

Una posibilidad interesante: durante un estudio del efecto del ajo sobre la enfermedad cardíaca, médicos indios observaron que las personas que consumieron el ajo se aliviaban de los dolores articulares, en particular aquéllas que sufrían de osteoartritis. Durante el experimento, los pacientes consumieron diariamente de dos a tres dientes de ajo crudos o cocidos. Se sabe que el ajo influye sobre las prostaglandinas que ayudan a controlar la inflamación, pero todavía no se han hecho pruebas específicas en el caso de la artritis.

 *Malo:*

## EL DOLOR ARTICULAR COMÚN Y LA "ALERGIA" A LOS ALIMENTOS

Si sufre de inexplicables ataques de dolor articular común, sin signos de artritis, cabe sospechar que tiene alergia a algún alimento. Ciertos alimentos pueden desencadenar dolor articular, inflamación y tumefacción aunque no exista una afección artrítica subyacente. Esto afirma el doctor D. N. Golding, reumatólogo del Hospital Princesa Alejandra, de Harlow (Essex, Inglaterra). Ha documentado lo que denomina "sinovitis alérgica", una inflamación de la membrana sinovial que secreta líquido dentro de las cavidades articulares para mantener la lubricación y el movimiento suave. Con la inflamación vienen el dolor y la tumefacción, especialmente durante el movimiento de los huesos. Las personas más afectadas son aquéllas que sufren de distintas alergias, especialmente salpullidos, urticaria y fiebre del heno.

El doctor Golding cuenta el caso fascinante de una mujer de cuarenta y nueve años que sufría de ataques recurrentes de urticaria y dolor severo en distintas articulaciones: dedos, muñecas, rodillas, tobillos, pies. En un principio los médicos creyeron que se trataba de artritis reumatoidea y le prescribieron analgésicos fuertes y drogas antiinflamatorias. Los verdaderos culpables resultaron ser la leche y sus derivados.

Los médicos presenciaron asombrados la confirmación de la causa del mal unas cuantas horas después que ella bebiera un vaso de leche para demostrarlo. La rodilla se le inflamó y se confirmó la situación al observar los signos de grave inflamación en el líquido sinovial extraído de la rodilla. El doctor Golding también ha establecido una relación entre el dolor articular y la sinovitis y las reacciones alérgicas por consumo de huevo y queso. Anota que los ataques agudos o episódicos de dolor articular son comunes y a menudo inexplicables, en particular entre los pacientes alérgicos. En efecto, un primer estudio realizado en 1943 reveló que el 20% de los pacientes alérgicos presentaban ataques reumáticos. Es una pista que vale la pena seguir en caso de que se presenten ataques inexplicables de dolor articular.

# SORPRENDENTES ALIMENTOS CONTRA LA OSTEOPOROSIS

> **Alimentos que pueden ayudar:** Alimentos ricos en calcio • Nueces y frutas • Jugo de piña • Vitamina D
> **Alimentos que pueden hacer daño:** Exceso de cafeína • sodio • alcohol

Todo el mundo sabe que para tener huesos fuertes es necesario consumir calcio (en otras palabras, tomar leche). Y los huesos fuertes ayudan a salvarnos de la osteoporosis, esa enfermedad progresiva en la que se adelgazan los huesos y que afecta a unos 25 millones de estadounideses de edad, 80% de ellos mujeres, y que causan cerca de 1.3 millones de fracturas al año. Por lo general, después de la menopausia, las mujeres pierden masa ósea a una velocidad alarmante, con lo cual los huesos, en particular los de la cadera, se tornan quebradizos y propensos a fracturarse. La enfermedad también afecta a algunos hombres de edad. La tasa de osteoporosis en los Estados Unidos es una de las más altas del mundo.

Aunque la herencia es el primer factor determinante en el desarrollo de la enfermedad, la dieta y otros factores, como el ejercicio, representan parte del riesgo, de acuerdo con el autorizado concepto del doctor Robert P. Heaney, de la Universidad Creighton de Omaha (Nebraska). Este médico dice que nuevas investigaciones demuestran la importancia de consumir calcio durante toda la vida para combatir a este enemigo. Los hechos también indican que no basta llenarse de calcio para tener huesos fuertes. Hay alimentos que anulan el efecto del calcio que uno cree estar almacenando, y los científicos han descubierto que también son esenciales otros nutrimentos para prevenir la pérdida de hueso.

 *Bueno:*

## BORO PARA LOS HUESOS

Se trata de un hallazgo inesperado: un humilde oligoelemento denominado boro podría influir de manera significativa sobre la perspectiva de contraer o no la osteoporosis. La cuestión es la siguiente: la persona que no consume suficientes frutas y nueces no obtiene boro, y esa falta puede obstaculizar el metabolismo del calcio, debilitando más los huesos. Una investigación reciente demuestra que el boro eleva enormemente en la sangre los niveles del estrógeno y otros compuestos que previenen la pérdida de calcio y la desmineralización de los huesos. En otras palabras, el boro hace las veces de una terapia suave de "reemplazo de estrógeno".

Sin cantidades suficientes de boro, el organismo no puede retener las cantidades necesarias de calcio, de acuerdo con el doctor Forrest H. Nielsen, del Centro de Investigación sobre Nutrición Humana del Departamento de Agricultura de los Estados Unidos en Dakota del Norte. Descubrió que las mujeres postmenopáusicas cuya dieta era baja en boro se hallaban más propensas a perder calcio y magnesio, dos minerales que fortalecen los huesos. Pero al administrárseles tres miligramos de boro al día — cantidad fácil de obtener a través de la dieta — la pérdida de calcio se redujo en un 40%.

Según el doctor Nielsen, el boro ejerce su acción elevando los niveles de hormonas esteroideas en la sangre. En sus estudios, el boro hizo que aumentara *al doble* la forma más activa del estrógeno, el *estradiol 17B*, llegando a niveles semejantes a los que llega en las mujeres sometidas a terapia de reemplazo de estrógeno. Los niveles de testosterona, precursora del estradiol, aumentaron en la sangre a más del doble.

Infortunadamente, el estadounidense corriente tan sólo ingiere la mitad del boro identificado en los estudios como eficaz. El doctor

Nielsen cree que la deficiencia de boro podría explicar por qué los estadounidenses, pese a consumir muchos productos lácteos ricos en calcio, siguen siendo propensos a la osteoporosis. También podría explicar por qué los vegetarianos tienen menos osteoporosis. Las fuentes más abundantes de boro son las frutas, en especial las manzanas, las peras, las uvas, los dátiles, las uvas pasas y los duraznos; entre las leguminosas se destacan los fríjoles de soya; entre las nueces las almendras, el maní y las avellanas; también la miel es una buena fuente del mineral.

 *Bueno:*

## LA PROTECCIÓN DE LA PIÑA

Para tener huesos fuertes, procure beber jugo de piña o consumir otros alimentos ricos en manganeso. Es el consejo de la doctora Jeanne Freeland-Graves, profesora de nutrición de la Universidad de Texas, en Austin. El manganeso, al igual que el boro, participa en el metabolismo óseo. Los animales con deficiencias de manganeso enferman gravemente de osteoporosis, informa la doctora Freeland-Graves, quien sospecha que lo mismo sucede en los seres humanos. En uno de sus estudios descubrió que los niveles de manganeso en la sangre eran un tercio menores en las mujeres con osteoporosis que en las mujeres sanas. Además, al administrar manganeso, las mujeres afectadas absorbían el doble, demostrando que el organismo lo necesitaba.

"La piña está llena de manganeso. Cuando deseamos aumentar el contenido de manganeso en la dieta, les decimos a las mujeres que coman la fruta o la consuman en jugo", dice la doctora Freeland-Graves. El organismo asimila con facilidad el manganeso de la piña, en especial el del jugo. Otras fuentes ricas en manganeso son la avena, las nueces, los cereales, el trigo integral, los fríjoles, la espinaca y el té.

*Bueno:*

## LA CONEXIÓN DEL CALCIO

El mineral con la mejor fama por su poder para combatir la osteoporosis es el calcio. Sirve para desarrollar huesos fuertes pero también ayuda a impedir que se desintegren con el paso de los años. Lo mejor, para formar huesos fuertes, es consumir bastante calcio en la juventud. Investigadores de la Universidad de Indiana estudiaron hace poco a un grupo de gemelos idénticos entre las edades de seis y catorce años. Descubrieron que la densidad de los huesos del gemelo que recibía el doble del calcio hasta la edad de la pubertad era un 5% mayor que la del gemelo que solamente consumía 900 miligramos al día, apenas un poco más de la dosis diaria recomendada. Esto significa, sin duda alguna, que los niños que consumen una dieta rica en calcio llevan la ventaja y su riesgo de sufrir fracturas posteriormente se reduce en un 40%.

Una serie de estudios demuestra que consumir calcio en la juventud equivale a tener huesos fuertes y menos fracturas con la edad. ¿Pero qué sucede con las personas que no consumieron suficiente calcio durante la infancia? Después de los treinta, de nada sirve el calcio para formar huesos, es decir, para aumentar la masa ósea, dice el doctor Heaney. Pero sí es fundamental obtener suficiente calcio durante la primera edad adulta para retardar la pérdida ósea y prevenir las fracturas. Las mujeres deben llegar a la menopausia con unos huesos muy fuertes y densos. En ese momento, cuando termina la producción de estrógeno, el calcio comienza a desaparecer de los huesos a gran velocidad. La idea es mantener los huesos fuertes comiendo suficiente calcio para frenar la velocidad de la pérdida. Un estudio reciente con 400 mujeres postmenopáusicas reveló que aumentando el consumo de calcio de 400 miligramos (una taza y un tercio de leche) a 900 miligramos diarios (tres tazas de leche) se pudo "abolir la pérdida ósea relacionada con la edad en las mujeres que habían llegado a la menopausia hacía seis o más años". Otro estudio nuevo demostró que la incidencia de fracturas de la cadera era un 60% menor en los hombres y mujeres cuyo consumo diario de calcio era superior a los 760 miligramos, comparados con quienes consumían menos de 400 miligramos al día.

¿Cuánto calcio se necesita? Las mujeres postmenopáusicas podrían obtener protección completa consumiendo entre 900 y 1 000 miligramos de calcio al día, dice el doctor Heaney. Pero advierte que el calcio no posee propiedades mágicas para prevenir o recuperar la pérdida ósea y la fragilidad ocasionadas por otros factores. Es decir, comer calcio en grandes cantidades no sirve para contrarrestar la predisposición genética a la osteoporosis. Lo único que puede hacerse es corregir una deficiencia de calcio muy generalizada en los Estados Unidos, la cual contribuye a elevar el número de fracturas por osteoporosis, dice el doctor Heaney.

Si no soporta la leche, no desespere. Hay muchas fuentes excelentes de calcio aparte de los productos lácteos, entre ellas la col y el tofu. En realidad, según el doctor Heaney, el calcio de la col se asimila mucho mejor que el de la leche. Al respecto, es interesante anotar que las mujeres asiáticas presentan poca osteoporosis, aunque consumen poca cantidad de leche y sus derivados. La mayor parte del calcio protector lo obtienen de otro tipo de productos, como las hortalizas de hojas verdes y los fríjoles de soya. (En la página 556 aparece una lista de los alimentos ricos en calcio.)

 *Bueno:*

## LA VITAMINA D FORTALECE LOS HUESOS

Cerciórese de que obtiene suficiente vitamina D, en especial si es mujer de edad avanzada. Los huesos se debilitan cuando no hay una cantidad adecuada de esta vitamina. Las mujeres postmenopáusicas necesitan un 10% más de la dosis diaria recomendada para prevenir la pérdida de calcio, según un estudio con 333 mujeres realizado por Elizabeth A. Krall, Ph.D., del Centro de Investigaciones del Departamento de Agricultura en la Universidad Tufts. Peor aún es el hecho de que la mayoría de las mujeres ni siquiera consumen la dosis diaria recomendada. En el estudio de la doctora Krall, el consumo promedio era de tan sólo 112 unidades internacionales (UI), cuando la dosis diaria recomendada es de 200 UI. Según ella, las mujeres de edad necesitan por lo menos 220 UI, porque al envejecer pierden la capacidad para asimilar la vitamina D.

Los investigadores de la Universidad de Otago (Nueva Zelanda) también determinaron que las mujeres que habían consumido vitamina D durante dos o tres años sufrían menos fracturas que las mujeres que habían consumido calcio solamente. La vitamina D ejerció un mayor efecto terapéutico durante las primeras fases de la osteoporosis que durante las etapas avanzadas.

El pescado grasoso es una fuente excelente de vitamina D. En tres onzas y media de salmón enlatado hay 500 UI de vitamina D. Esa misma cantidad de sardinas enlatadas contiene 300 unidades. La vitamina se encuentra en abundancia en la anguila, con 5 000 UI en tres onzas. Un vaso de leche contiene 100 UI. El problema empeora en invierno. Como la luz solar es una buena fuente de vitamina D, los niveles se reducen durante el invierno, incluso entre las personas que viven en el sur de los Estados Unidos. (En la página 560 encontrará una lista de los alimentos ricos en vitamina D.)

 *Malo:*

## LA SAL, LADRONA DEL CALCIO

El exceso de sal podría contribuir a la destrucción de los huesos al robarles el calcio, especialmente en las personas ancianas. Los investigadores neozelandeses primero pusieron al grupo de mujeres de edad en una dieta baja en sal (1 600 miligramos de sodio al día) y luego las pasaron a una dieta rica en sal (3 900 miligramos de sodio al día). Con ambas dietas les proporcionaron igual cantidad de calcio. Sin embargo, con la dieta rica en sal, la excreción de calcio fue un 30% mayor, lo cual significaba que el mineral no se fijaba en los huesos. Según los investigadores, esto puede ser nocivo a cualquier edad, pero más aún para las mujeres de edad avanzada, cuyo riesgo de osteoporosis y fracturas es mucho mayor.

 *Malo:*

## EL CAFÉ Y LAS FRACTURAS DE CADERA

Parece que no hay problema con una cantidad máxima de tres tazas de café al día, dice el doctor Heaney. Existe el temor de que la cafeína pueda contribuir a la osteoporosis porque fomenta la excreción del calcio, privando a los huesos de ese mineral. Según algunos estudios, puede haber peligro. Analizando los datos de 3 170 hombres y mujeres que participaron en el famoso Estudio Framingham del Corazón, se observó que dos o más tazas de café al día aumentaban en un 50% la probabilidad de sufrir una fractura de cadera, pero que no parecía existir peligro con una sola taza diaria.

En este momento, el doctor Heaney y sus colaboradores han acumulado nuevas pruebas con base en un estudio doble ciego, rigurosamente controlado, en el cual se administraron cápsulas de cafeína — con un contenido igual al de tres tazas de café al día — a un grupo de mujeres postmenopáusicas, mientras que otro grupo recibió placebo. Todas consumieron cerca de 600 miligramos de calcio al día. Durante los 24 días del estudio permanecieron hospitalizadas en una unidad metabólica, donde se les controló la dieta y se les hicieron análisis de sangre todos los días. El hallazgo sorpren-

---

### FÓRMULA ALIMENTARIA PARA PREVENIR LA OSTEOPOROSIS

La mejor prevención consiste en obtener durante toda la vida niveles adecuados de los nutrimentos esenciales que construyen y conservan la densidad ósea, como son el calcio, el boro, el manganeso y la vitamina D.

- Después de la menopausia, cuando se produce pérdida de estrógeno, ciertos alimentos con actividad estrogénica, como los fríjoles de soya y los alimentos ricos en boro, pueden elevar los niveles de estrógeno, ayudando a proteger contra el desarrollo de la osteoporosis.

- Si usted es una mujer joven, consuma suficiente grasa o colesterol para mantener la grasa normal del cuerpo y los niveles de estrógeno para sostener los períodos menstruales normales.

- Reduzca los alimentos y bebidas que roban el calcio. No consuma más de tres tazas de café al día. Limite el sodio, el cual elimina el calcio, debilitando los huesos.

- Si bebe acohol, una copa al día podría ser benéfica para los huesos, pero el exceso de alcohol los destruye.

dente fue que la cafeína no redujo de manera significativa la absorción ni la excreción de calcio. "No vemos indicio alguno de que el consumo moderado de cafeína sea nocivo", dijo el doctor Heaney. ¿Pero qué sucede con las dosis mayores?

Un estudio reciente realizado en Harvard con 84 000 mujeres de edad madura reveló que quienes consumían más de cuatro tazas de café al día presentaban una probabilidad tres veces mayor de sufrir fracturas de la cadera que las que bebían poco o nada de café. El té no mostró tener efectos nocivos. El riesgo es todavía mayor cuando el consumo alto de cafeína se combina con un consumo reducido de calcio.

 *Malo:*

## EL ALCOHOL, ¿ENEMIGO DE LOS HUESOS?

La verdad, por asombrosa que parezca, es que un poco de alcohol, entre tres y seis copas a la semana, contribuye a aumentar los niveles de estrógeno en las mujeres postmenopáusicas, ayudando a prevenir la osteoporosis, según los investigadores de la Universidad de Pittsburgh. Sin embargo, en mayor cantidad, el alcohol no aumenta proporcionalmente los niveles de estrógeno y puede ser muy nocivo para los huesos y el resto del organismo.

Hay pruebas de que el consumo excesivo de alcohol promueve la osteoporosis, al atacar y destruir directamente las células óseas. En la autopsia, los huesos de los alcohólicos parecen tener cuarenta años más de edad. El estudio ·reciente de Harvard reveló que la probabilidad de las fracturas de la cadera y el antebrazo aumentaba con el consumo de alcohol, en especial de cerveza y licores fuertes. Cuanto mayor era la cantidad de alcohol, más alto era el riesgo. La probabilidad de sufrir fracturas de la cadera era dos veces mayor entre las mujeres que consumían de dos a tres cervezas diarias comparadas con las que no bebían. Con más de cuatro copas de licor fuerte al día crecía siete veces el riesgo de fractura de la cadera.

La dosis inocua para los huesos es casi la misma recomendada para otros casos de la salud: no más de una o dos copas al día.

# DIETAS INDICADAS PARA LAS FUNCIONES REPRODUCTIVAS

# LOS ALIMENTOS Y LA ACTIVIDAD SEXUAL, LAS HORMONAS Y LA FECUNDIDAD

---

**Alimentos que pueden ser benéficos:** Frutas y hortalizas •
Alimentos ricos en vitamina C y ácido fólico
**Alimentos que pueden hacer daño:** Alimentos ricos en grasa

---

Quizá le sorprenda saber que los alimentos contienen hormonas sexuales y también que tienen el poder de actuar sobre la concentración de las distintas hormonas en el organismo, influyendo así sobre toda clase de funciones, entre ellas el deseo sexual, la reproducción, los síntomas de la menopausia, la enfermedad cardiovascular y la susceptibilidad a los cánceres dependientes de las hormonas, como el del seno y el de la próstata. En efecto, los científicos saben que por lo menos 300 plantas, muchas de ellas comestibles, poseen "actividad estrogénica". Eso quiere decir que contribuyen a regular el estrógeno, una hormona femenina. El consumo de salvado de trigo, hortalizas crucíferas (repollo, coles de Bruselas, coliflor, brócoli), leguminosas y alcohol hace que los niveles de estrógeno fluctúen. Además, la grasa ayuda a regular los niveles de las hormonas femeninas y masculinas. Una dieta rica en grasa puede causar estragos en las hormonas del hombre, afectando su vida sexual.

447

*Malo:*

## *¿HAMBURGUESAS O PASTA PARA RAMBO?*

¡Es increíble! Aunque la imagen del "macho" va acompañada de una alimentación a base de carnes, supuestamente para la virilidad, el buen desempeño físico y el valor en el campo de batalla, la verdad es que la carne puede engendrar nenitas. La carne, junto con su grasa, no parece ser la mejor forma de aumentar las existencias de hormonas masculinas. Varios estudios han revelado que las comidas grasosas pueden menoscabar la actividad sexual, puesto que reducen en la sangre los niveles de la hormona masculina testosterona.

El doctor A. Wayne Meikle, profesor de endocrinología y metabolismo de la Facultad de Medicina de la Universidad de Utah, en Lago Salado, encontró, como resultado de un estudio reciente, que los niveles de testosterona en la sangre disminuyeron en un 50% en un grupo de ochenta hombres después de consumir leches malteadas con 57% de las calorías en grasa, 9% en proteína y 34% en carbohidratos. Por otro lado, los niveles de la hormona no bajaron en el mismo grupo de hombres después de consumir leches malteadas bajas en grasa, en las cuales el 73% de las calorías estaban constituidas por carbohidratos, el 25% por proteínas y sólo el 1% por grasa.

¿Esto qué significa? Que, con el tiempo, una dieta rica en grasa podría adormecer el interés del hombre por el sexo, dice el doctor Meikle.

---

*"Estudiamos el resultado de una sola comida rica en grasa, pero de todas maneras cabe pensar que, después de un tiempo, la dieta rica en grasa podría debilitar la actividad sexual del hombre".* — Doctor A. Wayne Meikle, Universidad de Utah.

---

La dieta permanente a base de hamburguesas con queso, pollo frito, papas a la francesa, queso y helados de crema podría tener un "efecto nocivo doble". La comida grasosa engorda, y los gordos tienen un bajo nivel de testosterona en la sangre. Además, la dieta rica en grasa podría, con el tiempo, impedir la erección. La grasa bloquea las arterias que envían la sangre al pene para producir la erección, de igual manera que tapona otras arterias del cuerpo. Los bloqueos arteriales son una de las principales causas de la impotencia.

## LA GRASA Y EL ESTRÓGENO

La grasa consumida en la dieta también influye sobre los niveles de estrógeno en la mujer. La dieta rica en grasa hace que dichos niveles aumenten. Por lo tanto, reducir la grasa parece ser un medio de prevenir el cáncer del seno y quizá otros tipos de cáncer dependientes de las hormonas, puesto que tienen menos estrógeno del cual alimentarse. Varios estudios muestran que los niveles de estrógeno en la sangre disminuyen de manera significativa en las mujeres pre y postmenopáusicas que deciden reducir sustancialmente el consumo de grasa, digamos del 35 al 40% de las calorías a un 20%.

 *Bueno:*

## LOS ESPERMATOZOIDES ENVEJECIDOS REJUVENECEN

Puede haber varias razones por las cuales los espermatozoides no logran fecundar el óvulo. O bien son muy pocos en número y volumen, anormales, de mala calidad o muy lentos; o bien podrían tener tendencia a aglutinarse, lo cual les impide moverse con facilidad. Todos estos problemas empeoran con la edad. Los jóvenes suelen tener los espermatozoides más veloces y potentes. En realidad, los espermatozoides comienzan a decaer, aproximadamente, cuando el hombre cumple los 24 años de edad. En un estudio en el que se compararon hombres de dieciocho años con hombres de cuarenta y cinco, los espermatozoides de éstos últimos presentaban un recuento y motilidad un 30% menor, una tasa de anormalidad 50% mayor y una viabilidad 50% menor. Por consiguiente, las tres cuartas partes de los hombres mayores eran infecundos.

*Bueno:*

## *UN ELÍXIR DE LA JUVENTUD PARA LOS ESPERMATOZOIDES CANSADOS Y VIEJOS*

Pero existe un elíxir de la juventud para los espermatozoides, tan común que parece inverosímil: la vitamina C. Estudios muy serios demuestran que los espermatozoides rejuvenecen, recuperando su vitalidad y agilidad, cuando la persona consume suficiente vitamina C. Estudios con animales indican sin lugar a dudas que la falta de vitamina C ocasiona grave daño a los testículos, contribuyendo a la deficiencia de los espermatozoides. Y en los seres humanos, la fecundidad se recupera reforzando el consumo de vitamina C. Es bien sabido que los hombres cuya tasa de aglutinación es superior al 25% no pueden tener hijos. Pero en un estudio en el cual el doctor William A. Harris, profesor de obstetricia y ginecología de la Escuela Médica de la Universidad de Texas, en Galveston, administró 1 000 miligramos diarios de vitamina C durante sesenta días a hombres con ese problema, los resultados fueron asombrosos. Los recuentos de espermatozoides aumentaron casi un 60%, la agilidad mejoró en un 30%, el porcentaje de espermatozoides anormales se redujo y, como prueba suprema, todos los hombres que tomaron la vitamina C habían fecundado a su esposa antes de terminar el experimento de dos meses. Ninguno de los "controles", aquéllos que no tomaron vitamina C, obtuvo ese resultado.

¿Cuánta vitamina C se necesita para rejuvenecer los espermatozoides envejecidos? Ésa fue la pregunta que se propuso dilucidar el doctor Harris junto con sus colegas Earl B. Dawson y Leslie C. Powell, de la Universidad de Texas. Ensayaron con dos dosis diarias diferentes: 200 y 1 000 miligramos. En el estudio participaron treinta hombres sanos, pero infecundos, entre los veinticinco y los cuarenta y cinco años de edad. Los médicos concluyeron que la dosis más alta producía resultados más pronto, pero que al cabo de un par de semanas, también la dosis de 200 miligramos surtía el mismo efecto de mejorar la calidad de los espermatozoides hasta hacerlos fecundos. Por consiguiente, ambas dosis de vitamina C sirven, dice el doctor Dawson, sólo que "la más alta funciona tres veces más rápido".

La teoría es que la vitamina C funciona debido principalmente a su efecto antioxidante, el cual impide la degradación del semen a causa de los ataques de las moléculas rebeldes conocidas como radicales de oxígeno libres. Por ejemplo, parece que la aglutinación que impide la fecundación es causada por un daño oxidativo. Los científicos han documentado que una sustancia denominada "aglutinina espermática no específica" (AENE) protege a los espermatozoides adhiriéndose a su superficie. Pero si la AENE se oxida por la acción de los radicales libres, pierde su capacidad de adherencia. Por consiguiente, los espermatozoides se aglutinan, frenando su capacidad de avance o motilidad.

Es imposible fijar una dosis rejuvenecedora de los espermatozoides para todos los hombres, porque la cantidad de vitamina C necesaria para mantener la función adecuada de los espermatozoides depende en gran medida del grado de exposición del hombre a los compuestos tóxicos, como los contaminantes del aire, los metales pesados, los productos petroquímicos y el humo del cigarrillo. Según el doctor Dawson, esas toxinas se acumulan a lo largo de los años en los tejidos de las glándulas seminales, donde se produce el semen. Por lo tanto, el hombre que trabaja en una refinería de petróleo o fuma dos cajetillas de cigarrillos al día necesita más vitamina C para mantener la salud de sus espermatozoides que el hombre que no está expuesto a ese grado de contaminación química. Esa acumulación también explica por qué con la edad aumenta la falta de fecundidad. El doctor Dawson calcula que el 16% de todos los hombres mayores de 25 años sufren de aglutinación espermática, lo que refleja deficiencia de vitamina C e infecundidad. El doctor Dawson ha documentado que los fumadores pueden mejorar la calidad de sus espermatozoides consumiendo por lo menos 200 miligramos de vitamina C al día.

Es fácil obtener esta dosis, de eficacia comprobada, a través de la alimentación. Además, es probable que dosis menores también sirvan, aunque por ahora no hay estudios que lo confirmen. El doctor Dawson dice que los hombres que han estado expuestos a sustancias químicas nocivas deberían consumir 1 000 miligramos de vitamina C al día durante un par de meses, para desintoxicar el semen, acelerando la recuperación de la fecundidad. Después de ese tiempo pueden mantener la calidad de los espermatozoides mediante dosis menores obtenidas a través de la dieta.

*UNA DIETA PARA MANTENER LOS ESPERMATOZOIDES EN ESTADO DE ALERTA*

Es fácil obtener, a través de la alimentación, una dosis de vitamina C para revitalizar los espermatozoides. Los 200 miligramos que, según se ha demostrado, restablecen la función normal se encuentran en cada uno de los alimentos siguientes:

- uno y medio pimientos rojos (212 miligramos)
- dos tazas de bróculi fresco cocido (196 miligramos)
- una porción de melón cantalupo (226 miligramos)
- tres naranjas (210 miligramos)
- dos vasos de ocho onzas de jugo de naranja (208 miligramos)
- 1 $\frac{1}{4}$ tazas de frutas congeladas variadas (234 miligramos)
- 2 $\frac{1}{2}$ tazas de fresas crudas (210 miligramos)

Obtener la vitamina C de los alimentos en lugar de consumir tabletas tiene una ventaja: los estudios han demostrado que los alimentos contienen otras sustancias que ayudan a bloquear el deterioro de los espermatozoides. Una de ellas es el glutatión, otro antioxidante, concentrado en las hortalizas de hojas verdes, los espárragos y el aguacate.

El doctor Dawson advierte que la vitamina C restablece la fecundidad únicamente cuando el hombre no sufre de algún otro problema físico específico que pueda impedir la concepción. El médico debe descartar esa posibilidad antes que el paciente deposite todas sus esperanzas en la vitamina C.

 *Bueno:*

## LOS ESPERMATOZOIDES DEFECTUOSOS DESAPARECEN CON UNA NARANJA AL DÍA

La deficiencia de vitamina C puede también aumentar la probabilidad de que un espermatozoide defectuoso fecunde al óvulo, dando lugar a defectos congénitos. Así lo determinó Bruce Ames, Ph.D., de la

Universidad de California, en Berkeley, tras analizar los espermatozoides de veinticuatro hombres. Quince tenían niveles subnormales de vitamina C y, de éstos, ocho presentaban niveles altos de daño genético. Esos espermatozoides dañados incrementan la probabilidad de que los hijos nazcan con defectos congénitos. Pero lo sorprendente fue que la mayoría de los hombres pudieron protegerse del daño genético con la vitamina C obtenida de una naranja al día.

El doctor Ames explica que los radicales libres afectan permanentemente a las células espermáticas y que la vitamina C, por ser antioxidante, bloquea el daño. Al mismo tiempo, las células trabajan continuamente para reparar el daño. Pero si hay una sobrecarga en el sistema de reparación del organismo, en parte debido a la falta de suficiente vitamina C, puede pasar sin corregirse un defecto congénito. "La probabilidad aumenta, pero no sabemos en qué medida", dice el doctor Ames.

Sin embargo, el margen de seguridad es imperceptible. En los experimentos del doctor Ames, se observó daño genético en los espermatozoides cuando los niveles de vitamina C estaban apenas ligeramente por debajo de la dosis diaria recomendada de 60 miligramos. Una sola naranja contiene 70 miligramos de vitamina C, suficiente para contrarrestar el daño. Sin embargo, los fumadores necesitan por lo menos el doble de esa cantidad para protegerse, porque el humo del cigarrillo anula buena parte de los poderes antioxidantes de la vitamina, señala el doctor Ames.

 *Bueno:*

## UN ANTÍDOTO CONTRA LOS DEFECTOS CONGÉNITOS GRAVES

Los defectos del tubo neural, como la espina bífida y la anacefalia, los cuales pueden dar lugar a parálisis y daño cerebral, son verdaderamente desgarradores. Sin embargo, las mujeres pueden reducir considerablemente las probabilidades de que dichas deformidades se produzcan con sólo consumir 0.4 miligramos diarios de ácido fólico, una vitamina del complejo B. Desde hace diez años se han venido acumulando pruebas sobre la asombrosa protección ofrecida por el ácido fólico. Ello ha sido confirmado por un estudio internacional de

---

## DIETA CONTRA LOS DEFECTOS CONGÉNITOS

La dosis de 0.4 miligramos que demostró ser útil para prevenir los defectos congénitos del tubo neural se puede obtener por medio de una dieta corriente. Por ejemplo, las necesidades se suplen comiendo todos los alimentos siguientes en un mismo día:

- 1 vaso de jugo de naranja (0.07 miligramos)
- $\frac{1}{3}$ de taza de cereal All-Bran (0.1 miligramos)
- $\frac{1}{2}$ taza de espinaca cocida (0.13 miligramos)
- $\frac{1}{2}$ taza de fríjoles secos cocidos (0.12 miligramos)

---

ocho años de duración realizado en la Escuela Médica del Hospital de San Bartolomé, de Londres, con 1 817 mujeres. Todas habían tenido hijos con defectos del tubo neural. Sin embargo, aquéllas que consumieron 0.4 miligramos de ácido fólico al día redujeron en un 72% la probabilidad de dar a luz otro hijo con esas deformidades.

Aunque las mujeres que ya han tenido un hijo con esas deformidades tienen la mayor probabilidad de dar a luz otro en las mismas condiciones, la mayoría de los defectos del tubo neural ocurren con la primera gestación. Por lo tanto, todos los fetos corren ese riesgo.

Para proteger al feto, consuma suficiente ácido fólico *antes* de la concepción, aconseja el doctor Godfrey Oakley, de los Centros para la Prevención y el Control de las Enfermedades. No hay tiempo para actuar más tarde, porque el defecto se produce durante los primeros 28 días después de la concepción, antes que muchas mujeres noten que están embarazadas. Debe haber suficiente ácido fólico en el organismo con un mes de anticipación y también durante los primeros tres meses de embarazo, dicen los especialistas.

*• CONCLUSIÓN • Todas las mujeres con posibilidades de quedar embarazadas deben obtener 0.4 miligramos de ácido fólico todos los días como precaución contra los defectos del tubo neural. Esa cantidad se obtiene de varias porciones diarias de frutas, hortalizas (en especial las de hojas verdes), cereales (muchos vienen enriquecidos con ácido fólico) y leguminosas.*

# REMEDIOS PARA LOS PROBLEMAS MENSTRUALES

---

**Alimentos que pueden aliviar los problemas menstruales:**
Yogur y alimentos ricos en calcio • Carbohidratos • Alimentos ricos en manganeso • Fríjoles de soya • Otros alimentos "estrogénicos"

**Alimentos que pueden agravar los problemas menstruales:**
Cafeína • Una dieta demasiado pobre en grasa

---

Si tiene problemas menstruales, es probable que pueda aliviarlos por medio de la dieta. Los científicos han sabido desde hace tiempo que los alimentos influyen sobre el estrógeno, hormona femenina, incidiendo sobre la menstruación, y que existe una estrecha relación entre los carbohidratos y el síndrome premenstrual (SPM). Recientes investigaciones han revelado hechos sorprendentes acerca de la forma como ciertos alimentos y sustancias nutritivas, entre ellas el calcio, el manganeso y, especialmente, la grasa y el colesterol, pueden influir sobre la menstruación.

 *Bueno:*

## EL CALCIO CONTROLA LAS FLUCTUACIONES DEL ESTADO DE ÁNIMO

Un vaso más de leche descremada o una taza de hojas de col rizada al día podría ayudar a curar y prevenir las fluctuaciones del estado de ánimo y el dolor físico antes y durante el período menstrual. La razón: parece que obteniendo el doble del calcio que obtiene diariamente una mujer en los Estados Unidos — 1 300 miligramos en lugar del promedio de 600 — alivia esas molestias menstruales, de acuerdo con James G. Penland, Ph.D., psicólogo del Departamento de Agricultura de los Estados Unidos.

El doctor Penland administró a un grupo pequeño de mujeres con ciclos menstruales típicos 600 miligramos o 1 300 miligramos de calcio al día durante seis meses. Las mujeres que recibieron la dosis baja presentaron más signos del SPM, especialmente durante la semana anterior a la menstruación. Presentaron también más fluctuaciones del estado de ánimo, caracterizadas por irritabilidad, ansiedad, llanto y depresión. También el desempeño laboral y la eficiencia disminuyeron antes de la menstruación y durante ésta. Además, presentaron dolores de cabeza y de espalda, calambres y rigidez muscular durante la menstruación. No se sabe por qué el consumo bajo de calcio produjo esas consecuencias negativas, ni exactamente cómo encaja el calcio dentro del complejo enigma del SPM, dice el doctor Penland.

 *Bueno:*

## TÉ Y TOSTADAS PARA CURAR EL SANGRADO ABUNDANTE

¿Le preocupa el flujo menstrual abundante? Podría deberse a una falta de alimentos ricos en manganeso. Así opina Phyllis Johnson, Ph.D., del Centro de Investigaciones sobre Nutrición Humana del Departamento de Agricultura de los Estados Unidos en Grand Forks (Dakota del Norte). Hizo su descubrimiento mientras estudiaba un grupo de quince mujeres jóvenes sometidas a una dieta baja en manganeso durante cinco meses y medio. Consumían solamente un miligramo de manganeso al día, más o menos la mitad del promedio nacional. Para sorpresa de la doctora Johnson, el volumen del flujo menstrual aumentó en un 50% en todos los casos. Con la mayor pérdida de sangre se perdieron también entre un 50 y un 100% adicional de hierro, cobre, zinc y manganeso.

La razón del aumento de flujo sigue siendo un misterio. "Pero es la primera vez que un estudio revela una conexión entre el flujo menstrual y la dieta", dice la doctora Johnson. Para ayudar a prevenir esa pérdida grande de sangre se deben consumir más alimentos ricos en manganeso, como frutas (especialmente piña) y verduras, cereales integrales, nueces y semillas. "El té también contiene mucho manganeso", agrega.

 *Malo:*

## MUY POCA GRASA PARA MENSTRUAR

Una de las mayores amenazas para la menstruación y la función reproductiva es la deficiencia de grasa tanto en la dieta como en el cuerpo. En efecto, si la mujer no tiene suficiente colesterol LBD — conocido como la "grasa mala" — en la sangre, puede presentar anomalías en el ciclo menstrual, dice Laurence M. Demers, Ph.D., profesor de patología y medicina del Centro Médico Milton S. Hershey, de Pensilvania. Es irónico, dice, que algunas jóvenes, debido a su fanatismo por el ejercicio y a las dietas mal aconsejadas, traten de reducir al máximo la grasa del cuerpo y los niveles sanguíneos del colesterol LBD, trastornando así el ciclo menstrual, perdiendo temporalmente la fecundidad y abocándose a la fragilidad ósea y a la osteoporosis más adelante en la vida.

El doctor Demers explica que el estrógeno, la hormona femenina que regula la menstruación, se deriva en parte de la grasa y el colesterol. "La gente piensa que los ovarios fabrican el estrógeno, pero la verdad es que los tejidos adiposos también participan. Estos tejidos aportan una buena parte de los niveles totales de estrógeno. Cuando el organismo se ve privado de la grasa, suspende las funciones reproductivas. Por tanto, se necesita cierto porcentaje de grasa corporal para que la producción hormonal y la regularidad del ciclo menstrual sean normales". También se necesita una cantidad suficiente de colesterol LBD, agrega, porque el estrógeno se sintetiza a partir de los precursores de dicho colesterol. Las mujeres jóvenes con niveles muy bajos de colesterol LBD se colocan en una situación peligrosa, dice el doctor Demers. Por razones desconocidas, las mujeres vegetarianas son especialmente propensas a la irregularidad menstrual, independientemente de su consumo de grasa.

La solución: consumir grasa suficiente para que los depósitos adiposos y el colesterol conserven un nivel lo bastante alto para mantener la normalidad y periodicidad de la menstruación. La grasa monoinsaturada, como la del aceite de oliva, es una buena opción.

## LOS DULCES, ¿CAUSA O CURA DEL SÍNDROME PREMENSTRUAL?

¿Acaso el antojo de carbohidratos sea una forma de "automedicación" de algunas mujeres para corregir los síntomas del SPM? ¿O es que el exceso de dulce provoca los síntomas del SPM? En otras palabras, ¿son los carbohidratos, comprendidos el azúcar y el chocolate, causa o cura del SPM? ¿Debería la mujer que sufre del síndrome comer más o menos carbohidratos?

Pruebas recientes parecen estar en favor de los carbohidratos como medio para prevenir los síntomas del SPM. Judith Wurtman, del Instituto Tecnológico de Massachusetts, ha comprobado que las mujeres con el SPM se recuperan rápidamente cuando consumen carbohidratos, mas no otros alimentos. En un experimento, la doctora Wurtman internó en el Centro de Investigaciones del Instituto Tecnológico de Massachusetts a un grupo de mujeres con el SPM por unos cuantos días durante la época premenstrual y postmenstrual del ciclo. Al principio se les permitió comer lo que quisieran. Las mujeres con los mayores síntomas del SPM escogieron invariablemente una mayor cantidad de carbohidratos, entre ellos dulces y panes, pasta y ensalada de papa, pero solamente en la fase premenstrual del ciclo.

Para confirmar su observación, la doctora Wurtman hizo una prueba con una dosis específica de carbohidratos — dos tazas de hojuelas de maíz con leche artificial baja en proteína — tanto con las mujeres que sufrían el SPM como con aquéllas que no lo sufrían. Los síntomas típicos de las afectadas por el síndrome eran depresión, ira, hostilidad, fatiga e irritabilidad. Una hora después de consumir los carbohidratos, su estado de ánimo había mejorado notablemente. "Era como si hubieran tomado Valium", exclama la doctora Wurtman. Las pruebas de evaluación del estado de ánimo reflejaron una disminución de la depresión en 43%, de la confusión en 38%, de la fatiga en 47%, de la tensión en 42% y de la ira en 69%. Las hojuelas de maíz no contribuyeron a modificar el estado de ánimo durante la fase postmenstrual del ciclo y tampoco en el caso de las mujeres que no sufrían del síndrome (controles). La doctora Wurtman cree que los carbohidratos producen una mayor concentración de serotonina — un neurotransmisor — mejorando el estado de ánimo.

Las mujeres afectadas por el síndrome premenstrual no deben privarse de los carbohidratos, como los postres, los dulces, el pan, la papa, el arroz, la pasta y los cereales, insiste la doctora Wurtman. "El antojo que sienten es una forma de curar el SPM, no una causa", dice.

Deborah J. Bowen, Ph.D., psicóloga de la Universidad de Washington, está de acuerdo. Sus estudios han demostrado que las mujeres que obedecen a sus antojos de comida tienen menos problemas menstruales, como cólico y pereza, que las mujeres que se privan de esos alimentos.

 *Bueno:*

## NUEVA DIETA A BASE DE CARBOHIDRATOS PARA EL SPM

Algunos médicos británicos también están de acuerdo en que los carbohidratos son un buen remedio para el SPM y hasta han ideado una dieta rica en carbohidratos para aliviar los síntomas. Han observado que comer una porción pequeña de carbohidratos con almidón (pan, papa, pasta, avena o arroz) cada tres horas y una hora antes de ir a la cama o de levantarse, contribuye a combatir los síntomas. Al estudiar a ochenta y cuatro mujeres con marcados síntomas, descubrieron que normalmente transcurrían siete horas entre una y otra comida de carbohidratos durante el día, y 13 horas durante la noche. Entonces les impusieron un régimen consistente en comer almidón cada tres horas, o en seis comidas pequeñas al día. El éxito del régimen fue asombroso: alivió los síntomas en el 70% de las mujeres. Casi una cuarta parte del grupo pudo controlar lo síntomas del SPM sin otra cosa que la dieta.

Pero los investigadores británicos tienen otra explicación sobre la eficacia del tratamiento con carbohidratos. Según ellos, el consumo regular de carbohidratos ayuda a mantener un nivel de azúcar estable en la sangre durante el período de vigilia. Cuando pasa mucho tiempo entre una y otra comida con carbohidratos se producen ascensos y descensos en el nivel de azúcar en la sangre, junto con la liberación de adrenalina, la cual impide utilizar plenamente la progesterona, otra hormona femenina. La hipótesis de los investigadores británicos es que el deseo de consumir dulces y carbohidratos, común en las mujeres afectadas por el SPM, puede ser un intento de elevar el azúcar en la sangre, recuperar los niveles normales de progesterona y aliviar los síntomas.

 *Malo:*

## OTRA TEORÍA: LA CULPA ES DE LA CAFEÍNA

Si el SPM es tan grave que le altera la vida, trate de dejar las bebidas con cafeína durante un par de meses para ver si los síntomas ceden. Es el consejo de la doctora Annette Rossignol, profesora asociada de salud pública de la Universidad Estatal de Oregón. La doctora Rossignol observó que la probabilidad de sufrir el SPM era mayor entre las mujeres chinas que consumían entre una y media y cuatro tazas de té al día que entre aquéllas que no bebían té. La incidencia del síndrome aumentaba diez veces cuando el consumo era de cuatro hasta ocho tazas al día.

La doctora Rossignol decidió hacerle el seguimiento a su observación con un estudio en el que participaron 841 estudiantes estadounidenses. El estudio reveló que la cafeína podría estar implicada. Las mujeres que consumieron una taza diaria de una bebida con cafeína, como café, té o gaseosa, eran más propensas al SPM. Y cuanto mayor era la cantidad de cafeína, más graves eran los síntomas. No en todos los casos empeoraron los síntomas con la cafeína, por lo cual la doctora Rossignol plantea que algunas mujeres pueden ser más sensibles que otras a los efectos de esta sustancia. Pero usted podrá saber con facilidad si es una de las afectadas. "Al cabo de dos o tres meses de suspenderla se puede saber si la cafeína tenía algún efecto sobre el SPM", dice la doctora Rossignol. No se conoce el mecanismo por el cual la cafeína podría promover el SPM.

## ¿PUEDEN LOS ALIMENTOS REEMPLAZAR EL ESTRÓGENO DESPUÉS DE LA MENOPAUSIA?

Cuando la mujer deja de fabricar estrógeno, entra en la menopausia, algunas veces con ciertos efectos secundarios, como las oleadas de calor y los cambios de estado de ánimo. La falta de estrógeno también puede aumentar, con el tiempo, el riesgo de enfermedad cardiovascular y de osteoporosis. ¿Es posible contrarrestar el agotamiento del estrógeno con alimentos que incrementen el suministro de la hormona, aliviando así los síntomas de la menopausia? "Sí, existe claramente esa posibilidad", dice Mark Messina, Ph.D., nutricionista vinculado anteriormente al Instituto Nacional de Cancerología. No se sabe hasta qué punto, y todo depende de la reacción individual de cada mujer, pero algunos estudios indican que los fríjoles de soya, y también la linaza, pueden estimular la producción de estrógeno en las mujeres postmenopáusicas.

Unos estudios fascinantes realizados por Mark L. Wahlqvist, profesor de medicina de la Universidad Monash, de Victoria (Australia), demostraron la actividad estrogénica de los fríjoles de soya y de la linaza. El doctor Wahlqvist y su grupo estudiaron a veinticinco mujeres postmenopáusicas que no estaban recibiendo reemplazo de estrógeno. Las mujeres consumieron su dieta normal durante dos semanas. Luego, durante otras dos semanas, consumieron una dieta rica en harina de soya (una y media onzas al día), raíces germinadas de carretón rojo o linaza (cerca de una onza al día). Todos esos alimentos habían demostrado tener actividad estrogénica en animales.

Tanto la harina de soya como la linaza aumentaron los niveles y la actividad del estrógeno. De acuerdo con el doctor Wahlqvist, un indicador sensible de la actividad estrogénica es la maduración de las células vaginales. Los frotis vaginales revelaron un aumento significativo de la actividad del estrógeno en las mujeres que habían consumido la harina de soya y la linaza. Un par de semanas después de suspender esas dietas especiales, el crecimiento celular volvió a normalizarse.

Solamente los productos de soya ricos en proteína tienen actividad estrogénica. Entre ellos se incluyen el fríjol, la proteína texturizada de soya, el tofu, la leche de soya y el tempeh, pero no la salsa ni el aceite de soya.

*Bueno:*

## LA SUSTANCIA QUÍMICA DE LAS FRUTAS Y LAS NUECES QUE AUMENTA EL ESTRÓGENO

Las mujeres postmenopáusicas pueden elevar en gran medida sus niveles de estrógeno comiendo alimentos ricos en boro; casi en la misma medida que si se sometieran a terapia de reemplazo, de acuerdo con los estudios del investigador Forrest Nielsen, del Departamento de Agricultura de los Estados Unidos. Según él, el mecanismo de acción del boro consiste en aumentar los niveles de las hormonas esteroideas en la sangre. A través de sus estudios documentó que la forma más activa del estrógeno — el estradiol 17B — se duplicó en las mujeres que recibían cantidades suficientes de boro, llegando casi a los mismos niveles de las mujeres sometidas a terapia de reemplazo de la hormona.

La dieta promedio de las mujeres estadounidenses contiene cerca de la mitad del boro que demostró ser eficaz en los estudios. Son fuentes ricas en boro las frutas, en especial la manzana, la pera, las uvas, los dátiles, las uvas pasas y los duraznos; las leguminosas, en especial los fríjoles de soya; las nueces, entre ellas las almendras, el maní y las avellanas; y la miel. Se pueden obtener las dosis utilizadas en el estudio comiendo un par de manzanas al día y tres onzas y media de maní.

 *Bueno:*

## LA CERVEZA Y EL BOURBON* AUMENTAN EL ESTRÓGENO

Por sorprendente que parezca, una cerveza, un trago de licor fuerte, una copa de vino o de otra bebida alcohólica cada tercer día puede elevar los niveles de estrógeno en las mujeres de edad, aliviando quizá los problemas de la menopausia y ahuyentando las enfermedades del corazón y la osteoporosis. Así lo afirma Judith Gavaler, Ph.D., profesora asociada de investigaciones médicas de la Universidad de Pittsburgh.

---

*Whisky de maíz o centeno. *(Nota del editor.)*

## ¿ESTRÓGENO EN EL ÑAME ESTADOUNIDENSE? UN GRAN MITO

Algunos médicos aconsejan a las mujeres de edad comer ñame para reemplazar en parte el estrógeno. En una carta publicada en el *Journal of the American Medical Association* llegó incluso a plantearse que consumiendo grandes cantidades de ñame crudo se podría obtener estrógeno para aliviar posiblemente la sequedad vaginal y prevenir la osteoporosis.

Los especialistas dicen que no se debe contar con eso. El doctor Norman Farnsworth, autoridad en el tema de las hormonas vegetales, de la Universidad de Illinois, en Chicago, anota que los ñames pequeños que parecen naranjas, llamados más exactamente batatas, tienen una actividad estrogénica insignificante. El verdadero ñame, el cual contiene diosgenina, un esteroide a partir del cual se creó la primera píldora anticonceptiva, es el ñame tropical o mexicano silvestre. (El ñame estadounidense común comestible no contiene diosgenina.) Pero ese ñame silvestre es prácticamente incomible, dice James Duke, especialista en plantas medicinales, del Departamento de Agricultura de los Estados Unidos, puesto que sus compuestos estrogénicos o fitosteroles son "jabonosos y amargos".

Sus estudios recientes con mujeres postmenopáusicas indican que los niveles del estrógeno natural se elevan un 10 a 20% más con tres a seis copas a la semana, en comparación con la terapia de reemplazo hormonal. Además, el efecto del alcohol demostró ser igual al de la terapia de reemplazo en lo que se refiere a reducir el riesgo de la enfermedad cardíaca. Sin embargo, la doctora Gavaler destaca que los niveles no aumentan más con un mayor número de copas a la semana.

Es probable que el efecto del alcohol se deba a que estimula la actividad de una enzima que convierte los andrógenos en estradiol, dice la doctora Gavaler. Pero lo interesante es que el efecto de las bebidas alcohólicas sobre el estrógeno no se debe únicamente al alcohol. La doctora Gavaler observó que tanto la cerveza como el concentrado de bourbon sin alcohol, derivado principalmente del maíz, también aumentaba la producción de estrógeno en los animales y en las mujeres postmenopáusicas. Por lo tanto, parece que las hormonas naturales del grano, el lúpulo y otras plantas utilizadas para fabricar las bebidas alcohólicas son la fuente de la actividad estrogénica. La doctora Gavaler ha aislado dos estrógenos vegetales de la cerveza y es partidaria de hacer un estudio a fondo de los alimentos que suelen producir actividad estrogénica — algo que nunca se ha hecho —, para que las mujeres puedan saber cuáles alimentos aumentan los niveles de estrógeno.

Pregunta: ¿Podrían los alimentos que elevan los niveles de estrógeno promover el cáncer del seno? El doctor Stephen Barnes, de la Universidad de Alabama, responde esa pregunta, hecha con mucha frecuencia, señalando que la soya, por ejemplo, tiene un raro efecto estrogénico que parece contrarrestar el cáncer del seno. Su teoría es que los fríjoles de soya funcionan de manera muy parecida al tamoxifeno, una droga contra el cáncer del seno. Paradójicamente, las hormonas de la soya protegen del cáncer a las células mamarias y, de actuar como el tamoxifeno, podrían ayudar a prevenir la osteoporosis y la pérdida ósea, como lo hace el medicamento. Sin embargo, se necesita investigar mucho más para dilucidar las complejas consecuencias, tanto para las mujeres como para los hombres, de comer alimentos capaces de actuar sobre las hormonas.

 *Malo:*

## LAS BEBIDAS CALIENTES Y EL ALCOHOL DESENCADENAN LAS OLEADAS DE CALOR

Aunque es algo que se cae de su peso, muchas mujeres ni siquiera piensan que los líquidos calientes o el alcohol puedan desencadenar las oleadas de calor. El efecto fue demostrado sin lugar a dudas por los médicos del Hospital Withington, de Manchester (Inglaterra). El doctor K. A. McCallum, en estudios con mujeres menopáusicas y hombres en tratamiento de cáncer de la próstata, observó que al beber rápidamente una taza de té o café caliente se producían oleadas de calor, definidas como una sensación de calor que subía por la parte superior del cuerpo, acompañada por un calor generalizado, enrojecimiento del cuello y el rostro, y algunas veces con transpiración copiosa y palpitaciones. En efecto, el mayor número de calores se producían dentro de los primeros diez minutos después de bebér el té o el café y duraban un minuto y medio aproximadamente. Un trago de whisky de 40 grados producía casi el mismo número de oleadas de calor. Tanto las bebidas calientes como el alcohol producían muchas más oleadas de calor que el estar cerca de un calentador.

Los investigadores concluyeron que el café y el té calientes y el whisky causaban una "noxa termogénica contra los mecanismos de control de la temperatura del cuerpo", con lo cual se desencadenaba una respuesta fisiológica exagerada para tratar de mantener la temperatura corporal.

La frecuencia de las oleadas de calor disminuyó, a veces a la mitad, cuando los participantes en el estudio bajaron la temperatura de las bebidas.

# LA DIABETES Y OTRAS AFECCIONES RELACIONADAS CON LOS ALIMENTOS

# DIABETES: ANTÍDOTOS Y REMEDIOS

---

**Alimentos que pueden ser benéficos:** Cebolla • Ajo • Canela
• Alimentos ricos en fibra • Fríjoles • Lentejas, semillas de alholva
• Pescado • Cebada • Alimentos ricos en cromo (bróculi)

---

Ya en 1550 a. de J.C., en los famosos papiros de Ebers se aconsejaba tratar la diabetes con granos de trigo ricos en fibra. Las cosas no han cambiado mucho. Los alimentos vegetales siguen siendo el remedio de elección, pero ahora los científicos tienen razones más sólidas para creer en su eficacia. A lo largo de los siglos se han formulado más de 400 plantas para remediar la diabetes. La cebolla y el ajo crudos han sido las sustancias favoritas en Europa, Asia y el Oriente Medio. El gingseng es popular en la China. El hongo comestible común se utiliza ampliamente en algunas partes de Europa para controlar el azúcar en la sangre. El tratamiento con pan de cebada es corriente en Irak. En muchas culturas se utilizan el repollo, la lechuga, los nabos, los fríjoles, la enebrina, la alfalfa y las semillas de cilantro.

El hecho sorprendente es que todos esos alimentos tienen poder antidiabético. Las pruebas modernas confirman que todos ellos, o compuestos aislados de ellos, reducen el nivel de azúcar en la sangre o estimulan la producción de insulina en animales, seres humanos o cultivos celulares.

## ¿QUÉ ES LA DIABETES Y CÓMO INCIDEN EN ELLA LOS ALIMENTOS?

La diabetes es, en esencia, un exceso de azúcar en la sangre. Ocurre cuando el páncreas no produce insulina o, si lo hace, ésta es insuficiente o ineficaz. La insulina es la hormona que estimula a la células a absorber y almacenar la glucosa (azúcar). Si la insulina no logra manejar la glucosa, el azúcar en la sangre llega a niveles anormales, causando estragos tales como exceso de producción de orina y sed, debilidad, fatiga, daño cardiovascular y renal.

Hay dos tipos principales de diabetes. El más grave y menos común es el tipo I, el cual afecta a los niños y a veces a los adultos jóvenes, por lo general menores de treinta y cinco años. Puesto que las células pancreáticas productoras de insulina se destruyen gradualmente a causa de algún tipo de inmunorreacción, las personas afectadas por este tipo de diabetes deben inyectarse insulina, porque su páncreas prácticamente no la produce. La diabetes de tipo I se conoce también como insulinodependiente o diabetes juvenil.

La amenaza mayor para la mayoría de los estaodunidenses la constituye la diabetes de tipo II, la cual se manifiesta casi siempre después de los cuarenta años de edad. Irónicamente, las personas afectadas por esta forma de la enfermedad suelen tener mucha insulina, pero ésta no cumple debidamente su función, porque las células son "resistentes" a ella. Esa diabetes, conocida también como no insulinodependiente o de comienzo en la edad adulta, representa el 90% de los casos y aflige a unos doce millones de estadounidenses, la mitad de los cuales quizá desconocen su estado.

Puesto que la alimentación influye de manera importante sobre los niveles de azúcar en la sangre y sobre la insulina, los alimentos desempeñan un papel primordial en lo que se refiere a desencadenar, agravar o controlar la diabetes.

Éstas son algunas de las formas como los alimentos influyen sobre la diabetes:

- Las sobrecargas de ciertos alimentos imponen mayor trabajo a la insulina al producir aumentos súbitos de azúcar en la sangre; al restringir esos alimentos se mantienen más estables los niveles de azúcar en la sangre.
- Ciertos alimentos contienen compuestos que estimulan la acti-

vidad y la potencia de la insulina o que actúan directamente para regular el azúcar en la sangre.

- Los antioxidantes de los alimentos, como las vitaminas C y E, pueden controlar los ataques de los radicales libres sobre las células beta, los cuales empeoran la inflamación y otros daños. Los antioxidantes también contrarrestan la oxidación del colesterol LBD, el cual es más susceptible al daño oxidativo en los diabéticos que en las personas normales. Los diabéticos tipo II son dos o tres veces más vulnerables a la enfermedad cardíaca que las personas que no son diabéticas.
- De interés particular es la posibilidad de que unas complejas "reacciones alérgicas" tardías a los constituyentes de los alimentos, como las proteínas de la leche, puedan fomentar el comienzo de la diabetes tipo I.

---

*"Es inexacto decir que el azúcar es la causa de la diabetes. La verdadera causa es la insuficiencia o ineficacia de la insulina, la hormona que controla la forma como el organismo metaboliza el azúcar. Culpar al azúcar equivale a invertir el orden de los factores".* — Doctor Gerald Bernstein, Asociación Estadounidense de Diabetes.

---

## LA DIETA PUEDE SER UN FACTOR DESENCADENANTE

El desarrollo de la diabetes es un proceso complicado sobre el cual no hay un conocimiento claro. Pero las teorías actuales sostienen que se nace con la vulnerabilidad a la diabetes y que algún factor externo, entre ellos la dieta, pone en movimiento los sucesos que desencadenan los síntomas manifiestos de la enfermedad.

Siempre ha existido una relación estrecha entre la dieta y la diabetes, lo cual no sorprende a nadie, puesto que la enfermedad es una alteración del páncreas, la glándula encargada de producir la insulina necesaria para convertir los alimentos en energía. Inicialmente, el estómago descompone los carbohidratos en glucosa, un azúcar común. El páncreas responde produciendo la insulina necesaria para transportar la glucosa desde la corriente sanguínea hasta los múscu-los, donde es almacenada o convertida en energía. En algún momento se creyó que comer azúcar en exceso causaba la diabetes, pero se ha demostrado que no es así. El desarrollo de la diabetes es un proceso mucho más complicado y sigue siendo un misterio. Lo que se sabe es que no sucede de la noche a la mañana, sino que tarda años. Durante esa fase crítica, los alimentos pueden ayudar a vencer la susceptibilidad genética a la diabetes.

 *Malo:*

### LA LECHE: ¿UNA DE LAS CAUSAS DE LA DIABETES JUVENIL?

No conviene dar leche de vaca a los lactantes, en particular si hay antecedentes familiares de diabetes. Por extraordinario que parezca, consumir leche de vaca en la primera infancia, cuando la persona es propensa a la enfermedad, puede desencadenar más adelante la diabetes de tipo I. Esto indica que la diabetes es un tipo perverso de "alergia a los alimentos". También significa que muchos niños podrían escapar al destino de la diabetes evitando los productos lácteos durante el primer año, quizá el período más crítico de la vida.

Cada vez hay mayores indicios de que la leche puede estimular la diabetes juvenil. Los especialistas creen que lo que sucede es lo siguiente: ciertas proteínas de la leche de vaca aportan un antígeno (sustancia extraña) que engaña al sistema inmunitario para que ataque los tejidos de su propio cuerpo — en este caso, las células beta cruciales del páncreas — destruyendo su capacidad para fabricar la insulina. En efecto, un estudio nuevo de Hans-Michael Dosch y sus colaboradores del Hospital para Enfermedades Infantiles, de Toronto, reveló la presencia de anticuerpos, lo que indicaba una inmuno-rreacción a las proteínas específicas de la leche, en la sangre del 100% de un grupo de niños con diabetes tipo I. Solamente el 2.5% de los niños no diabéticos del estudio tenían los anticuerpos. Los investigadores no dudan de que las proteínas desencadenaron las reacciones alérgicas del sistema inmunitario que condujeron a la diabetes. En experimentos con ratas, las proteínas de la leche indiscutiblemente desencadenan la diabetes al destruir las células beta secretoras de la insulina.

Además, los lactantes alimentados con leche materna y que no prueban la leche de vaca hasta mucho después tienen una probabilidad mucho menor de contraer diabetes. Otro estudio reciente es aquel en el cual los investigadores del Hospital Infantil de Helsinki buscaron los nexos entre la alimentación precoz con leche de vaca y el riesgo de contraer diabetes más adelante. El resultado fue que cuando los lactantes eran alimentados exclusivamente con leche materna durante los primeros dos o tres meses de vida, se reducía en un 40% la probabilidad de que sufrieran de diabetes antes de los catorce años de edad. Los períodos más prolongados también redundaban en una menor probabilidad de contraer la enfermedad. El riesgo se reducía en un 50% cuando no se administraban fórmulas a base de leche de vaca antes de los cuatro meses.

Los investigadores suecos del Instituto Karolinska, de Estocolmo, también han observado que los niños alimentados desde su nacimiento hasta los catorce años con dietas más abundantes en proteína, carbohidratos complejos y alimentos con nitrosaminas tienen una mayor probabilidad de contraer diabetes. Su teoría es que ciertas proteínas pueden atacar directamente las células beta del páncreas; por ejemplo, los alimentos ricos en carbohidratos complejos, como el pan, también son ricos en gliadina del trigo, una proteína que ha demostrado ejercer un efecto nocivo sobre las células beta de las ratas. También piensan que las nitrosaminas, agentes cancerígenos, presentes algunas veces en el tocino cocido, pueden ser tóxicas para las células beta.

---

*"Sabemos que los factores genéticos predisponen a ciertas personas a la diabetes. Pero todos los datos indican que los factores del estilo de vida, en particular la dieta y el ejercicio, pueden influir sobre el hecho de que la enfermedad se manifieste o no".* — James Barnard, Ph.D., profesor de ciencia fisiológica, UCLA.

---

## CÓMO EVITAR EL ATAQUE SUBREPTICIO DE LA DIABETES

La diabetes tipo II puede atacar solapadamente. Es probable que usted no tenga la enfermedad hoy mismo, pero que esté al borde de contraerla. El exceso de peso es una amenaza enorme. La mayoría de las personas con ese tipo de diabetes tienen exceso de peso, y el hecho de perder unos kilos contribuye en gran medida a remediar o evitar la enfermedad. Sin embargo, hay otro peligro al acecho, esperando la ocasión de empujar a la persona hacia la diabetes. Usted podría ser una de esas personas de peso normal con resistencia o sensibilidad a la insulina. Lo que esto significa es que su insulina ya no puede actuar como debería. La resistencia a la insulina es un signo claro de la diabetes tipo II; también es común cuando hay obesidad. Pero lo más alarmante es que puede ocultar el progreso de la diabetes. Por lo general es un signo presente en las personas que terminan con un diagnóstico de diabetes cerca de diez años después.

Así es como sucede: las células se tornan perezosas y responden con lentitud a la orden que les da la insulina de absorber la glucosa. Entonces el páncreas se ve obligado a producir más insulina permanentemente para mantener en un nivel normal el azúcar en la sangre. Cansado por el exceso de trabajo, el páncreas puede llegar al agotamiento y no poder producir suficiente insulina, obligando al organismo a rendirse ante una diabetes tipo II. Muchos especialistas están convencidos de que lo que uno come a lo largo de los años puede evitar esa derrota definitiva. Es probable que la resistencia a la insulina sea heredada, pero permanece oculta hasta ser activada por un factor externo, muy probablemente la dieta.

Buena parte de los estudios sobre la dieta tienen por objeto encontrar la forma de prevenir esa marcha larga desde la resistencia a la insulina, o intolerancia a la glucosa, hasta la diabetes manifiesta.

 *Bueno:*

## *EL PESCADO FRENA LA DIABETES*

El pescado puede disminuir a la mitad las probabilidades de contraer diabetes tipo II. Este hecho asombroso se basa en un estudio de los investigadores del Instituto Nacional de Salud Pública y Protección Ambiental de Holanda. En el estudio participaron 175 hombres y mujeres sanos de edad avanzada a quienes se les hicieron exámenes para determinar que no tenían diabetes ni problemas de tolerancia a la glucosa, los cuales suelen preceder a la diabetes. Cuatro años después repitieron los exámenes y encontraron muchos casos de mala tolerancia a la glucosa. Lo interesante es que solamente el 25% de quienes comían pescado con regularidad presentaban la anomalía, en comparación con el 45% de quienes no comían pescado.

Los investigadores concluyeron que las personas que consumían pescado tenían la mitad de las probabilidades de contraer diabetes que las personas que no lo comían. El mensaje claro es que el pescado contiene algo, quizá la grasa omega 3, que parece proteger la capacidad del organismo para manejar la glucosa, previniendo la diabetes. La cantidad de pescado necesaria para ofrecer esta protección fue mínima: apenas una onza diaria de pescado magro, grasoso o enlatado.

Advertencia: los diabéticos no deben tomar cápsulas de aceite de pescado sin supervisión médica. Se ha demostrado que afectan la regulación de la glucosa en algunos casos.

 *Malo:*

## LA GRASA: POCO AMIGA DE LA INSULINA

Limite el consumo de grasa. Ella puede acelerar la aparición de la diabetes. Un estudio reciente del Centro de Ciencias de la Salud de la Universidad de Colorado reveló que 40 gramos adicionales de grasa al día (la contenida en una hamburguesa de cuatro onzas acompañada con papas fritas) triplica el riesgo de contraer diabetes. El exceso de grasa, en particular de grasa saturada de origen animal, parece menoscabar la eficacia de la insulina. Los investigadores de la Universidad de Sydney (Australia), tomaron células musculares de hombres y mujeres sanos sometidos a operación quirúrgica. Midieron la cantidad de ácidos grasos saturados en las membranas celulares y sometieron a los pacientes a pruebas de resistencia a la insulina. Observaron que cuanto mayor era el nivel de grasa saturada en las células, mayor era la resistencia a la insulina. En cambio, cuanto mayor era el nivel de grasas poliinsaturadas, especialmente de aceite de pescado, mejor era la actividad de la insulina y menor la resistencia a ésta.

Así mismo, los investigadores informaron que los animales alimentados con aceites de pescado omega 3 superaron la resistencia a la insulina.

En otro estudio, la grasa disminuyó la eficiencia de la insulina, promoviendo niveles anormalmente altos de azúcar en la sangre. Jennifer Lovejoy, Ph.D., profesora auxiliar de la Universidad Estatal de Luisiana, estudió los hábitos alimentarios y la actividad insulínica de 45 hombres y mujeres sanos: aproximadamente la mitad eran obesos y la otra mitad tenían el peso normal. Tanto la obesidad como el mayor consumo de grasa eran factores que aumentaban la resistencia a la insulina. Según la doctora Lovejoy, eso significa que inclusive las personas normales que consumen mucha grasa, especialmente de origen animal, pierden eficiencia insulínica y aumentan su vulnerabilidad a la diabetes.

*• CONCLUSIÓN • Una forma de prevenir la diabetes es limitando el consumo de grasas saturadas de origen lácteo y animal, y comiendo más pescado.*

---

*"Las papas son como los dulces en lo que concierne a la diabetes".* — Phyllis Crapo, profesora asociada de la Universidad de California en San Diego, quien descubrió que el puré de papas produce un mayor aumento de los niveles de azúcar que el helado de crema.

 **Bueno:**

## EL REMEDIO DE LA CEBOLLA

Coma cebolla. Este alimento ocupa un lugar muy respetado en la medicina desde épocas remotas como tratamiento para la diabetes. Y los estudios modernos muestran que la cebolla sí tiene el poder de reducir el azúcar en la sangre, en las cantidades obtenidas a través de la dieta. Por ejemplo, investigadores de la India utilizaron en un estudio el jugo de cebolla y la cebolla entera (en dosis de 25 a 200 gramos) y observaron que cuanto mayor era la dosis, mayor era la reducción de los niveles de azúcar en la sangre. Y no hubo diferencia entre la cebolla cruda y la cocida. Los investigadores plantean que la cebolla influye en el metabolismo de la glucosa en el hígado, o en la liberación de la insulina, o previene la destrucción de ésta.

Los agentes hipoglucémicos activos probablemente sean el disulfuro propílico de alilo y la alicina. En efecto, desde 1923 se ha conocido la presencia de agentes reductores del azúcar en la cebolla, y en los años 60 los investigadores aislaron unos compuestos antidiabéticos semejantes a la tolbutamida (Orinase), un fármaco antidiabético común que estimula la síntesis y la liberación de la insulina. En estudios con conejos, el extracto de cebolla demostró tener una eficacia del 77% en comparación con una dosis corriente de tolbutamida.

 *Bueno:*

## EL BRÓCULI: MARAVILLA DEL AZÚCAR DE LA SANGRE

Coma bróculi. Es una fuente excelente de cromo, un oligoelemento que parece obrar maravillas con el azúcar de la sangre. Si sufre de diabetes tipo II, el cromo le ayudará a regular el azúcar, reduciendo la necesidad de insulina y de tomar medicamentos. Si está al borde de contraer diabetes, el cromo podría salvarlo de caer víctima de la enfermedad. En efecto, si su tolerancia a la glucosa está en un nivel limítrofe, como le sucede a un 25% de todos los estadounidenses, el cromo puede ser la solución. Incluso si el nivel de azúcar es bajo en lugar de alto, el cromo puede normalizarlo. Cualquiera que sea el problema de glucemia, el cromo tiende a normalizarlo, dice Richard A. Anderson, Ph.D., del Centro de Investigación sobre Nutrición Humana del Departamento de Agricultura de los Estados Unidos en Beltsville (Maryland). El doctor Anderson atribuye en parte la creciente incidencia de diabetes tipo II a una deficiencia de cromo en la dieta y cita unos catorce estudios realizados durante los años 80 en los cuales el cromo mejoró la tolerancia a la glucosa.

Al parecer, el cromo aumenta la eficiencia de la insulina de tal manera que se necesita menos para cumplir el objetivo. El mecanismo es un misterio, pero el doctor Anderson señala que, en tubos de ensayo, el cromo biológicamente activo se adhiere fuertemente a la insulina, mejorando casi cien veces la función principal de la hormona, o sea oxidar la glucosa en el bióxido de carbono.

Sin embargo, el 90% de los estadounidenses obtienen una cantidad de cromo menor que la recomendada de 50 a 200 microgramos diarios. Entre los alimentos ricos en cromo se cuentan las nueces, las ostras, los hongos, los granos integrales, los cereales de trigo, la cerveza, el vino, el ruibarbo, la levadura de cerveza ¡y el brócoli! Según un análisis, una taza de brócoli contiene 22 microgramos de cromo, diez veces más que cualquier otro alimento. La cebada también es rica en cromo, lo cual explica en parte por qué se ha utilizado durante tanto tiempo en Irak como remedio para la diabetes. En experimentos con animales, la cebada contribuye a suprimir los picos de insulina.

 *Bueno:*

## EL PODER DEL CURRY

No subestime el valor de las semillas de alholva, utilizadas desde tiempo atrás en el Oriente Medio y en la India para tratar varias enfermedades, entre ellas la diabetes. Hoy día hay pruebas de que las semillas pueden en realidad ayudar a controlar la diabetes.

Los científicos del Instituto Nacional de Nutrición de la India administraron semillas molidas de alholva a un grupo de pacientes con diabetes tipo I. La glucemia en ayunas se redujo, la tolerancia a la glucosa mejoró y el colesterol en la sangre bajó. Esto los llevó a concluir que las semillas de alholva molidas podrían servir como agente antidiabético.

Los científicos israelíes de la Universidad Hebrea de Jerusalén también han demostrado que las semillas de alholva reducen el azúcar y el colesterol tanto en diabéticos como en personas sanas. Además, han identificado un ingrediente activo en las semillas. Es una fibra soluble gelatinosa denominada *galactomannan*. En estudios con animales, este gel se une a los ácidos biliares, reduciendo el colesterol, de la misma manera como lo hacen los medicamentos comunes.

*Bueno:*

## EL REMEDIO DE LA CANELA

Cocine con especias para mejorar la actividad de la insulina. Quizá no sean sólo las papilas gustativas las que nos incitan con frecuencia a usar la canela y los clavos para aliñar los alimentos dulces, como la torta de auyama. Esas especias tienen en realidad propiedades de tipo farmacológico que nos ayudan a manejar el azúcar de los dulces. El doctor Anderson, del Departamento de Agricultura de los Estados Unidos, descubrió que hay diversas especies que estimulan la actividad de la insulina, lo cual significa que le ayudan al organismo a procesar la insulina con mayor eficiencia, reduciendo la demanda. El doctor Anderson realizó experimentos en tubos de ensayo para medir la actividad de la insulina en presencia de ciertos alimentos. Aunque la mayoría de ellos no produjeron efecto alguno, hubo tres especias y una hierba que triplicaron la actividad insulínica: la canela, los clavos, la cúrcuma y el laurel. La más potente fue la canela.

Un poco de canela, como la cantidad que se le pone a una tostada, es suficiente para estimular la actividad de la insulina. Una pizca de canela para aliñar distintos alimentos ayuda a mantener la glucemia bajo control.

 *Bueno:*

## LOS FRÍJOLES EN ESCENA

Si desea controlar o ahuyentar la diabetes, coma alimentos ricos en carbohidratos y fibra, como las leguminosas. Éste es un consejo invaluable para toda persona preocupada por la diabetes, de acuerdo con especialistas como el doctor James Anderson, de la Facultad de Medicina de la Universidad de Kentucky. El doctor Anderson insiste en que los mismos alimentos que reducen el colesterol y combaten la enfermedad cardíaca son excelentes para los diabéticos, cuyo riesgo de sufrir enfermedad cardíaca es alto. Con eso se refiere en particular a alimentos ricos en fibra soluble. (En la página 66 aparece una lista de dichos alimentos.) Según el doctor Anderson, más de 50 estudios muestran que esos alimentos ricos en fibra mantienen el azúcar, los triglicéridos y el colesterol en niveles normales.

Tan buenos son los resultados de la dieta rica en fibra, que muchos pacientes han logrado disminuir o eliminar la necesidad de obtener suplementos de insulina u otros medicamentos antidiabéticos.

## ¿QUÉ ES PEOR, LA ZANAHORIA O LOS DULCES?

Consuma alimentos que no provoquen una elevación súbita y prolongada de los niveles de azúcar en la sangre. Son alimentos clasificados en los últimos lugares del denominado "índice glucémico", un concepto relativamente nuevo. Durante años se creyó que los carbohidratos simples (azúcar) eran los mayores culpables del aumento de la glucosa en la sangre y que los carbohidratos complejos (frutas, verduras, granos y leguminosas, al igual que la papa y la zanahoria), los cuales se asimilan lentamente, eran neutros o benéficos. A fines de los años 70 y principios de los 80, el concepto fue puesto en tela de juicio cuando varios científicos, entre ellos Phyllis Crapo, R.D., de la Universidad de California, en San Diego, y el doctor David A. Jenkins, de la Universidad de Toronto, midieron el azúcar en la sangre después de dar a las personas estudiadas distintos tipos de alimentos. Para sorpresa de todos, ni el helado ni los dulces fueron los causantes de los incrementos más rápidos del azúcar en la sangre. Los principales culpables fueron la zanahoria, la papa y los cereales procesados. La noción de que los carbohidratos complejos ofrecen a los diabéticos mayor seguridad que los carbohidratos simples demostró ser falsa.

De ahí surgió una discusión científica que se ha prolongado durante diez años sobre si esta capacidad de los alimentos para elevar el azúcar, conocida como el "índice glucémico", tiene alguna implicación práctica. ¿Realmente importa una vez que los alimentos se han mezclado en el estómago? El doctor Jenkins insiste en que sí. Sus estudios indican que los alimentos con un índice glucémico bajo contribuyen a controlar el nivel general del azúcar en la sangre de los pacientes con los dos tipos de diabetes. Además, insiste, las dietas reducen los triglicéridos.

Tanto el doctor Jenkins como otros investigadores señalan que también las personas sanas se benefician con la dieta a base de alimentos cuyo índice glucémico es bajo. Por una parte, esos alimen-

*ALIMENTOS QUE PUEDEN ELEVAR EL AZÚCAR EN LA SANGRE*

El siguiente es el índice glucémico, o el efecto de los alimentos comunes sobre el azúcar de la sangre, comparados con la glucosa, la cual produce los aumentos más serios. Cuanto mayor sea el porcentaje, mayor será la capacidad para producir incrementos súbitos del azúcar en la sangre.

**100%:** glucosa.

**80-90%:** hojuelas de maíz, zanahoria, chirivía, papa (puré instantáneo), maltosa, miel.

**70-79%:** pan (de harina integral), mijo, arroz (blanco), habas (verdes), papas (frescas).

**60-69%:** pan (blanco), arroz (integral), cereal Müesli, trigo desmenuzado, galletas, remolacha, banano, uvas pasas, chocolatinas.

**50-59%:** trigo sarraceno, espaguetis (blancos), maíz dulce, All-Bran, galletas de avena, arvejas (congeladas), ñame, sacarosa, papas fritas.

**40-49%:** espaguetis (de trigo integral), harina de avena, batata, fríjoles (blancos), arvejas (secas), naranja, jugo de naranja.

**30-39%:** fríjoles de media luna, fríjoles verdes, habichuelas, garbanzos, manzana, helado, leche entera y descremada, yogur, sopa de tomate.

**20-29%:** fríjoles rojos, lentejas, fructosa.

**10-19%:** fríjoles de soya, maní.

*Fuente: Dr. David J. A. Jenkins*

tos previenen la elevación súbita de la insulina que puede terminar en un estado de resistencia a la insulina y, finalmente, en diabetes. Además, estudios recientes demuestran que no es conveniente tener niveles altos de insulina en la sangre porque pueden traer otras consecuencias, como la de servir de factor de crecimiento a las células cancerosas. Los alimentos con bajo índice de glucemia ayudan a controlar los niveles de azúcar en la sangre y, por ende, la insulina necesaria para procesarla.

## LO QUE COMEN Y DEBERÍAN COMER LOS DIABÉTICOS

La siguiente es la mejor dieta antidiabética, de acuerdo con la mayoría de los especialistas de los Estados Unidos y el Reino Unido: comer entre 50 y 60% de las calorías en carbohidratos, menos del 30% en grasa (menos del 10% en grasa saturada) y entre 30 y 40 gramos de fibra al día. Pero son pocos los diabéticos que cumplen con estas recomendaciones, según una encuesta reciente. Sólo el 3% de los pacientes estudiados consumían el 50% o más de las calorías en carbohidratos; en la mayoría de los casos la cifra fue del 40%. Sólo el 14% mantenía el consumo de grasa por debajo del 35% de las calorías totales; la mayoría ingería una cantidad 60 u 80% mayor de grasa saturada que la considerada buena para ellos. El 40% de los hombres, pero solamente el 10% de las mujeres, consumían la dosis recomendada de fibra.

Los investigadores explicaron esta situación tan desalentadora diciendo que "muchos pacientes diabéticos no habían consultado a un dietista en años" y posiblemente continuaban obedeciendo el consejo obsoleto de limitar la cantidad de carbohidratos.

 *Bueno:*

## LAS VITAMINAS ANTIOXIDANTES AL ATAQUE

Si sufre de diabetes, aségurese de consumir alimentos ricos en antioxidantes, como las vitaminas C y E y el betacaroteno. Así lo aconseja el doctor James Anderson, de la Facultad de Medicina de la Universidad de Kentucky. La razón: el proceso de taponamiento de las arterias es anormal y más grave en los diabéticos. El colesterol malo LBD de los diabéticos es más propenso a la oxidación y, por lo tanto, a tornarse "tóxico". Y, en teoría, el LBD oxidado tiene una mayor tendencia a taponar las arterias. Esto contribuye a explicar por qué los diabéticos corren un riesgo dos o tres veces mayor de sufrir enfermedad cardíaca, dice el doctor Anderson.

¿Cúal es la causa de la mayor oxidación del colesterol LBD? Quizá sea la presencia permanente de niveles elevados de azúcar en la sangre. A medida que el azúcar se metaboliza va liberando radicales de oxígeno libres, los cuales tienden a convertir el colesterol en un agente tóxico. Una forma de contrarrestar a los radicales libres es llenando el cuerpo de antioxidantes.

---

*ESTRATEGIAS CONTRA LA DIABETES*

- Para ayudar a prevenir la diabetes tipo I, trate de no dar alimentos lácteos a los lactantes por lo menos durante el primer año de vida.
- Para evitar la diabetes tipo II, consuma más pescado, leguminosas, nueces y alimentos tales como granos y bróculi. Baje de peso y limite la grasa, puesto que promueve la resistencia a la insulina.
- Si sufre de diabetes, la dieta recomendada por la mayoría de los especialistas es una dieta rica en fibra, carbohidratos con almidón, panes de cereales integrales, pasta, arroz, avena y especialmente leguminosas, que ocupan lugares más bajos del índice glucémico. Los almidones ricos en fibra tardan más tiempo en descomponerse, de manera que los absorbe la sangre más lentamente.
- Muy recomendados son los alimentos ricos en fibra soluble en agua, como las leguminosas y la avena. Esa fibra se convierte en una gelatina en el tubo digestivo, prolongando el tiempo necesario para absorber el azúcar de los alimentos y prevenir los picos peligrosos que se producen después de las comidas.
- El mejor consejo para todos es que sigan la misma dieta que sirve para prevenir la enfermedad cardíaca: alimentos pobres en grasa, en particular grasa de origen animal, carbohidratos ricos en fibra, como los fríjoles, la avena, los cereales integrales, las nueces, las frutas y las verduras.

---

# OTRAS CONEXIONES CON LOS ALIMENTOS QUE VALE LA PENA CONOCER

## *ACNÉ: EL MITO DEL CHOCOLATE*

No crea que es la única persona que le teme al chocolate como causa de la acné y los barros. Es una opinión generalizada, pero desde el punto de vista médico no es más que un mito. Dermatólogos de la Universidad de Pensilvania lo demostraron tras convencer a sesenta y cinco adolescentes afectados por la acné de que consumieran una sobredosis de chocolate. Todos los días, durante un mes, consumieron el equivalente de una libra de chocolate semiamargo. Durante el mes siguiente consumieron barras que no contenían chocolate. La acné no empeoró con la sobredosis de chocolate verdadero.

### La amenaza del yodo

Por otro lado, si es propenso a la acné, cuídese del exceso de yodo, el cual puede irritar los poros y producir brotes de acné. Como es obvio, hay yodo en la sal yodada. Pero también se han detectado cantidades apreciables en las comidas rápidas y la leche. La Unión de Consumidores determinó alguna vez que una comida rápida contenía un promedio hasta 30 veces mayor que la dosis recomendada de 150 microgramos diarios, o sea la enorme cantidad de 4 500 microgramos por comida. Un análisis reciente de muestras de leche recogidas en 175 hatos lecheros en el estado de Wisconsin reveló que el contenido promedio de yodo por litro era de 466 microgramos; el 11% de las muestras contenían más de mil microgramos de yodo por litro. El yodo llega a la leche a través del equipo de ordeño contaminado y de los medicamentos administrados al ganado.

Entre los alimentos, las algas marinas, incluidas las utilizadas para envolver el sushi japonés, contienen una elevada cantidad de yodo. El kelp o varec — alga parda — es la fuente más rica en yodo que se conoce, con 1 020 partes por millón. Los camarones y los crustáceos contienen cantidades moderadas de yodo.

La cantidad de yodo suficiente para producir barros depende de la sensibilidad heredada al yodo, dice el doctor James E. Fulton, Jr., director del Instituto de Investigaciones sobre la Acné, de Newport Beach (California). "Yo diría que las personas propensas a la acné tendrían problemas con 1 000 microgramos o un miligramo de yodo al día". Otros estudios demostraron que dos tabletas diarias de varec con un contenido de 225 microgramos de yodo cada una causaban brotes de acné.

Los suecos también han encontrado indicios de que las personas afectadas por la acné suelen tener deficiencia de zinc. ¿Cuáles son las mejores fuentes de zinc? La comida de mar, especialmente las ostras y la langosta, el germen de trigo, los cereales integrales, el maní, la pacana, o nuez lisa, las leguminosas, el hígado y el pavo.

## EL SIDA: ALGUNAS FASCINANTES POSIBILIDADES

No hay pruebas concretas en seres humanos de que los alimentos puedan prevenir, frenar o bloquear el VIH (virus de inmunodeficiencia humana, causante del sida). Pero los experimentos de laboratorio han abierto algunas posibilidades interesantes. También hay alimentos y componentes de los alimentos que mejoran el funcionamiento del sistema inmunitario, ayudando a prevenir algunas de las otras enfermedades e infecciones asociadas con el sida.

## Frenos vegetales contra el virus

En tubos de ensayo, dos compuestos de los alimentos han demostrado frenar la diseminación del VIH: la vitamina C y el glutatión, un antioxidante potente concentrado en las frutas y las verduras. El doctor Alton Meister, de la Facultad de Medicina de la Universidad de Cornell, hizo el asombroso descubrimiento de que el glutatión bloqueaba en un 90% la diseminación del virus del sida. El doctor Meister estimuló células humanas para producir el virus en cajas de Petri. Al agregar glutatión, la tasa de replicación del virus aminoró drásticamente, y cuanto mayor era la cantidad de glutatión, mayor era el efecto. El doctor Meister anota que los enfermos de sida tienen niveles muy bajos de glutatión, y que esa deficiencia puede contribuir a la diseminación del virus. El glutatión es un antioxidante concentrado en las frutas y las verduras. (Véase la página 520.)

## Un hongo para fortalecer el sistema inmunitario

Cualquier alimento que fortalezca el sistema inmunitario ayuda. En un ensayo se obtuvieron resultados sorprendentes con extractos del hongo shiitake. Las pruebas de laboratorio realizadas en el Japón demostraron que el shiitake era más eficaz contra el VIH que el AZT, la droga creada para combatirlo.

## El ajo contra la infección

Los antibióticos naturales, como el ajo, podrían ayudar a prevenir las "infecciones oportunistas" que prosperan al deprimirse la actividad inmunitaria de los enfermos de sida y cuyos efectos pueden ser devastadores. Entre las más comunes de esas infecciones están la tuberculosis y las infecciones micóticas (por hongos) de los pulmones. En la medicina popular, y también en la oficial, se ha utilizado el ajo en grandes cantidades para ayudar a curar esas infecciones. Por ejemplo, el ajo era utilizado ampliamente por los médicos en los años 20 y 30, antes del advenimiento de los medicamentos modernos para tratar la tuberculosis. Algunos médicos están investigando los poderes del ajo contra las infecciones oportunistas asociadas con el sida.

*• CONCLUSIÓN • Aunque no hay pruebas en seres humanos de que determinados componentes de los alimentos puedan combatir o prevenir el sida, es razonable aprovechar los beneficios conocidos de ciertos alimentos para fortalecer el sistema inmunitario y combatir las infecciones. Eso significa comer muchas frutas y verduras, llenas de glutatión y carotenoides antivirales, entre ellos el betacaroteno, los cuales han demostrado que mejoran el funcionamiento del sistema inmunitario. El ajo no hace ningún daño y podría ayudar a combatir las infecciones oportunistas.*

## ENFERMEDAD BENIGNA DEL SENO: LA CONEXIÓN DE LA CAFEÍNA

La enfermedad benigna o enfermedad fibroquística del seno se manifiesta como una serie de masas pequeñas, no cancerosas pero a veces dolorosas. Es posible prevenir la formación de estas masas evitando toda una familia de sustancias químicas de los alimentos conocidas como metilxantinas, la más conocida de las cuales es la cafeína. El doctor John Minton, de la Universidad Estatal de Ohio, planteó por primera vez esta posibilidad en 1979. Observó que los quistes benignos desaparecieron en el 65% de un grupo de mujeres que dejaron el café, el té, las bebidas de cola y el chocolate. Estos alimentos contienen cafeína, teobromina y teofilina, todas ellas pertenecientes a la familia de las metilxantinas.

Los estudios que siguieron produjeron toda una serie de resultados. Por ejemplo, un estudio en gran escala de los investigadores del Instituto Mario Negri para Investigaciones Farmacológicas, de Italia, reveló que cuanto mayor cantidad de café se consumía, mayor era el riesgo de sufrir de quistes benignos en los senos. Las probabilidades se duplicaban con una o dos tazas al día, y casi se cuadruplicaban con tres o más tazas diarias. Sin embargo, el riesgo se nivelaba a partir de las cinco tazas.

Pero hay muchos otros estudios en los cuales no se ha detectado conexión alguna. El Instituto Nacional de Cancerología realizó el mayor estudio sobre el tema con 3 400 mujeres e inclinó la balanza con su dictamen: no existe conexión alguna entre el consumo de metilxantina y el riesgo de contraer la enfermedad fibroquística del seno.

*· CONCLUSIÓN · No obstante, muchas mujeres se dan cuenta de que el dolor de los senos se alivia cuando eliminan o reducen las fuentes de cafeína y el chocolate. Puesto que en ello no hay riesgo y sí podría ayudar, nada se pierde con probar. Si en su caso funciona, es lo único que cuenta.*

Otra posibilidad es el repollo. Recientes estudios revelan que un mayor consumo de hortalizas crucíferas — repollo, brócoli, coliflor — puede ayudar a frenar la enfermedad fibroquística del seno al acelerar el metabolismo y disponer con mayor rapidez del estrógeno que agrava los quistes, de acuerdo con Jon Michnovicz, del Instituto para la Investigación Hormonal, de la ciudad de Nueva York.

## LACTANCIA MATERNA: DÉ A SU BEBÉ LECHE CON SABOR A AJO

Madres, para estimular el apetito de un bebé lactante, coman un poco de ajo una hora antes de amamantar. Por extraño que parezca, el olor y el sabor del ajo incitan al niño a consumir más leche. Este interesante hallazgo fue producto de un estudio realizado en el Centro Monnel de Sensaciones Químicas, de filadelfia.

Para someter a prueba la teoría, los investigadores administraron a la mitad de un grupo de madres lactantes una cápsula de ajo y a la otra mitad una píldora inactiva.

Se confirmó la presencia de ajo en la leche por el olor de las muestras. Y a los bebés *les agradó*. Permanecieron más tiempo pegados al pezón, succionaron más y demostraron mayor preferencia por la leche cuando sentían el olor a ajo.

Una forma de desestimular el apetito del bebé es consumiendo un poco de alcohol antes de amamantar. Este hallazgo contradice la creencia popular de que un poco de cerveza, vino o licor fuerte antes de amamantar aumenta la producción de leche y mejora el apetito del lactante. Por el contrario, los bebés de las madres que habían consumido jugo de naranja con un poco de alcohol bebieron una cantidad "mucho" menor de leche.

Los investigadores creen que los sabores fuertes en general estimulan el apetito del bebé y que, en cambio, el alcohol lo deprime o afecta la capacidad de succión o la producción de leche misma.

## CATARATAS: LA SOLUCIÓN DE POPEYE

Las verduras, especialmente, las espinacas, pueden salvarlo de las cataratas, que suelen desarrollarse con los años. La catarata es una opacidad del cristalino ocular y puede llevar a la pérdida de la visión. Según un estudio publicado en el *British Medical Journal*, la espinaca demostró ofrecer la mayor probabilidad de prevenir las cataratas en un grupo de mujeres de edad. Una razón: los depósitos abundantes de antioxidantes, entre ellos el betacaroteno. Los investigadores descubrieron que la probabilidad de sufrir de cataratas era un 40% menor entre las mujeres que consumían la mayor cantidad de betacaroteno en las frutas y las verduras.

Se cree que las cataratas se deben en parte a la oxidación del cristalino como consecuencia, por ejemplo, de su exposición a la luz solar durante años y años. Por tanto, la teoría es que si el cristalino recibe grandes cantidades de antioxidantes, podría contrarrestar o retardar el desarrollo de las cataratas.

En efecto, los estudios demuestran que las personas que consumen pocas frutas y verduras corren mayor riesgo de contraer cataratas. Por ejemplo, el investigador Paul Jacques, del Departamento de Agricultura de los Estados Unidos, observó que las personas que comían menos de tres porciones y media de frutas y verduras al día corrían un riesgo cuatro veces mayor de sufrir de cataratas. Y las probabilidades aumentaron seis veces en el caso de quienes comían menos de una porción y media.

Además, el doctor Jacques descubrió que la probabilidad de sufrir de cataratas relacionadas con la edad era siete veces mayor entre quienes tenían los niveles más bajos de carotenoides vegetales en la sangre, y que la probabilidad de sufrir de otro tipo específico de catarata aumentaba once veces en los casos en que los niveles de vitamina C en la sangre eran pobres. La escasez de ácido fólico, presente en las hortalizas de hojas verdes, como la espinaca y el bróculi, y también en las leguminosas, era otro factor de predicción de la enfermedad. El té, abundante en antioxidantes, también parece frenar las cataratas.

## Los espárragos también

Una antigua fórmula a base de hierbas, conocida como *hachimijiogan,* tiene fama de prevenir el avance de las cataratas. Los estudios modernos han demostrado que el remedio en realidad aumenta en el cristalino los niveles del antioxidante glutatión, sustancia muy escasa en casi todas las formas de catarata. Los bajos niveles de glutatión podrían contribuir a la formación de la opacidad. Hay glutatión en muchas frutas y verduras, entre ellas los espárragos, el aguacate, la sandía y la naranja. Este mecanismo podría explicar el buen desempeño de las verduras en lo que se refiere a combatir las cataratas. (En las páginas 518-519 encontrará una lista de los alimentos ricos en antioxidantes.)

## FATIGA CRÓNICA: ALIMENTOS BUENOS Y MALOS

Si usted, o alguien a quien conozca, sufre de fatiga crónica, diagnosticada o no como el síndrome de la fatiga crónica, le conviene saber que el mal podría deberse a una alergia tardía a algún alimento. La afección conocida como síndrome de fatiga crónica es difícil de tratar y se caracteriza por fatiga extrema y depresión, las cuales pueden llegar a ser debilitantes en muchos casos. Sin embargo, el doctor Talal Nsouli, alergista y profesor clínico asociado de la Escuela de Medicina de Georgetown, ha observado que las alergias a los alimentos son las culpables en un 60% de los pacientes que llegan a su clínica con fatiga crónica. "Es casi inverosímil — dice —. "Tan pronto como suspenden esos alimentos, se recuperan del todo".

Los tres culpables más comúnmente implicados en la fatiga crónica, según el doctor Nsouli, son el trigo, la leche y el maíz.

Si la prueba cutánea o la prueba sanguínea común llamada RAST confirman una alergia a los alimentos, el doctor Nsouli le ordena al paciente que suspenda el alimento sospechoso durante tres semanas. Si hay mejoría, el paciente realiza una "prueba de provocación", comiendo de nuevo el alimento para ver si los síntomas regresan al cabo de unos pocos días. Si esto ocurre, se comprueba convincentemente la culpabilidad del alimento.

Hubo un caso de una joven de dieciocho años, a quien habían diagnosticado síndrome de fatiga crónica, que estaba recibiendo medicamentos antidepresivos y tratamiento psiquiátrico por depresión grave. Resultó ser alérgica al trigo. "Inició una dieta sin trigo y a las tres semanas comenzaron a desaparecer los síntomas. Dejó de ver al psiquiatra, suspendió los medicamentos y está bien", dice el doctor Nsouli. Puesto que algunos residuos de los alimentos pueden permanecer en el cuerpo durante mucho tiempo, por lo general se necesitan entre tres y cuatro semanas para comenzar a ver mejoría.

## LA ENFERMEDAD DE CROHN: ¿ALIMENTOS EQUIVOCADOS?

La enfermedad de Chron es una dolencia inflamatoria del colon que suele afectar con mayor frecuencia a los niños y a los adultos jóvenes. Se desconoce su causa, pero hay indicios de que puede tener relación con una intolerancia a los alimentos. Un grupo de médicos británicos del Hospital Addenbrookes, de Cambridge, lleva muchos años tratando con éxito la enfermedad de Crohn mediante la dieta. Primero establecen cuáles alimentos intervienen en las recaídas de la enfermedad de Crohn y luego los eliminan de la dieta de los pacientes. Este tratamiento ha dado tan buenos resultados como la cirugía y los medicamentos, afirma el doctor John O. Hunter, quien anota que en las radiografías se aprecia muchas veces una mejoría sorprendente, reflejando el retorno de los indicadores de la inflamación a niveles normales.

"Los pacientes que logran seguir una dieta satisfactoria tienen una tasa total de recaídas inferior al 10% anual, la cual es igual al éxito de la cirugía", dice el doctor Hunter. La dieta produce mejores resultados que los medicamentos corrientes, afirma. Los alimentos que suelen producir los síntomas de la enfermedad son el trigo, los lácteos, las hortalizas crucíferas (repollo, brócoli, coliflor, coles de Bruselas), el maíz, la levadura, los tomates, los cítricos y los huevos.

En efecto, la levadura demostró ser nociva para los pacientes con la enfermedad de Crohn en una prueba reciente realizada en la Escuela Médica de Ninewells (Escocia). Hubo un mayor número de recaídas y mayor actividad de la enfermedad al agregar un poco de levadura a las dietas de los pacientes durante un mes. Al reducir la levadura, la actividad de la enfermedad se redujo radicalmente. Las peores recaídas se presentaron en los pacientes que tenían anticuerpos contra la levadura, revelando sin duda una reacción de inmunidad o "alérgica". La levadura está presente principalmente en el pan. Los investigadores piensan que algunos pacientes con enfermedad de Crohn presentan una inmunorreacción anormal a ciertos alimentos, la cual promueve la inflamación.

Además, a estos pacientes les conviene comer más pescado grasoso, de efecto antiinflamatorio, y eliminar las demás grasas animales y los aceites vegetales omega 6, los cuales estimulan la inflamación. Esto debería ayudar a disminuir la intensidad de la inflamación.

También se ha visto una relación entre la enfermedad de Crohn y el consumo abundante de azúcar.

## INFECCIONES DEL OÍDO: SOSPECHE DE UNA ALERGIA A LOS ALIMENTOS

Si su bebé o su niño sufre de infecciones crónicas del oído, investigue la dieta antes de recurrir a antibióticos y procedimientos médicos costosos, peligrosos y quizá innecesarios. Por extraordinario que parezca, esas infecciones persistentes del oído se deben muchas veces a alergias a los alimentos.

¿Cómo podrían los alimentos provocar en los niños infecciones del oído? El proceso es el siguiente. Una alergia a algún alimento puede desencadenar inflamación crónica y tumefacción del oído medio, provocando el estancamiento de los líquidos y su contaminación con bacterias. El resultado es una infección conocida en el lenguaje médico como *otitis media serosa* y llamada popularmente "oído de goma". De no tratarse debidamente, la infección puede dañar las estructuras óseas del oído, causando pérdida auditiva y los consiguientes problemas de aprendizaje.

Investigaciones recientes demuestran que la mayoría de las infecciones crónicas del oído pueden deberse al consumo de alimentos equivocados. Los alergistas e inmunólogos Talal M. Nsouli y J. A. Bellanti, de la Facultad de Medicina de la Universidad de Georgetown, realizaron pruebas de alergia en 104 niños, entre las edades de uno y medio y nueve años, que sufrían de infecciones crónicas de los oídos. *Su sorpresa fue grande cuando observaron que el 78% de ellos eran sensibles a diversos alimentos.* Más importante aún fue que las infecciones cedieron en el 86% de los niños cuando dejaron de comer los alimentos culpables durante dieciséis semanas. Como era de esperarse, al volver los niños a la dieta normal, las infecciones reaparecieron en casi todos los casos. Los culpables más frecuentes: la leche, el trigo, los huevos, el maní y los productos de soya.

Según el doctor Nsouli, la mayoría de los niños habían sido vistos por muchos especialistas y estaban a punto de ser sometidos a intervención quirúrgica para colocarles tubos de drenaje. Por fortuna, la mayoría se salvó de la cirugía una vez descubierta la verdadera causa. Las alergias por lo general desaparecen a los pocos días o semanas de suspender el alimento nocivo, pero las infecciones del oído tardan meses en ceder, dice el doctor Nsouli.

• *CONCLUSIÓN* • *Si su niño sufre de infecciones crónicas del oído, es de vital importancia que un alergista realice pruebas cutáneas o sanguíneas y también pruebas de provocación con los alimentos. Sospeche especialmente si algún miembro de la familia es alérgico. Si la causa subyacente es una alergia a algún alimento, con sólo suspenderlo se puede conseguir una cura fácil y económica.*

## GLAUCOMA: LA PROMESA DEL ACEITE DE PESCADO

El doctor Prasad S. Kulkarni, Ph.D., de la Universidad de Louisville (Kentucky), propone una forma novedosa de prevenir el glaucoma: comiendo pescado y aceite de pescado. En reciente investigación, los conejos, utilizados comúnmente para estudiar los ojos, presentaron una disminución notable de la presión intraocular al recibir alimentos empapados en aceite de hígado de bacalao. En el glaucoma, la presión intraocular es alta. "Si los resultados en seres humanos son tan buenos como en los animales sanos, ésta podría ser una buena profilaxis contra el glaucoma", dijo el doctor Kulkarni. La presión intraocular se redujo en un 56% en los conejos que recibieron los alimentos empapados en aceite de pescado; pero una vez suspendido el aceite de hígado de bacalao, la presión regresó a los niveles anteriores al experimento.

La idea de hacer estos estudios le vino al doctor Kulkarni de los informes acerca de las tasas ínfimas de glaucoma de ángulo abierto entre los esquimales. Pensó que la explicación podría estar en la dieta marina, rica en aceite de pescado. Claro está que la teoría aún no se confirma en seres humanos. Pero, en todo caso, consumir pescado es conveniente para la salud, y el doctor Kulkarni cree que el glaucoma podría prevenirse comiendo pescado grasoso con regularidad.

## FRUTAS PARA EVITAR LA ENFERMEDAD DE LAS ENCÍAS

Las encías se pudren cuando no hay suficiente vitamina C. Los científicos saben a ciencia cierta lo que sucede, por las descripciones del escorbuto. Este flagelo reinó sin control desde el siglo XIV hasta comienzos del XIX, afectando principalmente a los marinos que permanecían meses enteros en alta mar sin comer frutas frescas. Una descripción gráfica de los estragos provocados por la enfermedad decía: "De la boca salía un hedor y tal era el grado de putrefacción de las encías que se caían a pedazos, dejando a la vista las raíces de los dientes". La cura para el escorbuto, descubierta en 1747 por el médico de la marina británica James Lind, resultó ser la fruta fresca, en particular los cítricos; el agente activo se identificó posteriormente como vitamina C.

Los experimentos modernos confirman que el bajo consumo de vitamina C produce sangrado de las encías y otros signos de gingivitis. Al privar de la vitamina a los monos y otros animales, las encías se inflaman y sangran, se degenera el colágeno y los dientes se aflojan. La reacción es igual en los seres humanos privados de vitamina C. Por ejemplo, en un experimento, investigadores canadienses privaron primero de la vitamina a los participantes, y posteriormente les administraron suplementos de 60 a 70 miligramos al día, la cantidad contenida en una naranja. Observaron que bioquímicamente la vitamina C fortalecía las encías. El sangrado disminuía; la formación de glóbulos blancos aumentaba; los fibroblastos productores de colágeno aumentaban; y las encías presentaban signos biológicos de un mejor estado de salud. Sin embargo, esto no significa que las encías mejoren todavía más con megadosis de vitamina C. Al parecer, los suplementos ayudan a mejorar solamente las encías de las personas que presentan deficiencia de la vitamina.

Además, un análisis en gran escala realizado por el gobierno de los Estados Unidos reveló que la probabilidad de sufrir de gingivitis era menor entre los estadounidenses que consumían la mayor cantidad de alimentos ricos en vitamina C. El mensaje es claro: si desea encías sanas, coma frutas y verduras ricas en vitamina C.

## INCONTINENCIA: LA MALA PASADA DE LA CAFEÍNA

Si tiene tendencia a la incontinencia — urgencia de orinar con frecuencia — el café o el té pueden empeorar las cosas, pero no sólo por el efecto diurético de la cafeína, que aumenta el volumen de orina. Un grupo de investigadores del Hospital San Jorge, de Londres, descubrieron recientemente otra de las "mañas" de la cafeína. La cafeína ejerce presión sobre la vejiga al provocar la contracción de los músculos que la rodean, aumentando la necesidad de orinar en algunas personas incontinentes. Los investigadores estudiaron a veinte mujeres incontinentes, con urgencia de orinar con frecuencia, y a diez controles normales. Todas consumieron diariamente 200 miligramos de cafeína, la cantidad contenida en dos tazas de café.

Las pruebas demostraron que a los treinta minutos de consumir el café, la vejiga de las mujeres incontinentes comenzaba a llenarse rápidamente y las contracciones eran dos veces más fuertes que las de las mujeres normales, indicando que la cafeína no había ejercido el mismo efecto en ellas.

El alcohol también es diurético y puede promover la incontinencia. Pese a afirmaciones en sentido contrario, no hay pruebas de que otros alimentos (además de la cafeína y el alcohol) influyan sobre la incontinencia, de acuerdo con la publicación *Harvard Health Letter.*

## LUPUS: DEL PESCADO Y LAS ALERGIAS A LOS ALIMENTOS

El lupus es un trastorno inflamatorio de tipo autoinmune que se manifiesta con varios síntomas, entre ellos debilidad, fatiga crónica, manchas rojas en la piel, y también dolor y malestar en las articulaciones. La dieta puede aliviar los síntomas. Como sucede con otros trastornos inflamatorios, el tipo de grasa que se consume es un factor decisivo. Por regla general, evite las grasas animales y los aceites poliinsaturados omega 6, como los de maíz, girasol y cártamo. Esas grasas promueven la inflamación. Consuma pescados grasosos, como sardinas y salmón, los cuales combaten la inflamación.

En un estudio reciente realizado con veintisiete enfermos de lupus, investigadores británicos observaron una mejoría notable entre quienes consumieron cápsulas de aceite de pescado, mientras que los que recibieron placebo no tuvieron ningún cambio o empeoraron durante las treinta y cuatro semanas del estudio. El doctor Andrew Weil, de la Facultad de Medicina de la Universidad de Arizona, aconseja a los enfermos de lupus consumir tres veces por semana sardinas conservadas en su propio aceite.

## El extraño caso de la alfalfa

A los enfermos de lupus les conviene también restringir el consumo de leguminosas y de alfalfa germinada. Hay pruebas de que el lupus puede tener relación con reacciones adversas a los alimentos. A los seis meses de iniciado un experimento, los investigadores de la Universidad de Ciencias de la Salud de Oregón, en Portland, observaron que los monos que comían alfalfa enfermaban. ¡Los análisis revelaron signos médicos de lupus! Al suspender la alfalfa hubo una recuperación parcial. Al reanudar la dieta con alfalfa, enfermaron gravemente y uno murió. En otros experimentos se observó el mismo efecto lastimoso con otro tipo de alfalfa, de consumo más generalizado. Los investigadores averiguaron que el componente culpable era el aminoácido *l-canavanina*. Administrada directamente a los monos, la l-canavanina produjo los síntomas de lupus.

No cabe duda de que lo mismo puede suceder en seres humanos. Un hombre de cincuenta y ocho años a quien se le dieron semillas de alfalfa, en un experimento encaminado a reducir el colesterol, presentó síntomas de lupus; se recuperó totalmente tan pronto suspendió las semillas de alfalfa.

## *DEGENERACIÓN MACULAR: LA ZANAHORIA ES LA SALVACIÓN DEL OJO ENVEJECIDO*

Es cierto: una zanahoria al día podría salvarlo de perder la visión en la ancianidad. A través de los años, la mácula, la minúscula parte central de la retina, sufre los estragos de los radicales de oxígeno libres, cuya destructiva labor en los ojos es desencadenada por la luz solar y otros factores ambientales. Con el tiempo, la mácula puede deteriorarse y producir pérdida parcial o total de la visión. La degeneración macular afecta a unos 10 millones de estadounidenses de más de cincuenta años y a un 30% de los mayores de setenta y cinco. Sin embargo, el consumo permanente de dosis bajas de antioxidantes a través de la dieta es una forma de ayudarle a la mácula a defenderse de los ataques de los radicales libres que destruyen la visión.

En efecto, las personas que consumen grandes cantidades de frutas y verduras ricas en betacaroteno corren un menor riesgo de sufrir esta degeneración relacionada con la edad. En 1988, en un análisis de la dieta de unos 3 000 estadounidenses de edad avanzada, los investigadores de la Universidad de Illinois, en Chicago, descubrieron que una zanahoria al día — o cualquier otra fruta o verdura rica en betacaroteno — reducía en un 40% el riesgo de sufrir de degeneración macular en comparación con el consumo menos frecuente de esos alimentos. Además, cuanto más frecuente sea el consumo de frutas y verduras con betacaroteno, menor será el riesgo. El estudio indicó que también los alimentos ricos en vitamina C, otro antioxidante, prevenían la degeneración macular.

Los arándanos azules podrían desempeñar un papel muy particular en este sentido. En estudios clínicos, el extracto de arándanos azules, rico en antocianósidos, ha demostrado que disminuye la velocidad de la pérdida visual.

## Y no olvide las ostras

Las personas de edad suelen tener deficiencia de zinc, la cual puede promover también la degeneración macular. El zinc estimula una enzima vital para al funcionamiento de las células de la retina. Si la enzima se agota, como sucede al avanzar la edad, debido quizá a la falta de zinc, las células se tornan anormales y promueven la degeneración macular. En estudios en tubos de ensayo, el zinc revitaliza la actividad de esta enzima importante hasta en un 190%. Además, se ha demostrado que en algunos casos el zinc, en dosis altas administradas bajo la supervisión de un médico, frena el avance de la degeneración macular.

*• CONCLUSIÓN • Para prevenir la degeneración macular, coma todos los días una fruta u hortaliza rica en betacaroteno. Las mejores opciones son: la batata, la zanahoria, la espinaca, la col y la auyama. Además, asegúrese de obtener suficiente zinc. Las ostras son la más rica fuente de zinc. Una lata de tres onzas de ostras ahumadas tiene la cantidad de zinc que en los estudios ha demostrado retardar la degeneración macular. (Vea en la página 559 otros alimentos ricos en zinc.)*

## *METABOLISMO: ALIMENTOS QUE QUEMAN CALORÍAS*

Es posible acelerar el metabolismo y quemar calorías con alimentos picantes como la mostaza y el ají. En un experimento, investigadores británicos agregaron tres quintos de cucharadita de salsa de ají picante o de mostaza amarilla a una comida. El picante hizo que el metabolismo promedio aumentara un 25% en doce personas, quienes quemaron cuarenta y cinco calorías adicionales en tres horas. Una de las personas quemó setenta y seis calorías, o sea el 10% de las calorías de una comida de 776.

Un estudio australiano reciente indica que también el jengibre acelera el metabolismo. Los bioquímicos aplicaron extractos de jengibre fresco y seco a los tejidos animales y observaron que la especia inducía a los tejidos a utilizar un 20% de energía adicional. La sustancia química que produjo la mayor actividad fue el gingerol, al cual debe el jengibre su sabor picante.

No se sabe en qué medida pueda el jengibre ejercer el mismo efecto en los seres humanos. Algunos investigadores creen que muchas especias y alimentos picantes tienden a incrementar la termogénesis, o sea el proceso de quemar calorías.

## *ESCLEROSIS MÚLTIPLE: ¿UN PROBLEMA DE GRASA?*

La esclerosis múltiple es una enfermedad neurológica misteriosa cuyos síntomas varían desde los leves hasta los muy graves e incapacitantes. Últimamente, los investigadores siguen con vivo interés una pista que puede relacionar a la enfermedad con la dieta. Algunos indicios son: la incidencia de la esclerosis múltiple es alta entre las poblaciones que consumen mucha grasa, en particular grasa láctea. Los pueblos pesqueros parecen inmunes a la enfermedad. Esto ha llevado a sospechar de una posible anomalía en el proceso de digestión de la grasa.

En efecto, Roy Laver Swank, neurólogo de la Universidad de Ciencias de la Salud de Oregón, en Portland, ha tenido éxito desde hace tiempo con una dieta baja en grasa saturada para tratar la esclerosis múltiple. En un artículo publicado en la revista médica británica *The Lancet* en 1990, el doctor Swank relató el éxito asombroso de su dieta. Hizo un seguimiento de 144 pacientes durante treinta y cuatro años.

## LA DIETA DEL DOCTOR SWANK PARA LA ESCLEROSIS MÚLTIPLE

Éstos son los puntos más importantes de la dieta baja en grasa recomendada por el doctor Swank:

- Nada de carne roja el primer año. Eso incluye la carne oscura del pollo y el pavo. Después de ese tiempo, no más de 3 onzas de carne roja muy magra a la semana.
- Nada de productos lácteos que contengan 1% o más de grasa. Se puede consumir cualquier cantidad de leche sin grasa, leche descremada, suero (sin trozos de crema o mantequilla), leche descremada evaporada, leche en polvo sin grasa, queso fresco lavado bajo en grasa, requesón seco, quesos sin grasa en un 99%, yogur sin grasa.
- Nada de alimentos procesados con grasa saturada.
- No más de 15 gramos o 3 cucharaditas de grasa saturada al día. Un taza de leche entera contiene 5 gramos de grasa saturada; una cucharada de mantequilla, 7 gramos y una onza de queso crema o queso Cheddar, 6 gramos.
- Un mínimo de cuatro cucharaditas y un máximo de diez cucharaditas de aceite insaturado al día, como aceite de girasol, maíz, semilla de algodón, soya, ajonjolí, germen de trigo, linaza, maní y oliva.
- Una cucharadita de aceite de hígado de bacalao al día, al igual que pescado un par de veces por semana, o un promedio de una onza de comida de mar al día. (Los detalles completos aparecen en el libro del doctor Swank, *The Multiple Sclerosis Diet Book* [Nueva York: Doubleday, 1987].)

Sin lugar a dudas, el grado de agravamiento y la tasa de mortalidad fueron mucho menores entre quienes redujeron la grasa saturada a menos de veinte gramos al día comparados con aquéllos que consumieron cantidades mayores.

Los más beneficiados fueron quienes comenzaron la dieta baja en grasa antes que la incapacidad fuera significativa. "Si lográbamos iniciar la dieta antes de producirse los síntomas incapacitantes, el 95%

lograba vivir 30 años sin invalidez. Los que no siguieron la dieta se agravaron rápidamente y la mayoría falleció en el transcurso de los 20 años siguientes", dice el doctor Swank. Ahora sabe que un consumo aún menor de grasa saturada — no más de 15 gramos al día — contribuye a una mejoría mayor y más rápida. Al parecer, la grasa más destructiva en el caso de la esclerosis múltiple es la de origen lácteo, seguida por la de la carne.

Al mismo tiempo, los enfermos de esclerosis múltiple podrían necesitar más grasa marina del tipo omega 3. En un estudio reciente, Ralph T. Holman, Ph.D., de la Universidad de Minnesota, y Emre Kokmen, de la Clínica Mayo, documentaron que los enfermos de esclerosis múltiple presentan patrones muy anormales de los ácidos grasos en la sangre, caracterizados por una grave carencia de ácidos grasos omega 3.

El doctor Holman atribuye ese desequilibrio principalmente a un defecto del metabolismo de las grasas y señala que podría superarse parcialmente consumiendo aceites ricos en ácidos grasos omega 3. "El aceite de pescado es más potente", dice, pero los aceites vegetales, como el de canola y linaza, podrían ayudar. Y tampoco se necesitan "niveles enormemente altos de estos aceites" para corregir la deficiencia, dice el doctor Holman. "Estamos hablando de unas pocas cucharaditas al día".

En un estudio reciente realizado en la Gran Bretaña, el aceite de pescado redujo la intensidad y la frecuencia de las recaídas en un grupo de 312 pacientes durante un período de tres años.

## NEURALGIA: DIETAS CON PODER CURATIVO

Una dieta que pudiese aliviar la neuralgia del trigémino sería un verdadero regalo de Dios para más de 15 000 estadounidenses afectados por este trastorno nervioso conocido como *tic douloureux*. El dolor es intenso, episódico, súbito, dura menos de un minuto y luego desaparece rápidamente. Se centra alrededor de la boca, los dientes y la nariz, y puede desencadenarse con sólo masticar, sonreír, hablar o tocarse la cara. La terapia común es administrar medicamentos y a veces operar el nervio para aliviar el dolor. Este procedimiento puede tener efectos secundarios y complicaciones como la pérdida de sensación y control motor en el rostro.

Los investigadores del Centro de Ciencias de la Salud de la Universidad de Oklahoma, en la ciudad de Oklahoma, ofrecen una leve esperanza de aliviar esta enfermedad por medio de la dieta. Tuvieron el caso de una mujer que se libró del dolor de la neuralgia dejando la cafeína. La idea de ensayar esta terapia fue de ella misma. Tenía cuarenta y cinco años cuando sintió el primer dolor episódico intenso en el lado derecho de la cara. Su afección era tan grave, que una simple brisa en la mejilla o el esbozo de una sonrisa le desencadenaban el dolor.

Solía beber tres o cuatro tazas de café instantáneo al día y una dosis cuando el dolor era muy intenso. Preguntándose si la cafeína podría tener la culpa en parte, decidió cambiarse al café descafeinado. Al cabo de dos o tres semanas se redujo la intensidad del dolor y podía tocarse el rostro sin provocar dolor intenso. Pasó todo un año sin episodios de dolor. Luego, a manera de prueba, una semana bebió un par de tazas de cacao caliente; a la semana siguiente regresó el dolor. Más adelante observó que una sola taza de café con cafeína era suficiente para desencadenar un episodio de dolor "moderadamente intenso" que se prolongaba durante toda una semana.

Desde hace dos años ha podido controlar el dolor con la dieta baja en cafeína. Ahora consume, cuando más, 10 miligramos de cafeína al día, comparados con casi 380 miligramos en la época en que era víctima de dolores intensos.

Stephen Glore, Ph.D., profesor auxiliar de dietética clínica de la Universidad de Oklahoma, quien informó del caso, opina que la cafeína podría estimular la actividad nerviosa del trigémino en algunas personas sensibles. El doctor Glore hace hincapié en que no hay pruebas de que todos los afectados mejoren dejando la cafeína. Aún así, vale la pena ensayar.

## Adiós a las nueces y al chocolate

El virus del herpes podría estar implicado en este tipo de neuralgia, dice el doctor Richard Griffith, profesor emérito de la Facultad de Medicina de la Universidad de Indiana. Por lo tanto, sugiere eliminar los alimentos ricos en arginina, como el chocolate y las nueces, a fin de frenar al virus del herpes. Un paciente, amante compulsivo de las nueces y el chocolate, llegó a estar programado para cirugía, pero decidió seguir el consejo del doctor Griffith. El dolor facial desapareció prácticamente de la noche a la mañana, librando al paciente de la operación quirúrgica, cuenta el doctor Griffith. No es suficiente un caso para llegar a una conclusión, pero nada se pierde con ensayar el método antes de recurrir a tratamientos más drásticos.

## ¿PARÁSITOS? EL AJO AL ATAQUE

Contraer parasitosis intestinal es cosa fácil, especialmente en los países subdesarrollados. Uno de los parásitos más comunes en el mundo entero es la *Giardia lamblia,* la cual entra en el organismo al beber agua contaminada y ocasiona estragos en el estómago. Un estudio demostró que el malestar intestinal provocado por este parásito suele confundirse con el síndrome del colon irritable: con síntomas de dolor abdominal, estreñimiento, diarrea y náusea. Un médico de Nueva York observó que cerca de la *mitad* de los pacientes que se quejaban de problemas de colon irritable estaban en realidad infectados con la *Giardia lamblia.*

Una solución es tomar antibióticos durante períodos prolongados, lo cual puede producir efectos secundarios serios. Otra respuesta es el ajo, remedio popular para los trastornos intestinales.

El ajo demostró ser mejor en un experimento reciente de los médicos egipcios de la Universidad Ain Shams, de El Cairo. Tanto el ajo fresco como las cápsulas de ajo, en dosis reducidas, eliminaron casi por completo los síntomas de infección por *Giardia lamblia* en un grupo de 26 niños, en tan sólo un día. Los exámenes de materia fecal demostraron que se habían curado completamente a los tres días. Por su parte, los fármacos para la giardiasis deben tomarse durante una semana y a veces diez días, "con posibles efectos secundarios indeseables".

Los investigadores prepararon el remedio de ajo fresco licuando a pasos cortos unos treinta dientes de ajo con un poco de agua hasta homogeneizar la mezcla, la cual refrigeraron. Luego administraron dosis de una parte de ajo por veinte partes de agua destilada — o un tercio de taza de ajo en solución — dos veces al día.

El remedio acabó también con otro parásito denominado *H. nana.* Los síntomas mejoraron al cabo de dos días en ocho de diez de los niños infectados con este gusano y desaparecieron del todo a los tres días. Los otros niños se recuperaron completamente en cinco días.

· *CONCLUSIÓN* · *El ajo comido con regularidad convierte el estómago y el intestino en un ambiente letal para estos y otros parásitos, ofreciendo protección constante. También puede usarse masticando el diente crudo o mezclando ajo triturado en un poco de agua fría y bebiendo la mezcla inmediatamente.*

También hay pruebas científicas de que las semillas de auyama matan los gusanos intestinales, según afirma la medicina popular.

## ENFERMEDAD DE PARKINSON: ¿UNA DEFICIENCIA DE NUECES Y SEMILLAS?

La falta de determinados alimentos durante los primeros años de la juventud puede traducirse en problemas de salud mucho tiempo después. La enfermedad de Parkinson, un trastorno progresivo del sistema nervioso, podría desarrollarse debido a una deficiencia de la vitamina E antioxidante. Ésta es la teoría que explora el doctor Lawrence Golbe, neurólogo de la Universidad de Medicina y Odontología de Nueva Jersey.

En un estudio de 106 enfermos de parkinsonismo encontró que entre las mujeres había una menor probabilidad de que en su juventud hubiesen comido maní y mantequilla de maní, fuentes ricas en vitamina E. Los hombres habían comido poca ensalada aderezada. El aceite del aderezo para ensaladas es rico en vitamina E. Otro estudio demostró que un grupo de personas sin la enfermedad de Parkinson habían consumido más semillas, nueces y aceites para la ensalada, todos ellos ricos en vitamina E. Por tanto, los investigadores piensan que el consumo de muy pocos alimentos ricos en vitamina E en la juventud podría dejar al cerebro desprotegido contra el ataque de la enfermedad de Parkinson más adelante. Hay incluso algunos primeros indicios de que la vitamina E en dosis masivas (800 a 3 000 unidades diarias) podría desacelerar el avance de la enfermedad. En la actualidad se realizan más estudios acerca de la terapia con vitamina E para la enfermedad de Parkinson.

## AGRANDAMIENTO DE LA PRÓSTATA: EL REMEDIO DE LA AUYAMA

Si sufre de esta dolencia que afecta a cerca de la mitad de los hombres de más de cincuenta años, las semillas de auyama podrían ayudarle. Según el doctor James Duke, del Departamento de Agricultura de los Estados Unidos, un puñado de semillas de auyama todos los días es un remedio popular para el agrandamiento de la próstata en muchos países del mundo — especialmente Bulgaria, Turquía y Ucrania —, y hay una razón científica para ello. Las semillas de auyama son ricas en tres aminoácidos, a saber: alanina, glicina y ácido glutámico. En un estudio controlado de cuarenta y cinco hombres, estos aminoácidos en su forma pura contribuyeron a reducir los principales síntomas del agrandamiento de la próstata. Por ejemplo, la necesidad de orinar durante la noche se alivió o redujo en un 95%, la urgencia de orinar en un 81% y la frecuencia de la micción en un 73%.

*Media taza de semillas de auyama contiene cinco veces más la cantidad de aminoácidos que demostró ser eficaz en el estudio*, dice el doctor Duke. Por lo tanto, considera que las semillas de auyama pueden ser tan eficaces como los aminoácidos puros, o como ciertos medicamentos concebidos específicamente para tratar la enfermedad.

Según el doctor Duke, otros remedios que podrían corregir el agrandamiento de la próstata son las semillas de cohombro, sandía, ajonjolí y algarrobo, al igual que los fríjoles de soya, la linaza, las almendras, las nueces de nogal, las nueces del Brasil, el maní y la nuez del palmito. El doctor Duke indica que esos alimentos, junto con las semillas de auyama, podrían molerse para preparar una especie de mantequilla que él denomina "Prosnut Butter". Una onza al día, o dos cucharadas, brindarían la cantidad terapéutica de aminoácidos y otras sustancias útiles.

## PSORIASIS: PESCADO PARA LA PIEL

Existen interesantes indicios de que los aceites de pescado podrían prevenir y aliviar los síntomas de la psoriasis, una enfermedad inflamatoria de la piel caracterizada por enrojecimiento, sequedad, descamación, dolor y prurito. Por ejemplo, los investigadores británicos del Hospital Real Hallamshire, de Sheffield, determinaron que una dosis de aceite de pescado equivalente a comer cinco onzas diarias de un pescado grasoso como la caballa, aliviaba los síntomas de manera "significativa", en especial el prurito, en un lapso de ocho semanas. En otro estudio, Vincent A. Ziboh, dermatólogo de la Universidad de California, en Davis, logró que el 60% de un pequeño grupo de pacientes presentara una mejoría entre leve y moderada — menos enrojecimiento y prurito — después de ocho semanas de consumir cápsulas de aceite de pescado. Sin embargo, otros estudios no han demostrado que se presente mejoría con el aceite de pescado.

Aun así, como la psoriasis es un trastorno inflamatorio y el aceite de pescado es antiinflamatorio, tiene lógica comer más pescado. Con el tiempo, esas dosis minúsculas podrían hacer bien. La parte más eficiente del aceite de pescado es el ácido eicosapentaenoico (AEP), concentrado especialmente en el salmón y la caballa.

Además, como sucede con cualquier otra enfermedad inflamatoria, conviene reducir las grasas de origen animal y los aceites vegetales omega 6 que promueven la inflamación. Entre éstos están los aceites de maíz, cártamo y girasol, al igual que las margarinas y grasas elaboradas con estos aceites.

## PRURITO Y ARDOR EN EL RECTO: OJO AL PICANTE

Si siente comezón o ardor en el recto, la dieta podría ser la culpable. Según los médicos de la Clínica Mayo, algunos de los culpables del prurito podrían ser la cafeína, las nueces y el chocolate. Por lo tanto, sugieren eliminarlos de la dieta en caso de tener relación con el problema.

En algunos casos, el exceso de ají picante puede producir ardor al defecar. Los médicos de la Universidad de Texas acuñaron incluso un término para identificar esta molestia, "jaloproctitus", tras estudiar a los participantes en un concurso consistente en quién lograba comer más ají jalapeño. Cada uno de los participantes había comido entre tres y treces ajíes. La capsicina picante aparecía incorporada en las heces y era la causante de la sensación de ardor al pasar por el ano.

## EL SUEÑO, EL AZÚCAR Y LA LECHE

Una de las mejores fórmulas para dormir es comer algo de dulce o almidón. La miel se ha utilizado durante muchos años como somnífero en la medicina popular. De manera que si tiene problemas para conciliar el sueño o dormir profundamente, ensaye una onza de algo dulce o a base de almidón una media hora antes de ir a la cama. "Para la mayoría de las personas, esta medida es tan eficaz como una píldora para dormir, pero sin el efecto secundario de somnolencia por la mañana y sin la posibilidad de abusar del medicamento", dice Judith Wurtman, Ph.D., investigadora sobre nutrición en el Instituto Tecnológico de Massachusetts y experta en materia de sueño.

Ella aconseja alimentos bajos en grasa y con muy poca proteína, como un cereal sin leche, palomitas de maíz cubiertas de caramelo, galletas rellenas de higo, galletas de jengibre, o un waffle con una cucharada de jarabe de arce. Todos estos alimentos ejercen un efecto sedante sobre el cerebro.

¿Y qué hay con el viejo remedio popular del vaso de leche tibia para combatir el insomnio? Muchas personas aseguran que es eficaz. Sin embargo, la ciencia moderna lo ha puesto en tela de juicio. Los especialistas insisten en que la leche no sirve porque no contiene suficiente triptófano, la sustancia química que produce el sueño al convertirse en serotonina ("sustancia química del sueño") una vez en el cerebro. En efecto, los científicos del Instituto Tecnológico de Massachusetts insisten en que la leche ejercería el efecto contrario en la mayoría de los casos.

No obstante, nuevas investigaciones han revelado la presencia en la leche de unos opiáceos naturales, conocidos como casomorfinas, que podrían reivindicar la fama del antiguo remedio popular. En teoría, las casomorfinas deberían provocar somnolencia, según Varro Tyler, Ph.D., experto de la Universidad Purdue. "Creo que la leche, por alguna razón desconocida, funciona en algunos casos, en particular si es tibia — dice —. El efecto podría deberse a las casomorfinas". Andrew Weil, médico de Arizona, está de acuerdo en que la leche ayuda a algunas personas a superar el insomnio, considerando que ha visto a muchas personas en quienes un vaso de leche por la noche ejerce un efecto sedante.

El único consejo, mientras la ciencia resuelve el enigma, es escuchar los mensajes del organismo; si la leche le ayuda, continúe bebiéndola.

## El insomnio de los bebés: piense en la leche

Por otra parte, la leche es una verdadera amenaza contra el sueño de algunos bebés. Los bebés que se despiertan constantemente durante la noche, sin ninguna razón aparente, podrían ser víctimas del "insomnio de la leche de vaca", según lo señala un estudio belga. Los investigadores del Hospital Infantil de Bruselas estudiaron a diecisiete niños, entre los dos y los veintinueve meses, con agudos problemas de falta de sueño no atribuibles a causas comunes como las pesadillas o el cólico.

Cuando se les sometió a una dieta sin leche de vaca, el cambio fue asombroso. Todos, salvo uno, comenzaron a dormir como bebés. En lugar de despertarse un promedio de cinco veces durante la noche, como venían haciéndolo, se despertaban solamente una vez. En lugar de sólo cinco horas de sueño por la noche, comenzaron a dormir trece.

Los investigadores piensan que las sustancias naturales de la leche podrían estimular el sistema nervioso de algunos lactantes, manteniendo su cerebro alerta, o desencadenar una reacción alérgica que les produce inquietud.

## Es cierto lo de la cafeína

La mayor antagonista del sueño es la cafeína. Como casi todo el mundo lo sabe, la cafeína puede ahuyentar el sueño cuando más se desea dormir, en especial si la persona no está acostumbrada a ella o es de edad avanzada. Un estudio típico es el de la Facultad de Medicina de la Universidad Vanderbilt, el cual demostró que el sueño de las personas que consumieron cafeína media o una hora antes de dormir se alteró radicalmente. Tardaron más tiempo en conciliar el sueño y no durmieron el mismo número de horas o igualmente bien. Sin embargo, los menos afectados fueron los grandes consumidores de cafeína, quizá por haber creado algún tipo de tolerancia. Las alteraciones fueron mayores entre quienes no estaban acostumbrados a la cafeína.

## ALIMENTOS QUE AMORTIGUAN EL DESEO DE FUMAR

Si está tratando de dejar de fumar, debe saber que algunos alimentos aminoran el deseo de buscar la nicotina que lo tiene atrapado.

### Ensaye la avena

Sí, la harina de avena o la avena integral pueden ayudarle a sofocar la necesidad de la nicotina y a dejar el hábito del cigarrillo. En la medicina ayurvédica de la India se ha utilizado desde tiempo atrás la avena hervida para tratar la adicción al opio. Alguien observó en algún momento que los adictos recuperados perdían muchas veces el interés por el cigarrillo. Esto llevó al investigador C. L. Anand, del Hospital Ruchill, de Glasgow (Escocia), a realizar un estudio doble ciego, controlado con placebo, cuyos resultados publicó posteriormente en la revista científica *Nature*.

Dividió a los fumadores empedernidos en dos grupos, uno de los cuales recibió extracto de avena fresca, mientras al otro se le suministró placebo. Un mes después, los que habían consumido la avena sentían menos deseos de fumar y habían reducido a la tercera parte el número de cigarrillos en comparación con el grupo que había recibido el placebo. En efecto, cinco de los trece que recibieron la avena dejaron de fumar, y siete redujeron la cantidad de cigarrillos en un 50%. Sólo uno continuó fumando como antes. Además, dejaron de sentir el deseo de fumar durante dos meses después de suspender la avena. Un estudio realizado posteriormente en ratones reveló la

---

¿DESEA LIBRARSE DEL HÁBITO DE FUMAR?

**Alimentos que le facilitarán la labor aumentando la alcalinidad del cuerpo:** espinaca, hojas de remolacha, uvas pasas, higos, habas secas, hojas de diente de león, almendras.

**Alimentos que pueden dificultar la labor aumentando la acidez del cuerpo:** alcohol, carnes rojas, hígado, vísceras, germen de trigo, lentejas secas, pollo, huevo, queso, maní, avellanas inglesas, ciruelas, ciruelas pasas, arándanos rojos, café.

existencia de un compuesto de la avena que podría ser el ingrediente activo contra el deseo de fumar.

## Coma espinaca, no carne

Los alimentos alcalinos, como la espinaca y las hojas de remolacha, tienden a "recircular" la nicotina, manteniendo unos niveles altos de la sustancia adictiva en el organismo; por lo tanto, esos alimentos tienden a disminuir la necesidad de obtener nicotina, dice David Daughton, Ph.D., investigador de la nicotina en el Centro Médico de la Universidad de Nebraska. Otros alimentos que acidifican la orina, como la carne, tienden a lavar la nicotina del cuerpo, aumentando el deseo de fumar. Por lo tanto, una dieta rica en alimentos alcalinos y baja en alimentos ácidos podría ayudarle a dejar el hábito gradualmente. Probablemente sea lo mismo si se deja el cigarrillo de un día para otro, dice.

En uno de sus experimentos, el doctor Daughton observó que los fumadores tuvieron menos dificultad para dejar de fumar al consumir bicarbonato de sodio para aumentar la alcalinidad del cuerpo. Transcurridas cinco semanas, casi todos se habían liberado del hábito. Sólo uno de ellos seguía fumando dos cigarrillos al día. Los integrantes del grupo que no había recibido la sustancia alcalina continuaban fumando.

Stanley Schachter, Ph.D., profesor de psicología de la Universidad de Columbia, demostró que las personas con niveles altos de acidez corporal fumaban más que las personas cuya química tendía a ser alcalina. "En condiciones ácidas hay un aumento aproximado del 17% en el número de cigarrillos [unos siete cigarrillos más al día] en el caso de la persona que fuma dos cajetillas diarias", dijo.

## No mezcle bebidas de cola con chicle de nicotina

Si está utilizando el chicle de nicotina para suprimir los deseos de fumar, los alimentos ácidos pueden bloquear la eficacia del chicle y obligarlo a fumar más para obtener la nicotina que necesita su organismo. No consuma alimentos o bebidas ácidos por lo menos quince minutos antes de utilizar el chicle. Esto se refiere especialmente a las colas, el café, los jugos de frutas y la cerveza. Ése es el consejo de los especialistas del Instituto Nacional sobre Abuso de Drogas, quienes observaron que los hombres que tomaban un sorbo de café o cola antes de mascar el chicle no absorbían casi nada de nicotina. Con eso se anula el propósito de librar a los fumadores del cigarrillo por medio de dosis pequeñas de nicotina, y los fumadores se ven obligados a fumar más para obtener su dosis normal de nicotina.

## VAGINITIS: COMBÁTALA CON UNA TAZA DE YOGUR TODOS LOS DÍAS

Si alguna vez oyó decir que el yogur combate las infecciones causadas por levaduras, créalo. Aunque es una vieja historia popular, en realidad es cierta, dice la doctora Eileen Hilton, especialista en enfermedades infecciosas que trabaja en el Centro Médico Judío de Long Island, de Nueva York. Con una taza de yogur al día se pueden mantener alejadas las infecciones de esta clase.

En su estudio, la doctora Hilton pidió a un grupo de mujeres con vaginitis recurrente — también conocida como candidiasis, una infección causada por una levadura — que consumieran una taza de yogur natural todos los días durante seis meses. El segundo grupo no agregó nada a la dieta. La incidencia de vaginitis se redujo una tercera parte en las mujeres que consumieron el yogur. Aquéllas que normalmente presentaban tres recaídas en seis meses tuvieron solamente una o ninguna mientras consumieron el yogur.

Importante: el yogur debe contener cultivos vivos de lactobacilina, como el utilizado en el estudio. La doctora Hilton identifica en estas bacterias *L. acidophilus* el ingrediente activo contra la infección. En los Estados Unidos no existe el requisito de que el yogur contenga cultivos vivos, pero algunos fabricantes los añaden. Verifíquelo leyendo la etiqueta. O prepare su propio yogur con cultivos que podrá conseguir en muchas tiendas naturistas. Los cultivos deben estar vivos, para producir el efecto terapéutico. Al calentar el yogur mueren los cultivos y con ellos la actividad farmacológica de este alimento contra la vaginitis.

# CÓMO USAR EL PODER FARMACOLÓGICO DE LOS ALIMENTOS PARA MANTENERSE SANO

A continuación se presentan algunas de las muchas formas de utilizar los alimentos como remedios comunes. La actividad farmacológica de los distintos alimentos descritos en esta sección ha sido demostrada por estudios científicos. Una fuente importante de consulta sobre dichos estudios es la NAPRALERT (Natural Products Alert), base de datos de la Universidad de Illinois, en Chicago, en la cual aparecen más de 100 000 artículos sobre la actividad farmacológica de las plantas publicados en diversas revistas científicas. La búsqueda por actividad farmacológica (antibiótica y demás) en esa base de datos fue la fuente de la mayoría de los alimentos incluidos aquí. Los demás se incluyeron por aparecer en la gran base de datos de las publicaciones médicas y científicas de la Biblioteca Nacional de Medicina, o por haber sido citados por científicos de instituciones académicas o entidades gubernamentales, como el Instituto Nacional de Cancerología y el Departamento de Agricultura de los Estados Unidos.

A través de esta recopilación de información se llega a los alimentos que poseen un potencial farmacológico. Sin embargo, muchas veces la información no es clara acerca de la potencia de los distintos efectos, cuánta cantidad se necesita para producir el efecto, y el grado de este efecto en el organismo. En algunos casos se han identificado los agentes químicos activos de los alimentos y también su mecanismo de acción. En otros casos, pese a observarse una actividad farmacológica clara por parte de los alimentos o de sus elementos constituyentes, los mecanismos continúan siendo un misterio.

## ANTIBIÓTICOS: DE CÓMO LOS ALIMENTOS MATAN O INHIBEN LAS BACTERIAS

Usted recordará los rumores de que el primer antibiótico importante, la penicilina, se obtuvo a partir de un pan mohoso. Aunque esto podría ser tan sólo un mito, la verdad es que la penicilina comercial utilizada en la actualidad se deriva de una cepa obtenida de un melón mohoso. Ante el éxito comercial de la penicilina durante los años 40, los científicos se dedicaron a buscar otros enemigos naturales de las bacterias que pudieran convertir en medicamentos. Uno de los candidatos más prometedores fue el ajo. De hecho, en 1858 Louis Pasteur había observado que las bacterias morían al ser expuestas a los efectos del ajo. En 1944, Chester J. Cavallito aisló un antibiótico potente del ajo: la olorosa alicina. Pero la alicina demostró ser tan esquiva y tener un ciclo de vida tan corto que fue imposible fabricar un fármaco con ella. Es preciso administrarla en su empaque original: el diente de ajo crudo.

El ajo es uno de los agentes antibacterianos más fuertes, complejos y de amplio espectro que nos ofrece la naturaleza. Los experimentos demuestran que el ajo mata o incapacita a por lo menos setenta y dos bacterias infecciosas causantes de la diarrea, la disentería, el botulismo, la tuberculosis y la encefalitis, entre otras enfermedades. También la cebolla es un antibiótico y antiséptico potente, y se utilizó para tratar las infecciones de los soldados rusos heridos durante la Segunda Guerra Mundial. La miel y el vino se utilizaron en los campos de batalla de griegos y romanos para limpiar y sanar las heridas. Son varios los mecanismos mediante los cuales los compuestos de los alimentos destruyen las bacterias, especialmente alterando su proceso de síntesis de las proteínas, el ácido fólico y la transpeptidasa, de manera que no puedan multiplicarse. Los arándanos azules y rojos no sólo inhiben las bacterias, sino que les impiden adherirse a las células humanas.

## Alimentos con actividad antibacteriana

Aceituna, ají, ajo, albahaca, apio, arándano azul, arándano rojo, azúcar, banano, café, cebolla, cebollino, ciruela, coco, comino, eneldo, jengibre, limón verde, manzana, marañón, miel, nori (alga marina), nuez moscada, papaya, rábano picante, regaliz, remolacha, repollo, salvia, sandía, semilla de mostaza negra, té, verdolaga, vino, yogur, zanahoria.

## Algunos compuestos antibacterianos de los alimentos

Alicina (ajo), lactobacilina (yogur), eugenol (clavos), antocianato (vino tinto).

## AGENTES ANTICANCEROSOS: DE CÓMO LOS ALIMENTOS COMBATEN EL CÁNCER

El cáncer es un proceso lento que comienza con la "iniciación" de una sola célula por la acción de sustancias cancerígenas. Algunos alimentos y sus compuestos pueden interferir este proceso en diez etapas distintas de su desarrollo, de acuerdo con el doctor John D. Potter, de la Universidad de Minnesota. Los compuestos de los alimentos pueden impedir la "activación" de los posibles agentes cancerosos. Pueden bloquear la mutación del ADN (material genético) de la célula. Pueden estimular en el organismo las enzimas encargadas de deshacerse de las sustancias cancerígenas. Pueden impedir la activación de los oncogenes causantes del cáncer. Pueden combatir las bacterias relacionadas con el cáncer gástrico. Pueden actuar sobre las hormonas y neutralizar los agentes tóxicos promotores del cáncer. Pueden restarles a las células cancerosas la capacidad para proliferar y formar tumores. Pueden inclusive evitar que las células cancerosas se dispersen para establecer nuevas colonias. Estos compuestos anticancerosos se encuentran en grandes concentraciones en las frutas y las verduras.

## Principales alimentos con actividad anticancerosa

Aceite de oliva, ajo, albahaca, arroz integral, avena, bayas, cebada, cebolla, cebollino, cítricos (naranja, toronja, limón), cohombro, crucíferas (bróculi, coliflor, coles de Bruselas), cúrcuma, estragón, fríjol de soya, jengibre, linaza, mariscos, melón cantalupo, menta, orégano, papa, regaliz, repollo, romero, salvia, solanáceas (tomate, berenjena, pimiento), té, tomillo, trigo entero, umbelíferas (zanahoria, apio, chirivía).

## Algunos agentes químicos de los alimentos con actividad anticancerosa

Ácido elágico (uvas, fresas, frambuesas, nueces de nogal), carotenoides (hortalizas de hojas verdes, zanahoria, batata), catequinas (té, bayas), cumarinas (zanahoria, perejil, cítricos), indoles (repollo, bróculi, coliflor, col, coles de Bruselas), inhibidores de las proteasas (fríjol de soya, leguminosas, nueces, granos, semillas), isotiocianatos (mostaza, rábano picante, rábano, otras crucíferas), lignanos (fríjol de soya, linaza), limonoides (cítricos), sulforafano (bróculi, cebolla verde, col, repollo rojo, coles de Bruselas, jengibre, coliflor, lechuga de hoja roja), sulfuros de alilo (ajo, cebolla, cebollino).

## También las vitaminas contrarrestan el cáncer

Las vitaminas son agentes anticancerosos potentes. La vitamina C, una de las más estudiadas, dispone de numerosas armas contra el cáncer. Por ejemplo, puede bloquear la transformación de las aminas y los nitritos en nitrosaminas, mortíferos carcinógenos capaces de causar todos los tipos conocidos de cáncer. Puede neutralizar los radicales libres cancerosos presentes en las membranas celulares, frenando el primer paso hacia el cáncer. También ayuda a regular la inmunidad y a impedir que los oncogenes y los virus transformen las células sanas en células cancerosas. Puede suprimir el crecimiento y la virulencia de los tumores en animales; por ejemplo, en un experimento, los cánceres espontáneos tardaron una tercera parte más de tiempo en aparecer en los ratones a los que se les administró vitamina C. En otros experimentos, los cánceres de los animales tratados con vitamina C fueron más reducidos, menos invasores y menos propensos a diseminarse.

"La vitamina C ejerce múltiples efectos complejos sobre toda una gama de actividades biológicas, quizá más amplios que los de cualquier otro nutrimento", concluyó un informe del Instituto Nacional de Salud sobre vitamina C y cáncer publicado en 1990.

## ANTICOAGULANTES: DE CÓMO LOS ALIMENTOS CONTRIBUYEN A "ADELGAZAR LA SANGRE"

La aspirina, una de las grandes drogas anticoagulantes o "adelgazantes de la sangre" se obtuvo a partir de la corteza de un sauce. Pero fue sólo desde los años 70, con el descubrimiento de sustancias de tipo hormonal denominadas prostaglandinas, que los científicos comenzaron a comprender el mecanismo de acción de la aspirina. Ahora saben que la droga tiene el poder de impedir la agregación de las plaquetas. Impide que éstas, los más pequeños elementos constituyentes de la sangre, se aglomeren o agreguen tornándose más pegajosas y aumentando su capacidad para formar coágulos y taponar las arterias. Ésa es una de las razones por las cuales los médicos creen que una dosis baja de aspirina puede ayudar a evitar los ataques cardíacos y los accidentes cerebrovasculares. Una décima parte de una aspirina — apenas 30 miligramos — es suficiente para inhibir la agregación plaquetaria. La aspirina actúa bloqueando la acción de una sustancia del tipo de la prostaglandina, conocida como tromboxano, que induce a las plaquetas a unirse entre sí.

Con este descubrimiento fue poco lo que se necesitó para señalar la posibilidad de que otras plantas y alimentos actuaran de igual manera, a través del sistema de las prostaglandinas, para moderar la tendencia de las plaquetas a aglomerarse. Al igual que la aspirina, algunos compuestos de los alimentos son antagonistas del tromboxano. Otros alimentos, como el ajo y la cebolla, contienen varios compuestos que operan a través de distintos mecanismos bioquímicos para evitar la agregación plaquetaria.

### Alimentos con actividad anticoagulante (contra la agregación plaquetaria)

Aceite de pescado, ajo, canela, cebolla, comino, hongo (negro de "oreja de árbol" o moer), jengibre, melón (verde y amarillo), sandía, té, uva, vino (tinto).

### Algunos agentes químicos de los alimentos con actividad anticoagulante (contra la agregación plaquetaria)

Ácidos grasos omega 3 (pescado grasoso de aguas profundas),

adenosina (ajo, cebolla, hongos negros "oreja de árbol"), ajoeno (ajo), catequinas (té), resveratrol (hollejo de la uva, vino tinto).

## ANTIDEPRESIVOS: DE CÓMO LOS ALIMENTOS MEJORAN EL ESTADO DE ÁNIMO

Al parecer, el mecanismo más común mediante el cual los alimentos modifican el estado de ánimo es actuando sobre la serotonina, uno de los más importantes neurotransmisores del cerebro. Los alimentos que agotan la serotonina del sistema nervioso pueden bajar el estado de ánimo, causando depresión y ansiedad. Los alimentos que mantienen los niveles normales de serotonina en el cerebro levantan el estado de ánimo, de manera semejante a como lo hacen los medicamentos. Las medicinas que activan la serotonina se utilizan con frecuencia para tratar la depresión.

Los péptidos presentes en el intestino, los cuales se liberan al comer, también pueden actuar directamente sobre el cerebro y el nervio vago, conducto de los mensajes dirigidos al cerebro. Aunque no hay consenso sobre el mecanismo de acción, todos los científicos aceptan que los carbohidratos levantan el estado de ánimo, aliviando ciertos tipos de depresión en particular, como la tristeza del síndrome premenstrual y la depresión del trastorno afectivo estacional. Últimamente se ha descubierto que otros componentes de los alimentos, como el ácido fólico, pueden afectar profundamente al estado de ánimo, quizá al regular los niveles de serotonina a través de interacciones complejas de la química cerebral.

### Alimentos con actividad antidepresiva

Azúcar, cafeína, jengibre, miel.

### Sustancias químicas de los alimentos con actividad antidepresiva

Ácido fólico (hortalizas de hojas verdes y leguminosas), cafeína (café, té, chocolate), carbohidratos (azúcar, pasta, pan, cereales, galletas, tortas), selenio (mariscos, granos, nueces).

## AGENTES ANTIDIARREICOS: DE CÓMO LOS ALIMENTOS COMBATEN LA DIARREA

Algunos alimentos son eficaces para combatir la diarrea porque contienen taninos y otros compuestos astringentes; por lo tanto, extraen el agua de los intestinos, solidificando las heces, y también restringen las contracciones intestinales (motilidad) que empujan la materia fecal hacia adelante. La actividad de esos agentes astringentes es la que explica la eficacia de los arándanos azules en el tratamiento de la diarrea. (Nota: Sólo los arándanos azules deshidratados contienen altas concentraciones de agentes astringentes; los frescos no.) Algunos otros alimentos parecen actuar atacando las bacterias intestinales, con lo cual proporcionan alivio.

### Alimentos con actividad antidiarreica

Ajo, arándanos azules (secos), arroz, canela, cúrcuma, jengibre, nuez moscada, regaliz, semillas de alholva, té.

## ANTIHIPERTENSIVOS: DE CÓMO LOS ALIMENTOS REDUCEN LA PRESIÓN ARTERIAL

Muchos fármacos para bajar la presión actúan de manera indirecta, dice William J. Elliott, profesor auxiliar de medicina y farmacología de la Universidad de Chicago, y producen "efectos secundarios preocupantes, como desmayos, somnolencia o impotencia". En cambio, el doctor Elliott ha encontrado que los alimentos, al menos en los estudios con animales, reducen la presión de una manera mucho más directa y simple, con sólo dilatar los vasos sanguíneos. Eso es lo que hace el apio, dice el doctor Elliott, quien descubrió que uno de los compuestos del apio, denominado ftalido, relaja los músculos lisos de los vasos sanguíneos, ampliando su diámetro y reduciendo la presión arterial. Además, el doctor Elliott observó que el mecanismo de acción de este compuesto consiste en bloquear la actividad de la enzima productora de las catecolaminas u hormonas de la tensión. Estas hormonas provocan la contracción de los vasos sanguíneos, elevando la presión arterial. Así, el apio parece reducir la presión arterial al suprimir la producción de las hormonas de la tensión causantes de la elevación de la presión sanguínea.

Es interesante anotar que el ajo y la cebolla pueden reducir la presión de manera semejante. Ambos contienen adenosina, otro relajante de los músculos lisos.

### Alimentos con actividad antihipertensiva

Aceite de oliva, aceite de pescado, ajo, apio, cebolla, semillas de alholva, toronja.

## ANTIOXIDANTES: DE CÓMO LOS ALIMENTOS PROTEGEN LAS CÉLULAS

No hay nada mejor para la salud y la longevidad que un suministro constante de antioxidantes a las células. Los antioxidantes de los alimentos son una familia enorme y ramificada de guerreros químicos que combaten directamente a las moléculas cargadas de oxígeno cuyo único propósito malévolo es dañar las células. Los antioxidantes son una fuerza de policía del organismo; se cree que ellos ayudan a impedir prácticamente todas las enfermedades crónicas, entre ellas la enfermedad cardíaca, el cáncer, la bronquitis, las cataratas, la enfermedad de Parkinson y el mismo proceso de envejecimiento. La deficiencia de antioxidantes deja a la persona desprotegida, especialmente cuando está expuesta a riesgos como el del humo del cigarrillo, los productos químicos industriales y los contaminantes del aire.

Las vitaminas y los minerales pueden servir también como antioxidantes. Lo mismo ocurre con toda una gama de enzimas y compuestos poco corrientes que cumplen diversas funciones bioquímicas. Hay grandes concentraciones de antioxidantes en los alimentos de origen vegetal, en la comida marina y, a veces, en los alimentos terrestres de origen animal.

### Alimentos ricos en antioxidantes y con gran actividad antioxidante

Aguacate, ají, ajo (excepcionalmente rico), albahaca, auyama, avena, batata, bayas, bróculi, cebolla (excepcionalmente rica), clavos, col rizada, col, coles de Bruselas, comino, espárragos, espinaca, hierbabuena, jengibre, lechuga (verde oscura), maní, mejorana, menta, naranja, nueces del Brasil, nuez moscada, pescado, pimienta, regaliz, repollo, salvia, sandía, semillas de ajonjolí, tomate, zanahoria.

---

**EL AJO: FUENTE PODEROSA DE ANTIOXIDANTES**

El ajo es el campeón de los portadores de antioxidantes, al poseer cerca de quince agentes químicos antioxidantes diferentes. "Esta actividad antioxidante podría ser el principal mecanismo mediante el cual el ajo combate las enfermedades". — *Doctor David Kritchevsky, Instituto Wistar, Filadelfia*

---

## Algunos antioxidantes primordiales de los alimentos

**Betacaroteno:** Este pigmento anaranjado que ha demostrado estar asociado con la prevención de los ataques cardíacos, de los accidentes cerebrovasculares y del cáncer, en especial del pulmonar, fortalece la actividad del sistema inmunitario y elimina los radicales de oxígeno libres. Las víctimas de cáncer (en particular con cáncer pulmonar, gástrico, esofágico, del intestino delgado, del cuello uterino y del útero) suelen tener niveles bajos de betacaroteno, reflejando un consumo escaso de este compuesto a través de la dieta. Según un estudio, los niveles de betacaroteno eran una tercera parte inferiores entre las víctimas de cáncer pulmonar comparadas con las personas sanas. Así mismo, un estudio británico reveló recientemente que la probabilidad de contraer cáncer, en especial cáncer pulmonar, era de tan sólo el 60% entre los hombres con los niveles más altos de betacaroteno en la sangre comparados con aquéllos que tenían los niveles más bajos.

*Principales fuentes de betacaroteno.* Hortalizas de color anaranjado interno y de hojas verde oscuro. La batata, la zanahoria, los albaricoques secos, la col rizada, la col común, la espinaca y la auyama son las fuentes más ricas. El betacaroteno se encuentra en menor cantidad en la toronja rosada, el mango, la lechuga verde y el brócoli. Cuanto más oscuro el color anaranjado o verde, mayor el contenido de betacaroteno. La clorofila de las hortalizas verdes cubre y oculta el color anaranjado subyacente. En efecto, se encontraron distintas cantidades de betacaroteno en cada una de las veintiocho frutas y verduras más comunes estudiadas por el Departamento de Agricultura de los Estados Unidos.

*NOTA: Según las pruebas del Departamento de Agricultura, el betacaroteno no se destruye con la cocción.*

**Glutatión:** El glutatión es un importante agente anticanceroso. Dean P. Jones, Ph.D., profesor asociado de bioquímica de la Facultad de Medicina de la Universidad Emory dice que el glutatión puede desactivar a por lo menos treinta sustancias cancerígenas. El compuesto previene la peroxidación de las grasas y actúa como enzima para desactivar a los radicales libres. Así, ofrece la posibilidad de proteger contra la enfermedad cardíaca, las cataratas y el asma, y también contra el cáncer y otras enfermedades relacionadas con el daño ocasionado por los radicales libres. El glutatión también ayuda a frenar el daño causado por compuestos tóxicos tales como los contaminantes ambientales, desintoxicando el organismo. Y en experimentos en tubos de ensayo, el glutatión casi frenó del todo la reproducción del virus del sida.

*Principales fuentes de glutatión.* Aguacate, espárragos y sandía. Estos tres alimentos contienen por porción la mayor cantidad de glutatión, según el análisis que hiciera el doctor Jones de noventa y ocho alimentos comunes. Otros alimentos ricos en glutatión son la toronja y la naranja, las fresas, los duraznos frescos, el quimbombó, la papa blanca, la calabaza, la coliflor, el brócoli y el tomate crudo. Algunas carnes, especialmente el jamón cocido, las chuletas magras de cerdo y ternera, también contienen cantidades moderadas de glutatión.

*NOTA: Solamente las frutas y verduras frescas y congeladas tienen concentraciones altas de glutatión. En las pruebas del doctor Jones, los alimentos enlatados y procesados demostraron tener apenas una octava parte de este antioxidante potente. La cocción, el triturado o la licuefacción de los alimentos también destruyen en parte el glutatión.*

**Indoles.** Los indoles fueron unos de los primeros compuestos anticancerosos descubiertos en los alimentos y han demostrado bloquear con mucho éxito el cáncer en los animales de laboratorio. Actúan eliminando la toxicidad de los agentes cancerígenos. En los seres humanos, existe una gran probabilidad de que los indoles contribuyan a prevenir los cánceres del colon y del seno, influyendo sobre el metabolismo del estrógeno en este último caso.

*Fuentes principales de indoles.* La denominada familia de las crucíferas, a la cual pertenecen, entre otros, el colinabo, el nabo, el rábano picante, el rábano, el repollo, el bróculi, las coles de Bruselas, la col común, la coliflor, la mostaza, la rutabaga y los berros.

*NOTA: Estudios realizados en la Universidad de Manitoba revelaron que las crucíferas hervidas dejaban cerca de la mitad de los indoles en el agua de la cocción.*

**Licopeno.** Cada día se habla más sobre las bondades del licopeno como agente anticanceroso. Por ejemplo, los investigadores de Johns Hopkins observaron una falta notable de licopeno en la sangre de los pacientes con cáncer de páncreas. También observaron que los niveles eran bajos entre las víctimas de cáncer de la vejiga y del recto. Los investigadores de la Universidad de Illinois, en Chicago, han detectado niveles bajos de licopeno en la sangre de las mujeres con alto riesgo de una afección precancerosa conocida como neoplasia intraepitelial del cuello uterino. Hay quienes piensan que el licopeno es un antioxidante más potente que el betacaroteno.

*Principales fuentes de licopeno.* La fuente más concentrada y más común es el tomate, aunque la sandía es más rica en licopeno por peso. El tomate contiene 3.1 gramos de licopeno por cada 100 gramos de peso, mientras que la sandía contiene 4.1 gramos. El licopeno es la sustancia que les da el color rojo. También se encuentra en pequeñas cantidades en los albaricoques, pero no es el agente que da el color a las bayas rojas.

*NOTA: El licopeno permanece intacto en los alimentos cocidos y enlatados. El tomate guisado contiene tanto licopeno como el tomate crudo, según lo demuestran las pruebas del Departamento de Agricultura de los Estados Unidos.*

**Quercetina.** La quercetina es uno de los miembros de la familia de los flavonoides con mayor actividad biológica y se encuentra en altas concentraciones en las frutas y las verduras. En la quercetina radica quizá una de las principales razones del enorme poder terapéutico de la cebolla. Algunas cebollas tienen tanta quercetina que el compuesto representa cerca del 10% de su peso seco, de acuerdo con las pruebas de Terrance Leighton, Ph.D., profesor de bioquímica y biología molecular de la Universidad de California, en Berkeley.

La quercetina posee un variado potencial contra las enfermedades. "La quercetina es uno de los agentes más poderosos contra el cáncer que se haya descubierto hasta ahora", dice el doctor Leighton. Anula varios agentes cancerígenos previniendo el daño del ADN celular, e inhibe las enzimas que fomentan el crecimiento tumoral. La quercetina tiene también propiedades antiinflamatorias, antibacterianas, antimicóticas y antivirales. Trabaja a través del sistema inmunitario para amortiguar las respuestas alérgicas (inhibiendo la liberación de histamina de las células) y, por tanto, parece ser útil para combatir alergias como la fiebre del heno. En efecto, la quercetina tiene semejanza química con la cromolina, una droga antialérgica cuya acción consiste en inhibir la histamina. Este poder, unido a la actividad antiinflamatoria, podría explicar el efecto terapéutico reconocido de la cebolla contra el asma y las alergias. La quercetina es antitrombótica y, como tal, contribuye a evitar la formación de coágulos en la sangre. Como antioxidante, absorbe los radicales de oxígeno libres e impide la oxidación de las grasas (la peroxidación de los lípidos). Así, la quercetina ha demostrado evitar el daño arterial provocado por los radicales de oxígeno libres y el colesterol LBD oxidado, ayudando a mantener las arterias limpias y despejadas.

*Fuentes principales de quercetina.* Cebolla roja y amarilla (no la blanca), chalotes, uvas rojas (no las blancas), brócoli y calabaza amarilla italiana. Por extraño que parezca, el ajo, primo hermano de la cebolla, no contiene quercetina.

*NOTA: La quercetina no se destruye con la cocción ni con el frío del congelador.*

**Ubiquinol-10 (coenzima Q10).** Este elemento poco conocido es uno de los mejores antioxidantes para ayudar a eliminar el veneno del colesterol malo LBD. Se encuentra en grandes concentraciones en las partículas de LBD y parece ser el más eficiente de los antioxidantes, mucho más que la vitamina E, en lo que se refiere a impedir que el colesterol LBD se torne peligroso por la oxidación, dice Balz Frei, de Harvard. El ubiquinol-10 podría ser otra razón de que el pescado grasoso contribuya a evitar la enfermedad cardíaca.

*Fuentes principales de ubiquinol-10.* Sardinas, caballa, maní, pistachos, fríjoles de soya, nueces de nogal, semillas de ajonjolí, algunas carnes.

**Vitamina C.** Este antioxidante, de amplísimo poder, protege al parecer contra el asma, la bronquitis, las cataratas, las arritmias cardíacas, la angina (dolor de pecho), la infecundidad masculina, los defectos congénitos transmitidos por los varones, y los cánceres de todo tipo. También se ha demostrado, en tubos de ensayo, que detiene el crecimiento del virus del sida. Muchos especialistas creen que la capacidad antioxidante de la vitamina C impide que el colesterol LBD se oxide, frenando así el proceso de taponamiento de las arterias y la enfermedad cardiovascular. Las vitaminas C y E trabajan conjuntamente para revitalizarse y reponerse.

*Fuentes principales de vitamina C.* Pimientos dulces rojos y verdes, bróculi, coles de Bruselas, coliflor, fresas, espinaca, cítricos, repollo.

*NOTA: La cocción (hervir, cocinar al vapor, escaldar) destruye cerca de la mitad de la vitamina C de las verduras, cualquiera que sea la cantidad de agua utilizada. Las pruebas indican que el bróculi cocido en un cuarto de taza de agua pierde la misma cantidad de vitamina C que si se cocinara en un cuarto de galón. El mejor método es cocer en el horno de microondas, con lo cual se destruye entre cero y un 15% de la vitamina C del bróculi.*

**Vitamina E (tocoferol).** Debido a su actividad antioxidante, la vitamina E es ensalzada como uno de los principales protectores del corazón y las arterias. Las personas con altos niveles de esta vitamina en la sangre tienen menos probabilidades de sufrir de arritmia, angina o ataques cardíacos. La vitamina E, a diferencia de la C y del betacaroteno, es soluble en grasa y, por tanto, contribuye a proteger las moléculas lípidas contra el daño oxidativo promotor de las enfermedades. Por ejemplo, la vitamina E es un enemigo temible de las reacciones en cadena de los radicales libres, las cuales desgarran las células, oxidando sus membranas. La presencia de la vitamina E puede detener estas catastróficas reacciones en cadena. "La vitamina E actúa como un pequeño extintor de incendios en la membrana de la célula", dice Joe McCord, especialista en antioxidantes que trabaja en la Universidad de Colorado.

La vitamina E está presente en el colesterol LBD, lo cual significa que puede ayudar a impedir que las moléculas de grasa se oxiden y, en su forma tóxica, desencadenen sucesos que terminan en taponamiento y lesiones de las arterias.

*Fuentes principales de vitamina E.* Aceites vegetales, almendras, fríjoles de soya, semillas de girasol.

## AGENTES ANTIINFLAMATORIOS: DE CÓMO LOS ALIMENTOS ALIVIAN LA INFLAMACIÓN

Con anterioridad a los últimos veinte años y al descubrimiento de las sustancias de tipo hormonal llamadas prostaglandinas y leucotrienos, era imposible comprender de qué manera alimentos como el aceite de pescado podían influir sobre enfermedades inflamatorias como la artritis y el asma. Ahora se sabe que las prostaglandinas y los leucotrienos se producen por la descomposición enzimática del ácido araquidónico, un ácido graso. Los alimentos que uno coma determinan la cantidad de ácido araquidónico presente y el tipo de prostaglandinas y leucotrienos creados. Las prostaglandinas y los leucotrienos actúan como mensajeros celulares que regulan el proceso inmunitario y la inflamación.

Si una persona consume demasiada carne y aceites vegetales omega 6, lo más probable es que produzca más ácido araquidónico, lo que da lugar a una serie de reacciones cuyo resultado será unos leucotrienos específicos que desencadenan la inflamación. En cambio, alimentos como el aceite de pescado, actúan sobre el sistema de las prostaglandinas para bloquear los sucesos que terminan en la marcha de los leucotrienos contra los tejidos, la cual produce la inflamación. Alimentos como el jengibre pueden intervenir mínimo en tres etapas para bloquear el complejo proceso bioquímico inflamatorio.

A su vez, la capsicina, la sustancia picante del ají, opera a través de otro mecanismo, según los investigadores que han estudiado una serie de nuevos medicamentos antiinflamatorios derivados de la capsicina.

### Alimentos con actividad antiinflamatoria
Aceite de pescado (ácidos grasos omega 3), ajo, casis, cebolla, jengibre, manzana, piña, salvia.

### Sustancias químicas de los alimentos con actividad antiinflamatoria
Ácidos grasos omega 3 (pescado grasoso como la caballa, las sardinas y el salmón), capsicina (ají picante), quercetina (cebolla).

## AGENTES ANTITROMBÓTICOS: DE CÓMO LOS ALIMENTOS PUEDEN PREVENIR LA FORMACIÓN DE COÁGULOS

Algunos alimentos reducen el fibrinógeno, el cual constituye la materia prima para los coágulos sanguíneos. Además, los alimentos pueden estimular el sistema fibrinolítico encargado de disolver los coágulos. Por lo general, las personas con más probabilidades de sufrir aterosclerosis y ataques cardíacos tienen un nivel alto de fibrinógeno y una baja actividad fibrinolítica.

### Alimentos que desestimulan la coagulación
Aceite de pescado, ají, ajo, cebolla, jengibre, jugo de uva, vino (tinto), wakame (alga parda).

## ANTIULCERATIVOS: DE CÓMO LOS ALIMENTOS AYUDAN A PREVENIR Y SANAR LAS ÚLCERAS

Algunos investigadores británicos e indios han hecho descubrimientos fascinantes sobre la forma como los alimentos y sus elementos constituyentes fortalecen la resistencia del estómago a los jugos nocivos causantes de las úlceras. Por ejemplo, los investigadores británicos detectaron un engrosamiento del 20% en el revestimiento gástrico de los animales alimentados con fécula de plátano. Los investigadores indios tomaron fotografías del rejuvenecimiento de células ulceradas de cobayos. La cicatrización se debió al incremento de las mucinas, sustancias que protegen el revestimiento gástrico, producidas al consumir jugo de repollo. Así, uno de los mecanismos mediante los cuales los alimentos pueden combatir las úlceras es fortaleciendo el revestimiento gástrico para que no sea carcomido por los ácidos. Algunos alimentos causan este efecto estimulando la proliferación celular del revestimiento gástrico y produciendo la liberación de moco para cubrir las células con una capa protectora y sellarlas contra el ataque de los ácidos.

Además, los alimentos antibacterianos, como el yogur, el té, el repollo y el regaliz, pueden ser mejor remedio contra las úlceras y la gastritis — inflamación del revestimiento gástrico — de lo que antes se creía. La razón es que los médicos han descubierto que la causa de las dos enfermedades suele ser en muchos casos un microbio denominado *H. pylori*. En la actualidad, muchas veces se administran antibióticos como parte del tratamiento de la úlcera. Los alimentos con actividad antibacteriana podrían contribuir también a sanar las úlceras.

### Alimentos con actividad antiulcerativa
Banano y plátano, higo, jengibre, regaliz, repollo y otras hortalizas crucíferas (bróculi, coliflor, coles de Bruselas, col y nabos), semillas de alholva, té.

## AGENTES ANTIVIRALES: DE CÓMO LOS ALIMENTOS COMBATEN LOS VIRUS

Los alimentos que usted le proporcione a un virus que ha encontrado residencia dentro de su cuerpo podrían determinar el que se active o permanezca inactivo, muera por inanición o se desarrolle y, por tanto, que pueda o no desencadenar una enfermedad. En estudios fascinantes de mujeres infectadas con un virus que puede provocar el cáncer del cuello uterino, el doctor Charles Butterworth, de la Universidad de Alabama, descubrió que el virus era sofocado cuando había suficiente ácido fólico, una vitamina B presente en los vegetales de hojas verdes. El doctor Butterworth explica que la falta de ácido fólico hace que los cromosomas tiendan a romperse por sus puntos "frágiles". Esto le permite al virus deslizarse dentro del material genético de la célula sana, promoviendo los cambios iniciales precursores del cáncer. Las mujeres cuyos niveles de ácido fólico en los eritrocitos eran bajos tenían una probabilidad cinco veces mayor de presentar cambios precancerosos que las que tenían niveles más altos de ácido fólico.

El virus del herpes es otro ejemplo. El doctor Richard S. Griffith, profesor emérito de medicina de la Escuela Médica de la Universidad de Indiana, cree firmemente que la dieta determina si el virus ha de crecer para causar problemas o si ha de permanecer latente e inocuo. En estudios de laboratorio se ha demostrado que el aminoácido arginina hace crecer al virus del herpes, mientras que la lisina detiene su crecimiento. La teoría del doctor Griffith es que la lisina se envuelve alrededor de la célula, formando una barrera impenetrable para el virus.

Una de las razones por las cuales el yogur tiene actividad antiviral es que produce la activación de las células asesinas naturales, cuya crueldad contra los virus es especial.

## Alimentos con actividad antiviral

Ajo, algas marinas, arándanos azules, arándanos rojos, café, casis, cebada, cebollino, ciruelas, col rizada, duraznos, frambuesas, fresas, grosella silvestre, hongos (especialmente el shiitake), jengibre, jugo de ciruela, jugo de limón, jugo de manzana, jugo de naranja, jugo de piña, jugo de toronja, manzana, menta verde, salvia, té, uvas, vino (tinto).

## Sustancias químicas de los alimentos con actividad antiviral

Glutatión (espárragos, aguacate, sandía, bróculi, naranja), lentinano (hongo shiitake), quercetina (cebolla roja y amarilla, uvas rojas, bróculi), inhibidores de las proteasas (fríjoles, maíz, nueces, semillas).

## CARMINATIVOS: DE CÓMO LOS ALIMENTOS CONTRIBUYEN A ALIVIAR LOS GASES INTESTINALES

Las hierbas y las especias se han utilizado desde la medicina antigua como carminativos, es decir, para ayudar a expeler los gases y aliviar la flatulencia. Se cree que el principal agente farmacológico es el aceite de las plantas que relaja los músculos lisos, permitiendo la salida de los gases. En algunos casos, los gases buscan la salida hacia arriba, en forma de eructos, al relajarse el esfínter situado entre el estómago y el esófago. Los carminativos también ejercen un efecto antiespasmódico y relajante en los intestinos.

### Alimentos con actividad carminativa (contra los gases)

Ajo, albahaca, anís, eneldo, manzanilla, menta, semillas de hinojo, salvia.

## MODIFICADORES DEL COLESTEROL: DE CÓMO LOS ALIMENTOS MEJORAN EL COLESTEROL DE LA SANGRE

Los alimentos pueden reducir el colesterol malo del tipo LBD, aumentar el bueno, o LAD, y prevenir la oxidación del colesterol malo, la cual lo hace más nocivo para las arterias. Las medicinas modernas son copia de la naturaleza. Hace varios años, los científicos del laboratorio del Departamento de Agricultura de los Estados Unidos en la Universidad de Wisconsin, en Madison, descubrieron que unas sustancias de los alimentos conocidas como tocotrienoles suprimían una enzima que obstaculiza la producción de colesterol en el hígado. Las células que necesitan el colesterol lo extraen entonces de la corriente sanguínea, en donde los niveles disminuyen. Otros alimentos crean otras sustancias químicas que también parecen disminuir la producción interna de colesterol. Además, ésa es precisamente la forma como funciona el Mevacor (lovastatina), potente droga para reducir el colesterol.

Por otra parte, algunos alimentos, como la avena, al parecer agotan las existencias de ácidos biliares en el tracto intestinal, ácidos que de otra manera se convertirían en colesterol.

Una nueva e interesante línea de investigación es la de que los antioxidantes pueden impedir la oxidación del colesterol LBD, evitando su efecto tóxico sobre las arterias. A continuación se describen tres posibles mecanismos de acción de los antioxidantes, según el doctor Balz Frei, de Harvard. Primero, podrían bloquear la formación del oxígeno reactivo o "radicales libres", los cuales convierten el colesterol LBD en moléculas tóxicas. La forma de lograr este efecto sería atacando ciertas enzimas, en especial la lipoxigenasa, cuya labor es crear los agentes que alteran el colesterol LBD. Segundo, los antioxidantes podrían atrapar a los oxidantes peligrosos en la sangre o en las paredes de las arterias donde se fabrican. Se cree que uno de los "bandidos", el superóxido, es generado por las células de la pared arterial. El doctor Frei dice que la vitamina C podría "disolverlo y engullirlo".

En tercer lugar, los antioxidantes podrían reforzar las defensas de las moléculas de LBD para resistir mejor el ataque destructivo de la oxidación. Como señala el doctor Frei, las moléculas de colesterol LBD contienen, además de grasas y proteínas, antioxidantes naturales como la vitamina E y el betacaroteno. Al consumir una mayor cantidad de estos nutrimentos antioxidantes, las moléculas tendrían suficientes armas para vencer los ataques de los oxidantes que, al corromper el colesterol LBD, lo convierten en peligroso enemigo de las arterias.

## Alimentos que pueden reducir el colesterol malo LBD

Aceite de oliva, aguacate, ajo, almendras, avena, cebada, fríjoles de soya, fríjoles secos, hongo shiitake, manzana, nueces de nogal, pulpa de toronja, salvado de arroz, zanahoria.

## Alimentos que pueden impedir que el colesterol LBD se torne tóxico

Alimentos ricos en vitamina C, alimentos ricos en betacaroteno, alimentos ricos en vitamina E, alimentos ricos en la coenzima Q-10, alimentos ricos en grasa monoinsaturada (aceite de oliva, aguacate, almendras), vino tinto.

## DIURÉTICOS: DE CÓMO LOS ALIMENTOS AUMENTAN EL FLUJO DE ORINA

Las plantas no ejercen su efecto diurético exactamente de la misma manera que los medicamentos, dice el doctor Varro Tyler, botánico de la Universidad Purdue. Los diuréticos farmacéuticos aumentan la excreción de agua y sal. Los diuréticos naturales deberían llamarse en realidad "acuaréticos", dice el doctor Tyler, porque estimulan solamente la pérdida de agua, mas no de sodio. Algunos lo hacen irritando los filtros celulares (glomérulos) del riñón. Por lo tanto, no tienen la misma potencia que los diuréticos farmacéuticos, aunque el mecanismo irritativo podría ser nocivo en caso de enfermedad renal. Un "acuarético" relativamente potente es el perejil, dice el doctor Tyler. El efecto se obtiene mediante una infusión de dos cucharaditas colmadas de perejil seco en una taza de agua hirviendo. También dice que la teofilina (del té) es mejor diurético que la cafeína. Pero ambas pierden su actividad rápidamente cuando el cuerpo se acostumbra, anota el doctor Tyler.

### Alimentos con actividad diurética

Ajo, anís, apio, berenjena, café, cebolla, cilantro, comino, endivias, enebrinas, limón, menta, nuez moscada, perejil, regaliz, té.

## DESCONGESTIONANTES: DE CÓMO LOS ALIMENTOS DESPEJAN LOS PULMONES Y LOS SENOS NASALES

Desde hace siglos se sabe que los alimentos picantes ayudan a despejar los pulmones y las vías respiratorias. Lo hacen adelgazando el moco para que pueda fluir. Basta sólo con tomar nota de lo que sucede cuando comemos algo picante: los ojos lagrimean y comienza a salir agua por la nariz. Lo mismo sucede dentro de los pulmones. Se cree que los alimentos picantes provocan el disparo de las terminaciones nerviosas del esófago y el estómago, dando lugar a la liberación de agua.

**Alimentos con actividad mucocinética (adelgazamiento del moco)**

Ají, ajo, cebolla, curry, mostaza, pimienta negra, rábano picante, tomillo.

## HORMONAS: DE CÓMO LOS ALIMENTOS REGULAN EL ESTRÓGENO

Muchas plantas contienen fitoestrógenos, cuya estructura molecular es semejante a la del estrógeno humano, pero cuyo efecto es diferente y más débil. Así, el estrógeno vegetal, siendo menos potente, es más lento en su acción. Sin embargo, parece ser más seguro, puesto que no comporta el riesgo de los efectos secundarios del estrógeno sintético. Además, algunos alimentos, en especial las verduras de la familia del repollo, aumentan la tasa a la cual se utiliza y se dispone del estrógeno circulante en el organismo. Las leguminosas, en especial los fríjoles de soya, cumplen una fuerte actividad estrogénica y son la fuente de compuestos comerciales utilizados para fabricar las píldoras anticonceptivas.

**Alimentos con actividad estrogénica**

Ajo, anís, arroz, avena, bróculi, café, coles de Bruselas, coliflor, comino, fríjoles de soya, linaza, maíz, maní, manzana, papa, piña, regaliz, repollo, semilla de ajonjolí, zanahoria.

## ESTIMULANTES DEL SISTEMA INMUNITARIO: DE CÓMO LOS ALIMENTOS REFUERZAN LA INMUNIDAD

Uno de los principales indicadores de la salud es la respuesta del sistema inmunitario frente a los ataques de enemigos como los virus y las células tumorales. Las posibilidades se hacen evidentes en el yogur, el cual estimula por lo menos dos componentes vitales de la inmunidad: las células asesinas naturales y el interferón gamma. Un par de tazas diarias de yogur con cultivos vivos elevó cinco veces los niveles de interferón en estudios con seres humanos. El yogur también reforzó la actividad de las células asesinas naturales que atacan a los virus y a las células tumorales. Joseph Scimeca, Ph.D., investigador del departamento de nutrición de Kraft General Foods, Inc., explica que las células asesinas naturales circulantes en el organismo detectan la presencia de las células tumorales y se dirigen hacia ellas para devorarlas, como lo haría el Pac-Man de los videojuegos. Las células asesinas naturales son una de las mejores defensas contra las células tumorales y los virus, dice. El doctor Scimeca descubrió que incluso el yogur sometido a calor para matar el 95% de los cultivos bacterianos puede activar las células asesinas naturales.

### Alimentos que estimulan la inmunidad
Ajo, hongo shiitake, yogur.

### Sustancias químicas de los alimentos que estimulan la inmunidad
Betacaroteno (zanahoria, espinaca, col, auyama, batata), vitamina C (pimiento, naranja, bróculi, espinaca), vitamina E (nueces, aceites), zinc (mariscos, cereales).

## ANALGÉSICOS: DE CÓMO LOS ALIMENTOS BLOQUEAN EL DOLOR

Nuevos descubrimientos sobre dos compuestos comunes de los alimentos ilustran la forma como éstos bloquean la percepción del dolor. Uno es la cafeína, la cual ha demostrado tener poder analgésico por sí sola, sin combinarse con otros medicamentos. El otro es la capsicina, la sustancia picante del ají, cuya utilización como analgésico potente se está estudiando actualmente.

La cafeína ejerce su efecto haciéndose pasar por adenosina, e interrumpiendo la transmisión de las señales de dolor al cerebro. El cuerpo bombea adenosina como señal de sufrimiento. Por ejemplo, explica el doctor Luiz Belardinelli, profesor de la Facultad de Medicina de la Universidad de Florida, cuando usted va corriendo y siente un dolor agudo en el pecho, es la adenosina advirtiéndole que debe ir más lentamente. "El dolor es señal de que algo está mal", dice. Sin embargo, la cafeína en cantidad suficiente anula esa señal de dolor.

Como si fueran una pandilla de invasores, las moléculas de la cafeína expulsan a la adenosina de los sitios receptores en las células, toman su lugar e interrumpen el paso de las señales de dolor. Los receptores aceptan a la cafeína porque su estructura química es semejante a la de la adenosina, pese a ser diferente su función bioquímica. Esto está bien cuando la cafeína cura un dolor de cabeza, pero no si las señales de dolor del corazón se bloquean a causa de la cafeína. El doctor Belardinelli dice que la cafeína podría ser tan potente como para impedir que la persona perciba las señales de sufrimiento del corazón, contribuyendo así a la isquemia silenciosa del miocardio, en la cual la persona sufre un ataque cardíaco sin experimentar síntomas de dolor.

Durante años, la gente se ha aplicado extracto de ají sobre las encías para aliviar el dolor de muela. Ahora se sabe que la capsicina (la sustancia picante) es anestésico local y un analgésico bastante prometedor. La capsicina amortigua el dolor extrayendo de las células nerviosas la sustancia denominada P, la cual transmite las sensaciones de dolor al sistema nervioso central. Así, la capsicina ayuda a bloquear la percepción del dolor. Recientemente se ha comenzado a utilizar la esencia de ají en inyecciones o medicamentos para combatir las cefaleas racimosas, la neuropatía diabética, el prurito crónico, la artritis reumatoidea y la neuralgia.

### Alimentos con actividad analgésica (contra el dolor)

Ají (capsicina), ajo, azúcar, café (cafeína), cebolla, clavos, jengibre, menta, regaliz.

## SALICILATOS: DE CÓMO LOS ALIMENTOS ACTÚAN IGUAL QUE LA ASPIRINA

¿Aspirina en los alimentos? Claro que sí. Algunos alimentos, principalmente las frutas, ejercen una actividad semejante a la de la aspirina. La prueba: cuando las personas sensibles a la aspirina consumen esos alimentos, presentan reacciones semejantes a las provocadas por el medicamento. Por lo tanto, los alergistas advierten a las personas sensibles a la aspirina que deben evitar los alimentos ricos en salicilatos, ingredientes activos de la aspirina.

Por otra parte, la posibilidad de que los salicilatos de los alimentos puedan ofrecer la misma protección que la aspirina ha despertado el interés de los científicos. Investigaciones recientes indican que consumir con regularidad dosis bajas de aspirina (media aspirina o menos al día) ayuda a prevenir los ataques cardíacos, los accidentes cerebrovasculares e incluso el cáncer del colon. Es probable que consumir en dosis bajas los salicilatos de los alimentos sirva también para poner fin a algunos de los dolores de cabeza de la salud. La presencia de estas drogas naturales podría ser otra razón por la cual ciertos alimentos de origen vegetal protegen contra la enfermedad cardiovascular y el cáncer, dicen los especialistas. Los salicilatos tienen efectos anticoagulantes, antiinflamatorios y analgésicos. También pueden influir sobre las prostaglandinas retardando el crecimiento de los tumores.

### Alimentos muy ricos en aspirina natural (salicilatos)

Arándanos azules, arándanos rojos, casis seco, cerezas, ciruelas pasas, curry en polvo, dátiles secos, frambuesas, paprika, pepinillos encurtidos, regaliz.

### Alimentos moderadamente ricos en salicilatos

Almendras, manzana, naranja, pimiento (dulce y picante), piña, té.

*NOTA: Las frutas en general contienen cantidades apreciables de salicilatos, mientras que las verduras no. (Parece que ni el calor ni el proceso de enlatado afectan las concentraciones de salicilatos.)*

## SEDANTES Y TRANQUILIZANTES: DE CÓMO LOS ALIMENTOS CALMAN EL CEREBRO

Si la madre naturaleza fue tan precavida en salpicar los alimentos con un poco de Valium, aunque en cantidades insignificantes, y en añadir un sedante suave a la cebolla (la quercetina), quién sabe cuántas otras sustancias calmantes del cerebro habrá en los alimentos sin que lo sepamos todavía. Es probable que algunos sedantes naturales actúen como la morfina al unirse a los receptores de los opiáceos en el

## ¡SORPRESA! HAY VALIUM EN LA COMIDA

¿Creía que el Valium era un invento del siglo XX? Pues estaba en un error. La patente le pertenece a natura. Al parecer, tanto los seres humanos como los animales vienen consumiendo la droga en los alimentos desde épocas inmemoriales. Científicos alemanes tropezaron con este hecho asombroso al examinar el tejido cerebral de personas fallecidas antes de 1940. El Valium no salió al mercado hasta los años 60. Sin embargo, los cerebros de la era pre-Valium contenían rastros innegables de benzodiazepinas naturales: sustancias que alteran el estado de ánimo, de las cuales el Valium es una de las más representativas. Habían llegado a los tejidos varios años antes de iniciarse la producción en los laboratorios Hoffmann-La Roche.

Además, los científicos — los doctores Ulrich Klotz y Elizabeth Unseld, del Instituto Fischer-Bosch de Farmacología Clínica de Stuttgart — detectaron los tranquilizantes en los cerebros de animales salvajes y domesticados, entre ellos perros, gatos, ciervos, vacas y pollos, y también en los huevos, la leche de vaca y la sangre de personas que nunca habían consumido la droga.

¿Cómo llegó allí? La explicación más razonable es que esas sustancias deben estar presentes en las plantas comestibles y que una parte mínima de ellas quedó "atrapada" en los tejidos cerebrales estudiados. Los científicos se dedicaron entonces a detectar las benzodiazepinas en los alimentos. Las encontraron en la papa, las lentejas, los fríjoles de soya amarillos, el arroz, el maíz, los hongos y las cerezas, aunque en cantidades minúsculas. ¿Por qué salpicó la madre naturaleza a los alimentos con dosis minúsculas de tranquilizantes? El doctor Klotz piensa que los tranquilizantes de los alimentos podrían servir de mensajeros, neutrotransmisores o neuromoduladores del cerebro. Pero de existir algún efecto farmacológico, tendría que ser muy sutil. De acuerdo con los cálculos del doctor Klotz, sería necesario comer por lo menos doscientas veintidós libras de papas de una sola vez para sentir los efectos de una dosis normal de 5 a 10 miligramos de Valium. Francamente, dice, en este momento nadie sabe si los tranquilizantes naturales desempeñan algún "papel biológico". El propósito que natura perseguía al ponerlos en los alimentos sigue siendo un misterio para la ciencia.

cerebro. Otros probablemente estimulen la actividad o los niveles de los neurotransmisores, como la serotonina, la cual calma el cerebro. Hay quienes piensan que la miel, el azúcar y otros carbohidratos afectan la serotonina, produciendo calma y sueño en la mayoría de las personas. El azúcar o la glucosa podrían actuar directamente sobre las neuronas del hipotálamo cerebral. Además, algunos alimentos contienen péptidos o los liberan en el intestino para enviar mensajes desde el tracto intestinal directamente al sistema nervioso y al cerebro.

## Alimentos con propiedades calmantes y sedantes

Ajo, anís, azúcar, cáscara de limón verde, cáscara de naranja, cebolla, clavos, comino, hinojo, jengibre, mejorana, menta verde, miel, perejil, salvia, semillas de apio, té (descafeinado).

Además, casi todos los alimentos ricos en carbohidratos — azúcar y almidones — producen efectos sedantes a la mayoría de las personas.

# SESENTA Y SIETE ALIMENTOS COMUNES Y SU PODER PARA COMBATIR LAS ENFERMEDADES

Puesto que los alimentos son conjuntos muy complejos de sustancias químicas, no ejercen un efecto biológico aislado, como sucede con los fármacos formulados especialmente para cumplir un determinado propósito. Los alimentos estimulan diversas actividades biológicas. Los siguientes son los diversos poderes farmacológicos atribuidos a algunos alimentos comunes con base en las comprobaciones más recientes.

**Aceite de oliva.** Protector de las arterias, reduce el colesterol malo tipo LBD sin bajar el colesterol bueno tipo LAD. Impide que el colesterol malo se transforme en su forma tóxica u "oxidada". De esa manera protege las arterias contra la placa de ateroma. Reduce la presión arterial y ayuda a regular el azúcar sanguíneo. Tiene una actividad antioxidante potente. Puede ayudar a prevenir el cáncer.

**Aguacate.** Benéfico para las arterias. Reduce el colesterol, dilata los vasos sanguíneos. Su grasa principal, el ácido oleico monoinsaturado (también concentrado en el aceite de oliva), actúa como antioxidante, bloqueando la toxicidad del colesterol malo tipo LBD, el cual destruye las arterias. Una de las fuentes más ricas de glutatión, poderoso antioxidante que ha demostrado que puede bloquear treinta carcinógenos diferentes y también la proliferación del virus del sida en tubos de ensayo. También es vasodilatador.

**Ají.** Fortalece el sistema de disolución de los coágulos, despeja los senos nasales y las vías respiratorias, adelgaza el moco pulmonar, tiene efectos expectorantes y descongestionantes, ayuda a prevenir la bronquitis, el enfisema y las úlceras gástricas. La actividad farmacológica del ají se atribuye principalmente a la capsicina (del latin "morder"), el compuesto que da al ají su sabor picante. La capsicina también es un analgésico potente y alivia el dolor de cabeza, si se aplica en forma de inhalación, y el dolor articular, si se aplica en forma de inyección. La páprika picante hecha a base de ají es rica en aspirina natural. Tiene actividad antibacteriana y antioxidante. La comida aliñada con salsa de ají picante acelera el metabolismo y ayuda a quemar calorías. Contrariamente a la creencia popular, el ají no daña el revestimiento del estómago y tampoco promueve las úlceras.

**Ajo.** Droga maravillosa desde todo punto de vista, utilizada para tratar toda una gama de enfermedades desde los albores de la civilización. Antibiótico de amplio espectro que combate las bacterias, los parásitos intestinales y los virus. Se ha demostrado que en altas dosis cura la encefalitis. Reduce la presión arterial y el colesterol sanguíneo, al igual que desestimula la formación de coágulos peligrosos. Dos o tres dientes al día disminuyen la probabilidad de ataques cardíacos subsiguientes en la mitad de los pacientes cardíacos. Contiene diversos agentes anticancerosos y antioxidantes y ocupa el primer lugar en la lista del Instituto Nacional de Cancerología como posible protector contra el cáncer. Disminuye en particular las probabilidades de contraer cáncer gástrico. Buen remedio para el resfriado, actúa como descongestionante, expectorante, antiespasmódico, antiinflamatorio. Refuerza las inmunorreacciones. Alivia los gases y tiene actividad antidiarreica, estrogénica y diurética. Parece levantar el ánimo y tiene un efecto calmante leve. En altas dosis, el ajo crudo (más de tres dientes al día) ha demostrado provocar gases, meteorismo, diarrea y fiebre en algunos casos. Para combatir las bacterias es mejor el ajo crudo. Sin embargo, la cocción no disminuye el poder del ajo para adelgazar la sangre y ejercer otros efectos protectores del corazón y, en realidad, puede reforzar dichos efectos al liberar el ajoeno, compuesto antitrombótico. Como agente anticanceroso, el ajo crudo, añejo o en encurtido es mejor que el ajo cocido, según algunos especialistas. Para garantizar una protección general, consuma ajo crudo y cocido.

**Algas marinas** *(alga parda o laminaria)*. En el alga parda llamada laminaria existe actividad antibacteriana y antiviral. Ayuda a matar el virus del herpes, por ejemplo. También contribuye a reducir la presión arterial y el colesterol. El alga wakame mejora el funcionamiento inmunitario. El alga nori mata las bacterias y al parecer contribuye a la cicatrización de las úlceras. Uno de los agentes químicos del alga wakame elimina los coágulos, y en un experimento se demostró que era dos veces más potente que la droga heparina. La mayoría de las algas marinas tienen actividad anticancerosa. Las algas marinas son ricas en yodo y pueden agravar la acné.

**Apio.** Tradicional remedio vietnamita para la hipertensión. Los compuestos del apio reducen la presión sanguínea en experimentos con animales. La dosis comparable para los seres humanos es de dos a cuatro tallos al día. También tiene un efecto diurético leve. Contiene ocho familias distintas de compuestos anticancerosos, como los ftalidos y los poliacetilenos, los cuales eliminan la toxicidad de los agentes carcinógenos, en particular la del humo del cigarrillo. Algunas personas pueden presentar reacciones alérgicas de distinta intensidad al comer apio antes o después de un ejercicio fuerte.

**Arándanos azules.** Son un extraño tipo de antibiótico, puesto que bloquean el mecanismo de adherencia de las bacterias causantes de la infección urinaria. Contienen agentes químicos que controlan la diarrea. También tienen actividad antiviral y son ricos en aspirina natural.

**Arándanos rojos.** Poseen fuerte poder antibiótico y una capacidad excepcional para impedir la adherencia de las bacterias al revestimiento celular de la vejiga y las vías urinarias. Por lo tanto, ayudan a prevenir las infecciones repetidas de las vías urinarias (vejiga). También tienen actividad antiviral.

**Arroz.** Tiene actividad antidiarreica y anticancerosa. Al igual que otras semillas, contiene inhibidores de las proteasas, los cuales protegen contra el cáncer. De todos los cereales, es el que ofrece menor riesgo de provocar gases intestinales o reacciones adversas (intolerancias) que causan malestares tales como espasticidad del colon. El salvado de arroz es excelente para el estreñimiento, reduce el colesterol y tiende a frenar el desarrollo de los cálculos renales.

**Auyama.** Muy rica en betacaroteno, el antioxidante reconocido por contribuir a evitar muchos problemas de salud, entre ellos los ataques cardíacos, el cáncer y las cataratas.

**Avena.** Un par de tazones de salvado de avena o tres tazones de harina de avena al día pueden reducir el colesterol en un 10% o más, según la respuesta individual. La avena ayuda a estabilizar el azúcar en la sangre y tiene actividad estrogénica y antioxidante. También contiene compuestos psicoactivos que ayudan a combatir la necesidad de nicotina, y tiene poderes antidepresivos. En grandes dosis puede producir gas, meteorismo y dolor en algunos casos. La avena, al igual que otros cereales, puede desencadenar intolerancias en las personas susceptibles, causando malestar intestinal crónico.

**Azúcar.** Sedante, somnífero, analgésico, tranquilizante, antidepresivo. Muy antibacteriano. Aplicado externamente, ayuda a cicatrizar las heridas. Al igual que otros carbohidratos, el azúcar promueve las caries. También puede tener relación con la enfermedad de Crohn. Desencadena el aumento de la glucemia y estimula la producción de insulina.

**Banano y plátano.** Calman el estómago. Buenos para curar la dispepsia (malestar estomacal). Fortalecen el revestimiento gástrico contra el ácido y las úlceras. Tienen actividad antibiótica.

**Batata.** Fuente insuperable del antioxidante betacaroteno, el cual contribuye a prevenir la enfermedad cardíaca, las cataratas, los accidentes cerebrovasculares y numerosos tipos de cáncer. Media taza de batata en puré contiene cerca de 14 miligramos de betacaroteno, o aproximadamente 23 000 unidades internacionales (UI), de acuerdo con las cifras del Departamento de Agricultura de los Estados Unidos.

**Berenjena.** Los glucoalcaloides de la berenjena se han utilizado en crema tópica para tratar los cánceres de la piel, como el carcinoma basocelular, según investigadores australianos. La berenjena también ayuda a reducir el colesterol de la sangre y a contrarrestar algunos efectos nocivos de los alimentos grasosos. También tiene propiedades antibacterianas y diuréticas.

**Bróculi o brécol.** Un conjunto único y espectacular de agentes contra las enfermedades. Abundante en muchos antioxidantes potentes y bien conocidos, como la quercetina, el glutatión, el betacaroteno, los indoles, la vitamina C, la luteína, el glucarato y el sulforafano. Gran actividad anticancerosa, especialmente contra los cánceres del pulmón, del colon y del seno. Al igual que otras hortalizas crucíferas, acelera el proceso de eliminar el estrógeno del organismo, ayudando a suprimir el cáncer del seno. Rico en fibra reductora del colesterol. Tiene actividad antiviral y antiulcerativa. Fuente excelente de cromo, el cual contribuye a regular la insulina y el azúcar en la sangre. Nota: La cocción y el procesamiento destruyen algunos de los agentes antioxidantes y antiestrogénicos, como los indoles y el glutatión. Ofrece mayor protección cuando se consume crudo o ligeramente cocido, pasado por aceite o cocido en el horno de microondas.

**Café.** El café debe su mayor efecto farmacológico a su alta concentración de cafeína, droga psicoactiva de gran poder. Según la constitución biológica y la sensibilidad particular de cada quien, la cafeína puede elevar el estado de ánimo y mejorar la actividad y el desempeño mental. Una taza de café por la mañana proporciona al cerebro un "empujón inicial". La cafeína es un remedio de emergencia para el asma. Los bebedores asiduos de café presentan menor incidencia de asma y sibilancia. Dilata las vías bronquiales. Ligeramente adictiva. Desencadena dolores de cabeza, ansiedad y ataques de pánico en algunos casos. En exceso puede causar trastornos psíquicos. Sin lugar a dudas, promueve el insomnio. El café (con o sin cafeína) estimula la secreción de ácidos gástricos. Puede agravar la acidez. Promueve el movimiento intestinal en muchas personas y a otras les provoca diarrea.

---

*"Los estudios sobre el consumo normal de cafeína [...] no han confirmado la existencia de peligro alguno para la salud".* — Profesor Peter B. Dews, Ph.D., Escuela de Medicina de Harvard.

---

No existen pruebas sólidas que vinculen al café o a la cafeína con el cáncer. La cafeína podría promover la enfermedad fibroquística del seno en algunas mujeres. Hay escasos indicios de que el consumo moderado de café y cafeína (menos de cuatro a seis tazas diarias) pueda representar un peligro para el sistema cardiovascular. El café filtrado por goteo parece tener muy poco o ningún efecto negativo sobre el colesterol sanguíneo.

---

### FUENTES DE CAFEÍNA

| | Miligramos (promedio) |
|---|---|
| Café: 5 onzas líquidas (una taza pequeña) | |
| *Preparado* | |
| por goteo | 115 |
| filtrado | 80 |
| descafeinado | 3 |
| *Instantáneo* | |
| regular | 65 |
| descafeinado | 2 |
| Té: 5 onzas líquidas | |
| *Infusión* | |
| marcas estadounidenses | 40 |
| otras marcas | 60 |
| Instantáneo - 1 cucharadita de polvo instantáneo | 30 |
| Gaseosas | |
| Cola (regular y dietética) | 46 |
| Mountain Dew | 54 |
| Chocolate | |
| *bebida de cacao - taza de 5 onzas* | 4 |
| *chocolate en leche - 1 onza* | 6 |
| *chocolate negro, semiamargo - 1 onza* | 20 |

---

**Canela.** Estimula la actividad de la insulina y, por tanto, puede ser de ayuda para las personas con diabetes tipo II. Leve actividad anticoagulante.

**Cebada.** Conocida de tiempo atrás como "el remedio para el corazón" en el Oriente Medio. Reduce el colesterol. Tiene actividad antiviral y anticancerosa. Contiene antioxidantes potentes, entre ellos los tocotrienoles.

**Cebolla** *(incluidos el cebollino, los chalotes, la escalonia y el puerro)*. Uno de los remedios más viejos de la civilización, considerado como la cura para virtualmente todas las enfermedades en la antigua Mesopotamia. Antioxidante de poder excepcional. Contiene gran cantidad de agentes anticancerosos. Bloquea el cáncer de manera asombrosa en los animales. Entre los alimentos, la cebolla es la fuente más rica de quercetina, un antioxidante potente (presente en los chalotes y en la cebolla roja y amarilla, pero no en la blanca). Inhibe concretamente el cáncer gástrico en los seres humanos. Adelgaza la sangre, reduce el colesterol, eleva el colesterol bueno del tipo LAD (dosis preferida: media cebolla cruda al día), impide la formación de coágulos, contrarresta el asma, la bronquitis crónica, la fiebre del heno, la diabetes, la aterosclerosis y las infecciones. Antibiótica, antiviral, antiinflamatoria, se le atribuyen diversas propiedades anticancerosas. La quercetina también es sedante. La cebolla agrava la acidez y puede producir gases.

**Ciruela.** Antibacteriana, antiviral. Actúa como laxante.

**Ciruela pasa.** Laxante reconocido. Rica en fibra, sorbitol y aspirina natural.

**Clavos.** Utilizados desde tiempo atrás para eliminar el dolor de muela y como antiinflamatorio contra las enfermedades reumáticas. Tienen efectos anticoagulantes (contra la agregación plaquetaria), y su ingrediente principal, el eugenol, es antiinflamatorio.

**Col.** Fuente asombrosamente rica de diversos antioxidantes y sustancias químicas anticancerosas. Contiene más betacaroteno que la espinaca y el doble de luteína, la mayor cantidad detectada hasta ahora en las distintas hortalizas estudiadas. La col también pertenece a la familia de las crucíferas, lo cual significa que está dotada de los indoles anticancerosos que regulan el estrógeno y contribuyen a repeler el cáncer del colon. Ocupa un lugar de preferencia para prevenir el cáncer y muchas otras enfermedades.

**Col rizada.** Abunda en distintos componentes anticancerosos y antioxidantes, entre ellos luteína, vitamina C y betacaroteno. En experimentos con animales bloquea la diseminación del cáncer de la mama. Como otras hortalizas de hojas verdes, está asociada con una menor incidencia de todos los tipos de cáncer. Por ser rica en oxalatos, no se recomienda en caso de sufrir de cálculos renales.

**Coles de Bruselas.** Por pertenecer a la familia de las crucíferas, comparten algunos de los poderes del brócoli y el repollo. Son anticancerosas, estrogénicas y abundantes en diversos antioxidantes e indoles.

**Coliflor.** Como miembro de la famosa familia de las crucíferas, contiene muchos de los compuestos anticancerosos y reguladores hormonales de sus primos el repollo y el brócoli. Se cree concretamente que ayuda a prevenir el cáncer del seno y el del colon. Nota: El exceso de cocción destruye en parte su actividad farmacológica. Debe comerse crudo, ligeramente cocido o preparado en el horno de microondas.

**Cúrcuma.** Verdaderamente una de las especias medicinales más maravillosas del mundo. Su principal ingrediente activo es la curcumina, que da a la cúrcuma su color amarillo cadmio intenso. Los estudios han demostrado que la curcumina tiene tanta actividad antiinflamatoria como la cortisona, y ha reducido la inflamación en animales y los síntomas de artritis reumatoidea en seres humanos. En otros experimentos redujo el colesterol, limitó la agregación plaquetaria (formación de coagulos), protegió de las toxinas al hígado, mejoró las defensas del estómago contra el ataque de los ácidos, redujo la glucemia en diabéticos y presentó una gran actividad antagonista contra numerosos agentes cancerígenos. Se le conoce una variada actividad anticancerosa.

**Chirivía.** Posee excelente potencial anticanceroso. Contiene seis clases de agentes anticancerosos.

**Chocolate.** Contiene agentes químicos que al parecer influyen en los neurotransmisores del cerebro. Consumido con leche, el chocolate ayuda a contrarrestar la intolerancia a la lactosa. Al parecer no aumenta el colesterol y tampoco causa ni agrava la acné. El chocolate negro es muy rico en cobre, el cual contribuye a evitar la enfermedad cardiovascular. Desencadena dolores de cabeza en algunas personas. Agrava la acidez. Se ha visto implicado en la enfermedad quística del seno.

**Dátiles.** Ricos en aspirina natural. Tienen efecto laxante. Las frutas secas, entre ellas los dátiles, están relacionadas con una menor incidencia de ciertos tipos de cáncer, en particular el del páncreas. Contienen compuestos que podrían provocar dolores de cabeza a las personas susceptibles.

**Espárragos.** Fuente excelente de glutatión, un antioxidante con fuerte actividad anticancerosa.

**Espinaca.** Ocupa el primer lugar, junto con otras hortalizas de hojas verdes, entre los alimentos preferidos de las personas que no sufren de cáncer. Fuente maravillosa de antioxidantes y antagonistas del cáncer, contiene cuatro veces más betacaroteno y tres veces más luteína que el bróculi, por ejemplo. Rica en el tipo de fibra que ayuda a reducir el colesterol de la sangre. Es muy rica en oxalato y, por lo tanto, no se recomienda para quienes sufren de cálculos renales. Nota: La cocción destruye algunos de sus antioxidantes. Debe comerse cruda o ligeramente cocida.

**Frambuesa.** Tiene actividad antiviral y anticancerosa. Es rica en aspirina natural.

**Fresa.** Tiene actividad antiviral y anticancerosa. Es alimento preferido de quienes tienen las menores probabilidades de contraer cualquier tipo de cáncer.

**Fríjoles** (*leguminosas, entre ellas los fríjoles rojos, negros, moteados, blancos y las lentejas*). Remedios potentes para reducir el colesterol. Media taza de fríjoles cocidos al día reduce el colesterol en un promedio del 10%. Regulan los niveles de azúcar en la sangre. Alimento excelente para los diabéticos. Asociados con una menor incidencia de determinados tipos de cáncer. Muy ricos en fibra. Productores de gases intestinales en la mayoría de las personas.

**Fríjoles de soya.** Abundantes en actividad farmacológica. Ricos en hormonas, elevan los niveles de estrógeno en las mujeres postmenopáusicas. Tienen actividad anticancerosa y se cree que antagonizan en especial con el cáncer del seno, razón por la cual se explica en parte la baja incidencia de cánceres del seno y de la próstata entre los japoneses. Los fríjoles de soya son la fuente más rica en inhibidores potentes de las proteasas, los cuales son agentes anticancerosos y antivirales. En muchos experimentos con seres humanos, se ha demostrado que los fríjoles de soya reducen el colesterol considerablemente. En animales, al parecer frenan y ayudan a disolver los cálculos renales.

**Higo.** Utilizado de tiempo atrás como remedio popular contra el cáncer. Se ha demostrado que tanto el extracto de higo como su compuesto benzaldehído reducen el tamaño de los tumores en seres humanos, de acuerdo con estudios japoneses. Laxante, antiulcerativo, antibacteriano y antiparasitario. Provoca dolores de cabeza a ciertas personas.

**Hongos** *(asiáticos, principalmente los shiitake).* Estimados desde épocas remotas en Asia como tónicos de longevidad, remedios para el corazón y medicinas para el cáncer. Los estudios modernos demuestran que los hongos asiáticos, como el shiitake, contribuyen a prevenir y a tratar el cáncer, las enfermedades virales, como la gripe y la polio, el colesterol alto, la aglutinación de las plaquetas y la hipertensión. Comido a diario fresco (tres onzas) o seco (un tercio de onza), el hongo shiitake disminuye el colesterol en un 7 y un 12%, respectivamente. El lentinano, un compuesto del hongo shiitake, es un agente antiviral de amplio espectro que fortalece la actividad inmunitaria. Se utiliza en la China para tratar la leucemia y en el Japón para tratar el cáncer del seno. Los científicos japoneses han declarado que el extracto de shiitake (B-glucanos sulfatados) es más eficaz contra el sida que la droga AZT. Los hongos negros mo-er ("oreja de árbol") "adelgazan la sangre". Nota: Los hongos pequeños comunes no han demostrado tener efectos terapéuticos. Hay quienes dicen que esta especie podría ser cancerígena [a causa de las hidracidas] si no se cocina.

**Jengibre.** Usado en Asia durante siglos como tratamiento para la náusea, el vómito, el dolor de cabeza, la congestión del pecho, el cólera, la gripe, la diarrea, el dolor de estómago, el reumatismo y las enfermedades nerviosas. El jengibre tiene efectos comprobados contra la náusea y el mareo, iguales o mayores que los de drogas como la Dramamina. Frena y previene la jaqueca y la osteoartritis. Alivia los síntomas de la artritis reumatoidea. Produce efectos antiinflamatorios y antitrombóticos en los seres humanos; actúa como antibiótico en los tubos de ensayo (mata la salmonella y los estafilococos), y ha demostrado tener efectos antiulcerativos en los animales. También tiene actividad antidepresiva, antidiarreica y antioxidante. Ocupa un lugar preponderante en cuanto a la actividad anticancerosa.

**Kiwi.** Fruta formulada comúnmente en la medicina tradicional china para tratar el cáncer del estómago y del seno. Rica en vitamina C, la cual ejerce una actividad múltiple contra las enfermedades.

**Leche.** Tiene, especialmente si es baja en grasa, poderes anticancerosos, posiblemente contra el cáncer del colon, del pulmón y del cuello uterino. Un estudio reveló una menor incidencia de cáncer entre las personas que consumían leche baja en grasa comparadas con quienes no consumían leche. Puede ayudar a prevenir la hipertensión. La leche descremada puede reducir el colesterol de la sangre. La grasa de la leche promueve el cáncer y la enfermedad cardíaca.

La leche es un enemigo poco reconocido en lo que se refiere a desencadenar reacciones "alérgicas" que producen dolor articular y síntomas de artritis reumatoidea, asma, síndrome de colon irritable y diarrea. En lactantes y niños se sospecha que la leche causa o contribuye a causar el cólico, los problemas respiratorios, la falta de sueño, los brotes pruriginosos, la jaqueca, las crisis epilépticas, las infecciones del oído e incluso la diabetes. Contrariamente a la creencia popular, la leche estimula la producción de ácido gástrico y retarda la cicatrización de las úlceras.

**Maíz.** Ejerce actividad anticancerosa y antiviral, probablemente por su contenido de inhibidores de las proteasas. Tiene poder para aumentar el estrógeno. Causa muy común de intolerancia a los alimentos relacionada con los síntomas de artritis reumatoidea, síndrome de colon irritable, dolores de cabeza y epilepsia asociada con jaqueca en los niños.

**Manzana.** Reduce el colesterol. Contiene agentes anticancerosos. Tiene una ligera actividad antibacteriana, antiviral, antiinflamatoria y estrogénica. Rica en fibra, ayuda a evitar el estreñimiento y suprime el apetito. El jugo puede provocar diarrea a los niños.

**Melón** *(verde y amarillo, como el cantalupo).* Tiene actividad anticoagulante (adelgaza la sangre). Los melones anaranjados contienen el antioxidante betacaroteno.

**Miel.** Posee propiedades antibióticas importantes. Sedante y tranquilizante, produce sueño. (Advertencia: No se debe dar miel a los lactantes menores de un año, pues existe el peligro mortal del botulismo.)

**Mostaza.** Reconocida durante siglos como descongestionante y expectorante. Ayuda a desalojar el moco de las vías respiratorias. Buen remedio para la congestión de la gripe y los problemas de senos nasales. También es antibacteriana. Acelera el metabolismo, ayudando a quemar el exceso de calorías. En un estudio británico se observó que tres quintos de cucharadita de mostaza amarilla corriente aumentaban la tasa metabólica en un 25%, quemando cuarenta y cinco calorías de más en tres horas.

**Naranja.** Un conjunto completo de todas las clases conocidas de inhibidores naturales del cáncer: carotenoides, terpenos y flavonoides. También es rica en vitamina C antioxidante y betacaroteno. Se la ha encontrado relacionada concretamente con una menor incidencia de cáncer pancreático. El jugo de naranja protegió los espermatozoides de ratones contra el daño por radiación. Debido a su alto contenido de vitamina C, la naranja ayuda a prevenir los ataques de asma, la bronquitis, el cáncer del seno y del estómago, la aterosclerosis, la gingivitis, y mejora la fecundidad y la salud de los espermatozoides en algunos hombres. Tanto en fruta como en jugo puede agravar la acidez.

**Nueces.** Protegen del cáncer y las enfermedades del corazón. Alimento esencial de los adventistas del séptimo día, entre quienes hay una tasa muy baja de enfermedades cardíacas. Las almendras y las nueces de nogal reducen el colesterol por su alto contenido de ácido oleico antioxidante y de grasa monoinsaturada, semejante a la del aceite de oliva, la cual protege las arterias. Las nueces por lo general contienen mucha vitamina E antioxidante, la cual protege contra el dolor del pecho y el daño arterial. Las nueces del Brasil son muy ricas en selenio, antioxidante asociado con una menor incidencia de enfermedad cardíaca y cáncer. Las nueces de nogal contienen ácido elágico, antioxidante y anticanceroso, y también son ricas en aceite omega 3. Las nueces, incluido el maní, son buenas reguladoras de la insulina y la glucemia, previniendo las elevaciones súbitas, por lo cual son buen alimento para las personas con intolerancia a la glucosa y la diabetes. El maní también es estrogénico. Se ha observado una falta de nueces en la dieta de las personas que llegan, con los años, a sufrir de la enfermedad de Parkinson. El maní es una causa importante de reacciones alérgicas agudas en personas susceptibles.

**Papa** *(blanca)*. Contiene inhibidores de las proteasas, los cuales actúan contra el cáncer. Rica en potasio, por lo cual puede ayudar a prevenir la hipertensión y los accidentes cerebrovasculares. Tiene ligera actividad estrogénica.

**Perejil.** Anticanceroso, debido a sus altas concentraciones de antioxidantes, como los monoterpenos, ftalidos y poliacetilenos. Ayuda a desintoxicar los agentes carcinogénicos y a neutralizar ciertos carcinógenos del humo del tabaco. También tiene actividad diurética.

**Pescado y aceite de pescado.** Sorprendente alimento terapéutico y preventivo. Interviene en el proceso de la enfermedad cardíaca previniendo la muerte por ataque cardíaco (dos porciones por semana); se ha demostrado que una onza diaria disminuye el riesgo de los ataques cardíacos en un 50%. El aceite del pescado puede aliviar los síntomas de la artritis reumatoidea, la osteoartritis, el asma, la psoriasis, la hipertensión, la enfermedad de Raynaud, la jaqueca, la colitis ulcerativa y posiblemente la esclerosis múltiple. Puede ayudar a prevenir los accidentes cerebrovasculares. Es reconocido agente antiinflamatorio y anticoagulante. Eleva el colesterol bueno del tipo LAD. Disminuye radicalmente los triglicéridos. Podría proteger contra el desarrollo de la intolerancia a la glucosa y la diabetes tipo II. Algunos pescados son ricos en antioxidantes, como el selenio y la coenzima Q-10. Tiene actividad anticancerosa especialmente contra el cáncer del colon y la diseminación del cáncer del seno. Nota: Al parecer, la mayor protección la ofrecen los pescados ricos en ácidos grasos omega 3. Entre ellos se cuentan las sardinas, la caballa, el arenque, el salmón, el atún. Las sardinas son ricas en oxalatos y podrían fomentar la producción de cálculos renales en las personas susceptibles.

**Pimiento.** Riquísimo en vitamina C antioxidante. Por lo tanto, es un alimento excelente para combatir la gripe, el asma, la bronquitis, las infecciones respiratorias, las cataratas, la degeneración macular, la angina, la aterosclerosis y el cáncer.

**Piña.** Suprime la inflamación. Tanto la fruta como su principal constituyente, una enzima antibacteriana denominada bromelaína, son antiinflamatorias. La piña ayuda a la digestión, disuelve los coágulos sanguíneos y es buena para prevenir la osteoporosis y las fracturas óseas, debido a su alto contenido de manganeso. También es antibacteriana y antiviral, y ligeramente estrogénica.

**Regaliz.** Medicina potente y multifacética. Es potente contra el cáncer debido quizá a su alta concentración de glicirricina. Los ratones que consumen glicirricina disuelta en agua presentan menos cáncer de la piel. También mata las bacterias y combate la úlcera y la diarrea. Puede servir como diurético. Comer regaliz en exceso puede ser peligroso, puesto que eleva la presión arterial. Tampoco se aconseja para las mujeres embarazadas. Nota: Solamente el verdadero regaliz tiene estas propiedades. La mayoría de los dulces llamados "de regaliz" que se venden comercialmente están hechos de anís y no de regaliz.

**Repollo.** Reverenciado en la Roma antigua como cura para el cáncer. Contiene un gran número de compuestos anticancerosos y antioxidantes. Acelera el metabolismo del estrógeno y se cree que podría bloquear el cáncer del seno y suprimir el crecimiento de los pólipos precursores del cáncer del colon. En estudios de grupos masculinos, la probabilidad de contraer cáncer del colon se redujo en un 66% consumiendo repollo más de una vez a la semana. Tan sólo dos cucharadas diarias de repollo cocido fueron suficientes para proteger contra el cáncer gástrico. Contiene compuestos contra la úlcera, y se ha demostrado que en jugo contribuye a la cicatrización de esta lesión en seres humanos.

Tiene poderes antibacterianos y antivirales. Puede producir flatulencia a algunas personas. El chucrut (rico en tiramina) podría contribuir a causar jaquecas en ciertas personas. Nota: Algunas de las propiedades antioxidantes, anticancerosas y estrogénicas de los compuestos [en particular de los indoles] se destruyen con la cocción. El repollo crudo parece tener la mayor actividad farmacológica, en términos generales.

**Ruibarbo.** Muy rico en oxalatos, los cuales ayudan a promover la formación de cálculos renales en las personas susceptibles. Tiene muy poco o ningún efecto laxante.

**Sandía.** Contiene grandes cantidades de licopeno y glutatión, compuestos anticancerosos y antioxidantes. Cumple ligera actividad antibacteriana y anticoagulante.

**Semillas de alholva.** Especia común en el Oriente Medio. Se consiguen en algunas tiendas naturistas. Tienen poderes antidiabéticos. Ayudan a controlar las alzas súbitas del azúcar y la insulina. Antidiarreicas, antiulcerativas, antidiabéticas, anticancerosas, reducen la presión arterial y ayudan a prevenir los gases intestinales.

**Té** *(negro, oolong y verde, no las infusiones de hierbas)*. Con actividad farmacológica asombrosa y variada, debido principalmente a las catequinas, el té tiene propiedades anticoagulantes, antibióticas, antiulcerativas, antidiarreicas, antivirales, diuréticas (cafeína), analgésicas (cafeína), sedantes (sin cafeína). También protege las arterias y previene la formación de caries. En animales, se ha demostrado que el té y sus componentes bloquean diversos tipos de cáncer. Las personas que consumen té parecen menos propensas a sufrir de aterosclerosis (arterias dañadas y obstruidas) y a tener accidentes cerebrovasculares. Debido a la cafeína, el exceso de té podría agravar la ansiedad, el insomnio y los síntomas del síndrome premenstrual. El té también puede promover los cálculos renales a causa de su alto contenido de oxalato.

Nota: El té verde, popular en Asia, es el más rico en catequinas, seguido por el oolong y el té negro común. Así, el más potente es el té verde. Sin embargo, en un estudio con seres humanos no se observó diferencia alguna entre el té negro y el verde con respecto a la protección arterial. El té negro es el que se consigue comúnmente en bolsitas o suelto. El té verde es más difícil de conseguir, pero lo hay en las tiendas asiáticas, los almacenes especializados y algunos supermercados.

**Tomate.** Fuente importante de licopeno, es un antioxidante y agente anticanceroso que interfiere la pavorosa reacción en cadena de los radicales de oxígeno libres. Está asociado en particular con una menor incidencia de cáncer del páncreas y del cuello uterino.

**Toronja.** La pulpa contiene una pectina única (en las membranas y las bolsitas de jugo, pero no en éste) que reduce el colesterol de la sangre y revierte la aterosclerosis (obstrucción de las arterias) en experimentos con animales. Tiene actividad anticancerosa y se ha demostrado que brinda una protección importante contra los cánceres gástrico y pancreático. El jugo es antiviral. Rica en diversos antioxidantes, en particular la vitamina C, campeona en la lucha contra las enfermedades. Puede agravar la acidez.

**Trigo.** El trigo integral rico en fibra, y en especial el salvado de trigo, ocupan los primeros lugares como antagonistas del estreñimiento. El salvado es un potente anticanceroso. En los seres humanos, el salvado de trigo puede suprimir los pólipos precursores del cáncer del colon. En las mujeres, el salvado de trigo parece combatir el cáncer del seno al reducir los depósitos de estrógeno. También es antiparasitario. Uno de sus aspectos negativos es que ocupa un lugar muy alto en la lista de alimentos que provocan intolerancias y alergias, causando artritis reumatoidea, síndrome de colon irritable y enfermedades neurológicas.

**Uvas.** Depósito abundante de antioxidantes y compuestos anticancerosos. Las uvas rojas (mas no las blancas o verdes) son ricas en quercetina. El hollejo contiene resveratrol, el cual ha demostrado que inhibe la agregación de las plaquetas (y, por consiguiente, la formación de coágulos) y también que eleva los niveles de colesterol bueno. Las uvas rojas son antibacterianas y antivirales en tubos de ensayo. El aceite de semilla de uva también eleva los niveles del colesterol bueno tipo LAD.

**Vino.** Con moderación — una o dos copas al día — beneficia el sistema cardiovascular. Tanto el vino tinto como el blanco elevan el colesterol bueno tipo LAD. El vino tinto, en particular, parece prevenir la enfermedad cardíaca, los coágulos y los accidentes cerebrovasculares porque el hollejo de las uvas contiene agentes que adelgazan la sangre. (Los hollejos se utilizan en la fabricación del vino tinto pero no en la del blanco.) Eleva los niveles de estrógeno, lo cual puede acentuar el efecto benéfico para el colesterol LAD. Mata las bacterias e inhibe los virus. También frena la formación de cálculos biliares. El vino tinto desencadena la jaqueca en algunas personas. En exceso, debido a su contenido de alcohol, el vino puede causar daño al corazón, el hígado y el cerebro.

**Yogur.** Remedio maravilloso de la antigüedad, con excelentes propiedades antibacterianas y anticancerosas. Una o dos tazas al día refuerzan la función inmunitaria, al estimular la producción del interferón gamma. También fortalece la actividad de las células asesinas naturales que atacan a los virus y a los tumores. Una taza al día contribuye a reducir la gripe y otras infecciones de las vías respiratorias en seres humanos. Ayuda a prevenir y curar la diarrea. En la mujer, una taza diaria de yogur con lactobacilina previene la vaginitis (infección por levaduras). Ayuda a combatir las enfermedades de los huesos, como la osteoporosis, por su alto contenido de calcio disponible. Los cultivos de lactobacilina neutralizan la acción de los agentes cancerígenos en el intestino. El tradicional yogur natural con cultivos de *L. bulgaricus* y *S. thermophilus,* tanto vivos como muertos, bloquea el cáncer pulmonar en animales. El yogur con cultivos vivos no hace daño a las personas con intolerancia a la lactosa.

---

*"El yogur es casi una panacea para la mujer. Mejora la inmunidad, proporciona gran cantidad de calcio y ayuda a prevenir la vaginitis".* — Doctor Georges Halpern, Universidad de California, en Davis.

---

**Zanahoria.** Fuente maravillosa de betacaroteno, un poderoso antioxidante con una amplia gama de poderes para combatir el cáncer, proteger las arterias, fortalecer el sistema inmunitario y combatir las infecciones. En un estudio de un grupo de mujeres se observó que, al agregar a la dieta una zanahoria diaria, se reducía en 68% la incidencia de accidentes cerebrovasculares. La cantidad de betacaroteno contenida en una zanahoria mediana reduce a la mitad el riesgo de cáncer pulmonar, incluso entre antiguos fumadores. En dosis altas, como las contenidas en la zanahoria, el betacaroteno reduce sustancialmente el riesgo de contraer enfermedades degenerativas de los ojos — cataratas y degeneración macular — y también la angina de pecho. El alto contenido de fibra soluble de la zanahoria disminuye el colesterol de la sangre y lo regulariza. Nota: La cocción no destruye el betacaroteno; más bien, una ligera cocción facilita la asimilación de este compuesto por el organismo.

# APÉNDICE
## Alimentos ricos en las vitaminas, los minerales y los aceites de mayor actividad farmacológica

### ALIMENTOS RICOS EN BETACAROTENO

|  | (miligramos por $3\frac{1}{2}$ onzas – 100 g) |
|---|---|
| Albaricoques secos | 17.6 (unas 28 mitades) |
| Duraznos secos | 9.2 (unas 7 mitades) |
| Batata cocida | 8.8 ($\frac{1}{2}$ taza en puré) |
| Zanahoria | 7.9 ($1\frac{1}{4}$ zanahorias medianas) |
| Col rizada | 5.4 ($\frac{1}{2}$ taza) |
| Col común | 4.7 ($\frac{2}{3}$ de taza, picada) |
| Espinaca cruda | 4.1 ($1\frac{1}{2}$ tazas) |
| Albaricoque crudo | 3.5 (unos 3 medianos) |
| Auyama | 3.1 ($\frac{1}{2}$ taza en puré o enlatada) |
| Melón cantalupo | 3.0 ($\frac{1}{10}$ de melón) |
| Hojas de remolacha | 2.2 ($\frac{2}{3}$ de taza, cocidas) |
| Calabaza | 2.4 ($\frac{1}{2}$ taza en puré) |
| Lechuga romana | 1.9 (equivalente de 10 hojas) |
| Toronja rosada | 1.3 ($\frac{1}{2}$ toronja) |
| Mango | 1.3 ($\frac{1}{2}$ mango) |
| Lechugas verdes | 1.2 (unas 10 hojas) |
| Bróculi cocido | 0.7 ($\frac{2}{3}$ de taza) |
| Coles de Bruselas | 0.5 (unas 5 unidades) |

## ALIMENTOS RICOS EN CALCIO

*(miligramos por porción)*

| | |
|---|---|
| Queso ricotta: $\frac{1}{2}$ taza | 337 |
| Queso parmesano: 1 onza | 336 |
| Leche: 1 taza | 300 |
| Jugo de naranja enriquecido con calcio: 1 taza | 300 |
| Caballa con espinas, enlatada: 3 onzas | 263 |
| Yogur sin grasa: 4 onzas | 225 |
| Salmón con espinas, enlatado: 3 onzas | 191 |
| Col rizada congelada, cocida: $\frac{1}{2}$ taza | 179 |
| Higos secos: 5 unidades | 135 |
| Sardinas con espinas: 1 onza | 130 |
| Tofu sólido: $\frac{1}{2}$ taza | 118 |
| Hojas de nabo frescas, cocidas: $\frac{1}{2}$ taza | 99 |
| Col cocida: $\frac{1}{2}$ taza | 90 |
| Bróculi fresco, cocido: $\frac{1}{2}$ taza | 89 |
| Quimbombó fresco, cocido: $\frac{1}{2}$ taza | 88 |
| Fríjoles asados al horno: $\frac{1}{2}$ taza | 80 |
| Fríjoles de soya cocidos: $\frac{1}{2}$ taza | 65 |
| Garbanzos cocidos: $\frac{1}{2}$ taza | 60 |
| Fríjoles blancos cocidos: $\frac{1}{2}$ taza | 45 |
| Fríjoles moteados cocidos: $\frac{1}{2}$ taza | 40 |

Nota: Todos los productos lácteos son ricos en calcio. Todos los quesos tienen en promedio unos 200 mg de calcio por onza, aunque algunos son más ricos, como el parmesano y el romano.

## ALIMENTOS RICOS EN ÁCIDO FÓLICO

*(microgramos por porción)*

| | |
|---|---|
| Hígados de pollo hervidos a fuego lento: $\frac{1}{2}$ taza | 539 |
| Trigo cocido (bulgur para kibe): $\frac{2}{3}$ de taza | 158 |
| Quimbombó congelado, cocido: $\frac{1}{2}$ taza | 134 |
| Jugo de naranja fresco o envasado: 1 taza | 136 |
| Espinaca fresca, cocida: $\frac{1}{2}$ taza | 130 |

| | |
|---|---:|
| Fríjoles blancos cocidos: $\frac{1}{2}$ taza | 120 |
| Fríjoles rojos cocidos: $\frac{1}{2}$ taza | 114 |
| Jugo de naranja congelado, diluido: 1 taza | 109 |
| Fríjoles de soya cocidos: $\frac{1}{2}$ taza | 100 |
| Germen de trigo: 1 onza | 100 |
| Espárragos frescos, cocidos: $\frac{1}{2}$ taza | 88 |
| Hojas de nabo frescas, cocidas: $\frac{1}{2}$ taza | 85 |
| Aguacate: $\frac{1}{2}$ fruta | 81 |
| Coles de Bruselas congeladas, cocidas: $\frac{1}{2}$ taza | 79 |
| Habas secas, cocidas: $\frac{1}{2}$ taza | 78 |
| Garbanzos cocidos: $\frac{1}{2}$ taza | 70 |
| Semillas de girasol: 1 onza | 65 |
| Cascos de naranja: 1 taza | 54 |
| Bróculi fresco, cocido: $\frac{1}{2}$ taza | 53 |
| Hojas de mostaza frescas, cocidas: $\frac{1}{2}$ taza | 51 |
| Remolacha fresca, cocida: $\frac{1}{2}$ taza | 45 |
| Frambuesas congeladas: $\frac{1}{2}$ taza | 33 |

Nota: Muchos cereales contienen 100 microgramos de ácido fólico por porción. Lea el contenido en las etiquetas.

## ALIMENTOS RICOS EN POTASIO

| | *(miligramos por porción)* |
|---|---:|
| Melaza: $\frac{1}{4}$ de taza | 2 400 |
| Papa asada al horno: 1 mediana | 844 |
| Melón cantalupo: $\frac{1}{2}$ fruta | 825 |
| Aguacate: $\frac{1}{2}$ fruta | 742 |
| Hojas de remolacha cocidas: $\frac{1}{2}$ taza | 654 |
| Duraznos secos: 5 mitades | 645 |
| Ciruelas pasas: 10 mitades | 626 |
| Jugo de tomate: 1 taza | 536 |
| Yogur bajo en grasa: 1 taza | 530 |
| Habichuelas: 3 $\frac{1}{2}$ onzas | 522 |
| Habas secas, cocidas: $\frac{1}{2}$ taza | 517 |
| Salmón: 3 $\frac{1}{2}$ onzas | 490 |

| | |
|---|---|
| Fríjoles de soya cocidos: $\frac{1}{2}$ taza | 486 |
| Acelgas cocidas: $\frac{1}{2}$ taza | 483 |
| Albaricoques secos: 10 mitades | 482 |
| Jugo de naranja, fresco: 1 taza | 472 |
| Semillas de auyama: 2 onzas | 458 |
| Batata cocida: $\frac{1}{2}$ taza | 455 |
| Banano: 1 unidad | 451 |
| Calabaza: $\frac{1}{2}$ taza | 446 |
| Almendras: 2 onzas | 426 |
| Espinaca cocida: $\frac{1}{2}$ taza | 419 |
| Arenque: 3 $\frac{1}{2}$ onzas | 419 |
| Leche descremada: 1 taza | 418 |
| Caballa: 3 $\frac{1}{2}$ onzas | 406 |
| Maní: 2 onzas | 400 |

## ALIMENTOS RICOS EN SELENIO

| | (microgramos en 100 gramos ó 3 $\frac{1}{2}$ onzas) |
|---|---|
| Nueces del Brasil | 2 960 |
| Trigo soplado | 123 |
| Atún suave, enlatado en agua | 80 |
| enlatado en aceite | 76 |
| Atún blanco, enlatado en agua | 65 |
| enlatado en aceite | 60 |
| Semillas de girasol, tostadas | 78 |
| Ostras cocidas | 72 |
| Hígado de pollo cocido | 72 |
| Harina de trigo integral | 71 |
| Almejas enlatadas | 49 |

Nota: Las vísceras son por lo general ricas en selenio y lo mismo los cereales integrales. La mayoría de las frutas y hortalizas contienen poco selenio; el que más tiene es el ajo, con 14 microgramos por cada tres onzas y media.

## ALIMENTOS RICOS EN ZINC

| | *(miligramos por porción)* |
|---|---|
| Ostras ahumadas: 3 onzas | 103 |
| Ostras crudas, sin concha: 3 onzas | 63 |
| Carne de cangrejo al vapor: 2 medianos | 4 |
| Carne de cangrejo cocida: $\frac{1}{2}$ taza | 6 |
| Posta de res cocida a fuego lento: 3 onzas | 7 |
| Hígado de ternera cocido: 3 onzas | 7 |
| Pavo, carne oscura, asado: $3\frac{1}{2}$ onzas | 5 |
| Semillas de auyama y calabaza: 1 onza | 3 |

Nota: La carne de res y de ave es rica en zinc. Muchos cereales tienen cerca de 4 miligramos de zinc por porción. Lea la etiqueta.

## ALIMENTOS RICOS EN VITAMINA C

| | *(miligramos por porción)* |
|---|---|
| Una guayaba | 165 |
| Pimiento rojo dulce: 1 pimiento | 141 |
| Melón cantalupo: $\frac{1}{2}$ fruta | 113 |
| Pimientos enlatados: 4 onzas | 107 |
| Pimiento verde: 1 pimiento | 95 |
| Papaya: $\frac{1}{2}$ fruta | 94 |
| Fresas crudas: 1 taza | 84 |
| Coles de Bruselas: 6 unidades | 78 |
| Jugo de toronja: de una fruta | 75 |
| Kiwi: 1 fruta | 74 |
| Naranja: 1 fruta | 70 |
| Tomate cocido: 1 taza | 45 |
| Jugo de naranja en cartón o concentrado: $\frac{1}{2}$ taza | 52 |
| Bróculi cocido: $\frac{1}{2}$ taza | 49 |
| Jugo de tomate: 1 taza | 45 |
| Toronja: $\frac{1}{2}$ fruta | 42 |

| | |
|---|---|
| Bróculi crudo: $\frac{1}{2}$ taza | 41 |
| Coliflor cruda: $\frac{1}{2}$ taza | 36 |
| Arvejas (guisantes) verdes, crudas: $\frac{1}{2}$ taza | 31 |
| Col cocida: $\frac{1}{2}$ taza | 27 |

## ALIMENTOS RICOS EN VITAMINA D

| $3\frac{1}{2}$ onzas | Unidades internacionales (UI) |
|---|---|
| Anguila | 4 700 |
| Sardinas | 1 500 |
| Arenque fresco | 1 000 |
| Salmón rojo | 800 |
| Salmón rosado | 500 |
| Caballa | 500 |
| Salmón rey | 300 |
| Arenque enlatado | 225 |
| Salmón de carnada | 200 |
| Atún | 200 |
| Leche (sin grasa, entera baja en grasa)* | 100 |

* 8 onzas líquidas.

## ALIMENTOS RICOS EN VITAMINA E

La vitamina E es liposoluble y, por tanto, está concentrada en los aceites vegetales, las nueces y las semillas. Las leguminosas y los salvados también son relativamente ricos en esta vitamina. Los alimentos de origen animal prácticamente no contienen vitamina E. Aunque las frutas y las verduras tienen poca, son la fuente del 11% de vitamina E en la dieta estadounidense. Cerca del 64% proviene de los aceites, margarinas y grasas de panadería, y un 7% de los granos.

| | (miligramos por $3\frac{1}{2}$ onzas) |
|---|---|
| *Nueces y semillas* | |
| Semillas de girasol | 52 |
| Nueces de nogal | 22 |

| | |
|---|---|
| Almendras | 21 |
| Avellanas | 21 |
| Marañones | 11 |
| Maní tostado | 11 |
| Nueces del Brasil | 7 |
| Nuez pacana | 2 |

*Salvados y leguminosas*

| | |
|---|---|
| Germen de trigo | 28 |
| Fríjoles de soya secos | 20 |
| Salvado de arroz | 15 |
| Habas secas | 8 |
| Salvado de trigo | 8 |

*Aceites*

| | |
|---|---|
| Germen de trigo | 250 |
| Soya | 92 |
| Maíz | 82 |
| Girasol | 63 |
| Cártamo | 38 |
| Ajonjolí | 28 |
| Maní | 24 |

## TIPOS DE ÁCIDOS GRASOS EN LOS ACEITES

| | *(porcentajes)* | | | |
|---|---|---|---|---|
| Aceite | Saturado | Monoinsaturado | Omega 6 | Omega 3 |
| Linaza | 9 | 18 | 16 | 57 |
| Canola | 6 | 62 | 22 | 10 |
| Soya | 15 | 24 | 54 | 7 |
| Nuez de nogal | 16 | 28 | 51 | 5 |
| Oliva (extra virgen) | 14 | 77 | 8 | 1 |
| Maní | 18 | 49 | 33 | 0 |
| Maíz | 13 | 25 | 61 | 1 |
| Cártamo, corriente | 10 | 13 | 77 | 0 |
| Ajonjolí | 13 | 46 | 41 | 0 |
| Girasol, corriente | 11 | 20 | 69 | 0 |

Nota: Es fácil apreciar que los aceites de maíz, cártamo y girasol contienen el mayor porcentaje de ácidos grasos omega 6 y el menor de ácidos grasos omega 3, lo cual los hace más peligrosos en general. Los aceites de linaza y canola tienen la mejor relación entre ácidos grasos omega 3 y omega 6. El aceite de oliva contiene la mayor cantidad de grasa monoinsaturada protectora del corazón.

## ÁCIDOS GRASOS OMEGA 3 EN LA COMIDA DE MAR

| Pescado fresco o congelado | (miligramos por $3\frac{1}{2}$ onzas en crudo) |
|---|---|
| Huevos, aletas de pescado, especies mixtas | 2 345 |
| Caballa del Atlántico | 2 299 |
| Arenque del Pacífico | 1 658 |
| Arenque del Atlántico | 1 571 |
| Caballa del Pacífico | 1 441 |
| Pez sable | 1 395 |
| Salmón rey | 1 355 |
| Caballa española | 1 341 |
| Esturión blanco, especies mixtas | 1 258 |
| Atún de aleta azul | 1 173 |
| Salmón de Alaska (rojo) | 1 172 |
| Salmón rosado | 1 005 |
| Rodaballo de Groenlandia | 919 |
| Tiburón, especies mixtas | 843 |
| Salmón plateado | 814 |
| Pez azul plateado | 771 |
| Róbalo | 754 |
| Eperlano arco iris | 693 |
| Ostras del Pacífico | 688 |
| Pez espada | 639 |
| Salmón de carnada | 627 |
| Lobo de mar | 623 |
| Róbalo, especies mixtas | 595 |
| Perca de mar, especies mixtas | 595 |
| Trucha arco iris | 568 |
| Pámpano de Florida | 568 |
| Calamares, especies mixtas | 488 |
| Camarones, especies mixtas | 480 |
| Mejillones azules | 441 |
| Ostras orientales | 439 |

| | |
|---|---|
| Lofolátilo | 430 |
| Gado del Atlántico | 421 |
| Bagre, canal | 373 |
| Langosta de espinas, especies mixtas | 373 |
| Gado de Alaska (ojo saltón) | 372 |
| Cangrejo reina | 372 |
| Carpa | 352 |
| Escorpina del Pacífico, especies mixtas | 345 |
| Lisa | 325 |
| Cangrejo azul | 320 |
| Pargo, especies mixtas | 311 |
| Cangrejo Dungeness | 307 |
| Perca marina del Atlántico | 291 |
| Bonito | 256 |
| Cherna | 256 |
| Merluza, especies mixtas | 224 |
| Atún de aleta amarilla | 218 |
| Bacalao del Pacífico | 215 |
| Bacalao del Atlántico | 184 |
| Langostino | 173 |
| Anguila, especies mixtas | 147 |
| Pulpo | 157 |
| Almejas | 142 |

| *Pescado enlatado* | *(miligramos por 3 $\frac{1}{2}$ onzas)* |
|---|---|
| Anchoas en aceite de oliva (drenadas) | 2 055 |
| Arenque del Atlántico en encurtido | 1 389 |
| Salmón rosado (con líquido y espinas) | 1 651 |
| Sardinas del Pacífico en salsa de tomate (drenadas, sin espinas) | 1 604 |
| Salmón de Alaska (drenado, sin espinas) | 1 156 |
| Sardinas del Atlántico en aceite de soya | 982 |
| Atún blanco (albacora) en agua (drenado) | 706 |
| Atún suave, en aceite de soya (drenado) | 128 |
| Atún suave, en agua (drenado) | 111 |

Fuente: Departamento de Agricultura de los Estados Unidos.

# REFERENCIAS

Para este libro se consultaron más de diez mil estudios científicos, razón por la cual es imposible incluirlos todos en la lista. Sin embargo, a continuación aparecen algunas de las fuentes científicas publicadas más importantes e interesantes, disponibles en las bibliotecas médicas. Solamente aparece el nombre del primer autor de cada estudio. El libro contiene también gran cantidad de información sin publicar obtenida a través de entrevistas con investigadores y de informes de noticias aparecidos en las publicaciones científicas.

## ARTÍCULOS

### ARTRITIS

Belch, J: Fish oil and rheumatoid arthritis: Does a herring a day keep rheumatologists away? *Annals of the Rheumatic Diseases* 1990; 49:71–72.

Darlington, L. G.: Dietary therapy for arthritis. *Nutrition and Rheumatic Diseases* 1991; 17(2):273–85.

Golding D. N.: Is there an allergic synovitis? *Journal of the Royal Society of Medicine* 1990; 83:312–14.

Kjeldsen-Krah, J.: Controlled trial of fasting and one-year vegetarian diet in rheumatoid arthritis. *Lancet* 1991; 338(8772): 899–902.

Kremer, J. M.: Clinical studies of omega-3 fatty acid supplementation in patients who have rheumatoid arthritis. *Rheumatic Disease Clinics of North America* 1991; 17(2):391–402.

Panush, R. S.: Diet therapy for rheumatoid arthritis. *Arthritis and Rheumatism* 1983; 26(4):462–70.

Panush, R. S.: Food induced ("Allergic") arthritis: clinical and serologic studies. *The Journal of Rheumatology* 1990; 17:291–94.

Panush, R. S.: Food induced ("allergic") arthritis: inflammatory synovitis in rabbits. *The Journal of Rheumatology* 1990; 17:285–90.

Panush, R. S.: Food-induced (allergic) arthritis: inflammatory arthritis exacerbated by milk. *Arthritis and Rheumatism* 1986; 29(2): 220–25.

Parke, A. L.: Rheumatoid arthritis and food: a case study. *British Medical Journal (clinical research)* 1981; 282(6281):2027–29.

Ratner, D.: Does milk intolerance affect seronegative arthritis in lactase-deficient women? *Israel Journal of Medical Sciences* 1985; 21:532–34.

Srivastava, K. C., et al., Ginger (Zingiber officinale) and rheumatic disorders. *Medical Hypotheses* 1989; 29:25–28.

Williams, R.: Rheumatoid arthritis and food: a case study. *British Medical Journal* 1981; 283:563.

## *ASMA Y BRONQUITIS*

Dorsch, W.: Antiasthmatic effects of onions. *International Archives of Allergy and Applied Immunology* 1989; 88:228–30.

Dorsch, W.: New Antiasthmatic drugs from traditional medicine? *International Archives of Allergy and Applied Immunology* 1991; 94:262–65.

Dry, J.: Effect of a fish oil diet on asthma: results of a 1-year double-blind study. *International Archives of Allergy and Applied Immunology* 1991; 95(2-2):156–57.

Lee, T. H.: Effects of dietary fish oil lipids on allergic and inflammatory diseases. *Allergy Proceedings* 1991; 12(5):299–303.

Rodriquez, J.: Allergy to cow's milk with onset in adult life. *Annals of Allergy* 1989; 62(3): 185a–b.

Schwartz, J.: Caffeine intake and asthma symptoms. *Annals of Epidemiology* 1992; 2(5):627–35.

Schwartz, J.: Dietary factors and their relation to respiratory symptoms. *American Journal of Epidemiology* 1990; 132(1):67–76.

Wilson, N.: Objective test for food sensitivity in asthmatic children: increased bronchial reactivity after cola drinks. *British Medical Journal* 1982; 284:1226–28.

Ziment, I.: History of the treatment of chronic bronchitis. *Respiration* 1991; 58(1):37–42).

Ziment, I.: Five thousand years of attacking asthma: an overview. *Respiratory Care* 1986; 31(2):117–136.

## *COLESTEROL SANGUÍNEO*

Anderson, J. W.: Serum lipid response of hypercholesterolemic men to single and divided doses of canned beans. *American Journal of Clinical Nutrition* 1990; 51(6):1013–19.

Barrie, N. D.: Effects of garlic oil on platelet aggregation, serum lipids and blood pressure in humans. *Journal of Orthomolecular Medicine*, 1987; 2(1):15–21.

Colquhoun, D. M.: Comparison of the effects on lipoproteins and apolipoproteins of a diet high in monounsaturated fatty acids, enriched with avocado and a high-carbohydrate diet. *American Journal of Clinical Nutrition* 1992; 56:671–77.

Davidson, M. H.: The hypocholesterolemic effects of B-glucan in oatmeal and oat bran. *Journal of the American Medical Association* 1991: 285(14):1833–39.

Gadkari, J. V. The effect of ingestion of raw garlic on serum cholesterol level, clotting time and fibrinolytic activity in normal subjects. *Journal of Postgraduate Medicine* 1991; 37(3):128–31.

Herrmann, W.: The influence of dietary supplementation with omega-3 fatty acids on serum lipids, apolipoproteins, coagulation and fibrinolytic parameters. *Zeitschrift Für Klinische Medizin* 1991: 46(19):1363–69.

Ripsin, C. M.: Oat products and lipid lowering: a meta-analysis. *Journal of the American Medical Association* 1992; 267(24):3317–27.

Robertson, J.: The effect of raw carrot on serum lipids and colon function. *American Journal of Clinical Nutrition* 1979; 32:1889–92.

Sendl, A.: Inhibition of cholesterol synthesis in vitro by extracts and isolated compounds prepared from garlic and wild garlic. *Atherosclerosis* 1992; 94(1):79–85.

Steinberg, Daniel: Antioxidants in the prevention of human atherosclerosis. *Circulation* 1992; 85(6):2338–44.

## COÁGULOS SANGUÍNEOS

Ernst, E.: Plasma fibrinogen—an independent cardiovascular risk factor. *Journal of Internal Medicine* 1990; 227:365–72.

Lou, F. Q.: A study on tea-pigment in prevention of atherosclerosis. *Chinese Medical Journal* 1989; 102(8):579–83.

Gadkari, Jayashree.: Effect of ingestion of raw garlic on serum cholesterol level, clotting time and fibrinolytic activity in normal subjects. *Journal of Postgraduate Medicine* 1991; 37(3):128–31.

Houwelingen, R.: Effect of a moderate fish intake on blood pressure, bleeding time, hematology, and clinical chemistry in healthy males. *American Journal of Clinical Nutrition* 1987; 46:424–36.

Kiesewetter, H.: Effects of garlic on blood fluidity and fibrinolytic activity: a randomised placebo-controlled, double-blind study. *British Journal of Clinical Practice* 1990; 44(suppl. 69)(8): 24–29.

Lipinska, I.: Lipids, lipoproteins, fibrinogen and fibrinolytic activity in angiographically assessed coronary heart disease. *Artery* 1987; 15(1):44–60.

Makheja, A.: Antiplatelet constituents of garlic and onions. *Agents Actions* 1990; 29(3–4): 360–63.

Marckmann, P.: Effects of total fat content and fatty acid composition in diet on factor VII coagulant activity and blood lipids. *Artherosclerosis* 1990; 80(3):227–33.

Mehrabian, M.: Dietary regulation of fibrinolytic factors. *Artherosclerosis* 1990; 8 25–32.

Seigneur, M.: Effect of the consumption of alcohol, white wine, and red wine on platelet function and serum lipids. *Journal of Applied Cardiology* 1990; 5:215–22.

Siemann, E. H.: Concentration of the phytoalexin resveratrol in wine. *American Journal of Enol Vitic* 1992; 43(1):49–52.

Visudhiphan, S.: The relationship between high fibrinolytic activity and daily capsicum ingestion in Thais. *American Journal of Clinical Nutrition* 1982; 35: 1452–58.

Young, W.: Tea and atherosclerosis. *Nature* 1967; 216:1015–16.

## PRESIÓN ARTERIAL

Alderman, M. H.: Moderate sodium restriction. Do the benefits justify the hazards? *American Journal of Hypertension* 1990; 3:499–504.

Auer, W.: Hypertension and hyperlipidaemia: garlic helps in mild cases. *British Journal of Clinical Practice Supplement* 1990; 44(8):3–6.

Beilin, L. J.: Alcohol and hypertension. *Clinical and Experimental Hypertension Theory and Practice* 1992; A14(1&2):119–38.

Bulpitt, C. J.: Vitamin C and blood pressure. *Journal of Hypertension* 1990; 12:1071–75.

Harvard Health Letter: *A special report: high blood pressure*, 1990. Harvard Medical School, Health Publications Group.

Knapp, H.R.: Omega-3 fatty acids, endogenous prostaglandins, and blood pressure regulation in humans. *Nutrition Reviews* 1989; 47(10):301–13.

Krishna, G.G.: Increased blood pressure during potassium depletion in normotensive men. *New England Journal of Medicine* 1989; 329(18):1177–82.

Law, M.R.: By how much does dietary salt reduction lower blood pressure? *British Medical Journal* 1991; 302:819–924.

Margretts, B. M.: Vegetarian diet in mild hypertension: a randomised controlled trial. *British Medical Journal* 1986; 293:1468–71.

Martin, J. B.: Mortality patterns among hypertensives by reported level of caffeine consumption. *Preventive Medicine* 1988; 17(3):310–20.

Patki, P. S.: Efficacy of potassium and magnesium in essential hypertension: a double-blind, placebo controlled, crossover study. *British Medical Journal* 1990; 301(6751):521–23.

Sacks, F. M.: Dietary fats and blood presssure: a critical review of the evidence. *Nutrition Reviews* 1989; 47(10):291–300.

Tobian, L.: Salt and hypertension. Lessons from animal models that relate to human hypertension. *Hypertension* 1991; 17(suppl. 1):152–58.

## CEREBRO Y COMPORTAMIENTO

Bachorowski, J.: Sucrose and delinquency: behavioral assessment. *Pediatrics* 1990; 86(2):244–53.

Gans, D. A.: Sucrose and delinquency: oral sucrose tolerance test and nutritional assessment. *Pediatrics*; 86(2):254–61.

Greenwood, C.: Influence of dietary fat on brain membrane phospholipid fatty acid composition and neuronal function in mature rats. *Nutrition* 1989; 5(4):278–81.

Harper, A. E.: Claims of antisocial behavior from consumption of sugar: an assessment. *Food Technology*, Jan. 1986:142–49.

Spring, B.: Psychobiological effects of carbohydrates. *Journal of Clinical Psychiatry* 1989; 50:(suppl. 5):27–33.

Spring, B.: Carbohydrates, tryptophan, and behavior: a methodological review. *Psychological Bulletin* 1987; 102(2):234–56.


## CÁNCER, GENERAL

Block, G.: Fruit, vegetables, and cancer prevention: a review of the epidemiological evidence. *Nutrition and Cancer* 1992; 18:1–29.

Caragay, A. B.: Cancer-preventive foods and ingredients. *Food Technology* 1992; 46:65–68.

Henson, D.E.: Ascorbic acid: biologic functions and relation to cancer. *Journal of the National Cancer Institute* 1991; 83(8):547–50.

Lau, Benjamin H. S.: Garlic compounds modulate macrophage and T-lymphocyte functions. *Molecular Biotherapy* 1991; 3:103–7.

Lubin, F.: Consumption of methylxanthine-containing beverages and the risk of breast cancer. *Cancer Letter* 1990; 53(2–3):81–90.

Messina, M.: The role of soy products in reducing risk of cancer. *Journal of the National Cancer Institute* 1991; 83(8):541–46.

Mettlin C. J.: Patterns of milk consumption and risk of cancer. *Nutrition and Cancer* 1990; 13(1–2):89–99.

Schwartz, J. L.: Beta carotene and/or vitamin E as modulators of alkylating agents in SCC-25 human squamous carcinoma cells. *Cancer Chemotherapy and Pharmacology* 1992; 29(3):207–13.

Steinmetz K. A.: Vegetables, fruit and cancer. I. Epidemiology. *Cancer Causes Control* 1991; 2(5):325–57.

Steinmetz, K. A.: Vegetables, fruit, and cancer. II. Mechanisms. *Cancer Causes Control* 1991; 2(6):427–42.

Wattenberg, L. W.: Inhibition of carcinogenesis by minor anutrient constituents of the diet. *Proceedings of the Nutrition Society* 1990; 49(2):173–83.

Zhang, Yuesheng: A major inducer of anticarcinogenic protective enzymes from broccoli: isolation and elucidation of structure. *Proceedings of the National Academy of Sciences* 1992: 89:2399–2403.

## CÁNCER DEL SENO

Adlecreutz, H.: Diet and breast cancer. *Acta Oncologica* 1992; 31(2):175–81.

Barnes, S.: Soybeans inhibit mammary tumors in models of breast cancer. *Progress in Clinical and Biological Research* 1990; 347:239–53.

Bresnick, E.: Reduction in mammary tumorigenesis in the rat by cabbage and cabbage residue. *Carcinogenesis* 1990; 11(7):1159–63.

Holm, L. E.: Treatment failure and dietary habits in women with breast cancer. *Journal of the National Cancer Institute* 1993; 85(1):32–36.

Howe, G. E.: Dietary factors and risk of breast cancer: combined analysis of 12 case-control studies. *Journal of the National Cancer Institute* 1990; 82(7):561–69.

Karmali, R. A.: Omega-3 fatty acids and cancer. *Journal of Internal Medicine* 1989; 225 (suppl. 1):197–200.

Kushi, L. H.: Dietary fat and postmenopausal breast cancer. *Journal of the National Cancer Institute* 1992; 84(14):1092–99.

Lee, H. P.: Dietary effects on breast-cancer risk in Singapore. *Lancet* 1991; 337:1197–200.

Michnovicz, J. J.: Induction of estradiol metabolism by dietary indole-3 carbinol in humans. *Journal of the National Cancer Institute* 1990; 82(11):947–49.

Rose, D. P.: Effect of dietary fat on human breast cancer growth and lung metastasis in nude mice. *Journal of the National Cancer Institute* 1991; 83(20):1491–95.

Rose, D. P.: High-fiber diet reduces serum estrogen concentrations in pre-menopausal women. *American Journal of Clinical Nutrition* 1991; 54(3):520–25.


## CÁNCER DEL COLON

Alberts, D. S.: Effects of dietary wheat bran fiber on rectal epithelial cell proliferation in patients with resection for colorectal cancers. *Journal of the National Cancer Institute* 1990; 82:1280–85.

Anti, M.: Effect of omega-3 fatty acids on rectal mucosal cell proliferation in subjects at risk for colon cancer. *Gastroenterology* 1992; 103:883–91.

DeCosse, J. J.: Effect of wheat fiber and vitamins C and E on rectal polyps in patients with familial adenomatous polyposis. *Journal of the National Cancer Institute* 1989; 81(17):1290–97.

Freudenheim, J. L.: Lifetime alcohol intake and risk of rectal cancer in western New York. *Nutrition and Cancer* 1990; 13:101–9.

Howe, G. R.: Dietary intake of fiber and decreased risk of cancers of the colon and rectum: evidence from the combined analysis of 13 case-control studies. *Journal of the National Cancer Institute* 1992; 84(24):1887–96.

Nicholas, C. M.: Intervention studies in adenoma patients. *World Journal of Surgery* 1991; 15:29–34.

Willett, W. C.: Relation of meat, fat, and fiber intake to the risk of colon cancer in a prospective study among women. *New England Journal of Medicine* 1990; 323:1664–72.

## CÁNCER PULMONAR

Goodman, M. T.: Dietary factors in lung cancer prognosis. *European Journal of Cancer* 1992: 28(2/3):495–501.

Harris R. W.: A case-control study of dietary carotene in men with lung cancer and in men with other epithelial cancers. *Nutrition and Cancer* 1991; 15(1):63–68.

Knekt, P.: Dietary antioxidants and the risk of lung cancer. *American Journal of Epidemiology* 1991; 134:471–79.

Ziegler, R. G.: Carotenoid intake, vegetables, and the risk of lung cancer among white men in New Jersey. *American Journal of Epidemiology* 1986; 123:1080–93.

Ziegler, R. G.: Does beta-carotene explain why reduced cancer risk is associated with vegetable and fruit intake? *Cancer Research* 1992; 52(suppl. 7):2060s–66s.

## CÓLICO

Campbell, J. P.: Dietary treatment of infant colic: a double blind study. *Journal of the Royal College of General Practitioners* 1989; 39(318):11–14.

Clyne, P. S.: Human breast milk contains bovine IgG. Relationship to infant colic? *Pediatrics* 1991; 87:439–44.

Jakobsson, I.: Food antigens in human milk. *European Journal of Clinical Nutrition* 1991; 45(suppl. 1): 29–33.

Leung, A.: Infantile colic. *American Family Physician* 1987; 36(3):153–56.

## ESTREÑIMIENTO Y ENFERMEDAD DIVERTICULAR

Brown, S. R.: Effect of coffee on distal colon function. Gut 1990; 31:450–53.

Edwards, C. A.: Fibre and constipation. British Journal of Clinical Practice 1988; 42(1):26–32.

Jain, N. K.: Sorbitol intolerance in adults. The American Journal of Gastroenterology 1985; 80(9):678–81.

Miller, D. L.: Small-bowel obstruction from bran cereal. Journal of the American Medical Association 1990; 263(6):813–14.

Painter, N. S.: Unprocessed bran in treatment of diverticular disease of the colon. British Medical Journal 1972; 2:137–40.

Tomlin, J.: Comparison of the effects on colonic function caused by feeding rice bran and wheat bran. European Journal of Clinical Nutrition 1988; 42:857–61.

## DIABETES

Bailey, C. J.: Traditional plant medicines as treatments for diabetes. Diabetes Care 1989; 12(8):553–64.

Close, E. J.: Diabetic diets and nutritional recommendations: what happens in real life? Diabetic Medicine 1992; 9(2):181–88.

Dahlquist, G. G.: Dietary factors and the risk of developing insulin dependent diabetes in childhood. British Medical Journal 1990; 300:1302–6.

Feskens, E. J. M.: Inverse association between fish intake and risk of glucose intolerance in normoglycemic elderly men and women. Diabetes Care 1991; 14(11):935–41.

Holbrook, T. L.: A prospective population-based study of alcohol use and non-insulin dependent diabetes mellitus. American Journal of Epidemiology 1990; 132(5):902–9.

Jenkins, D. J. A.: Lente carbohydrate: a newer approach to the dietary management of diabetes. Diabetes Care 1982; 5:634.

Karjalainen, J.: A bovine albumin peptide as a possible trigger of insulin-dependent diabetes mellitus. New England Journal of Medicine 1992; 327(5):302–7.

Mahdi, G. S.: Role of chromium in barley in modulating the symptoms of diabetes. Annals of Nutrition and Metabolism 1991; 35:65–70.

Marshall, J. A.: High-fat, low-carbohydrate diet and the etiology of non-insulin dependent diabetes mellitus: the San Luis Valley Diabetes Study. *American Journal of Epidemiology* 1991; 134(6):590–603.

Sharma, R. D.: Effect of fenugreek seeds on blood glucose and serum lipids in type I diabetes. *European Journal of Clinical Nutrition* 1990; 44(4):301–6.

Virtanen, S. M.: Feeding in infancy and the risk of type I diabetes mellitus in Finnish children. *Diabetic Medicine* 1992; 9(9):815–19.

Wolever, T. M. S.: Beneficial effect of a low glycaemic index diet in type-2 diabetes. *Diabetic Medicine* 1992; 9:451–58.

## DIARREA

Brown, K. H.: Dietary management of acute childhood diarrhea: optimal timing of feeding and appropriate use of milks and mixed diets. *Journal of Pediatrics* 1991; 118:92S–98S.

Casteel, H. B.: Oral rehydration therapy. *Pediatric Clin North Am* 1990; 37(2):295–311.

Hirschhorn, N.: Progress in oral rehydration therapy. *Scientific American* 1991; 264(5):50–56.

Hyams, J. S.: Carbohydrate malabsorption following fruit juice ingestion in young children. *Pediatrics* 1988; 82(1):64–68.

Jain, N. K.: Sorbitol intolerance in adults. *American Journal of Gastroenterology* 1985; 80(9):678–81.

Kneepkens, C. M.: Apple juice, fructose, and chronic nonspecific diarrhoea. *European Journal of Pediatrics* 1989; 148(6):571–73.

Kotz, C. M.: In vitro antibacterial effect of yogurt on Escherichia coli. *Digestive Diseases and Sciences* 1990; 35(5):630–37.

Lewis, P.: Starvation ketosis after rehydration with diet soda. *Pediatrics* 1991; 88(4):806–7.

Lifshitz, F.: Role of juice carbohydrate malabsorption in chronic nonspecific diarrhea in children. *Journal of Pediatrics* 1992; 120(5):825–29.

Saibil, F.: Diarrhea due to fiber overload. *New England Journal of Medicine* 1989; 320(9):599.

Wolfe, M. S.: Acute diarrhea associated with travel. *American Journal of Medicine* 1990; 88(suppl. 6A): 34S–37S.

## CÁLCULOS BILIARES

Liddle R. A.: Gallstone formation during weight-reduction dieting. *Archives of Internal Medicine* 1989; 149(8):1750–53.

Maclure, K. M.: Dietary predictors of symptom-associated gallstones in middle-aged women. *American Journal of Clinical Nutrition* 1990; 52(5):916–22.

Mogadam, M.: Gallbladder dynamics in response to various meals: is dietary fat restriction necessary in the management of gallstones? *American Journal of Gastroenterology* 1984; 79(10):745–47.

Pixley, F.: Dietary factors in the aetiology of gallstones: a case control study. *Gut* 1988, 29(11):1511–15.

Sichieri, R.: A prospective study of hospitalization with gallstone disease among women: role of dietary factors, fasting period, and dieting. *American Journal of Public Health* 1991; 81(/):880–84


## GASES

Bond, J. H.: Relation of food ingestion to intestinal gas production and gas related symptoms. *Journal of Environmental Pathology, Toxicology and Oncology* 1985; 5:157–64.

Jha, K.: Flatulence production abilities of different Indian foods and effect of certain spices on flatulence. *Indian Journal of Pathology and Microbiology* 1980; 23:279–88.

Levitt, M. D.: Studies of a flatulent patient. *New England Journal of Medicine* 1976; 295(5):260–62.

Olson, A. C.: Nutrient composition of and digestive response to whole and extracted dry beans. *Journal of Agriculture and Food Chemistry* 1982; 30:26–32.


## DOLOR DE CABEZA

Egger, J.: Is migraine food allergy? A double-blind controlled trial of oligoantigenic diet treatment. *Lancet* 1983; 2:865–69.

Egger, J.: Oligoantigenic diet treatment in children with epilepsy and migraine. *Journal of Pediatrics* 1989; 114:51–58.

Griffiths, R. R.: Low-dose caffeine physical dependence in humans. *Journal of Pharmacology and Experimental Therapeutics* 1990; 255(3):1123–32.

Henderson, W. R.: Hot dog headache: Individual susceptibility to nitrite. *Lancet* 1972; 2:1162–63.

Koehler, S. M.: The effect of aspartame on migraine headache. *Headache* 1988; 28(1):10–14.

Lipton, R. B.: Aspartame as a dietary trigger of headache. *Headache* 1989; 29(2):90–92.

Littlewood, J.: Red wine as a cause of migraine. *Lancet* 1988; 1(8585):558–59.

McCabe, B. J.: Dietary tyramine and other pressor amines in MAOI regimens: a review. *Journal of the American Dietetic Association* 1986(8):1059–64.

Mustafa, T.: Ginger (zingiber officinale) in migraine headache. *Journal of Ethnopharmacology* 1990; 29(3):267–73.

Radnitz, C. L.: Food-triggered migraine: a critical review. *Annals of Behavioral Medicine* 1990; 12(2):51–65.

Saper, J. R.: Daily chronic headache. *Neurol Clin* 1990; 8(4):891–901.

Scopp, A. L.: MSG and hydrolyzed vegetable protein induced headache: review and case studies. *Headache* 1991; 31(2):107–10.

Shulman, K. I.: Dietary restriction, tyramine, and the use of monoamine oxidase inhibitors. *Journal of Clinical Psychopharmacology* 1989: 9:397–402.

Smith, R.: Caffeine withdrawal headache. *Journal of Clinical Pharmacy and Therapeutics* 1987; 12:53–57.

## ENFERMEDAD CARDÍACA

Bairati, I.: Double blind, randomized, controlled trial of fish oil supplements in prevention of recurrence of stenosis after coronary angioplasty. *Circulation* 1992; 85:950–56.

Burr, M. L.: Effects of changes in fat, fish, and fibre intakes on death and myocardial reinfarction: diet and reinfarction trial (Dart). *Lancet*, Sept. 1989:757–61.

Ettinger, P. O.: Arrhythmias and "the holiday heart": alcohol associated cardiac rhythm disorders. *American Heart Journal* 1978; 95:555–62.

Fraser, G. E.: A possible protective effect of nut consumption on risk of coronary heart disease. *Archives of Internal Medicine* 1992; 152:1416–23.

Gey, K. F.: Inverse correlation between plasma vitamin E and mortality from ischemic heart disease in cross-cultural epidemiology. *American Journal of Clinical Nutrition* 1991; 53(Suppl. 1): 326S–34S.

Gramenzi, A.: Association between certain foods and risk of acute myocardial infarction in women. *British Medical Journal* 1990; 300(6727):771–73.

Grobbee, D. E.: Coffee, caffeine and cardiovascular disease in men. *New England Journal of Medicine* 1990; 323(15):1026–32.

Hojnacki J. L.: Effect of drinking pattern on plasma lipoproteins and body weight. *Atherosclerosis* 1991; 88(1):49–59.

Leaf, A.: Cardiovascular effects of omega-3 fatty acids. *New England Journal of Medicine* 1988; 318:549–57.

Milner, M. R.: Usefulness of fish oil supplements in preventing clinical evidence of restenosis after percutaneous transluminal coronary angioplasty. *American Journal of Cardiology* 1989; 64(5):294–99.

Myers, M. G.: Coffee and coronary heart disease. *Archives of Internal Medicine* 1992; 152:1767–72.

Myers, M. G.: Caffeine and cardiac arrhythmias. *Annals of Internal Medicine* 1991; 114:147–50.

Orlando, J.: Effect of ethanol on angina pectoris. *Annals of Internal Medicine* 1976; 84:652–55.

Riemersma, R. A.: Risk of angina pectoris and plasma concentrations of vitamins A, C, and E and carotene. *Lancet* 1991; 337(8732):1–5.

Sacks, F.: More on chewing the fat. *New England Journal of Medicine* 1991; 325(24):1740–41.

Simopoulos, A. P.: Omega-3 fatty acids in growth and development and in health and disease. *Nutrition Today*, May/June 1988:12–18.

Singh, R. B.: Randomized controlled trial of cardioprotective diet in patients with recent acute myocardial infarction: results of one year follow up. *British Medical Journal* 1992; 304:1015–19.

Stampfer, M. J.: A prospective study of moderate alcohol consumption and the risk of coronary disease and stroke in women. *New England Journal of Medicine*; 319(5):267–73.

Steinberg, D.: Alcohol and atherosclerosis. *Annals of Internal Medicine* 1991; 114:967–76.

Verlangieri, Anthony: Effects of d-a-tocopherol supplementation on experimentally induced primate atherosclerosis. *Journal of American College of Nutrition*, 1992; 11(2):130–37.

Wilson, P. W. F.: Is coffee consumption a contributor to cardiovascular disease? *Archives of Internal Medicine* 1989; 149:1169–72.


## ACIDEZ

Allen, M. L.: The effect of raw onions on acid reflux and reflux symptoms. *American Journal of Gastroenterology* 1990; 85(4): 377–80.

Becker, D. J.: A comparison of high and low fat meals on postprandial esophageal acid exposure. *American Journal of Gastroenterology* 1989: 84(7):782–85.

Kitchin, L. I.: Rationale and efficacy of conservative therapy for gastroesophageal reflux disease. *Archives of Internal Medicine* 1991; 151:448–54.

Murphy, D. W.: Chocolate and heartburn: evidence of increased esophageal acid exposure after chocolate ingestion. *American Journal of Gastroenterology* 1988; 83(6):633–36.

Price, S. F.: Food sensitivity in reflux esophagitis. *Gastroenterology* 1978; 75:240–43.

Vitale, G. C.: The effect of alcohol on nocturnal gastroesophageal reflux. *Journal of the American Medical Association* 1987; 258:2077–79.


## INMUNIDAD, INFECCIONES Y GRIPE

Desencios, J. C.: The protective effect of alcohol on the occurrence of epidemic oyster-borne hepatitis A. *Epidemiology* 1992; 3(4):371–74.

Halpern, G. M.: Influence of long-term yoghurt consumption in young adults. *International Journal of Immunotherapy* 1991; VII(4):205–10.

Lau, B. H.S.: Garlic compounds modulate macrophage and T-lymphocyte functions. *Molecular Biotherapy* 1991; 3:103–7.

Malter, M.: Natural killer cells, vitamins, and other blood components of vegetarian and omnivorous men. *Nutrition and Cancer* 1989; 12(3):271–78.

Saketkhoo, K.: Effects of drinking hot water, cold water, and chicken soup on nasal mucus velocity and nasal airflow resistance. *Chest* 1978; 74:408–10.

## CÁLCULOS RENALES

Curhan, G.: A prospective study of dietary calcium and other nutrients and the risk of symptomatic kidney stones. New England Journal of Medicine 1993; 328:833–38.

Ebisuno, S.: Results of long-term rice bran treatment on stone recurrence in hypercalciuric patients. British Journal of Urology 1991; 67(3):237–40.

Gleeson, M. J.: Effect of unprocessed wheat bran on calciuria and oxaluria in patients with urolithiasis. Urology 1990; 35(3):231–34.

Goldfarb, S.: Dietary factors in the pathogenesis and prophylaxis of calcium nephrolithiasis. Kidney International 1988; 34:544–55.

Goldfarb, S.: The role of diet in the pathogenesis and therapy of nephrolithiasis. Endocrinology and Metabolism Clinics of North America 1990; 19(4):805–20.

Hughes, J.: Diet and calcium stones. Canadian Medical Association Journal 1992; 146(2):137–43.

Iguchi, M.: Clinical effects of prophylactic dietary treatment on renal stones. Journal of Urology 1990; 144(2 Pt. 1):229–32.

Schwille, P. O.: Environmental factors in the pathophysiology of recurrent idiopathic calcium urolithiasis (RCU) with emphasis on nutrition. Urological Research 1992; 20:72–83.

Shuster, J.: Soft drink consumption and urinary stone recurrence: a randomized prevention trial. Journal of Clinical Epidemiology 1992; 45:911–16.

Trinchieri, A.: The influence of diet on urinary risk factors for stones in healthy subjects and idiopathic renal calcium stone formers. British Journal of Urology 1991; 67:230–36.

Wasserstein, A. G.: Case-control study of risk factors for idiopathic calcium nephrolithiasis. Mineral and Electrolyte Metabolism 1987; 13:85–95.

## ESTADO DE ÁNIMO, ANSIEDAD Y DEPRESIÓN

Benton, D.: The impact of selenium supplementation on mood. Biological Psychiatry 1991; 29:1092–98.

Bruce, M. S.: The anxiogenic effects of caffeine. Postgraduate Med Journal 1990; 66 (suppl. 2):S18–24.

Carney, M. W. P.: Vitamin deficiency and mental symptoms. British Journal of Psychiatry 1990; 156:878–82.

# Referencias

Cowen, R.: Receptor Encounters. *Science News* 1989; 136:248–52.

Griffiths, R. R.: Low dose caffeine discrimination in humans. *Journal of Pharmacology and Experimental Therapeutics* 1990; 252(3):970–8.

Ratliff-Crain, J.: Cardiovascular reactivity, mood, and task performance in deprived and nondeprived coffee drinkers. *Health Psychology* 1989; 8(4):427–47.

Roy-Byrne, P. P.: Exogenous factors in panic disorder: clinical and research implications. *Journal of Clinical Psychiatry* 1988; 49:56–61.

Wurtman, R. J.: Carbohydrates and depression. *Scientific American*, Jan. 1989: 68–75.

Young, S. M.: Some effects of dietary components (amino acids, carbohydrate, folic acid) on brain serotonin synthesis, mood, and behavior. *Canadian Journal of Physiology and Pharmacology* 1991; 69:893–903.

Young, S. M.: Folic acid and psychopathology. *Progress in Neuropsychopharmacology and Biological Psychiatry* 1989; 13:841–63.

## OSTEOPOROSIS

Heaney, R. P.: Calcium in the prevention and treatment of osteoporosis. *Journal of Internal Medicine* 1992; 231:169–80.

Johnston, C. C. Jr.: Calcium supplementation and increases in bone mineral density in children. *New England Journal of Medicine* 1992; 327(2):119–20.

Nielsen, F. H.: Boron—an overlooked element of potential nutritional importance. *Nutrition Today*, January/February 1988: 4–7.

## COLON ESPÁSTICO

Bianchi, P.G.: Lactose intolerance in adults with chronic unspecified abdominal complaints. *Hepatogastroenterology* 1983; 30(6):254–57.

Friedman, G.: Diet and the irritable bowel syndrome. *Gastroenterology Clinics of North America* 1991; 20(2):313–24.

Fritznelis, G.: Role of fructose-sorbitol malabsorption in the irritable bowel syndrome. *Gastroenterology* 1990; 99:1016–20.

Hunter, J. O.: Irritable bowel syndrome. *Proceedings of the Nutrition Society* 1985; 44: 141–43.

Hunter, J. O.: Food allergy—or enterometabolic disorder? *Lancet,* Aug. 24, 1991:495–96.

Jones, V. A.: Food intolerance: a major factor in the pathogenesis of irritable bowel syndrome. *Lancet,* Nov. 20, 1982:1115–17.

Nanda, R.: Food intolerance and the irritable bowel syndrome. *Gut* 1989; 30:1099–1104.


## SEXO, FERTILIDAD Y PROBLEMAS MENSTRUALES

Bowen, D. J.: Variations in food preference and consumption across the menstrual cycle. *Physiology & Behavior* 1990; 47:287–91.

Dawson, E. B.: Relationship between ascorbic acid and male fertility. *World Review of Nutrition and Dietetics* 1990; 62:1–26.

Fraga, C. G.: Ascorbic acid protects against endogenous oxidative DNA damage in human sperm. *Proceedings of the National Academy of Sciences* 1991; 88:11003-6.

McCallum, K. A.: Hot flushes are induced by thermogenic stimuli. *British Journal of Urology* 1989; 64:507–10.

Meikle, A. W.: Effects of a fat-containing meal on sex hormones in men. *Metabolism* 1990; 39(7):943–46.

Van Thiel, D. H.: The phytoestrogens present in de-ethanolized bourbon are biologically active: a preliminary study in a postmenopausal woman. *Alcoholism, Clinical and Experimental Research* 1991; 15(5):822–23.

Wilcox, G.: Oestrogenic effects of plant foods in postmenopausal women. *British Medical Journal* 1990; 301:905–6.

Wurtman, J. J.: Effect of nutrient intake on premenstrual depression. *American Journal of Obstetrics and Gynecology* 1989; 161:1228–34.


## ACCIDENTE CEREBROVASCULAR

Acheson, R. M.: Does consumption of fruit and vegetables protect against stroke? *Lancet,* 1983:1191–93.

Hillbom, M.: Alcohol abuse and brain infarction. *Annals of Medicine* 1990; 22(5):347–52.

Khaw, K.: Dietary potassium and stroke associated mortality. *New England Journal of Medicine* 1987; 216:235–40.

Sato, Y.: Possible contribution of green tea drinking habits to the prevention of stroke. *Tohoku Journal of Experimental Medicine* 1989; 157(4):337–43.

## ÚLCERAS

Cheney, G.: Anti-peptic ulcer dietary factor. *Journal of the American Dietetic Association* 1950; 26:668–72.

Elta, G. H.: Comparison of coffee intake and coffee-induced symptoms in patients with duodenal ulcer, nonulcer dyspepsia, and normal controls. *American Journal of Gastroenterology* 1990; 85(10):1339–42.

Graham, D. Y.: Spicy food and the stomach. *Journal of the American Medical Association* 1988; 260(23):3473–75.

Holzer, P.: Intragastric capsaicin protects against aspirin-induced lesion formation and bleeding in the rat gastric mucosa. *Gastroenterology* 1989; 96:1425–33.

Ippoliti, A. F.: The effect of various forms of milk on gastric-acid secretion. *Annals of Internal Medicine* 1976; 84:286–89.

Kaess, H.: Food intolerance in duodenal ulcer patients, non-ulcer dyspeptic patients and healthy subjects. *Klinische Wochenschrift* 1988; 66:208–11.

Kumar, N.: Effect of milk on patients with duodenal ulcers. *British Medical Journal*; 1986; 293:666.

Marotta, R. B.: Diet and nutrition in ulcer disease. *Medical Clinics of North America* 1991; 75(4):967–79.

McArthur, K.: Relative stimulatory effects of commonly ingested beverages on gastric acid secretion in humans. *Gastroenterology* 1982; 83:199–203.

Morgan, A. G.: Comparison between cimetidine and caved-s in the treatment of gastric ulceration, and subsequent maintenance therapy. *Gut* 1982; 23:545–51.

Pearson, R. C.: Preference for hot drinks is associated with peptic disease. *Gut* 1989; 30:1201–5.

Sarin, S. K.: Diet and duodenal ulcer. *Journal of the Association of Physicians of India* 1985; 33(2):164–67.

Rydning, A.: Dietary Fiber and peptic ulcer. *Scandinavian Journal of Gastroenterology* 1986; 21:1–5.

Singer, M. V.: Action of beer and its ingredients on gastric acid secretion and release of gastrin in humans. *Gastroenterology* 1991; 101:935–42.

Sok Wan Han: Protective effect of diallyl disulfide against ethanol-induced gastric mucosal damage in rats. *Bulletin of Clinical Research CMC* 1990; 18(2):223–36.

Vazquez-Olivencia, W.: The effect of red and black pepper on orocecal transit time. *Journal of the American College of Nutrition*, 1992; 11(2):228–31.

# LIBROS

Burkitt, Denis, M.D. *Eat Right—To Stay Healthy and Enjoy Life More.* New York: Arco Publishing, 1979.

Carper, Jean. *The Food Pharmacy.* New York: Bantam Books, 1988.

Graedon, Joe, and Teresa Graedon. *Graedon's Best Medicine,* New York: Bantam Books, 1991.

Grossman, Richard. *The Other Medicines.* New York: Doubleday, 1985.

Heimlich, Jane. *What Your Doctor Won't Tell You.* New York: HarperPerennial, 1990.

Hoffman, Ronald L., M.D. *Seven Weeks to a Settled Stomach.* New York: Simon and Schuster, 1990.

Hoffman, Ronald L., M.D. *Tired All the Time: How to Regain Your Lost Energy,* New York: Poseidon Press, 1993.

Kronhausen, Eberhard, Ed. B. and Phyllis Kronhausen, Ed.D., with Harry B. Demopoulos, M.D. *Formula for Life,* New York: Morrow, 1989.

Lands, William E. M. *Fish and Human Health,* Orlando, Fla: Academic Press, 1986.

Murray, Michael, N.D. and Pizzorno, Joseph, N.D. *Encyclopedia of Natural Medicine,* Rocklin, Calif.: Prima Publishing, 1991.

Naj, Amal. *Peppers: A Story of Hot Pursuits,* New York: Alfred A. Knopf, 1992.

National Research Council. *Diet and Health,* Washington, D.C.: National Academy Press, 1989.